中华经典名著

全本全注全译丛书

陈桥驿 叶光庭 叶扬◎译　陈桥驿 王东◎注

水经注 三

中華書局

第三册目录

卷十六

穀水　甘水　漆水　浐水　沮水

【题解】

卷十六记载的五条河流，分属两个流域，穀水和甘水都是洛水的支流，而漆、浐、沮三水则是渭水的支流。

穀水是洛水的支流，它的上游发源于渑池，称为渑水，下游其实就是卷十五记载的涧水，是一条很小的河流。但《穀水》却是《水经注》中的一个长篇，其中《经》文"又东过河南县北，东南入于洛"之下的一篇《注》文，长达七千余言，是全书的第一长注。小水大注，是因为穀水流经北魏首都洛阳城，人文景观复杂，所以《注》文的内容特别丰富。

按照河流的流向，穀水原来从北魏洛阳城西北流向东南，从北面注入洛水，但由于人工的修治，穀水在洛阳城西北又分出一条阳渠水，也称穀水，绕城一周，成为洛阳城的城河。城内又有许多渠道，其中较大的一条西入阊阖门，横城而过，东出东阳门。另一条西入西明门，东出青阳门。水源都来自穀水，在杨守敬的《水经注图》中绘得非常详细。穀水因源流短小，不见于现代地图集，但谭其骧《中国历史地图集》第四册46—47页，北朝、魏，《司、豫、荆、洛等州图》的附图《洛阳附近图》中，尚将此河绘入。至于另一条从南面注入洛水的更小支流甘水，不要说现代地图中不见此河,谭图也不予绘入了。

　　浐水今称浐河,发源于秦岭北侧,北流在陕西西安东北注入灞河。至于漆水和沮水,都是很古老的河流,常常见于《诗经》。《诗经·大雅·绵》:"自土漆沮。"《诗经·周颂·潜》:"猗与漆沮。"可知这是今陕西周原一带,西周发祥地的河流。但究竟是今何水,历来争论不休。阚骃在其《十三州志》中,认为漆沮是一条河流,即今北洛河的下游。此外,如宋程大昌、清胡渭,也都有他们的说法。一般认为,漆水即今陕西麟游东南的漆水河,沮水则是今陕西富平一带的石川河。

穀水
穀水出弘农黾池县南墦冢林穀阳谷①,

　　《山海经》曰:傅山之西有林焉②,曰墦冢,穀水出焉,东流注于洛,其中多瑞玉③。今穀水出千崤东马头山穀阳谷④,东北流历黾池川⑤,本中乡地也⑥。汉景帝中二年⑦,初城⑧,徙万户为县,因崤黾之池以目县焉⑨。亦或谓之彭池。故徐广《史记音义》曰⑩:黾,或作彭,穀水出处也。

【注释】

①穀水:即今河南渑池南之涧水及其下游涧水。东流至洛阳西折东南流,从北面注入洛河(古洛水)。是一条很小的河流。弘农:即弘农郡。西汉元鼎四年(前113)置。治所在弘农县(今河南灵宝北故函谷关城)。黾池县:即渑池县。秦置,属三川郡。治所在今河南渑池西十三里朱城。西汉景帝中元二年(前418)徙治今渑池县西十六里,属弘农郡。墦冢(fán zhǒng)林、穀阳谷:均在今河南渑池一带。

②傅山:当在今河南渑池一带。

③瑐（jùn）玉：亦作"瑐（yān）玉"。一种美玉的名称。

④千崤（xiáo）：即崤山、穀山。在今河南洛宁西北六十里。马头山：《水经注疏》杨守敬按："《元和志》又作穀阳山，云，在永宁县（今河南洛宁）西北五十五里，穀水所出。今水出渑池（今河南渑池）西南山。"

⑤黾（miǎn）池川：池名。即渑池。在今河南渑池西十三里。

⑥中乡：在今河南渑池。

⑦汉景帝中二年：即西汉景帝刘启中元二年，前148年。

⑧初城：设立县城之初。

⑨目：取名。

⑩徐广《史记音义》：徐广，字野民。东莞姑幕（今山东诸城北）人。晋、宋间学者。其《史记音义》，随文释义，兼述训解，多有发明。

【译文】

穀水

穀水发源于弘农郡黾池县南边的墦冢林穀阳谷，

《山海经》说：傅山西边有一片森林，叫墦冢林，穀水就发源于那里，东流注入洛水，沿溪一带多产瑐玉。现在穀水发源于千崤山以东的马头山穀阳谷，往东北流经黾池川，这里原来是中乡地区。汉景帝中元二年，首次筑城，迁移了一万户过去，设立为县，就依崤黾之池来取县名。也有人把它叫彭池。所以徐广《史记音义》说：黾字也有写作彭字的，彭池是穀水的发源地。

穀水又东迳秦、赵二城南①。司马彪《续汉书》曰②：赤眉从黾池自利阳南③，欲赴宜阳者也④。世谓之俱利城。耆彦曰⑤：昔秦、赵之会，各据一城。秦王使赵王鼓瑟⑥，蔺相如令秦王击缶处也⑦。冯异又破赤眉于是川矣⑧。故光武玺书曰⑨：始虽垂翅回溪⑩，终能奋翼黾池⑪，可谓失之东隅、收之桑榆矣⑫。

【注释】

①秦、赵二城：亦称俱利城。前279年，蔺相如跟从赵惠文王与秦昭襄王在渑池相会，各据一城，在今河南渑池西。《元和郡县图志》："榖水，南去县二百步。东经秦、赵二城，俗谓之俱利城。东城在县西十三里，西城在县西十四里，昔秦、赵会于渑池之处。"

②司马彪《续汉书》：记载东汉一代史实的史书，分纪、志、传三体。唯八志为后人补入范晔《后汉书》而流传至今。司马彪，字绍统。河内温县（今河南温县）人。魏晋时期史学家。

③赤眉：新莽末农民起义军名。因以赤色涂眉为标志，故称。曾攻占长安，杀刘玄，立刘盆子为帝，后被刘秀消灭。利阳：即俱利城。在今河南渑池西。

④宜阳：在今河南宜阳西四十八里韩城镇。

⑤耆彦：年高望重的人。

⑥秦王：即秦昭襄王嬴稷，一名则。战国时秦国国君。赵王：即赵惠文王，名何。战国时赵国国君。赵武灵王之子。瑟：一种古代弦乐器，像琴，弦数比琴弦多。每弦一柱，但无徽位。

⑦蔺相如：战国时赵国名臣。初为宦者令缪贤的舍人，后为使臣出使秦国。著名的事迹有完璧归赵、渑池之会。缶：一种瓦质的打击乐器。

⑧冯异：字公孙。东汉初颍川父城（今河南宝丰）人。好读书，通《左氏春秋》《孙子兵法》。

⑨光武：东汉光武帝刘秀。玺书：诏书。这里指下诏书。

⑩垂翅：有失意、萎靡、落败之意。这里形容冯异先被赤眉打败之失意。回溪：俗名回坑。在今河南三门峡市陕州区东雁岭关东南。《后

汉书》李贤注：“回溪……长四里，阔二丈，深二丈五尺也。”

⑪奋翼：这里比喻冯异最终打败赤眉军如鸟儿展翅翱翔一样振奋。

⑫失之东嵎（yú）、收之桑榆：意为初虽有失，而终得补偿。东嵎，即东隅，东方日出之处。桑榆，落日所照之处。按，以上事见《后汉书·冯异传》。

【译文】

穀水又往东流经秦、赵渑池之会的两城以南。司马彪《续汉书》说：赤眉军从黾池取道利阳南下，打算去宜阳。世人称之为俱利城。老人们说：从前秦国和赵国会盟，双方都占有一城。秦王叫赵王弹瑟，蔺相如则要秦王击缶，就在这地方。冯异也是在这片平原上打败赤眉军的。所以光武帝的玺书说：开始虽然在回溪垂头丧气，最后却在黾池展翅高飞，可说是失之东隅、收之桑榆了。

穀水又东迳土崤北^①，所谓三崤也^②。

【注释】

①土崤：即东崤。在今河南洛宁北。

②三崤：当为“二崤”之讹。《水经注疏》熊会贞按：“《元和志》，二崤山又名嵚岑（qīn yín）山，在永宁县（今河南洛宁）北二十八里。引《西征记》，自东崤至西崤山三十五里。东崤长坂数里，峻阜绝涧，车不得方轨。西崤全是石坂十二里，险绝不异东崤，所谓东崤指土崤，所谓西崤指石崤，不及盘崤、千崤者，盖盘崤、千崤在土、石二崤之间，举二崤可以该之也。《续汉志》，渑池有二崤。《后汉书·梁冀传》，采土筑山，以象二崤。班固《西都赋》，左据函谷二崤之阻。张载《叙行赋》，陟二崤之重阻。古称二崤，历历可征，为郦氏所本……东崤在今永宁县北，西崤在今陕州（今河南三门峡陕州区）东南。”

【译文】

榖水又往东流经土崤北面，就是所谓的二崤。

榖水又东，左会北溪[1]。溪水北出黾池山[2]，东南流注于榖。疑即孔安国所谓涧水也[3]。

【注释】

[1]北溪：《水经注疏》熊会贞按："今水曰涧河，出渑池县（今河南渑池）东北。"

[2]黾池山：《水经注疏》熊会贞按："《寰宇记》，广阳山在渑池县东北二十里，亦名渑池山。"

[3]孔安国：字子国。鲁（今山东曲阜）人。西汉经学家。孔子十二世孙。相传他曾整理孔壁所藏古文《尚书》，开古文《尚书》学派。涧水：即今河南西北部之涧河。源出今河南渑池东北，东南流会渑水，东流经新安至洛阳西折东南入洛河。

【译文】

榖水又东流，在左边汇合了北溪。溪水发源于北方的黾池山，往东南流，注入榖水。可能这就是孔安国所谓的涧水。

榖水又东迳新安县故城[1]，南北夹流而西接崤黾。昔项羽西入秦，坑降卒二十万于此[2]。国灭身亡，宜矣。

【注释】

[1]新安县：战国秦置，属三川郡。治所在今河南义马西石河村。西汉属弘农郡。西晋属河南郡。

[2]昔项羽西入秦，坑降卒二十万于此：事见《汉书·韩信传》："至新安，项王诈坑秦降卒二十余万人。"

【译文】

穀水又往东流经新安县旧城，从城南北两边穿过，西边与崤𪅟池相接。从前项羽往西打进秦境，就在这里活埋了二十万投降的秦兵。这位霸王落得国灭身亡，实在罪有应得。

穀水又东迳千秋亭南①，其亭累石为垣②，世谓之千秋城也。潘岳《西征赋》曰③：亭有千秋之号，子无七旬之期。谓是亭也。

【注释】

①千秋亭：亦称千秋城。在今河南义马东南五里千秋镇。

②垣：墙垣，围墙。

③潘岳《西征赋》：潘岳，字安仁。西晋荥阳中牟（今河南中牟）人。因行役之感而作《西征赋》。潘岳家在东，故言西征。

【译文】

穀水又往东流经千秋亭南边，亭的四周用石块砌垒成城墙，世人称之为千秋城。潘岳《西征赋》说：这亭虽有千秋的名号，孩子却活不了七十天的时间。指的就是此亭。

又东迳雍谷溪①，回岫萦纡②，石路阻峡，故亦有峡石之称矣。穀水历侧，左与北川水合③。水有二源，并导北山，东南流合成一水，自乾注巽④，入于穀。

【注释】

①雍谷溪：亦称峡石。当在今河南新安西。

②回岫（xiù）萦纡：环绕的峰峦萦绕曲折。岫，峰峦。

③北川水：《水经注疏》杨守敬按："水在今新安县（今河南新安）西
　　北。"

④自乾注巽：从西北方向流注东南方向。乾，指西北方。巽，指东南方。

【译文】

　　榖水又往东流经雍谷溪，山谷回环曲折，石路狭窄险要，所以又有峡
石之称。榖水从一边流过，在左边与北川水汇合。北川水有两个源头，
都从北山流出，往东南流，汇合成一条水，从西北往东南注入榖水。

　　　榖水又东迳缺门山①，山阜之不接者里余，故得是名
矣。二壁争高，斗耸相乱②。西瞻双阜，右望如砥③。榖水自
门而东，广阳川水注之④。水出广阳北山⑤，东南流注于榖。
南望微山⑥，云峰相乱。

【注释】

①缺门山：一作阙门山。在今河南新安西二十二里。

②斗耸：陡峭高耸。斗，通"陡"。陡峭，峻峭。

③砥：磨刀石。

④广阳川水：《水经注疏》熊会贞按："水在今新安县（今河南新安）
　　西北，俗名榖水。"

⑤广阳北山：即白石山。在今河南渑池东北二十里。

⑥微山：《水经注疏》熊会贞按："山在今新安县西南。"

【译文】

　　榖水又往东流经缺门山，山冈中间有一里多的一段断而不连，所以
得了缺门之名。两边的岩壁竞相争高，陡峭耸峙，难分高下。西望两山，
就像两块巨大的磨石。榖水从缺门东流，广阳川水注入。广阳川水发源
于广阳北山，往东南流，注入榖水。南望微山，群峰云雾缭绕。

穀水又迳白超垒南①。戴延之《西征记》②:次至白超垒,去函谷十五里③。筑垒当大道,左右有山夹立,相去百余步,从中出北,乃故关城④,非所谓白超垒也。是垒在缺门东十五里,垒侧旧有坞⑤,故冶官所在⑥。魏晋之日,引穀水为水冶⑦,以经国用⑧,遗迹云尚存。

【注释】

①白超垒:《水经注疏》熊会贞按:"《元和志》,在新安县(今河南新安)西北十五里。"《元和郡县图志》:"白超故城,一名白超垒,一名白起坞。在县西北十五里,垒当大道,左右有山,道从中出。汉末黄巾贼起,白超筑此垒以自固。东魏修筑为城,因名白起城。"

②戴延之《西征记》:戴延之,名祚。东晋末散文家。所撰《西征记》,记作者随刘裕西征关中时的沿途所见。

③函谷:即函谷关。战国秦置。在今河南灵宝东北三十里王垛村。西汉元鼎三年(前114)徙函谷关于新安,以故关为弘农县。此为新关,在今河南新安东一里。

④故关城:即函谷关的关城。

⑤坞:防卫用的小城堡。

⑥冶官:铸冶之官署。冶,铸冶,冶炼。

⑦水冶:用水力鼓风进行铸冶。

⑧经:治理。

【译文】

穀水又流经白超垒南边。戴延之《西征记》说:接着到了白超垒,这里离函谷关十五里。城堡就筑在大道上,两边山冈耸立,相距百余步,道路就从中间通向北方,其实这是从前的关城,并不是什么白超垒。真正的白超垒在缺门东边十五里,堡垒旁边从前有个土城,当时冶官就驻在这里。魏晋时期，引了穀水利用水力鼓风冶炼，以供国家需用，今天还留有遗迹。

穀水又东，石默溪水出微山东麓石默溪[1]，东北流入于穀。

【注释】

[1]石默溪水：《水经注疏》熊会贞按："水在今新安县（今河南新安）西南。"

【译文】

穀水又东流，石默溪水源出微山的东麓，往东北流，注入穀水。

穀水又东，宋水北流注于穀[1]。

【注释】

[1]宋水：《水经注疏》熊会贞按："水在今新安县（今河南新安）西南。"

【译文】

穀水又东流，宋水北流注于穀水。

穀水又东迳魏将作大匠毌丘兴墓南[1]，二碑存焉。俭父也[2]。《管辂别传》曰[3]：辂尝随军西征，过其墓而叹，谓士友曰：玄武藏头[4]，青龙无足[5]，白虎衔尸[6]，朱雀悲哭[7]。四危已备，法应灭族。果如其言[8]。

【注释】

[1]将作大匠：官名。掌管宫室等土木营建。毌丘兴：三国魏河东闻

喜(今山西闻喜)人。毌丘俭之父。黄初中为武威太守,伐叛柔脤,开通汧右。讨贼张进及讨叛胡有功,封高阳乡侯。入为将作大匠。

②俭:即毌丘俭,字仲恭。毌丘兴封高阳乡侯,毌丘俭袭父爵,为平原侯文学。明帝即位,为尚书郎,迁羽林监。以东官之旧,甚见亲待。后讨公孙渊有功,进封安邑侯。穿山灌溉,民赖其利。

③《管辂(lù)别传》:书名。管辂弟管辰撰。管辂,字公明。三国魏平原(今山东平原县)人。精通《周易》,善卜筮、相术。

④玄武:二十八宿中北方七宿(斗、牛、女、虚、危、室、壁)的合称,以其排列之形如龟而得名。

⑤青龙:二十八宿中东方七宿(角、亢、氐、房、心、尾、箕)的合称。

⑥白虎:二十八宿中西方七宿(奎、娄、胃、昴、毕、觜、参)的合称。

⑦朱雀:二十八宿中南方七宿(井、鬼、柳、星、张、翼、轸)的合称。

⑧果如其言:按,以上详见《三国志·魏书·管辂传》。

【译文】

穀水又往东流经三国魏时将作大匠毌丘兴墓南,那里如今还留着两块墓碑。毌丘兴是毌丘俭的父亲。《管辂别传》说:管辂曾随军西征,经过他的墓旁,看到四面的雕刻,不觉叹了一口气,对朋友说:玄武缩着头,青龙断了足,白虎衔死尸,朱雀在悲哭。四种危象齐全,按理应当灭族。他真的说中了。

穀水又东迳函谷关南,东北流,皂涧水注之①。水出新安县,东南流迳毌丘兴墓东,又南迳函谷关西。关高险狭,路出壖郭②。汉元鼎三年③,楼船将军杨仆数有大功④,耻居关外,请以家僮七百人,筑塞徙关于新安,即此处也。昔郭丹西入关⑤,感慨于其下曰:不乘驷马高车⑥,终不出此关也!去家十二年,果如志焉。皂涧水又东流入于穀。

【注释】

①皂涧水:在今河南新安东。

②廛(chán)郭:屋舍城郭。

③元鼎三年:前114年。元鼎,西汉武帝刘彻的年号(前116—前111)。

④楼船将军:官名。西汉杂号将军。因统率楼船(战舰)作战而得名。
杨仆:西汉宜阳(今河南宜阳)人。武帝时,初为御史,督盗贼关东,
因果敢,迁主爵都尉。南越贵族反叛,武帝拜其为楼船将军率兵
平叛,以功封将梁侯。

⑤郭丹:字少卿。南阳穰(今河南邓州)人。从师长安,买符入函谷关,
慨然叹曰:"丹不乘使者车,终不出关。"更始二年(24),三公举丹
贤能,征为谏议大夫,持节使归南阳,安集受降。丹自离家十二年,
果乘高车出关,得遂其志。

⑥驷马高车:指显贵者所乘的驾四匹马的高车。表示地位显赫。

【译文】

　　榖水又往东流经函谷关南,往东北流,皂涧水注入。皂涧水发源于
新安县,往东南流经毌丘兴墓东面,又往南流经函谷关西面。函谷关又
高又险,道路就从关城通出。西汉元鼎三年,楼船将军杨仆屡建大功,觉
得住在关外是一件不光彩的事,申请以七百名僮仆来修筑要塞,把关口
迁到新安去,就是这地方。从前郭丹向西入关,在关下慷慨激昂地说:如
果我不能乘坐驷马高车,就永远不从这关口出去!他离家十二年,果然
实现了自己的志愿。皂涧水又东流,注入榖水。

　　榖水又东北迳函谷关城东,右合爽水①。《山海经》曰:
白石山西五十里曰榖山②,其上多榖,其下多桑,爽水出焉。
世谓之纻麻涧,北流注于榖。其中多碧绿。

【注释】

①爽水:在今河南新安西南。

②穀山：在今河南新安西南。

【译文】

　　穀水又往东北流经函谷关城东，在右边汇合了爽水。《山海经》说：白石山以西五十里有山叫穀山，山上多穀，山下多桑树，爽水就发源于这里。世人叫它纟麻涧，北流注于穀水。水中多产孔雀石。

　　穀水又东，涧水注之。《山海经》曰：娄涿山西四十里曰白石之山，涧水出焉，北流注于穀①。挚仲治《三辅决录注》云②：马氏兄弟五人，共居涧、穀二水之交，作五门客③，因舍以为名。今在河南西四十里。以《山海经》推校④，里数不殊仲治所记，水会尚有故居处。斯则涧水也，即《周书》所谓我卜涧水东⑤，言是水也。自下通谓涧水为穀水之兼称焉⑥。故《尚书》曰：伊、洛、瀍、涧，既入于河⑦。而无穀水之目，是名亦通称矣。刘澄之云⑧：新安有涧水⑨，源出县北；又有渊水，未知其源。余考诸地记，并无渊水，但渊、涧字相似，时有字错为渊也。故阚骃《地理志》曰⑩：《禹贡》之渊水⑪，是以知传写书误，字缪舛真⑫，澄之不思所致耳。既无斯水，何源之可求乎？

【注释】

①“娄涿山西四十里曰白石之山”几句：语见《山海经·中次六经》。

②挚仲治：即挚虞，字仲治。京兆长安（今陕西西安）人。西晋文论家、史学家。曾为汉赵岐《三辅决录》（记述汉代三辅史迹，以建武后已故官僚可作定论，故谓之决录）作注，即《三辅决录注》。

③作五门客：当为“作五门客舍”。《太平御览》：“《三辅决录注》云：马氏兄弟五人，共居涧、穀二水之交，作五门客舍，因舍以为名。”

译文从之。

④推校：推求考校。

⑤我卜涧水东：语见《尚书·周书·洛诰》："我卜河朔黎水，我乃卜
涧水东、瀍水西，惟洛食。"我，指周公旦。涧水，即今河南西北部
之涧河。

⑥兼称：互为通称。这里指涧水与穀水汇合后，二水互为通称，或称
穀水，或称涧水。

⑦伊、洛、瀍、涧，既入于河：语见《尚书·禹贡》。伊，即伊水，洛水
支流。源出河南栾川伏牛山北麓，东北流至偃师南入洛水。洛，
一作雒水。即今河南洛河，黄河支流。发源于今陕西，流经河南
西部，在巩义以北注入黄河。瀍，即瀍水。源出今河南洛阳西北，
东南流经洛阳旧城东入洛水。

⑧刘澄之：南朝宋武帝刘裕的族弟刘遵考之子，累官豫州刺史、都官
尚书。著有《永初山川古今记》《司州山川古今记》等。

⑨新安：即新安县。战国秦置，属三川郡。治所在今河南义马西石
河村。西汉属弘农郡。西晋属河南郡。

⑩阚骃（kàn yīn）《地理志》：阚骃，字玄阴。北凉至北魏敦煌（今甘
肃敦煌）人。此《地理志》应为其《十三州志》，是一部地理类著作。

⑪《禹贡》：即《尚书·禹贡》。详细记载了古代九州的划分、山川的
方位、物产分布以及土壤性质等。

⑫舛（chuǎn）：错误，错乱。

【译文】

　　穀水又东流，涧水注入。《山海经》说：娄涿山以西四十里，有山叫白
石之山，涧水就发源于这里，北流注入穀水。挚仲治《三辅决录注》说：
马氏兄弟五人，一起住在涧水与穀水的汇流处，建了一座有五道门的客
舍，因而就以五门为名。地点就在河南以西四十里。用《山海经》来核对，
里数与挚仲治所记并无不同，两水汇合处还留有马氏故居的旧址。这就

是涧水，《尚书·周书》所说的我在涧水东岸占卜，说的就是这条水。从这里起，下游也都称为涧水了，是穀水的兼称。所以《尚书》说：伊、洛、瀍、涧四条水，都注入河水。但却没有提到穀水，可知涧水也是通称了。刘澄之说：新安有涧水，发源于县北；又有渊水，不知源头在哪里。我查阅过各种地理著作，都没有提到渊水，但渊与涧字形相近，有时涧字就错成渊字。所以阚骃《十三州志》说：《尚书·禹贡》的渊水，可知是由于传抄时写错的，刘澄之没有想到这一点，所以受惑了。既然没有这么一条水，又哪有什么源头可找呢？

穀水又东，波水注之①。《山海经》曰：瞻诸山西三十里娄涿之山②：无草木，多金玉，波水出于其阴。世谓之百答水，北流注于穀。其中多茈石、文石③。

【注释】

①波水：亦称百答水。《水经注疏》熊会贞按："水在今新安县（今河南新安）东南。"

②瞻诸山：《水经注疏》熊会贞按："《中次六经》，谢水出瞻诸之山。山在今新安县东南五十二里。"娄涿之山：《水经注疏》熊会贞按："《中次六经》，瞻水出娄涿山之阳，今曰镂脚山，在新安县东南二十里。"

③茈（zǐ）石：紫色的石头。茈，紫色。文石：有纹理的石头。文，纹理，花纹。

【译文】

穀水又往东流，波水注入。《山海经》说：瞻诸山以西三十里有娄涿之山，山上没有草木，却多金玉，波水就发源于山北。世人称波水为百答水，北流注入穀水。水中多紫石和纹石。

　　穀水又东，少水注之①。《山海经》曰：厜山西三十里曰瞻诸之山②，其阳多金，其阴多文石，少水出于其阴。控引众溪，积以成川，东流注于穀，世谓之慈涧也。

【注释】

①少水：亦称慈涧。即今河南新安东南之磁河。

②厜（guī）山：一名谷口山。在今河南洛阳西南。

【译文】

　　穀水又东流，少水注入。《山海经》说：厜山以西三十里叫瞻诸之山，山南多金，山北多纹石，少水就发源于北麓。这条水汇合了许多溪涧，聚集成一条川流，往东注入穀水，世人称之为慈涧。

　　穀水又东，俞随之水注之①。《山海经》曰：平蓬山西十里厜山②，其阳多㻎琈之玉③，俞随之水出于其阴，北流注于穀。世谓之孝水也。潘岳《西征赋》曰：澡孝水以濯缨④，嘉美名之在兹。是水在河南城西十余里⑤，故吕忱曰⑥：孝水在河南。而戴延之言在函谷关西，刘澄之又云出檀山⑦，檀山在宜阳县西⑧，在穀水南，无南人之理⑨。考寻兹说，当承缘生《述征》谬志耳⑩。缘生从戍行旅，征途讯访，既非旧土，故无所究。今川澜北注，澄映泥泞⑪，何得言枯涸也⑫？皆为疏僻矣。

【注释】

①俞随之水：亦称孝水、王祥河。在今河南洛阳西。

②平蓬山：当在今河南洛阳一带。

③瑎珇(ㄈ fú)之玉：玉名。

④澡：沐浴，澡浴。濯缨：洗濯冠缨。语见《孟子·离娄上》："沧浪之水清兮，可以濯我缨。"

⑤河南城：原为王城，战国时加以扩建，称河南城。在今河南洛阳西涧水东岸。

⑥吕忱：字伯雍。任城(今山东济宁东南)人。晋文字学家，官义阳王典祠令。撰《字林》七卷。

⑦檀山：在今河南洛宁西四十五里。

⑧宜阳县：战国韩置。治所在今河南宜阳西四十八里韩城镇。

⑨无南入之理：武英殿本《水经注》："案上所引，不言南入，当有脱文。"

⑩缘生《述征》：即晋末宋初人郭缘生《述征记》。该书记述了他跟随刘裕北伐慕容燕、西征姚秦的沿途所见。

⑪澄映：形容波光清澈明净。

⑫枯涸：枯竭干涸。武英殿本《水经注》："案所引无枯涸之误，当有脱文。"

【译文】

榖水又东流，俞随之水注入。《山海经》说：平蓬山以西十里有廆山，山南多瑎珇之玉，俞随之水就发源于北麓，北流注入榖水。世人称之为孝水。潘岳《西征赋》说：在孝水洗涤帽带，称道这里有个美名。这条水在河南城西十多里，所以吕忱说：孝水在河南。但戴延之却说在函谷关西面，刘澄之又说发源于檀山，而檀山在宜阳县西面，宜阳县又在榖水以南，那么孝水既不可能往南注入榖水了。推想起来，这个说法一定是由郭缘生《征述记》的错误而来的。郭缘生随军行进，沿途查访，但所到之处都不是他熟悉的故土，所以也就弄不清楚了。现在溪水荡着碧波往北奔流，清澈得可以看见水底的淤泥，怎能说水已干枯呢？他这些记述都很草率。

东北过穀城县北^①，

城西临穀水，故县取名焉。穀水又东迳穀城南，不历其北。又东，洛水枝流入焉，今无水也。

【注释】

①穀城县：东汉改穀成县置，属河南郡、河南尹。治所在今河南洛阳西北。

【译文】

穀水往东北流过穀城县北面，

县城西濒穀水，所以县也因水取名了。穀水又往东流经穀城南面，并不流过城北。又东流，洛水支流注入，现在已经无水了。

又东过河南县北^①，东南入于洛。

河南王城西北^②，穀水之右有石碛^③，碛南出为死穀^④，北出为湖沟。魏太和四年^⑤，暴水流高三丈，此地下停流以成湖渚^⑥，造沟以通水，东西十里，决湖以注瀍水。

【注释】

①河南县：秦置，属三川郡。治所在今河南洛阳西涧水东岸。西汉属河南郡。

②河南王城：即西周初周公平定武庚叛乱后所营建的城周。因王都在此，后亦称王城。在今河南洛阳旧城西至王城公园一带。

③石碛（qì）：《水经注疏》熊会贞按："在今洛阳县（今河南洛阳）西北。"

④死穀：穀水的枯水处。汉颖容著《春秋条例》言："西城梁门枯水处，世谓之死穀。"可知死穀当在当时王城西城梁门一带。

⑤太和四年：480年。太和，北魏孝文帝元宏的年号（477—499）。

⑥渚：通"瀦"。指陂塘之类。

【译文】

榖水又注东流过河南县北面，往东南注入洛水。

河南王城西北，榖水右边有石滩，滩水南流就是死榖，北流就是湖沟。魏太和四年发大水，水高三丈，这里地势低洼，就积成湖泊，于是开了一条东西走向的十里长沟，疏导湖水注入瀍水。

榖水又迳河南王城西北，所谓成周矣。《公羊》曰①：成周者何？东周也。何休曰②：名为成周者，周道始成，王所都也。《地理志》曰：河南河南县③，故郏鄏地也④。京相璠曰⑤：郏，山名；鄏，地邑也。卜年定鼎⑥，为王之东都⑦，谓之新邑，是为王城。其城东南名曰鼎门，盖九鼎所从入也，故谓是地为鼎中。楚子伐陆浑之戎，问鼎于此⑧。《述征记》曰：榖、洛二水，本于王城东北合流，所谓榖、洛斗也⑨。今城之东南缺千步，世又谓之榖、洛斗处。俱为非也。余按史传，周灵王之时⑩，榖、洛二水斗，毁王宫，王将堨之⑪，太子晋谏王，不听，遗堰三堤尚存。《左传·襄公二十五年》⑫，齐人城郏⑬，穆叔如周贺⑭。韦昭曰⑮：洛水在王城南，榖水在王城北，东入于瀍。至灵王时，榖水盛出于王城西，而南流合于洛。两水相格⑯，有似于斗，而毁王城西南也。

【注释】

①《公羊》：书名。即《春秋公羊传》。旧题战国公羊高撰。以解释《春秋》经文为主，叙述史事少，专讲经文之"微言大义"。为《春秋》

三传之一。

②何休：字劭公。东汉任城樊（今山东曲阜）人。为今文经学之后劲，
　有《春秋公羊解诂》存世。

③河南河南县：即河南郡的河南县。河南郡，汉高祖二年（前205）
　改河南国置。治所在洛阳县（今河南洛阳东北汉魏故城）。

④郏鄏（jiá rǔ）地：即周王城所在。在今河南洛阳旧城西至王城公
　园一带。

⑤京相璠：西晋地理学者裴秀的门客。撰有《春秋土地名》三卷。

⑥卜年：占卜预测统治国家的年数。定鼎：旧传夏禹铸九鼎，以象九
　州，历商至周，作为传国重器，置于国都。因称定立国都为“定鼎”。

⑦东都：西周的东都指洛邑。故址在今河南洛阳西。洛邑在西周另
　一都城镐京之东，故称东都。

⑧楚子伐陆浑之戎，问鼎于此：事见《左传·宣公三年》：“楚子伐陆
　浑之戎，遂至于洛，观兵于周疆。定王使王孙满劳楚子。楚子问
　鼎之大小、轻重焉。”楚子，指楚庄王。陆浑之戎，戎族的一支，允
　姓，本居瓜州，因秦晋诱而迁居伊川（在今河南栾川、嵩县一带）。

⑨斗：汇合，汇聚。两水汇合，其势如斗。

⑩周灵王：名泄心，一作大心。春秋时周王。周简王之子。

⑪堨（è）：修建堤堰。

⑫襄公二十五年：前548年。

⑬齐人城郏：齐国人为周王在郏修建都城。郏，即郏鄏。周之洛邑，
　春秋时称为王城。在今河南洛阳。

⑭穆叔：一称叔孙豹、叔孙穆子。春秋时鲁国大夫。事襄公，参国政。

⑮韦昭：字弘嗣。吴郡云阳（今江苏丹阳）人。三国吴史学家。后因
　避司马昭之讳，改为韦曜。曾依刘向所作，校定群书。著有《国语
　注》《汉书音义》。

⑯两水相格：这里指两股水冲激到一起。

【译文】

穀水又流经河南王城西北,这就是所谓成周。《春秋公羊传》说:什么是成周呢? 就是东周。何休说:取名成周,是因为周朝政制刚刚成立,这是周王建都的地方。《地理志》说:河南郡的河南县,是旧时郏鄏地方。京相璠说:郏是山名,鄏是城邑。占卜传国的年数,择地安放九鼎,成为周王的东都,称为新邑,这就是王城。城东南面城门为鼎门,就是九鼎搬运所经处,所以把这地方叫鼎中。楚子讨伐陆浑之戎时,就曾探问过放在这里的宝鼎。郭缘生《述征记》说:穀水和洛水原在王城东北合流,就是所谓穀、洛相斗。现在城的东南方向不到一千步处,世人又说就是从前穀、洛二水斗合的地点。这些说法都不正确。我查考史传,周灵王时穀水与洛水改道遇合,冲毁了王宫,灵王打算筑堤拦阻,太子晋谏阻灵王,灵王不听,当时所筑的三道堤堰都还存在。《左传·襄公二十五年》,齐人在郏筑城,穆叔到周去庆贺。韦昭说:洛水在王城以南,穀水在王城以北,东流注入瀍水。到了灵王时,穀水猛涨,在王城西面毁岸而出,南流汇入洛水。两水相冲激,就像相斗似的,把王城的西南角也冲毁了。

颖容著《春秋条例》言①,西城梁门枯水处,世谓之死穀是也。始知缘生行中造次,入关经究,故事与实违矣。考王封周桓公于是为西周,及其孙惠公,封少子于巩为东周,故有东、西之名矣②。秦灭周③,以为三川郡④。项羽封申阳为河南王⑤,汉以为河南郡,王莽又名之曰保忠信乡。光武都洛阳,以为尹。尹,正也,所以董正京畿⑥,率先百郡也。

【注释】

① 颖容《春秋条例》:又称《春秋释例》《春秋左氏条例》。五万余言。颖容,字子严。东汉陈国长平(今河南西华)人。博学多通,善《春

秋左氏传》）。屡征不就。

②"考王封周桓公于是为西周"几句：《史记·周本纪》司马贞索隐：
　"考王封其弟于河南，为桓公。卒，子威公立。卒，子惠公立。长
　子曰西周公。又封少子于巩，仍袭父号曰东周惠公。于是有东、
　西二周也。按：《世本》'西周桓公名揭，居河南；东周惠公名班，
　居洛阳'是也。"考王，周考王姬嵬，周思王之少弟。惠公，周桓公
　之孙，周威公之子。

③秦灭周：事在前256年。

④三川郡：秦庄襄王元年（前249）置。治所在洛阳县（今河南洛阳
　东北汉魏故城）。

⑤申阳：秦末瑕丘（今山东济宁兖州区）人。本张耳嬖臣，项羽势壮，
　他攻下河南郡（今河南洛阳迤西一带），迎项羽河上。被项羽立为
　河南王，都洛阳。

⑥董正：监督纠正，督察整顿。京畿（jī）：国都及其附近的地方。

【译文】

　　颍容著《春秋条例》说：西城梁门枯涸无水的地方，人们称之为死穀。
这样看来，可知郭缘生旅途匆匆，入关时所调查到的史迹，与实际情况是
颇有出入的。考王把周桓公封在这里，称为西周，到了桓公的孙子惠公
时，又把小儿子封于巩，称为东周，所以就有了东、西二周的称呼。秦灭
周，把这地方设为三川郡。项羽封申阳为河南王，汉时则立为河南郡，王
莽又把它叫保忠信乡。光武帝建都洛阳，又改郡为尹。尹，就是正的意思，
意在匡正京畿，对天下百郡起带头作用。

　　穀水又东流径乾祭门北①，子朝之乱②，晋所开也。东
至千金碣③。《河南十二县境簿》曰④：河南县城东十五里有
千金碣。《洛阳记》曰⑤：千金碣旧堰穀水⑥，魏时更修此堰⑦，
谓之千金碣。积石为碣而开沟渠五所，谓之五龙渠。渠上

立碣,碣之东首,立一石人,石人腹上刻勒云⑧:太和五年二月八日庚戌造筑此碣⑨,更开沟渠。此水衡渠上其水⑩,助其坚也,必经年历世,是故部立石人以记之云尔。盖魏明帝修王、张故绩也⑪。碣是都水使者陈协所造⑫。

【注释】

①乾祭门:古王城(今河南洛阳王城公园一带)的北门。

②子朝:即周景王之长庶子朝。景王崩,诸子争立,国人立三子猛为主,是为悼王,子朝攻杀猛。晋人逐子朝而立悼王之弟匄,是为敬王。

③千金碣(è):亦称千金渠。东汉时所开引穀水东流之人工渠。在今河南洛阳东北。

④《河南十二县境簿》:书名。《水经注疏》杨守敬按:“无撰人名,卷亡,《隋志》不著录。《初学记》、《文选》注、《寰宇记》全书并引之。考《晋志》,河南郡统县十二,则为晋人之书。”

⑤《洛阳记》:书名。一说为东晋弘农华阴(今陕西华阴)人杨佺期所作。《水经注疏》:“《文选》注三十引杨佺期《洛阳记》,二金碣在洛阳城西,去城三十五里。堰上有穀水坞。……会贞按:此《注》人全是未超石语,以为杨氏所引,故直标作《洛阳记》也。”

⑥堰:堤坝。此指作为堤坝堵截。

⑦魏:此指三国魏。

⑧刻勒:雕刻。勒,刻。

⑨太和五年:231年。太和,三国魏明帝曹叡(ruì)的年号(227—233)。

⑩此水衡渠上其水:一作“此水冲渠,止其水”。二说均似不通,待考。

⑪魏明帝:即三国魏皇帝曹叡,字元仲。沛国谯县(今安徽亳州)人。文帝曹丕之子。王:指王梁,字君严。东汉初渔阳要阳(今河北丰宁)人。初为郡吏,新莽败亡后,数从刘秀征战,平定河北。张:

指张纯,字伯仁。东汉京兆杜陵(今陕西西安东南)人。上穿阳渠,
引洛水为漕,百姓得其利。

⑫都水使者:官名。秦设都水长,掌管河堤水利事务。至西汉武帝(一
说成帝)时分为左右都水使者。王莽、东汉、三国魏皆改为水衡都
尉。西晋武帝复此称。历朝或置或省,官秩不一。陈协:即陈勰。
西晋时人。先为晋文帝司马昭所善待,特有才用,明解军令。晋
武帝司马炎为晋王时,委任使典兵事。后为都水使者。

【译文】

　　榖水又往东流经乾祭门北面,王子朝作乱时,晋国开了这座城门。
又往东流到千金堨。《河南十二县境簿》说:河南县城东十五里有千金堨。
《洛阳记》说:千金堨从前是为拦截榖水而筑,魏时重修此堰,称为千金
堨。当时用石块筑堰,开了五处沟渠,称为五龙渠。渠上造堰,堰的东端
安放了一座石人,石人腹部刻着:太和五年二月八日庚戌,筑成此堰,又
开凿沟渠。当水冲沟渠时,就拦截水流,以保渠道牢固,经久不坏,因而
立此石人记事。这是魏明帝重修王梁、张纯的旧堰时所立。堰是都水使
者陈协所造。

　　《语林》曰①:陈协数进阮步兵酒②,后晋文王欲修九
龙堰③,阮举协④,文王用之。掘地得古承水铜龙六枚,堰
遂成。水历堨东注,谓之千金渠。逮于晋世⑤,大水暴注,
沟渎泄坏,又广功焉⑥。石人东胁下文云:太始七年六月
二十三日⑦,大水迸瀑,出常流上三丈,荡坏二堨,五龙泄
水,南注泻下,加岁久漱啮⑧,每涝即坏,历载捐弃大功,故
为今遏,更于西开泄,名曰代龙渠,地形正平,诚得为泄至
理。千金不与水势激争,无缘当坏,由其卑下,水得逾上
漱啮故也。今增高千金于旧一丈四尺,五龙自然必历世

无患。若五龙岁久复坏，可转于西更开二竭。二渠合用二十三万五千六百九十八功⑨，以其年十月二十三日起作，功重人少，到八年四月二十日毕⑩。代龙渠即九龙渠也。后张方入洛，破千金竭⑪。公私水碓皆涸⑫。

【注释】

①《语林》：书名。东晋裴启所撰的志人轶事小说集。原书已佚。裴启，字荣期。河东（今山西闻喜）人。生性好品评古今人物。

②阮步兵：即阮籍，字嗣宗。陈留尉氏（今河南尉氏）人。三国魏文学家、玄学家。竹林七贤之一。

③晋文王：即司马昭，字子上。河内温县（今河南温县）人。三国魏司马懿之次子，司马师之同母弟。其子武帝司马炎即位，追尊他为文帝。

④举：推举，举荐。

⑤逮：至，到。

⑥广功：扩大工程。功，工程。

⑦太始七年：271年。太始，即泰始。西晋武帝司马炎的年号（265—274）。

⑧漱啮：此指冲刷侵蚀。

⑨功：一个劳动力一天的工作。

⑩八年：即太始八年（272）。

⑪后张方入洛，破千金竭：事见《晋书·惠帝纪》："张方入京城，烧清明、开阳二门……方决千金竭，水碓皆涸。"张方，西晋河间王司马颙部将。河间（今河北献县东南）人。曾在洛阳大肆掳掠。

⑫水碓（cuì）：一种用水力带动木轮舂米的器械。

【译文】

《语林》说：陈协多次送酒给阮步兵，后来晋文王想修建九龙堰，阮步兵推荐了陈协，文王也任用了他。在动工掘地时，掘出了六枚古代的接水铜龙，堰也于是筑成了。水经此堰往东流注，称为千金渠。到了晋朝，大水猛涨冲击，渠道也被冲坏了，于是又扩大重建。石人东边胁下刻的字是：泰始七年六月二十三日，大水奔腾汹涌，高出正常水位三丈，把两道堰坝也冲坏了，五龙渠泄出的水，往南奔泻而下，加以年久逐渐受到冲刷侵蚀，每有水涝就被冲坏，历年的巨大工程全都枉费了，所以现在要使水流不再受阻，又在西边开渠泄水，名叫代龙渠。这里地形平正，在这里修建排水沟渠，的确是最好不过的了。千金埸并不正面迎着凶猛的水势，原本不会被冲坏的，但由于地势低注，水就会漫到堰上、逐渐侵蚀而冲坏了。现在把千金埸比过去加高一丈四尺，五龙渠自然也定会长期不闹水灾了。假如五龙渠年久以后又毁坏了，可以转向西边再筑两道堰。开两条渠道，工程共耗费二十三万五千六百九十八功，在当年十月二十三日开工，因工程浩大，人力不足，到泰始八年四月二十日竣工。代龙渠就是九龙渠。后来张方攻入洛阳，破坏了千金埸。公私水碓就都因水干而停用了。

永嘉初①，汝阴太守李矩、汝南太守袁孚修之②，以利漕运③，公私赖之。水积年④，渠埸颓毁，石砌殆尽，遗基见存。朝廷太和中修复故埸⑤。按千金埸石人西胁下文云：若沟渠久，疏深引水者当于河南城北、石碛西⑥，更开渠北出，使首狐丘⑦。故沟东下，因故易就，碛坚便时，事业已讫，然后见之。加边方多事，人力苦少，又渠埸新成，未患于水，是以不敢预修通之。若于后当复兴功者，宜就西碛。故书之于石，以遗后贤矣⑧。虽石碛沦败，故迹可凭，准之于文，北引渠东合旧渎。

【注释】

①永嘉：西晋怀帝司马炽（chì）的年号（307—312）。

②汝阴：即汝阴郡。三国魏景初二年（238）置，属豫州。治所在汝
　阴县（今安徽阜阳）。李矩：字世回。西晋平阳（今山西临汾）人。
　汝南：即汝南郡。西汉高帝四年（前203）置。治所在上蔡县（今
　河南上蔡西南）。袁孚：具体不详。

③漕运：旧时指国家从水道运输粮食，供应京城或接济军需。

④水积年：《水经注疏》：“赵（一清）云：按此处有脱文。守敬按：删
　‘水’字即得。”

⑤太和：北魏高祖孝文帝元宏的年号（477—499）。修复故堨：事见
　《太平寰宇记》：“后魏孝文迁都洛阳，于此修千金堨。渠成而水不
　流，常无有龙扼之，水不得下，于是祭之，龙退而水行。”

⑥河南城：原为王城，战国时加以扩建，称河南城。在今河南洛阳西
　涧水东岸。碛（qì）：沙石积成的浅滩。

⑦首狐丘：此指使新开渠与旧渠道汇合。

⑧遗（wèi）：赠送。

【译文】

　　永嘉初，汝阴太守李矩、汝南太守袁孚修复了这条堨，以便水道运
输，官府和百姓都要依靠它。年积月累，渠道和堰坝又塌毁了，砌堰的石
块差不多都冲走了，只有遗址还留着。朝廷在太和年间修复了这条旧堰。
按千金堨石人西边胁下刻的是：假如沟渠年久荒废，进行深浚引水工程
的人，应当在河南城以北、石滩以西，另开沟渠通往北面，与旧渠道汇合。
旧沟通往东方，循旧道施工较为容易，石滩也牢固又省时，工程完成后，
就可以看到效益。但因边境多事，苦于人力不足，而且渠道和堰坝刚刚
建成，尚未受到水灾的威胁，所以也不敢预先把它修通。以后如果要重
新动工，以在西边石滩处施工为妥。因此把这些意见刻在石上，留给后
世贤者参考。现在虽然石滩也淹没了，但遗迹还依稀可辨。照石人铭文
看来，引渠北出，是往东与旧渠道相汇合的。

旧渎又东，晋惠帝造石梁于水上①，按桥西门之南颊文②，称晋元康二年十一月二十日③，改治石巷、水门，除竖枋④，更为函枋⑤，立作覆枋屋⑥，前后辟级续石障，使南北入岸。筑治漱处，破石以为杀矣⑦。到三年三月十五日毕讫⑧，并纪列门广长深浅于左右巷，东西长七尺，南北龙尾广十二丈，巷渎口高三丈。谓之皋门桥⑨。潘岳《西征赋》曰⑩：驻马皋门。即此处也。

【注释】

①晋惠帝：西晋皇帝司马衷。晋武帝司马炎次子，性痴呆。

②颊文：此指桥门面上的文字。

③元康二年：292 年。元康，西晋惠帝司马衷的年号（291—299）。

④枋（fāng）：两柱间起联系作用的横木。

⑤函枋：横排卷洞式枋门。

⑥覆枋屋：遮盖枋木的屋舍。

⑦筑治漱（shù）处，破石以为杀矣：此指修好被冲荡坏的地方，以减
　　少水势。漱，冲刷，荡涤。

⑧三年：即晋元康三年（293）。

⑨皋门桥：在今河南洛阳东北。

⑩潘岳《西征赋》：潘岳，字安仁。西晋荥阳中牟（今河南中牟）人。
　　因行役之感而作《西征赋》。潘岳家在东，故言西征。

【译文】

旧渠又东流，晋惠帝在水上造了一座石桥，石桥西门朝南一面刻的是：晋元康二年十一月二十日，改建石巷、水门，拆除了竖式枋柱，改为横排卷洞式枋门，又在上面造桥屋遮盖，在桥屋前后两面加砌石级与堤岸相接，使南北两头都伸到岸上。又把冲蚀的地方修好，以减小水势。工

程于三年三月十五日完成,并在左右记明各门的长宽深浅,桥洞东西宽七尺,南北桥头龙尾道宽十二丈,桥洞通水口高三丈。这座石桥称为旵门桥。潘岳《西征赋》说,驻马于皋门,指的就是这地方。

穀水又东,又结石梁,跨水制城^①,西梁也。

【注释】

①制城:限制入城的水流。《水经注疏》熊会贞按:"《洛阳伽蓝记》,出阊阖门外七里,长分桥。中朝时以穀水峻急,注于城下,多坏民家,立石桥以限之。长则分流入洛,故名曰长分桥。"

【译文】

穀水又东流,又建了一条石桥,横跨水上,以制约入城水流,这就是西梁。

穀水又东,左会金谷水^①。水出太白原^②,东南流历金谷^③,谓之金谷水,东南流迳晋卫尉卿石崇之故居^④。石季伦《金谷诗集叙》曰^⑤:余以元康七年^⑥,从太仆出为征虏将军^⑦。有别庐在河南界金谷涧中^⑧,有清泉茂树,众果、竹、柏、药草备具。金谷水又东南流入于穀。

【注释】

①金谷水:即今河南洛阳西金水河。因流经金谷而得名。

②太白原:在今河南洛阳孟津区东南凤凰台南。

③金谷:在今河南洛阳孟津区东南凤凰台南至左坡南。

④卫尉卿:官名。掌宫门宿卫屯兵、管理武器库藏等。石崇:字季伦,渤海南皮(今河北南皮东北)人。西晋巨富,极奢靡。

⑤石季伦《金谷诗集叙》：石崇有别庐金谷园在金谷涧，与潘岳等人常昼夜游宴于此，各自赋诗。《金谷诗集叙》是石崇为其中一次游宴诗结集所作的序。

⑥元康七年：297年。

⑦征虏将军：官名。东汉杂号将军之一。始于光武帝刘秀建武年间拜祭遵为征虏将军。魏晋南北朝多沿置。

⑧别庐：别墅。河南：即河南县。治所在今河南洛阳西郊涧水东岸。金谷涧：在今河南洛阳西。

【译文】

穀水又东流，在左边汇合金谷水。金谷水发源于太白原，往东南流经金谷，叫金谷水，往东南流经晋卫尉卿石崇的故居。石季伦《金谷诗集叙》说：元康七年，我任征虏将军随太仆出征。在河南县境内金谷涧中有一座别墅，周围有清冽的流泉、繁茂的树丛，还有各种果树、修竹、翠柏和药草等。金谷水又往东南流，注入穀水。

穀水又东迳金墉城北①。魏明帝于洛阳城西北角筑之②，谓之金墉城，起层楼于东北隅③。《晋宫阁名》曰④：金墉有崇天堂⑤。即此。地上架木为榭⑥，故白楼矣⑦。皇居创徙，宫极未就，止跸于此⑧。构宵榭于故台，所谓台以停停也⑨。南曰乾光门⑩，夹建两观⑪，观下列朱桁于堑⑫，以为御路。东曰含春门，北有遲门。城上西面列观，五十步一睥睨⑬，屋台置一钟以和漏鼓⑭。西北连庑函荫⑮，墉比广榭⑯。炎夏之日，高视常以避暑⑰，为绿水池一所，在金墉者也。穀水迳洛阳小城北。因阿旧城⑱，凭结金墉，故向城也。永嘉之乱⑲，结以为垒，号洛阳垒⑳。故《洛阳记》曰㉑：陵云台西有金市㉒，金市北对洛阳垒者也。

【注释】

①金墉城 三国魏明帝时筑。在今河南洛阳东北汉魏故城西北角。

②洛阳城 在今河南洛阳东北。

③层楼：高楼。层，高。

④《晋宫阁名》：书名。《水经注疏》杨守敬按："无撰人名，卷亡，《隋志》不著录。《类聚》《初学记》《文选》注诸书多引之。"

⑤崇天堂：《水经注疏》熊会贞按："《初学记》二十四，晋有崇天台，《注》云，见《晋宫阁名》，疑此'堂'为'台'之误。"

⑥榭（xiè）：建在高土台或水面（或临水）上的木屋。

⑦白楼：《水经注疏》杨守敬按："非也。《洛阳记》《伽蓝记》《洛中记》并作'百尺楼'，此当作'故百尺楼'矣，今订。"译文从之。

⑧止跸（bì）：犹"驻跸"，指帝王止宿。跸，泛指帝王出行的车驾。

⑨停停：通"亭亭"。耸立貌。

⑩乾光门：《水经注疏》杨守敬按："《洛阳伽蓝记》，高祖在金墉城内，作光极殿，因名金墉城门为光极门。疑即乾光门。"

⑪观（guàn）：古代宫门外高台上的望楼，亦称阙。

⑫朱桁（héng）：红色的横木。桁，屋梁上或门框、窗框上的横木。堑：防御用的壕沟，护城河。

⑬睥睨（pì nì）：同"埤堄"。城墙上的短墙，女墙。

⑭漏鼓：报更漏的鼓。

⑮连庑（wǔ）：连接的廊屋。庑，堂下周围的廊屋、走廊。

⑯墉：指城墙，高墙。比：靠近，毗邻。

⑰高视：当为"高祖"之讹。陈桥驿按，武英殿本《水经注》："案朱谋㙔云：高视当作高欢。考道元以孝昌中死于萧宝寅之舌，安得及神武事？《魏书·高祖纪》，尝幸洛阳，'视'乃'祖'字之讹。"赵一清《水经注释》作"高祖"。杨、熊《水经注疏》亦作"高祖"。

⑱因：于是。阿：依凭，依傍。

⑲永嘉之乱：亦称永嘉之祸。西晋末年，晋室败落，国力衰微。晋怀帝永嘉二年（308），匈奴贵族刘渊在平阳（今山西临汾）称帝。永嘉五年（311），刘渊之子刘聪遣大将呼延晏等与刘曜会合，攻破洛阳，掳掠怀帝，杀死官民三万余人，并挖掘陵墓，焚毁宫殿，迁怀帝至平阳，并于七年（313）杀之。不几年，西晋灭亡。因这些乱亡事件发生于永嘉年间，故史称永嘉之乱。永嘉，西晋怀帝司马炽的年号（307—312）。

⑳洛阳垒：《水经注疏》："《洛阳伽蓝记》，金墉城东有洛阳小城，永嘉中筑。"

㉑《洛阳记》：书名。《水经注疏》杨守敬按："《御览》一百七十七引杨龙骧《洛阳记》，凌云台高二十三丈，登之见孟津。"

㉒陵云台：在今河南洛阳东北魏晋洛阳故城内。《水经注疏》杨守敬按："《洛阳伽蓝记》千秋门内道北有西游园，中有凌云台。《御览》一百七十八引《述征记》，凌云台在明光殿西，则在宫城中。"

【译文】

榖水又往东流经金墉城北面。魏明帝在洛阳城西北角筑了这座城，叫金墉城，在东北角建起高楼。《晋宫阁名》说：金墉有崇天堂。就在这地方。在城上筑起台榭，这就是旧时的百尺楼。刚开始迁都的时候，宫殿尚未建成，皇上就临时在这里居住。在旧台上建起小榭，真所谓楼台高耸了。南面叫乾光门，两边建了楼观，在底下的护城河上架设红漆浮桥，专供皇帝行走。东面叫含春门，北面有暹门。城上西面建楼观，五十步有一道女墙，屋台上放着一口钟，配合鼓声报时。西北有连廊荫蔽，宽敞的台榭紧靠着城墙。在夏天酷热难当的日子，高祖常到这里避暑，在金墉城造了一口绿水池。榖水流经洛阳小城北面。小城傍着旧城，与金墉城相连，是旧时向城的故址。永嘉之乱时，把这几座城连接起来，成为城防堡垒，号称洛阳垒。所以《洛阳记》说：陵云台西有金市，金市北对洛阳垒。

又东历大夏门下①,故夏门也。陆机《与弟书》云②:门有三层楼,高百尺。魏明帝造。门内东侧际城,有魏明帝所起景阳山③,余基尚存。孙盛《魏春秋》曰④:景初元年⑤,明帝愈崇宫殿⑥,雕饰观阁,取白石英及紫石英及五色大石于太行穀城之山⑦,起景阳山于芳林园⑧,树松竹草木,捕禽兽以充其中。于时百役繁兴,帝躬自掘土,率群臣三公已下,莫不展力。山之东,旧有九江。陆机《洛阳记》曰⑨:九江直作圆水,水中作圆坛三破之,夹水得相径通。《东京赋》曰⑩:濯龙、芳林、九谷、八溪⑪,芙蓉覆水,秋兰被涯⑫。今也,山则块阜独立,江无复仿佛矣。

【注释】

①大夏门:汉魏故城北面西头门。在今河南洛阳东北。汉名夏门,魏晋改名大夏门。

②陆机《与弟书》:陆机,字士衡。吴郡吴县(今江苏苏州)人。西晋文学家。其《与弟书》是写给弟弟陆云的书信。

③景阳山:在今河南洛阳东北汉魏故城北部。

④孙盛《魏春秋》:孙盛,字安国。东晋太原中都(今山西平遥)人。其《魏春秋》又称《魏氏春秋》。记三国时曹魏史事。

⑤景初元年:237年。景初,三国魏明帝曹叡(ruì)的年号(237—239)。

⑥崇:加高。

⑦白石英:矿物名。成分是二氧化硅,晶体叫水晶。一般乳白色,半透明或不透明。紫石英:又称紫水晶。石英的一种。紫色,呈玻璃光泽,性脆。五色大石:一作五色文石,即彩色有纹理的石头。

⑧芳林园:皇家园林。东汉末建。在今河南洛阳东北汉魏故城北隅。三国魏正始初改名华林园。

⑨陆机《洛阳记》：《隋书·经籍志》："《洛阳记》一卷。陆机撰。"

⑩《东京赋》：赋名。东汉张衡所作。记东都洛阳之宫室、器物、服饰、百戏、物产等。为汉代名赋之一。

⑪濯龙：即濯龙园。在今河南洛阳东北汉魏故城西北角。芳林：即芳林园。九谷、八溪：即九谷池、八溪池。不知具体所在。

⑫被涯：覆盖在水边。涯，水边。

【译文】

又往东流过大夏门下，就是旧时的夏门。陆机《与弟书》说：大夏门有一座三层楼，高百尺。是魏明帝所造。门内东边，靠近城旁有魏明帝所筑的景阳山，基址还在。孙盛《魏春秋》说：景初元年，明帝把宫殿造得更高，把观阁雕饰得富丽堂皇，在太行山和縠城山采掘白石英、紫石英和五色大石，在芳林园中筑成景阳山，山上种植松竹草木，又捕来珍禽异兽放到里面。当时百工纷纷同时进行，明帝亲自掘土，带领群臣参加建筑工程，三公以下无人不来出力。景阳山东边，从前有九江。陆机《洛阳记》说：九江汇成一口圆形水池，池心造了个圆坛，三条堤道把水池一分为三，从岸上通到圆坛。张衡《东京赋》说：有濯龙园、芳林园、九谷池、八溪池，红荷遮满水面，秋兰长遍水滨。如今景阳山已成了一座荒寂的孤丘，九江则不留痕迹了。

縠水又东，枝分南入华林园①，历疏圃南②。圃中有古玉井，井悉以珉玉为之③，以缁石为口④，工作精密，犹不变古，璨焉如新⑤。又迳瑶华宫南⑥，历景阳山北。山有都亭，堂上结方湖，湖中起御坐石也，御坐前建蓬莱山⑦。曲池接筵，飞沼拂席。南面射侯夹席⑧，武峙背山⑨。堂上则石路崎岖，岩嶂峻险，云台风观，缨峦带阜⑩，游观者升降阿阁⑪，出入虹陛⑫，望之状凫没鸾举矣⑬。其中引水飞皋，倾澜瀑布。

或枉渚声溜⑭，潺潺不断，竹柏荫于层石，绣薄丛于泉侧⑮，微飙暂拂⑯，则芳溢于六空⑰，寔为神居矣⑱。

【注释】

①华林园：即上文之芳林园。三国魏齐王芳即位，改芳林园为华林园。在今河南洛阳东北汉魏故城内。

②疏圃：《水经注疏》熊会贞按："《御览》一百八十九引此作蔬圃，《初学记》二十四引《洛阳宫殿簿》，蔬圃殿在华林园中，取此圃以名殿也。圃在华林园中，下瑶华宫、景阳山、天渊池、茅茨堂同。"

③珉（mín）玉：似玉的美石。

④缁（zī）石：黑石。

⑤粲（càn）：鲜明有光貌。

⑥瑶华宫：宫名。在华林园中。

⑦蓬莱山：古代神话传说中的神山。这里指修建的假山。

⑧射侯：指箭靶。

⑨岌峙：森然对立。

⑩婴峦带阜：山峦丘阜萦回缠绕。婴，缠绕。带，回绕。

⑪阿（ē）阁：四面有檐的楼阁。

⑫缸陛：高耸的台阶。

⑬凫（fú）：野鸭。鸾（luán）举：像鸾鸟一样飞翔。鸾，传说中凤凰一类的神鸟。举，飞升，飞翔。

⑭枉渚：弯曲的水池。渚，通"潴（zhū）"。蓄水池、陂塘之类。溜（liù）：细小的水流。

⑮绣薄：五彩斑斓的深草丛。绣，五彩斑斓。薄，深草丛。

⑯微飙（biāo）：微风。暂：突然，猝然。

⑰六空：此指空中。

⑱寔（shí）：同"实"。的确，实在。

【译文】

穀水又东流，分支往南流入华林园，流过疏圃南边。圃中有古玉井，全用珉玉砌成，井口则以黑石制作，做工非常精致，这口井还像古时一样，风貌依然未改，光彩璀璨，仿佛是新造的似的。穀水又流经瑶华宫南面，流过景阳山北面。山边有都亭，殿堂与方湖相接，湖中结石筑成御座，座前造起蓬莱山。弯弯曲曲的池岸座席相接，飞流下泻的池泉水花飘散。南面座席两边摆着箭靶，依山森然竖立着。殿堂上方是高低不平的石路和高险陡峻的岩峰，高台观榭上拂飞云，山峦丘阜萦回环抱，游人从楼阁上上下下，从曲阶进进出出，远远望去，就像鹅鸭潜水、鸾凤翔空一样。又引水从高峰飞流而下，成为瀑布。一弯曲水旁，泉流不停地传来淙淙清响，绿竹翠柏在岩上投下浓荫，繁花盛草在岸边聚成锦簇，微风吹拂，到处飘散着阵阵芳香，这真是神仙所住的地方了。

其水东注天渊池①，池中有魏文帝九华台②，殿基悉是洛中故碑累之，今造钓台于其上。池南直魏文帝茅茨堂③。前有茅茨碑，是黄初中所立也④。其水自天渊池东出华林园，迳听讼观南，故平望观也。魏明帝常言，狱⑤，天下之命也，每断大狱，恒幸观听之。以太和三年⑥，更从今名。观西北接华林隶簿⑦，昔刘桢磨石处也⑧。

【注释】

①天渊池：三国魏黄初五年（224）开凿。在今河南洛阳东北汉魏故城北隅。

②魏文帝：即曹操次子曹丕，字子桓。建安二十五年（220）即位为魏王，改元黄初。

③茅茨（cí）堂：一作苗茨堂。

④黄初：三国魏文帝曹丕的年号（220—226）。

⑤狱：诉讼案件。

⑥太和三年：229 年。

⑦隶簿：负责掌管刑徒及服劳役犯人的官署。隶，即徒隶，服劳役的犯人。

⑧刘桢（zhēn）：字公幹。东平宁阳（今山东宁阳南）人。建安七子之一。

【译文】

水往东流入天渊池，池中有魏文帝的九华台，殿基全用洛阳一带的旧碑砌叠而成，现在台上又造了一座钓台。池南正对魏文帝的茅茨堂。堂前有茅茨碑，是黄初年间所立。水从天渊池往东流出华林园，流经听讼观南面，也就是先前的平望观。魏明帝常常说，讼案是天下人命关天的大事，每次审判大案，他都会亲自来听审。从太和三年起，这里改成听讼观。听讼观西北与华林隶簿相邻接，是从前刘桢磨石头的地方。

《文士传》曰①：文帝之在东宫也②，宴诸文学③，酒酣，命甄后出拜④，坐者咸伏，惟刘桢平视之。太祖以为不敬⑤，送徒隶簿⑥。后太祖乘步牵车乘城⑦，降阅簿作，诸徒咸敬，而桢拒坐，磨石不动。太祖曰：此非刘桢也，石如何性？桢曰：石出荆山玄岩之下⑧，外炳五色之章⑨，内秉坚贞之志。雕之不增文，磨之不加莹。禀气贞正，禀性自然。太祖曰：名岂虚哉？复为文学。

【注释】

①《文士传》：书名。撰者为晋张隐，一说为张骘。记晋之前文士的事迹。

②东宫：指太子所居之宫。

③文学：官名。汉代郡国置文学掾史为属吏，省称文学，掌郡国学校，教授诸生。曹魏东宫置太子文学。

④甄后：中山无极（今河北无极）人。上蔡令甄逸之女。魏文帝曹丕之皇后，魏明帝曹叡生母。曹叡即位后追尊其为文昭皇后。

⑤太祖：指曹操。

⑥徒：一作徙。

⑦步牵车：即步挽，古代指用人力牵拉而供乘坐的车子。

⑧荆山：具体不详。

⑨炳：显现，呈现。五色：本指青、赤、白、黑、黄五种颜色，后泛指各种颜色。章：彩色，花纹。

【译文】

《文士传》说：文帝在东宫时，设宴款待各位文学官员，酒喝得正高兴时，叫甄后出来与各人行礼相见，在座的人都低着头不敢抬起来看，只有刘桢正视着她。太祖以为刘桢无礼，就把他送到囚犯服劳役的地方。后来太祖下车步行登城，随后下来视察囚犯劳作的场所，犯人们个个都恭恭敬敬地行礼，但刘桢却照样坐在那里磨石头，动也不动。太祖说：那不是刘桢吗？这石头质地怎么样？刘桢说：这石头是从荆山黑岩下采来的，外观上有五彩花纹，光辉灿烂，骨子里则秉性坚贞，志不可夺。雕琢它，也加不上多少美观，研磨它，也添不了多少光泽。它的气质天生就是坚贞刚正，性格就是朴质自然。太祖说：真是名不虚传！于是又恢复了他的文学之职。

池水又东流入洛阳县之南池①。池，即故翟泉也②，南北百一十步③，东西七十步。皇甫谧曰④：悼王葬景王于翟泉⑤，今洛阳太仓中大冢是也⑥。《春秋·定公元年》⑦，晋魏献子合诸侯之大夫于翟泉⑧，始盟城周⑨。班固、服虔、皇甫谧咸言翟泉在洛阳东北⑩,周之墓地。今按周威烈王葬洛阳城内东北隅⑪,景王冢在洛阳太仓中,翟泉在两冢之间,侧广莫门道东、建春门路北⑫。路,即东宫街也⑬,于洛阳为东北。后秦封吕不韦为洛阳十万户侯⑭,大其城,并得景王冢矣,是其墓地也。

【注释】

①洛阳县:秦庄襄王元年(前249)置,为三川郡治。治所在今河南洛阳东北汉魏故城。

②翟泉:一作狄泉。在今河南洛阳东北汉魏故城北隅。

③步:古代长度单位。历来定制不一。

④皇甫谧:即皇甫士安,字幼安,自号玄晏先生。安定朝那(今宁夏固原东南)人。后徙居新安(今河南渑池)。魏晋时隐士,散文家。撰《帝王世纪》十卷,起自三皇,迄于汉魏。今有宋翔凤辑本。

⑤悼王:即周悼王,名猛。周景王长子。景王:即周景王,名贵。周灵王次子。

⑥洛阳太仓中大冢:《水经注疏》熊会贞按:"《续汉志》注引《帝王世纪》,太仓中大冢,周景王也。《寰宇记》引云,景王葬于翟泉,今东阳门内有大街,北有太仓,中有景王陵,北眺翟泉。太仓即后叙自阊阖门枝分之水迳太仓南者也。"太仓,古代京师储备粮食的大仓库。

⑦定公元年:前509年。

⑧魏献子:即魏舒。春秋时晋国人。魏赢之子,魏绛之孙(《左传》《世本》等称魏绛之子)。晋顷公十二年(前514),韩宣子老,魏献子为国政。后与赵简子、中行文子、范献子并为晋卿。

⑨成周:周公平定武庚叛乱后营建。在今河南洛阳旧城西至王城公园一带。

⑩班固：字孟坚。扶风安陵（今陕西咸阳）人。东汉史学家、文学家。著有《汉书》《白虎通》《两都赋》等。服虔：字子慎，初名重，又名祇。河南荥阳（今河南荥阳）人。东汉经学家。

⑪周威烈王：名午。周考王之子。

⑫广莫门：《水经注疏》杨守敬按："《续汉书·百官志》，洛阳城有穀门。《洛阳伽蓝记》，北面东头曰广莫门，汉曰穀门，魏晋曰广莫门，高祖因而不改。"建春门：魏晋洛阳城东面北头第一门。在今河南洛阳东北。东汉曰上东门，魏晋改为建春门。

⑬东宫街：即建春门路。在今河南洛阳东北。

⑭吕不韦：姜姓，吕氏，名不韦。卫国濮阳（今河南濮阳）人。秦庄襄王时，官至相国，封文信侯，食邑河南洛阳十万户。秦王嬴政时称之为"仲父"，专断朝政。吕不韦曾主持编纂《吕氏春秋》（又名《吕览》）。后饮鸩自尽。

【译文】

池水又往东流入洛阳县的南池。这口池就是从前的翟泉，南北一百一十步，东西七十步。皇甫谧说：悼王把景王葬在翟泉，就是现在洛阳太仓中的大坟。《春秋·定公元年》，晋国魏献子在翟泉与诸侯的大夫会合，开始为成周筑城。班固、服虔、皇甫谧都说翟泉在洛阳东北，是周的墓地。今按，周威烈王葬在洛阳城内东北角，景王墓在洛阳太仓中，而翟泉则在两墓之间，靠广莫门路东、建春门路北。这条路就是东宫街，就洛阳而言，位置在东北。后来秦封吕不韦为洛阳十万户侯，把城的范围加以扩大，景王墓也就给围进来了，那就是他的墓地。

及晋永嘉元年①，洛阳东北步广里地陷②，有二鹅出，苍色者飞翔冲天，白色者止焉。陈留孝廉董养曰③：步广，周之翟泉，盟会之地。今色苍，胡象矣，其可尽言乎！后五年，刘曜、王弥入洛④，帝居平阳⑤。陆机《洛阳记》曰：步广里在洛阳城内,宫东是翟泉所在,不得于太仓西南也。晋永嘉元年⑥,京相璠与裴司空彦季修《晋舆地图》⑦,作《春秋地名》⑧,亦言今太仓西南池水名翟泉。又曰:旧说言翟泉本自在洛阳北,苌弘城成周乃绕之⑨。杜预因其一证,谓必是翟泉,而即实非也。后遂为东宫池。

【注释】

①永嘉元年:307 年。

②步广里:亦称翟泉。在今河南洛阳东北汉魏故城北隅。

③董养:字仲道。陈留浚仪(今河南开封)人。泰始初,到洛下,不求仕进。知乱将至,著《无化论》以非之。永嘉中洛城东北地陷,对谢鲲称此为不祥之兆,劝其深藏勿出,并与妻荷担入蜀,莫知所终。

④刘曜:字永明。新兴(今山西忻州)人。十六国时期前赵皇帝。王弥:东莱(今山东莱州)人。晋惠帝末年,集众为寇,有众数万。后投刘渊,为寇晋前驱。与刘曜共陷洛阳,纵兵大掠,幽帝辱后,死者三万余人。

⑤帝:即西晋惠帝司马衷。晋武帝司马炎次子,性痴呆。平阳:在今山西临汾尧都区西南十八里金殿镇。

⑥晋永嘉元年:疑为衍文。不译。

⑦京相璠(fán)与裴司空彦季修《晋舆地图》:陈桥驿按,此'与'字不作"和"字解。京与裴作《晋舆地图》,应解为京为裴作此图,《晋舆地区》是京一人的作品。这是事关知识产权的问题。拙著《郦学札记》(上海书店出版社 2000 年版)一书中专有《裴秀与京相璠》一篇(208 页)。京相璠,西晋地理学者裴秀的门客。裴司空彦季,此"彦季"当是"季彦"之误。裴季彦即裴秀。为司空,曾

作《禹贡地域图》十八篇。

⑧《春秋地名》：书名。亦称《春秋土地名》。京相璠撰。

⑨苌弘（cháng）：亦作苌宏。周景王、周敬王时人。后被周人杀死。传说苌弘死后三年，其血化为碧玉。

【译文】

到了晋朝永嘉元年，洛阳东北步广里地层下陷，地里出来两只鹅，一只苍色，直上青天飞去；一只白色，却停了下来。陈留孝廉董养说：步广，就是周时的翟泉，是盟会的地址。鹅呈苍色，是象征胡人呀，这可不得了，是说也说不得的呀！五年以后，刘曜、王弥侵入洛阳，晋帝于是迁都于平阳。陆机《洛阳记》说：步广里在洛阳城内宫东，就是翟泉所在的地方，不可能在太仓的西南。京相璠与裴季彦司空编绘《晋舆地图》，著《春秋地名》，也说现在京都太仓西南的池水叫翟泉。又说：按旧说，翟泉原在洛阳北面，苌弘筑成周城时，才把这地方围了进来。杜预按这条资料来作证，说这一定是翟泉了，但实际上却不是。以后就成为东宫中的水池。

《晋中州记》曰①：惠帝为太子，出闻虾蟆声②，问人：为是官虾蟆私虾蟆？侍臣贾胤对曰③：在官地为官虾蟆，在私地为私虾蟆。令曰：若官虾蟆，可给廪④。先是有谶云⑤：虾蟆当贵。昔晋朝收愍怀太子于后池⑥，即是池也。其一水自大夏门东迳宣武观⑦。凭城结构，不更增墉⑧，左右夹列步廊，参差翼跂⑨。南望天渊池⑩，北瞩宣武场⑪。《竹林七贤论》曰⑫：王戎幼而清秀⑬，魏明帝于宣武场上为栏，苞虎牙⑭，使力士袒裼⑮，迭与之搏，纵百姓观之。戎年七岁，亦往观焉，虎乘间薄栏而吼⑯，其声震地，观者无不辟易颠仆⑰，戎亭然不动。帝于门上见之，使问姓名而异之。场西故贾充宅地⑱。

【注释】

①《晋中州记》：书名。具体不详。

②虾蟆（há ma）：青蛙和蟾蜍的统称。

③贾胤：武威姑臧（今甘肃武威）人。西晋官吏。魏大臣贾诩曾孙。

④给廪（lǐn）：由官府供给粮食。

⑤谶（chèn）：古时指将要应验的预言和预兆。

⑥收：拘捕。愍（mǐn）怀太子：名遹（yù），字熙祖。晋惠帝长子，母曰谢才人。幼而聪慧，深得武帝司马炎钟爱。惠帝即位，立遹为皇太子。长大后，不修德业，性格刚奢残暴。贾后与贾谧密谋陷害其谋反，致其被黄门椎杀。

⑦大夏门：汉魏洛阳城北面西头门。在今河南洛阳东北。汉名夏门，魏晋改名大夏门。宣武观：在大夏门东侧。

⑧墉：城墙，城垣。

⑨翼跂（qí）：在两边伸出。

⑩天渊池：池名。三国魏黄初五年（224）开凿。在汉魏洛阳城北隅。

⑪宣武场：在汉魏洛阳城北。

⑫《竹林七贤论》：书名。晋太子中庶子戴逵撰。竹林七贤，指魏晋间阮籍、嵇康、山涛、王戎、向秀、刘伶、阮咸等七人，相与友善，游于竹林，故号竹林七贤。七人皆任诞，崇尚老、庄，好清谈，对当时及后世士人有深远影响。

⑬王戎：字濬冲。琅邪临沂（今山东临沂）人。竹林七贤之一。

⑭苞：通“包”。包裹。

⑮袒裼（tǎn xī）：敞开或脱去上衣，露出身体的一部分。

⑯薄：迫近，逼近。

⑰辟易：躲避，逃避。颠仆：跌倒，趴下。

⑱贾充：字公闾。平阳襄陵（今山西襄汾）人。贾逵之子。西晋开国元勋。与司马氏结为姻亲，其女贾南风嫁给晋惠帝司马衷。任司

空、太尉等职。封鲁郡公。

【译文】

《晋中州记》说：惠帝还是太子时，出去听到青蛙叫，他问人们，这些到底是官家的虾蟆还是私人的虾蟆？侍臣贾胤答道：在官地上的是官家的虾蟆，在私人地上的就是私人的虾蟆。于是惠帝下令道：如果是官家虾蟆，就拨些粮食给它。早先曾流行着一句预言：虾蟆要变尊贵。从前晋朝在后池拘捕了愍怀太子，就是这个水池。另一条水从大夏门往东流经宣武观。此观依城建筑，不再增建围墙，两边都造了步廊，参差地在两侧伸出。这里朝南望得到天渊池，朝北看得见宣武场。《竹林七贤论》说：王戎小时候长得眉清目秀。魏明帝在宣武场上做了栅栏，包起老虎的牙齿，叫勇士赤膊与虎搏斗，让百姓前去观看。当时王戎只有七岁，也去看斗虎，老虎伺机扑向栅栏大吼一声，声音响得连地都震动起来，观众吓得纷纷后退，乱跌乱撞，只有王戎却安然不动。明帝在阁上看到了，差人去问他的姓名，觉得这孩子非同寻常。宣武场西边是从前贾充的宅地。

　　榖水又东迳广莫北①，汉之榖门也。北对芒阜②，连岭修亘，苞总众山，始自洛口③，西逾平阴④，悉芒垄也。《魏志》曰：明帝欲平北芒⑤，令登台见孟津⑥。侍中辛毗谏曰⑦：若九河溢涌⑧，洪水为害，丘陵皆夷，何以御之？帝乃止。

【注释】

①广莫：即广莫门。

②芒阜：即北邙山。在今河南洛阳北。

③洛口：洛水汇入黄河处。在今河南巩义东北。

④平阴：即平阴县。战国时周置。后入秦，属三川郡。治所在今河南洛阳孟津区东北。

⑤明帝：即三国魏皇帝曹叡（ruì），字元仲。文帝曹丕之太子。

⑥孟津：又名盟津、富平津、武济、陶河。古黄河津渡名。周武王伐纣，八百诸侯在此会盟。在今河南孟州南、洛阳孟津区东北。

⑦辛毗（pí）：字佐治。颍川阳翟（今河南禹州）人。三国魏大臣。初事袁绍、袁谭父子。后为曹操丞相长史。文帝曹丕即位，以辛毗为侍中，赐爵关内侯，后赐广平亭侯。明帝曹叡即位，封辛毗颍乡侯。为卫尉。

⑧九河：禹时黄河的九条支流。据《尔雅·释水》，指徒骇、太史、马颊（jiá）、覆釜、胡苏、简、絜、钩盘、鬲津。近人多以为是古代黄河下游许多支流的总称。

【译文】

穀水又往东流经广莫门北边，就是汉时的穀门。此门北面与北邙山相对，连绵的山岭长长伸出，起自洛口，往西通过平阴，总括起来叫芒垄。《三国志·魏书》说：明帝想铲平北芒，以便登台眺望孟津。侍中辛毗谏阻道：假使九河泛滥，洪水成灾，把丘陵都淹没了，又能凭什么去阻挡呢？明帝这才作罢。

穀水又东屈南，迳建春门石桥下①，即上东门也。阮嗣宗《咏怀诗》曰步出上东门者也②。一曰上升门③，晋曰建阳门④。《百官志》曰⑤：洛阳十二门，每门候一人，六百石。《东观汉记》曰⑥：郅恽为上东门候⑦，光武尝出，夜还，诏开门欲入，恽不内⑧。上令从门间识面。恽曰：火明辽远。遂拒不开。由是上益重之。亦袁本初挂节处也⑨。桥首建两石柱，桥之右柱铭云：阳嘉四年乙酉、壬申⑩，诏书以城下漕渠，东通河、济，南引江、淮，方贡委输，所由而至，使中谒者魏郡清渊马宪监作石桥梁柱⑪，敕敕工匠尽要妙之巧⑫，攒立重石⑬，累高周距。桥工路博，流通万里云云。河南尹邳崇巍、

丞渤海重合双福、水曹掾中牟任防、史王荫、史赵兴、将作吏
睢阳申翔、道桥掾成皋卑国、洛阳令江双、丞平阳降、监掾王
腾之、主石作右北平山仲⑭。三月起作，八月毕成。

【注释】

①建春门：魏晋洛阳城东面北头第一门。在今河南洛阳东北。东汉
　曰上东门，魏晋改为建春门。

②阮嗣宗《咏怀诗》：阮嗣宗，即阮籍，字嗣宗。陈留尉氏（今河南尉
　氏）人。其《咏怀诗》十七首，盖处魏、晋之交，常虑祸患及己而有
　此作。诗多刺时人无故旧之情，逐势利而已。步出上东门：语见
　阮籍《咏怀诗》："步出上东门，北望首阳岑。"

③上升门：《水经注疏》杨守敬按："无考。必流俗之称。"

④建阳门：晋孝武帝司马炎之郑太后讳春，故改建春门为建阳门。

⑤《百官志》：所引为司马彪《续汉书·百官志》之内容。

⑥《东观汉记》：书名。又名《东观记》。东汉班固、刘珍等人以纪传
　体撰写的一部记载东汉历史的史书。记事起于光武帝，终于灵帝。

⑦郅恽（zhì yùn）：字君章。汝南西平（今河南西平）人。得光武帝
　赏识，为皇太子授《韩诗》。

⑧内：同"纳"。

⑨袁本初挂节：东汉灵帝刘宏中平六年（189），董卓议废立，袁绍挂
　节于上东门而去。袁本初，即袁绍，字本初。汝南汝阳（今河南商
　水县西北）人。东汉末地方权臣。节，即符节，古代授给大臣作为
　凭证的信物。

⑩阳嘉四年：135年。阳嘉，东汉顺帝刘保的年号（132—135）。

⑪中谒者：官名。常奉使出宫视疾护丧，或奉引车驾等，后多以宦官
　担任。马宪：魏郡清渊（今河北馆陶）人。其他不详。

⑫敕敕：督察告诫。

⑬攒（cuán）立：聚集竖立。

⑭崇巂（wěi）：东汉顺帝时下邳国（今江苏睢宁）人。双福：重合（今山东乐陵）人。任防：中牟（今河南中牟）人。王荫、赵兴：具体不详。申翔：睢阳（今河南商丘）人。卑国：《水经注疏》杨守敬按："姓氏书无姓卑者，恐误。下'降'同。"江双、王腾之：具体不详。山仲：右北平（今天津蓟州区）人。其余皆不详。

【译文】

穀水又东流南转，流经建春门——就是上东门——石桥下面。阮嗣宗《咏怀诗》所说的走出上东门，就指此门。又称上升门，晋时叫建阳门。《续汉书·百官志》说：洛阳有十二座城门，每座城门各有一人守门，薪俸每年六百石。《东观汉记》说：郅恽当上东门的守门人，光武帝有一次出门，到夜里才回来，下令开门，想要进城，郅恽却不放他进来。光武帝叫他从门隙间认一认自己的面孔，郅恽说，火光太远了。就是不开。因此光武帝更加看重他。这里也是袁本初挂节辞官的地方。桥头立着两根石柱，桥右石柱上的铭文说：阳嘉四年乙酉、壬申，两次诏书指出城下运粮水道东通河水、济水，南引江水、淮水，各方纳贡运输都要到这里来，因此指派中谒者魏郡清渊县马宪监建石桥和梁柱，敦促工匠们施展出他们最巧妙的技艺，把很重的石块拼合起来，把卷门砌得高高的。桥梁务必精美，道路务必宽阔，才能通行万里，如此等等。河南尹邳郡崇巂、丞渤海重令双福、水曹掾中牟任防、史官王荫及赵兴、将作吏睢阳申翔，道桥掾成皋卑国，洛阳令江双、丞平阳降、监掾王腾之、主石作右北平山仲。三月开工，八月建成。

其水依柱，又自乐里道屈而东出阳渠①。昔陆机为成都王颖入洛②，败北而返。水南即马市③，旧洛阳有三市④，斯其一也。亦嵇叔夜为司马昭所害处也⑤。北则白社故里⑥，昔孙子荆会董威辇于白社⑦，谓此矣。以同载为荣，故有《威辇图》。

【注释】

①乐里道:具体不详。阳渠:又名千金渠。原绕汉魏洛阳城(今河南洛阳东北)四周。东汉初王梁、张纯相继自今洛阳西筑堰穿渠引穀水东流,经汉魏洛阳故城,至今偃师东南入洛水,以通漕运。

②陆机:字士衡。吴郡吴县(今江苏苏州)人。西晋文学家。成都王颖:即司马颖,字章度。河内温县(今河南温县西)人。西晋武帝第十六子。封成都王。

③马市:或作牛马市。晋代洛阳市场。在洛阳城东建春门外二里穀水南。

④三市:《水经注疏》:"朱(谋㙔)《笺》曰:陆机《洛阳记》,洛阳旧有三市:一曰金市,在宫西大城中;二曰马市,在城东;三曰羊市,在城南。"

⑤嵇叔夜为司马昭所害处:《洛阳伽蓝记》卷二"城东":"出建春门外一里余,至东石桥。南北而行,晋太康元年造。桥南有魏朝时马市,刑嵇康之所也。"嵇叔夜,即嵇康,字叔夜。三国魏谯国铚(今安徽宿州)人。竹林七贤之一。司马昭,即晋文王,字子上。三国魏司马懿之次子,司马师之母弟。

⑥白社:里名。在今河南洛阳东北。

⑦孙子荆:即孙楚,字子荆。太原中都(今山西平遥)人。西晋文学家。董威辇:即董京,字威辇。其余不详。

【译文】

穀水高到柱边,又从乐里道转弯往东从阳渠流出去。从前陆机为成都王颖进军洛阳,却打了败仗回来。南岸就是马市,从前洛阳有三个市集,这是其中的一个。这里也是嵇叔夜被司马昭杀害的地方。北边是白社旧地,从前孙子荆在白社会见董威辇,就是这地方。孙子荆以能与董威辇同车为荣,所以有《威辇图》之作。

又东迳马市石桥①，桥南有二石柱，并无文刻也。汉司空渔阳王梁之为河南也②，将引穀水以溉京都，渠成而水不流，故以坐免③。后张纯堰洛以通漕④，洛中公私穰赡⑤。是渠今引穀水，盖纯之创也。按陆机《洛阳记》、刘澄之《永初记》言⑥，城之西面有阳渠，周公制之也。昔周迁殷民于洛邑⑦，城隍逼狭⑧，卑陋之所耳。晋故城成周以居敬王⑨，秦又广之，以封不韦⑩。以是推之，非专周公可知矣。亦谓之九曲渎。《河南十二县境簿》云：九曲渎在河南巩县西⑪，西至洛阳。

【注释】

①马市石桥：《洛阳伽蓝记》卷二"城东"："东临石桥。此桥南北行。晋太康元年中朝时市南桥也。澄之等盖见此桥铭，因而以桥为太康初造也。"

②王梁：字君严。东汉渔阳要阳（今河北丰宁）人。为河南尹期间，穿渠引穀水注洛阳城下，东泻巩川，及渠成而水不流。后张纯竟其功。

③坐免：因事或因罪免职。

④张纯：字伯仁。东汉京兆杜陵（今陕西西安）人。建武二十四年（48），上穿阳渠，引洛水为漕，使百姓得其利。

⑤穰赡（rǎng shàn）：年成丰收，财物富足。

⑥刘澄之《永初记》：书名。又作《永初山川古今记》。记南朝宋武帝时诸郡之山川。刘澄之，南朝齐官吏、地理学者。

⑦昔周迁殷民于洛邑：《尚书·多士》："成周既成，迁殷顽民，周公以王命诰，作《多士》。"殷民，殷商的百姓。

⑧城隍：城墙和护城河。这里泛指城池。逼狭：狭窄。

⑨城：筑城。成周：西周初周公平定武庚叛乱后营建。在今河南洛
　　阳旧城至王城公园一带。敬王：即周敬王，名匄。

⑩不韦：即吕不韦，姜姓，吕氏，名不韦。卫国濮阳（今河南濮阳）人。
　　秦王嬴政时称之为"仲父"，专断朝政。曾主持编纂《吕氏春秋》。

⑪巩县：战国时周置。后入秦，属三川郡。治所在今河南巩义西南。
　　西汉属河南郡。

【译文】

又往东流经马市石桥，桥南有两根石柱，都没有刻字。汉司空渔阳
王梁当河南尹，准备引穀水灌溉京都，但渠道开成后却不能通水，因此被
免职。后来张纯在洛水筑堰以通水运，洛阳一带官民都因之获利。这条
河渠今天引入穀水，就是张纯所开创的。查考陆机《洛阳记》、刘澄之《永
初记》说：城的西面有阳渠，是周公所开。从前周把殷商的百姓迁到洛邑，
当时洛邑城很狭小局促，不过是个卑陋的小城。晋国从前给成周筑城，
让敬王去居住。秦时又扩大了城区，封给吕不韦。照此推断起来，可想
而知，河渠并非全是周公所开。阳渠又叫九曲渎。《河南十二县境簿》说：
九曲渎在河南巩县以西，往西通到洛阳。

又按傅畅《晋书》云①：都水使者陈狼凿运渠②，从洛口
入③，注九曲，至东阳门④。是以阮嗣宗《咏怀诗》所谓朝出
上东门，遥望首阳岑⑤；又言遥遥九曲间⑥，裴徊欲何之者
也。阳渠水南暨阊阖门⑦，汉之上西门者也。《汉宫记》曰⑧：
上西门所以不纯白者，汉家厄于戌⑨，故以丹镂之⑩。太和
迁都⑪，徙门南侧，其水北乘高渠，枝分上下，历故石桥东入
城，迳望先寺⑫。中有碑，碑侧法子丹碑⑬，作龙矩势，于今
作则佳，方古犹劣。渠水又东历故金市南⑭，直千秋门，右宫
门也。

【注释】

①傅畅《晋书》：傅畅，字世道。早年仕晋，后为后赵石勒所俘，颇为所重。作《晋诸公叙赞》二十二卷、《公卿故事》九卷。

②都水使者：官名。西汉时置，掌河堤水利事务，亦称河堤谒者，东汉沿置。陈狼：《水经注疏》杨守敬按："《大典》本、明抄本作'狼'。《方舆纪要》作'陈协'，盖依此《注》前改。"运渠：在今河南洛阳旧城南。

③洛口：在今河南巩义东北。因地处洛水入黄河口而得名。

④东阳门：今河南洛阳东北汉魏洛阳城东面正东一门。汉称中东门，魏晋改称东阳门。

⑤首阳岑：即首阳山。位于河南偃师西北，北接洛阳孟津区景。为邙山最高处，日出先照，故名。

⑥遥遥：《水经注疏》熊会贞按："（阮籍）本集'遥遥'作'逍遥'，是也。"译文从之。

⑦罣：至，到。阊阖（chāng hé）门：今河南洛阳东北汉魏洛阳城西北门。

⑧《汉官记》：书名。《水经注疏》杨守敬按："此《汉官记》是《汉官仪》之误。"《汉官仪》，东汉应劭撰。记载汉官名称、职掌、俸秩及玺绶制度等。译文从之。

⑨汉家厄于戌：指汉朝皇帝刘邦在平城白登山（今山西大同东北二十里马辅山）被匈奴包围七日之事。厄，被困。

⑩丹：当为"丹漆"之脱。段熙仲点校、陈桥驿复校《水经注疏》："'以丹漆镂之'按：原'丹'下脱'漆'字，《续汉志》同。标点本已校补，《寰宇记》《名胜志》河南八有之，可证。今补。"

⑪太和迁都：指北魏太和十九年（495），孝文帝把都城由平城（今山西大同东北）迁到洛阳，大大促进了鲜卑族的汉化、北魏的经济发展和民族融合的进程。太和，北魏孝文帝元宏的年号（477—499）。

⑫望先寺：《水经注疏》杨守敬按："'望先'与'瑶光'形近，其为'瑶光'之误无疑。"瑶光寺为北魏世宗元恪在洛阳所建的尼寺。译文从之。

⑬子丹碑：子丹，即曹真，字子丹。沛国谯县（今安徽亳州）人。曹操族子。事曹操，拜中坚将军，领中领军。文帝曹丕即位，为镇西将军，进封东乡侯。明帝即位，进封邵陵侯，迁大将军。忠节佐命，持盈守位，劳谦其德。《水经注疏》杨守敬按："郦书不载子丹碑所在。《（北堂）书钞》二百二引《述征记》云：曹真祠堂在北邙山，刊石既精，书亦甚工。"

⑭金市：在今河南洛阳东北汉魏洛阳故城内。

【译文】

又按傅畅《晋书》说：都水使者陈狼开凿运渠，从洛口引水流经九曲，直到东阳门。所以阮嗣宗《咏怀诗》说：早上出来上东门，遥望高高的首阳山。又说：逍遥在九曲之间，徘徊着想往哪里走。说的就是这里。阳渠水往南通到阊阖门，就是汉时的上西门。《汉官仪》说：上西门没有涂成纯白色，是因为汉朝天子曾在西北被困，所以用红漆来涂刷雕刻。太和年间迁都，把这座城门迁到南边去，渠水从北边乘着渠道地势较高，分成上下两条，经过旧石桥往东流入城中，流过瑶光寺。寺中有一块石碑，石碑边上，仿效子丹碑雕成蟠龙模样，就今天所作而论还算不错，但与古代相比那就太差了。渠水又往东流经旧金市南边，正对千秋门，就是右边的宫门。

又枝流入石逗①，伏流注灵芝九龙池②。魏太和中，皇都迁洛阳，经构宫极，修理街渠，务穷幽隐，发石视之，曾无毁坏，又石工细密，非今之所拟，亦奇为精至也，遂因用之。其一水自千秋门南流迳神虎门下③，东对云龙门④，二门衡栿之上⑤，皆刻云龙风虎之状，以火齐薄之⑥。及其晨光初起，夕景斜辉，霜文翠照，陆离眩目。

【注释】

①逗：洞穴。

②灵芝九龙池：三国魏黄初三年（222）建。在今河南洛阳东北汉魏故城内。

③神虎门：德阳殿（东汉洛阳北宫的正殿。在今河南洛阳东北汉魏故城内）西门称神虎门。

④云龙门：德阳殿东门称云龙门。

⑤衡栿（fú）：横梁。栿，房梁。

⑥火齐：一种宝珠名。亦指琉璃珠。薄：装饰。

【译文】

支流又流入石砌的下水道，注入灵芝九龙池。魏太和年间迁都洛阳，规划修建宫殿，修理街道沟渠，要求探查所有隐蔽的处所，于是把盖在上面的石板打开来看，发现这条下水道完好无损，而且石工非常细致严密，不是今天所可比拟的，真是极其精良，于是就照旧留下使用。另一条支流从千秋门往南流经神虎门下，此门东对云龙门，两门的横梁上都雕刻着云龙风虎的图案，以琉璃珠装饰。每当朝阳初出、夕照西斜的时候，白色的纹理与青绿色交相辉应，光彩绚丽，令人眼花缭乱。

又南迳通门、掖门西①，又南流东转，迳阊阖门南。案《礼》，王有五门②：谓皋门、库门、雉门、应门、路门。路门一曰毕门③，亦曰虎门也。魏明帝上法太极于洛阳南宫④，起太极殿于汉崇德殿之故处⑤，改雉门为阊阖门。昔在汉世，洛阳宫殿门题多是大篆⑥，言是蔡邕诸子⑦。自董焚宫殿⑧，魏太祖平荆州⑨,汉吏部尚书安定梁孟皇善师宜官八分体⑩,求以赎死⑪。太祖善其法,常仰系帐中爱玩之,以为胜宜官,北宫榜题⑫,咸是鹄笔,南宫既建⑬,明帝令侍中京兆韦诞以古篆书之⑭。皇都迁洛,始令中书舍人沈含馨以隶书书之⑮。景明、正始之年⑯,又敕符节令江式以大篆易之⑰。今诸桁榜题,皆是式书。

【注释】

①掖(yè)门:宫殿正门两旁的边门。《水经注疏》杨守敬按:"《初学记》引《洛阳故宫记》,洛阳有南掖门、北掖门、东掖门、西掖门。此水所迳者,西掖门也。"

②五门:古代宫廷设有五门,自外而内为皋门、库门、雉门、应门、路门。

③路门:路寝(古代天子、诸侯的正厅)门,即古代宫室最里层的门。

④上法:崇尚效法。洛阳南宫:在今河南洛阳东北汉魏故城内。秦时洛阳已有南北宫。

⑤太极殿:宫殿名。魏晋时洛阳正殿。在今河南洛阳东北汉魏故城中。崇德殿:宫殿名。汉明帝时建造,后遭焚毁。

⑥大篆(zhuàn):字体名。亦称籀文或籀书。秦朝创制小篆以后把它叫大篆。笔画较繁复,与当时通行的而字体经过"省改"的小篆相区别。

⑦蔡邕:字伯喈。陈留圉(今河南杞县南)人。东汉文学家、书法家。

⑧董:指董卓,字仲颖。东汉临洮(今甘肃岷县)人。东汉末权臣。

⑨魏太祖:指曹操。荆州:西汉武帝置,为十三刺史部之一。东汉治所在汉寿县(今湖南常德东北)。初平元年(190)刘表徙治襄阳(今湖北襄阳汉水南岸襄城区)。

⑩吏部尚书：官名。主诠选，例居各部尚书之首。梁孟皇：即梁鹄，字孟皇。安定乌氏（今宁夏固原东南）人。受书法于师宜官，以善八分书知名。并以善书，官至吏部尚书。后投曹操，在秘书以勤书自效。曹操以为胜过师宜官。当时洛阳宫殿题署，多是梁鹄书写。师宜官：东汉南阳人。汉灵帝征天下工书于鸿都门，数百人，八分称宜官为最。大则一字径丈，小则方寸千言。八分体：字体名。又称八分书。汉代隶书的别名。

⑪求以赎死：曹操欲以梁鹄为洛阳令，而以为北部尉。后梁鹄投奔刘表。曹操攻破荆州，募求梁鹄，梁鹄惧怕而自缚诣门请罪，在秘书以勤书自效。

⑫北宫：宫名。在今陕西西安。榜题：匾额的题写。榜，匾额，碑匾。

⑬南宫：在今河南洛阳东北汉魏故城内。

⑭明帝：指三国魏明帝曹叡。韦诞：字仲将。京兆（今陕西西安）人。太仆韦端之子。有文才，善属辞章。太和中，为武都太守，以能书留补侍中，撰《魏书》。当时宫观匾额多为其所题写。

⑮中书舍人：官名。掌呈奏案，又掌诏命。为皇帝的近要之职。沈含馨：具体不详。

⑯景明：北魏宣武帝元恪（kè）的年号（500—503）。正始：元恪的另一个年号（504—508）。

⑰符节令：官名。西汉置，为少府属官。凡出命遣使掌给授符节。江式：字法安。陈留济阳（今河南兰考东北）人。北魏学者。撰集字书《古今文字》，未成而卒。

【译文】

又往南流经通门、掖门西面，又南流，转向东方流经闾阖门南面。按照《礼记》，帝王有五座门：皋门、库门、雉门、应门、路门。路门别名毕门，又叫虎门。魏明帝在洛阳南宫仿效太极而在汉崇德殿故址上建造太极殿，把雉门改为阊阖门。从前汉朝时候，洛阳宫殿门上的题字大多是大篆，据说是蔡邕等人所书。自从董卓焚烧了宫殿，魏太祖曹操平定荆州，汉吏部尚书安定梁孟皇擅长师宜官的八分体，请求以书法免他一死。太祖赏识他的书法，时常把他的字挂在帐中玩赏，以为胜过师宜官。北宫的题字，都是梁鹄的手笔。南宫建成后，明帝叫侍中京兆韦诞用古篆来题字。迁都洛阳后，才叫中书舍人沈含馨用隶书来题字。景明、正始年间，又下令符节令江式用大篆来替换。现在殿内梁上的匾额，都是江式题的字。

《周官》①：太宰以正月悬治法于象魏②。《广雅》曰③：阙，谓之象魏。《风俗通》曰④：鲁昭公设两观于门⑤，是谓之阙。从门，欮声。《尔雅》曰⑥：观谓之阙。《说文》曰⑦：阙，门观也。《汉官典职》曰⑧：偃师去洛四十五里⑨，望朱雀阙⑩，其上郁然与天连⑪，是明峻极矣。《洛阳故宫名》有朱雀阙、白虎阙、苍龙阙、北阙⑫，南宫阙也。

【注释】

①《周官》：即《周礼》。儒家经典之一。是书作者及成书年代，历来见解不一。该书杂汇周王室官制及战国年间各国制度，附会儒家政治理想，增损排比而成，分《天官冢宰》《地官司徒》《春官宗伯》等六篇。

②太宰：官名。掌建邦之六典，以佐王治邦国，总管全国政务。象魏：古代天子、诸侯宫门外的一对高建筑，亦称阙、观。为悬示教令的地方。

③《广雅》：书名。三国魏张揖撰。为增广《尔雅》而作，篇目跟《尔雅》相同。清代学者王念孙著《广雅疏证》，成为训诂学的重要典籍。引文语见《广雅·释宫》。

④《风俗通》：书名。一名《风俗通义》。东汉应劭撰。主要收录有

关古代历史、风俗礼仪、山河泽薮、怪异传闻等内容。

⑤鲁昭公：姬姓，名裯。春秋时鲁国国君。鲁襄公卒。其后，其太子
亦卒。鲁人立齐归之裯为君，是为鲁昭公。

⑥《尔雅》：书名。撰者不详。成书于西汉初年。是我国现存最早
的一部按意义编排的词典。引文语见《尔雅·释宫》。

⑦《说文》：书名。即《说文解字》。东汉许慎撰。是中国文字学的
奠基之作，也是我国第一部以六书理论系统分析字形、解释字义
的字典。引文语见《说文解字·门部》。

⑧《汉官典职》：书名。即《汉官典职仪式选用》。东汉蔡质撰。杂
记汉官制及上书谒见礼式。

⑨偃师：即偃师县。战国时周置。后入秦，属三川郡。汉属河南郡。
治所即今河南偃师。

⑩朱雀阙：东汉洛阳北宫的南门。在今河南洛阳东北汉魏故城内。

⑪郁然：高耸的样子。郁，高出，高耸。

⑫《洛阳故宫名》：书名。《隋书·经籍志》不录。《太平御览引书目》
有《洛阳故宫名》。具体不详。朱雀阙、白虎阙、苍龙阙、北阙：南
宫的观阙名。在今河南洛阳东北汉魏故城内。

【译文】

《周官》：太宰正月在象魏上张贴法令。《广雅》说：宫外的门阙叫象
魏。《风谷通》说：鲁昭公在门口造了两座楼观，叫阙。阙字从门，音欤。
《尔雅》说：楼观称为阙。《说文解字》说：阙，就是门口的楼观。《汉官典
职》说：偃师离洛阳四十五里，远望朱雀阙，一派蓬勃的气象，就像与天相
连似的，真是高了极了。《洛阳故宫名》有朱雀阙、白虎阙、苍龙阙、北阙，
都是南宫的观阙。

《东观汉记》曰：更始发洛阳①，李松奉引②，车马奔，触
北阙铁柱门，三马皆死③。即斯阙也。《白虎通》曰④：门必

有阙者何？阙者，所以饰门，别尊卑也。今闾阖门外夹建巨阙，以应天宿，虽不如礼，犹象而魏之⑤，上加复思⑥，以易观矣。《广雅》曰：复思谓之屏⑦。《释名》曰⑧：屏，自障屏也。罘思在门外。罘，复也。臣将入请事⑨，于此复重思之也。

【注释】

①更始：即西汉皇帝刘玄，字圣公。东汉光武帝刘秀族兄。南阳蔡阳（今湖北枣阳）人。破王莽军队后被推为更始将军。不久立为天子，建元更始。后被赤眉将领谢禄派人杀害。

②李松：西汉更始帝刘玄的部下。南阳宛（今河南南阳）人。更始立，以司直李松行丞相事。后被赤眉军俘虏。奉引：为皇帝前导引车。

③三马皆死：按，以上事亦见《续汉书·五行志》。

④《白虎通》：书名。又名《白虎通义》《白虎通德论》。汉章帝建初四年（79），诏诸儒会白虎观，讲议五经同异，统一今文经义，由班固将讨论结果辑撰成书。

⑤象而魏之：仿效天宿而修建宫观。这里指在此颁布法令。

⑥复思：即罘罳（fú sī）、罜思。古代设在门外的一种屏风。

⑦复思谓之屏：语见《广雅·释官》。

⑧《释名》：书名。东汉刘熙撰。该书运用声训的方式来探讨事物得名之由。是一部词源词典。引文语见《释名·释宫室》。

⑨请事：这里指向国君禀报事情。

【译文】

《东观汉记》说：更始帝从洛阳出发，李松导引车驾，拉车的马忽然狂奔起来，撞到北阙的铁柱门上，三匹马都死了。指的就是此阙。《白虎通》说：门为什么一定要有阙呢？阙是门的一种装饰，是用以区分地位尊卑之别的。现在闾阖门外两边建造了巨阙，与天上的星宿相对应，虽然没有依照礼法的规定，但也在这里颁布法令，上面加建罜思，以代替楼观。

《广雅》说：罘罳，指的是围屏。《释名》说：屏是用来遮蔽自己的。罘罳立在门外。罘，就是复。臣子要进去报告时，到了这里可以再好好想一想。

　　汉末兵起，坏园陵罘罳[①]，曰无使民复思汉也[②]。故《盐铁论》曰[③]：垣阙罘罳[④]。言树屏隅角所架也。颖容又曰[⑤]：阙者，上有所失，下得书之于阙，所以求论誉于人，故谓之阙矣。今阙前水南道右，置登闻鼓以纳谏[⑥]。昔黄帝立明堂之议[⑦]，尧有衢室之问[⑧]，舜有告善之旌[⑨]，禹有立鼓之讯[⑩]，汤有总街之诽[⑪]，武王有灵台之复[⑫]：皆所以广设过误之备也。渠水又枝分，夹路南出，迳太尉、司徒两坊间[⑬]，谓之铜驼街[⑭]。旧魏明帝置铜驼诸兽于闾阖南街[⑮]。陆机云：驼高九尺，脊出太尉坊者也。

【注释】

①园陵：据《汉书·王莽传》记载，这里的"园陵"指渭陵、延陵。

②元使民复思汉：让老百姓不再思念西汉王朝。《汉书·王莽传》："遣使坏渭陵、延陵园门罘罳，曰：毋使民复思也。"

③《盐铁论》：书名。西汉桓宽撰。西汉昭帝始元六年（前81），召集天下贤良、文学六十余人，问民间疾苦，并召于讨论经济等问题的盐铁会议，会后桓宽集其所论成书。

④垣阙罘罳：语见《盐铁论·散不足》。

⑤颖容：字子严。东汉陈国长平（今河南西华）人。博学多通，屡征不就。著《春秋左氏条例》。

⑥登闻鼓：古时悬于朝堂外的鼓。民有冤情，允许击鼓上闻。

⑦黄帝立明堂之议：《云笈七签·轩辕本纪》："济南人公玉带上黄帝《明堂图》。有复道，上有楼，从西南入，此楼之始也。帝依图制之，

曰：合宫可以观其行也。乃立明堂之议，以观于贤也。"

⑧尧有衢（qú）室之问：指尧在衢室询问民意。《列子·仲尼第四》："尧治天下五十年，不知天下治欤？不治欤？不知亿兆之愿戴己欤？不愿戴己欤？……尧乃微服游于康衢，闻儿童谣曰：'立我烝民，莫匪尔极。不识不知，顺帝之则。'"

⑨舜有告善之旌（jīng）：舜设置鼓励百姓进呈善言的旗幡。一说尧设告善之旌。裴骃《史记集解》："应劭曰：'旌，幡也。尧设之五达之道，令民进善也。'如淳曰：'欲有进者，立于旌下言之。'"旌，古代用羽毛装饰的旗子。

⑩禹有立鼓之讯：禹竖立大鼓以备告知民意。《淮南子·氾论训》："禹之时以五音听治，悬钟、鼓、磬、铎，置鞀，以待四方之士，为号曰：教寡人以道者击鼓，谕寡人以义者击钟，告寡人以事者振铎，语寡人以忧者击磬，有狱讼者摇鞀。"讯，告诉。

⑪汤有总街之诽：汤在大街上倾听百姓非议政事。《管子·桓公问》："汤有总街之庭，以观人诽也。"诽，从旁指责过失。

⑫武王有灵台之复：武王在灵台接见禀报者。

⑬太尉、司徒两坊：即太尉坊和司徒坊。坊，官署名。

⑭铜驼街：在今河南洛阳东北汉魏故城中。

⑮阊阖南街：阊阖门之南街。周祖谟《洛阳伽蓝记校释》："阊阖门者，乃宫城正南之门，虽与城之西门阊阖门同名，而非一门。"

【译文】

汉朝末年四处纷纷起兵，把陵园的罘思都砸了，说是不使百姓复思汉朝。因此《盐铁论》说：垣阙罘思。这是说在边角上立屏风，架设起来的就是罘思。颖容又说：立阙的用意是，在上的如有错失，臣下可以写在阙上，是征求人们的批评的，所以叫阙。今天则在阙前水南的道路右边放了一面登闻鼓来听取下面的批评意见。从前黄帝曾商议建立明堂，尧在大路边造屋以广咨询，舜设置旗幡鼓励百姓进呈善言，禹设鼓征求民间意见，汤在大街上倾听百姓非议政事，武王在灵台接见禀报者：这些都是为了广泛征求批评意见而采取的措施。渠水又分支沿御道两旁往南流，从太尉、司徒两坊间流过，那条街叫铜驼街。从前魏明帝在阊阖南街放置了铜驼等兽的铸像。陆机说：铜驼高九尺，脊背高出太尉坊。

　　水西有永宁寺①，熙平中始创也②，作九层浮图③，浮图下基方十四丈，自金露盘下至地四十九丈④，取法代都七级⑤，而又高广之。虽二京之盛⑥，五都之富⑦，利刹灵图，未有若斯之构。按《释法显行传》⑧，西国有爵离浮图⑨，其高与此相状，东都西域⑩，俱为庄妙矣。其地是曹爽故宅⑪，经始之日，于寺院西南隅得爽窟室，下入土可丈许，地壁悉累方石砌之，石作纸密，都无所毁，其石悉入法用⑫。自非曹爽，庸匠亦难复制此。桓氏有言⑬，曹子丹生此豚犊⑭！信矣。渠左是魏、晋故庙地，今悉民居，无复遗墉也⑮。

【注释】

①永宁寺：北魏熙平元年（516）灵太后胡氏建。在今河南洛阳东北汉魏故城内。永熙三年（534）毁于火。

②熙平：北魏孝明帝元诩的年号（516—518）。

③浮图：指佛塔。

④金露盘：为佛塔顶上所建的盘盖。丁福保编纂《佛学大辞典》："塔上所建重重之相轮。名为承露盘，谓承露之盘也，略云露盘。"

⑤代都：即今河北蔚县东北代王城。

⑥二京：指西汉都城长安与东汉都城洛阳。

⑦五都：三国魏时把长安、谯、许昌、邺、洛阳称为五都。

⑧《释法显行传》：书名。亦名《法显传》《佛国记》。释法显撰。后

秦弘始元年(亦为晋隆安三年,399),法显等人自长安西行,历三十余国,抵天竺学习佛法。于晋义熙八年(412)回国。历叙所经各国山川风物,撰《佛国记》,为研究五世纪南亚次大陆各国历史地理的宝贵资料。

⑨爵离浮图:亦称雀离大清净、雀梨大寺。《大唐西域记·屈支国》"昭怙釐二伽蓝"季羡林等校注:"此字……意为轮,转义为寺院。其地址在今库车北苏巴什地方铜厂河两岸。"

⑩东都:此指东都洛阳的九层浮图。西域:此指西域的爵离浮图。

⑪曹爽:字昭伯。沛国谯县(今安徽亳州)人。三国曹魏宗室、权臣,大司马曹真之子。起居自比皇帝。正始十年(249),司马懿发动高平陵之变后,曹爽因谋反罪被诛族。

⑫入法用:用于佛寺的建造。

⑬桓氏:指桓范,字元则。沛国谯县(今安徽亳州)人。三国魏明臣,后被司马氏所杀。

⑭曹子丹生此豚犊:《资治通鉴·魏纪七》:"范至劝爽兄弟以天子诣许昌,发四方兵以自辅。爽疑未决……爽乃投刀于地,曰:'我亦不失作富家翁!'范哭曰:'曹子丹佳人,生汝兄弟,犊耳!何图今日坐汝等族灭也!'"曹子丹,即曹真,字子丹。曹操族子。豚犊,猪犊。骂人的话。

⑮遗堳:遗留下来的墙垣。堳,墙垣。

【译文】

水西有永宁寺,创建于熙平年间,造了一座九层宝塔,塔基方十四丈,从塔顶的金露盘到地面有四十九丈,是仿照代都的七层宝塔建造的,但造得更高大。虽然繁华如二京,富饶如五都,但那些都城里的寺院宝塔,却都不及这里雄伟。查考《释法显行传》,西域有爵离浮图,高与此塔相仿,那么东都与西域二塔,风姿的庄严精妙是可相媲美了。那地方原是曹爽的故居,开工那天,在寺院西南角掘出了曹爽的地下室,筑在地下约一丈深，四壁都用方整的石块砌叠而成，石工细致精密，一点都没有毁坏，这些石块就都拿来作为造塔之用。要不是曹爽，平庸的匠人也是难以复制的。因而桓范有句话说：曹子丹生了这没出息的畜生！确实如此，水渠左边是魏晋时的庙宇旧址，现在全都成了民居，连断垣残壁也不留了。

　　渠水又西历庙社之间^①，南注南渠^②。庙社各以物色辨方^③。《周礼》，庙及路寝^④，皆如明堂^⑤，而有燕寝焉^⑤，惟祧庙则无^⑦。后代通为一庙，列正室于下，无复燕寝之制。《礼》：天子建国，左庙右社，以石为主，祭则希冕^⑧。今多王公摄事，王者不亲拜焉。咸宁元年^⑨，洛阳大风，帝社树折^⑩，青气属天^⑪，元王东渡^⑫，魏社代昌矣^⑬。渠水自铜驼街东迳司马门南^⑭。魏明帝始筑，阙崩，压杀数百人，遂不复筑，故无阙门。南屏中旧有置铜翁仲处^⑮，金狄既沦^⑯，故处亦褫^⑰，惟坏石存焉。自此南直宣阳门^⑱，经纬通达^⑲，皆列驰道^⑳，往来之禁，一同两汉。曹子建尝行御街^㉑，犯门禁，以此见薄^㉒。

【注释】

①庙社：这里指太庙和太社。太庙，帝王的祖庙。太社，古代天子为群姓祈福、报功而设立的祭祀土神、谷神的场所。

②南渠：《水经注疏》熊会贞按："南渠即下穀水迳西明门左，支渠东派入城之水。"

③物色：事物的形状。色，形状，样貌。

④路寝：古代天子、诸侯的正殿。用来处理政事等。

⑤明堂：古代帝王宣明政教之地。凡朝会、祭祀、赏庆、选士等大典都在此举行。

⑥燕寝：古代帝王居息的宫室。

⑦祧（tiāo）庙：帝王远祖之庙。

⑧"天子建国"几句：语见《周礼·春官·小仲伯》："小仲伯之职，掌建国之神位：右社稷，左宗庙。"主，神的牌位。希冕，即绨衣之冕。古代帝王祭社稷、五祀时所戴的与绨衣相配的礼冠。希，通"绨"。绣饰之衣。

⑨咸宁元年：275 年。咸宁，西晋武帝司马炎的年号（275—280）。

⑩社树：古代封土为社，各随其地所宜种植树木，称社树。

⑪青气：黑气。属（zhǔ）：连缀，连接。

⑫元王：指晋元帝司马睿，字景文。河内温县（今河南温县）人。晋武帝司马炎从子。

⑬魏社代昌：晋朝衰败，后魏昌兴。

⑭司马门：北宫城的南门。

⑮铜翁仲：《水经注·河水》："案秦始皇二十六年，长狄十二见于临洮，长五丈余，以为善祥，铸金人十二以象之，各重二十四万斤，坐之官门之前，谓之金狄。……俗谓之翁仲矣。"后泛指铜像或石像。

⑯金狄：即铜翁仲。沦：沦落。

⑰褫（chǐ）：脱落，毁坏。

⑱宣阳门：汉魏洛阳城南城东起第三门。在今河南洛阳东北。

⑲经纬：指道路。南北为经，东西为纬。

⑳驰道：古代供君王行驶车马的道路。

㉑曹子建：即曹植，字子建。曹操子，曹丕弟。

㉒见薄：被轻待，被轻视。按，以上事见《三国志·魏书·陈思王植传》："植尝乘车行驰道中，开司马门出。太祖大怒，公车令坐死。由是重诸侯科禁，而植宠日衰。"

【译文】

渠水又往西流经太庙与社坛之间，往南注入南渠。太庙和社坛都凭各种事物来辨别方向。《周礼》：太庙和听政的路寝都和明堂一样，设有叫燕寝的内室，只有奉祀远祖的祧庙里没有。后代就笼统地只设一庙，在下方设置正室，不再有设燕寝的规制。《礼》：天子建都，左边设宗庙，右边立社坛，神位以石雕成，祭祀时穿绮饰之衣、戴礼冠。现在多由王公来主持，帝王本人一般不亲自去祭拜了。咸宁元年，洛阳刮大风，社坛的树折断了，一股青气直透天庭，于是元帝东渡，后魏就取代晋室而昌盛起来了。渠水从铜驼街往东流经司马门南边。魏明帝开始筑阙时，门阙崩塌下来，压死了数百人，于是就不再建筑，所以没有阙。门南屏风内从前放着铜翁仲，以后铜人被移走，旧址也废圮了，只留下一堆乱石。从这里往南直通宣阳门，道路纵横通达，都铺了驰道，往来通行的规定，完全与两汉时一样。曹子建曾从御街行走，违犯了门禁，因而受到冷落。

渠水又东迳杜元凯所谓翟泉北[1]，今无水。坎方九丈六尺[2]，深二丈余，似是人功而不类于泉陂[3]，是验非之一证也。又皇甫谧《帝王世纪》云[4]：王室定，遂徙居，成周小[5]，不受王都[6]，故坏翟泉而广之。泉源既塞，明无故处，是验非之二证也。杜预言：翟泉在太仓西南[7]。既言西南，于洛阳不得为东北，是验非之三证也。稽之地说，事几明矣，不得为翟泉也。渠水历司空府前，迳太仓南，出东阳门石桥下[8]，注阳渠[9]。

【注释】

①杜元凯：即杜预，字元凯。京兆杜陵（今陕西西安）人。西晋经学家。撰《春秋左氏经传集解》。翟泉：一作狄泉。在今河南洛阳东北汉魏故城北隅。

②坎：坑穴。坑道。

③泉陂（bēi）：天然形成的泉池。陂，池塘湖泊。

④皇甫谧《帝王世纪》：皇甫谧，字士安，自号玄晏先生。魏晋安定朝那（今宁夏固原东南）人。后徙居新安（今河南渑池）。其《帝王世纪》，起自三皇，迄于汉魏，专记帝王事迹。

⑤成周：西周初周公平定武庚叛乱后营建。在今河南洛阳旧城至王城公园一带。

⑥受：接纳，容纳。

⑦太仓：古代京师储谷的大仓库。

⑧东阳门：今河南洛阳东北汉魏故城东面正东一门。汉称中东门，魏晋改称东阳门。

⑨阳渠：又名千金渠。原围绕汉魏故城（今河南洛阳东北）四周。东汉初王梁、张纯相继自今洛阳西筑堰穿渠引穀水东流，经汉魏洛阳故城，至今偃师东南入洛水，以通漕运。

【译文】

渠水又往东流经杜元凯所谓瞿泉的北面，现在已经无水了。那地方的坑洼方圆九丈六尺，深两丈余，看来像是人工挖掘成的，不像泉穴，表明不是瞿泉，这是第一个证据。此外皇甫谧《帝王世纪》说：皇室安定下来以后就迁都到成周，因成周太小，容纳不下皇家的都城，所以毁掉瞿泉加以扩大。泉水已经填塞了，原来的地点分明早就不存在了，表明那不是瞿泉，这是第二个证据。杜预说：瞿泉在太仓西南。既说是西南，对洛阳说来就不应在东北，表明那不是瞿泉，这是第三个证据。据地理典籍来考证，事情大致上可以搞清楚了，那不可能是瞿泉。渠水流过司空府前，流经太仓南面，从东阳门石桥下流出，注入阳渠。

穀水自阊阖门而南迳土山东①。水西三里有坂②，坂上有土山，汉大将军梁冀所成③。筑土为山，植木成苑。张璠《汉记》曰④：山多峭坂，以象二崤⑤，积金玉。采捕禽兽，以充其中。有人杀苑兔者，迭相寻逐，死者十三人⑥。南出迳西阳门^⑦。旧汉氏之西明门也^⑧，亦曰雍门矣。旧门在南，太和中以故门邪出^⑨，故徙是门，东对东阳门^⑩。

【注释】

①阊阖门：为汉魏洛阳城西面由南向北之第三门。故址在今河南洛阳东十二里之白马寺一带。

②坂：山坡，斜坡。

③大将军：官名。汉代为将军最高称号，多由贵戚担任，统兵征战并掌握政权，职位极高。梁冀：字伯卓。安定乌氏（今甘肃平凉西北）人。大将军梁商之子。梁商卒后梁冀继任大将军。先后立冲、质、桓三帝，权倾朝野。

④张璠《汉记》：张璠，西晋安定（今甘肃镇原）人。与郭颁等人为晋朝令史。撰《后汉纪》，记东汉史事。此书流传不广，较早散亡。

⑤象：效法，仿效。二崤：指东崤、西崤。在今河南洛宁西北。《水经注疏》熊会贞按：“《元和志》，二崤山又名嵚崟（qīn yín）山，在永宁县北二十八里。引《西征记》，自东崤至西崤山三十五里。东崤长坂数里，峻阜绝涧，车不得方轨。西崤全是石坂十二里，险绝不异东崤。”

⑥死者十三人：按，以上事又见《后汉书·梁统传》附“梁冀传”。

⑦西阳门：北魏洛阳城（今河南洛阳东北）西面正西一门。

⑧西明门：该门汉称雍门，魏晋改为西明门。《水经注疏》杨守敬按：“《洛阳伽蓝记》云：西面次北曰西阳门，汉曰雍门，魏晋曰西明门，高祖改为西阳门。”

⑨太和：北魏高祖孝文帝元宏的年号（477—499）。

⑩东阳门：今河南洛阳东北汉魏故城东面正东一门。汉称中东门，魏晋改称东阳门。

【译文】

穀水从阊阖门往南流经土山东边。水西三里有一道山坡，坡上有土山,是汉朝大将军梁冀所造。梁冀积土成山,植树建造园林。张璠《汉记》说:山岭陡坡很多,就拿它来象征东、西两座崤山,在里面积聚了许多金银珠玉。又捕捉了各种飞禽走兽饲养在里面。有人杀了苑里的兔子,就不断地搜寻追捕,被杀的达十三人。水往南流,经西阳门流出。西阳门就是汉时的西明门,也叫雍门。旧门原在南面,太和年间因旧门斜出,所以把这座城门迁走,东边与东阳门相对。

　　穀水又南迳白马寺东①。昔汉明帝梦见大人②,金色,项佩白光。以问群臣,或对曰:西方有神名曰佛,形如陛下所梦,得无是乎?于是发使天竺③,写致经像④。始以榆欓盛经⑤,白马负图,表之中夏⑥。故以白马为寺名。此榆欓后移在城内愍怀太子浮图中⑦,近世复迁此寺。然金光流照,法轮东转⑧,创自此矣。

【注释】

① 白马寺:位于河南洛阳东北汉魏故城西三里。创建于东汉永平十一年(68),为中国最早的佛寺之一。以白马驮经而得名。

② 汉明帝:指东汉明帝刘庄。大人:巨人。

③ 天竺:古印度别称。亦称身毒、天笃等。

④ 写致:摹画而送达。写,摹画,绘画。致,送达,送至。

⑤ 榆欓(tǎng):榆木制作的装经盒。欓,盛物的器具,木桶。

⑥ 中夏:即中国。

⑦ 愍(mǐn)怀太子:名遹,字熙祖。西晋惠帝长子,母曰谢才人。幼而聪慧,深得武帝司马炎钟爱。惠帝即位,立其为皇太子。长大后,不修德业,性格刚奢残暴。贾后与贾谧密谋陷害其谋反,被黄门孙虑杀害。

⑧法轮：佛教谓佛说法圆通无碍，运转不息，能摧破众生的烦恼。这旦指代佛教。

【译文】

穀水又往南流经白马寺东边。从前汉明帝梦见个金色巨人，颈上佩戴着白光。他询问诸大臣，有人回答道：西方有个大神，名叫佛，样子就同陛下梦见的一样，说不定就是佛呢？于是就遣使去天竺，抄写佛经、描绘佛像带回。起初用榆木盒子装经卷，以白马载负佛像，在中夏予以宣扬。所以就拿白马作为寺名。这些榆木经盒后来移到城内愍怀太子的宝塔中存放，近世又迁回到白马寺中。金光流照，佛法东转，就是从那时开始的。

穀水又南迳平乐观东①。李尤《平乐观赋》曰②：乃设平乐之显观，章秘伟之奇珍。华峤《后汉书》曰③：灵帝于平乐观下起大坛④，上建十二重五采华盖，高十丈。坛东北为小坛，复建九重华盖，高九丈。列奇兵骑士数万人，天子住大盖下。礼毕，天子躬擐甲胄⑤，称无上将军，行阵三匝而还⑥，设秘戏以示远人⑦。故《东京赋》曰：其西则有平乐都场，示远之观，龙雀蟠蜿⑧，天马半汉⑨。应劭曰⑩：飞廉神禽⑪，能致风气，古人以良金铸其象。明帝永平五年⑫，长安迎取飞廉并铜马，置上西门外平乐观。今于上西门外无他基观，惟西明门外独有此台，巍然广秀，疑即平乐观也。又言皇女稚殇，埋于台侧，故复名之曰皇女台⑬。晋灼曰⑭：飞廉，鹿身，头如雀有角，而蛇尾豹文。董卓销为金用⑮，铜马徙于建始殿东阶下⑯。胡军丧乱，此象遂沦⑰。

【注释】

①平乐观：又称平乐馆。在今河南洛阳东北汉魏故城西。

②李尤《平乐观赋》：李尤，字伯仁。广汉雒县（今四川广汉北）人。文章有司马相如、扬雄之风。其《平乐观赋》，《艺文类聚》卷六十三有收录。

③华峤《后汉书》：华峤，字叔骏。西晋平原高唐（今山东高唐）人。删定"烦秽"的《东观汉记》为《后汉书》（一称《汉后书》）九十七篇，叙东汉二百年史事，时称"文质事核，有迁固之规、实录之风"。

④灵帝：东汉皇帝刘宏。

⑤擐（huàn）：贯穿，穿上。甲胄（zhòu）：铠甲和头盔。胄，古代作战时所戴的头盔。

⑥匝（zā）：周。

⑦秘戏：奇妙之戏。犹今杂技。

⑧龙雀：此指飞廉。蟠蜿（pán wān）：盘曲的样子。

⑨天马：此指骏马。半汉：跋扈的样子。这里形容骏马恣睢纵驰的神态。

⑩应劭：字仲远，一作仲瑗。汝南南顿（今河南项城）人。东汉末学者。撰有《风俗通义》《汉官仪》《地理风俗记》等。

⑪飞廉：一种能致风的神禽名。

⑫永平五年：62年。永平，东汉明帝刘庄的年号（58—75）。

⑬皇女台：当在洛阳平乐观附近。《洛阳伽蓝记》卷四"法云寺"："出西阳门外四里御道南，有洛阳大市，周回八里。市南有皇女台。"

⑭晋灼：河南（治今河南洛阳东北）人。西晋尚书郎。撰《汉书集注》《汉书音义》。

⑮董卓：字仲颖。东汉临洮（今甘肃岷县）人。东汉末权臣。销：熔化金属。

⑯建始殿：宫殿名。三国魏文帝时洛阳正殿。在今河南洛阳东北汉

　　魏故城北部。

　　⑰此象：这里指铜马等物件。沦：丧失。

【译文】

　　穀水又往南流经平乐观东边。李尤《平乐观赋》说：于是建立了显赫的平乐观，把秘藏的奇珍公之于世。华峤《后汉书》说：灵帝在平乐观下筑了个大坛，坛上竖起十二重五彩华盖，高十丈。在大坛东北又筑了个小坛，又竖起九重华盖，高九丈。又调动了奇兵骑士数万人排成队伍，皇帝则坐在大华盖底下。典礼完毕之后，皇帝亲自穿上盔甲，号称无上将军，在列阵中走了三圈然后回去，并演杂技之戏向远国之人炫耀。所以《东京赋》说：西边有平乐会场，有龙雀蟠绕，骏马纵驰，给远方来客观看。应劭说：飞廉神禽能刮风，古人用优质金属给它铸像。明帝永平五年，长安迎取飞廉和铜马，放在上西门外的平乐观里。现在上西门外并没有别的楼观基址，只有西明门外留有这座土台，显得高大巍峨，也许就是平乐观了。又说皇帝的女儿幼时就夭折了，埋葬于台旁，所以又叫皇女台。晋灼说：飞廉，身子是鹿，头却像雀，有角，长着蛇的尾巴，豹的斑纹。董卓把它熔化了，铸成钱币使用，而把铜马搬到建始殿东阶下。胡军入侵，战乱中铜马等物也丧失了。

　　穀水又南迳西明门①，故广阳门也。门左枝渠东派入城，迳太社前，又东迳太庙南，又东于青阳门右下注阳渠②。穀水又南，东屈迳津阳门南③，故津门也。昔洛水泛洪漂害者众④，津阳城门校尉将筑以遏水⑤，谏议大夫陈宣止之曰⑥：王尊臣也⑦，水绝其足，朝廷中兴，必不入矣。水乃造门而退。

【注释】

　　①西明门：汉魏洛阳城（今河南洛阳东北）西面正西一门。汉称雍门，魏晋改为西明门。

②青阳门：《洛阳伽蓝记》："（洛阳）东面有三门：北头第一门曰建春
　门，次南曰东阳门，次南曰青阳门。"杨勇校笺："汉曰望京门，魏
　晋曰清阳门，高祖改为青阳门。"

③津阳门：汉魏洛阳城南城西头第一门。本名津门，魏晋改为津阳门。

④泛泆（yì）：同"泛溢"。泛滥漫溢。漂害：冲毁损害。

⑤城门校尉：官名。汉武帝征和二年（前191）置。掌京师城防。

⑥谏议大夫：官名。负责向皇帝进谏。陈宣：具体不详。

⑦王尊：字子赣。涿郡高阳（今河北高阳）人。据《汉书·王尊传》，
　河水泛滥，王尊身先士卒，亲临治水。先投白马祀水神，后又亲执
　圭璧，欲以身填堤决，吏民数千人叩首而止。又露宿河岸，至河水
　退方还。

【译文】

　　穀水又往南流经西明门，就是旧时的广阳门。此门左边，一条支渠
往东分出，流入城中，经过太社前面，又往东流经太庙南面，又往东流，在
青阳门右边注入阳渠。穀水又南流，转向东边流经津阳门南，这就是旧
时的津门。从前洛水泛滥，被洪水冲走淹死的人很多，津阳城门校尉打
算筑堤防水，谏议大夫陈宣劝阻他说：王尊是臣子，水漫到他的脚上就停
止了，朝廷也就振兴起来，水一定不会入城的。果然水到城门就退了。

　　穀水又东迳宣阳门南①，故苑门也。皇都迁洛，移置于
此，对闾阖门南，直洛水浮桁②。故《东京赋》曰：溯洛背河③，
左伊右瀍者也④。夫洛阳考之中土，卜惟洛食⑤，宜为神也⑥。
门左即洛阳池处也。池东，旧平城门所在矣⑦，今塞。北对
洛阳南宫，故蔡邕曰：平城门，正阳之门，与宫连属⑧，郊祀
法驾所由从出⑨，门之最尊者。《洛阳诸宫名》曰⑩：南宫有
谢台、临照台。《东京赋》曰：其南则有谢门曲榭⑪，邪阻城

洫。注云⑫：謻门，冰室门也；阻，依也；洫，城下池也。皆屈曲邪行，依城池为道。故《说文》曰：隍，城池也。有水曰池，无水曰隍矣⑬。謻门即宣阳门也，门内有宣阳冰室⑭。《周礼》有冰人⑮，日在北陆而藏之⑯，西陆朝觌而出之⑰。冰室旧在宣阳门内，故得是名。门既拥塞，冰室又罢。

【注释】

①宣阳门：汉魏洛阳城南城东起第三门。在今河南洛阳东北。

②浮桁（háng）：连船而成的浮桥。

③溯洛：朝向洛水。溯，向着，朝向。河：即河水。

④伊：即伊水。洛水的支流。源出河南栾川伏牛山北麓，东北流至偃师南入洛水。瀍：即瀍水。源出今河南洛阳西北，东南流经洛阳旧城东入洛水。

⑤卜：古人用火灼龟甲，根据裂纹来预测吉凶，叫卜。食：龟卜术语。食墨的省称。指灼龟时龟兆与事先画好的墨画相合，为吉兆。

⑥寔（shí）为神也：《水经注疏》杨守敬按："'神'下当有'都'字。"神都，神异之京城。译文从之。

⑦平城门：《水经注疏》杨守敬按："《续汉书·百官志》：雒阳城正南一门曰平城门。即下平门。"

⑧连属（zhǔ）：连接。属，连缀，连接。

⑨郊祀：古代于郊外祭祀天地，南郊祭天，北郊祭地。郊谓大祀，祀为群祀。法驾：天子车驾的一种。

⑩《洛阳诸宫名》：书名。具体不详。

⑪謻（yí）门：即宣阳门。汉魏洛阳城南城东起第三门。榭：建在高台上的木屋。

⑫注：此旨薛综的《东都赋》注。

⑬ "隍"几句:语见《说文·阜部》。

⑭ 宣阳冰室:《水经注疏》杨守敬按:"《御览》六十八引陆机《洛阳记》,冰室在宣阳门内,恒有冰,天子用赐王公众官。《洛阳伽蓝记》,太社南有凌阴里,即四朝时藏冰处也。"

⑮ 冰人:即凌人。掌藏冰和出冰之事。《周礼·天官·凌人》:"凌人掌冰正。岁十有二月,令斩冰,三其凌。"

⑯ 北陆:即虚宿。位在北方,为二十八宿之一。

⑰ 西陆:即昴宿。位在西方,为二十八宿之一。朝觌(dí):早上看见。

【译文】

　　穀水又往东流经宣阳门南,这就是旧时的苑门。迁都洛阳后,把城门移到这里,与闾阖门相望,南面正对洛水浮桥。所以《东京赋》说:上溯洛水,背靠河水,左有伊水,右有瀍水。洛阳这地方,在中原地区进行考察,占卜时只有洛邑为吉,实在是个有神灵祐护的京都。门的左边就是洛阳池旧址。池东就是旧时平城门所在的地方,现在已经堵塞了。此门北对洛阳南宫,所以蔡邕说:平城门,正阳之门,与宫殿相连通,皇帝去郊外祭天地时,车驾都是从此门出去的,在诸门中最为尊贵。《洛阳诸宫名》说:南宫有谯台与照台相对。《东京赋》说:其南则有谯门曲榭,邪阻城洫。注说:谯门是藏冰室的门;阻,是依傍的意思;洫,就是城墙底下的护城河。谯门的台榭,都是弯弯曲曲地偏斜伸展,依傍着护城河铺路。《说文解字》说:隍,就是护城河。有水称池,无水称隍。谯门就是宣阳门,门内有宣阳冰室。《周礼》中有掌管冰室的人,太阳的轨道移到北方虚宿的位置时,就采冰入藏;移到西方昴宿的位置,黎明看到星星出现时,就取出藏冰。冰室从前在宣阳门内,所以叫宣阳冰室。宣阳门早已封死,冰室也取消了。

　　穀水又迳灵台①,北望云物也②。汉光武所筑,高六丈,方二十步。世祖尝宴于此台③,得鼮鼠于台上④。亦谏议大夫第五子陵之所居⑤。伦少子也⑥，以清正。洛阳无主人、乡里无田宅，寄止灵台⑦，或十日不炊。司隶校尉南阳左雄、尚书庐江朱孟兴等⑧，皆伦故孝廉功曹，各致礼饷⑨，并辞不受。永建中卒⑩。

【注释】

①灵台：台名。在今河南洛阳东北汉魏故城南。与明堂、辟雍同为东汉都城洛阳"三雍"。职掌类似天文台，属太史令管辖。

②望：观察，观看。云物：天空的云气变化。

③世祖：即汉光武帝刘秀。

④鼮（tíng）鼠：一种豹纹鼠。

⑤第王子陵：即第五颋，字少陵。第五伦少子。

⑥伦：即第五伦，字伯鱼。东汉京兆长陵（今陕西咸阳东北）人。以正直廉洁见称。

⑦寄止：寄居。

⑧左雄：字伯豪。南阳涅阳（今河南邓州东北）人。朱孟兴：一作朱建、孟兴。具体不详。

⑨礼饷：以礼物和食物等馈赠。饷，馈食于人。

⑩永建：东汉顺帝刘保的年号（126—132）。

【译文】

穀水又流经灵台北边，这座台是用以观测天文气象的。灵台是汉光武帝所筑，高六丈，方二十步。世祖曾在台上开设宴会，捉住一只鼮鼠。谏议大夫第五子陵也曾住过这里。第五子陵是第五伦的小儿子，以清廉刚正闻名。他的家人不在洛阳，在家乡也没有田园宅第，就栖身于灵台，有时甚至接连十天不烧饭。司隶校尉南阳左雄、尚书庐江朱孟兴等，都是第五伦从前所推荐的孝廉和功曹，两人都送了礼品和食物给他，他都辞谢了，没有接受。他死于永建年间。

　　穀水又东迳平昌门南①，故平门也。又迳明堂北，汉光武中元元年立②。寻其基构，上圆下方，九室、重隅、十二堂③。蔡邕《月令章句》同之④。故引水于其下为辟雍也⑤。

【注释】

①平昌门：汉魏洛阳城（今河南洛阳东北）南面东起第二门。汉名平门或平城门，魏晋改为平昌门。

②中元元年：56年。中元，即东汉光武帝刘秀的年号建武中元（56—57）。

③九室：指古明堂的九间房屋。《大戴礼记·明堂》："明堂者……凡九室。"王聘珍解诂："《隋书·牛弘传》引蔡邕《明堂月令论》云：'明堂制度之数，九室以象九州。'"重隅：角屋。十二堂：十二间正厅。堂，建于高台基之上的厅房。

④蔡邕《月令章句》：蔡邕所撰以说明《礼记·月令》篇之作。共十二卷。今佚。

⑤辟（bì）雍：本为西周天子所设大学，校址圆形，围以水池，前门外有便桥。东汉以后，历代皆有辟雍，多为行乡饮、大射或祭祀之礼的地方。

【译文】

　　穀水又往东流经平昌门南面，就是旧时的平门。又流经明堂北面，明堂建于汉光武帝中元元年。它的结构是上圆下方，内有九室、角屋和十二堂。蔡邕《月令章句》的说法也相同。从前引水到堂下，建成辟雍。

　　穀水又东迳开阳门南①。《晋宫阁名》曰②：故建阳门也③。《汉官》曰④：开阳门始成，未有名，宿昔有一柱来在楼上⑤。琅琊开阳县上言⑥：县南城门一柱飞去。光武皇帝使来识视，良是，遂坚缚之，因刻记年、月、日以名焉。何汤字仲弓⑦，尝为门候⑧，上微行夜还，汤闭门不内⑨，朝廷嘉之。

【注释】

①开阳门：《洛阳伽蓝记》"自叙"："（洛阳）南面有三门：东头第一曰开阳门。初，汉光武迁都洛阳，作此门始成，而未有名。忽夜中有柱自来在楼上，后琅琊郡开阳县言：南门一柱飞去。使来视之，则是也。遂以开阳为名。自魏及晋因而不改，高祖亦然。"

②《晋宫阁名》：书名。具体不详。《艺文类聚》《初学记》《文选》注多引之。

③建阳门：汉魏洛阳城东面北头第一门。在今河南洛阳东北。东汉曰上东门，魏晋改为建春门。晋孝武帝司马炎之郑太后讳春，故改建春门为建阳门。

④《汉官》：书名。即《汉官仪》。东汉应劭撰。记载汉官名称、职掌、俸秩及玺绶制度等。

⑤宿昔：夜晚，夜里。

⑥琅琊：即琅琊郡，又作琅邪郡。秦置。治所在琅邪县（今山东青岛黄岛区西南琅琊镇）。西汉移治东武县（今山东诸城）。东汉建初五年（80）改琅邪国，移治开阳县。开阳县：西汉置，属东海郡。治所在今山东临沂北十五里鄅古城。东汉为琅邪国都。

⑦何汤：字仲弓。豫章（今江西南昌）人。经明行修，光武帝使其以《尚书》授太子。

⑧门候：汉代掌京城十二门的守门官。

⑨内：同"纳"。接纳。

【译文】

穀水又往东流经开阳门南面。《晋宫阁名》说：这就是从前的建阳门。《汉官仪》说：开阳门初建成时，还没有命名，忽然有一根柱子在楼上出现。琅琊开阳县上报：县南城门一根柱子飞走了。光武帝叫他们来辨认，果然就是那根飞走的柱子，于是就把它牢牢地捆住，并刻上年、月、日，名为开阳门。何汤字仲弓，曾当过守门人，皇上微服出行到夜间回来，何汤紧闭城门不让他进来，朝廷因而嘉奖他。

又东迳国子太学石经北①。《周礼》有国学②，教成均之法③。《学记》曰④：古者，家有塾，党有庠⑤，遂有序⑥，国有学⑦。亦有虞氏之上庠、下庠⑧，夏后氏之东序、西序⑨，殷人之左学、右学⑩，周人之东胶、虞庠⑪。《王制》云⑫：养国老于上庠⑬，养庶老于下庠⑭，故有太学、小学⑮，教国之子弟焉，谓之国子。汉魏以来，置太学于国子堂⑯。东汉灵帝光和六年⑰，刻石镂碑载五经⑱，立于太学讲堂前，悉在东侧。

【注释】

①国子太学：古代设于京城的最高学府。石经：刻在石上的儒家经典。始见于汉代。

②国学：古代指国家设立的学校。

③成均之法：一说指礼仪法度。

④《学记》：《礼记》篇名。杂记秦汉以前的教育制度，是中国古代最早的一篇有关教育的文章。

⑤党：古代一种地方户籍编制单位。五家为邻，五邻为里，五百家为党。庠（xiáng）：周朝称学校为庠。

⑥遂：古代统辖五县的行政地区。序：商朝称学校为序。

⑦学：国家设立的学校称为国学。

⑧有虞氏：古部落名。传说其首领舜受尧禅，都蒲坂。故址在今山西永济东南。上庠：虞舜时的大学。下庠：虞舜时的小学。

⑨夏后氏：指禹受禅而建立的夏朝。东序：相传为夏代的大学。也是国老养老之所。西序：夏代小学名。

⑩左学：相传为殷代的小学。右学：亦称太学。设于京城的国家最高学府国学。

⑪东胶：周朝的大学。虞庠：周朝的小学。

⑫《王制》：《礼记》篇名。是指古代君主治理天下的规章制度，内容涉及封国、职官、爵禄、祭祀、葬丧、刑罚、学校等方面的典章制度。

⑬国老：指告老退职的卿大夫。

⑭庶老：指告老退休的士人。

⑮小学：对儿童、少年实施初等教育的学校。我国早在西周时就有"小学"的说法，此前则为下庠、西序、左学、虞庠等不同名称。

⑯国子堂：即当时太学的国子讲堂。

⑰光和六年：183年。光和，东汉灵帝刘宏的年号（178—184）。

⑱刻石镂碑载五经：据《洛阳记》记载，当时刊刻了《尚书》《周易》《春秋公羊传》《礼记》《论语》等五部儒家典籍。

【译文】

　　榖水又往东，流经国子太学石经的北面。《周礼》有国学，教授礼仪法度。《礼记·学记》记载：古代家庭里有私塾，一党之中有庠，一遂之中有序，国家则有国学。也就是虞舜时的上庠、下庠，夏时的东序、西序，殷商时的左学、右学，周朝时的东胶、虞庠。《礼记·王制》记载：把退休的卿、大夫供养在上庠，把士人的老者供养在下庠，所以有太学、小学来教公卿大夫的子弟，称为国子。汉魏以来，在国子堂东边设置太学。东汉灵帝光和六年，把五经雕刻在石碑上，立在太学讲堂前面，都在东侧。

　　蔡邕以熹平四年①，与五官中郎将堂谿典、光禄大夫杨赐、谏议大夫马日磾、议郎张驯、韩说、太史令单飏等②，奏求正定《六经》文字③。灵帝许之。邕乃自书丹于碑④，使工镌刻,立于太学门外。于是后儒晚学,咸取正焉。及碑始立,其观视及笔写者,车乘日千余辆,填塞街陌矣。今碑上悉铭刻蔡邕等名。

【注释】

①熹平四年:175 年。熹平,东汉灵帝刘宏的年号(172—178)。

②堂谿典:姓堂谿,名典。颍川鄢陵(今河南鄢陵)人。东汉经学家。杨赐:字伯献。弘农华阴(今陕西华阴)人。马日磾(mì dī):马融族孙,字翁叔。汉献帝时位至太傅。张驯:字子俊。济阴定陶(今山东菏泽定陶区)人。韩说:字叔儒。会稽山阴(今浙江绍兴)人。博通《五经》,尤善图纬之学。单飏(yáng):字武宣。山阳湖陆(今山东鱼台)人。以孤特清苦自立,善明天官算术。

③六经:谓《诗》《书》《礼》《易》《乐》《春秋》。

④书丹:用朱砂写字。丹,朱砂。

【译文】

熹平四年,蔡邕与五官中郎将堂谿典、光禄大夫杨赐、谏议大夫马日磾、议郎张驯、韩说、太史令单飏等,上奏请求订正确定六经文字,灵帝应允了他们的请求。于是蔡邕亲自用朱砂写在碑上,叫工匠去雕刻,碑成后就立在太学门外。于是后来的儒生学者,就都以此作为标准。石碑刚建立时,前来观看和临摹的人们,每天乘坐的车子多达千余辆,把街道巷路都填满堵塞了。现在碑上都刻着蔡邕等人的姓名。

魏正始中①,又立古、篆、隶三字石经②。古文出于黄帝之世,仓颉本鸟迹为字③,取其孳乳相生④,故文字有六义焉⑤。自秦用篆书,焚烧先典⑥,古文绝矣。鲁恭王得孔子宅书⑦,不知有古文,谓之科斗书⑧,盖因科斗之名,遂效其形耳。言大篆出于周宣之时⑨，史籀创著⑩。平王东迁⑪，文字乖错，秦之李斯及胡母敬⑫，又改籀书⑬，谓之小篆，故有大篆、小篆焉。然许氏《字说》专释于篆⑭，而不本古文，言古隶之书起于秦代，而篆字文繁，无会剧务。故用隶人之省⑮，谓之隶书。或云即程邈于云阳增损者⑯，是言隶者，篆捷也。孙畅之尝见青州刺史傅弘仁说⑰，临淄人发古冢，得桐棺，前和外隐为隶字⑱，言齐太公六世孙胡公之棺也⑲，惟三字是古，余同今书。证知隶自出古，非始于秦。

【注释】

①正始：三国魏齐王曹芳的年号（240—249）。

②古：字体名。即古文。指战国时通行于六国的文字，区别于秦国通行的篆书。篆：字体名。即篆文。秦相李斯等取大篆稍加整理简化而成的笔画较简省的篆书，也叫秦篆。隶：字体名。即隶书。由篆书简化演变而成。汉朝的隶书笔画比较简单，是当时通行的字体。三字石经：通称三体石经，亦称正始石经。三国魏正始二年（241），邯郸淳用古文、篆文和隶书三种字体书写的经书。

③仓颉（jié）：一作苍颉。相传为黄帝的史官、汉字的创造者。实则为古代整理汉字的代表者。

④孳乳相生：指仿效飞鸟的足迹发展演变而创造文字。

⑤六义：指文字学上的"六书"，指象形、指事、会意、形声、转注、假借等六种造字、用字法。

⑥焚烧先典：指秦始皇焚书一事。秦始皇在位时，丞相李斯反对儒生以古非今、以私学诽谤朝政，建议除秦国史书、医药、卜筮、种树书外，民间所藏《诗》《书》和诸子百家书一律焚毁。秦始皇采纳了这一建议。

⑦鲁恭王：即刘馀。西汉景帝之子，汉哀帝刘欣之父。初好治宫室，坏孔子旧宅以广其宫，闻钟磬琴瑟之声，遂不敢复坏，于其壁中得古文经传。

⑧科斗书：字体名。亦称科斗文、科斗篆。因以竹、木蘸墨或漆作书，笔道起笔处粗，收笔处细，状如蝌蚪，故名。

⑨大篆：字体名。亦称籀文或籀书。秦朝创制小篆以后把它叫大篆。笔画较繁复，与当时通行的而字体经过"省改"的小篆相区别。周宣：即周宣王姬静（一作靖），周厉王姬胡之子。

⑩史籀（zhòu）：相传为周宣王太史。善书，后世有人以其为大篆的创始者。

⑪平王东迁：前770年，周平王姬宜臼迁都洛邑（今河南洛阳西），为东周的开始。

⑫李斯：楚国上蔡（今河南上蔡）人。从荀子学帝王之术。秦朝建立，秦始皇任其为丞相。李斯力主废分封、立郡县，焚书坑儒，提倡"书同文、车同轨"，明定法律。胡母敬：一作胡毋敬。秦始皇时太史令。取史籀大篆，颇省改，作《博学篇》七章，是小篆体的代表之作。

⑬籀书：字体名。即大篆。

⑭许氏《字说》：即许慎《说文解字》。许慎，字叔重。汝南召陵（今河南漯河市召陵区）人。东汉著名的经学家、文字学家。其《说文解字》是中国文字学的奠基之作，也是我国第一部以六书理论系统分析字形、解释字义的字典。

⑮隶人：指胥吏。掌管文书的小官吏。

⑯程邈：下杜（今陕西西安南）人。秦时胥吏抄写文书，因感小篆难写，遂应用一种简易的书写体。他加以搜集整理，后世遂有程邈创造隶书之说。秦时云阳：即云阳县。秦置。治所在今陕西淳化西北。

⑰孙畅之：南朝宋时官吏，官至奉朝请。青州：西汉武帝置，为十三

刺史部之一。傅弘仁：北地灵州（今宁夏灵武西南）人。南朝宋武
帝刘裕的表弟。

⑱ 前和：棺材的前额。隐：凸起，高出。

⑲ 齐太公：亦称吕望、姜太公、姜子牙、太公望、吕尚，周文王得之于
渭滨，后辅佐周武王管理朝政。分封于齐，为齐之始祖。胡公：具
体不详。

【译文】

　　魏正始年间，又立了用古文、篆文和隶书三种字体书写的三体石经。古文是黄帝时创造出来的，仓颉仿效飞鸟的足迹发展演变而制造汉字，所以文字有六书的造字规律。自从秦朝采用篆书、焚烧了前朝的典籍以来，古文就灭绝了。鲁恭王在孔子故宅里发现了一批古代经书，当时不知道有古文，把它们称为蝌蚪文，大概是因形状像蝌蚪，于是就仿照这种字体。据说大篆开始于周宣王之时，是史籀创造的。平王东迁后，文字错乱，秦时李斯和胡母敬又把籀书加以改造，称为小篆，于是就有了大篆和小篆。然而许慎的《说文解字》，专门解释小篆，而不以古文为依据，并说古代隶书起源于秦代，小篆笔画繁多，不适应繁忙的政务，所以就采用那些掌管文书的小官吏们的简笔字体，称之为隶书。也有人说，这是程邈在云阳增减笔画而成，称为隶书，是小篆的便捷写法。孙畅之曾听青州刺史傅弘仁说，临淄人发掘古墓，挖出了一口铜棺，铜棺前额外侧凸起有隶字，说是齐太公六世孙胡公的棺椁，只有三个字是古文，其余都与今文相同。这就证明隶书自古就有，并非创始于秦代。

　　魏初，传古文出邯郸淳①，石经古文，转失淳法。树之于堂西，石长八尺，广四尺，列石于其下，碑石四十八枚，广三十丈。魏明帝又刊《典论》六碑②，附于其次③。陆机言：太学赞别一碑④，在讲堂西，下列石龟，碑载蔡邕、韩说、堂谿典等名⑤。太学弟子赞复一碑⑥，在外门中。今二碑并无。

石经东有一碑,是汉顺帝阳嘉元年立⑦,碑文云:建武二十七年造太学⑧,年积毁坏。永建六年九月⑨,诏书修太学,刻石记年,用作工徒十一万二千人,阳嘉元年八月作毕。碑南面刻颂⑩,表里镂字,犹存不破。

【注释】

①邯郸淳:淳一名竺,字子叔。颖川(今河南长葛)人。博学有才章。曹操、曹丕、曹植父子皆敬异之。

②《典论》:书名。三国魏曹丕为太子时所著。原有二十二篇,后大都亡佚。其中《论文》一篇收入梁萧统《文选》,是中国现存最早的文学评论。

③次:旁边。

④《太学赞》:《水经注疏》杨守敬按:"《御览》五百八十九引《西征记》,太学赞碑一所,汉建武中立。即机所言之碑也。"

⑤韩说:字叔儒。东汉会稽山阴(今浙江绍兴)人。博通五经,尤善图纬之学。

⑥太学弟子赞碑:具体不详。

⑦阳嘉元年:132年。阳嘉,东汉顺帝刘保的年号(132—135)。

⑧建武二十七年:51年。建武,东汉光武帝刘秀的年号(25—56)。

⑨永建六年:131年。永建,东汉顺帝刘保的年号(126—132)。

⑩刻颂:镌刻颂文。颂,文体名。以颂扬为宗旨的韵文。

【译文】

　　魏初,传习古文的人是邯郸淳培养出来的,但石经的古文却不依邯郸淳的笔法。石经碑文立于厅堂西边,碑长八尺,宽四尺,排列在下面,碑共四十八块,从头到尾排开长达三十丈。魏明帝又刻了六块《典论》碑文,附在旁边。陆机说:又有一块太学赞碑,在讲堂西头,碑下有石龟碑座,刻着蔡邕、韩说、堂谿典等人姓名。又有一块太学弟子赞碑,在外门中间。现在这两块碑都不存了。石经以东有一块碑，是汉顺帝阳嘉元年所立，碑文说：建武二十七年创建太学，年久逐渐毁坏。永建六年九月，诏书修建太学，刻碑记年，共费人工十一万二千，阳嘉元年八月竣工。碑的南面刻了颂词，正反两面刻的字都还完好无损。

汉石经北有晋辟雍行礼碑①，是太始二年立②，其碑中折。但世代不同，物不停故，石经沦缺，存半毁几，驾言永久③，谅用怃焉④！考古有三雍之文⑤，今灵台、太学⑥，并无辟雍处。晋永嘉中⑦，王弥、刘曜入洛⑧，焚毁二学⑨，尚仿佛前基矣。

【注释】

①晋辟雍行礼碑：《水经注疏》杨守敬按："《晋书·武帝纪》，泰始年十一月，幸辟雍，行乡饮酒之礼。二年，无辟雍行礼事。近洛阳出土有晋辟雍碑，文云：泰始三年十月始行乡饮酒、乡射礼，六年正月又奏行大射礼……所云泰始三年十月事，即此《注》所指，足征二年为三年之讹。"

②太始二年：据上注，二年为三年之讹。太始三年，267年。大始，即泰始，西晋武帝司马炎的年号（265—274）。译文从之。

③驾言：传言，托言。驾，传。

④怃（wǔ）焉：怅然失意的样子。

⑤三雍：即辟雍、明堂、灵台。

⑥灵台、太学：《水经注疏》杨守敬按："古人或以为明堂、辟雍同处，或以为灵台、辟雍异名同实，或以为太学即辟雍，郦氏似不用应劭说，但就上文所叙者言之，明堂有辟雍，而灵台、太学无之也。"

⑦永嘉：西晋怀帝司马炽（chì）的年号（307—312）。

⑧王弥：东莱（今山东莱州）人。晋惠帝末年，集众为寇，有众数万。

后投刘渊，为寇晋前驱。与刘曜共陷洛阳，纵兵大掠，幽帝辱后，死者三万余人。刘曜：字永明。新兴（今山西忻州）人。十六国时期前赵皇帝。

⑨二学：辟雍和太学。

【译文】

汉石经北面，有晋辟雍行礼碑，是泰始三年所立，已经拦腰折断了。但时代已变，物换星移，石经也已残缺不齐了，至今所存不过半数，要想把它永远流传下去，实在不免令人失望了！查考典籍，古代有辟雍、明堂、灵台，即所谓三雍，但今天有灵台、太学，却没有辟雍所在之处。晋永嘉年间，王弥、刘曜打进洛阳，焚毁了二学，但遗址依稀仍在。

穀水于城东南隅枝分北注，迳青阳门东，故清明门也①，亦曰税门，亦曰芒门。又北迳东阳门东②，故中东门也。又北迳故太仓西③。《洛阳地记》曰④：大城东有太仓，仓下运船常有千计。即是处也。又北入洛阳沟⑤。

【注释】

①清明门：《水经注疏》熊会贞按："《洛阳伽蓝记》，东面次南有青阳门，魏晋曰清明门，高祖改为青阳门。"

②东阳门：《水经注疏》杨守敬按："《续汉书·百官志》，洛阳城有中东门。《洛阳伽蓝记》，东面次南曰东阳门，汉曰东中门（实为中东门）……魏晋曰东阳门，高祖因而不改。"

③太仓：古代京师储谷的大仓库。晋时的太仓在东阳门外。

④《洛阳地记》：疑为陆机的《洛阳记》。

⑤洛阳沟：《水经注疏》熊会贞按："洛阳沟即上穀水自城北屈南迳建春门乐里道者，此水自城西迳城南。"

【译文】

穀水在城东南角分支北流，经过青阳门东面，就是旧时的清明门，又称税门，也叫芒门。又往北流经东阳门东边，就是旧时的中东门。又往北流经旧时的太仓西边。《洛阳地记》说：大城东有太仓，仓下运粮船只常以千计，说的就是此处。又往北流入洛阳沟。

穀水又东，左迤为池①。又东，右出为方湖②。东西百九十步，南北七十步，故水衡署之所在也③。

【注释】

①左迤（yì）为池：《水经注疏》熊会贞按："池在故洛阳城（今河南洛阳东北）东。"迤，曲折延伸。

②方湖：《水经注疏》熊会贞按："湖在故洛阳城东。"

③水衡署：即水衡都尉的官署。汉武帝时置。掌上林苑内诸事，其职较复杂。《汉书》应劭注："古山林之官曰衡，掌诸池苑，故称水衡。"

【译文】

穀水又东流，向左边流出积成池沼。又东流，向右边流出成为方湖。方湖东西一百九十步，南北七十步，从前水衡署就在这里。

穀水又东南转屈而东注，谓之阮曲①，云阮嗣宗之故居也②。

【注释】

①阮曲：在今河南洛阳东北汉魏洛阳城东。

②阮嗣宗：即阮籍，字嗣宗。陈留尉氏（今河南尉氏）人。竹林七贤之一。

【译文】

　　榖水又东流，向南转弯，然后折回往东流，这一段叫阮曲，据说是阮嗣宗故居的所在地。

　　榖水又东注鸿池陂[1]。《百官志》曰[2]：鸿池，池名也。在洛阳东二十里，丞一人，二百石[3]。池东西千步，南北千一百步，四周有塘，池中又有东西横塘，水溜迳通[4]。故李尤《鸿池陂铭》曰[5]：鸿泽之陂，圣王所规，开源东注，出自城池也。

【注释】

①鸿池陂：又作鸿池、洪池。在今河南洛阳东北汉魏故城东与偃师西之间。

②《百官志》：此当为晋秘书监司马彪《续汉书》中的内容。《续汉书》记载东汉一代史实，为纪、志、传三体，多散佚，唯存八志，南朝宋时为后人补入范晔《后汉书》中而流传至今。

③石：容量单位。十斗等于一石。

④水溜：水流。

⑤李尤《鸿池陂铭》：一作《洪池铭》。李尤，字伯仁。东汉广汉雒县（今四川广汉）人。文章有司马相如、扬雄之风。

【译文】

　　榖水又往东注入鸿池陂。《百官志》说：鸿池是池名。在洛阳以东二十里，有丞一人，薪俸二百石。池东西一千步，南北一千一百步，四周有塘，池中又有东西走向的横塘，水流可以相通。所以李尤《鸿池陂铭》说：鸿泽的陂塘，是圣王所筑，引水往东流注，从城池中流出。

　　其水又东，左合七里涧[1]。《晋后略》曰[2]：成都王颖使吴人陆机为前锋都督③，伐京师。轻进，为洛军所乘，大败于鹿苑④，人相登蹑⑤，死于堑中及七里涧⑥，涧为之满。即是涧也。涧有石梁，即旅人桥也⑦。昔孙登不欲久居洛阳⑧，知杨氏荣不保终⑨，思欲遁迹林乡，隐沦妄死，杨骏埋之于此桥之东，骏后寻亡矣⑩。《搜神记》曰⑪：太康末⑫，京洛始为《折杨》之歌⑬，有兵革辛苦之辞。骏后被诛，太后幽死⑭，折杨之应也。凡是数桥，皆累石为之，亦高壮矣，制作甚佳，虽以时往损功，而不废行旅。朱超石《与兄书》云⑮：桥去洛阳宫六七里⑯，悉用大石，下圆以通水，可受大舫过也⑰。题其上云：太康三年十一月初就功⑱，日用七万五千人，至四月末止。此桥经破落，复更修补，今无复文字。

【注释】

①七里涧：在今河南洛阳东北汉魏故城东受穀水，东流至今偃师西复入穀水。

②《晋后略》：书名。又作《晋后略记》。《水经注疏》杨守敬按："《隋志》，《晋后略记》五卷，晋下邳太守荀绰撰。《晋书》本传称，绰撰《晋后书》十五卷，'十'字衍。两《唐志》并作五卷，可证。"

③成都王颖：即司马颖，字章度。河内温县（今河南温县）人。晋武帝第十六子。封成都王。前锋都督：先行部队的军事长官。因行军而设。

④鹿苑：当在今河南洛阳东北汉魏故城附近。

⑤蹑：踩踏。

⑥堑（qiàn）：深沟。

⑦旅人桥：亦称七里涧桥。在今河南洛阳东北汉魏故城东七里。西晋泰始一年（274）筑。

⑧孙登：字公和。汲郡共县（今河南辉县市）人。三国魏隐士。无家属，隐于郡北土山窟。夏则编草为裳，冬则披发自覆。

⑨杨氏：即杨骏，字文长。西晋华阴（今陕西华阴）人。晋武帝立，以后父超迁车骑将军，封临晋侯。晋武帝疾笃，后奏以骏辅政。晋惠帝即位，骏总朝政，遍树亲党。贾后惮骏，遂秘旨诛之，夷三族。

⑩寻：不久，很快。

⑪《搜神记》：书名。晋干宝有感于生死之事，多采集神话故事和民间传说撰著而成。是我国志怪小说的代表作。

⑫太康：西晋武帝司马炎的年号（280—289）。

⑬京洛：洛阳的别称。因东周、东汉均建都于此，故名。《折杨》之歌：晋时俗曲名。《晋书·五行志》："太康末，京洛为《折杨柳》之歌。其曲始有兵革苦辛之辞，终以擒获斩截之事。是时三杨贵盛而被族灭。太后废黜幽死中宫。折杨柳之应也。"

⑭太后：指晋武帝司马炎皇后，杨骏女。名芷，字季兰。咸宁二年（276）立为皇后。有妇德，遭太子妃贾氏妒忌。武帝崩，惠帝继位，尊为皇太后。贾后弄权，借故族灭杨骏，并将皇太后废为庶人。幽死：囚禁而死。

⑮朱超石《与兄书》：朱超石写给兄长朱龄石的书信。朱超石，沛郡沛县（今江苏沛县）人。朱龄石弟。果锐善骑乘，虽出自将家，兄弟并娴习尺牍。后归刘裕，为徐州主簿。终与兄龄石俱为赫连勃勃所杀。兄：即朱龄石。字伯儿。有武干，又熟练吏职，深受刘裕亲委。随刘裕伐蜀，为元帅，一战克捷。后关中扰乱，刘裕遣其弟朱超石慰劳河、洛。始至蒲坂，值其兄朱龄石自长安东走至曹公垒，超石济河就之，与龄石俱没被杀。

⑯桥：《水经注疏》杨守敬按："桥在故洛阳城东。"洛阳宫：三国魏修。在今河南洛阳东北汉魏故城北部。

⑰受：容纳。大舫（fǎng）：大船。

⑱太康三年：282年。太康，西晋武帝司马炎的年号（280—289）。

【译文】

　　水又东流，在左边汇合七里涧。《晋后略》说：成都王司马颖派吴人陆机为前锋都督，出兵讨伐京师。因为他轻率冒进，被洛阳军队乘机攻击，在鹿苑打了个大败仗，士兵自相践踏，在护城河和七里涧死了很多人，把涧都填满了。指的就是这条涧。涧上有石桥，就是旅人桥。从前孙登不想在洛阳久住，他知道杨氏眼前虽然荣华富贵，但不会有好结果，因而想退隐到乡野山林里去，终于默默无闻地死去了，杨骏把他埋葬在这座石桥的东边，不久以后杨骏也死了。《搜神记》说：太康末年，京城洛阳开始唱《折杨》之歌，歌中有描写战争之苦的词句。杨骏后来被杀，太后也被幽禁而死。"折杨"真的应验了。这里的几座桥都是用石块砌成的，巍峨壮丽，石工制作也极好，虽然随着时光的流逝而略有损毁，但行人来往仍然无碍。秦超石在《与兄书》中说：桥离洛阳宫六七里，全用大石筑成，下面砌成圆拱门，以通水流，可容大船通过。桥上题字说：太康三年十一月初开工，每日需用七万五千人工，到次年四月底结束。这座桥曾崩坏过，以后宣新进行了修补，现在所刻文字已经不存了。

　　阳渠水又东流迳汉广野君郦食其庙南①。庙在北山上，成公绥所谓偃师西山也②。山上旧基尚存，庙宇东向，门有两石人对倚，北石人胸前铭云：门亭长③。石人西有二石阙，虽经颓毁，犹高丈余。阙西，即庙故基也。基前有碑，文字剥缺，不复可识。子安仰澄芬于万古④，赞清徽于庙像⑤，文字厥集矣⑥。阳渠水又东迳亳殷南⑦，昔盘庚所迁⑧，改商曰殷此始也。班固曰：尸乡⑨，故殷汤所都者也，故亦曰汤亭。薛瓒《汉书注》、皇甫谧《帝王世纪》⑩，并以为非，以为帝喾都矣⑪。

【注释】

①阳渠水：即阳渠，又名千金渠。原围绕汉魏故城（今河南洛阳东北）四周。东汉初王梁、张纯相继自今洛阳西筑堰穿渠引穀水东流，经汉魏故城，至今偃师东南入洛水，以通漕运。广野君郦食其（yì jī）：陈留高阳（今河南杞县）人。好读书，家贫落魄，初为里监门吏。后投刘邦，献计克陈留，因功封广野君。

②成公绥：字子安。东郡白马（今河南滑县）人。西晋文学家。偃师：即偃师县。战国时周置。后入秦，属三川郡。汉属河南郡。治所即今河南偃师。西山：《水经注疏》杨守敬按："《隋志》，偃师县有郦山，即此山也。盖因山上有食其庙，后人取其姓以名山。在今偃师县（今河南颜偃师）西。"

③门亭长：州郡县佐吏名。汉州郡皆置门亭长一人，主州郡府门及通报纠仪诸事，下有门卒、门吏若干人。后世州郡沿置。此处铭刻"门亭长"，似因郦食其曾经做过里监门吏。

④子安：即成公绥，字子安。澄芬：纯净芬芳。喻品行高洁。

⑤清徽：高洁的情操。

⑥文字厥集：谓成公子安文集中有郦生庙碑文。《水经注疏》杨守敬按："孙诒让《札迻》云：'字'当作'存'，形近而误。是也。"

⑦亳（bó）殷：殷都。在今河南安阳西北小屯村。

⑧盘庚：商王帝阳甲的弟弟。继位后将都城由奄（今山东曲阜）迁至殷（今河南安阳西北），因此商又称为"殷"。

⑨尸乡：一作尸氏，即西亳。在今河南洛阳偃师西。

⑩薛瓒《汉书注》：《汉书》颜师古注中收录有"臣瓒"注《汉书》。但臣瓒姓氏，历来学者考辨，众说纷纭，莫衷一是。郦注屡作薛瓒，未知何据。皇甫谧《帝王世纪》：皇甫谧，字士安，自号玄晏先生。魏晋安定朝那（今宁夏固原东南）人。后徙居新安（今河南渑池）。其《帝王世纪》，起自三皇，迄于汉魏，专记帝王事迹。

⑪帝喾（kù）：传说中的远古帝王。传为黄帝曾孙。生而神异，自言
　　其名。号高辛氏。

【译文】

　　阳渠水又往东流，经汉广野君郦食其庙南。庙在北山上，就是成公
绥所谓偃师西山。山上还留有旧庙基，庙宇朝东，门前有两尊石人相对
而立，北侧石人胸前刻的字是：门亭长。石人西面有两座石阙，虽然已经
破毁，但还有一丈多高。石阙西边就是庙宇的旧基。庙基前面有石碑，
文字已剥蚀缺损，看不清楚了。子安景仰郦食其万古不朽的美名，对祠
像赞美他高洁坚贞的节操，文集中仍存有郦生庙碑文。阳渠水又往东流
经亳殷以南，从前盘庚迁都于此，把商改名为殷就是由此开始的。班固
说：尸乡，从前曾是殷汤建都的地方，所以又称汤亭。薛瓒《汉书注》、皇
甫谧《帝王世纪》都以为不是殷汤，而是帝喾建都的地方。

　　《晋太康记》《地道记》①，并言田横死于是亭②，故改曰
尸乡。非也。余按司马彪《郡国志》，以为《春秋》之尸氏也，
其泽野负原③，夹郭多坟陇焉④，即陆士衡会王辅嗣处也⑤。
袁氏《王陆诗叙》⑥，机初入洛，次河南之偃师。时忽结阴，
望道左若民居者，因往逗宿。见一少年，姿神端远。与机言
玄，机服其能而无以酬折，前致一辩。机题纬古今⑦，综检名
实，此少年不甚欣解。将晓，去，税驾逆旅⑧，妪曰⑨：君何宿
而来？自东数十里无村落，止有山阳王家墓⑩。机乃怪怅⑪，
还睇昨路⑫，空野霾云，攒木蔽日⑬，知所遇者，审王弼也⑭。
此山即祝鸡翁之故居也⑮。《搜神记》曰：祝鸡翁者，洛阳人
也，居尸乡北山下，养鸡百年余，鸡至千余头，皆有名字，欲
取，呼之名则种别而至。后之吴山，莫知所去矣。

【注释】

①《晋太康记》：书名。又名《晋太康地记》等。撰者不详。记载晋初十九州及郡县建置沿革、山水、物产、风俗，兼及历史事件等。《地道记》：又称《晋书地道记》。东晋王隐撰。今存清人辑本。

②田横：狄县（今山东高青）人。秦末从兄田儋起兵反秦。田儋死后，收齐散兵数万人，立田荣子田广为齐王，自为相，不久自立为齐王。刘邦称帝后，田横与部众五百余人逃居海岛。前202年，迫于刘邦之诏，率二人至洛阳，途中自杀。留居海岛者闻讯皆自杀。

③负原：背靠着高地。

④夹郭：指城郭两边。郭，外城，古代在城的外围加筑的一道城墙。

⑤陆士衡：即陆机，字士衡。吴郡吴县（今江苏苏州）人。西晋文学家。与弟陆云并称二陆。王辅嗣：即王弼，字辅嗣。山阳高平（今山东微山县）人。三国魏玄学家。注《老子》《周易》传世。

⑥袁氏《王陆诗叙》：《水经注疏》杨守敬按："《隋志》不著录。"

⑦题：议论，品评。纬：组织，条理。

⑧税驾：犹解驾，停车。谓休息或归宿。税，通"脱"。解下，脱下。

⑨妪（yù）：老妇人。

⑩山阳：即山阳郡。西汉景帝中元六年（前144）分梁国置山阳国，立梁孝王子定为山阳王。武帝建元五年（前136）改为山阳郡。治所在昌邑县（今山东巨野南六十里）。王家墓：即王弼的坟墓。

⑪怪怅（chàng）：惊异怅惘。

⑫睇（tī）：看，望。

⑬攒（cuán）木：丛聚的树木。

⑭审：确实。

⑮祝鸡翁：古代传说中的善养鸡者。

【译文】

《晋太康记》《地道记》，都说田横死在此亭，所以改名尸乡。这说法并不正确。我查考司马彪《郡国志》,以为这就是春秋的尸氏,那里的沼泽荒野背依高地,城郭两边坟墓很多,就是陆士衡与王辅嗣相遇的地方。袁氏《王弼诗叙》载,陆机初到洛阳时,途中在河南偃师过夜。当时忽然阴云密布,看见道路左边好像有人家,于是就去投宿。他看见一个少年,神态端庄有点深不可测的样子。少年与陆机谈论玄学,陆机很佩服他的才能,而无法驳倒他,于是提出一个论辩题目。陆机列举了古往今来的许多史事,从名实上进行检讨,这位少年却不很喜欢,也不很理解。天将破晓时,陆机就告别上路了,在一家旅店里歇息,店里的老妇人问道:您昨晚在哪里住宿?这里往东好几十里都没有村庄,只有山阳王家的坟墓。陆机于是感到又惊异又惆怅,回头遥望昨天走过来的道路,只见一片空荒的原野和惨戚的阴云,高高的树丛荫天蔽日,知道昨晚所遇的定是王弼了。这座山就是祝鸡翁的故居。《搜神记》说:祝鸡翁是洛阳人,住在尸乡北山下,养鸡百余年,鸡数达到一千余只,每只鸡都有名字,要想捉鸡时,只要叫它的名字,它就会从鸡群里走到他面前。后来他到了吴山,就不知去向了。

　　穀水又东迳偃师城南①。皇甫谧曰:帝喾作都于亳,偃师是也。王莽之所谓师氏者也。

【注释】

①偃师:即偃师县。战国时周置。后入秦,属三川郡。治所在今河南偃师。汉属河南郡。

【译文】

　　穀水又往东流经偃师城南面。皇甫谧说:帝喾建都于亳,就是偃师。也就是王莽的师氏。

　　穀水又东流注于洛水矣。

【译文】

榖水又东流,注入洛水。

甘水

甘水出弘农宜阳县鹿蹄山①,

山在河南陆浑县故城西北②,俗谓之纵山。水之所导,发于山曲之中③,故世人目其所为甘掌焉④。

【注释】

①甘水:从南面注入洛水的小支流。在今河南宜阳至洛阳一带。弘农:即弘农郡。西汉元鼎四年(前113)置。治所在弘农县(今河南灵宝北故函谷关城)。宜阳县:战国韩置。治所在今河南宜阳西四十八里韩城镇。秦属三川郡。西汉属弘农郡。鹿蹄山:在今河南宜阳东南。《山海经·中次四经》:"釐山之首,曰鹿蹄之山,其上多玉,其下多金。甘水出焉,而北流注于洛,其中多泠石。"

②河南:即河南郡。汉高祖二年(前205)改河南国置。治所在洛阳县(今河南洛阳东北汉魏故城)。陆浑县:西汉置,属弘农郡。治所在今河南嵩县东北陆浑北二十余里。西晋改属河南郡。

③发于山曲之中:《水经注疏》杨守敬按:"水出今宜阳县(今河南宜阳)东南。"山曲,山势弯曲隐蔽处。

④甘掌:在今河南宜阳西。《水经注疏》:"《元和志》寿安县下,后魏分新安,置甘掌县,是也。"

【译文】

甘水

甘水发源于弘农郡宜阳县鹿蹄山,

鹿蹄山在河南陆浑县老城西北,俗称纵山。水从山坳中流出,所以世人把那地方称为甘掌。

东北至河南县南^①,北入洛^②。

甘水发源东北流,北屈迳一故城东。在非山上^③,世谓之石城也。京相璠曰:或云甘水西山上,夷污而平^④,有故甘城^⑤,在河南城西二十五里^⑥,指谓是城也。余按,甘水东十许里洛城南,有故甘城焉,北对河南故城,世谓之鉴洛城。鉴、甘声相近,即故甘城也,为王子带之故邑矣^⑦,是以昭叔有甘公之称焉。

【注释】

①河南县:秦置,属三川郡。治所在今河南洛阳西涧水东岸。西汉属河南郡。西晋末废。东晋义熙末复置。

②洛:即洛水。今河南洛河。黄河支流,发源于陕西,流入河南。古时亦作雒水。

③非山:《水经注疏》熊会贞按:"《隋书·食货志》作'飞山',山在鹿蹄山西北,非一山也。"

④夷污而平:"夷污"二字费解。似有讹误,待考。

⑤甘城:《水经注疏》杨守敬按:"《括地志》,故甘城在河南县(今河南洛阳西)西南二十五里。"

⑥河南城:原为王城,战国时加以扩建,称河南城。在今河南洛阳西涧水东岸。

⑦王子带:即大叔带。周襄王之弟,惠王之子。以食邑于甘,亦称甘昭公。尝宠于惠王,襄王畏之。后叔带与戎、翟谋讨伐襄王。襄王欲诛叔带。叔带奔齐。后叔带立为王,取襄王所绌翟后与居温。襄王告急于晋,晋文公纳王而诛叔带。

【译文】

甘水往东北流,到河南县以南,往北注入洛水。

甘水发源后往东北流，向北绕到一座老城的东边。城在非山上，世人称之为石城。京相璠说：有人说，甘水所出的西山上面，凹陷而平坦，有旧甘城，在河南城以西二十五里，指的就是这座城。我查考到，甘水东面十来里的洛城南面有旧甘城，北与河南旧城相望，世人称之为鉴洛城。鉴、甘读音相近，就是旧甘城，是从前王子带的食邑，所以昭叔有甘公之称。

甘水又与非山水会。水出非山东谷①，东流入于甘水。

【注释】

①非山：在今河南伊川西南。乃唐时皇室狩猎之所。

【译文】

甘水又与非山水汇合。非山水发源于非山东麓的山谷，东流注入甘水。

甘水又于河南城西北入洛。《经》言县南，非也。京相璠曰：今河南县西南，有甘水，北入洛。斯得之矣。

【译文】

甘水又在河南城西北注入洛水。《水经》说从县南入洛，是搞错了。京相璠说：现在河南县西南有甘水，北流注入洛水。这就说说对了。

漆水

漆水出扶风杜阳县俞山①，东北入于渭②。

《山海经》曰③：漆次之山④，漆水出焉。北流注于渭。盖自北而南矣。《尚书·禹贡》、太史公《禹本纪》云⑤：导渭水东北至泾⑥，又东过漆、沮⑦，入于河。孔安国曰⑧：漆、沮，一水名矣，亦曰洛水也，出冯翊北⑨。周太王去邠⑩，度漆逾梁山⑪，止岐下⑫。故《诗》云⑬：民之初生，自土沮漆。又曰：率西水浒⑭，至于岐下。是符《禹贡》《本纪》之说。

【注释】

①漆水：有几种说法：一说即今陕西麟游东南的漆水河，自麟游南流至岐山县西合雍水、岐水，东流入渭水；一说即今陕西彬州泾河支流水帘河；一说即今陕西岐山县南横水河。扶风：即右扶风。西汉太初元年（前104）改主爵都尉置，分右内史西半部为其辖区，职掌相当于郡太守。因地属畿辅，故不称郡，为三辅之一。治所在长安县（今陕西西安西北）。三国魏去"右"字，改辖区为扶风郡。杜阳县：西汉置，属右扶风。治所在今陕西麟游西北招贤镇。

②湆：即渭河。黄河最大支流。源出甘肃渭源县西南鸟鼠山，东流经陇西、武山、甘谷、天水诸县市，横贯陕西渭河北原，南纳斜、涝、丰、浐、灞诸水，北会泾水、洛水，在潼关县入黄河。

③《山海经》：引文语见《山海经·西山经》。

④羭（yú）次之山：《水经注疏》杨守敬按："其上文曰浮山，即《水经·渭水注》之浮肺山，与丽山连麓而异名者。今在临潼县（今陕西临潼）南。又西七十里曰羭次之山，漆水出焉，北流注于渭。"

⑤《尚书·禹贡》：《尚书》中的一篇。详细记载了古代政治制度、九州的划分、山川的方位、物产分布以及土壤性质等。《禹本纪》：书名。中国古代地理类著作。太史公司马迁将其与《山海经》并举，故为世人所知。今佚。

⑥导：疏导，疏通。泾（jīng）：即泾水，渭河支流。在今陕西中部。有南北二源。全长九百余里。因泾水清、渭水浊，故有"泾渭分明"之说。

⑦沮（jǔ）：即沮水。今陕西岐山县东沣河。源出岐山县东北沣谷

东南流经扶风县，至武功西北合漆水河入渭。

⑧孔安国：字子国。鲁（今山东曲阜）人。西汉经学家。

⑨冯翊（píng yì）：即冯翊郡。三国魏改左冯翊置。治所在临晋县（今陕西大荔）。

⑩周太王：即古公亶（dǎn）父，姬姓。豳（bīn，今陕西旬邑西）人。周文王祖父。周武王姬发建立周朝时，追谥他为周太王。去：离开。邠（bīn）：同"豳"。古邑名。在今陕西旬邑西三十里邠原上。《孟子·梁惠王下》："昔者大王居邠，狄人侵之，去之岐山之下居焉。"

⑪逾：翻越。梁山：在今陕西乾县西北。

⑫止：栖止。岐下：岐山之下。在今陕西岐山县东北。

⑬民之初生，自土沮漆：语见《诗经·大雅·绵》。

⑭浒：水崖。

【译文】

漆水

漆水发源于扶风郡杜阳县俞山，东北流注入渭水。

《山海经》说：翰次之山，漆水就发源于这里。北流注入渭水。这里是说从北往南流。《尚书·禹贡》、太史公所见《禹本纪》说：疏导渭水往东北流到泾水，又往东流过漆水和沮水，注入河水。孔安国说：漆、沮是水名，又叫洛水，发源于冯翊以北。周太王离开邠，度过漆水，翻过梁山，就在岐山脚下停下来。所以《诗经》说：先民最初生存之地，本在沮水和漆水流域。又说：从西面沿着河流来到岐山之下。这些话都与《尚书·禹贡》《禹本纪》的说法相符。

许慎《说文》称①：漆水出右扶风杜阳县岐山，东入渭。从水，桼声。又云：一曰漆城池也。潘岳《关中记》曰②：关中有泾、渭、灞、浐、酆、鄗、漆、沮之水③。酆、鄗、漆、沮四水，在长安西南鄠县④，漆、沮皆南注，酆、鄗水北注。《开山图》

曰⑤：丽山西北有温池⑥。温池西南八十里岐山，在杜阳北。

【注释】

① 许慎《说文》：即许慎《说文解字》。许慎，字叔重。汝南召陵（今河南漯河市召陵区）人。其《说文解字》为中国文字学的奠基之作，也是我国第一部以六书理论系统分析字形、解释字义的字典。引文语见《说文·水部》。

② 潘岳《关中记》：潘岳，字安仁。荥阳中牟（今河南中牟）人。西晋武帝时文学家。其《关中记》，记叙关中地区事迹。

③ 关中：此指众关之中。潘岳《关中记》："东自函关，西至陇关。"灞（bà）：即灞水，也作霸水。今称灞河。源出陕西蓝田东秦岭北麓，西北流经西安入渭水。浐（chǎn）：今称浐河。发源于秦岭北麓，北流在西安东北注入灞河。酆（fēng）：又作丰、沣。即今陕西西安长安区和咸阳境内之沣河。下游历代略有变迁。鄗（hào）：即鄗水，又作滈水。在今陕西西安西。唐后镐池涸废，其水遂绝。

④ 鄠（hù）县：西汉置，属右扶风。治所在今陕西西安鄠邑区。

⑤《开山图》：书名。又作《遁甲开山图》。撰者不详。所记皆天下名山及洪古帝王发迹之处。

⑥ 丽山：亦名骊（lí）山、丽戎之山。在今陕西西安临潼区东南。周幽王死于山下。秦始皇亦葬于此。其麓有温泉，唐代置温泉官，后改名华清宫。

【译文】

许慎《说文解字》说：漆水发源于右扶风郡杜阳县的岐山，东流注入渭水。漆字形旁从水，音桼。又说：又名漆城池。潘岳《关中记》说：关中有泾、渭、灞、浐、酆、鄗、漆、沮等水。酆、鄗、漆、沮四条水，在长安西南的鄠县，漆水、沮水都往南奔流，酆水、鄗水则北注。《开山图》说：丽山西北有温池。温池西南八十里，岐山在杜阳北边。

　　长安西有渠,谓之漆渠。班固《地理志》云[1]:漆水在漆县西[2]。阚骃《十三州志》又云:漆水出漆县西,北至岐山,东入渭。今有水出杜阳县岐山北漆溪,谓之漆渠,西南流注岐水。但川土奇异,今说互出,考之经史,各有所据。识浅见浮,无以辨之矣。

【注释】

①班固《地理志》:即《汉书·地理志》。概述先秦至汉地理沿革、西汉行政区划、山川名胜、户口物产及中外交通等。

②漆县:战国秦置,属内史。治所在今陕西彬州。以县西漆水得名。西汉属右扶风。

【译文】

　　长安西面有一条渠道,叫漆渠。班固《地理志》说:漆水在漆县西边。阚骃《十三州志》又说:漆水在漆县西边,北流到岐山,往东注入渭水。现在有一条水,发源于杜阳县岐山北麓的漆溪,称为漆渠,往西南流,注入岐水。但川流与地区差异很大,诸说纷纭,查核经史,又人人都有依据。我本人见识浅陋,也无从鉴别它们的是非了。

浐水

浐水出京兆蓝田谷[1],北入于灞。

　　《地理志》曰:浐水出南陵县之蓝田谷[2],西北流与一水合。水出西南莽谷[3],东北流注浐水。

【注释】

①浐水:今称浐河。关中八川之一。发源于陕西蓝田西南秦岭北麓,西北流至西安东北注入灞河。京兆:即京兆郡。三国魏改京兆尹

置，为雍州治。治所在长安县（今陕西西安西北三十里）。蓝田谷：在今陕西蓝田东南界。

②南陵县：西汉文帝七年（前 173）置，属京兆尹。治所在今陕西西安东南大康村。因其地有文帝刘恒之母薄太后的南陵，故名。西汉元始四年（4）废。

③荓谷：具体不详。

【译文】

浐水

浐水发源于京兆郡蓝田谷，北流注入灞水。

《地理志》说：浐水发源于南陵县的蓝田谷，往西北流，汇合了一条水。这条水发源于西南方的荓谷，往东北流，注入浐水。

浐水又北历蓝田川①，北流注于灞水。《地理志》曰：浐水北至霸陵入霸水②。

【注释】

①蓝田川：《水经注疏》熊会贞按："《渭水注》叙霸水，亦有历蓝田川之文。盖霸水在蓝田东，浐水在蓝田县西，两水迳蓝田，皆有蓝田川之名。故并称历蓝田川也。"

②霸陵：即霸陵县。西汉文帝九年（前 171）改芷阳县置，属京兆尹。治所在今陕西西安东新村附近。因其地有文帝刘恒霸陵，故名。

【译文】

浐水又往北流过蓝田川，北流注入灞水。《地理志》说：浐水往北流，到霸陵注入灞水。

沮水

沮水出北地直路县①，东过冯翊祋祤县北②，东入于洛。

《地理志》曰：沮出直路县西，东入洛。今水自直路县东南，迳谯石山东南流③，历檀台川④，俗谓之檀台水。屈而夹山西流，又西南迳宜君川⑤，世又谓之宜君水。

【注释】

①沮水：即流经今陕西铜川耀州区、富平，在西安临潼区东北注入渭水的石川河。北地：即北地郡。战国秦置。治所在义渠县（今甘肃庆阳西峰区东境）。西汉移治马领县（今甘肃庆城西北）。东汉又移治富平县（今宁夏吴忠西南）。直路县：西汉置，属北地郡。治所在今陕西富县西直罗镇。东汉废。

②祋祤（duì yǔ）县：西汉景帝二年（前155）置，属内史。治所在今陕西铜川耀州区东一里河东堡。武帝后属左冯翊。东汉初废。

③谯石山：具体不详。

④檀台川：具体不详。

⑤宜君川：《水经注疏》熊会贞按："《地形志》，宜君县（今陕西铜川耀州区）有宜君水。县在今宜君县西南。盖沮水迳宜君县境，又谓之宜君水。"

【译文】

沮水

沮水发源于北地郡直路县，往东流过冯翊郡祋祤县北面，往东注入洛水。

《地理志》说：沮水发源于直路县西边，往东注入洛水。现在沮水从直路县东南流经谯石山，往东南流经檀台川，俗称檀台水。转弯沿山两边往西流，又往西南流经宜君川，世人又称之为宜君水。

又得黄嵚水口①。水西北出云阳县石门山黄嵚谷②，东南流注宜君水。

【注释】

①黄嶔（qīn）水口：当在今陕西铜川西北。《水经注疏》杨守敬按："据《渭水注》，五丈渠水出石门山，东南流迳黄嶔山西，则黄嶔山在石门山东南。水出其谷，即以黄嶔为名也。"

②云阳县：秦置，属内史。治所在今陕西淳化西北四十里前头对北。汉属左冯翊。东汉末废。石门山：在今陕西旬邑东南，接铜川耀州区界。黄嶔谷：即黄钦山谷。在今陕西铜川西北。

【译文】

宜君水又流到黄嶔水口。黄嶔水在西北方发源于云阳县石门山的黄嶔谷，往东南流，注入宜君水。

又东南流迳祋祤县故城西，县以汉景帝二年置①，其水南合铜官水②。水出县东北，西南迳铜官川，谓之铜官水。又西南流迳祋祤县东，西南流迳其城南原下，而西南注宜君水。

【注释】

①汉景帝二年：即西汉景帝刘启前元二年，前155年。

②铜官水：亦称铜官川。即今陕西沮河支流漆水河。

【译文】

宜君水又往东南流经祋祤县老城西边——祋祤县置于汉景帝二年——南流与铜官水汇合。铜官水发源于县城东北，往西南流经铜官川，称为铜官水，又往西南流经祋祤县东边，往西南流经县城南原下面，然后往西南注入宜君水。

宜君水又南出土门山西^①，又谓之沮水。又东南历土门南原下，东迳怀德城南^②，城在北原上。又东迳汉太上皇陵北^③，陵在南原上。

【注释】

①土门山：在今陕西铜川耀州区东南。

②怀德城：在今陕西富平西北。《太平寰宇记·耀州·富平县》：“怀德故城在今县西南十一里，非汉怀德县也。盖后汉末及三国时因汉旧名，于此立县为名。”

③太上皇陵：《水经注疏》杨守敬按：“《元和志》，汉太上皇陵在栎（yuè）阳县（今陕西西安临潼区北栎阳镇）东北二十五里。”太上皇，指刘邦的父亲。

【译文】

宜君水往南从土门山西边流出，又称沮水。又往东南流过土门南原下，往东流经怀德城南，城在北原上面。又往东流经汉太上皇陵北面，陵墓在南原上。

沮水东注郑渠^①。昔韩欲令秦无东伐，使水工郑国间秦凿泾引水^②，谓之郑渠。渠首上承泾水于中山西邸瓠口^③，所谓瓠中也。《尔雅》以为周焦护矣^④。为渠并北山^⑤，东注洛三百余里，欲以溉田。中作而觉^⑥，秦欲杀郑国，郑国曰：始臣为间，然渠亦秦之利。卒使就渠。渠成而用注填阏之水^⑦，溉泽卤之地四万余顷^⑧，皆亩一钟^⑨，关中沃野^⑩，无复凶年，秦以富强，卒并诸侯，命曰郑渠。渠渎东迳宜秋城北^⑪，又东迳中山南。《河渠书》曰^⑫：凿泾水自中山西。《封禅书》^⑬：汉武帝获宝鼎于汾阴^⑭，将荐之甘泉^⑮，鼎至中山，氤氲有黄云盖焉⑯。徐广《史记音义》曰⑰：关中有中山，非冀州者也⑱。指证此山，俗谓之仲山，非也。

【注释】

①郑渠：亦称郑国渠。战国时期关中平原（今陕西中部平原）最早兴建的人工灌溉渠。秦王嬴政采纳韩国水工郑国的建议开凿而成。自今陕西泾阳西北仲山下，分泾水东流，历今三原、富平、蒲城诸县境注入洛水。唐以后逐渐堙废。

②郑国：韩国治水的能工巧匠。间（jiàn）：间说，私下游说。泾（jīng）：即泾水，渭河支流。在今陕西中部。

③渠首：指郑国渠的源头。中山：即今陕西泾阳西北仲山，接淳化界。邸：通"抵"。至，到达。瓠（hù）口：即谷口。在今陕西礼泉东北三十里泾水出山之口。

④《尔雅》：书名。撰者不详。成书于西汉初年。是我国现存最早的一部解释词义的词典。按词条义类分篇，共有《释诂》《释言》《释训》《释鸟》《释兽》等十九篇（今本）。焦护：又称焦获泽、焦护泽。在今陕西泾阳西北仲山西麓。《尔雅·释地》列为"十薮"之一。

⑤並（bàng）：通"傍"。依傍，依靠。

⑥觉：被发现。

⑦注填阏之水：疏引带有大量淤泥的浊水。以富含养分的淤淀之水灌溉咸卤之田，会令其庄稼丰收。

⑧泽卤之地：低洼而多盐碱的田地。

⑨一钟：古容量单位。一说合六斛四斗。

⑩关中：古地域名。今指陕西渭河流域一带。

⑪宜秋城：在今陕西泾阳西北。

⑫《河渠书》：即《史记·河渠书》。太史公马迁有感于水利的重要性而作。

⑬《封禅书》：即《史记·封禅书》。封禅，古代帝王祭祀天地的大典。祭天曰封，祭地曰禅。

⑭汾阴：汾水之南。古代山南水北为阳，相反为阴。

⑮甘泉：即甘泉宫，一名云阳宫。在今陕西淳化西北甘泉山。

⑯氤氲（yīn yūn）：形容烟雾或云气浓郁。

⑰徐广《史记音义》：徐广，字野民。东莞姑幕（今山东诸城北）人。晋、宋间学者。其《史记音义》，随文释义，兼述训解，多有发明。

⑱冀州：西汉武帝置，为十三刺史部之一。

【译文】

　　沮水往东注入郑渠。从前韩国想让秦国不打到东方来，派了水工郑国去私下游说秦王，他开渠引泾水注入，称为郑渠。水渠上口在中山西面的邸瓠口承接泾水，就是所谓瓠中。《尔雅》以为这是周的焦護。他傍着北山开渠，往东注入洛水，长三百余里，说是可以靠它来灌溉田地。工程进行期间，被秦发现了，秦人想杀掉郑国，郑国说：我当初虽然是来做间谍的，但开了这条渠道对秦国也有利。于是秦就让他把渠道开好。渠道完工之后，引了带有淤泥的水来灌溉盐碱地四万余顷，每亩收获高达一钟，关中成为一片沃野，不再有荒年，秦国因而富强起来，最后吞并了诸侯，于是这条水渠就被命名为郑渠。渠道往东通过宜秋城北面，又往东通过中山南面。《史记·河渠书》说：从中山以西开凿泾水。《史记·封禅书》说：汉武帝在汾阴得到宝鼎，想送到甘泉宫去献祭，到了中山时，升起一片黄云，弥漫笼罩在鼎上。徐广《史记音义》说：关中有中山，这不是冀州的中山。指的就是此山，俗称仲山，是弄错了的。

　　郑渠又东迳舍车宫南绝冶谷水①。郑渠故渎又东迳巀嶭山南②，池阳县故城北③，又东绝清水④。又东迳北原下，浊水注焉⑤。自浊水以上，今无水。浊水上承云阳县东大黑泉⑥，东南流，谓之浊谷水，又东南出原，注郑渠。又东历原，迳曲梁城北⑦,又东迳太上陵南原下⑧,北屈迳原东与沮水合。分为二水。一水东南出,即浊水也。至白渠与泽泉合⑨,俗谓之漆水,又谓之为漆沮水。绝白渠,东迳万年县故城北为栎阳渠⑩。城,即栎阳宫也⑪。汉高帝葬皇考于是县⑫,起坟陵,署邑号,改曰万年也。《地理志》曰:冯翊万年县,高帝置,王莽曰异赤也。故徐广《史记音义》曰:栎阳,今万年矣。阚骃曰:县西有泾、渭,北有小河。谓此水也。其水又南屈,更名石川水⑬,又西南迳郭漠城西与白渠枝渠合⑭,又南入于渭水七。其一水东出,即沮水也。

【注释】

①舍车官:宫名。具体不详。冶谷水:即今陕西淳化东冶峪河。

②巀嶭(jié niè)山:亦作嶻嶭山。即今陕西泾阳西北,与三原、淳化二县交界处之嵯峨山。

③池阳县:西汉惠帝四年(前191)置,属左冯翊。治所在今陕西泾阳西北二里,俗名迎冬城。

④清水:《水经注·渭水》:"渭水又东得白渠枝口,又东与五丈渠合,水出云阳县(今陕西淳化)石门山,谓之清水。"

⑤浊水:即今陕西铜川耀州区西南浊谷河。其水峻急浑浊,故名。

⑥云阳县:秦置,属内史。治所在今陕西淳化西北四十里前头村北。汉属左冯翊。东汉末废。

⑦曲梁城:即黄白城。在今陕西三原东北十里。《水经注疏》杨守敬按:"盖以城有曲梁官,故又称曲梁城也。"

⑧太上陵:即上文的太上皇陵。在今陕西西安临潼区北栎阳镇附近。太上皇,即刘邦的父亲。

⑨白渠:古代关中平原的人工灌溉水渠。《汉书·沟洫志》记载:汉

武帝太始二年（前95），用赵中大夫白公建议，于郑国渠之南开
凿，自谷口（今陕西礼泉东北）分泾水东南流，经高陵、栎阳（今陕
西西安临潼区北），东至下邽（今陕西渭南市北）东南注入渭水。
名曰白渠。泽泉：亦称泽多泉。在今陕西富平西。

⑩万年县：西汉高帝分栎阳县置，与栎阳县同城而治，属左冯翊。治
所在今陕西西安东北阎良区武屯镇古城村。栎（yuè）阳渠：当在
今陕西西安阎良区北。

⑪栎阳宫：《水经注疏》杨守敬按："《括地志》，秦栎阳故宫在雍州栎
阳县北三十五里，秦献公所造。"

⑫皇考：对亡父的尊称。这里指刘邦的父亲。

⑬石川水：《水经注疏》杨守敬按："《括地志》，沮水一名石川水。"

⑭郭澋（làng）城：具体不详。

【译文】

郑渠又往东流经舍车宫南面，穿过冶谷水。郑渠旧道又往东流经巀
薛山南面，池阳县旧城北面，又往东穿过清水。又往东流经北原下，有浊
水注入。从浊水入口处起，上游现在已经无水了。浊水上游承接云阳县
以东的大黑泉，往东南流，称为浊谷水，又往东南流出高地，注入郑渠。
又往东通过高地，流经曲梁城北面，又往东流经太上陵南原下面，向北转
弯流经高地以东，与沮水汇合。水又分成两条。一条往东南分出，就是
浊水。到了白渠与泽泉汇合，俗称漆水，又称漆沮水。横穿过白渠，往东
流经万年县旧城北面，叫栎阳渠。这座城就是栎阳宫所在地。汉高帝把
他父亲葬在栎阳县，建造了陵墓，并把城名改为万年。《地理志》说：冯翊
郡万年县，汉高帝时设置，王莽称为异赤。所以徐广《史记音义》说：栎阳，
就是现在的万年。阚骃说：县西有泾水、渭水，北面有小河。指的就是此
水。水又向南转弯，改名为石川水，又往西南流经郭澋城西面，与白渠的
支渠汇合，又往南注入渭水。另一条往东流，就是沮水。

东与泽泉合。水出沮东泽中，与沮水隔原，相去十五里，

俗谓是水为漆水也。东流迳薄昭墓南①，冢在北原上。又迳怀德城北②，东南注郑渠，合沮水。又自沮直绝注浊水，至白渠合焉，故浊水得漆沮之名也。

【注释】

①薄昭墓：《水经注疏》熊会贞按："薄昭墓在富平县（今陕西富平）百十三里。"薄昭，西汉吴（今江苏苏州）人。薄太后弟。以中大夫迎文帝于代。封轵侯。后因擅杀朝廷使者，获罪自杀。

②怀德城：在今陕西富平西北。

【译文】

沮水东流与泽泉汇合。泽泉发源于沮水东边的沼泽中，与沮水隔着一片高地，相距十五里，俗称此水为漆水。漆水往东流经薄昭墓南，墓在北原上。又流经怀德城北面，往东南注入郑渠，与沮水汇合。又从沮水直穿而过，注入浊水，到白渠相汇合，所以浊水得了漆沮这个名称。

沮循郑渠，东迳当道城南①。城在频阳县故城南②，频阳宫也③，秦厉公置④。城北有频山⑤，山有汉武帝殿，以石架之。县在山南，故曰频阳也。应劭曰：县在频水之阳⑥。今县之左右，无水以应之，所可当者，惟郑渠与沮水。又东迳莲芍县故城北⑦。《十三州志》曰⑧：县以草受名也。沮水又东迳汉光武故城北⑨，又东迳粟邑县故城北⑩，王莽更名粟城也。后汉封骑都尉耿夔为侯国⑪。其水又东北流，注于洛水也。

【注释】

①当道城：在今陕西富平东北。

②频阳县：战国秦置，属内史。治今陕西富平东北美原镇西南古城村。地居关中至北边交通要冲。三国魏属冯翊郡。

③频阳宫：在今陕西富平东北。

④秦厉公：即秦厉共公。战国时秦国国君。秦悼公之子。在位期间，始立县制。伐义渠戎，虏其王。

⑤频山：在今陕西富平东北。

⑥频水之阳：频水的北边。古人以山南水北为阳。频水，当在今陕西富平东北一带。

⑦莲芍县：即莲勺县。西汉置，属左冯翊。治所在今陕西渭南市东北来化镇村。三国魏属冯翊郡。

⑧《十三州志》：应劭有《十三州记》，黄义仲有《十三州记》，阚骃有《十三州志》。《水经注》引用时"志""记"互出，此不知究竟为何家《十三州志》。

⑨汉光武故城：当为广武故城。在今陕西富平东北。

⑩粟邑县：西汉置，属冯翊。治所在今陕西白水县西北。

⑪耿夔：字定公。扶风茂陵（今陕西兴平）人。少有气节。永元初随窦宪北击匈奴，率领精骑八百，出居延塞，直奔北单于廷，斩阏氏名王已下五千余级，尽获其匈奴珍宝财畜而还。封为粟邑侯。

【译文】

沮水循着郑渠，往东流经当道城南边。当道城在频阳县老城南边，是频阳宫的所在地，秦厉公所置。城北有频山，山上有汉武帝殿，是用石材构架而成。县城在山南，所以叫频阳。应劭说：县城在频水以北。现在县城附近一带没有一条相应的水，有的只有郑渠与沮水罢了。水又往东流经莲芍县老城北面。《十三州志》说：该县是以草得名的。沮水又往东流经广武老城北面，又往东流经粟邑县老城北面，王莽把它改名为粟城。东汉把粟邑封给骑都尉耿夔，立为侯国。沮水又往东北流，注入洛水。

卷十七

渭水一

【题解】

现在通行的几种主要《水经注》版本中,《河水》分为五卷,《渭水》《江水》三卷,《沔水》两卷半,《济水》两卷,其余或一卷讲一水,或一卷讲数水。渭水虽然只是黄河的一条支流,却在《水经注》中占了不小的篇幅。渭水即今渭河,全长约七百八十七公里。汉族历史上的许多重大事件,都与此河有关。所以就其河史的重要性而论,支流而分卷,也是顺理的。

《水经注》在北宋初期以后散失数卷,渭水大的支流如泾水和(北)洛水,从其散见于其他典籍中文字看,或许都能自成一卷,却都不见于今本。此外还有许多较小的支流,如丰水、香川水、乌川水、交水、沋水等,也只能在其他古籍中看到有关的文句。清赵一清根据古籍中散见的文句,补写了《(北)洛水》《泾水》《丰水》《沋水》四篇,收入于他的《水经注释》。清谢钟英也补写了《(北)洛水》和《泾水》二篇,收入王先谦的《合校水经注》之中。

渭水一

渭水出陇西首阳县渭谷亭南鸟鼠山①,

　　渭水出首阳县首阳山渭首亭南谷，山在鸟鼠山西北。此县有高城岭[②]，岭上有城，号渭源城[③]，渭水出焉。三源合注，东北流迳首阳县西，与别源合。水南出鸟鼠山渭水谷，《尚书·禹贡》所谓渭出鸟鼠者也。《地说》曰[④]：鸟鼠山，同穴之枝干也[⑤]。渭水出其中，东北过同穴枝间。既言其过，明非一山也。又东北流而会于殊源也[⑥]。

【注释】

①渭水：黄河最大支流。在今陕西中部。源出甘肃渭源西南鸟鼠山，东流经陇西县、武山县、甘谷等地，横贯陕西渭河北原，南纳斜、涝、丰、浐、灞诸水，北会泾水、洛水，在潼关入黄河。长七百八十七公里。陇西：即陇西郡。战国秦置。治所在狄道县（今甘肃临洮南）。以在陇山之西而得名。三国魏移治襄武县（今甘肃陇西县东南）。首阳县：西汉置，属陇西郡。治所在今甘肃渭源东北渭水北岸。渭谷亭：一作渭首亭。当在今甘肃渭源一带。鸟鼠山：在今甘肃渭源西南。

②高城岭：在今甘肃渭源西。

③渭源城：《水经注疏》熊会贞按："渭源城即渭首亭。"

④《地说》：书名。撰者不详。

⑤同穴：即同穴山。《水经注疏》熊会贞按："然鸟鼠同穴实一山，故《禹贡》连举之。"

⑥殊源：另外的源头。《水经注疏》熊会贞按："殊源谓出渭首亭南谷之源也。"

【译文】

渭水一

渭水发源于陇西郡首阳县渭谷亭南边的鸟鼠山，

渭水发源于首阳县首阳山的渭首亭南谷，首阳山在鸟鼠山西北。首阳县有高城岭，岭上有城，叫渭源城，渭水就发源于这里。渭水由三个源头合流而成，往东北流经首阳县西，又与另一个源头汇合。这个源头出自南边的鸟鼠山渭水谷，就是《尚书·禹贡》所说的渭水发源于鸟鼠山。《地说》说：鸟鼠山是同穴山的主脉。渭水发源于其间，往东北流过同穴山支脉之间。既然说流过，显然就不是一座山了。又往东北流，与另一个源头汇合。

渭水东南流迳首阳县南，右得封溪水①，次南得广相溪水，次东得共谷水，左则天马溪水，次南则伯阳谷水。并参差翼注②，乱流东南出矣。

【注释】

①封溪水：与下文广相溪水、共谷水、天马溪水、伯阳谷水五条水流当在今渭源和陇西二地。

②参差：错落不齐的样子。这可能是郦道元从当时的地图上所看到的这五条水流的分布状态。翼注：从左右两侧汇注。

【译文】

渭水往东南流过首阳县南，在右边汇合了封溪水；稍南，汇合了广相溪水；稍东，汇合了共谷水；左边又有了天马水；稍南，有伯阳谷水。诸水参差地从两旁汇入，乱流奔向东南。

东北过襄武县北①，

广阳水出西山②，二源合注，共成一川，东北流注于渭。

【注释】

①襄武县：西汉置，属陇西郡。治所在今甘肃陇西县东南五里。东汉末移陇西郡治此。

②广阳水:即今甘肃陇西县西之西河。西山:在今甘肃武威西二十里。

【译文】

渭水往东北流过襄武县北边,

广阳水发源于西山,由两个源头合流成为一水,往东北流,注入渭水。

　　渭水又东南迳襄武县东北,荆头川水入焉①。水出襄武西南鸟鼠山荆谷,东北迳襄武县故城北,王莽更名相桓。汉护羌校尉温序行部②,为隗嚣部将苟宇所拘③,衔须自刎处也。其水东北流,注于渭。渭水常若东南,不东北也。

【注释】

①荆头川水:今甘肃陇西县南之南河。

②护羌校尉:汉代主督护羌族少数民族政务的官员。汉武帝时置,王莽时罢,东汉复置。温序:字次房。太原祁(今山西祁县)人。东汉初将领。行部:指刺史、太守巡行所部属郡县,省察政治教化,考核官员升降,审断冤案等。

③隗嚣:字季孟。天水成纪(今甘肃秦安)人。王莽末,据陇西,称西州上将军。归光武帝刘秀。后叛归附公孙述。刘秀西征,隗嚣屡为汉军所败,忧恚而死。苟宇:隗嚣部将。

【译文】

　　渭水又往东南流经襄武县东北,有荆头川水注入。荆头川水发源于襄武西南的鸟鼠山荆谷,往东北流经襄武县老城北边,王莽时改名为相桓。汉护羌校尉温序视察下属,被隗嚣部将苟宇所扣留,就在此处衔须自刎。此水往东北流,注入渭水。渭水总是往东南流,而不是流向东北的。

　　又东,枭水注之①。水出西南雀富谷②,东北迳襄武县南，东北流入于渭。《魏志》称③，咸熙二年④，襄武上言，大人见⑤，身长三丈余，迹长三尺二寸，白发，着黄单衣、巾，拄杖，呼民王始语云⑥：今当太平。十二月天禄永终⑦，历数在晋⑧。遂迁魏而事晋。

【注释】

①枲（xǐ）水：《水经注疏》杨守敬按："水盖出今陇西县（今甘肃陇西县）南。"

②雀富谷：当在今甘肃陇西一带。

③《魏志》：这里指《三国志·魏书·三少帝纪》。

④咸熙二年：265 年。咸熙，三国魏元帝曹奂的年号（264—265）。

⑤大人：巨人。

⑥王始：人名。具体不详。

⑦天禄：天赐的福禄。

⑧历数：指帝王继承的次序。古代迷信说法，认为帝位相承和天象运行次序相应。

【译文】

渭水又往东流，有枲水注入。枲水发源于西南的雀富谷，往东北流经襄武县南，往东北注入渭水。《三国志·魏书·三少帝纪》记载，咸熙二年，襄武县上言说，有巨人出现，身长三丈余，足迹长三尺二寸，白发，身穿黄色单衣，戴着黄头巾，拄杖，呼叫百姓王始说：如今天下会太平了。到十二月，天禄就此永远终结，帝位要由晋朝来继承了。于是就废魏而奉晋。

又东过源道县南①，

右则岑溪水②，次则同水，俱左注之。次则过水右注之。

【注释】

① 獂（huán）道县：一作豲道县。战国秦置，属陇西郡。治所在今甘肃陇西县东南文峰镇东三台村。东汉属汉阳郡。

② 岑溪水：同下文同水、过水，三水当在今甘肃陇西东。

【译文】

渭水又往东流过獂道县南边，

渭水右边有岑溪水，接着是同水，都从左边注入。接着有过水，从右边注入。

渭水又东南迳獂道县故城西。昔秦孝公西斩戎之獂王①。应劭曰：獂，戎邑也。汉灵帝中平五年②，别为南安郡③。赤亭水出郡之东山赤谷④，西流迳城北，南入渭水。

【注释】

① 秦孝公西斩戎之獂王：事见《史记·秦本纪》："于是乃出兵东围陕城，西斩戎之獂王。"裴骃集解："《地理志》天水有獂道县。应劭曰：'獂，戎邑，音桓。'"秦孝公，名渠梁。战国秦之国君，秦献公之子。任用商鞅变法，使秦国强大，诸侯朝贺。

② 中平五年：188 年。中平，东汉灵帝刘宏的年号（184—189）。

③ 南安郡：东汉中平五年（188）分汉阳郡置。治所在獂道县。

④ 赤亭水：一名赤水。在今甘肃陇西县东北。

【译文】

渭水又往东南流经獂道县老城西。从前秦孝公西征，杀了戎族的獂王。应劭说：獂是戎族的都邑。汉灵帝中平五年，分地设立南安郡。赤亭水发源于该郡东山的赤谷，往西流过城北，往南注入渭水。

渭水又迳城南，得粟水①。水出西南安都谷，东北流注于渭。

【注释】

①粟水:《水经注疏》杨守敬按:"水当在今陇西东南。"

【译文】

渭水又流经城南,接纳了粟水。粟水发源于西南的安都谷,往东北流,注入渭水。

渭水又东,新兴川水出西南鸟鼠山①,二源合舍②。东北流,与彰川合③。水出西南溪下,东北至彰县南④。本属故道候尉治⑤,后汉县之。永元元年⑥,和帝封耿秉为侯国也⑦。万年川水出南山⑧,东北流注之,又东北注新兴川。又东北迳新兴县北⑨。《晋书地道记》⑩,南安之属县也。其水又东北与南川水合⑪。水出西南山下,东北合北水,又东北注于渭水。

【注释】

①新兴川水:一名广吴河。在今甘肃岷县、漳县、武山县三地境。上游今名闾井河,中游名黑虎河,下游名榜沙河。源出岷县东界,东北流经武山县西,合漳水。

②二源合舍:《水经注疏》熊会贞按:"新兴川今曰广吴河,上源为闾井、良恭二水出岷州之东山,东北流相合。"

③彰川:今甘肃定西漳县的漳河。

④彰县:北魏景明三年(502)改鄣县置,为广宁郡治。治所在今甘肃漳县西南。《水经注疏》杨守敬按:"后汉陇西郡有鄣县,魏晋(《晋志》脱)并属陇西郡,永嘉后废。后魏复置作彰,为广宁郡治,

在故漳县西南。"

⑤故道候尉：具体不详。

⑥永元元年：89年。永元，东汉和帝刘肇的年号（89—105）。

⑦和帝：东汉皇帝刘肇。耿秉：字伯初。东汉初将领。封美阳侯。

⑧万年川水：《水经注疏》杨守敬按："即今遮阳水，出故漳县西南崆峒山。"

⑨新兴县：东汉中平五年（188）置，属南安郡。治所在今甘肃武山县西北。北魏改属广宁郡。

⑩《晋书地道记》：书名。又称《晋地道志》《晋地道记》《地道记》。东晋王隐撰。

⑪南川水：《水经注疏》杨守敬按："水当在今宁远县（今甘肃武山县）西。"

【译文】

渭水又东流，新兴川水发源于西南的鸟鼠山，有两条水源汇合。往东北流，与彰川汇合。彰川发源于西南方的溪下，往东北流到彰县南边。彰县原属故道候尉治所，后汉时立为县。永元元年，和帝将彰县封给耿秉，立为侯国。万年川水发源于南山，往东北流，注入彰川，又往东北流，注入新兴川。又往东北流经新兴县北。查考《晋书地道记》，新兴县是南安郡的属县。水又往东北流，与南川水汇合。南川水发源于西南山下，往东北流与北水汇合，又往东北注入渭水。

渭水又东迳武城县西①，武城川水入焉②。津源所导，出鹿部西山③，两源合注，东北流迳鹿部南，亦谓之鹿部水。又东北，昌丘水出西南丘下④，东北注武城水，乱流东北注渭水。

【注释】

①武城县：北魏置，寻废。故治在今甘肃武山县西南武城山下。

②武城川水：即今甘肃武山县西山丹河。

③鹿部西山：具体不详。

④昌丘水：《水经注疏》熊会贞按："今宁远县（今甘肃武山县）雨有
　　一水，出分水岭，下流与山丹河合，疑即昌丘水。但西北入山丹河，
　　与《注》出西南，东北注武城水异。"

【译文】

渭水又往东流经武城县西，有武城川水注入。武城川水源出鹿部西
山，两条水源汇合后，往东北流经鹿部南，也叫鹿部水。又往东北流，昌丘
水发源于西南的山丘下，往东北注入武城水，然后往东北乱流，注入渭水。

　　渭水又东入武阳川①，又有关城川水出南②，安城谷水
出北③，两川参差注渭水。

【注释】

①武阳川：《水经注疏》熊会贞按："武阳川即渭水也。《注》多称历
　　某川，此言入，变文也。后渭水入新阳川同。但此距下武阳溪入
　　渭处尚远，似不得有武阳川之目，疑武阳为武城之误。"

②关城川水：《水经注疏》杨守敬按："关城川水当在今宁远县东。"

③安城谷水：《水经注疏》杨守敬按："今有水出陇西县（今甘肃陇西）
　　东南，至宁远县东北入渭，盖即安城谷水也。"

【译文】

渭水又往东流，进入武阳川，又有关城川水自南而来，安城谷水自北
而来，两条水先后注入渭水。

　　渭水又东，有落门西山东流，三谷水注之①，三川统一，
东北流注于渭水。有落门聚②。昔冯异攻落门③，未拔而薨。
建武十年④，来歙又攻之⑤，擒隗嚣子纯⑥，陇右平⑦。

【注释】

① "渭水又东"几句:《水经注疏》杨守敬按:"此有参错……当作渭
　水又东,三府谷水注之,水出落门西山东流,方合。"译文从之。
　三谷水,一作三府谷水。《水经注疏》杨守敬按:"今有南峪河出宁
　远县(今甘肃武山县)东南山,盖即此谷水矣。"

② 落门聚:古代聚落名。即今甘肃武山县东三十里洛门镇。

③ 冯异:字公孙。颍川父城(今河南宝丰)人。东汉初将领。好读书,
　通《左氏春秋》《孙子兵法》。为人谦退不伐。

④ 建武十年:34 年。建武,东汉光武帝刘秀的年号(25—56)。

⑤ 来歙:字君叔。南阳新野(今河南新野)人。东汉初将领。

⑥ 擒隗嚣子纯:事见《后汉书·隗嚣传》:"明年,来歙、耿弇、盖延等
　攻破落门,周宗、行巡、苟宇、赵恢等将纯降。"

⑦ 陇右:古地区名。泛指陇山以西地区。古代以西为右,故名。相
　当于今甘肃陇山、六盘山以西,黄河以东一带。

【译文】

渭水又往东流,三府谷水注入。三府谷水源出落门西山,往东流。
三水合为一流后,往东北注入渭水。水边有个落门聚。从前冯异攻打落
门,没有攻下就死了。建武十年,来歙又去攻打,俘获隗嚣的儿子隗纯,
平定了陇右。

　　渭水自落门东至黑水峡,左右六水夹注①:左则武阳溪
水,次东得土门谷水,俱出北山,南流入渭;右则温谷水,次
东有故城溪水,次东有间里溪水,亦名习溪水,次东有黑水,
并出南山,北流入渭。渭水又东出黑水峡,历冀川②。

【注释】

① 六水:指武阳溪水、土门谷水、温谷水、故城溪水、间里溪水、黑水

六条河流。《水经注疏》杨守敬按：“六水当在今伏羌县（今甘肃甘谷）西。”

②冀川：《水经注疏》杨守敬按：“渭水盖于此入冀县（今甘肃甘谷东），故谓之冀川。”

【译文】

渭水从落门往东流到黑水峡，左右两边有六条水注入：左边有武阳溪水，稍东又接纳了土门谷水，两条水都发源于北山，南流注入渭水；右边则有温谷水，稍东有故城溪水，稍东有间里溪水——又名习溪，稍东有黑水，都发源于南山，北流注入渭水。渭水又往东流出黑水峡，流过冀川。

又东过冀县北①，

渭水自黑水峡至岑峡②，南北十一水注之③。北则温谷水④，导平襄县南山温溪⑤，东北流迳平襄县故城南。故襄戎邑也，王莽之所谓平相矣。其水东南流历三堆南⑥。又东流南屈，历黄槐川⑦。梗津渠⑧，冬则辍流，春夏水盛，则通川注渭。次则牛谷水⑨，南入渭水。

【注释】

①冀县：春秋秦置。治所在今甘肃甘谷东。秦始皇时属陇西郡。西汉属天水郡。东汉移天水郡治此。永平十七年（74）为汉阳郡治。

②岑峡：当在今甘肃甘谷一带。

③十一水：《水经注疏》杨守敬按：“下所叙渭北二水，渭南九水，综计十一水。”

④温谷水：即今甘肃通渭南牛谷河。

⑤平襄县：西汉置，天水郡治。治所在今甘肃通渭。东汉属汉阳郡。北魏废。温溪：《水经注疏》杨守敬按：“今曰华川水，出通渭县（今

甘肃通渭)北山上。源有二:其西源曰悠江水,屈曲东南流,与《注》
文合,即所指温谷水之源也。"

⑥三堆:《水经注疏》杨守敬按:"三堆无考。当在今通渭县北。"

⑦又东流南屈,历黄槐川:一作又东流而南屈,入黄槐川。《水经注
疏》:"戴(震)删而字,又改入作历。会贞按:上称渭水入新阳川,
即其辞例,戴独以此入字为讹而改之,何耶?"

⑧梗津渠:《水经注疏》:"赵(一清)云:按此处有脱字。全(祖望)移
梗津渠三字于冬则辍流下。"译文据改。

⑨牛谷水:《水经注疏》杨守敬按:"水当在今伏羌县(今甘肃甘谷)
东北。"

【译文】

渭水又往东流过冀县北边,

渭水从黑水峡到岑峡之间,南北两边共有十一条水注入。北面有温
谷水,导源于平襄县南山的温溪,往东北流经平襄县老城南边。平襄就
是旧时的襄戎邑,王莽时称为平相。此水往南流过三堆南。又东流南转,
流入黄槐川。冬季水道梗塞不畅而断流,春夏水大时才能畅通,注入渭
水。接着是牛谷水,南流注入渭水。

南有长堑谷水,次东有安蒲溪水,次东有衣谷水,并南
出朱圉山①。山在梧中聚②,有石鼓,不击自鸣,鸣则兵起。
汉成帝鸿嘉三年③,天水冀南山有大石自鸣④,声隐隐如雷,
有顷止,闻于平襄二百四十里,野鸡皆鸣。石长丈三尺,广
厚略等。着崖胁,去地百余丈,民俗名曰石鼓,石鼓鸣则有
兵。是岁,广汉钳子攻死囚⑤,盗库兵,略吏民,衣绣衣,自号
为仙君,党与漫广⑥,明年冬伏诛,自归者三千余人⑦。信而
有征矣。其水北迳冀县城北。秦武公十年伐冀戎⑧,县之⑨,

故天水郡治。王莽更名镇戎，县曰冀治。汉明帝永平十七年[10]，改曰汉阳郡[11]，城，即隗嚣称西伯所居也[12]。后汉马超之围冀也[13]，凉州别驾阎伯俭潜出水中[14]，将告急夏侯渊[15]，为超所禽，令告城无救。伯俭曰：大军方至。咸称万岁。超怒，数之。伯俭曰：卿欲令长者出不义之言乎？遂杀之。渭水又东合冀水[16]。水出冀谷。次东有浊谷水，次东有当旦溪水，次东有托里水，次东有渠谷水，次东有黄土川水，俱出南山，北迳冀城东，而北流注于渭。

【注释】

①朱圉山：《水经注疏》杨守敬按："《通典》：上邽县有朱圉山，俗名白岩山。《元和志》：朱圉山在伏羌县西南六十里。阎若璩曰：余曾亲经朱圉山。在今伏羌县（今甘肃甘谷）西南三十里，山色带红。"

②梧中聚：古乡聚名。在今甘肃甘谷南。

③鸿嘉三年：前18年。鸿嘉，西汉成帝刘骜的年号（前20—前17）。

④天水：即天水郡。西汉元鼎三年（前114）置。治所在平襄县（今甘肃通渭）。东汉十七年（74）改为汉阳郡，并移治冀县（今甘肃甘谷）。三国魏仍改为天水郡。西晋移治上邽县（今甘肃天水）。冀南山：《汉书》颜师古注："天水之冀县南山也。"

⑤广汉：此处未详是广汉县还是广汉郡。钳子：指受钳刑（古刑罚名。以铁器钳束人的颈项、手、足）者。

⑥漫广：一作浸广。逐渐扩展蔓延。

⑦自归：自首，自行投案。以上事见《汉书·五行志上》。

⑧秦武公十年：前688年。秦武公，春秋时秦国国君。名不详。冀戎：春秋时西戎之一。在今甘肃甘谷。

⑨县之：在此设县。

⑩永平十七年：74年。永平，东汉明帝刘庄的年号（58—75）。

⑪汉阳郡：东汉永平十七年（74）改天水郡置。治所在冀县（今甘肃甘谷）。

⑫隗嚣称西伯所居：《水经注疏》杨守敬按："《元和志》伏羌下：县城本秦冀县也，隗嚣称西伯，都此。"

⑬马超：字孟起。右扶风茂陵（今陕西兴平）人。东汉末马腾之子。为偏将军，领父马腾部曲，进军至潼关，与曹操战，败奔汉中，后归刘备。累迁骠骑将军，领凉州牧。

⑭凉州别驾：凉州佐吏名。凉州，西汉元封五年（前106）置，为十三州刺史部之一。东汉时治所在陇县（今甘肃张家川回族自治县）。阎伯俭：即阎温，字伯俭。以凉州别驾守上邽令。潜：行于水底。

⑮夏侯渊：字妙才。沛国谯（今安徽亳州）人。东汉末曹操部将。

⑯冀水：与下文浊谷水、当里溪水、托里水、渠谷水、黄土川水六水，《水经注疏》杨守敬按："当在今秦州（今甘肃天水）西北。"

【译文】

南面有长堑谷水，稍东有安蒲溪水，稍东有衣谷水，都发源于南方的朱圉山。山在梧中聚，有石鼓，不敲自会发响，鼓响就有战事。汉成帝鸿嘉三年，天水冀南山有大石自行发响，声音隐隐有如雷鸣，响了一阵才停止。这声音一直传到平襄，远达二百四十里，连野鸡都叫起来。大石长一丈三尺，宽度和厚度约略相等。它搁在悬崖裂隙间，离地百余丈，民间俗称石鼓，石鼓发声就有战事。那年广汉钳子攻打监狱，劫走死刑犯，盗窃武器库里的兵器，劫掠官民。他身穿绣花衣服，自称仙君，党羽众多，次年冬天被正法，自首的有三千余人。可见传说不但可信，而且确实应验了。渭水往北流经冀县城北。秦武公十年，讨伐冀戎，在那里设县，这里也是旧时天水郡的治所。王莽时改郡名为镇戎，县名叫冀治。汉明帝永平十七年，改名为汉阳郡；郡城就是隗嚣自封为西伯时所居的地方。后汉时马超围攻冀城，凉州别驾阎伯俭潜水出去，打算去向夏侯渊告急，结果被马超俘获,要他回去报告城已无人救援。伯俭说:大军正要来到。大家都欢呼庆贺。马超发怒责骂他。伯俭说:您想叫长者口出不义的话吗?于是马超就把他杀了。渭水又往东流,与冀水汇合。冀水发源于冀谷。稍东有浊谷水,稍东有当里溪水,稍东有托里水,稍东有渠谷水,稍东有黄土川水——诸水都发源于南山,往北流经冀城东,北流注入渭水。

　　渭水又东出岑峡,入新阳川①,迳新阳下城南②。溪谷、赤蒿二水并出南山③,东北入渭水。

【注释】

①新阳川:《水经注疏》杨守敬按:"渭水至此与新阳城近,故谓之新阳川。"

②新阳下城:《水经注疏》杨守敬按:"下当有故。曹魏置新阳县,属天水郡,晋因,后废。在今秦安县(今甘肃秦安)西南。"

③溪谷、赤蒿二水:《水经注疏》杨守敬按:"二水当在今秦州(今甘肃天水)西北。"

【译文】

渭水又往东流出岑峡,进入新阳川,流经新阳下故城南。发源于南山的溪谷水和赤蒿水,往东北注入渭水。

　　渭水又东与新阳崖水合①,即陇水也,东北出陇山。其水西流,右迳瓦亭南②。隗嚣闻略阳陷③,使牛邯守瓦亭④,即此亭也。一水亦出陇山,东南流,历瓦亭北,又西南,合为一水,谓之瓦亭川⑤。西南流迳清宾溪北,又西南,与黑水合⑥。水出黑城北⑦,西南迳黑城西,西南流,莫吾南川水注之⑧。水东北出陇垂⑨,西南流历黑城,南注黑水。黑水西南出悬镜峡⑩，又西南入瓦亭水。又有潒水⑪，自西来会，世谓之鹿角口。

【注释】

①新阳崖水：即今宁夏隆德境之渝河。

②瓦亭：在今宁夏西吉东南。

③略阳：古城名。在今甘肃秦安境。

④牛邯：字孺卿。陇西狄道（今甘肃临洮南）人。后汉初官吏。

⑤瓦亭川：亦名苦水河、武延川。即今宁夏南部、甘肃东南部之葫芦河。

⑥黑水：《水经注疏》熊会贞按："即今苦水河之上源，出固原州（今宁夏固原）西。"

⑦黑城：《水经注疏》熊会贞按："城当在今固原州西南。"

⑧莫吾南川水：《水经注疏》熊会贞按："当即今苦水河源之东一水。"

⑨陇垂：陇山之北垂。

⑩悬镜峡：《水经注疏》杨守敬按："悬镜峡与阿阳县（今甘肃静宁西南）近，当在阿阳县地。"

⑪潒水：《水经注疏》杨守敬按："今静宁州（今甘肃静宁）西北有一水，东南流入苦水河，盖即潒水也。"

【译文】

渭水又往东流，汇合了新阳崖水——就是陇水，发源于东北方的陇山。水往西流，右边流经瓦亭南。隗嚣听说略阳失守，就派牛邯去守瓦亭，就是此亭。另一条水也发源于陇山，往东南流经瓦亭北面，又往西南流，汇合为一水，叫瓦亭川。瓦亭川往西南流经清宾溪北面，又往西南流，与黑水汇合。黑水发源于黑城北面，往西南流经黑城西面，往西南流，有莫吾南川水注入。莫吾南川水发源于东北方的陇垂，往西南流过黑城，往南注入黑水。黑水往西南流出悬镜峡，又往西南注入瓦亭水。又有潒水从西边流来相汇合，人们把汇流处称为鹿角口。

又南迳阿阳县故城东①。中平元年②，北地羌胡与边章侵陇右③，汉阳长史盖勋屯阿阳以拒贼④，即此城也。其水又南与燕无水合⑤。水源延发东山，西注瓦亭水。瓦亭水又南，左会方城川⑥，西注瓦亭水。瓦亭水又南迳成纪县东⑦，历长离川，谓之长离水⑧。右与成纪水合。水导源西北当亭川⑨，东流出破石峡，津流遂断。故渎东迳成纪县，故帝太皞庖牺所生之处也⑩。汉以为天水郡。县，王莽之阿阳郡治也。又东，潜源隐发，通入成纪水，东南入瓦亭水。瓦亭水又东南，与受渠水相会⑪。水东出大陇山⑫，西迳受渠亭北⑬，又西南入瓦亭水。

【注释】

①阿阳县：西汉置，属天水郡。治所在今甘肃静宁西南。东汉属汉阳郡。西晋废。北魏复置，属略阳郡。

②中平元年：184年。中平，东汉灵帝刘宏的年号（184—189）。

③北地：即北地郡。战国秦置。治所在义渠县（今甘肃庆阳西峰区东境）。西汉移治马领县（今甘肃庆阳西北）。东汉又移治富平县（今宁夏吴忠西南）。东汉末废。羌胡：本指我国古代羌族和匈奴族，后泛称我国古代西北少数民族。边章：东汉凉州金城（今甘肃兰州）人。

④汉阳长史：汉阳郡太守府属吏之长。盖勋：字元固。敦煌郡广至县（今甘肃瓜州西南）人。东汉末官吏。

⑤燕无水：《水经注疏》杨守敬按："今甜水河出隆德县（今宁夏西吉东南）东，西南入苦水河，盖即燕无水也。"

⑥左会方城川：《水经注疏》杨守敬按："此下不叙方城川水所出，有脱文。"

⑦成纪县：西汉置，属天水郡。治所今在甘肃静宁西南治平乡、南河西岸刘河村东南古城。东汉属汉阳郡。晋仍属天水郡。北魏废。

⑧长离水：即今甘肃东南渭水支流胡芦河。

⑨当亭川：《水经注疏》杨守敬按："即今仁当川，出静宁州（今甘肃静宁）西南。"

⑩帝太皞（hào）庖牺：即伏羲。古代传说中的东夷族部落酋长。风姓之祖。相传伏羲始画八卦，又教民渔猎，取牺牲以供庖厨，因称庖牺。所生之处：《水经注疏》杨守敬按："《续汉志》成纪，刘昭《注》引《帝王世纪》，庖牺氏生于成纪。"

⑪受渠水：《水经注疏》杨守敬按："当即今乐正水，故庄浪县（今甘肃庄浪）东北。"

⑫大陇山：《水经注疏》杨守敬按："《元和志》大陇山在陇城县（今甘肃秦安）东一百里。"

⑬受渠亭：《水经注疏》杨守敬按："亭当在故庄浪县西南。"

【译文】

瓦亭水又往南流，经过阿阳县老城东边。中平元年北地羌胡与边章侵犯陇右，汉阳长史盖勋驻兵于阿阳，抵抗敌兵，就是此城。瓦亭水又往南流，与燕无水汇合。燕无水发源于东山，往西流注入瓦亭水。瓦亭水又往南流，左边与方城川汇合……西流注入瓦亭水。瓦亭水又往南流，经过成纪县东边，流过长离川，称为长离水。右边与成纪水汇合。成纪水发源于西北的当亭川，向东流出破石峡，水流就断了。旧水道东经成纪县，古代帝王太皞庖牺就降生在这里。汉时立为天水郡。成纪县是王莽时阿阳郡的治所。又往东，地下的伏流又冒出来了，通入成纪水，往东南注入瓦亭水。瓦亭水又往东南流，与受渠水汇合。受渠水发源于东方的大陇山，往西流经受渠亭北边，又往西南注入瓦亭水。

瓦亭水又西南流，历僵人峡①。路侧岩上有死人僵尸峦穴,故岫壑取名焉②。释鞍就穴直上,可百余仞,石路逶迤,劣通单步③。僵尸倚窟,枯骨尚全,惟无肤发而已。访其川居之士,云其乡中父老作童儿时,已闻其长旧传④,此当是数百年骸矣。

【注释】

①僵人峡:《水经注疏》熊会贞按:“当在故庄浪县(今甘肃庄浪)西南。”

②岫壑:山谷。

③劣:仅仅。

④长旧:长辈和老人。

【译文】

瓦亭水又往西南流,穿过僵人峡。路旁岩上一个山洞里有人死后成为僵尸,所以峡谷以僵人为名。下马一直朝山洞攀登百余仞,石径弯弯曲曲,勉强可容一人通行。僵尸倚着洞壁,尸骸还完好,只是没有皮肤头发而已。访问在居住在河川中的人,说是乡中老人小时就已听长辈说起过,那么僵尸应当是数百年前的骸骨了。

　　其水又西南,与略阳川水合①。水出陇山香谷西,西流,右则单溪西注②,左则阁川水入焉③。其水又西历蒲池郊,石鲁水出东南石鲁溪④,西北注之。其水又西历略阳川,西得破社谷水⑤,次西得平相谷水,又西得金里谷水,又西得南室水,又西得蹄谷水,并出南山,北流于略阳城东,扬波北注。川水又百迳略阳道故城北⑥,涅渠水出南山,北迳涅峡北入城。建武八年⑦,中郎将来歙与祭遵所部护军王忠、右辅将军朱宠⑧,将二千人,皆持卤刀斧⑨,自安民县之杨城⑩,

元始二年[11]，平帝罢安定滹沱苑以为安民县[12]，起官寺市里[13]。从番须、回中伐树木，开山道至略阳，夜袭击嚣拒守将金梁等，皆杀之，因保其城。隗嚣闻略阳陷，悉众以攻歙，激水灌城。光武亲将救之，嚣走西城，世祖与来歙会于此[14]。其水自城北注川，一水二川，盖嚣所堨以灌略阳也[15]。川水西得白杨泉[16]，又西得蒲谷水，又西得蒲谷西川，又西得龙尾溪水，与蒲谷水合。俱出南山，飞清北入川水[17]。川水又西南得水洛口[18]。水源东导陇山，西迳水洛亭[19]，西南流，又得犊奴水口。水出陇山，西迳犊奴川，又西迳水洛亭南，西北注之，乱流西南迳石门峡[20]，谓之石门水[21]，西南注略阳川。略阳川水又西北流入瓦亭水。

【注释】

①略阳川水：《水经注疏》杨守敬按："今水曰马落川，出华亭县（今甘肃华亭）西南，山有二源，其北源盖即《注》所指之水也。"陈桥驿按，《水经注》记叙了许多瀑布。在现代自然地理学上，瀑布形成有几种原因，其中最重要的一种是河流的溯源侵蚀。任何河流都有溯源侵蚀的现象，在溯源侵蚀过程中，假使遇到坚硬的岩层，就会造成落差。这种坚硬的岩层，在地貌学上称为"造瀑层"。有时，造瀑层漫长延伸，通过造瀑层的所有河流，都有在同一区位上出现瀑布的现象。此处，略阳川水的支流如石鲁水、破社谷水等，都在同一造瀑层形成的瀑布线上，所以均"扬波北注"。"扬波"是郦氏对瀑布的别称。"扬波"当然不是平流，是大小不同的瀑布。

②单溪西注：《水经注疏》杨守敬按："此句指略阳川，对左之阁川水言则为右，其西流无他水入之，故云单溪西注。"

③阁川水：一作阁水。《水经注疏》杨守敬按："今马落河之南源，西

北流与北源合，当即阁水也。"

④石鲁水：《水经注疏》杨守敬按："今清水县（今甘肃清水县）之东北，有一小水，西北入马落河，疑即石鲁水也。"

⑤破社谷水：与下文平相谷水、金里谷水、南室水、蹄谷水五水当在今甘肃秦安东北。

⑥略阳道：战国秦置，属陇西郡。治所即今甘肃秦安东北陇城镇。西汉属天水郡。东汉改为略阳县。

⑦建武八年：32 年。建武，东汉光武帝刘秀的年号（25—56）。

⑧祭（zhài）遵：字弟孙。颍川颍阳（河南许昌）人。东汉将领。为人廉约小心，克己奉公，赏赐尽与士卒，家无余财。为云台二十八将之一。王忠：东汉初人。朱宠：字仲威。京兆（今陕西西安）人。东汉大臣。

⑨卤：通"橹"。大盾。

⑩安民县：西汉置，属安定郡。治所在今甘肃华亭驻地东华镇。之：到达。

⑪元始二年：2 年。元始，西汉平帝刘衎的年号（1—5）。

⑫安定：即安定郡。西汉元鼎三年（前114）置。治所在高平县（今宁夏固原）。东汉属凉州，移治临泾县（今甘肃镇原东南）。

⑬官寺：官署，衙署。

⑭"从番须、回中伐树木"几句：事见《后汉书·来歙传》："从番须、回中径至略阳，斩嚣守将金梁，因保其城。嚣大惊曰：'何其神也！'乃悉兵数万人围略阳，斩山筑堤，激水灌城。歙与将士固死坚守，矢尽，乃发屋断木以为兵。嚣尽锐攻之，自春至秋，其士卒疲弊。帝乃大发关东兵，自将上陇，嚣众溃走，围解。"与《水经注》记载略有差异。番须，即番须口。在今陕西陇县西北五十里。回中，即回中道，是关中平原通往陇东高原的交通要道。南起千河河谷，北出萧关抵清水河谷，途中经古回中宫。嚣，指隗嚣。金梁，隗嚣

部将,守卫略阳。其余不详。西城,即西城县。战国秦置,属汉中郡。治所在今陕西安康西北四里汉水之北。东汉为西城郡治。

⑮堨(è):筑堨截水。

⑯白杨泉:与下文蒲谷水、蒲谷西川、龙尾溪水,当在今甘肃秦安东北。

⑰飞清:郦道元自造新词,表示"灵飞的清流"。《水经注》中多用。《水经注疏》杨守敬按:"《夷水注》,激素飞清,其辞例也。"

⑱水洛口:《水经注疏》:"今水洛川出故庄浪县(今甘肃庄浪)东南陇山。"

⑲水洛亭:《水经注疏》熊会贞按:"在故庄浪县东南。"

⑳石门峡:今谓之石门山。《水经注疏》熊会贞按:"《明一统志》,峡在静宁州(今甘肃静宁)南一百五十里,山石如门,其路斩绝,即陇山北垂也。"

㉑石门水:《水经注疏》熊会贞按:"《明志》:静宁州南有水洛川,一名石门水,下流至秦州,入略阳川。"

【译文】

瓦亭水又往西南流,与略阳川水汇合。略阳川水发源于陇山香谷西,往西流,右边有单溪往西注入,左边有閤川水流进来。水又往西流,经蒲池郊,发源于东南方石鲁溪的石鲁水,往西北注入。水又往西流经略阳川,往西流接纳了破社谷水,稍西又接纳了平相谷水,又西接纳了金里谷水,又西接纳了南室水,又西接纳了蹄谷水——诸水都发源于南山,北流到略阳城东,扬波往北注入川水。川水又往西流,经过略阳道老城北面,湮渠水发源于南山,往北流经湮峡北面,流入城中。建武八年,中郎将来歙与祭遵部下护军王忠、右辅将军朱宠,率领二千人,都持着兵器,从安民县去到杨城。安民县是元始二年,平帝撤废安定滹沱苑后所立,修建了官署和街市里巷。他们从番须、回中砍掉树木,开辟了一条到略阳的山路,对隗嚣的守将金梁等发起夜袭,把他们都杀了,占领了此城。隗嚣听说略阳失陷就调动了所有的军队去进攻来歙,并决水灌城。光武帝亲自领兵去援救，隗嚣逃往西城，世祖与来歙在此会师。墅渠水从城北注入川中，一水分戍两条，大概就是隗嚣拦河引水淹略阳城时形成的。川水往西流，接纳了白杨泉，又往西流，接纳了蒲谷水，又往西流，接纳了蒲谷西川，又往西流，接纳了龙尾溪水，与蒲谷水汇合。诸水都发源于南山，清流飞溅，往北注入川水。川水又往西南流，在水洛口与水洛川汇合。此水源出东方的陇山，西经水洛亭，往西南流，又到犊奴水口与犊奴水汇合。此水发源于陇山，往西流过犊奴川，又往西流经水洛亭南，往西北注入川水，乱流往西南经过石门峡，称为石门水，往西南注入略阳川。略阳川水又往西北流，注入瓦亭水。

瓦亭水又西南出显亲峡①，石宕水注之②。水出北山，山上有女娲祠。庖羲之后有帝女娲焉，与神农为三皇矣③。其水南流，注瓦亭水。瓦亭水又西南迳显亲县故城东南④，汉封大鸿胪窦固为侯国⑤。自石宕次得虾蟆溪水，次得金黑水，又得宜都溪水，咸出左右，参差相入瓦亭水。又东南合安夷川口⑥。水源东出胡谷，西北流历夷水川，与东阳川水会⑦，谓之取阳交⑧。又西得何宕川水⑨，又西得罗汉水，并自东北，西南注夷水。夷水又西迳显亲县南，西注瓦亭水。瓦亭水又东南得六华谷水⑩，又东南得折里溪水，又东得六谷水，皆出近溪湍峡，注瓦亭水。又东南出新阳峡⑪，崖岫壁立，水出其间，谓之新阳崖水，又东南注于渭也。

【注释】

①显亲峡：《水经注疏》熊会贞按："今秦安县（今甘肃秦安）西北二十里有黑龙山，下瞰锁峡，带陇水，即显亲峡也。"

②石宕水：一作石岩水。《水经注疏》杨守敬按："今日阳兀川，出秦

安县西北山。"

③三皇：我国传说中的上古三帝王。一说为伏羲、神农与黄帝，一说
为伏羲、女娲与神农。

④显亲县：东汉建武八年（32）置，封窦融弟友为显亲侯，属汉阳郡。
治所在今甘肃秦安西北叶堡乡金城里。后魏属天水郡。

⑤大鸿胪：官名。掌管少数民族接待、交往及诸侯王入朝迎送、朝会、
封授等礼仪事务。窦固：字孟孙。少以尚公主为黄门侍郎。好览
书传，喜兵法。按窦固是窦友的儿子，袭封显亲侯。

⑥安夷川：《水经注疏》杨守敬按："水出今秦安县东山。"

⑦东阳川水：《水经注疏》杨守敬按："水在今秦安县东。"

⑧取阳交：夷水川与东阳川水交汇处的地名。当在今甘肃秦安一
带。交，即水流交汇处地名的通名。《水经注》中多有，还如"广
阳交""担潭交""浍交""广香交"等。

⑨何宕川水：与罗汉水当在今甘肃秦安一带。

⑩大华谷水：与折里溪水、六谷水等当在今甘肃秦安南。

⑪新阳峡：当在今甘肃秦安一带。

【译文】

瓦亭水又往西南流出显亲峡，有石宕水注入。石宕水发源于北山，
山上有女娲祠。庖羲以后有女娲，与神农合称三皇。水往南流，注入瓦
亭水。瓦亭水又往西南流，经过显亲县老城东南，汉时将该县封给大鸿
胪窦固，立为侯国。从石宕以下，接着有虾蟆溪水，接着有金黑水，接着
又有宜都溪水，都是从左右两边流来，参差地注入瓦亭水。瓦亭水又往
东南流，和安夷水汇合于安夷川口。此水源出东边的胡谷，往西北流经
夷水川，与东阳川水汇合，汇流处叫取阳交。又往西流，汇合了何宕川水，
又往西流，汇合了罗汉水——两条水都从东北流来，往西南注入夷水。
夷水又往西流过显亲县南，往西注入瓦亭水。瓦亭水又往东南流，接纳
了大华谷水；又往东南流，接纳了折里溪水；又往东流，接纳了六谷水——

诸水都发源于附近峡谷的急流，注入瓦亭水。瓦亭水又往东南流出新阳峡，两边崖岸陡峭如壁，水流经过其间，称为新阳崖水，又往东南注入渭水。

又东过上邽县①，

渭水东历县北邽山之阴②，流迳固岭东北③，东南流，兰渠川水出自北山④，带佩众溪⑤，南流注于渭。

【注释】

①上邽（guī）县：秦改邽县置，属陇西郡。治所即今甘肃天水。东汉属汉阳郡。

②邽山：一作封山。在今甘肃天水西北。《水经注疏》："赵（一清）云：按《地形志》，秦州天水郡上封县云，犯太祖讳改。盖本汉陇西郡之上邽县，后魏避其主珪嫌名，改上邽曰上封。道元从新制书之。"

③固岭：《水经注疏》熊会贞按："固岭无考，当在邽山之东。"

④兰渠川水：《水经注疏》熊会贞按："今有三阳川出秦州（今甘肃天水）之北，东南流入渭，当即兰渠川水也。"

⑤带佩：引纳，接纳。

【译文】

渭水又往东流过上邽县，

渭水往东流，经过上邽县北面的邽山北麓，流经固岭东北，往东南流，有发源于北山的兰渠川水，带同诸溪南流注入渭水。

渭水东南与神涧水合①。《开山图》所谓灵泉池也，俗名之为万石湾，渊深不测，寔为灵异，先后漫游者，多罹其毙②。

【注释】

①祐涧水：《水经注疏》熊会贞按："当在今秦州东北。"

②罹（lí）：遭受，蒙受。毙：仆倒，跌倒。

【译文】

渭水往东南流，与神涧水汇合。就是《开山图》所谓的灵泉池，俗名万石湾，深不可测，非常灵异，先后来此游玩的人，多有跌落者。

渭水又东南得历泉水①。水北出历泉溪，东南流注于渭。

【注释】

①历泉水：《水经注疏》熊会贞按："水当在今秦州东北。"

【译文】

渭水又往东南流，接纳了历泉水。历泉水发源于北边的历泉溪，往东南注入渭水。

渭水又东南出桥亭西①，又南得藉水口②。水出西山，百涧声流，总成一川，东历当亭川③，即当亭县治也④。左则当亭水⑤，右则曾席水注之。又东与大弁川水合。水出西山，二源合注⑥，东历大弁川，东南流，注于藉水。藉水又东南流，与竹岭水合⑦。水出南山竹岭，二源同泻，东北入藉水。藉水又东北迳上邽县，左佩四水：东会占溪水⑧，次东有大鲁谷水，次东得小鲁谷水，次东有杨反谷水。咸自北山，流注藉水。藉水右带四水：竹岭东得乱石溪水⑨，次东得木门谷水，次东得罗城溪水，次东得山谷水。皆导源南山，北流入藉水。藉水又东，黄瓜水注之。其水发源黄瓜西谷，东流迳黄瓜县北⑩，又东，清溪、白水左右夹注⑪。又东北，大旱谷水南出旱溪，历涧北流，泉溪委漾⑫，同注黄瓜水。黄瓜水又东北历赤谷[13],咸归于藉。藉水又东得毛泉谷水[14],又东迳上邽城南,得羦泉水。并出南山,北流注于藉。藉水即洋水也。北有濛水注焉[15]。水出县西北邽山,翼带众流,积以成溪,东流南屈,迳上邽县故城西,侧城南出。上邽,故邽戎国也[16]。秦武公十年伐邽[17],县之,旧天水郡治。五城相接[18],北城中有湖水,有白龙出是湖,风雨随之,故汉武帝元鼎三年[19],改为天水郡。其乡居悉以板盖屋,《诗》所谓西戎板屋也[20]。濛水又南注藉水。《山海经》曰:邽山,濛水出焉,而南流注于洋。谓是水也。藉水又东得阳谷水[21],又得宕谷水。并自南山,北入于藉。藉水又东合段溪水[22]。水出西南马门溪,东北流,合藉水。藉水又东入于渭。

【注释】

①桥亭:《水经注疏》杨守敬按:"在今秦州东。"

②藉水:《水经注疏》杨守敬按:"《通鉴》魏甘露元年、晋义熙十二年,《注》引此文作籍水。《通典》亦作籍水。今图志并作藉水,源出秦州西南嶓冢山。"一名洋水。在今甘肃天水南。源出天水西界,东流入渭水。

③当亭川:在今甘肃甘谷西南约四十里。

④当亭县:北魏太平真君八年(447)置,属天水郡。治所在今甘肃甘谷西南约四十里。

⑤当亭水:与下文曾席水,《水经注疏》杨守敬按:"二水在今秦州西南。"

⑥二源合注:《水经注疏》杨守敬按:"今秦州西有关宇水。出关宇岭,东流。一水自左出山来会,盖即大弁水二源也。"

⑦竹岭水:《水经注疏》熊会贞按:"《通鉴》注,上邽西南有南山竹岭。水出今秦州西南。"

⑧占溪水：与下文大鲁谷水、小鲁谷水、杨反谷水，《水经注疏》熊会贞按："四水当在今秦州左右。"

⑨乱石溪水：与下文木门谷水、罗城溪水、山谷水，《水经注疏》杨守敬按："四水在今秦州西南。胡三省曰：木门去今天水县十里。《方舆纪要》，木门谷在秦州西南九十里。"

⑩黄瓜县：北魏太平真君八年（447）置，为汉阳郡治。治所在今甘肃天水南约七十里。

⑪清溪、白水：《水经注疏》熊会贞按："清溪、白水、大旱等水亦在秦州西南矣。"

⑫委漾：曲折荡漾。

⑬赤谷：在今甘肃天水西南。

⑭毛泉谷水：与下文核泉水，《水经注疏》杨守敬按："二水当在今秦州东南。"

⑮濛水：洋水支流。在今甘肃天水境。

⑯邽戎国：即春秋时邽戎邑。在今甘肃天水。后置上邽县。

⑰秦武公十年：前688年。秦武公，春秋时秦国国君。名不详。

⑱五城：《水经注疏》杨守敬按："所谓五城者，盖东、西、南、北、中也。"

⑲元鼎三年：前114年。元鼎，西汉武帝刘彻的年号（前116—前111）。

⑳《诗》所谓西戎板屋：《水经注疏》："按：《诗·秦风·小戎》有'在其板屋'。《毛传》曰：'西戎板屋。'《注》用《毛传》，非《诗》语也。"

㉑阳谷水：与下文宕谷水，《水经注疏》杨守敬按："二水当在今秦州西南。"

㉒段溪水：一作段谷水。在今甘肃天水东南。

【译文】

渭水又往东南流出桥亭西边，又往南流，在藉水口与藉水汇合。藉水发源于西山，成百条山涧水淙淙流泻，汇集成一条山溪，往东流经当亭川，当亭县的治所就在这里。左边有当亭水，右边有曾席水注入。又往东流，与大弁川水汇合。川水发源于西山，二源汇合后，东经大弁川，往东南流，汇入藉水。藉水又往东南流，与竹岭水汇合。竹岭水发源于南山竹岭，二源同流，往东北注入藉水。藉水又往东北流经上邽县，左边流来四条水：东边先汇合了占溪水，稍东有大鲁谷水，稍东是小鲁谷水，稍东有杨反谷水。诸水都从北山流来，注入藉水。藉水右边也流来四条水：在竹岭东，汇合了乱石溪水，稍东有木门谷水，稍东有罗城溪水，稍东有山谷水。都发源于南山，北流注入藉水。藉水又往东流，有黄瓜水注入。黄瓜水发源于黄瓜西谷，往东流经黄瓜县北；又往东流，清溪和白水从左右两边注入。又往东北流，大旱谷水发源于南边的旱溪，经山涧北流，溪流逶迤长流，一同注入黄瓜水。黄瓜水又往东北流，穿过赤谷，都汇集于藉水。藉水又往东流，接纳了毛泉谷水，又往东流经上邽城南，接纳了覈泉水。两条水都发源于南山，北流注入藉水。藉水就是洋水。北有濛水注入。濛水发源于上邽县西北的邽山，两边汇合了许多涧水，汇集成为溪流，东流南转，流经上邽县老城西，傍着城边往南流出上邽县境。上邽就是古时的邽戎国。秦武公十年伐邽，设置为县，是旧天水郡的治所。这里有五城相连接，北城中有湖水，湖中曾出现过白龙，随着就是一阵风雨，所以汉武帝元鼎三年，把它改名为天水郡。郡中乡间的民房都用木板盖成，就是《毛传》里的所谓西戎板屋。濛水又南流注入藉水。《山海经》说：邽山，濛水就发源于这里，南流注入洋水。指的就是此水。藉水又往东流，接纳了阳谷水，又接纳了宕谷水。都发源于南山，北流注入藉水。藉水又往东流，汇合了段溪水。段溪水发源于西南方的马门溪，往东北流，汇合于藉水。藉水又往东流，注入渭水。

　　渭水又历桥亭南，而迳绵诸县东[1]，与东亭水合，亦谓之为桥水也，清水又或为通称矣。水源东发小陇山[2]，众川泻注，统成一水，西入东亭川为东亭水[3]，与小祗、大祗二水合④。又西北得南神谷水。三川并出东南，差池泻注。又有埋蒲水，翼带二川，与延水并西南注东亭水⑤。东亭水又西，右则暵沟水⑥，次西得麹谷水，水出东南，二溪西北流，注东亭川。东亭川水右则温谷水出小陇山⑦。又西，莎谷水出南山莎溪⑧，西南注东亭川水。东亭川水又西得清水口⑨。水导源东北陇山⑩，二源俱发，西南出陇口，合成一水，西南流历细野峡⑪，迳清池谷，又迳清水县故城东⑫，王莽之识睦县矣。其水西南合东亭川，自下亦通谓之清水矣。又迳清水城南，又西与秦水合⑬。水出东北大陇山秦谷⑭，二源双导，历三泉，合成一水，而历秦川。川有故秦亭⑮，秦仲所封也⑯，秦之为号，始自是矣。秦水西迳降陇县故城南⑰，又西南，自亥、松多二水出陇山⑱，合而西南流，迳降陇城北，又西南注秦水。秦水又西南历陇川⑲，迳六槃口⑳，过清水城，西南注清水。清水上下，咸谓之秦川。又西，羌水注焉㉑。水北出羌谷，引纳众流，合以成溪。潆水星会㉒，谓之小羌水。西南流，左则长谷水西南注之，右则东部水东南入焉。羌水又南入清水。清水又西南得绵诸水口㉓。其水导源西北绵诸溪，东南有长思水㉔。北出长思溪，南入绵诸水。又东南历绵诸道故城北㉕，东南入清水。清水东南注渭。

【注释】

①绵诸县：北魏置，属略阳郡。治所在今甘肃天水东麦积区社棠镇。

②小陇山：即今甘肃华亭、清水县及陕西陇县境之陇山。

③东亭水：即今甘肃清水县牛头河，西南流至天水境入渭水。

④小祗、大祗：与下文南神谷水，《水经注疏》熊会贞按："三水在东亭水之左。"

⑤"又有埋蒲水"几句：《水经注疏》熊会贞按："三水（埋蒲水、二川）在东亭水之右，今清水县（今甘肃清水县）东北有白沙河，盖二水之一也。"

⑥暵（hàn）沟水：与下文麹谷水，《水经注疏》熊会贞按："今清水县东有濛汭、阎家河，西北注浊水河，似即此二水。但今二河下流合注，与此二水分注不同。则阎家河为大，盖即暵沟水。麹谷水当在其西七。"

⑦温谷水：即今甘肃通渭南牛谷河。下游今名散洛河。

⑧莎谷水：《水经注疏》熊会贞按："水当出今清水县东北山。"

⑨渭水：《水经注疏》杨守敬按："今曰集翅河，出清水县东北山。"

⑩陇山：即陇坻。在今陕西陇县、宝鸡与甘肃清水县、张家川回族自治县之间。

⑪纽野峡：与下文清池谷，《水经注疏》杨守敬按："峡及谷当在今清水县北。"

⑫清水县：西汉置，属天水郡。治所在今甘肃清水县西北。东汉废。西晋复置，属略阳郡。北魏为清水郡治。

⑬秦水：即今甘肃清水县北后川河。

⑭秦谷：今后川河上游谷地。

⑮秦亭：即秦邑。一作秦城。在今甘肃清水县东北、张家川回族自治县东。

⑯秦仲：西周时嬴姓部落首领。一作非子。《水经注疏》杨守敬按："《史记》《汉志》皆以为非子事。《史记》，周孝王使非子复续嬴氏祀，号曰嬴。秦，秦嬴生秦侯，秦侯生公伯，公伯生秦仲，秦仲为非子曾孙。《汉志》，非子为周孝王养马云云。秦仲当宣王时，去孝王远矣。"

⑰降陇县：即陇县。西汉置，属天水郡。治所在今甘肃张家川回族自治县。东汉改属汉阳郡。西晋废。《水经注疏》熊会贞按："此陇县称降陇，与《河水注》之狄道称降狄道同。"

⑱自亥、松多二水：《水经注疏》杨守敬按："二水当在今清水县北。"

⑲陇川：当在今甘肃清水县境内。

⑳六槃口：《水经注疏》熊会贞按："当在今清水县西北。"

㉑羌水：《水经注疏》熊会贞按："羌水及所受数水，当在今清水、秦安二县之间。"

㉒潨水星会：《水经注疏》熊会贞按："言泉水涌出，奔赴如流星也。"沈炳巽《水经注集释订讹》："句有讹误。"

㉓绵诸水：《水经注疏》熊会贞按："水当出今秦川（今甘肃天水）东北境。"

㉔长思水：《水经注疏》熊会贞按："水在绵诸水之左。"

㉕绵诸道：西汉改绵诸之戎置，属天水郡。治所在今甘肃天水东麦积区社棠镇。东汉废。北魏改置绵诸县。

【译文】

渭水又经过桥亭南，流经绵诸县东边，与东亭水汇合，又称桥水，清水或者也是通称。水源出自东方的小陇山，诸涧流泻，合成一水，往西流入东亭川，就是东亭水，与小祗、大祗两条水汇合。又往西北流，接纳了南神谷水。这三条水都发源于东南方，参差错落地流泻着。又有埋蒲水，带着侧翼的两条川流，与延水一同往西南注入东亭水。东亭水又往西流，右边有暵沟水，稍西又有鞠谷水，发源于东南方，二溪都往西北流，注入东亭川。东亭川水的右边，有温谷水发源于小陇山。又西，有莎谷水发源于南山莎溪，往西南注入东亭川水。东亭川水又往西流，在清水口与清水汇合。清水发源于东北方的陇山，两个源头齐发，往西南流出陇口，汇合成为一条水，往西南流经细野峡，流过清池谷，又流过清水县老城东，这就是王莽时的识睦县。水往西南流，与东亭川汇合，自此以下也通称为清水了。又流经清水城南边,又往西流与秦水汇合。秦水发源于东北大陇山的秦谷,两个源头齐发,经过三泉汇合成一条,流过秦川。秦川旧时有秦亭,是秦仲所封的地方,秦的国号就是从那时开始的。秦水往西流过降陇县老城南边,又往西南流,与发源于陇山的自亥水和松多水汇合,往西南流过降陇城北面,又往西南注入秦水。秦水又往西南流,穿过陇川,流经六槃口,流过清水城,往西南注入清水。清水上下游一带都叫秦川。又往西流,有羌水注入。羌水就发源于羌谷,接纳了众多的洞水,汇合成一条溪流。潆水星会,称为小羌水。羌水往西南流,左有长谷水往西南注入,右有东部水往东南注入。羌水又往南流注入清水。清水又往西南流,左绵诸水口与绵诸水汇合。绵诸水发源于西北的绵诸溪,往东南流,与长思水汇合。长思水发源于北方的长思溪,南流注入绵诸水。又往东南流经绵诸道老城北边,往东南注入清水。清水往东南流,注入渭水。

渭水又东南合泾谷水①。水出西南泾谷之山,东北流,与横水合②。水出东南横谷,西北迳横水圹,又西北入泾谷水。乱流西北出泾谷峡。又西北,轩辕谷水注之③。水出南山轩辕溪。南安姚瞻以为黄帝生于天水④,在上邽城东七十里轩辕谷⑤。皇甫谧云⑥:生寿丘⑦,丘在鲁东门北⑧。未知孰是也。其水北流,注泾谷水。泾谷水又西北,白城溪东北流,白娥泉水出其西,东注白城水。白城水又东北入泾谷水。泾谷水又东北历董亭下⑨。杨难当使兄子保宗镇董亭⑩,即是亭也。其水东北流,注于渭。《山海经》曰:泾谷之山,泾水出焉,东南流,注于渭是也。

【注释】

①泾谷水:即今甘肃天水东南永川河。源出麦积山,北流入渭水。

②横水：《水经注疏》熊会贞按："横水、白娥、白城等水，今皆无可
　考矣。"

③轩辕谷水：在今甘肃天水。

④南安姚瞻：《水经注疏》熊会贞按："《十六国春秋·后秦录》，姚弋
　仲，南安赤亭羌人，此南安姚瞻，盖其族人。"

⑤上邽城：在今甘肃天水。轩辕谷：在今甘肃天水东。

⑥皇甫谧：字士安。著有《帝王世纪》。

⑦寿丘：在今山东曲阜东北。

⑧丘在鲁东门北：《水经注疏》熊会贞按："《续汉志》鲁县，刘《注》
　引《帝王世纪》：黄帝生于寿丘，在鲁东门之北。"

⑨董亭：在今甘肃武山县南。

⑩杨难当：世居仇池（今甘肃成县西北）。南北朝时氏族首领。保宗：
　杨难当兄氏王杨玄的次子。

【译文】

　　渭水又往东南流，汇合了泾谷水。泾谷水发源于西南方的泾谷之山，
往东北流，与横水汇合。横水发源于东南方的横谷，往西北流经横水圹，
又往西北流，注入泾谷水。然后乱流往西北流出泾谷峡。又往西北流，
有轩辕谷水注入。轩辕谷水发源于南山的轩辕溪。南安姚瞻认为黄帝
生于天水，在上邽城东七十里的轩辕谷。皇甫谧说：黄帝生于寿丘，丘在
鲁东门北面。不知哪个说法正确。轩辕谷水北流，注入泾谷水。泾谷水
又往西北流，有白城溪往东北流，白娥泉发源于它的西边，东注白城水。
白城水又往东北流，注入泾谷水。泾谷水又往东北流过董亭下。杨难当
派他哥哥的儿子保宗镇守董亭，就是此亭。水往东北流，注入渭水。《山
海经》说：泾谷之山是泾水的发源地，往东南流，注入渭水。

　　渭水又东，伯阳谷水入焉①。水出刑马之山伯阳谷②，
北流，白水出东南白水溪，西北注伯阳水。伯阳水又西北历

谷,引控群流,北注渭水。渭水又东历大利③,又东南流,苗谷水注之。水南出刑马山,北历平作,西北迳苗谷,屈而东迳伯阳城南④,谓之伯阳川。盖李耳西入⑤,往迳所由,故山原畎谷⑥,往往播其名焉。

【注释】

①伯阳谷水:在今甘肃天水。

②刑马之山:在今甘肃天水西约九十里。伯阳谷:在今甘肃天水东佳阳镇。

③大利:在今甘肃天水。

④佳阳城:在今甘肃天水伯阳镇。

⑤李耳西入:司马贞《史记索隐》:"《列仙传》:'老子西游,关令尹喜望见有紫气浮关,而老子果乘青牛而过也。'"李耳,姓李氏,名耳,字聃,一曰字伯阳。楚苦县(今河南鹿邑)人。

⑥畎(quǎn)谷:溪流,河川。

【译文】

渭水又往东流,有伯阳谷水注入。伯阳谷水发源于刑马之山的伯阳谷,往北流,有白水发源于东南的白水溪,往西北注入伯阳水。伯阳水又往西北穿过山谷,汇集诸涧水流,往北注入渭水。渭水又东经大利,又往东南流,有苗谷水注入。苗谷水发源于南方的刑马山,往北流经平作,西北流经苗谷,折向东边流经伯阳城南,称为伯阳川。李耳西行,沿途所经的山峰、原野、溪流,往往都留有他的名字。

渭水东南流,众川泻浪,雁次鸣注①:左则伯阳东溪水注之②,次东得望松水,次东得毛六溪水,次东得皮周谷水,次东得黄杜东溪水,出北山,南入渭水;其右则明谷水③,次东得丘谷水,次东得丘谷东溪水,次东有钳岩谷水,并出南山,东北注渭。

【注释】

①雁次:两侧支流错落地先后注入。

②伯阳东溪水:与下文望松水、毛六溪水、皮周谷水、黄杜东溪水,《水经注疏》熊会贞按:"五水当在今秦州之东,今有段峪河,去伯阳城稍远,疑即望松水,伯阳东溪与伯阳川近,当在其西,毛六、皮周二水则当在其东。今大震关西南有一水,南入渭。陇西南入渭之水始于此,当即黄杜东溪也。"

③明谷水:一作胡谷水。与下文丘谷水、丘谷东溪水、钳岩谷水,《水经注疏》熊会贞按:"四水当在今秦州东南,胡谷、邱谷、邱谷东溪,皆当在今黄交峪水之西。黄交峪水东北入渭,陇西北入渭之水始于此,盖即钳岩谷水也。"

【译文】

渭水往东南流,许多河流滚滚奔泄,轰鸣巨响,左右错落依次注入:左边先有伯阳东溪水注入,稍东有望松水,稍东有毛六溪水,稍东有皮周谷水,稍东有黄杜东溪水,诸水都发源于北山,南流注入渭水;右边有明谷水,稍东有丘谷水,稍东有丘谷东溪水,稍东有钳岩谷水,诸水都发源于南山,往东北注入渭水。

渭水又东南出石门①,度小陇山,迳南由县南②,东与楚水合③。世所谓长蛇水,水出汧县之数历山也④。南流迳长蛇戍东。魏和平三年筑⑤,徙诸流民以遏陇寇。楚水又南流,注于渭。阚骃以是水为汧水焉⑥。渭水又东,汧、扞二水入焉⑦。余按诸地志⑧,汧水出汧县西北。阚骃《十三州志》

与此同，复以汧水为龙鱼水[9]，盖以其津流迳通而更摄其通称矣[10]。渭水东入散关[11]。抱朴子《神仙传》曰[12]：老子西出关，关令尹喜候气[13]，知真人将有西游者[14]，遇老子，强令之著书。耳不得已，为著《道》《德》二经[15]，谓之《老子书》也。有老子庙。干宝《搜神记》云[16]：老子将西入关，关令尹喜好道之士，睹真人当西[17]，乃要之途也[18]。皇甫士安《高士传》云[19]：老子为周柱下史[20]，及周衰，乃以官隐，为周守藏室史[21]，积八十余年，好无名接[22]，而世莫知其真人也。至周景王十年[23]，孔子年十七，遂适周见老聃。然幽王失道[24]，平王东迁[25]，关以辇移[26]，人以职徙，尹喜候气，非此明矣。往迳所由，兹焉或可。

【注释】

①石门：《水经注疏》熊会贞按："今有金门山，在陇州（今陕西陇县）西南百里。两山对峙如门，渭水经其间，即此。"

②南由县：北魏孝明帝于南由谷口置，属武都郡。治所在今陕西宝鸡香泉镇。

③楚水：即今陕西宝鸡陈仓区西北金陵河。

④汧（qiān）县：周时为秦汧邑，襄公二年（前776）建都于此。春秋时秦宁公二年（前714）徙都平阳后置为县。治所在今陕西陇县东南。北魏改名汧阴县。

⑤和平三年：462年。和平，北魏文成帝拓跋濬的年号（460—465）。

⑥阚骃（kàn yīn）：字玄阴。敦煌（今甘肃敦煌）人。北凉至北魏学者。所撰《十三州志》为地理类著作。汧（qiān）水：一作汧川。即今陕西西部渭河支流千河。

⑦扦水：具体不详。

⑧地志：专记地理情况的书，如《太康三年地志》等。

⑨龙鱼水：亦称龙鱼川。今陕西陇县西千河上源北河。

⑩更摄：相互摄取。

⑪散关：亦称大散关。在今陕西宝鸡西南大散岭上。当秦岭孔道，扼川、陕交通咽喉，为古代军事要地。

⑫抱朴子：即葛洪，字稚川，自号抱朴子。东晋道学家。著《抱朴子》《神仙传》等。《神仙传》：葛洪所著志怪小说集。

⑬关令：掌边界关卡的小官。春秋战国时期，诸国沿边界交通要道均设关置卡，以关令掌之，亦称关尹，稽查过往行旅。尹喜：人名。当时任散关的关令，好道之士。候气：占验阴阳、云气等变化。

⑭真人：道家称存养本性或修真得道成仙之人。

⑮《道》《德》二经：《道经》和《德经》，合称《道德经》，亦称《老子》，即下文之《老子书》。

⑯干宝：字令升。东晋新蔡（今河南新蔡）人。《搜神记》：干宝有感于生死之事，采集神话故事和民间传说撰成，是我国志怪小说的代表作。

⑰当西：将要到西方去。

⑱要：后来写作"腰"。拦截，拦阻。

⑲皇甫士安：即皇甫谧。《高士传》：撰辑自唐尧至三国时期高节之士九十六人的事迹。

⑳柱下史：周、秦史官，因常在殿柱之下主四方文书，故名。

㉑藏室史：周代掌管图籍的史官。亦称守藏史。

㉒好无名接：《水经注疏》："朱（谋㙔）《笺》曰：按《高士传》云，老子好养精气，贵接而不施。全（祖望）云：四字疑。"

㉓周景王十年：前535年。

㉔幽王：姓姬，名宫湦。周宣王之子。嬖爱褒姒，为博褒姒一笑，烽火戏诸侯。被犬戎追杀于骊山。

㉕平王：姓姬，名宜臼。周幽王之子。东迁：指前770年，周王室把
　　都城由镐京迁到洛邑。东周始此。

㉖关以捍移：关塞因所守卫疆域的改变而改变。捍，捍卫，抵御。移，
　　改变。

【译文】

渭水又往东南从石门流出，流过小陇山，流经南由县南边，往东与楚
水汇合。楚水，世人称之为长蛇水，发源于汧县数历山。往南流过长蛇
戍东。这个长蛇戍是魏和平三年所筑，把流民迁到这里，以阻挡陇寇的
进犯。楚水又往南流，注入渭水。阚駰以为这条水就是汧水。渭水又往
东流，有汧水和扦水注入。我查考各种地理书籍，汧水发源于汧县西北。
阚駰《十三州志》也持同样的说法，又以为汧水就是龙鱼水，都是因诸水
干流、支流相通，于是就兼有通称了。渭水往东流，进入散关。抱朴子《神
仙传》说：老子西行出关，关令尹喜望气，知道将有真人西游，碰到老子，
就留住他非要他著书。李耳不得已，为他著了《道》《德》二经，称为《老
子书》。那里还有老子庙。干宝《搜神记》说：老子将西行入关，关令尹
喜是个好道的人，看到真人要来西方了，于是就在路上强留住他。皇甫
士安《高士传》说：老子在周朝做柱下史的官，到周衰微以后，就借做官
而隐居。他在周故藏室史一连八十余年，好无名接，世人都不知道他是
真人。到周景王十年，孔子刚十七岁，就往周去见老聃。但幽王无道，平
王东迁，关址因所守卫疆域的改变而改变了，人也因职务的关系而调动
了，尹喜望气显然不在这里。但老子经过这里倒还是可能的。

渭水又东迳西武功北①，俗以为散关城，非也。褚先生
乃曰②，武功③，扶风西界小邑也④。蜀口栈道近山⑤，无他豪，
易高者是也。

【注释】

①西武功：《水经注疏》杨守敬按："此盖武功（今陕西眉县）别城……
当在今宝鸡县（今陕西宝鸡陈仓区）西南。"

②褚先生：指褚少孙。颍川（今河南禹州）人。西汉后期史学家、经
学家。据《汉书》的记载，司马迁死后，《史记》在流传过程中散
失了数篇，褚少孙做了补充、修葺的工作。

③武功：即武功县。战国秦置。治所在今陕西眉县东渭水南岸。秦
属内史。西汉属右扶风。

④扶风：即右扶风。西汉太初元年（前 104）改主爵都尉置。治所在
长安县（今陕西西安西北）。

⑤蜀口栈道近山：《史记》作"谷口蜀栈道近山"，张守节正义："骆谷
间在雍州之盩厔县西南二十里，开骆谷道以通梁州也。按：行谷
有栈道也。"译文据改。

【译文】

渭水又往东流过西武功北，民间叫散关城，却弄错了。褚少孙先生
于是说：武功是扶风西部边境的小城。谷口蜀栈道近处的山峰，再也没
有别的大山比它们更高的了。

渭水又与扞水合。水出周道谷①，北迳武都故道县之
故城西②，王莽更名曰善治也。故道县有怒特祠。《列异传》
曰③：武都故道县有怒特祠。云神本南山大梓也④。昔秦文
公二十七年伐之⑤，树疮随合。秦文公乃遣四十人持斧斫之，
犹不断。疲士一人，伤足不能去，卧树下，闻鬼相与言曰：劳
攻战乎？其一曰：足为劳矣。又曰：秦公必持不休。答曰：
其如我何？又曰：赤灰跋于子，何如⑥？乃默无言。卧者以
告，令士皆赤衣，随所斫以灰跋，树断，化为牛入水，故秦为

立祠。其水又东北历大散关而入渭水也。

【注释】

①周道谷：今陕西宝鸡陈仓故道谷地。

②武都：即武都郡。西汉元鼎六年（前111）置。治所在武都县（今甘肃西和南）。东汉移治下辨县（今成县西）。三国魏黄初中改置武都西部都尉，后入蜀。西晋复置武都郡，愍帝末没入杨氏。故道县：秦置，属陇西郡。治所在今陕西宝鸡西南大散关东南。汉属武都郡，晋永嘉后废。

③《列异传》：书名。志怪小说集。多为鬼神妖怪故事。

④神本南山大梓：意思是说，神灵本是南山的大梓树成精。

⑤秦文公二一七年：前739年。秦文公，秦襄公之子，春秋时期秦国国君。

⑥示灰跋于子，何如：《太平御览》引此作："赭衣灰坋，子如之何？"意思是说，穿上红衣，用灰喷洒你，你会怎么样呢？跋，用同"泼"。喷洒，散洒。

【译文】

渭水又与汧水汇合。汧水发源于周道谷，往北流过武都故道县老城西，王莽时改名为善治。故道县有怒特祠。《列异传》说：武都故道县有怒特祠。说是祠中神原是南山的大梓树。从前秦文公二十七年砍这棵大树，但树上伤口随砍随合。于是秦文公派了四十人持斧去砍，还是砍不断。有个人砍得筋疲力尽，脚受了伤，走不动了，就躺在树下，听到鬼和树神在谈话，一个问道：这一仗打得够累了吧？一个说：够累的了。又说：秦公一定会干到底，不肯就此罢休的。一个回答道：他又能把我怎样呢？又问道：穿上红衣，用灰喷洒你，你会怎么样呢？树神于是沉默无言了。躺在树下的人把听到的话报告文公，文公就叫伐木人都穿上红衣，一边砍，一边拿灰泼洒，树就被砍断了，变成一条牛跳到水里去，所以秦给树神立祠。抒水又往东北流过大散关，注入渭水。

渭水又东南，右合南山五溪水^①，夹涧流注之。

【注释】

①五溪水：《水经注疏》杨守敬按："五溪当在今宝鸡县东南。今有清
水河，东北入渭，盖五水之一。"

【译文】

渭水又往东南流，在右边汇合了南山五溪水。各条溪水流经山涧，
注入渭水。

又东过陈仓县西^①，

县有陈仓山^②，山上有陈宝鸡鸣祠。昔秦文公感伯阳之
言^③，游猎于陈仓，遇之于此坂，得若石焉，其色如肝，归而
宝祠之，故曰陈宝。其来也自东南，晖晖声若雷^④，野鸡皆
鸣，故曰鸡鸣神也。《地理志》曰：有上公、明星、黄帝孙、舜
妻盲冢祠^⑤。有羽阳宫^⑥，秦武王起^⑦。应劭曰：县氏陈山^⑧。
姚睦曰^⑨：黄帝都陈。言在此。荣氏《开山图注》曰^⑩：伏牺
生成纪^⑪，徙治陈仓，非陈国所建也^⑫。魏明帝遣将军太原郝
昭筑陈仓城^⑬，成，诸葛亮围之。亮使昭乡人靳祥说之^⑭，不
下，亮以数万攻昭千余人，以云梯、冲车、地道逼射昭^⑮；昭
以火射、连石拒之^⑯。亮不利而还。今汧水对亮城^⑰，是与昭
相御处也。陈仓水出于陈仓山下^⑱，东南流，注于渭水。渭
水又东与绥阳溪水合^⑲。其水上承斜水^⑳。水自斜谷分注绥
阳溪，北届陈仓，入渭。故诸葛亮《与兄瑾书》曰^㉑：有绥阳

小谷，虽山崖绝险，溪水纵横，难用行军，昔逻候往来[22]，要道通人。今使前军斫治此道，以向陈仓，足以扳连贼势[23]，使不得分兵东行者也。

【注释】

①陈仓县：秦置，属内史。治所在今陕西宝鸡东渭水北岸。汉属右扶风。三国魏属扶风郡。

②陈仓山：亦名宝鸡山、鸡峰山。即今陕西宝鸡东南鸡峰山。

③伯阳：《水经注疏》熊会贞按："老子入关，当秦献公之世，见《史记·封禅书》《汉书·郊祀志》，所谓周太史儋也。孟康谓即老子，然断非文公时，则以《渭水注》作阳伯为是。盖陈仓人之名。"译文用阳伯。

④晖晖：形容雷声。

⑤上公、明星：即太白星。《水经注疏》杨守敬按："钱坫曰，《说文解字》、甘氏《星经》曰太白，上公，妻曰女媊，居南斗，仓厉，天下祭之曰明星。"黄帝孙：具体不详。舜妻盲：《水经注疏》杨守敬按："《御览》一百三十五引《尸子》曰：尧妻舜以娥、皇。皇、盲声相近。"冢祠：坟墓和祠堂。

⑥羽阳宫：宫名。秦武王时修建。在今陕西宝鸡东渭水北岸。

⑦秦武王：名荡。惠文王子。战国时秦国国君。

⑧县氏陈山：陈仓县因陈山而得名。

⑨姚睦：具体不详。《水经注疏》："赵（一清）云：按：上云南安姚瞻，此又云姚睦，未知即一人也，抑误字也？"

⑩荣氏《开山图注》：《水经注疏》杨守敬按："《开山图》有荣氏注。"

⑪伏牺生成纪：《水经注疏》杨守敬按："《续汉志》成纪，刘昭《注》引《帝王世纪》，庖牺氏生于成纪。"伏牺，即帝太皞（hào）。亦作庖牺、伏羲。古代传说中的东夷族部落酋长。

⑫非陈国所建:《水经注疏》熊会贞按:"《洧水注》引《帝王世纪》言,新郑故有熊之墟,黄帝之所都。《渠水注》,陈城,故陈国,伏羲都之,并实指陈城东北三十许里有羲城。此引姚、荣二说以为并都陈仓,广异闻耳。"

⑬魏明帝:指三国魏帝曹叡(ruì)。太原:即太原郡。战国秦置。治所在晋阳县(今山西太原西南)。西汉文帝时改为国,寻复为郡。郝昭:字伯道。三国魏将领。诸葛亮围陈仓,昼夜相攻,郝昭拒之二十余日,不下。诸葛亮无计,引退。魏明帝诏嘉郝昭善守,赐爵列侯。筑陈仓城:《水经注疏》杨守敬按:"《元和志》,陈仓故城在宝鸡县东二十里。有上下二城相连,上城是秦文公筑,下城是郝昭所筑。"

⑭靳祥:《魏略》作靳详。曾受诸葛亮之命,劝说郝昭归降诸葛亮,无果。

⑮云梯:古代攻城时攀登城墙的长梯。冲车:古兵车名。用以冲城攻坚。

⑯火射:火箭。连石:《三国志·魏书·明帝纪》裴松之注引《魏略》:"又以绳连石磨,压其冲车,冲车折。"

⑰对亮城:当在今陕西宝鸡。

⑱陈仓水:当为渭南之清水河。

⑲绥阳溪:当是今陕西陇县千河支流潘家湾白家河。

⑳斜水:亦名斜谷水。即今陕西岐山县南渭水南岸支流桃川河、石头河。源出太白县西太白山,东北流至岐山县南入渭河。

㉑兄瑾:诸葛亮的兄长诸葛瑾。字子瑜。效力孙吴。

㉒逻候:巡逻侦查的士兵。

㉓扳连:牵制,牵掣。

【译文】

渭水又往东流过陈仓县西,

陈仓县有陈仓山,山上有陈宝鸡鸣祠。从前秦文公因听了阳伯的话而心动,到陈仓去打猎,就在山坡上得到一块宝石,颜色就像肝一样。他回来后把它当作宝物供奉起来,所以叫陈宝。石头是从东南方来的,光辉熠熠,声如雷鸣,野鸡也都叫起来,所以叫鸡鸣神。《地理志》说:有上公、明星、黄帝孙及舜妻盲的坟墓和祠堂。还有羽阳宫,是秦武王所建。应劭说:陈仓县因陈山而得名。姚睦说:黄帝建都于陈。说是就在这地方。荣氏《开山图注》说:伏牺生成纪,把治所迁到陈仓,陈仓并非陈国所建。魏明帝派遣将军太原郝昭筑陈仓城,建成后,诸葛亮包围了此城。诸葛亮叫郝昭的老乡靳祥去游说他,但没有成功,于是就以数万的兵力去进攻郝昭的千余人,用云梯、冲车、地道攻城,向城上放箭;郝昭则用火射、连石来抵抗。诸葛亮失利,就退兵而回。现在汧水上的对亮城,就是诸葛亮与郝昭对抗的地方。陈仓水发源于陈仓山下,往东南流,注入渭水。渭水又往东流,与绥阳溪水汇合。溪水上游承接斜水。斜水从斜谷分流,注入绥阳溪,北流到陈仓,注入渭水。所以诸葛亮在《与兄瑾书》中说:有绥阳小谷,虽然山崖极其险峻,溪水纵横交错,行军有很大困难,但从前巡逻守望,来来往往,有要道通向谷内。现在派先头部队去修筑这条道路,逼向陈仓,就足以牵制敌人的兵势,使他们不能分兵东进了。

　　渭水又东迳郁夷县故城南[①]。《地理志》曰:有汧水祠。王莽更之曰郁平也。《东观汉记》曰[②]:隗嚣围来歙于略阳,世祖诏曰:桃花水出[③],船盘皆至郁夷、陈仓[④],分部而进者也。汧水入焉。水出汧县之蒲谷乡弦中谷[⑤],决为弦蒲薮[⑥]。《尔雅》曰:水决之泽为汧。汧之为名,寔兼斯举。水有二源,一水出县西山,世谓之小陇山,岩嶂高险,不通轨辙[⑦],故张衡《四愁诗》曰[⑧]:我所思兮在汉阳,欲往从之陇坂长[⑨]。其水东北流,历涧,注以成渊,潭涨不测,出五色鱼[⑩],俗以为灵,而莫敢采捕,因谓是水为龙鱼水[⑪]。自下亦通谓之龙鱼川。川水东迳汧县故城北。《史记》：秦文公东猎汧田[12]，因遂都其地是也。又东历泽，乱流为一。右得白龙泉[13]。泉径五尺，源穴奋通，沦漪四泄，东北流注于汧。汧水又东会一水。水发南山西侧，俗以此山为吴山[14]，三峰霞举，叠秀云天，崩峦倾返[15]，山顶相捍，望之恒有落势。《地理志》曰：吴山在县西，古文以为汧山也。《国语》所谓虞矣[16]。山下石穴广四尺，高七尺，水溢石空，悬波侧注，潠济震荡[17]，发源成川，北流注于汧。自水会上下，咸谓之为龙鱼川。汧水又东南迳隃麋县故城南[18]，王莽之扶亭也。昔郭歆耻王莽之征[19]，而遁迹于斯。建武四年[20]，光武封耿况为侯国矣[21]。汧水东南历慈山[22]，东南迳郁夷县平阳故城南[23]。《史记》：秦宁公二年徙平阳[24]。徐广曰：故郿之平阳亭也[25]。城北有汉邰州刺史赵融碑[26]，灵帝建安元年立[27]。汧水又东流，注于渭。

【注释】

①郁夷县：西汉置，属右扶风。治所在今陕西宝鸡西千河入渭处。东汉废。

②《东观汉记》：书名。又名《东观记》。东汉班固、刘珍等人以纪传体撰写的一部记载东汉历史的史书。《隋书·经籍志》著录为一百四十三卷，记事起于光武帝，终于灵帝。

③桃花水：春汛。

④盘：盘旋，旋转。

⑤蒲谷乡：当在今陕西陇县。

⑥弦蒲薮：在今陕西陇县西。

⑦轨辙：代指车辆。

⑧张衡：字平子。南阳西鄂（今河南南阳）人。东汉科学家、文学家。

《四愁诗》:《文选·张衡〈四愁诗(并序)〉》:"张衡不乐久处机密,阳嘉中,出为河间相。时国王骄奢,不遵法度,又多豪右并兼之家。衡下车,治威严,能内察属县奸猾行巧劫,皆密知名,下吏收捕,尽服擒。诸豪侠游客,悉惶惧逃出境。郡中大治,争讼息,狱无系囚。时天下渐弊,郁郁不得志,为《四愁诗》。"

⑨陇坂:今陕西、甘肃间之陇山。

⑩五色鱼:即秦岭细鳞鲑。

⑪龙鱼水:今陕西陇县西千河支流八渡河。

⑫东猎汧田:《水经注疏》熊会贞按:"《史记》无猎汧田之说。据《秦本纪》文公三年,东猎;四年,至汧、渭之会,即营邑之。《封禅书》亦云,文公东猎汧、渭之间,卜,居之而吉。此田字当是渭之脱烂。"译文用渭。

⑬白龙泉:今陕西陇县千河支流下凉泉。

⑭吴山:即汧山。亦名岳山、吴岳山。即今陕西宝鸡西北吴山。

⑮崩峦倾返:意思是说,虽然(崩裂的山峦)倾斜欲坠,但还是相互捍卫,而不使之坠落下去。

⑯《国语》:书名。撰者不详,相传为春秋时左丘明所作。分国记述了西周末年和春秋时期周、鲁等国政治、外交、军事等活动及贵族阶层的言论。

⑰滮浡(pēng bēn):水流激荡奔腾。

⑱隃麋县:西汉置,属右扶风。治所在今陕西千阳东。因隃麋泽为名。东汉建武四年(28)封耿况为隃麋侯国。三国复为县,属扶风郡。西晋废。

⑲郭歆耻王莽之征:《汉书·鲍宣传》记载为:"王莽居摄,(郭)钦、逢皆以疾免官,归乡里,卧不出户,卒于家……赞曰:……郭钦、蒋逢好道不污,绝纪、唐矣!"郭歆,《水经注疏》杨守敬按:"《王莽传》之郭钦,不言何县人,《鲍宣传》之郭钦,称隃麋郭钦。郦氏叙

郭歙于隃麋县下，则今本《汉书·鲍宣传》郭钦，或是郭歙之误。"

⑳建武四年：28 年。建武，东汉光武帝刘秀的年号（25—56）。

㉑耿况：字侠游。扶风茂陵（今陕西兴平）人。耿弇之父。曾任王莽朔调连率（上谷太守），后归附刘秀。东汉建武四年（28）被封为隃麋侯。

㉒慈山：在今陕西宝鸡。

㉓平阳故城：春秋秦国都。在今陕西宝鸡陈仓区阳平镇附近。

㉔秦宁公二年：前 714 年。秦宁公，秦文公之孙，秦静公之子，春秋时秦国国君。

㉕郿：周邑。在今陕西眉县东十五里渭河北岸。春秋属秦。

㉖邠（bīn）州：当为幽州之讹。《水经注疏》杨守敬按："《元和志》，后魏大统十四年宇文泰置南幽州，废帝除南字。开元十三年，以齯字与幽字相涉，诏改为邠。是幽州立于西魏，邠州改于唐代至确。此当作幽州，幽讹为齯，校者又改为邠也。"赵融：具体不详。《水经注疏》杨守敬按："《魏书·赵逸传》，天水人，十世祖融，汉光禄大夫。未知即此人否。"

㉗灵帝建安元年：《水经注疏》："赵（一清）云：灵帝纪元为建宁，献帝纪元为建安，未知灵字误也，抑安字讹耶？"

【译文】

渭水又往东流，经过郁夷县老城南面。《地理志》说：郁夷县有汧水祠。王莽时改名为郁平。《东观汉记》说：隗嚣把来歙包围于略阳，世祖下诏说：桃花水涨，船盘旋而下都可通向郁夷、陈仓，可分兵前进。汧水在这里注入渭水。汧水发源于汧县的蒲谷乡弦中谷，积成弦蒲薮。《尔雅》说：河流决口形成的湖泽称为汧。汧水一名，实际上就兼有这一意义。汧水有两个源头，一个出自县西山，人们称之为小陇山。山高峰险，车马不通，所以张衡《四愁诗》说：我所想念的人在汉阳，想去依从他，怎奈陇坂太长。水往东北流，穿过山涧，积成深渊，潭水升涨，深不可测，水中有五色鱼，民间以为神灵，不敢去捕捉，因而把这条溪流称为龙鱼水。自此以下，也通称龙鱼川。川水往东流经汧县老城北面。《史记》载，秦文公去东边的汧渭去打猎，于是就在那里建都。又往东流过沼泽，乱流成一条溪流。右边接纳了白龙泉。泉源口径五尺，泉水从洞穴中涌出，水波荡漾四散，往东北流注于汧水，汧水又往东流，汇合了一条溪水。溪水发源于南山西侧，俗称此山为吴山。三座山峰秀拔高耸，竞相高插云天，危崖斜欹着，山顶仿佛靠在一起，望去像要塌下来似的。《地理志》说：吴山在县西，古文以为这就是汧山。《国语》叫虞山。山下石洞宽四尺，高七尺，水从石洞涌出，从悬崖上直泻而下，轰隆之声震动山谷。水从源头下来，成为一条溪流，往北流注入汧水，从两水汇合处起，上下游都可叫龙鱼川。汧水又注东南流，经过隃麋旧老城南。隃麋就是王莽时的扶亭。从前郭歙以王莽的征召为耻，避世隐居在这里。建武四年，光武帝将这地方封给耿况，立为侯国。汧水往东南流经慈山，往东南流经郁夷县平阳旧城南。《史记》记载，秦宁公二年，迁都平阳。徐广说：平阳就是旧时郿县的平阳亭。城北有汉幽州刺史赵融碑，是灵帝建安元年所立。汧水又往东流，注入渭水。

　　渭水之右，磻溪水注之[1]。水出南山兹谷[2]，乘高激流，注于溪中。溪中有泉，谓之兹泉。泉水潭积，自成渊渚[3]，即《吕氏春秋》所谓太公钓兹泉也。今人谓之丸谷，石壁深高，幽隍邃密[4]，林障秀阻，人迹罕交。东南隅有一石室，盖太公所居也。水次平石钓处，即太公垂钓之所也。其投竿跽饵[5]，两膝遗迹犹存，是有磻溪之称也。其水清泠神异，北流十二里注于渭，北去维堆城七十里[6]。

【注释】

①磻溪水：在今陕西宝鸡陈仓区东南。源出南山，北流入渭。

②兹谷：在今陕西宝鸡。

③渚：通"潴"。指陂塘之类。

④幽隍：《水经注疏》杨守敬按："《史记正义》引用幽篁，较胜。"译文据改。

⑤跽（jì）饵：跪坐着备办鱼饵。

⑥维堆城：具体不详。

【译文】

渭水右边，有磻溪水注入。磻溪水发源于南山兹谷，水从高处流泻而下，注入溪中。溪中有泉，称为兹泉。泉水积成深潭，就是《吕氏春秋》中所说的太公垂钓处的兹泉。现在人们叫那里的山谷为丸谷，谷中石壁又高又险，幽静的竹林又深又密，有深林和高山阻隔，人迹罕至。东南角有个石洞，传说是太公住过的地方。水边有一块平坦的岩石，就是太公垂钓处。他放钓竿，跪着装鱼饵，两膝的印痕还在，所以有磻溪之称。溪水清凉异常，北流十二里注入渭水，这里北距维堆城七十里。

　　渭水又东迳积石原①，即北原也。青龙二年②，诸葛亮出斜谷③，司马懿屯渭南④。雍州刺史郭淮⑤，策亮必争北原而屯，遂先据之，亮至，果不得上。

【注释】

①积石原：亦名北原。在今陕西眉县西北。

②青龙二年：234年。青龙，三国魏明帝曹叡（ruì）的年号（233—237）。

③斜谷：在今陕西眉县西南。即褒斜道之东口。

④司马懿（yì）：字仲达。河内温（今河南温县）人。三国魏权臣。其孙司马炎代魏称帝，建立晋朝，追尊他为宣帝。

⑤郭淮：字伯济。太原阳曲（今山西阳曲）人。三国魏将领。

【译文】

　　渭水又往东流，经过积石原，就是北原。青龙二年，诸葛亮取道斜谷进兵，此时司马懿屯兵于渭南。雍州刺史郭淮料定诸葛亮必定会夺取北原屯兵，于是先去占领。诸葛亮到时，果然就上不去了。

　　渭水又东迳五丈原北[①]。《魏氏春秋》曰[②]：诸葛亮据渭水南原，司马懿谓诸将曰：亮若出武功，依山东转者，是其勇也。若西上五丈原，诸君无事矣。亮果屯此原，与懿相御。

【注释】

　　①五丈原：在今陕西岐山县南渭河南，东与眉县接界。
　　②《魏氏春秋》：书名。东晋史学家孙盛撰，记述三国曹魏政权事。

【译文】

　　渭水又往东流，经过五丈原北面。《魏氏春秋》说：诸葛亮占据了渭水的南原，司马懿对诸将说：诸葛亮若从武功出兵，依山势转向东边，那就是他的胆略了。如果他西上五丈原，诸位就都平安无事了。诸葛亮果然屯兵于五丈原，与司马懿相对抗。

　　渭水又东迳郿县故城南。《地理志》曰：右辅都尉治[①]。《魏氏春秋》：诸葛亮寇郿，司马懿据郿拒亮。即此县也。

【注释】

　　①右辅都尉：为三辅都尉（京辅都尉、左辅都尉、右辅都尉）之一。汉代京师卫戍长官之一。

【译文】

　　渭水又往东流，经过郿县老城南边。《地理志》说：这是右辅都尉的治所。《魏氏春秋》载，诸葛亮侵犯郿，司马懿据守于郿抗击诸葛亮。说的就是此县。

　　渭水又东迳郿坞南①。《汉献帝传》曰②：董卓发卒筑郿坞③。高与长安城等，积谷为三十年储。自云：事成，雄据天下；不成，守此足以毕老。其愚如此。

【注释】

①郿坞：在今陕西眉县东北渭水北岸。

②《汉献帝传》：书名。具体不详。

③董卓：字仲颖。陇西临洮（今甘肃岷县）人。东汉末权臣。

【译文】

　　渭水又往东流经郿坞以南。《汉献帝传》说：董卓调兵去修筑郿坞城。筑得和长安城一样高，城内贮粮可供三十年食用。他自己这样说：事情如果成功，就可以称雄于天下；不成功，守住这里也足以安度晚年了。真是愚蠢极了。

卷十八

渭水二

【题解】

此卷篇幅短小，《水经注》的文章，只作在《水经》的两条经文之下。武英殿本《水经注》卷首案语中说明，此书原有四十卷，后亡佚五卷。"然今仍作四十卷，疑后人分析以足原数也"。此卷显系"后人分析"而成。但其文是从卷十七抑卷十九分析而出，尚待研究。

渭水二
又东过武功县北，

渭水于县，斜水自南来注之①。水出县西南衙岭山②，北历斜谷，迳五丈原东。诸葛亮《与步骘书》曰③：仆前军在五丈原，原在武功西十里余。水出武功县，故亦谓之武功水也。是以诸葛亮《表》云④：臣遣虎步监孟琰据武功水东⑤。司马懿因水长攻琰营，臣作竹桥⑥，越水射之。桥成驰去。其水北流注于渭。《地理志》曰：斜水出衙岭北，至郿注渭。

【注释】

①斜水：即今陕西岐山县南渭水南岸支流桃川河、石头河。

②衙岭山：在今陕西眉县西南三十里。

③步骘：字子山。临淮淮阴（今江苏淮安淮阴区）人。三国时吴大臣。

④表：文体名。奏章的一种，用于陈请等。

⑤虎步监：《水经注疏》杨守敬按："《蜀志·姜维传》，须先教中虎步兵五六千人，虎步监盖羽林监之比。"孟琰（yǎn）：字休明。三国蜀汉大将。

⑥竹桥：一作车桥。

【译文】

渭水二

渭水又往东流过武功县北边，

渭水到了武功县，斜水从南方流来注入。斜水发源于武功县西南的衙岭山，往北流经斜谷，流过五丈原东边。诸葛亮《与步骘书》说：我的先头部队在五丈原，那地方在武功西十里余。斜水发源于武功县，因此也叫武功水。所以诸葛亮《表》说：我派虎步监孟琰占据武功水东岸。司马懿趁着水涨，进攻孟琰的营地，我建造竹桥，隔水放箭射他们。桥建成后，敌兵也就逃走了。斜水北流，注入渭水。《地理志》说：斜水发源于衙岭北，流到郿，注入渭水。

渭水又东迳马冢北①。诸葛亮《与步骘书》曰：马冢在武功东十余里，有高势，攻之不便，是以留耳。

【注释】

①马冢：在今陕西眉县东。

【译文】

渭水又往东流经马冢北边。诸葛亮《与步骘书》说：马冢在武功东十余里，地势较高，不易攻取，所以把它留着。

　　渭水又迳武功县故城北，王莽之新光也。《地理志》曰：县有太一山^①，古文以为终南。杜预以为中南也^②。亦曰：太白山在武功县南，去长安二百里，不知其高几何。俗云：武功太白，去天三百。山下军行，不得鼓角，鼓角则疾风雨至。杜彦达曰^③：太白山南连武功山，于诸山最为秀杰，冬夏积雪，望之皓然。山上有谷春祠。春，栎阳人^④，成帝时病死而尸不寒^⑤，后忽出栎南门及光门上^⑥，而入太白山。民为立祠于山岭，春秋来祠中止宿焉。山下有太白祠，民所祀也。刘曜之世^⑦，是山崩，长安人刘终于崩所得白玉^⑧，方一尺，有文字曰：皇亡皇亡败赵昌^⑨，井水竭，构五梁^⑩，咢酉小衰困嚣丧^⑪。呜呼！呜呼！赤牛奋靷其尽乎^⑫！时群官毕贺，中书监刘均进曰^⑬：此国灭之象，其可贺乎？终如言矣。

【注释】

①太一山：指陕西秦岭。

②杜预以为中南：《左传·昭公四年》"中南"，杜预注："在始平武功县南。"

③杜彦达：一作杜彦远。具体不详。

④栎（yuè）阳：在今陕西西安。

⑤成帝：西汉皇帝刘骜（ào）。字太孙。孝元皇帝刘奭之子。

⑥光门：指汉长安城北出西头第一门。

⑦刘曜：字永明。新兴（今山西忻州）人。十六国时期前赵皇帝。

⑧刘终：人名。具体不详。

⑨皇亡皇亡败赵昌：《晋书·载记·刘曜》："此言皇室将为赵所败，

赵因之而昌。今大赵都于秦雍,而勒跨全赵之地,赵昌之应,当在石勒,不在我也。"

⑩井水竭,构五梁:《晋书·载记·刘曜》:"井谓东井,秦之分也;五谓五车,梁谓大梁,五车、大梁,赵之分也。此言秦将竭灭,以构成赵也。"

⑪噩(è)酉小衰困嚣丧:《晋书·载记·刘曜》:"噩者,岁之次名作噩也,言岁驭作噩酉之年,当有败军杀将之事。困谓困敦,岁在子之年名,玄嚣亦在子之次,言岁驭于子,国当丧亡。"

⑫赤牛奋靷(yǐn)其尽:《晋书·载记·刘曜》:"赤牛奋靷谓赤奋若,在丑之岁名也。牛谓牵牛,东北维之宿,丑之分也,言岁在丑当灭亡,尽无复遗也。"靷,引车前行的皮带。

⑬中书监:中书省的长官。三国魏文帝黄初初年,改秘书令为中书令,又置中书监,并掌机密。及明帝时,中书监、令其权始重。掌赞诏令、记会时事,典作文书等。刘均:具体不详。

【译文】

渭水又流经武功县老城北边,就是王莽时的新光。《地理志》说:县里有太一山,古文里称为终南。杜预称为中南。又说:太白山在武功县南边,离长安二百里,不知道到底有多高。俗语说:武功太白,离天三百。山下行军,不可用鼓角,如用鼓角,就会有急风暴雨。杜彦达说:太白山南连武功山,非常高峻秀丽,在群山中最为突出;山上冬夏都积雪不化,望去一片皓白。山上有谷春祠。谷春,栎阳人,成帝时病死,但尸体仍保持温暖,后来忽然出现在栎阳南门和光门上,到太白山里去了。人们在山岭上为他立祠。每年春秋二季,都到祠中来住宿。山下有太白祠,也是民众常来祭祀的地方。刘曜统治时期,太白山崩,长安人刘终在山崩的地方捡到一块白玉,大小约一尺见方,玉上刻着几行字:皇亡皇亡败赵昌,井水竭,构五梁,噩酉小衰困嚣丧。呜呼!呜呼!赤牛奋靷其尽乎!当时群官都来庆贺,但中书监刘均却说:这是国家将亡的预兆,有什么可庆贺的?结果他真的说中了。

渭水又左，温泉水注之①。水出太一山，其水沸涌如汤。杜彦达曰：可治百病，世清则疾愈，世浊则无验②。其水下合溪流，北注十三里入渭。

【注释】

①温泉水：今陕西眉县汤峪河。

②世清则疾愈，世浊则无验：康熙《陇州志》"方舆·温泉"引《水经注》作："然水清则愈，浊则无验。"

【译文】

渭水又东流，有温泉水注入。温泉水发源于太一山，一泓清泉像开水似的沸腾翻滚。杜彦达说：那泉水可治百病。时世清明，病就可以治好；时世恶浊，治病就无效。水在下游与溪流汇合，往北奔流十三里注入渭水。

渭水又东迳斄县故城南①，旧邰城也，后稷之封邑矣②。《诗》所谓即有邰家室也③。城东北有姜嫄祠④，城西南百步有稷祠⑤，郿之斄亭也⑥。王少林之为郿县也⑦，路迳此亭。亭长曰⑧：亭凶杀人。少林曰：仁胜凶邪，何鬼敢忤？遂宿。夜中闻女子称冤之声。少林曰：可前来理⑨。女子曰：无衣不敢进。少林投衣与之。女子前诉曰：妾夫为涪令⑩，之官，过宿此亭，为亭长所杀。少林曰：当为理寝冤⑪，勿复害良善也。因解衣于地，忽然不见。明告亭长⑫，遂服其事⑬，亭遂清安。

【注释】

①斄（tái）县：古邰国（一作斄国）。秦孝公改置斄县。在今陕西武功西南。秦属内史。西汉属右扶风。东汉废。

②后稷（jì）：名弃。周王室之先祖。相传其母姜嫄履巨人迹而孕。因曾弃而不养，故名之为弃。虞舜命为农官，教民耕稼，称为后稷。

③有邰家室：到邰地定居。

④姜嫄祠：《元和志》"京兆府武功县"："姜嫄祠，在县西南二十二里。"姜嫄，亦作姜原。上古时期神话传说中的人物，有邰氏，帝喾之妻，周朝祖先后稷之母。

⑤稷祠：《元和志》"京兆府武功县"："后稷祠，在县西南二十二里。"

⑥郿：周邑。在今陕西眉县东渭河北岸。春秋属秦。釐亭：即邰亭。在今陕西武功西。

⑦王少林：即王忳，字少林。广汉新都（今四川成都新都区）人。东汉人。为郿县：任郿县县令。

⑧亭长：秦汉时在乡村每十里设一亭，置亭长，掌治安，捕盗贼，理民事，兼管停留旅客。设于城内和城厢的称都亭，设于城门的称门亭，亦设亭长。东汉后渐废。

⑨理：申述，辩白。

⑩涪令：涪县县令。涪县，西汉置，属广汉郡。治所在今四川绵阳涪江东岸。

⑪寝冤：积久未报的冤仇。

⑫告（jū）：审讯定罪。

⑬服：承认，供认。

【译文】

渭水又往东流经釐县老城南，老城就是古时的邰城——后稷的封邑。《诗经》说的：到邰去成家，就指此城。城内东北边有姜嫄祠，西南边百步有稷祠，就是郿的釐亭。王少林去郿县做县令，路上曾经过此亭。亭长说：这亭里有妖孽，会害死人。王少林说：仁德会战胜凶邪，什么鬼魅胆敢侵犯我？就在里面住宿。夜里听到女人喊冤的声音。王少林说：上来申诉吧。女人说：我没穿衣服，不敢上来。王少林丢了一件衣服给她。

那女人于是上前诉说道：我丈夫当涪县县令，上任时途经这里，晚上宿在亭内，被亭长谋杀了。王少林说：我会替你伸张这件沉冤的，以后不要再伤害好人了。那女人于是脱下衣裳，放在地上，忽然不见了。明日盘问亭长，亭长只得服罪，亭也不再闹鬼了。

渭水又东迳雍县南①，雍水注之②。水出雍山③，东南流历中牢溪④，世谓之中牢水，亦曰冰井水。南流迳胡城东⑤。俗名也，盖秦惠公之故居⑥，所谓祈年宫也，孝公又谓之为橐泉宫⑦。按《地理志》曰：在雍。崔骃曰⑧：穆公冢在橐泉宫祈年观下⑨，《皇览》亦言是矣⑩。刘向曰⑪：穆公葬无丘垄处也。《史记》曰：穆公之卒，从死者百七十七人，良臣子车氏奄息、仲行、鍼虎⑫，亦在从死之中⑬，秦人哀之，为赋《黄鸟》焉⑭。余谓崔骃及《皇览》谬志也⑮。惠公、孝公，并是穆公之后，继世之君矣，子孙无由起宫于祖宗之坟陵矣，以是推之，知二证之非实也。雍水又东，左会左阳水⑯，世名之西水。水北出左阳溪，南流迳岐州城西⑰，魏置岐州刺史治。左阳水又南流，注于雍水。雍水又与东水合⑱。俗名也。北出河桃谷⑲，南流，右会南源，世谓之返眼泉⑳，乱流南迳岐州城东，而南合雍水。州居二水之中，南则两川之交会也，世亦名之为淬空水㉑。

【注释】

①雍县：战国秦以旧都雍邑置。治所在今陕西凤翔西南七里南古城。秦属内史。汉属右扶风。三国魏属扶风郡。北魏移治今凤翔东南义坞堡，为平秦郡治。

②雍水：即今陕西渭水支流沣水。源出凤翔西北雍山下，东南流经
　　岐山县西为沣水，又东经扶风、武功，会武水入渭。

③雍山：在今陕西凤翔西北三十里。

④中牢溪：疑即今陕西凤翔南指挥镇南六家小水。

⑤胡城：宫名。在今陕西凤翔西南。

⑥秦惠公：战国时秦国国君。

⑦孝公：战国时秦国国君。名渠梁。任用商鞅变法，使秦国强大，诸
　　侯朝贺。

⑧崔骃：字亭伯。涿郡安平（今河北安平）人。东汉文学家。

⑨穆公：即秦穆公，名任好。春秋时秦国国君。既立，任用百里奚、
　　蹇叔等谋臣，奋发图强，使国势强大。

⑩《皇览》：书名。三国魏文帝时，王象、刘劭、桓范等奉敕所编纂的
　　一部类书，供皇帝阅览。对后世诸多类书的编纂产生了较大的影
　　响。已佚。

⑪刘向：字子政，本名更生。沛（今江苏沛县）人。西汉经学家、辞
　　赋家、目录学家。撰《别录》，为我国目录学鼻祖。整理编订了《战
　　国策》等古籍。另外撰有《列女传》《说苑》《新序》等。

⑫子车氏：氏名。奄息、仲行、鍼（qián）虎：人名。

⑬亦在从死之中：殿本《水经注》中增此六字。

⑭赋：创作，撰写。《黄鸟》：即《诗经·秦风·黄鸟》。《诗序》："《黄
　　鸟》哀三良也。国人刺穆公以人从死，而作是诗也。"

⑮谬志：记载错误。

⑯左阳水：《水经注疏》熊会贞按："以水迳岐州（今陕西凤翔东）之
　　西为名。"

⑰岐州：北魏太和十一年（487）置。治所在雍城镇（今陕西凤翔东
　　五里）。

⑱东水：《水经注疏》熊会贞按："以水迳岐州之东为名。"

⑲河桃谷：《水经注疏》熊会贞按："此谷当在今凤翔县（今陕西凤翔）
北。"

⑳返眼泉：当在今陕西凤翔西北。

㉑淬（cuì）空水：《水经注疏》熊会贞按："《说文》徐曰：淬，剑烧而入
水也。《汉书·天文志》，火与水合为淬。此两川交会，波流潆洄，
或似水火相合之状，故有淬空之目欤？"

【译文】

渭水又往东流经雍县南边，有雍水注入。雍水发源于雍山，往东南
流经中牢溪，人们称之为中牢水，又叫冰井水。又往南流经胡城东边。
胡城是俗名，原为秦惠公的故居，即所谓祈年宫，孝公又称为橐泉宫。
《地理志》说此宫在雍。崔骃说：穆公墓在橐泉宫祈年观下，《皇览》也这
样说。刘向说：穆公葬处没有坟垄。《史记》说：穆公死后，殉葬者多达
一百七十七人，贤臣子车氏的儿子奄息、仲行、鍼虎等都在殉葬之列，秦
人哀悼他们，作了《黄鸟》一诗。我以为崔骃和《皇览》的记载是错误的。
惠公、孝公都是穆公的后代，是世代继承下来的国君，子孙是不会在祖宗
的坟墓上建造宫殿的，从这一点来推理，就可以知道这两条引证是不确
实的。雍水又东流，在左边汇合了左阳水，世人称之为西水。左阳水发
源于北方的左阳溪，往南流经岐州城西边，魏在此城设置岐州刺史治所。
左阳水又南流，注入雍水。雍水又与东水汇合。东水是俗名。发源于北
方的河桃谷，往南流，在右边汇合了南源，人们称之为返眼泉，往南乱流，
经过岐州城东边，又南流与雍水汇合。岐州城在两条水之间，城南就是
两川的汇流处，人们也把这条水叫淬空水。

东流，邓公泉注之①。水出邓艾祠北②，故名曰邓公泉。
数源俱发于雍县故城南。县，故秦德公所居也③。《晋书地
道记》以为西虢地也④。《汉书·地理志》以为西虢县⑤。《太
康地记》曰⑥：虢叔之国矣⑦。有虢宫⑧，平王东迁⑨，叔自此

之上阳⑩，为南虢矣⑪。雍有五畤祠⑫，以上祠祀五帝⑬。昔秦文公田于汧、渭之间⑭，梦黄蛇自天下属地⑮，其口止于鄜衍⑯，以为上帝之神，于是作鄜畤祀白帝焉⑰。秦宣公作密畤于渭南⑱，祀青帝焉。灵公又于吴阳作上畤⑲，祀黄帝；作下畤⑳，祀炎帝焉。献公作畦畤于栎阳而祀白帝㉑。汉高帝问曰：天有五帝，今四何也？博士莫知其故㉒，帝曰：我知之矣，待我而五㉓。遂立北畤祀黑帝焉㉔。应劭曰：四面积高曰雍。阚骃曰：宜为神明之隩㉕，故立群祠焉。又有凤台、凤女祠㉖。秦穆公时，有箫史者善吹箫㉗，能致白鹄、孔雀㉘。穆公女弄玉好之㉙。公为作凤台以居之。积数十年，一旦随凤去㉚。云雍宫世有箫管之声焉㉛。今台倾祠毁，不复然矣。邓泉东流注于雍，自下虽会他津，犹得通称，故《禹贡》有雍、沮会同之文矣㉜。

【注释】

①邓公泉：《水经注疏》熊会贞按："《方舆纪要》，邓水出凤翔府（今陕西凤翔）北二十里之黄花谷，下流合于横水。盖出后世傅会，非古邓泉也。据《注》邓艾祠在雍县南，水出祠北，则出府之南。"

②邓艾祠：当在今陕西凤翔。邓艾，字士载。义阳棘阳（今河南南阳东南）人。三国时魏大臣。

③秦德公：春秋秦国君主。

④《晋书地道记》：书名。又称《晋地道志》《晋地道记》《地道记》。东晋王隐撰。西虢（guó）：亦称上阳。西周国名。姬姓。在今陕西宝鸡陈仓区。

⑤西虢县：即虢县。《水经注疏》："赵（一清）云：按《汉志》弘农郡

陕县下云：西虢在雍，而无西虢县之目。右扶风虢县有虢宫，秦宣
太后起，即所谓西虢也。会贞按：虢县，后汉废。"

⑥《太康地记》：书名。又称《晋太康地记》等。撰者不详。成书于
晋太康三年（282）。记载晋初州、郡、县建制沿革、地名取义、山
水、物产等。

⑦虢叔：春秋时西虢国君。

⑧虢宫：秦离宫。在今陕西宝鸡陈仓区（虢镇）。

⑨平王东迁：前770年，周平王姬宜臼迁都洛邑（在今河南洛阳西）。

⑩上阳：亦称西虢。在今河南三门峡市陕州区东南。春秋时为虢国都。

⑪南虢：周时诸侯国名。本封于西虢。平王东迁，徙上阳，故城在今
河南三门峡市陕州区东南，号南虢。

⑫五畤（zhì）祠：祭祀古代传说中的五帝的神祠。畤，古时帝王祭天
地五帝的处所。

⑬五帝：指传说中的中央黄帝、东方青帝、南方赤帝、西方白帝、北方
黑帝。

⑭秦文公：春秋时期秦国国君。秦襄公之子。田：田猎，狩猎。汧、渭：
汧水和渭水。

⑮属地：连接着地面。属，连接。

⑯鄜（fū）：春秋秦邑。在今陕西洛川县东南鄜城村。衍：山坡。

⑰鄜畤：在今陕西洛川县南七十里。

⑱秦宣公：春秋时期秦国国君。秦德公之子。密畤：确切地址不详。

⑲灵公：又称秦肃灵公。战国时期秦国国君。吴阳：春秋战国秦邑。
在今陕西陇县西南，因在吴山之阳而得名。上畤：确切地址不详。

⑳下畤：确切地址不详。

㉑献公：战国时期秦国国君。畦畤：秦献公置。在今陕西西安临潼
区东北。

㉒博士：官名。源于战国，秦汉相承，掌古今史事，典守书籍，或专掌

　　某一经书的传授。

㉓待我而五：等待我修建第五畤。

㉔北畤：确切地址不详。

㉕神明之隩（ào）：神灵可以居住的地方。

㉖凤台、凤女祠：在今陕西宝鸡陈仓区南。

㉗箫史：古代传说中秦穆公时善吹箫的人。

㉘白鹄：又名天鹅。

㉙弄玉：穆公女。喜听箫史吹箫。

㉚一旦：一天。

㉛雍宫：秦穆公的宫殿。雍为秦穆公的都城。

㉜《禹贡》有雍、沮会同之文：《水经注疏》："全（祖望）云：善长误矣。
　　岂可以兖州之雍、沮，释岐西之水道乎？又云：《禹贡》之雍、沮，
　　别是二水，不得通称。守敬按：道元《瓠子河》篇明引《禹贡》，何
　　得于渭北之雍水牵合之？阎百诗乃云：专门名家之书，有此笑柄，
　　余疑此三句为后人窜入，直当删之。"

【译文】

　　雍水东流，邓公泉注入。邓公泉发源于邓艾祠北，所以叫邓公泉。
几个源头都从雍县老城南边流出。雍县是从前秦德公居住的地方。《晋
书地道记》认为是西虢的地方。《汉书·地理志》认为是西虢县。《太康
地记》则说是虢叔之国。那里有虢宫，周平王东迁后，虢叔就从这里去上
阳，就是南虢。雍县有五畤祠，以奉祀五帝。从前秦文公在汧水、渭水之
间打猎，梦见黄蛇从天上直拖到地下，蛇口搁在鄜衍，认为这是上帝的神
灵，于是修建鄜畤来奉祀白帝。秦宣公在渭南修建密畤，奉祀青帝。灵
公又在吴阳建上畤，奉祀黄帝；建下畤，奉祀炎帝。献公在栎阳建畦畤，
奉祀白帝。汉高帝问道：天上有五帝，但现在只有四畤，这是什么道理
呢？博士也不知道是什么缘故。高帝说：我知道了，是在等我修建第五
畤。于是修建北畤来奉祀黑帝。应劭说：把四面堆高，叫雍。阚骃说：这

里适宜作神明的居处，所以建造了一批祠庙。还有凤台和凤女祠。秦穆公时，有个叫箫史的人，善于吹箫，他的箫声能招致白天鹅和孔雀。穆公的女儿弄玉爱上了他。穆公就造了一座凤台，让他们居住。他们在那里住了数十年，一天随着凤凰飞去了。据说雍宫常有箫管的声音。现在凤台已塌，凤女祠已毁了，再也听不到箫声了。邓泉东流，注入雍水，自此以下虽然也汇合了别的支流，但还是保存了这个通称，所以《禹贡》里有雍水、沮水汇合在一起的文句。

　　雍水又东迳召亭南①，世谓之树亭川，盖召、树声相近，误耳。亭，故召公之采邑也②。京相璠曰：亭在周城南五十里③。《后汉·郡国志》曰④：鄠县有召亭。谓此也。雍水又东南流与横水合⑤。水出杜阳山⑥，其水南流，谓之杜阳川。东南流，左会漆水⑦。水出杜阳县之漆溪⑧，谓之漆渠。故徐广曰⑨：漆水出杜阳之岐山者是也⑩。漆渠水南流，大峦水注之⑪。水出西北大道川，东南流入漆，即故岐水也。《淮南子》曰：岐水出石桥山⑫，东南流。相如《封禅书》曰⑬：收龟于岐。《汉书音义》曰：岐，水名也。谓斯水矣。二川并逝，俱为一水，南与横水合，自下通得岐水之目，俗谓之小横水⑭，亦或名之米流川。迳岐山西，又屈迳周城南。城在岐山之阳而近西，所谓居岐之阳也。非直因山致名，亦指水取称矣。又历周原下⑮，北则□水乡成周聚，故曰有周也⑯。水北，即岐山矣。昔秦盗食穆公马处也⑰。岐水又东迳姜氏城南为姜水⑱。按《世本》⑲：炎帝，姜姓。《帝王世纪》曰：炎帝，神农氏，姜姓。母女登游华阳，感神而生炎帝，长于姜水。是其地也⑳。东注雍水。

【注释】

① 召亭：在今陕西岐山县西南。

② 召（shào）公：姓姬名奭（shì）。周朝初年的贤人。采邑：古代卿大夫们的封地。

③ 周城：在今陕西岐山县。

④《郡国志》：晋秘书监司马彪《续汉书》中的内容，《水经注》中多引。《续汉书》记载东汉一代史实。多散佚，唯存八志。南朝梁刘昭注范晔《后汉书》取《续汉书》八志补入，流传至今。

⑤ 横水：一作杜水。亦称杜阳川。即今陕西渭河支流漆水河。

⑥ 杜阳山：在今陕西凤翔东北二十五里。

⑦ 漆水：在今陕西麟游西，南流至岐山县西合雍水、岐水，东流入渭水。一说即今陕西岐山县南横水河。

⑧ 杜阳县：西汉置，属右扶风。治所在今陕西麟游西北招贤镇。西晋废。

⑨ 徐广：字野民。东莞姑幕（今山东诸城北）人。晋、宋间史学家、辞赋家。著作有《史记音义》《晋纪》等。

⑩ 岐山：在今陕西岐山县东北。山有两岐，故名。俗呼为箭括岭。

⑪ 大峦水：疑即今陕西岐山县西方乡祝家河。

⑫ 石桥山：在今陕西岐山县南五十里。

⑬ 相如：即司马相如，字长卿。蜀郡成都（今四川成都）人。《封禅书》：据《史记·司马相如列传》记载："相如既病免，家居茂陵。天子曰：'司马相如病甚，可往从悉取其书；若不然，后失之矣。'使所忠往，而相如已死，家无书。问其妻，对曰：'长卿固未尝有书也。时时著书，人又取去，即空居。长卿未死时，为一卷书，曰有使者来求书，奏之。无他书。'其遗札书言封禅事，奏所忠。"封禅，古代帝王祭天地的大典。在泰山上筑土为坛，报天之功，称封；在泰山下的梁父山上辟场祭地，报地之德，称禅。

⑭ 小横水：《水经注疏》熊会贞按："对下大横水，故有小横水之目。《地形志》，岐州平秦郡有横水县，分周城置，取此水为名也。"今横水河上游至横水镇叫小横水。

⑮ 周原：在今陕西岐山县东北部和扶风西北部。

⑯ 有周：《水经注疏》杨守敬按："《史记·周本纪·集解》引皇甫谧云：邑于周地，故始改国曰周。"

⑰ 秦盗食穆公马：事见《吕氏春秋·爱士》："昔者秦缪公乘马而车为败，右服失而野人取之。缪公自往求之，见野人方将食之于岐山之阳。缪公叹曰：'食骏马之肉而不还饮酒，余恐其伤女也。'于是遍饮而去。"

⑱ 姜氏城：在今陕西岐山县东。

⑲ 《世本》：书名。撰者不详，成书时代亦不可考。该书记录自黄帝以来至春秋帝王公卿大夫的氏姓、世系、都邑、器物的制作和发明等。

⑳ "《帝王世纪》曰"几句：张守节《史记正义》："《帝王世纪》云：'神农氏，姜姓也。母曰任姒，有蟜氏女，登为少典妃，游华阳，有神龙首，感生炎帝。人身牛首，长于姜水。有盛德，以火德王，故号炎帝。'"《帝王世纪》，书名。晋皇甫谧所作。起三皇，尽汉魏，专记帝王事迹。

【译文】

雍水又往东流经召亭南边，世人称之为树亭川，大概是由于召、树二字音近致误的。召亭是古时召公的采邑。京相璠说：亭在周城南五十里。《后汉书·郡国志》说：郿县有召亭。说的就是这地方。雍水又往东南流，与横水汇合。横水发源于杜阳山，水往南流，称为杜阳川。往东南流，在左边汇合了漆水。漆水发源于杜阳县的漆溪，称为漆渠。所以徐广说：漆水发源于杜阳的岐山。漆渠水南流，有大峦水注入。大峦水发源于西北方的大道川，往东南流，注入漆水，就是旧时的岐水。《淮南子》说：岐水发源于石桥山，往东南流。司马相如《封禅书》说：在岐水捕龟。《汉书音义》说：岐是水名。说的就是这条水。两水同流，合为一水，南流与横水汇合，从此以下也有了岐水这个通称了，民间则称为小横水，也有人叫米流川。此水流经岐山西边，又折向周城以南。周城在岐山以南而偏西，所谓居岐之阳，就指周城。这地名不但是因山而来，同时也是因水而来的。又流经周原境，北岸是中水乡的成周聚，所以叫有周。水北就是岐山。从前秦国的野人，就在这里偷吃掉穆公的马。岐水又往东流经姜氏城南边，称为姜水。查考《世本》，炎帝姓姜。《帝王世纪》说：炎帝就是神农氏，姓姜。他的母亲女登游华阳，与神发生感应，于是生了炎帝，在姜水长大。就是这地方。姜水往东流注入雍水。

雍水又南，迳美阳县之中亭川①，合武水②。水发杜阳县大岭侧，东西三百步，南北二百步，世谓之赤泥岘③。沿波历涧，俗名大横水也，疑即杜水矣。其水东南流，东迳杜阳县故城，世谓之故县川。又故虢县有杜阳山④，山北有杜阳谷，有地穴北入，亦不知所极，在天柱山南⑤。故县取名焉，亦指是水而摄目矣⑥。即王莽之通杜也。故《地理志》曰：县有杜水。杜水又东，二坑水注之⑦。水有二源⑧，一水出西北，与渎雔水合，而东历五将山⑨，又合乡谷水⑩。水出乡溪，东南流，入杜水，谓之乡谷川。又南，莫水注之⑪。水出好畤县梁山大岭东⑫，南迳梁山宫西⑬，故《地理志》曰：好畤有梁山宫，秦始皇起。水东有好畤县故城，王莽之好邑也。世祖建武二年⑭，封建威大将军耿弇为侯国⑮。又南迳美阳县之中亭川，注雍水，谓之中亭水。

【注释】

①美阳县：战国秦孝公置。治所在今陕西扶风北二十里法门镇。秦属内史。西汉属右扶风。晋属扶风郡。北魏太和十一年（487）

迁治古籍城（今陕西咸阳西南杨陵区永安村），为武功郡治。中亭川：即今陕西武功西北四十里武功镇。

②武水：又名武亭水、杜水。即今陕西永寿西武申河。

③赤泥岘（xiàn）：《水经注疏》熊会贞按："《魏书·灵征志》熙平二年，金出岐州横水县赤粟谷，粟为栗之误。栗泥音近，赤栗谷即赤泥岘。"岘，小而高的山岭。

④故虢县：《水经注疏》杨守敬按："汉虢县在雍县南三十五里，杜阳山在雍县东北三十五里，山不得属虢县。且《汉志》亦不云虢县有杜阳山……窃以为虢字衍文，故县承上，与上句称故县同，即谓杜阳县也。"译文据改。

⑤天柱山：即岐山。

⑥摄目：获得名称。

⑦二坑水：在今陕西麟游一带。

⑧水有二源：《水经注疏》杨守敬按："二源当并出麟游县西南，其出西北者，北源也；渎魋水则南源也。钱坫斠注《汉志》作渎魁，盖谓如瀼水有瀼魁之目也。可存参。"

⑨五将山：在今陕西麟游。

⑩乡谷水：当在今陕西麟游一带。

⑪莫水：即今陕西乾县西漠西河、大北沟、漠峪河。

⑫好畤县：秦置，属内史。治所在今陕西乾县东约十里好畤村。西汉属右扶风。东汉末废。梁山：在今陕西岐山县东北约五十里。

⑬梁山宫：秦离宫。在今陕西乾县西北瓦子岗。

⑭建武二年：26年。建武，东汉光武帝刘秀的年号（25—56）。

⑮耿弇（yǎn）：字伯昭。扶风茂陵（今陕西兴平）人。光武帝建武二年封好畤侯，食好畤、美阳二县。

【译文】

雍水又往南流，经过美阳县的中亭川，与武水汇合。武水发源于杜阳县的大岭旁。大岭东西长三百步,南北宽二百步,人们称之为赤泥岘。清波流经山涧,俗名大横水,可能就是杜水。水往东南流,向东经杜阳县老城,人们称之为故县川。此外,旧县有杜阳山,山北有杜阳谷,谷中有个地洞,向北通进去,也不知尽头在哪里,地点在天柱山以南。所以杜阳县的取名,既是来自山名,同时也是因水而得名的。杜阳,就是王莽时的通杜。所以《地理志》说:县里有杜水。杜水又往东流,有二坑水注入。二坑水有两个源头,一个发源于西北,与渎魋水汇合,往东流经五将山,又汇合了乡谷水。乡谷水发源于乡溪,往东南流,注入杜水,称为乡谷川。又往南流,有莫水注入。莫水发源于好畤县梁山大岭东麓,往南流经梁山宫西,所以《地理志》说:好畤有梁山宫,是秦始皇所建。水东有好畤县老城,就是王莽时的好邑。世祖建武二年,把这地方封给建威大将军耿弇,立为侯国。莫水又往南流经美阳县中亭川,注入雍水,称为中亭水。

　　雍水又南迳美阳县西。章和二年[1],更封彰侯耿秉为侯国[2]。其水又南流,注于渭。渭水又东,洛谷之水出其南山洛谷[3],北流迳长城西[4]。魏甘露三年[5],蜀遣姜维出洛谷[6],围长城[7],即斯地也。

【注释】

①章和二年:88年。章和,东汉章帝刘炟(dá)的年号(87—88)。

②彰侯:《水经注疏》杨守敬按:"范书《耿秉传》不载封彰侯事。此《注》上卷,永元元年封彰侯,永元二年更封美阳,凿凿言之,盖本他家《后汉书》。"耿秉:字伯初。东汉将领。博通书记,能说《司马兵法》,尤好将帅之略。从窦宪击北匈奴,大破之。封为美阳侯。

③洛谷:《水经注疏》熊会贞按:"洛谷在盩厔县南三十里,有道入洋州。洛谷互见《沔水上》。"

④长城：在今陕西周至。

⑤魏甘露三年：258年。甘露，三国魏高贵乡公曹髦（máo）的年号（256—260）。

⑥姜维：字伯约。天水冀（今甘肃甘谷）人。三国时蜀国名将。

⑦围长城：《水经注疏》熊会贞按："《维传》云：时魏司马望、邓艾皆军于长城。《魏志·艾传》亦云：拒维于长城。维未围长城也。郦氏抄变其文，于情事稍戾。"

【译文】

雍水又往南流经美阳县西边。章和二年，把这地方改封给彰侯耿秉，立为侯国。雍水又南流，注入渭水。渭水又东流，洛谷之水发源于南山洛谷，往北流经长城以西。魏甘露三年，蜀汉派姜维出兵洛谷，围长城，就是这地方。

又东，芒水从南来流注之①。

芒水出南山芒谷②，北流迳玉女房③。水侧山际有石室④，世谓之玉女房。芒水又北迳盩厔县之竹圃中⑤，分为二水。汉冲帝诏曰⑥：翟义作乱于东⑦，霍鸿负倚盩厔芒竹⑧。即此也。其水分为二流，一水东北为枝流，一水北流注于渭也。

【注释】

①芒水：即今陕西周至南之黑水。

②芒谷：亦作黑水峪。在今陕西周至东南。

③玉女房：《水经注疏》杨守敬按："《长安志》，玉女洞在盩厔县南三十里，洞门崇四尺，阔三尺。《盩厔县志》，玉女洞在黑水谷中。"

④际：边，交界处。

⑤盩厔（zhōu zhì）县：西汉太初元年（前104）置，属右扶风。治所

在今陕西周至东终南镇。东汉废。西晋复置,属始平郡。北魏属
扶风郡。

⑥汉冲帝:东汉皇帝刘炳。建康元年(144)顺帝刘保崩,后无子,美
人虞氏子炳立,是为冲帝。在位仅一年(145)。

⑦翟义:字文仲。王莽居摄,翟义举兵讨莽。后被王莽击败,自杀。

⑧霍鸿:西汉人。起兵反对王莽专政,后被镇压。芒竹:即司竹园。
在今陕西周至东南。

【译文】

渭水又往东流,芒水从南方流来注入。

芒水发源于南山芒谷,往北流经玉女房。水边山麓有个石室,人们
叫它玉女房。芒水又往北流经盩厔县的竹圃中,分成两条水。汉冲帝诏
令:翟义在东方作乱,霍鸿依恃盩厔的芒竹据守。就是指这地方。芒水
分成两条:一条往东北流去,是支流;一条北流注入渭水。

卷十九

渭水三

【题解】

这是三卷渭水中的最后一卷，从这条河流的流域来说，是该流域中的最重要部分。因为周人发祥于今陕西西安以北的周原，而以后历秦、汉、唐等盛世，这一地区都是汉族的政治、经济、文化中心。以后中心向洛阳东迁，这里才逐渐式微。郦氏在《经》文"又东过长安县北"注下，仍把此城记叙得非常详细。这是《水经注》全书记叙的最完整的城市之一，直到当前，仍是历史城市研究的重要资料。此卷价值，主要在此。

渭水三

又东过槐里县南①，又东，涝水从南来注之②。

渭水迳县之故城南。《汉书集注》③，李奇谓之小槐里④，县之西城也。

【注释】

①槐里县：西汉高帝三年（前204）改废丘县置，属右扶风。治所在

今陕西兴平东南十里南佐村附近。东汉为右扶风治所。三国魏
为扶风郡治。

②涝水：即古潦水。关中八川之一。源出今陕西西安鄠邑区南牛首
山涝谷，北流至咸阳西南入渭河。

③《汉书集注》：给《汉书》作《集注》的作者很多，有臣瓒、晋灼、李
奇等，此为李奇所注。

④李奇：颜师古《汉书叙例》："李奇，南阳人。"曾为《汉书》做注解。
小槐里：在今陕西兴平西，接武功界。

【译文】

渭水三

渭水又往东流过槐里县南边，又往东流，涝水从南方流来
注入。

渭水流经槐里县老城南边。查考《汉书集注》，李奇称之为小槐里，
是槐里县的西城。

　　又东与芒水枝流合①。水受芒水于竹圃②，东北流，又
屈而北入于渭。

【注释】

①芒水枝流：芒水，即今陕西周至南之黑水。《水经注疏》杨守敬按：
"支流受芒水处，当在今周至县（今陕西周至）东南。"

②竹圃：即司竹园，亦称芒竹。在今陕西周至东南。

【译文】

渭水又往东流，与芒水的支流汇合。这条支流在竹圃承接芒水，往
东北流，又转弯向北注入渭水。

　　渭水又东北迳黄山宫南①。即《地理志》所云，县有黄

山宫,惠帝二年起者也②。《东方朔传》曰③:武帝微行④,西
至黄山宫。故廿谓之游城也。

【注释】

①黄山宫:宫名。在今陕西兴平西南三十里。

②惠帝二年:前193年。惠帝,西汉皇帝刘盈。刘邦之子。

③《东方朔传》:指《汉书·东方朔传》。东方朔,字曼倩。西汉平原
厌次(今山东惠民)人。善诙谐滑稽。

④武帝:西汉皇帝刘彻。微行:帝王隐匿身份,易服出行或私访。《汉
书·东方朔传》:"初,建元三年(前138),微行始出,北至池阳,西
至黄山,南猎长杨,东游宜春。"

【译文】

渭水又往东北流经黄山宫南边。《地理志》说,县里有黄山宫,建于
惠帝二年。就指的是那座宫殿。《汉书·东方朔传》说:武帝微服出游,
西至黄山宫。所以人们称之为游城。

就水注之①。水出南山就谷②,北迳大陵西,世谓之老
子陵③。昔李耳为周柱史④,以世衰入戎,于此有冢。事非经
证,然庄周著书云:老聃死,秦失吊之⑤,三号而出⑥。是非
不死之言,人禀五行之精气⑦,阴阳有终变,亦无不化之理。
以是推之,或复如传。古人许以传疑,故两存耳。就水历竹
圃北,与黑水合⑧。水上承三泉,就水之右,三泉奇发,言归
一渎,北流,左注就水。就水又北流注于渭。

【注释】

①就水:在今陕西周至南。

②就谷:在今陕西周至南。

③老子陵：在今陕西周至东南楼观镇。

④李耳：即老子，名耳，字聃，一说字伯阳。楚国苦县（今河南鹿邑）
　　人。撰《道德经》，主张"道法自然"，对当时及后世产生了深远影
　　响。周柱史：官名。周朝的柱下史。因其常侍立殿柱之下，故名。

⑤秦失：老子好友。

⑥三号而出：号哭三声就出来了。号，大哭。

⑦五行：金、木、水、火、土五种物质。

⑧黑水：在今陕西周至南。源出南山就谷，北流于就水。

【译文】

　　就水注入渭水。就水发源于南山就谷，往北流经大陵西边，人们称
之为老子陵。从前李耳在周当柱下史，因为世道衰微，避世进入戎族地
区，因此这里有他的坟。关于这一点并无确实证据，但庄周著书说：老聃
死后，秦失去吊悼他，号哭了三声就出来了。这里没有说他不死，而且
人承受了五行的精气，阴阳也总有终结的变化，当然也没有不死的道理。
照此推断，或许流传下来的说法是可信的。古人容许存疑，所以把两种
说法都记下来备查。就水流经竹圃北边，与黑水汇合。黑水上游承接三
泉，在就水右边，三条源泉一齐涌出，合为一条，北流向左注入就水。就
水又往北流，注入渭水。

　　渭水又东合田溪水①。水出南山田谷②，北流迳长杨宫
西③，又北迳盩厔县故城西④，又东北与一水合。水上承盩厔
县南源，北迳其县东，又北迳思乡城西⑤，又北注田溪。田溪
水又北流，注于渭水也。

【注释】

①田溪水：即今陕西周至东之田峪河。

②田谷：《水经注疏》杨守敬按："《长安志》，田谷河在盩厔县（今陕西

周　东）东南三十五里，出终南山下。《盩厔县志》，谷去县三十五
里，在太微峰东二里。"

③长杨宫：官名。战国秦昭王时筑。在今陕西周至东三十里终南村
竹园头村。

④盩厔（zhōu zhì）县：西汉太初元年（前104）置，属右扶风。治所
在今陕西周至东终南镇。东汉废。西晋复置，属始平郡。北魏属
扶风郡。

⑤思乡城：《水经注疏》杨守敬按："此城当在今盩厔县东，建置无考。"

【译文】

渭水又往东流，汇合了田溪水。田溪水发源于南山田谷，往北流经
长杨宫西边，又往北流经盩厔县老城西边，又往东北流，与一水汇合。这
条水上游承接盩厔县南源，往北流经县东，又往北流经思乡城西边，又往
北流注入田溪。田溪水又往北流，注入渭水。

县北有蒙茏渠①，上承渭水于郿县②，东迳武功县为成
林渠③。东迳县北，亦曰灵轵渠④。《河渠书》以为引堵水⑤。
徐广曰，一作者川是也。

【注释】

①蒙茏渠：汉武帝时建。在今陕西兴平东渭水北。

②郿县：战国秦置，属内史。治所在今陕西眉县东十五里渭河北岸。
西汉属右扶风，右辅都尉治此。三国魏属扶风郡。

③武功县：战国秦孝公置。治所在今陕西眉县东四十里渭水南岸。
秦属内史。西汉属右扶风。晋属始平郡。成林渠：据戴震考证，
似为成国渠。成国渠，古代关中平原的人工灌溉渠道。汉武帝时
开凿，自今陕西眉县东北渭水北岸开口，引渭水东流，经兴平、咸
阳北，至泾、渭汇合处注入渭水。

④灵轵（zhǐ）渠：汉武帝时于上林苑中凿。在今陕西周至东灵轵原下。

⑤堵水：具体不详。

【译文】

县北有蒙茏渠，上游在郿县承接渭水，往东流经武功县，就是成林渠。往东流经县北，又叫灵轵渠。《河渠书》以为是从堵水引水的。徐广说，此渠又叫诸川。

渭水又东迳槐里县故城南。县，古犬丘邑也①，周懿王都之②。秦以为废丘，亦曰舒丘。中平元年③，灵帝封左中郎将皇甫嵩为侯国④。县南对渭水，北背通渠⑤。《史记·秦本纪》云：秦武王三年⑥，渭水赤三日；秦昭王三十四年⑦，渭水又大赤三日。《洪范五行传》云⑧：赤者，火色也。水尽赤，以火沴水也⑨。渭水，秦大川也。阴阳乱，秦用严刑，败乱之象。后项羽入秦，封司马欣为塞王，都栎阳；董翳为翟王，都高奴；章邯为雍王，都废丘⑩。为三秦。汉祖北定三秦，引水灌城，遂灭章邯。三年⑪，改曰槐里⑫，王莽更名槐治也，世谓之为大槐里。晋太康中⑬，始平郡治也⑭。其城递带防陆⑮，旧渠尚存，即《汉书》所谓槐里环堤者也。东有漏水⑯，出南山赤谷⑰，东北流迳长杨宫东⑱。宫有长杨树，因以为名。漏水又北历苇圃西⑲，亦谓之仙泽。又北迳望仙宫⑳。又东北，耿谷水注之㉑。水发南山耿谷，北流与柳泉合㉒，东北迳五柞宫西㉓。长杨、五柞二宫，相去八里，并以树名宫，亦犹陶氏以五柳立称㉔。故张晏曰㉕：宫有五柞树㉖，在盩厔县西。其水北迳仙泽东，又北迳望仙宫东，又北与赤水会，又北迳思乡城东，又北注渭水。

【注释】

①犬丘邑：西周邑名。在今陕西兴平东南十里南佐村附近。周懿王自鄗（hào）徙都于此。秦在此置废丘县。西汉改为槐里县。

②周懿王：姬姓，名囏（jiān）。在位期间，由于戎狄进犯，被迫将都城迁往犬丘。

③中平元年：184年。中平，东汉灵帝刘宏的年号（184—189）。

④皇甫嵩：字义真。安定朝那（今宁夏固原东南）人。东汉末将领。汉灵帝封其为槐里侯。

⑤通渠：《水经注疏》熊会贞按："此指成国故渠。后叙故渠迳槐里县北，是北青通渠也。"

⑥秦武王三年：前308年。秦武王，名荡。战国时秦国国君。秦惠文王子。

⑦秦昭王三十四年：前273年。秦昭王，即秦昭襄王嬴稷，一名则。战国时秦国国君。

⑧《洪范五行传》：书名。《隋书·经籍志》作《尚书洪范五行传论》十一卷。汉刘向撰。集上古至秦汉诸符瑞灾异，以类相从。

⑨以火沴（lì）水：用火来抑制水。沴，抑制。

⑩"后项羽入秦"几句：事见《史记·项羽本纪》。司马欣，秦朝少府章邯的长史。章邯与项羽盟，分天下以王诸侯，司马欣为塞王。栎（yuè）阳，即栎阳县。战国秦置。治所在今陕西西安东北阎良区武屯镇古城村南。董翳（yì），初以都尉从少府章邯镇压起义军。项羽大破秦军，他劝章邯投降。后被项羽封为翟王。高奴，即高奴县。战国时本属魏上郡。秦惠文王三十一年（前32）属秦。治所在今陕西延安城东延河东岸（一说在今陕西延安安塞区旧城北）。章邯，秦二世时官少府。陈涉起兵，二世令章邯率骊山徒迎战，击杀周章。与长史司马欣等灭陈涉，破项梁，平魏咎，楚地略定。后从项羽入关，羽立章邯为雍王。废丘，即废丘县。战国秦

改犬丘置，属内史。治所在今陕西兴平东南。

⑪三年：即刘邦建立西汉三年，前 204 年。

⑫槐里：即槐里县。西汉高帝三年（前 204）改废丘县置，属右扶风。治所在今陕西兴平东南十里南佐村附近。

⑬太康：西晋武帝司马炎的年号（280—290）。

⑭始平郡：西晋泰始三年（267）分扶风郡置，属雍州。治所在槐里县（今陕西兴平东南）。

⑮递带防陆：《水经注疏》杨守敬按："《翟方进传》，赵明依阻槐里环堤。师古曰：槐里县界其中有环曲之堤，而明依之以自固也。"递带，环绕，围绕。防陆，堤防。

⑯漏水：在今陕西周至东南。

⑰赤谷：在今陕西周至东南。

⑱长杨宫：宫名。战国秦昭王时筑。在今陕西周至东三十里终南村竹园头村。

⑲苇圃：《水经注疏》杨守敬按："苇圃在盩厔县（今陕西周至东）东南三十里，周二十顷。"

⑳望仙宫：宫名。《水经注疏》熊会贞按："《一统志》，宫在盩厔县东四十里。"

㉑耿谷水：《水经注疏》熊会贞按："《长安志》，耿谷水在鄠县（hù，今陕西西安鄠邑区北）西南三十里，阔三步，深一尺，其底并碎砂石。《一统志》，水在鄠县西南，接盩厔县界。则所出之就谷，在今鄠县西南，盩厔东南境矣。"

㉒柳泉：即今陕西西安鄠邑区之柳泉沟。

㉓五柞（zuò）宫：宫名。在今陕西周至东南三十八里。宫中有五棵柞树，因以为名。

㉔陶氏以五柳立称：陶氏，即陶渊明。其宅边有五棵柳树，因称五柳先生。

㉕张晏：字子博。中山（今河北定州）人。有《汉书》注，多存于今《汉书》颜师古注中。

㉖柞树：木之。木质坚硬，耐腐蚀。叶子可用来饲养柞蚕，木材可用来造船和做枕木等。

【译文】

渭水又往东流经槐里县老城南边。槐里县，就是古时的犬丘邑，周懿王曾建都于此，秦时称为废丘，又叫舒丘。中平元年，汉灵帝把这地方封给左中郎将皇甫嵩，立为侯国。槐里县南对渭水，北靠通渠。《史记·秦本纪》说：秦武王三年，渭水发红了三日；秦昭王三十四年，渭水又大红了三日。《洪范五行传》说：红是火的颜色。水完全变红，是火克水的表现。渭水是秦的一条大河。阴阳错乱，这是秦用严刑导致败乱的征兆。后来项羽入秦，封司马欣为塞王，定都栎阳；封董翳为翟王，定都高奴；封章邯为雍王，定都废丘。这就是三秦。汉高祖北征，平定三秦，引水灌城，于是灭了章邯。三年，改名为槐里，王莽又改为槐治，世人都叫它大槐里。晋太康年间，这是始平郡的治所。槐里城有环绕如带的堤道，旧渠至今仍在，就是《汉书》所谓的槐里环堤。东有漏水，发源于南山赤谷，往东北流经长杨宫东边。宫中有长杨树，于是就以树命名了。漏水又往北流经菲圃西边，也叫仙泽。又往北流经望仙宫。漏水又往东北流，有耿谷水注入。耿谷水发源于南山耿谷，往北流与柳泉汇合，往东北流经五柞宫西边。长杨宫与五柞宫相距八里，都是以树为名，正像陶渊明以五柳为名一样。所以张宴说：宫里有五棵柞树，宫在盩屋县西边。耿谷水往北流经仙泽东边，又往北流经望仙宫东边，又往北流与赤水汇合，又往北流经思乡城东边，又往北流注入渭水。

渭水又东合甘水[①]。水出南山甘谷[②]，北迳秦文王萯阳宫西[③]，又北迳五柞宫东。又北迳甘亭西[④]，在水东鄠县[⑤]。昔夏启伐有扈作誓于是亭[⑥]。故马融曰[⑦]：甘，有扈南郊地名也。甘水又东得涝水口⑧。水出南山涝谷⑨，北迳汉宜春观东⑩，又北迳鄠县故城西，涝水际城北出合美陂水⑪。水出宜春观北，东北流注涝水。涝水北注甘水，而乱流入于渭。

【注释】

①甘水：渭水支流。在今陕西周至东。

②甘谷：《水经注疏》杨守敬按："《长安志》，甘谷水在鄠县（今陕西西安鄠邑区）西南二十二里，阔三步，深一尺，其底并碎沙石。今在鄠县西南，接盩屋县（今陕西周至）界。"

③秦文王：名驷。战国时秦国国君。秦孝公之子。黄（bèi）阳宫：一作倍阳宫。在今陕西西安鄠邑区西南二十三里。

④甘亭：在今陕西西安鄠邑区。

⑤鄠（hù）县：西汉置，属右扶风。治所在今陕西西安鄠邑区北二里。三国魏属扶风郡。晋属始平郡。北魏太平真君七年（446）改属京兆郡。

⑥夏启伐有扈作誓于是亭：《尚书·甘誓》："启与有扈战于甘之野，作《甘誓》。"孔颖达疏："夏王启之时，诸侯有扈氏叛，王命率众亲征之。有扈氏发兵拒启，启与战于甘地之野。将战，集将士而誓戒之。史叙其事，作《甘誓》。"夏启，大禹之子，夏朝的第二任君王。有扈，亦称鄠。夏时方国名。在今陕西西安鄠邑区北。一说夏时已向东迁至今河南范县一带。作誓，即作《甘誓》。

⑦马融：字季长。扶风茂陵（今陕西兴平东北）人。东汉经学家、辞赋家。撰《三传异同说》，注《孝经》《论语》《尚书》等。卢植、郑玄皆尝师事之。

⑧涝水口：涝水入甘水之口。在今陕西西安鄠邑区。涝水，即今涝峪河。

⑨涝谷：即今陕西西安鄠邑区之涝峪。

⑩宜春观：汉武帝时建。在今陕西西安鄠邑区西南。

⑪美陂水：亦作渼陂。在今陕西西安鄠邑区西。

【译文】

渭水又东流，汇合了甘水。甘水发源于南山甘谷，往北流经秦文王萯阳宫西边，又往北流经五柞宫东边。甘水又往北流经甘亭西边，亭在甘水东岸的鄠县。从前夏启讨伐有扈，就在此亭宣誓。所以马融说：甘是有扈南郊的地名。甘水又往东流，到了涝水口。涝水发源于南山涝谷，往北流经汉宜春观东边，又往北流经鄠县老城西边，涝水沿着城边北流，与美陂水汇合。美陂水从宜春观北面流出，往东北流，注入涝水。涝水北流，注入甘水，然后乱流注入渭水。

即上林故地也①。东方朔称武帝建元中微行②，北至池阳③，西至黄山④，南猎长杨，东游宜春。夜漏十刻⑤，乃出，与侍中、常侍武骑、待诏及陇西、北地良家子能骑射者⑥，期诸殿下⑦，故有期门之号⑧。旦明，入山下，驰射鹿、豕、狐、兔，手格熊罴⑨，上大欢乐之。上乃使大中大夫虞丘寿王与待诏能用算者⑩，举籍阿城以南⑪，盩厔以东，宜春以西，提封顷亩及其贾直⑫，属之南山以为上林苑⑬。东方朔谏秦起阿房而天下乱，因陈泰阶六符之事⑭，上乃拜大中大夫、给事中⑮，赐黄金百斤。卒起上林苑。故相如请为天子游猎之赋⑯，称乌有先生、亡是公而奏《上林》也⑰。

【注释】

①上林故地：即上林苑。秦都咸阳时置。在今陕西西安西渭水以南、终南山以北。秦惠文王时开始兴建。秦始皇时建成朝宫、阿房宫前殿及大量离宫别馆。西汉初荒废。汉武帝时重又拓展，周围扩

至二百余里。

②建元：西汉武帝刘彻的年号（前140—前135）。微行：旧时谓帝王或有权势者易服出行或私访。

③池阳：即池阳宫。在今陕西泾阳西北。

④黄山：即黄山宫。在今陕西兴平西南三十里。

⑤夜漏：指夜间的时刻。漏，古代滴水纪时的器具。刻：计时单位。古代以漏壶计时，不同时代标准不同，有的一昼夜分为百刻，有的分为百二十刻，有的分为九十六刻。

⑥侍中：官名。秦始置，为丞相属官。两汉沿袭，是正规官职外的加官之一。侍从皇帝左右，出入宫廷。常侍武骑：官名。亦称常侍骑。汉时皇帝左右亲近侍从之官。待诏：官名。始置于汉，用以征召非正官而有各项专长之人。良家子：旧时指非医、巫、商贾、百工等职业之子女。

⑦期：相约。

⑧期门：官名。亦称期门武骑。西汉武帝始置，掌执兵出入护卫。属光禄勋。平帝时，改称虎贲郎。

⑨手格：徒手格斗。熊罴（pí）：熊和罴。罴，熊的一种。俗称人熊或马熊。

⑩虞丘寿王：亦称吾丘寿王。字子赣。赵（今河北邯郸）人。年少以善博戏召待诏。奉诏从董仲舒受《春秋》，迁侍中中郎。又拜为东郡都尉。后征入为光禄大夫侍中。

⑪举籍：此指登记。

⑫提封：大凡，统共。顷亩：泛指土地面积。贾直：即价值。贾，同"价"。

⑬属（zhǔ）：连接，连缀。

⑭泰阶：古星座名。即三台。上台、中台、下台共六星，两两并排而斜上，如阶梯，故名。六符：谓三台六星的符验。

⑮给事中：官名。秦始置。汉为加官，掌侍从左右，顾问应对，位次中常侍。

⑯相如：即司马相如，字长卿。蜀郡成都（今四川成都）人。游猎之赋：即司马相如所撰《天子游猎赋》，为《子虚赋》与《上林赋》的合称。

⑰乌有先生：寓意为无有此事也。亡是公：寓意为无此人也。《上林》：即《上林赋》。以大量篇幅来描写和渲染贵族的宫苑之华丽和设置之繁奢，场面雄伟壮观，富有气魄。为汉赋代表作。

【译文】

这就是上林苑的故址。东方朔说，武帝在建元年间微服巡行，北到池阳，西到黄山，南在长杨狩猎，东在宜春游览。夜间漏下十刻，就出去和侍中、常侍武骑、待诏及陇西、北地能骑射的良家子弟约会于殿下，所以有期门之名。天明后，就在山下乘马奔驰，射猎鹿、野猪、狐和兔，又徒手与熊罴格斗，皇上非常高兴。于是皇上派遣大中大夫虞丘寿王和能运算的待诏，登记阿城以南，盩厔以东，宜春以西所辖田亩及其售价，把这片土地划为上林苑，与南山连在一起。东方朔以秦建阿房宫而天下大乱的历史教训来进谏，陈述了按泰阶六符观察天象预卜吉凶变化的道理，皇上于是封他为大中大夫、给事中，赏赐黄金百斤。最后造了上林苑。因而司马相如做了一篇天子游猎的赋，托称乌有先生、亡是公，并敬献《上林赋》。

又东，丰水从南来注之①。

丰水出丰溪，西北流分为二水：一水东北流为枝津；一水西北流，又北，交水自东入焉②，又北，昆明池水注之③，又北迳灵台西④，又北至石墩注于渭⑤。《地说》云⑥：渭水又东与丰水会于短阴山内⑦，水会无他高山异峦，所有惟原阜石激而已⑧。水上旧有便门桥⑨，与便门对直⑩，武帝建元三年造⑪。张昌曰⑫：桥在长安西北茂陵东⑬。如淳曰⑭：去长安四十里。

【注释】

①丰水：即今陕西西安长安区和咸阳境内之沣河。

②交水：在今陕西西安长安区（韦曲镇）南。

③昆明池水：在今陕西西安长安区西沣河与潏水之间。

④灵台：在今陕西西安西北阿房宫南。

⑤石墩：具体不详。

⑥《地说》：书名。具体不详。

⑦短阴山：即短阴原。《水经注疏》熊会贞按：“《元和志》，短阴原在咸阳县（今陕西咸阳东北）西南二十里。”

⑧原阜：高原土山。阜，土山。石激：指挡水之石。《水经注疏》熊会贞按：“《河水注》，于岑于石门东，积石八所，皆如小山，谓之八激堤。《洹水注》，北岸数里有大石激，名曰五女激，并此石激之证。”

⑨便门桥：亦称西渭桥、便桥。西汉建元三年（前138）筑。在今陕西咸阳南渭河上。因与长安城西便门相对，又称便桥。

⑩便门：指汉长安城的章城门。亦称光华门。为长安城西出南头第一门。

⑪建元三年：即前138年。建元，西汉武帝刘彻的年号（前140—前135）。为帝王有年号的开始。

⑫张昌：具体不详。

⑬茂陵：西汉武帝的陵墓。在今陕西兴平东北三十里南位镇茂林村。

⑭如淳：三国魏冯翊（今陕西大荔）人。曾任陈郡丞。注《汉书》，多保留在《汉书》颜师古注中。

【译文】

渭水又东流，丰水从南方流来注入。

　　丰水源出丰溪，往西北流，分成两条：一条往东北流，是支流；一条往西北流，接着又往北流，有交水从东边注入，又往北流，有昆明池水注入，又往北流经灵台西，又往北流，到石墩注入渭水。《地说》说：渭水又东流，与丰水汇合于短阴山内，两条水汇合处并无别的高山奇岭，唯有原野丘陵和石堤而已。水上旧时有便门桥，正对便门，建于武帝建元三年。张昌说：桥在长安西北，茂陵东边。如淳说：桥离长安四十里。

　　渭水又迳太公庙北，庙前有太公碑①，文字褫缺②，今无可寻。

【注释】

　①太公碑：《水经注疏》："《咸阳县志》，县西钓台侧旧有太公庙碑。"太公，即姜太公姜尚。

　②褫（chǐ）缺：毁坏残缺。褫，脱落，毁坏。

【译文】

　　渭水又流经太公庙北，庙前有太公碑，文字残缺，现在已无法辨认了。

　　渭水又东北与鄗水合①。水上承鄗池于昆明池北②，周武王之所都七③。故《诗》云：考卜维王，宅是鄗京，维龟正之，武王成之④。自汉武帝穿昆明池于是地，基构沦褫⑤，今无可究。《春秋后传》曰⑥：使者郑容入柏谷关⑦，至平舒置⑧，见华山有素车白马⑨，问郑容安之⑩，答曰：之咸阳⑪。车上人曰：吾华山君使⑫，愿托书致鄗池君⑬。子之咸阳，过鄗池，见大梓下有文石⑭，取以款列梓⑮，当有应者。以书与之，勿妄发。致之得所欲。郑容行至鄗池，见一梓下果有文石，取以款梓，应曰：诺！郑容如睡觉而见宫阙，若王者之居焉。谒者出⑯，受书入。有顷，闻语声言祖龙死⑰。神道茫昧，理难辨测，故无以精其幽致矣⑱。

【注释】

① 鄗（hào）水：又作滈水、镐水。关中八川之一。在今陕西西安西。唐后镐池涸废，其水遂绝。

② 鄗池：亦作镐池、滈池。在今陕西西安长安区西北丰镐村西北。

③ 周武王：周文王姬昌之子姬发。嗣位西伯，兴师伐纣，遂革殷命。即天子位，都镐京，改国号曰周。

④ "考卜维王"几句：语见《诗经·大雅·文王有声》。考卜，古代以龟卜决疑，后亦泛指占问吉凶。考，犹考稽，考寻。镐京，故址在今陕西西安长安区西北镐京村附近。正，决定。

⑤ 基构：地基和城池的结构。沦褫（chǐ）：坍塌毁坏。

⑥ 《春秋后传》：书名。晋乐资撰。记述战国至秦末史事。

⑦ 郑容：具体不详。柏谷关：一当作函谷关（今河南灵宝北旧灵宝西南）。

⑧ 平舒置：《水经注疏》杨守敬按："《广雅》，邮置，关驿也。《汉书·曹参传》取狐父、祁、善置。师古曰：置，若今之驿，是也。"平舒，即平舒城。在今陕西华阴西北六里。

⑨ 华山：又称太华山。在今陕西华阴南十里。素车：古代凶、丧事所用之车，以白土涂刷。

⑩ 安之：即"之安"，去哪里。安，哪里。之，前往，到。

⑪ 咸阳：古都邑名。在今陕西咸阳东北二十里窑店镇一带。

⑫ 华山君：西方华山之君神。姓浩，名郁狩。

⑬ 鄗池君：掌管鄗池的水神。

⑭ 梓：木名。叶子卵形，有的稍有浅裂，花淡黄色。木材可以做器具，根皮、树皮和果实可入药。文石：有纹理的石头。

⑮款：叩，敲汀。

⑯谒者：官名。守宫殿门户，掌传达、接待宾客以及临时差遣等职务。

⑰祖龙：此指秦始皇。裴骃《史记集解》："苏林曰：'祖，始也；龙，人君象。谓始皇也。'"

⑱"神道茫昧"几句：陈桥驿按，郦道元不信鬼神的思想，在《注》文中表达甚多，此其一例，拙著《郦道元评传》中有较详论证。

【译文】

渭水又往东北流，与鄗水汇合。鄗水上游在昆明池北承接鄗池，就是周武王建都的地方。所以《诗经》说：武王前来卜卦，建都选定镐京，灵龟昭示大吉，武王都城建成。自从汉武帝在这里开凿昆明池，周都基址已遭毁沉，现在已无处探寻了。《春秋后传》说：使者郑容进了柏谷关，到平舒置时，看见华山有素车白马，车上人问郑容到哪里去，郑容答道：去咸阳。车上人说：我是华山君的使者，想请你带封信给鄗池君。你到咸阳去，要经过鄗池，会看到大梓树下面有块有花纹的石头，你拿石臼敲一下梓树，就会有人来迎接你的。你把信交给他，但切勿乱拆。信交到后，你可以得到你想要的东西。郑容到了鄗池，看见一棵梓树下果然有一块有花纹的石头，他拿起石头敲了一下梓树，有人回答道：来了！郑容就恍如睡梦中一般，清醒过来时，他看到一座宫阙，样子像是帝王的住所。一个谒者出来了，接过信到里面去了。过了一会儿，听到里面有说话声，说是祖龙死了。神玥的事暗昧渺茫，是难以照常理来推想的，所以也无从细究它的秘奥了。

鄗水又北流，西北注与滮池合①。水出鄗池西，而北流入于鄗。《毛诗》云②：滮，流浪也③。而世传以为水名矣。郑玄曰④：丰、鄗之间，水北流也。鄗水北迳清泠台西⑤，又迳磁石门西⑥。门在阿房前，悉以磁石为之，故专其目。令四夷朝者⑦，有隐甲怀刃入门而胁之以示神，故亦曰却胡门也。鄗水又北注于渭。

【注释】

①滮（biāo）池：在今陕西西安长安区。

②《毛诗》：当为《毛传》。《诗经·小雅·白华》："滮池北流，浸彼稻田。"《毛传》："滮，流貌。"《毛传》，即《毛诗故训传》的简称。为汉时训释《诗经》之作。相传为西汉毛亨和毛苌所传，属古文经学派。因西汉时传《诗》者尚有齐、鲁、韩三家，为区别起见，时人将毛氏所传者称"毛诗"。东汉郑玄曾为之作笺。魏晋以后今文齐、鲁、韩三家《诗》渐散亡或失传，《毛诗》独盛至今。译文从之。

③滮，流浪也：据上注《毛传》，"流浪"当为"流貌"。

④郑玄：字康成。北海高密（今山东高密）人。东汉著名的经学家。遍注群经。

⑤清泠台：在今陕西西安长安区。

⑥磁石门：在今陕西西安长安区。

⑦四夷：古代中原人对四方少数民族的统称。朝：朝觐，朝见。

【译文】

鄗水又北流，往西北与滮池汇合。滮池的水是从鄗池西边出来的，向北流注入鄗水。《毛传》说：滮，是水流动的样子。但世人相传，却以为是水名。郑玄说：丰、鄗之间，水往北流。鄗水往北流经清泠台西边，又流经磁石门西边。磁石门在阿房宫前，全都用磁石砌成，所以就以磁石为门名。四方外族入朝的人，如果身上暗藏着刀剑铠甲进门，就会觉察到，以炫耀其神验，所以也叫却胡门。鄗水又北流，注入渭水。

渭水北有杜邮亭①，去咸阳十七里，今名孝里亭，中有白起祠②。嗟乎！有制胜之功，惭尹商之仁③，是地即其伏剑处也④。

【注释】

①杜邮亭：在今陕西咸阳东北五里。

②白起祠：在今陕西咸阳渭城区。白起：秦朝名将。郿（今陕西眉县）
　人。善用兵，事秦昭王。封武安君。以上将军击赵于长平，前后
　坑斩首虏四十五万。

③有制胜之功，惭尹商之仁：白起有攻城略地取得胜利的功劳，但与
　工尹商阳的仁德相比，白起应该感到惭愧。《水经注疏》熊会贞
　按："《白起传》，起善用兵，所为秦战胜攻取者七十余城，南定鄢、
　郢、汉中。北禽赵括之军，虽周、召、吕望之功不益于此矣。郦氏议
　其不仁，指长平坑赵卒四十万事。"尹商，即工尹商阳。仁爱不忍
　伤人。事见《礼记·檀弓下》："工尹商阳与陈弃疾追吴师，及之。
　陈弃疾谓工尹商阳曰：'王事也，子手弓而可。'手弓。'子射诸。'
　射之，毙一人，韔弓。又及，谓之，又毙二人。每毙一人，掩其目。
　止其御曰：'朝不坐，燕不与，杀三人亦足以反命矣。'孔子曰：'杀
　人之中，又有礼焉。'"

④是地即其伏剑处：这里就是白起自杀之所。据《史记·白起列传》，
　白起与相国范雎有隙，又与秦昭王不合。昭王逐其出咸阳，至杜
　邮，秦王使使者赐剑自裁。白起说："我何罪于天而至此哉？"良
　久，曰："我固当死。长平之战，赵卒降者数十万人，我诈而尽坑之，
　是足以死。"遂自杀。

【译文】

渭水北岸有杜邮亭，离咸阳十七里，现在叫孝里亭，里面有白起祠。
白起作战有克敌制胜的本领，却愧无工尹商阳的仁德，这里就是他自刎
的地方，岂不可悲！

渭水又东北迳渭城南①，文颖以为故咸阳矣②。秦孝公
之所居离宫已③。献公都栎阳④，天雨金⑤，周太史儋见献公

曰⑥：周故与秦国合而别，别五百岁复合，合七十岁而霸王出⑦。至孝公作咸阳、筑冀阙而徙都之⑧。故《西京赋》曰⑨：秦里其朔，寔为咸阳⑩。太史公曰：长安⑪，故咸阳也。汉高帝更名新城⑫，武帝元鼎三年⑬，别为渭城，在长安西北渭水之阳，王莽之京城也。始隶扶风⑭，后并长安。

【注释】

①渭城：即渭城县。西汉元鼎三年（前114）改新城县置，属右扶风。治所在今陕西咸阳东北窑店镇一带。

②文颖：字叔良。南阳（今河南南阳）人。后汉末荆州从事，魏建安中为甘陵府丞。曾注《汉书》。

③秦孝公：名渠梁。战国时秦国国君。秦献公之子。即位后任用商鞅变法，使秦国强盛，诸侯朝贺。离宫：正宫之外，供帝王出巡时居住的宫殿。

④栎（yuè）阳：一作栎邑。春秋时属晋。在今陕西西安东北阎良区武屯镇古城村南。战国时入秦。秦献公二年（前383）徙都栎阳。

⑤雨：下，落。金：此指金属块。

⑥太史：官名。掌管册命、制禄、图籍、礼制、占卜、祭祀以及记录历史、时令、天文、历法等事务。儋：人名。具体不详。

⑦合七十岁而霸王出：七十，当为"十七"之讹。霸王，司马贞《史记索隐》："自昭王灭周之后，至始皇元年诛嫪毐，正一十七年。孟康云：谓周封秦为别，秦并周为合。此襄公为霸，始皇为王也。"

⑧至孝公作咸阳、筑冀阙而徙都之：事见《史记·秦本纪》。冀阙，司马贞《史记索隐》："冀阙即魏阙也。冀，记也，出列教令，当记于此门阙。"《水经注疏》杨守敬按："《正义》刘伯庄云：冀犹记事，阙即象魏也。"

⑨《西京赋》：赋名。东汉张衡所作，描绘当时长安城的繁华景象。西京，西汉都长安，东汉改都洛阳，因称洛阳为东京，长安为西京。张衡仿班固《两都赋》而作《两京赋》。

⑩秦里其朔，寔为咸阳：秦地居其北，是曰咸阳。里，居。朔，北。寔，是。

⑪长安：即长安县。西汉高帝五年（前202）置，为京兆尹治。治所在今陕西西安西北。

⑫新城：即咸阳，亦称渭城。《史记·曹相国世家》："东取咸阳，更命曰新城。"司马贞索隐："《汉书》：高帝元年咸阳名新城，武帝改名曰渭城。"

⑬元鼎三年：前114年。元鼎，西汉武帝刘彻的年号（前116—前111）。

⑭扶风：即扶风郡。三国魏改右扶风置，属雍州。治所在槐里县（今陕西兴平东南十里）。

【译文】

渭水又往东北流经渭城南边，文颖以为就是旧时的咸阳。是秦孝公所居住的离宫。献公建都栎阳，天上纷纷落下金属块，周太史儋去见献公，说：从前周与秦国由合而分，分后五百年又合，合后十七年才出霸王。到孝公建咸阳，筑冀阙，才迁都到这里来。所以《西京赋》说：秦的居处在北方，就是咸阳。太史公说：长安，就是旧时的咸阳。汉高帝改名为新城，武帝元鼎三年，另建渭城，城在长安西北渭水的北岸，就是王莽的京城。渭城开始时隶属扶风，以后并入长安。

南有沇水注之①。水上承皇子陂于樊川②，其地即杜之樊乡也③。汉祖至栎阳，以将军樊哙灌废丘④，最⑤，赐邑于此乡也。其水西北流迳杜县之杜京西⑥，西北流迳杜伯冢南⑦。杜伯与其友左儒仕宣王，儒无罪见害，杜伯死之⑧，终能报恨于宣王⑨。故成公子安《五言诗》曰⑩：谁谓鬼无知？杜伯射宣王。沇水又西北迳下杜城⑪，即杜伯国也。沇水又西北枝合故渠。渠有二流，上承交水⑫，合于高阳原⑬，而北迳河池陂东⑭，而北注沇水。沇水又北与昆明故池会⑮，又北迳秦通六基东⑯，又北迳竭水陂东⑰，又北得陂水。水上承其陂，东北流入于沇水。沇水又北迳长安城，西与昆明池水合⑱。

【注释】

①沇（jué）水：一名潏（yù）水。关中八川之一。源出陕西西安长安区南秦岭中，北流至西安西北注入渭水。

②樊川：在今陕西西安长安区南，为潏水支流。

③杜：即杜县。春秋秦武公十一年（前 687）灭杜伯国。治所在今陕西西安市西南杜城。秦属内史。西汉改名杜陵县，移治今西安长安区东杜陵南五里。三国魏复名杜县，属京兆郡。西晋改名杜城县。北魏复为杜县。樊乡：即樊川。今陕西西安长安区东南樊村乡。

④樊哙（kuài）：沛（今江苏沛县）人。高祖开国功臣。废丘：在今陕西兴平东南。

⑤最：功劳第一。司马贞《史记索隐》："灌谓以水灌废丘，城陷，其功最上也。"

⑥杜京：在今陕西西安长安区南。

⑦杜伯冢：在今陕西西安雁塔区。

⑧"杜伯与其友左儒仕宣王"几句：周宣王妾女鸠欲通之杜伯，杜伯不允，女鸠遂谮杜伯于宣王，宣王信之，囚杜伯于焦。杜伯友左儒九谏而王不许。左儒因之而死，后杜伯亦被杀。杜伯，名恒。为周宣王大夫。封于杜，故名杜伯。左儒，周宣王时的下大夫。宣王，即周宣王姬静（一作靖）。任用尹吉甫、仲山甫等贤臣辅佐朝政，曾使西周的国力得到短暂恢复，史称宣王中兴。晚年则昏庸独断，不纳忠言。

⑨终能报恨于宣王：事见《墨子·明鬼》："周宣王合诸侯而田于圃，

田车数百乘，从数千，人满野。日中，杜伯乘白马素车，朱衣冠，执
朱弓，挟朱矢，追周宣王，射之车上，中心折脊，殪车中，伏弢而死。"

⑩成公子安　即成绥，字子安。东郡白马（今河南滑县东）人。西
晋文学家。所引《五言诗》，全篇已佚。

⑪下杜城：即今陕西西安南杜城。

⑫交水：在今陕西西安长安区（韦曲镇）南。

⑬高阳原：又称高阳。在今陕西西安长安区西南境，接咸阳界。

⑭河池陂：在今陕西西安长安区西河池寨。

⑮昆明故池：在今陕西西安长安区西沣河与潏水之间。即斗门镇东
南洼地。

⑯秦通六基：当在今陕西西安长安区。

⑰塌水陂：当在今陕西西安长安区。

⑱昆明池水：昆明池在今陕西西安长安区西沣河与潏水之间。池成
后，一支引水东出为昆明渠，以利漕运；一支北出为昆明池水，泄
入沈水，供长安城之用。

【译文】

渭水南边有沈水注入。沈水上游在樊川承接皇子陂，那地方就是杜
县的樊乡。汉高祖到了栎阳，因将军樊哙以水淹废丘城功劳最为卓著，
就以此乡赐给他作食邑。沈水往西北流经杜县的杜京西边，往西北流经
杜伯墓南。杜伯和他的朋友左儒在宣王朝中做官，左儒无罪被杀，杜伯
也为他而死，最后向宣王报了仇。所以成公子安《五言诗》说：谁谓鬼无
知？杜伯射宣王。沈水又往西北流经下杜城，就是杜伯国。沈水又往西
北流，与旧渠相汇合。旧渠有两条水，上游承接交水，在高阳原汇合，往
北流经河池陂东边，往北注入沈水。沈水又北流，与昆明故池汇合，又往
北流经秦通六基东边，又往北流经塌水陂东边，又往北流，接纳了陂水。
陂水上游承接该陂，往东北流，注入沈水。沈水又往北流经长安城，西流
与昆明池水汇合。

水上承池于昆明台①，故王仲都所居也②。桓谭《新论》称元帝被病③，广求方士，汉中送道士王仲都④。诏问所能，对曰：能忍寒暑。乃以隆冬盛寒日，令袒载驷马于上林昆明池上⑤，环冰而驰。御者厚衣狐裘寒战，而仲都独无变色，卧于池台上，曛然自若⑥。夏大暑日，使曝坐⑦，环以十炉火，不言热，又身不汗。

【注释】

①昆明台：在今陕西西安西南。

②王仲都：西汉元帝时道士，有方术，能忍寒暑。

③桓谭《新论》：桓谭，字君山。沛国相（今安徽濉溪县）人。其《新论》，又称《桓子新论》。为政论著作。今存辑本。元帝：即刘奭。汉宣帝子，母共哀许皇后。

④汉中：即汉中郡。战国秦惠文王更元十三年（前312）置。治所在南郑县（今陕西汉中东）。

⑤袒：脱去上衣。驷马：四匹马拉的车。

⑥曛然：自得貌。

⑦曝（pù）坐：在极其毒辣的阳光下暴晒。

【译文】

昆明池水上游在昆明台承接昆明池，从前王仲都就住在昆明台上。桓谭《新论》提到元帝患病，征求天下方士，于是汉中送来道士王仲都。元帝下诏问他有什么本领，他答道：能经得起冷热。于是在严冬极冷的日子，叫他赤膊坐在马车上，在上林苑昆明池上环绕结冰的池岸奔驰。驾车人穿着厚厚的狐皮衣还冷得发抖，而王仲都却面不改色，躺在池台上若无其事的样子。夏天酷热的日子，叫他坐在太阳底下晒，四面围上十只火炉，他也不说热，而且身上不出汗。

　　池水北迳鄗京东、秦阿房宫西①。《史记》曰：秦始皇三十五年②，以咸阳人多，先王之宫小，乃作朝宫于渭南，亦曰阿城也。始皇先作前殿阿房，可坐万人，下可建五丈旗③。周驰为阁道④，自殿直抵南山。表山巅为阙⑤，为复道自阿房度渭，属之咸阳⑥。象天极，阁道绝汉抵营室也⑦。《关中记》曰⑧：阿房殿在长安西南二十里，殿东西千步⑨，南北三百步，庭中受十万人。其水又屈而迳其北，东北流注竭水陂。陂水北出，迳汉武帝建章宫东⑩，于凤阙南，东注沈水。

【注释】

①鄗（hào）京：即镐京。西周国都。故址在今陕西西安长安区西北镐京村附近。周武王灭殷后，迁都于此。阿房宫：一名阿城。《水经注疏》杨守敬按："《长安志》，秦阿房宫一名阿城，西北三面有墙，南面无墙，周五里一百四十步，崇八尺，上阔四尺五寸，下阔一丈五尺，今悉为民田。"

②秦始皇三十五年：前212年。

③"始皇先作前殿阿房"几句：陈桥驿按，郦氏善于用简练的语言描述复杂的事物。以此两句写前殿阿房，词简意达，写作技巧可见一斑。王丈旗，五丈高的旗帜。

④阁道：即复道。楼阁间架空的通道。

⑤表：以……为标识。

⑥属（zhǔ）：连接，连缀。

⑦汉：天汉，天河。营室：星宿名。也称营星、定星。二十八宿之一，玄武七宿的第六宿。

⑧《关中记》：书名。西晋潘岳撰。记叙关中地区事迹。

⑨步：古代长度单位。历来定制不一。

⑩建章宫：宫名。上林苑中的宫馆。在今陕西西安西北二十里，汉
　　长安故城西。

【译文】

　　昆明池水往北流经鄗京东边、秦阿房宫西边。《史记》说：秦始皇
三十五年因咸阳人多，先王的宫殿小，于是在渭南建筑朝宫，也叫阿城。
秦始皇先修建了前殿阿房宫，殿上可坐一万人，殿下可以竖立五丈高的
旗。四周绕以阁道，从殿里一直通到南山。以山巅为阙，从阿房宫修建
复道跨过渭水，与咸阳相连。以咸阳象征天极，阁道则表示跨过天汉，通
到营室星。《关中记》说：阿房殿在长安西南二十里，东西长一千步，南北
宽三百步，庭中可容十万人。昆明池水又转向阿房宫北面流过，往东北
流注入滈水陂。陂水从北面流出，经汉武帝建章宫东，在凤阙南边往东
注入沈水。

　　沈水又北迳凤阙东。《三辅黄图》曰①：建章宫，汉武帝
造，周二十余里，千门万户②。其东凤阙，高七丈五尺，俗言
贞女楼，非也。《汉武帝故事》云③：阙高二十丈。《关中记》曰：
建章宫圆阙，临北道，有金凤在阙上，高丈余，故号凤阙也。
故繁钦《建章凤阙赋》曰④：秦汉规模，廓然毁泯，惟建章凤
阙，岿然独存⑤，虽非象魏之制⑥，亦一代之巨观也。沈水又
北，分为二水：一水东北流，一水北迳神明台东⑦。《傅子·宫
室》曰⑧：上于建章中作神明台、井榦楼⑨，咸高五十余丈，皆
作悬阁，辇道相属焉⑩。《三辅黄图》曰：神明台在建章宫中，
上有九室，今人谓之九子台⑪，即实非也。

【注释】

　　①《三辅黄图》：书名。撰者不详。记西汉首都长安之京兆尹、左冯翊、

右扶风三区的官观、陵庙、明堂、辟雍、郊畤等,间涉周代旧迹。是研究关中历史地理的重要史料。

②周二十余里,千门万户:陈桥驿按,汉武帝的建章宫之大,由此两句可见一斑。

③《汉武帝故事》:书名。一作《汉武故事》。叙汉武帝自生于猗兰殿至死葬茂陵的琐闻杂事,多神仙怪异之言。鲁迅《古小说钩沉》有辑本一卷。

④繁(pó)钦《建章凤阙赋》:繁钦,字休伯。东汉颍川(今河南禹州)人。其《建章凤阙赋》今存于《御定历代赋汇》卷七十四“宫殿”中。

⑤岿(kuī)然:高大屹立的样子。

⑥象魏:古代天子、诸侯宫门外的一对高大建筑。为悬示教令的地方。

⑦神明台:台名。汉武帝兴建。在今陕西西安西北汉长安城西南建章前殿西北。

⑧《傅子·宫室》:晋傅咸撰《傅子》中的一篇。一作《傅子宫室簿》。

⑨井榦楼:《水经注疏》熊会贞按:“《汉书·郊祀志》,师古曰:井榦楼,积木而高为楼,若井榦之形也。井榦者,井上栏木也,其形或四角,或八角。”

⑩辇道:辇车可通过的道路。辇,秦汉以后专指帝王后妃所乘坐之车。相属(zhǔ):相互连接。

⑪九子台:《水经注疏》熊会贞按:“《类聚》六十四引《汉宫殿名》,神明台,武帝造,高五(当有‘十’字)丈,上有九室,今人谓之九天台。武帝求神仙,恒置九天道士百人。则此《注》九子为九天之误。《长安志》引《黄图》作九子,亦误。”译文从之。

【译文】

沈水又往北流经凤阙东边。《三辅黄图》说:建章宫,汉武帝建,周围二十余里,宫内有成千上万的门窗。东边是凤阙,高七丈五尺,俗名贞女楼,其实不是。《汉武帝故事》说:阙高二十丈。《关中记》说:建章宫圆形的门阙，面对北道，上面有金凤，高丈余，所以叫凤阙。因此繁钦《建章凤阙赋》说：秦汉时的规模，已荡然无存了，只有建章宫的凤阙，还独自屹立着，虽然不是宫外张贴告示的象魏的规制，但也可算是一代伟大的楼观了。沇水又北流，分为两条：一条往东北流，一条往北流经神明台东边。《傅子·宫室》说：皇上在建章宫中筑了神明台、井榦楼，高度都有五十余丈，上面都建了悬阁，下面有车路相通。《三辅黄图》说：神明台在建章宫里面，台上有九个房间，现在人们称之为九天台，其实不是。

沇水又迳渐台东①。《汉武帝故事》曰：建章宫北有太液池②，池中有渐台三十丈。渐，浸也，为池水所渐。一说星名也③。南有璧门三层④，高三十余丈。中殿十二间，阶陛咸以玉为之。铸铜凤五丈，饰以黄金。楼屋上椽首，薄以玉璧⑤，因曰璧玉门也。沇水又北流注渭。亦谓是水为潏水也。故吕忱曰⑥：潏水出杜陵县⑦。《汉书音义》曰⑧：潏，水声。而非水也。亦曰高都水。前汉之末，王氏五侯大治池宅⑨，引沇水入长安城。故百姓歌之曰：五侯初起，曲阳最怒⑩。坏决高都⑪，竟连五杜⑫。土山渐台，像西白虎⑬。即是水也。

【注释】

①渐台：在建章宫太液池内。渐，浸也，为池水所渐，故名渐台。一说为星名。

②太液池：西汉元封元年（前110），于建章宫北开凿。

③一说星名：渐台四星，在织女星旁。《隋书·天文志上》："东之四星曰渐台，临水之台也，主晷漏律吕之事。"

④璧门：亦称璧玉门。汉长安建章宫南门。阶陛皆以玉为之，楼屋上椽首，饰以玉璧，故名。在今陕西西安西北。

⑤薄：通"敷"。装饰。

⑥吕忱：字伯雍。任城（今山东济宁东南）人。晋文字学家，官义阳王典祠令。撰《字林》七卷。

⑦杜陵县：西汉元康元年（前65）改杜县置，属京兆尹。治所在今陕西西安长安区的东杜陵南五里。因在杜县之东，并修有宣帝陵，故名。

⑧《汉书音义》：书名。班固《汉书》撰成之后，因其创纪传体断代正史之先，且文句深奥不易通晓，故历代学者相继为之注解音义。此处为应劭所撰《汉书音义》。

⑨王氏五侯：王谭为平阿侯，王商为成都侯，王立为红阳侯，王根为曲阳侯，王逢时为高平侯。五人同日封侯，故世谓之"五侯"。

⑩曲阳：指曲阳侯王根。最怒：最奢侈。《汉书》颜师古注："成都侯商自擅穿帝城引水耳，曲阳无此事。"

⑪坏决高都：这里指引高都水入长安城。坏决，毁坏决堤。

⑫五杜：一作外杜。里的名字。《汉书》颜师古注引李奇曰："长安有高都、外杜里，既坏决高都作殿，复衍及外杜里。"

⑬像西白虎：像白虎殿。白虎，即白虎殿。汉长安未央宫殿之一。在今陕西西安西北。按，以上事见《汉书·元后传》。

【译文】

沇水又流经渐台东。《汉武帝故事》说：建章宫北有太液池，池中有渐台，高三十丈。渐，是浸的意思，就是就被池水所浸。还有一个说法，以为渐是星名。高有璧门三层，高三十余丈。中殿十二间，台阶都用玉砌成。铸了铜凤一只，高五丈，以黄金作为装饰。楼屋上方的椽头上贴着玉璧，因此叫璧玉门。沇水又往北流，注入渭水。沇水又名潏水。所以吕忱说：潏水发源于杜陵县。《汉书音义》说：潏是水声。并不是水名。此水又叫高都水。前汉末年，王氏五侯大规模开池建宅，把沇水引入长安城。所以老百姓的歌谣道：五侯开始兴起，曲阳侯最为盛富。毁堤毁去高都，水流连结五杜。筑成土山、渐台，象天子的白虎殿。说的就是这条水。

又东过长安县北^①，

　　渭水东分为二水。《广雅》曰^②：水自渭出为荥。其犹河之有雍也。此渎东北流迳魏雍州刺史郭淮碑南^③，又东南合一水，迳两石人北。秦始皇造桥，铁镦重不胜^④，故刻石作力士孟贲等像以祭之^⑤，镦乃可移动也。又东迳阳侯祠北^⑥，涨辄祠之。此神能为大波，故配食河伯也^⑦。后人以为邓艾祠^⑧，悲哉！谗胜道消，专忠受害矣^⑨！此水又东注渭水。水上有梁^⑩，谓之渭桥^⑪，秦制也，亦曰便门桥。

【注释】

①长安县：西汉高帝五年（前202）置，为京兆尹治。治所在今陕西西安市区西北。

②《广雅》：书名。三国魏张揖撰。为增广《尔雅》而作，篇目与《尔雅》相同。引文语见《广雅·释水》。

③郭淮：字伯济。三国魏太原阳曲（今山西阳曲）人。

④镦（duī）：打夯用的重锤，千斤椎。

⑤孟贲（bēn）：战国时勇士。能生拔牛角，水行不避蛟龙，陆行不避兕虎。

⑥阳侯祠：祭祀传说中的波涛之神阳侯的祠庙。当在今陕西西安长安区西北。

⑦配食：配享。指附在主祭的祠庙中，一起享受祭祀。河伯，传说中的黄河水神冯夷。

⑧邓艾祠：祭祀邓艾的祠庙。《水经注疏》杨守敬按："《魏志·邓艾

传》，段灼上疏曰：昔秦民怜白起之无罪，吴人上子胥之冤酷，皆为立祠。今天下民人为艾悼心痛恨，亦犹是也。此后人所由以阳侯祠为邓艾祠也。"邓艾，字士载。义阳棘阳（今河南新野）人。初为司马懿豪属，后为魏正西将军，与蜀姜维对峙。263年与锺会分军灭蜀。后锺会诬他谋反，杀之。

⑨谗胜道消，专忠受害：擅长谗言之人得势，世道沦亡，忠心耿耿的良臣受到陷害。据《三国志·魏书·邓艾传》，锺会、胡烈诬告邓艾谋反，魏王诏槛车征艾，不久即为卫瓘所杀。所以说邓艾是忠而受诛。

⑩梁：水桥。

⑪渭桥：本为秦所造横桥，为通渭水南北离宫而造。西汉初称渭桥、横门桥。原址在秦咸阳城南，汉长安城北稍西，约在今陕西咸阳东北三十里。

【译文】

渭水又往东流过长安县北边，

渭水东流，分成两条。《广雅》说：从渭水分出的支流就是荥水。正像从河水分出雍水一样。这条水渠往东北流经魏雍州刺史郭淮碑南边，又往东南流，汇合了一条水，流经两座石人的北面。秦始皇造桥时，千斤椎太重，拿都拿不动，因而用石块雕刻成大力士孟贲等人像，向他们致祭，这样，千斤椎才拿得动了。水又往东流经阳侯祠北边，水涨时就要去祭祀。这位水神能掀起大浪，所以与河伯一起享祭。但后世人们却错当成是邓艾祠，真是可悲！谗人得志，世道沦亡，忠良就要受害了！水又东流，注入渭水。水上有桥，称为渭桥，秦时所建，也叫便门桥。

秦始皇作离宫于渭水南北，以象天宫，故《三辅黄图》曰：渭水贯都，以象天汉；横桥南度，以法牵牛。南有长乐宫①，北有咸阳宫②，欲通二宫之间，故造此桥。广六丈，南北三百八十步,六十八间,七百五十柱,百二十二梁③。桥之南北有堤,激立石柱④。柱南,京兆主之⑤;柱北,冯翊主之⑥。有令丞,各领徒千五百人。桥之北首,垒石水中,故谓之石柱桥也。旧有忖留神像⑦。此神尝与鲁班语⑧,班令其人出。忖留曰:我貌很丑⑨,卿善图物容⑩,我不能出。班于是拱手与言曰:出头见我。忖留乃出首,班于是以脚画地。忖留觉之,便还没水。故置其像于水,惟背以上立水上。后董卓入关⑪,遂焚此桥,魏武帝更修之,桥广三丈六尺。忖留之像,曹公乘马见之惊,又命下之。《燕丹子》曰⑫:燕太子丹质于秦⑬,秦王遇之无礼⑭,乃求归。秦王为机发之桥,欲以陷丹,丹过之,桥不为发。又一说,交龙扶轝而机不发⑮。但言⑯,今不知其故处也。

【注释】

①长乐宫:宫名。在今陕西西安西北十五里、汉长安城东隅。本秦之兴乐宫。西汉高祖五年(前202)重加扩建,改名长乐宫。

②咸阳宫:宫名。司马贞《史记索隐》:"《三辅故事》:咸阳宫在渭北,兴乐宫在渭南。秦昭王通两宫,之间作渭桥,长三百八十步。"

③梁:此指木结构屋架中架在柱子上的长木。

④激:挡水石。

⑤京兆:官名。即京兆尹。西汉太初元年(前104)改右内史置,属司隶校尉。分原右内史东半部为其辖区,职掌相当于郡太守。因地属畿辅,故不称郡,为三辅之一。

⑥冯翊(píng yì):官名。即汉三辅长官之一左冯翊。与京兆尹、右扶风合为三辅。汉武帝太初元年(前104)改左内史置。

⑦忖留:古代传说中的水神,貌丑陋。

⑧鲁班：我国古代杰出的建筑工匠，姓公输，名班，一名般。后世尊为建筑工匠的祖师。

⑨很丑：一作狠丑。狰狞丑陋的样子。

⑩图：图画，描绘。物容：人物的容貌。

⑪董卓：字仲颖。东汉临洮（今甘肃岷县）人。东汉末权臣。

⑫《燕丹子》：书名。其书系割裂诸书燕丹、荆轲事，杂缀而成。著作年代当在晋世。撰者无考。

⑬燕太子丹：战国燕王喜之子。做人质于秦，逃归燕国，见秦将灭六国，秦兵临易水，祸将至燕，便派刺客荆轲刺杀秦王，未果。秦王大怒，命大将王翦加紧进攻燕国。燕王喜逃至辽东，斩太子丹首以讨好秦王。三年后，秦灭燕。

⑭秦王：即秦王嬴政。

⑮扶舆（yù）：此指两龙相交，抬起燕太子丹乘坐的车舆。

⑯但言：此处疑有脱误。

【译文】

秦始皇在渭水南北都建了离宫，以象征天宫，所以《三辅黄图》说：渭水穿过都城，象征天汉；跨河建桥通往南岸，以仿牵牛星。南岸有长乐宫，北岸有咸阳宫，为使两宫间可以相通，因此建造了这座桥。桥宽六丈，南北三百八十步，桥上建屋六十八间，有柱七百五十根，有梁一百二十二条。桥的南北两头有堤，立石柱为挡水石。柱南由京兆尹主管，柱北由左冯翊主管。设有令丞等官，各带役徒一千五百人。桥的北端，在水中堆垒石块，所以叫石柱桥。旧时有忖留神像。此神曾和鲁班谈话，鲁班叫他出来。忖留说：我的相貌很丑陋，你善于描画人物容貌，我不能出来。鲁班于是拱手作揖，对他说：请你把头露出来和我相见吧。于是忖留露出头来，鲁班就以脚划地。忖留觉察到了，就重新没入水中。所以他的像是放在水上的，只有背部以上露出水面。后来董卓入关，烧掉这座桥梁，魏武帝重新修建，桥宽三丈六尺。忖留的像，因曹公骑马时看到吃了一惊,又命令把它推入水中。《燕丹子》说:燕太子丹留秦作人质,秦王待他无礼,太子丹便要求回国。秦王造了一座装有机关的桥,想用来谋害他,但在太子丹过桥时,机关却没有触发。还有一种说法,说是两龙相交,抬起他的车子,所以机关没有触发。但现在已弄不清原来的地点了。

　　渭水又东与沴水枝津合^①。水上承沴水,东北流迳邓艾祠南,又东分为二水:一水东入逍遥园注藕池^②。池中有台观,莲荷被浦^③,秀实可玩^④。其一水北流注于渭。

【注释】

①沴水枝津:《水经注疏》熊会贞按:"即上文所谓沴水分为二水,一水东北流者也。"

②逍遥园:在今陕西西安西北。

③被:覆盖。

④秀:这里指荷花的花朵。玩:观赏,欣赏。

【译文】

　　渭水又东流,与沴水支流汇合。这条支流上游承接沴水,往东北流经邓艾祠南边,又东流分成两条:一条往东流入逍遥园,注入藕池。池中有高台和楼阁,水上盖满碧荷,荷花着实可供观赏。另一条北流注入渭水。

　　渭水又东迳长安城北。汉惠帝元年筑^①,六年成,即咸阳也。秦离宫无城,故城之。王莽更名常安。十二门:东出北头第一门,本名宣平门,王莽更名春王门正月亭,一曰东都门。其郭门亦曰东都门^②,即逢萌挂冠处也^③。第二门,本名清明门,一曰凯门,王莽更名宣德门布恩亭。内有藉田仓^④,亦曰藉田门。第三门,本名霸城门,王莽更名仁寿门无疆亭。民见门色青，又名青城门，或曰青绮门，亦曰青门。门外旧出好瓜。昔广陵人邵平为秦东陵侯⑤，秦破，为布衣，种瓜此门，瓜美，故世谓之东陵瓜。是以阮籍《咏怀诗》云⑥：昔闻东陵瓜，近在青门外。连畛拒阡陌⑦，子母相钩带⑧。指谓此门也。

【注释】

①汉惠帝元年：前194年。汉惠帝，西汉皇帝刘盈。刘邦之子。

②郭门：外城的城门。郭，外城，古代在城的外围修建的城墙。

③逢（páng）萌挂冠：《后汉书·逢萌传》："时王莽杀其子宇，萌谓友人曰：'三纲绝矣！不去，祸将及人。'即解冠挂东都城门，归，将家属浮海，客于辽东。"逢萌，即逄萌，字子康。北海都昌（今山东昌邑）人。通《春秋经》。当王莽欲代汉之际，他率家属渡海，客居辽东。

④藉田仓：储存藉田所收获粮食的仓库，以供给祭天地宗庙所需要的粢盛（zī chéng）。藉田，古代天子、诸侯征用民力耕种的田。每逢春耕前，天子、诸侯躬耕藉田，以示对农业的重视。

⑤广陵：今江苏扬州。邵平：一作召平。秦朝时封为东陵侯。秦灭亡后，家贫，种瓜于长安城东。因瓜美，世谓之东陵瓜。

⑥阮籍《咏怀诗》：阮籍，字嗣宗。陈留尉氏（今河南尉氏）人。三国魏文学家、玄学家。竹林七贤之一。于魏晋之际，常虑祸患及己，故其《咏怀诗》之作，多刺时人无故旧之情，逐势利而已。

⑦连畛（zhěn）拒阡陌：瓜田相连遍野。畛，田间的边界。阡陌，田间的小路。

⑧子母相钩带：大瓜小瓜缀成串。子母，指大小不等的瓜。一说，子指瓜，母指瓜藤。

【译文】

渭水又往东流经长安城北边。长安城于汉惠帝元年开始修筑，六年建成，这就是咸阳城。秦时的离宫是没有城的，所以给它造城。王莽改名为常安。长安城有十二座城门：从东边出城，北端第一门原名宣平门，王莽改名叫春王门正月亭，又名东都门。外城城门也叫东都门，就是逄萌挂冠弃官而去的地方。第二门原名清明门，又叫凯门，王莽改名为宣德门布恩亭。内有藉田仓，又称藉田门。第三门原名霸城门，王莽改名为仁寿门无疆亭。人们看到城门是青色的，又叫青城门，或名青绮门，又叫青门。旧时门外出产好瓜。从前广陵人邵平是秦时的东陵侯，秦亡后做了平民百姓，在这座城门外种瓜，瓜很甜美，所以人们称之为东陵瓜。阮籍《咏怀诗》说：从前听说东陵瓜，就在青门外近畔。瓜田一畦接一畦，大瓜小瓜连成串。诗里说的就是此门。

南出东头第一门，本名覆盎门，王莽更名永清门长茂亭。其南有下杜城。应劭曰：故杜陵之下聚落也[①]，故曰下杜门，又曰端门，北对长乐宫[②]。第二门，本名安门，亦曰鼎路门，王莽更名光礼门显乐亭，北对武库[③]。第三门，本名平门，又曰便门，王莽更名信平门诚正亭，一曰西安门，北对未央宫[④]。西出南头第一门，本名章门，王莽更名万秋门亿年亭，亦曰光华门也。第二门，本名直门，王莽更名直道门端路亭，故龙楼门也。张晏曰[⑤]：门楼有铜龙。《三辅黄图》曰：长安西出第二门，即此门也。第三门，本名西城门，亦曰雍门，王莽更名章义门著义亭。其水北入有函里[⑥]，民名曰函里门，亦曰突门。

【注释】

①杜陵：即杜陵县。西汉元康元年（前65）改杜县置，属京兆尹。治所在今陕西西安长安区东杜陵南五里。因在杜县东，且修建有西汉宣帝刘询的陵墓而得名。

②长乐宫：宫名。西汉刘邦时，就秦兴乐宫改建而成，为西汉主要宫殿之一。汉初皇帝在此执政。自吕后起为太后起居之宫。故址在今陕西西安西北十三里汉长安故城东南角。

③武库：掌管兵器的官署。

④未央宫：宫名。西汉高帝七年（前200）由丞相萧何主持兴建。故址在今陕西西安西北十三里未央区长安故城内西南隅。

⑤张宴：具体不详。

⑥函里：造甲人居住的里巷。函，本指铠甲。此指造甲之人。

【译文】

从南边出城。东端第一门原名覆盎门，王莽改名为永清门长茂亭。此门以南有下杜城。应劭说：下杜城就是旧时杜陵的下聚落，所以叫下杜门，又叫端门，北与长乐宫相望。第二门原名安门，又称鼎路门，王莽改名为光礼门显乐亭，北对武库。第三门原名平门，又叫便门，王莽改名为信平门诚正亭，又叫西安门，北与未央宫相望。从西边出城，南端第一门原名章门，王莽改名为万秋门亿年亭，又叫光华门。第二门原名直门，王莽改名直道门端路亭，就是旧时的龙楼门。张宴说：门楼上有铜龙。《三辅黄图》说：长安西出第二门，说的就是此门。第三门原名西城门，又叫雍门，王莽改名兑章义门著义亭。水从城北流入，有函里，人们称之为函里门，又叫突门。

北出西头第一门，本名横门①，王莽更名霸都门左幽亭。如淳曰：音光，故曰光门。其外郭有都门、有棘门。徐广曰②：棘门在渭北。孟康曰③：在长安北，秦时宫门也。如淳曰:《三辅黄图》曰棘门在横门外。按《汉书》,徐厉军于此备匈奴④。又有通门、亥门也⑤。第二门,本名厨门,又曰朝门,王莽更名建子门广世亭,一曰高门。苏林曰⑥:高门,长安城北门也。其内有长安厨官在东⑦,故名曰厨门也。如淳曰:今名广门也。第三门,本名杜门,亦曰利城门,王莽更名进和门临水亭。其外有客舍,故民曰客舍门,又曰洛门也。

【注释】

①横门:西汉时长安城北出西头第一门。亦称光门。

②徐广:字野民。东莞姑幕(今山东诸城北)人。晋、宋间史学家。著作有《史记音义》《晋纪》等。

③孟康:字公休。安平广宗(今河北威县东南)人。三国魏学者。撰《汉书音义》。

④徐厉军于此备匈奴:事见《汉书·文帝纪》:"祝兹侯徐厉为将军,次棘门,以备胡。"徐厉,又名悍。以舍人从刘邦在沛(今江苏沛县)起兵,以郎中入汉。文帝后元六年(前158),匈奴大举入边,他驻军棘门以备匈奴。

⑤又有:疑作"又曰"。

⑥苏林:字孝友。陈留外黄(今河南民权西北)人。汉、魏间学者。与邯郸淳等并为当时儒宗。

⑦厨官:汉置,掌管办理官府厨食的官署。

【译文】

从北边出城,西端第一门原名横门,王莽改名霸都门左幽亭。横,如淳说:音光,所以叫光门。外城有都门、棘门。徐广说:棘门在渭北。孟康说:在长安北,是秦时的宫门。如淳说:《三辅黄图》称,棘门在横门外。查考《汉书》,徐厉曾驻军于此,以防匈奴。又有通门、亥门。第二门原名厨门，又叫朝门，王莽改名为建子门广世亭，又叫高门。苏林说：高门是长安城北门。门为有长安厨官在东边，所以叫厨门。如淳说：现在叫广门。第三门原名杜门，又叫利城门，王莽改名为进和门临水亭。城门外有客舍，所以人们称之为客舍门，又叫洛门。

凡此诸门，皆通逵九达[1]，三途洞开。隐以金椎[2]，周以林木。左出右入，为往来之逐。行者升降，有上下之别。汉成帝之为太子[3]，元帝尝急召之[4]，太子出龙楼门，不敢绝驰道[5]，西至直城门方乃得度[6]。上怪迟，问其故，以状对，上悦，乃著令，令太子得绝驰道也。

【注释】

①通逵九达　道路四通八达。逵，九达之道。

②隐以金椎　为令坚实，用铁铸大锤夯筑。隐，夯筑，砸击。金椎，铁铸大锤。

③汉成帝：匠汉皇帝刘骜（ào），字太孙。汉元帝刘奭之子。

④元帝：即刘奭。汉宣帝之子。

⑤绝：横穿，黄度。驰道：古代供君王行驶车马的道路。

⑥直城门：汉长安城西出南头第二门。即直门。

【译文】

所有这些城门都有通衢大道四通八达，每座大开的城门各有三条大路穿过。修建大路时以大铁锤夯土，两边种植林木。左边出门，右边进门，往来有一定的路径。行人出入，有上行道和下行道的分别。汉成帝做太子时，元帝曾有急事要他速去，太子出龙楼门，不敢横穿御道，就一直往西到直城门才得过去。他这么久才到，皇上心里觉得奇怪，问他是什么缘故，太子把情况讲给他听，皇上很高兴，于是下了诏令，特许太子可以横穿御道。

渭水东合昆明故渠①。渠上承昆明池东口②，东迳河池陂北③，亦曰女观陂。又东合沈水④，亦曰漕渠。又东迳长安县南，东迳明堂南⑤。旧引水为辟雍处⑥，在鼎路门东南七里⑦。其制上圆下方，九宫十二堂⑧，四向五室。堂北三百步有灵台⑨，是汉平帝元始四年立⑩。渠南有汉故圜丘⑪。成帝建始二年⑫，罢雍五畤⑬，始祀皇天上帝于长安南郊。应劭曰：天郊在长安南，即此也。

【注释】

①昆明故渠：古代关中地区的人工渠道。西汉元狩三年（前120）凿昆明池，又引池水东出为昆明渠，以利漕运。

②昆明池：在今陕西西安长安区西沣河与潏水之间。即斗门镇东南洼地。

③河池陂：在今陕西西安长安区西河池寨。

④沈（jué）水：源出陕西西安长安区南秦岭中，北流至西安西北注入渭水。

⑤明堂：古代帝王宣明政教、祭祀祖先神灵之地。凡朝会、祭祀、赏庆、选士等大典都在此举行。汉代以后，都城内大多建有这种象征王权的建筑。

⑥辟雍（bì yōng）：本为西周天子所设大学，校址圆形，围以水池，前门外有便桥。东汉以后，历代皆有辟雍，多为行乡饮、大射或祭祀之礼的地方。

⑦鼎路门：即安门。汉长安城南面中门。在今陕西西安西北西张村。

⑧九宫：古代明堂的九间房屋。明堂制度之数，九室以象九州。十二堂：十二间正厅。堂，建于高台基之上的厅房。古时，整幢房子建筑在一个高出地面的台基上。前面是堂，通常是行吉凶大礼

的地方,不住人;堂后面是室,住人。室的东西两侧叫房。

⑨灵台:帝王观察天文星象、妖祥灾异的建筑。

⑩元始四年:4年。元始,西汉平帝刘衎的年号(1—5)。

⑪圜丘:古代帝王冬至祭天之处。后亦用以祭天地。《周礼·春官·大司乐》:"冬日至,于地上之圜丘奏之。"贾公彦疏:"土之高者曰丘,取自然之丘。圜者,象天圜也。"《水经注疏》杨守敬按:"《三辅黄图》,昆明故渠南有汉故圜丘,今按高二丈,周回百二十步。"

⑫建始二年:前31年。建始,西汉成帝刘骜的年号(前32—前28)。

⑬雍:即雍县。战国秦以旧都雍邑置。治所在今陕西凤翔西南七里南古城。五畤(zhì):又称五畤原。在今陕西凤翔南。祭祀古代传说中的五帝的神祠。五帝,一说指黄帝、青帝(伏羲)、赤帝(炎帝)、白帝(少昊)、黑帝(世称玄帝,即颛顼)。畤,秦汉时祭祀天地五帝的祭坛。

【译文】

渭水往东流,与昆明旧渠汇合。旧渠上游承接昆明池东口,往东流经河池陂北——也叫女观陂。又往东流,与沈水汇合,此渠又叫漕渠。渠水又往东流经长安县南边,往东流经明堂南边。明堂就是从前引水围绕最高学府辟雍处,地址在鼎路门东南七里。明堂的规范建筑形式上圆下方,内有九宫十二堂,四向有五个房间。堂北三百步,有观察天象的灵台,是汉平帝元始四年所建。水渠南岸有汉时原来祭天的圜丘。成帝建始二年,废除了雍县的五畤,才开始在长安南郊祭祀皇天上帝。应劭说:天郊在长安南面,就是这个圜丘。

故渠之北有白亭、博望苑[①],汉武帝为太子立[②],使通宾客,从所好也。太子巫蛊事发[③],斫杜门东出,史良娣死[④],葬于苑北,宣帝以为戾园[⑤]。以倡优千人乐思后园庙[⑥],故亦曰千乡。故渠又东而北屈迳青门外,与沈水枝渠会。渠上承沉水于章门西，飞渠引水入城，东为仓池⑦。池在未央宫西，池中有渐台。汉兵起，王莽死于此台⑧。又东迳未央宫北。高祖在关东⑨，令萧何成未央宫⑩，何斩龙首山而营之⑪。山长六十余里，头临渭水，尾达樊川。头高二十丈，尾渐下，高五六丈，土色赤而坚。云昔有黑龙从南山出饮渭水，其行道因山成迹。山即基，阙不假筑⑫，高出长安城。

【注释】

① 白亭：《水经注疏》："《汉书·戾太子传》，长安白亭东为戾后园。《寰宇记》，汉戾园，其地本秦白亭，在金城坊。"博望苑：《水经注疏》："《黄图》，苑在长安城南杜门外五里，有遗址。"

② 太子：即戾太子刘据。

③ 太子巫蛊（gǔ）事：汉武帝时统治者内部的一场激烈斗争。江充用事，戾太子刘据与其有隙，江充恐太子即帝位后被诛杀，遂以巫蛊事诬陷戾太子。武帝下令搜捕，戾太子兵拒五日，战败自杀。此事上牵丞相，下连庶民，前后被杀者数万人，史称巫蛊之祸。事见《汉书·戾太子刘据传》。巫蛊，古代称巫师使用邪术，加害于人为巫蛊。发：败露，泄露。

④ 史良娣：西汉鲁国人。宣帝祖母。武帝元鼎四年（前113），入为卫太子之良娣，生男进，号史皇孙。武帝末，巫蛊事起，卫太子及良娣、史皇孙皆遭害。宣帝即位，追谥戾后，置园奉邑。

⑤ 宣帝：即文帝子刘询。戾园：在今河南灵宝西北鸠涧西（底董村南）。

⑥ 倡优：古代称以音乐歌舞或杂技戏谑娱人的艺人。思后园庙：《水经注疏》："《续汉志》注引《皇览》，卫思后葬长安城东南桐柏园，今千人聚是。"思后，据《汉书·外戚传》，汉武帝卫皇后生戾太子，遭巫蛊事，自杀。宣帝追谥曰思后，置园邑。

⑦仓池：《水经注疏》熊会贞按："旧图云：未央宫有沧池，言池水苍色，故曰沧池。"

⑧王莽死于此台：事见《汉书·王莽传》："莽就车，之渐台，欲阻池水……商人杜吴杀莽，取其绶……（校尉东海公宾）就识，斩莽首。军人分裂莽身，支节肌骨脔分，争相杀者数十人。"

⑨关东：指函谷关、潼关以东地区。

⑩萧何：沛（今江苏沛县）人。汉高祖刘邦开国功臣。

⑪龙首山：一名龙首原。在今陕西西安旧城北。今北郊有龙首村，仍沿用其名。

⑫阙不假筑：观阙不须再筑台址。不假，不用。

【译文】

旧渠北有白亭、博望苑，是汉武帝为太子而建的，依他的爱好，让他在那里可与宾客交游。太子弄巫术害人一案被揭发后，砍开杜门向东出逃，史良娣被杀，葬于苑北，宣帝称之为戾园。又因有戏子千人在思后的园庙里作乐，所以又叫千乡。旧渠又东流，接着北转流经青门外，与沈水的支渠汇合。支渠上游在章门西承接沈水，渠道引水入城，东边是仓池。池在未央宫西，池中有渐台。汉兵兴起后，王莽死于此台。渠水又往东流经未央宫北边。高祖在关东时，命令萧何去兴建未央宫，萧何就开辟龙首山来营建这座宫殿。山长六十余里，山头俯临渭水，山尾伸到樊川。山头高二十丈，山尾渐低，高五六丈，土壤呈红色，很坚硬。传说从前有黑龙从南山出来，去饮渭水，所经过的路线依山而形成痕迹。建宫依山为基，门阙也不须再筑台址，就已高出长安城之上了。

北有玄武阙①，即北阙也。东有苍龙阙②，阙内有閶阖、止车诸门。未央殿东有宣室、玉堂、麒麟、含章、白虎、凤皇、朱雀、鹓鸾、昭阳诸殿③，天禄、石渠、麒麟三阁④。未央宫北，即桂宫也。周十余里，内有明光殿、走狗台、柏梁台⑤，曰乘复道⑥,用相迳通。

【注释】

① 玄武阙:即未央宫的北阙。玄武,二十八宿中北方七宿的合称。后代指北方。

② 苍龙阙:即未央宫的东阙。苍龙,二十八宿中东方七宿的合称。后代指东方。

③ 昭阳:即昭阳宫。《汉书·外戚传》:"皇后……居昭阳舍,其中庭彤朱,而殿上髹漆,切皆铜沓黄金涂,白玉阶,壁带往往为黄金釭,函蓝田璧,明珠、翠羽饰之,自后宫未尝有焉。"

④ 天禄:即天禄阁。藏典籍之所。石渠:《水经注疏》熊会贞按:"《黄图》,石渠阁,萧何造。其下礲石为渠,以道水,若今御沟,因为阁名。所藏入关所得秦之图籍。至成帝,又于此藏祕书焉。"麒麟:即麒麟阁。汉武帝获麒麟时作此阁。图画其象于阁,遂以为名。

⑤ 明光殿:宫殿名。《水经注疏》熊会贞按:"《三秦记》,未央宫渐台西,有桂宫,中有明光殿,皆金玉珠玑为帘箔,处处明月珠,金陛玉阶,昼夜光明。"柏梁台:西汉元鼎二年(前115)建。《水经注疏》熊会贞按:"《三辅旧事》云,以香柏为梁。帝尝置酒其上,诏群臣和诗,能七言诗者乃得上。"

⑥ 复道:楼阁间架空的通道。

【译文】

北有玄武阙,就是北阙。东有苍龙阙,阙内有闾阎、止车诸门。未央殿东有宣室、玉堂、麒麟、含章、白虎、凤凰、朱雀、鹓鸾、昭阳诸殿,天禄、石渠、麒麟三阁。未央宫以北,就是桂宫。周围十余里,里面有明光殿、走狗台、柏梁台,从前有复道相通。

故张衡《西京赋》曰:钩陈之外①,阁道穹隆②,属长乐与明光③，迳北通于桂宫。故渠出二宫之间，谓之明渠也。又东历武库北④，旧樗里子葬于此⑤。樗里子名疾，秦惠王异母弟也⑥，滑稽多智⑦，秦人号曰智囊。葬于昭王庙西⑧，渭南阴乡樗里⑨，故俗谓之樗里子。云我百岁后，是有天子之宫夹我墓。疾，以昭王七年卒⑩，葬于渭南章台东⑪。至汉，长乐宫在其东，未央宫在其西，武库直其墓。秦人嗻曰⑫：力则任鄙⑬，智则樗里是也。明渠又东迳汉高祖长乐宫北，本秦之长乐宫也。周二十里，殿前列铜人，殿西有长信、长秋、永寿、永昌诸殿⑭。殿之东北有池，池北有层台，俗谓是池为酒池⑮，非也。故渠北有楼，竖汉京兆尹司马文预碑⑯。

【注释】

①钩陈：指后宫。

②穹隆：高耸长曲貌。

③属（zhǔ）：连缀，连接。长乐：即长乐宫。故址在今陕西西安西北郊汉长安故城东南角。明光：即明光殿。

④武库：储藏兵器的仓库。《水经注疏》熊会贞按："《黄图》，武库在未央宫．萧何造，以藏兵器。"

⑤樗（chū）里子：名疾。秦惠王异母弟。秦武王立，以樗里子．甘茂为左右丞相。秦昭王立，樗里子益尊重。

⑥秦惠王：名驷。战国时秦国国君。秦孝公之子。

⑦滑（gǔ）稽：谓能言善辩，言辞流利。

⑧葬：当作"居"。昭王：即秦昭襄王嬴稷，一名则。战国时秦国国君。

⑨樗里：在今陕西渭南市临渭区境内。

⑩昭王七年：前300年。

⑪章台：战国秦筑。在今陕西西安西北长安故城西南隅。

⑫嗲(yàn)：通"谚"。俗语，谚语。

⑬任鄙：秦武王时大力士。官至汉中郡守。

⑭长信、长秋、永寿、永昌诸殿：都在长乐宫中。《水经注疏》熊会贞按："《黄图》……长信宫，汉太后常居之。《通灵记》，太后，成帝母也。后官在西，秋之象也。秋主信，故官殿皆以长信、长秋为名。又永寿、永宁殿，皆后所处也。《寰宇记》引《关中记》，永昌亦作永宁。《长安志》同。疑'昌'为'宁'之误。"译文从之。

⑮酒池：《水经注疏》熊会贞按："《元和志》，酒池在长乐宫中，武帝作以夸羌胡，饮以铁杯，重不能举……"

⑯司马文预碑：此碑1952年出土于西安西大街广济街，仅存上半段，现藏西安碑林博物馆。司马文预：即司马芳，字文预。曾任司隶校尉。

【译文】

所以张衡《西京赋》说：后宫之外，漫长的阁道弯弯曲曲，通往长乐宫和明光殿，往北通到桂宫。旧渠在两宫之间流过，称为明渠。又东经武库北，从前樗里子葬在这里。樗里子名疾，是秦惠王的异母弟，为人滑稽而富于智谋，秦人称他为智囊。他居住在昭王庙西边，即渭南阴乡的樗里，所以民间称他为樗里子。他曾说：我百年之后，在我坟墓西边会两边夹着建起天子的宫殿。嬴疾死于昭王七年，葬于渭南章台东边。到了汉时，长乐宫在他墓东，未央宫在他墓西相继修建起来，武库则正对着他的坟墓。秦人谚语说：力气要数任鄙，智慧要数樗里。明渠又往东流经汉高祖长乐宫北边，就是原来秦时的长乐宫。此宫周围二十里，殿前排列着铜人，殿西有长信、长秋、永寿、永宁诸殿。宫殿东北有池，池北有层台，民间称此池为酒池，实则不是。旧渠北面有楼，立着汉京兆司马文预碑。

故渠又东出城分为二渠，即《汉书》所谓王渠者也①。苏林曰：王渠，官渠也，犹今御沟矣。晋灼曰②：渠名也，在城东覆盎门外③。一水迳杨桥下④,即青门桥也,侧城北迳邓艾祠西⑤,而北注渭,今无水。其一水右入昆明故渠⑥,东迳奉明县广城乡之廉明苑南⑦。史皇孙及王夫人葬于郭北⑧,宣帝迁苑南,卜以为悼园,益园民千六百家⑨,立奉明县,以奉二园⑩。园在东都门⑪。昌邑王贺自霸御法驾⑫,郎中令龚遂骖乘⑬,至广明东都门是也⑭。故渠东北迳汉太尉夏侯婴冢西⑮。葬日,枢马悲鸣,轻车罔进。下得石椁⑯,铭云:于嗟⑰!滕公居此室。故遂葬焉。冢在城东八里,饮马桥南四里,故时人谓之马冢。故渠又北分为二渠:东迳虎圈南而东入霸⑱,一水北合渭,今无水。

【注释】

①王渠:为官渠,滈水的支渠。在今陕西西安城北。

②晋灼:河东(治今河南洛阳东北)人。晋尚书郎。撰《汉书集注》、《汉书音义》。

③覆盎门:亦称下杜门、杜门。西汉时长安城南出东头第一门。在今陕西西安西北大白杨、小白杨二村之北。

④杨桥:具体方位不详。

⑤邓艾祠:《水经注疏》熊会贞按:"此祠当在今长安县(今陕西西安长安区)东北,非上文邓艾祠也。"

⑥昆明故渠:古代关中地区的人工渠道。西汉元狩三年(前120)凿昆明池,又引池水东出为昆明渠,以利漕运。

⑦奉明县:西汉元康元年(前65)置,属京兆尹。治所在今陕西西安北郊张家堡。东汉废。廉明苑:当为"广明苑"之讹。

⑧史皇孙:名刘进。戾太子刘据之子,汉武帝之孙。王夫人:即史皇孙妃。

⑨园民：看管悼园的百姓。

⑩二园：据《汉书·武五子传·戾太子据》记载，宣帝置有戾园、戾后园、悼园等三园。

⑪东都门：汉时长安东郭门。

⑫昌邑王贺：昌邑哀王刘髆（bó）之子刘贺。刘髆卒后，刘贺嗣爵位。昭帝崩，大将军霍光等迎贺为皇帝。即位二十七日，行淫乱，被霍光等大臣废。霸：即霸上。因地处霸水西面的高原上得名。在今陕西西安东郊。法驾：天子车驾的一种。裴骃《史记集解》引蔡邕曰："天子有大驾、小驾、法驾。法驾上所乘，曰金根车，驾六马，有五时副车，皆驾四马，侍中参乘，属车三十六乘。"

⑬龚遂：字少卿。山阳南平阳（今山东邹城）人。以明经为官。骖乘：陪乘之人。战争时称为车右。

⑭广明：即广明苑。按，以上语见《汉书·武五子传·昌邑哀王髆》附"昌邑哀王刘贺"。

⑮夏侯婴冢：即滕公冢。夏侯婴，西汉沛（今江苏沛县）人。刘邦旧友。刘邦即位后，封其为汝阴侯。后与大臣共立文帝。以其曾为滕令，又号滕公。

⑯石椁（guǒ）：石制的棺椁。椁，古代套于棺外的大棺。

⑰于嗟：叹词。

⑱虎圈：《水经注疏》杨守敬按："《一统志》，在咸宁县（今陕西西安）东北。"

【译文】

　　旧渠又东流出城，分为两条，就是《汉书》所说的王渠。苏林说：王渠就是官渠，正如现在所说的御沟。晋灼说：王渠是渠名，在城东覆盎门处。一条流经杨桥下，杨桥就是青门桥，傍着城边往北流经邓艾祠西边，往北注入渭水，现在已经无水了。另一条向右边注入昆明旧渠，往东流经奉明县广城乡的广明苑南边。史皇孙及王夫人葬在城北，宣帝把他们迁葬到苑南,经占卜选为修建悼园的地址,迁了一千六百家民户进来,以补充人口,并设置奉明县,以照管两座墓园。墓园在东都门。昌邑王刘贺自霸上驾驭着皇帝的车驾,郎中令龚遂陪乘,到广明东都门,就是此门。旧渠往东北流经汉太尉夏侯婴墓西边。夏侯婴殡葬那天,驾柩车的马悲鸣,轻车不能前进。从地下掘出石椁,铭文说:唉!让滕公就住在这间房子里吧。于是就在这里安葬了。墓在城东八里,饮马桥以南四里,所以当时人称之为马冢。旧渠又北流,分成两条:一条往东流经虎圈南边,往东汜入霸水,一条往北流与渭水汇合,现在已经无水了。

又东过霸陵县北[①],霸水从县西北流注之[②]。

霸者,水上地名也,古曰滋水矣。秦穆公霸世[③],更名滋水为霸水,以显霸功。水出蓝田县蓝田谷[④],所谓多玉者也。西北有铜谷水[⑤],次东有辋谷水[⑥],二水合而西注,又西沉入墋水[⑦]。墋水又西迳峣关[⑧],北历峣柳城[⑨]。东、西有二城,魏置青墋军于城内[⑩],世亦谓之青墋城也[⑪]。秦二世三年[⑫],汉祖入自武关攻秦[⑬],赵高遣将距于峣关者也[⑭]。《土地记》曰[⑮]:蓝田县南有峣关,地名峣柳,道通荆州[⑯]。

【注释】

①霸陵县:西汉文帝九年(前171)改芷阳县置,属京兆尹。治所在今陕西西安东新市村附近。因其地有文帝刘恒霸陵,故名。

②霸水:也作灞水。关中八川之一。源出陕西蓝田东秦岭北麓,西北流经西安入渭水。《汉书·地理志》“南陵县”:“霸水亦出蓝田谷,北入渭。(师)古曰:兹水,秦穆公更名,以章霸功。”

③秦穆公:名任好。春秋时秦国国君。既立,任用百里奚、蹇叔等谋臣,奋发图强,使国势强大。

④蓝田县：战国秦献公六年（前379）置。治所在今陕西蓝田西三十
　里。蓝田谷：在今陕西蓝田东南界。

⑤铜谷水：《水经注疏》杨守敬按："《寰宇记》无铜谷之文，惟《长安
　志》云，铜谷水出蓝田县（今陕西蓝田）东铜谷。"

⑥辋（wǎng）谷水：即辋川。在今陕西蓝田南。源出南山辋谷，西北
　流入霸河。

⑦塈（ní）水：出蓝田山之东谷。

⑧峣（yáo）关：在今陕西商洛西北牧护关镇。

⑨峣柳城：在今陕西蓝田。以其前对峣山、其中多柳而得名。

⑩魏置青塈军于城内：具体不详。

⑪青塈城：在今陕西蓝田南七里。

⑫秦二世三年：前207年。秦二世，秦朝第二代皇帝胡亥。秦始皇
　之子。继位后继续修建阿房宫等，不久爆发陈胜、吴广农民大起
　义。后被赵高逼杀。

⑬武关：战国秦置。在今陕西商南县西南丹江上。即秦之南关。

⑭赵高遣将距于峣关：《汉书·高帝纪》："子婴诛灭赵高，遣将将兵
　距峣关。"可知非赵高遣将。译文从之。赵高，秦时宦官。任中
　车府令。曾教公子胡亥书及狱律令法事。秦始皇死，与胡亥、丞
　相李斯阴谋破去始皇所封书，更立胡亥为太子，赐公子扶苏、蒙恬
　死。胡亥即位为二世皇帝，赵高为郎中令，专权用事。

⑮《土地记》：书名。具体不详。

⑯荆州：西汉武帝置，为十三刺史部之一。东汉治所在汉寿县（今湖
　南常德东北）。初平元年（190）刘表徙治襄阳（今湖北襄阳汉水
　南岸襄城区）。东晋时定治江陵县（今湖北荆州市荆州区）。

【译文】

渭水又往东流过霸陵县北边，霸水从县城西北流来注入。

　霸，是水上地名，这条水古时叫滋水。秦穆公称霸于世时，把滋水改

名为霸水，以显耀他称霸的功业。霸水发源于蓝田县的蓝田谷，就是以多玉而闻名的地方。西北有铜谷水，稍东有辋谷水，两条水汇合后西流，又往西注入浐水。浐水又往西流经峣关，往北流经峣柳城。东、西有两城并峙，魏在城内部署了青泥军，所以人们又称之为青泥城。秦二世三年，汉高祖从武关进来攻秦，子婴派遣大将在峣关抵抗。《土地记》说：蓝田县南有峣关，北名峣柳，有道路通荆州。

《晋地道记》曰[①]：关当上洛县西北[②]。浐水又西北流入霸。霸水又北历蓝田川[③]，迳蓝田县东。《竹书纪年》[④]，梁惠成王三年[⑤]，秦子向命为蓝君[⑥]，盖子向之故邑也。川有汉临江王荣冢[⑦]。景帝以罪征之[⑧]，将行，祖于江陵北门[⑨]，车轴折，父老泣曰：吾王不反矣[⑩]！荣至，中尉郅都急切责王[⑪]，王年少，恐而自杀，葬于是川。有燕数万，衔土置冢上，百姓矜之[⑫]。霸水又左合浐水[⑬]，历白鹿原东[⑭]，即霸川之西，故芷阳矣[⑮]。《史记》，秦襄王葬芷阳者是也[⑯]，谓之霸上。汉文帝葬其上[⑰]，谓之霸陵。上有四出道以泻水，在长安东南三十里。故王仲宣赋诗云[⑱]：南登霸陵岸，回首望长安[⑲]。汉文帝尝欲从霸陵上西驰下峻坂[⑳]，袁盎揽辔于此处[㉑]。上曰：将军怯也！盎曰：臣闻千金之子，坐不垂堂[㉒]，百金之子，立不倚衡[㉓]，圣人不乘危。今驰不测，如马惊车败，奈高庙何[㉔]？上乃止。

【注释】

①《晋地道记》：书名。亦称《晋地道志》《晋书地道记》。东晋王隐撰。今存清人辑本。

②上洛县：三国魏改上雒侯国置，属京兆郡。治所在今陕西商洛。

③蓝田川:《水经注疏》熊会贞按:"《渭水注》叙霸水,亦有历蓝田川之文。盖霸水在蓝田县(今陕西蓝田)东,浐水在蓝田县西,两水迳蓝田,皆有蓝田川之名。故并称历蓝田川也。"

④《竹书纪年》:书名。因原本写于西晋时汲郡出土的竹简之上,故名。是一部编年体史书,记述夏商周及春秋晋国、战国魏国的史事,至魏襄王时止。今存辑本。

⑤梁惠成王三年:前367年。梁惠成王,即魏惠王。姓魏名罃,因魏都大梁,故又称梁惠王。

⑥秦子向:具体不详。

⑦汉临江王荣冢:《水经注疏》杨守敬按:"冢在蓝田县东八里,世名燕子冢。近志以为在县东五里。"临江王荣,西汉景帝第二子刘荣。孝景前元四年(前153)为皇太子,后废为临江王。因侵占太宗庙地,畏罪自杀。

⑧景帝:西汉皇帝刘启。

⑨祖:即祖道。古代为出行者祭祀路神,并饮宴送行。

⑩反:同"返"。返回。

⑪中尉:官名。掌京师治安。郅(zhì)都:河东大阳(今山西平陆西南)人。以郎事文帝。景帝时为中郎将,敢直谏,面折大臣于朝。为中尉,用严酷之刑,不避贵戚,列侯宗室见之,侧目而视,号"苍鹰"。

⑫矜:同情,怜悯。按,以上事见《汉书·景十三王传·临江闵王荣》。

⑬浐(chǎn)水:今称浐河。关中八川之一。源出今陕西蓝田西南秦岭山中,西北流至西安东入灞水。

⑭白鹿原:亦名霸陵原。在今陕西西安东灞河与浐河之间,东西宽约十三里,南连秦岭,北达灞、浐交汇处,长四十余里。

⑮芷(zhǐ)阳:战国秦邑。在今陕西西安东临潼区西南。

⑯秦襄王:即秦昭襄王嬴稷,一名则。战国时秦国国君。秦武王之异母弟。

⑰汉文帝：百汉皇帝刘恒。

⑱王仲宣：即王粲，字仲宣。山阳高平（今山东微山县）人。建安七子之一。

⑲南登霸陵岸，回首望长安：语见王粲《七哀诗》二首之一。

⑳峻坂：陡峭的坂坡。

㉑袁盎：即爰盎，字丝。楚人，后徙居安陵（今陕西咸阳东）。高后时，盎为吕禄舍人。孝文即位，为郎中。敢直谏，不得久居官中。调为陇西都尉，仁爱士卒，皆争为之死。迁齐相，又徙为吴相。与梁王有隙，被梁王刺客刺杀于安陵郭门外。揽辔：拉着缰绳。

㉒坐不垂堂：不靠近堂屋檐下而坐。喻不去危险的境地。垂，靠近。

㉓立不倚衡：站立时，不倚靠着楼殿边栏楯。衡，楼殿边的栏杆。

㉔奈高庙何：怎么对得起高祖呢？高庙，这里指高祖刘邦。按，以上事见《史记·袁盎列传》。

【译文】

《晋地道记》说：关在上洛县西北。埿水又往西北流，注入霸水。霸水又往北流经蓝田川，流过蓝田县东边。查考《竹书纪年》，梁惠成王三年，秦子向赐名为蓝君，蓝田就是子向旧时的食邑。蓝田川有汉临江王刘荣墓。景帝医他有罪征召他，他临行时在江陵北门饯别，车轴忽然断了，父老们哭泣道：我们的大王不会回来了！刘荣一到，中尉郅都就严厉地把他斥责了一顿，他年纪轻，胆子小，心里害怕，就自杀了，死后葬在这里。葬后有几万只燕子衔泥放在坟上，百姓都很怜悯他。霸水又在左边汇合了浐水，流经白鹿原东边，与霸川西岸相邻近，就是旧时的芷阳。查考《史记》，秦襄王葬在芷阳，称为霸上。汉文帝葬在这里，称为霸陵。陵上有四条排水道用以排水，在长安东南三十里。所以王仲宣赋诗道：往南登上霸陵的高冈，回头遥望着长安。汉文帝曾想从霸陵上向西跑下陡坡，袁盎在这里勒住车驾的缰绳。文帝说：将军胆子也太小了！袁盎说：我听说，家有千金的人，不在堂前的檐下安坐，家有百金的人，不倚着楼

殿的栏杆站立,圣人是不会去冒险的。现在从这里下坡,难保不出事故,
假使马惊车覆,怎么对得起高祖呢? 于是文帝才作罢。

　　霸水又北,长水注之①。水出杜县白鹿原②,其水西北
流,谓之荆溪。又西北,左合狗枷川水③。水有二源,西川上
承魍山之研槃谷④,次东有苦谷⑤,二水合而东北流,迳风凉
原西⑥。《关中图》曰⑦:丽山之西⑧,川中有阜⑨,名曰风凉原,
在魍山之阴⑩,雍州之福地⑪。即是原也。其水傍溪北注,原
上有汉武帝祠⑫。其水右合东川。水出南山之石门谷⑬,次
东有孟谷,次东有大谷⑭,次东有雀谷,次东有土门谷。五水
北出谷,西北历风凉原东,又北与西川会。原为二水之会,
乱流北迳宣帝许后陵东⑮。北去杜陵十里⑯,斯川于是有狗
枷之名。川东亦曰白鹿原也,上有狗枷堡。《三秦记》曰⑰:
丽山西有白鹿原,原上有狗枷堡。秦襄公时⑱,有大狗来,下
有贼则狗吠之,一堡无患,故川得厥目焉。川水又北迳杜陵
东。元帝初元元年⑲,葬宣帝杜陵,北去长安五十里。陵之
西北有杜县故城,秦武公十一年县之⑳,汉宣帝元康元年㉑,
以杜东原上为初陵,更名杜县为杜陵,王莽之饶安也。

【注释】

①长水:又名荆溪、荆谷水。在今陕西蓝田西北,西北流入西安长安
　区入浐河。

②杜县:春秋秦武公十一年(前 687)灭杜伯国置。治所在今陕西西
　安西南杜城。白鹿原:亦名霸陵原。在今陕西西安东灞河与浐河之
　间,东西宽约十三里,南连秦岭,北达灞、浐交汇处,长四十余里。

③洵枷川水：因狗枷堡（今陕西蓝田西白鹿原上）而得名。

④魉山之斫槃谷：当在今陕西蓝田。《水经注疏》熊会贞按："董祐诚曰：今名柞坡峪，盖斫槃之转声。"

⑤苦谷：《水经注疏》熊会贞按："《长安志》，库谷在蓝田县（今陕西蓝田）西南五十里。库谷水自南山出，北流。库、苦音近，即苦谷水也。"

⑥风凉原：在今陕西蓝田西南。

⑦《关中图》：书名。《水经注疏》杨守敬按："《初学记》八、《文选王元长〈曲水诗序〉》注、《寰宇记》并引此条，语有详略，皆作《遁甲开山图》，则'关中'当作'开山'，无疑，今订。"译文从之。《开山图》，书名。又作《遁甲开山图》。撰者不详。所记皆天下名山及往古帝王发迹之处。

⑧丽山：亦名骊（lí）山、丽戎之山。在今陕西西安临潼区东南。

⑨旦：庞大而高平的土山。

⑩魉山之阴：魉山北边。古人以山南水北为阳，相反为阴。

⑪雍州：古九州之一。在今陕西、甘肃两省和青海东部地区。福地：道教指神仙居住的地方。泛指宝地、幸福安乐之所。

⑫汉武帝祠：《水经注疏》熊会贞按："《一统志》，汉武帝庙有五：在咸阳、兴平、临潼、富平、耀州境，而不载风凉原之祠，今无考。"

⑬石门谷：在今陕西蓝田西南四十里。

⑭大谷：《水经注疏》熊会贞按："《方舆纪要》，大峪谷在蓝田县西南。汇谓大谷在孟谷东，下雀谷、土门谷皆在县西南。"

⑮宣帝许后陵：《汉书·外戚传·孝宣许皇后》："许后立三年而崩，谥曰恭哀皇后，葬杜南，是为杜陵南园。"颜师古注："即今之所谓小陵者，去杜陵十八里。"宣帝刘询许后，名平君，元帝之母。昌邑（今山东巨野东南）人。

⑯杜陵：在今陕西西安长安区（韦曲镇）东北十五里甘寨村北。因在

杜县东,且修建有西汉宣帝刘询的陵墓而得名。

⑰《三秦记》:书名。汉辛氏撰。记秦汉时三秦地理、沿革、民情、官室、山川等。

⑱秦襄公:春秋时秦国国君。秦庄公之子。襄公以兵送周平王东迁有功,平王封襄公为诸侯,赐之岐(今陕西岐山县东北)以西之地。秦自此建国。

⑲元帝初元元年:前 48 年。元帝,即汉宣帝子刘奭。

⑳秦武公十一年:前 687 年。秦武公,名不详。秦宁公之长子。

㉑元康元年:前 65 年。元康,西汉宣帝刘询的年号(前 65—前 61)。

【译文】

霸水又北流,有长水注入。长水发源于杜县的白鹿原,水往西北流,称为荆溪。又往西北流,左边汇合了狗枷川水。狗枷川水有两个源头,西川上游承接魄山的研槃谷,稍东有苦谷,两条水汇合后往东北流,经风凉原西边。《开山图》说:丽山以西,一片平川中有个山丘,名叫风凉原,位于魄山北面,是雍州的福地。说的就是这片高地。此水沿着溪边北流,原上有汉武帝祠。水在右边汇合东川。东川发源于南山石门谷,稍东有孟谷,稍东有大谷,稍东有雀谷,稍东有土门谷。这五条水北流出谷,往西北流经风凉原东边,又北流与西川汇合。风凉原是两条水的汇流处,汇合后又往北乱流,经过宣帝许后陵东北。许后陵离杜陵十里,水流到这里名为狗枷川。川东又名白鹿原,上有狗枷堡。《三秦记》说:丽山西有白鹿原,原上有狗枷堡。秦襄公时,有大狗来到这里,下面有贼,狗就向他狂吠,一堡赖以平安,所以川也因而得名了。川水又往北流经杜陵东边。元帝初元元年,把宣帝葬在杜陵,北距长安五十里。杜陵西北有杜县老城,秦武公十一年设县,汉宣帝元康元年,把杜东原上作为初陵,于是把杜县改名为杜陵,就是王莽的饶安。

其水又北注荆溪,荆溪水又北迳霸县①,又有温泉入焉。水发自原下，入荆溪水，乱流注于霸，俗谓之浐水，非也。《史记音义》，文帝出安门[2]，注云[3]：在霸陵县[4]，有故亭。即《郡国志》所谓长门亭也[5]。《史记》云：霸、浐，长水也[6]。虽不在祠典，以近咸阳秦、汉都[7]；泾、渭、长水，尽得比大川之礼。昔文帝居霸陵，北临厕指新丰路示慎夫人曰[8]：此走邯郸道也。因使慎夫人鼓瑟[9]，上自倚瑟而歌[10]，凄怆悲怀，顾谓群巨曰：以北山石为椁[11]，用纻絮斫陈漆其间[12]，岂可动哉？释之曰[13]：使其中有可欲，虽锢南山犹有隙；使无可欲，虽无石椁，又何戚焉[14]？文帝曰：善。拜廷尉[15]。韦昭曰[16]：高岸夹水为厕，今斯原夹二水也。

【注释】

①霸县：即霸城县。三国魏改霸陵县置，属京兆郡。治所在今陕西西安东北灞桥区新筑街道。

②文帝出安门：文帝，西汉皇帝刘恒。《水经注疏》杨守敬按："《史记·封禅书》，文帝出长安门，衍'安'字……《封禅书》下文作'长门'，《汉书·郊祀志》亦作'出长门'，可证。此'音义'二字当作'封禅书'，'安门'当作'长安门'，今订。"译文从之。

③注：为裴骃《史记集解》引徐广说。

④霸陵县：西汉文帝九年（前171）置，属京兆尹。治所在今陕西西安东新市村附近。

⑤《郡国志》：晋司马彪《续汉书》八志之一。记述东汉时期全国行政区划、人口以及《春秋》和前三史所载征伐、会盟所在的地名。长门亭：《水经注疏》杨守敬按："《隋志》，霸城县有长门亭。《括地志》，故亭在雍州万年县（今陕西西安东北）东北苑口。"

⑥霸、浐，长水也：《史记·封禅书》作："霸、产、长水、沣、涝、泾、渭

皆非大川，以近咸阳，尽得比山川祠，而无诸加。"

⑦咸阳：古都邑名。在今陕西咸阳东北二十里窑店镇一带。

⑧厕：通"侧"。旁边，岸边。新丰：即新丰县。西汉高帝七年（前200）改骊邑县置，初属内史，后属京兆尹。治所在今陕西西安临潼区东北十四里阴槃城。慎夫人：邯郸（今河北邯郸）人。汉文帝夫人。

⑨瑟：古代弦乐器。像琴而弦更多。

⑩倚：本指倚靠。这里指唱和。

⑪椁：古代套于棺外的大棺。

⑫纻（zhù）絮：纻麻绵絮。斫：击打。

⑬释之：即张释之，字季。南阳堵阳（今河南方城）人。汉文帝、景帝时重臣。

⑭戚：忧愁，担心。

⑮廷尉：官名。秦汉时中央最高司法行政长官。按，以上文字《汉书·张释之传》亦有记载。

⑯韦昭：字弘嗣。吴郡云阳（今江苏丹阳）人。三国吴史学家。后因避司马昭之讳，改为韦曜。曾依刘向所作，校定群书。著有《国语注》《汉书音义》。

【译文】

狗枷川水又北流注入荆溪，荆溪水又往北流经霸县，又有温泉注入。温泉水自原下流出，注入荆溪水后，就乱流注入霸水，俗称浐水，是搞错了。《史记·封禅书》，文帝出长安门，《注》说：在霸陵县，有旧亭。就是《郡国志》所说的长门亭。《史记》说：霸水、浐水，就是长水。虽然没有列入祭祀的典籍之内，但因离秦汉都城咸阳很近，泾、渭、长水也都受到可与大川相比的祭祀。从前文帝途中在霸陵休息，向北站在高岸边，指着去新丰的路告诉慎夫人说：这就是去邯郸的路。于是叫慎夫人鼓瑟，文帝亲自伴着乐曲歌唱，心里很感凄怆悲凉，他环顾着群臣说：以北山石做棺椁,用纻麻绵絮浸了陈漆塞入缝间,难道撬得开吗? 张释之说:如果墓里藏有人们所想的东西,即使把整座南山封得严严的,也还是有缝隙的;如果没有人们所想的东西,即使没有石棺,又愁什么呢? 文帝说:说得不错。就封他当廷尉。韦昭说:高岸两边夹水叫厕,现在这片高地就夹在两水之间。

霸水又北会两川①。又北,故渠右出焉。霸水又北迳王莽九庙南②。王莽地皇元年③,博征天下工匠,坏撤西苑、建章诸宫馆十余所④,取材瓦以起九庙。算及吏民⑤,以义入钱谷,助成九庙。庙殿皆重屋⑥,太初祖庙⑦,东西南北各四十丈,高十七丈,余庙半之。为铜薄栌⑧,饰以金银雕文⑨,穷极百工之巧。褫高增下⑩,功费数百巨万⑪,卒死者万数。霸水又北迳枳道⑫。在长安县东十三里,王莽九庙在其南。汉世有白蛾群飞,自东都门过枳道⑬。吕后被除于霸上⑭,还见仓狗戟胁于斯道也⑮。水上有桥,谓之霸桥⑯。地皇三年⑰,霸桥木灾自东起⑱,卒数千以水泛沃救不灭⑲,晨燔夕尽⑳。王莽恶之,下书曰:甲午火桥,乙未,立春之日也,予以神明圣祖黄、虞遗统受命㉑,至于地皇四年为十五年,正以三年终冬绝灭霸驳之桥㉒,欲以兴成新室,统一长存之道,其名霸桥为长存桥㉓。

【注释】

①两川:当在今陕西西安长安区。

②王莽九庙:当在今陕西西安长安区。九庙,古代帝王立七庙以祭祀祖先,至王莽始增黄帝太初祖庙和帝虞始祖昭庙,共九庙。后

历来王朝沿用九庙。

③地皇元年:20年。地皇,王莽的年号(20—23)。

④建章:即建章宫。上林苑中的宫馆。《水经注疏》杨守敬按:"《三辅黄图》,建章宫在未央宫西,长安城外。"

⑤算:征税。

⑥重屋:重檐式建筑。

⑦太初祖庙:即黄帝太初祖庙。九庙之一。

⑧铜薄栌:用铜打制的斗拱。薄栌,即欂栌。一种垫在立柱顶上用以承接横梁的方形短木。

⑨金银雕文:用金和银雕刻的纹理。

⑩褫(chǐ)高:把高出的地方削除。褫,削除,夺去。

⑪功:一个劳力一天的工作。

⑫枳(zhǐ)道:即轵(zhǐ)道。秦汉亭名。在今陕西西安东北。

⑬东都门:西汉时长安城东出北头第一门。亦称宣平门。王莽更名春王门正月亭。

⑭吕后:名雉,字娥姁。单父(今山东单县)人。刘邦即位后尊其为皇后。惠帝和鲁元公主之母。惠帝崩,太子立为皇帝,年幼,太后临朝称制,史称高皇后。祓(fú)除:为除灾去邪而作的祭祀。

⑮戟(jǐ):刺激。

⑯霸桥:一作灞桥。在今陕西西安东郊灞河上。

⑰地皇三年:22年。

⑱木灾:"木"字衍文。

⑲泛沃:洒水浇灌。

⑳燌(fén):同"焚"。焚烧。

㉑黄、虞:指黄帝和虞舜。

㉒三年终冬:地皇三年(22)冬天终结时。霸驳之桥:霸道乖舛的桥梁。驳,乖舛不正。

㉓其名霸桥为长存桥：按，以上事见《汉书·王莽传》。

【译文】

霸水又北流，汇合了两条川流。又北流，旧渠从右边流出。霸水又往北流经王莽九庙南边。王莽地皇元年，广泛征集天下工匠，拆毁西苑、建章等十余处宫馆，拿拆下的木材砖瓦来建造九庙。下吏百姓都要纳人头税，用捐献来的钱谷，资助建成九庙。庙殿都是双层的，黄帝太初祖庙，东西南北各四十丈，高十七丈，其余的祠庙减半。做了铜的斗拱，用金银雕花装饰，把百工绝顶精巧的技艺全都使上了。截高补低，工程费用高达数百万，民夫死者以万计。霸水又往北流经枳道。枳道在长安县东十三里，王莽的九庙在枳道的南边。汉朝有白蛾成群而飞，从东都门飞过枳道。吕后在霸上禳灾祈福，回来时看见一只青灰色的狗，狗扑上来用爪子抓她的胳肢窝。水上有桥，称为霸桥。地皇三年，霸桥遭火灾，东头先起火，兵卒数千人用水来浇，都不能扑灭，火从早晨烧起，到晚间整座桥都烧光了。王莽厌恶这场火灾，就下了一纸诏书说：甲午那天大火焚毁霸桥，乙未那天就是立春之日，我以神明的圣祖黄帝和虞舜后裔的身份受命做天子，到地皇四年已有十五年了，正好在三年冬尽的时日，毁去这座不正的桥梁，正是要振兴新朝，促进统一长存之道，就将霸桥改名为长存桥。

霸水又北，左纳漕渠①，绝霸右出焉。东迳霸城北②。又东迳子楚陵北③。皇甫谧曰④：秦庄王葬于芷阳之丽山⑤。京兆东南霸陵山⑥。刘向曰⑦：庄王大其名，立坟者也。《战国策》曰⑧：庄王子异人，更名子楚，故世人犹以子楚名陵。又东迳新丰县，右会故渠⑨。渠上承霸水，东北迳霸城县故城南。汉文帝之霸陵县也，王莽更之曰水章。魏明帝景初元年⑩，徙长安金狄⑪，重不可致，因留霸城南。人有见蓟子训与父老共摩铜人曰⑫：正见铸此时，计尔日已近五百年矣。

【注释】

① 漕渠：在今陕西渭河南。汉、唐时自都城长安（今陕西西安）东至黄河的运渠。

② 霸城：古地名。三国魏改霸陵为霸城。故址在今陕西西安东北灞桥区新筑街道。

③ 子楚陵：《水经注疏》熊会贞按："《括地志》，秦庄襄王陵在雍州新丰县（今陕西西安临潼区东北）西南三十五里，俗亦谓为子楚（陵）。"子楚，即秦庄襄王。秦始皇之父。《战国策》本名子异，后为华阳夫人嗣，夫人为楚人，因改名子楚。

④ 皇甫谧：字幼安，自号玄晏先生。安定朝那（今宁夏固原东南）人。后徙居新安（今河南渑池）。撰《帝王世纪》，起自三皇，迄于汉魏。

⑤ 芷（zhǐ）阳：战国秦邑。在今陕西西安东临潼区西南。

⑥ 霸陵山：《水经注疏》熊会贞按："盖因山近霸陵县，故有霸陵山之目。"

⑦ 刘向：字子政，本名更生。沛（今江苏沛县）人。西汉经学家、辞赋家、目录学家。曾校阅群书，撰成《别录》，为我国目录学鼻祖，又整理编订了《战国策》等古籍。另著有《列女传》《说苑》《新序》等。

⑧ 《战国策》：书名。撰者不详。西汉刘向整理改编。分为西周、东周、秦、齐、楚、赵、魏、韩、燕、宋、卫、中山十二策，共三十三篇。记春秋末至秦间史事。

⑨ 故渠：《水经注疏》熊会贞按："此霸水故渠也，其渠自霸水东出，在漕渠之南。"

⑩ 景初元年：237年。景初，魏明帝曹叡（ruì）的年号（237—239）。

⑪ 金狄：《水经注·河水》："案秦始皇二十六年，长狄十二见于临洮（今甘肃临洮），长五丈余，以为善祥，铸金人十二以象之，各重二十四万斤，坐之宫门之前，谓之金狄。……俗谓之翁仲矣。"

⑫ 蓟子训：东汉末术士。有神异之道，故流名京师。后人复于长安

东霸城见之，与一老公共摩挲铜人，相谓曰："适见铸此，已近五百岁矣。"后不知所终。

【译文】

霸水又北流，左边接纳了漕渠，水流穿过霸水，从右边流出。往东流经霸城北边，又往东流经子楚陵北边。皇甫谧说：秦庄王葬于芷阳的丽山。就是京兆东南的霸陵山。刘向说：庄王因山的名气大，就在那里筑墓。《战国策》说：庄王字异人，改名子楚，所以世人至今还称其为子楚陵。又往东流经新丰县，在右边汇合了旧渠。旧渠上游承接霸水，往东北流经霸城县旧城南达。霸城县就是汉文帝的霸陵县，王莽改名为水章。魏明帝景初元年，想把长安的铜人搬过来，但因铜人太重，无法搬运，只得留在霸城以南。有人看见蓟子训和父老一起抚摩铜人，说：我正好看到铸造铜人，算起来已近五百年了！

故渠又东北迳刘更始冢西①。更始二年②，为赤眉所杀③，故侍中刘恭夜往取而埋之④，光武使司徒邓禹收葬于霸陵县⑤。更始尚书仆射行大将军事鲍永⑥，持节安集河东⑦，闻更始死，归世祖⑧，累迁司隶校尉⑨。行县经更始墓⑩，遂下拜哭，尽哀而去。帝问公卿，大中大夫张湛曰⑪：仁不遗旧，忠不忘君，行之高者。帝乃释。又东北迳新丰县，右合漕渠，汉大司农郑当时所开也⑫。以渭难漕，命齐水工徐伯发卒穿渠引渭⑬。其渠自昆明池⑭，南傍山原，东至于河，且田且漕⑮，大以为便，今无水。

【注释】

①刘更始冢：《水经注疏》杨守敬按："《通典》，更始墓在万年县（今陕西西安东北阎良区）东北。"刘更始，西汉更始帝刘玄，字圣公，

光武帝刘秀族兄。南阳蔡阳（今湖北枣阳）人。新莽末参加绿林
起义军。大破王莽军队后，被推为更始将军，旋即被立为天子。
后被赤眉将领谢禄杀害。

②更始二年：24年。更始，更始帝刘玄的年号（23—25）。

③赤眉：新莽末农民起义军名。因以赤色涂眉为标志，故称。曾攻
占长安，杀刘玄，立刘盆子为帝，后被刘秀消灭。

④刘恭：新莽末泰山式（当在今山东中部）人。刘盆子兄。少习《尚
书》，后随赤眉帅樊崇等降更始帝刘玄。刘玄向赤眉军投降后，刘
恭为刘玄请命得赦。赤眉军立刘盆子为帝，刘恭曾力劝其辞让。

⑤邓禹：字仲华。南阳新野（今河南新野）人。少游学长安，与刘秀
友善。刘秀称帝后，使使者持节拜其为大司徒。

⑥鲍永：字君长。上党屯留（今山西长治屯留区）人。

⑦持节：三国魏文帝黄初三年（222）始置都督诸州军事领刺史，并
颁符节以督军，使持节权力最大，其次持节，再次假节。

⑧世祖：即光武帝刘秀。

⑨司隶校尉：官名。汉武帝征和四年（前8）置。掌持节率中都官徒
以捕巫蛊、督京师奸猾。

⑩行县：巡行所管辖之县邑。

⑪大中大夫：官名。秦置，汉因之。掌议论，顾问应对，为天子高级
参谋顾问官。张湛：字子季。扶风平陵（今陕西咸阳西北）人。矜
严好礼，动止有节。三辅以为仪表。

⑫大司农：官名。汉置，掌管国家财政经济，统辖物价、国库、籍田、
交通运输、盐铁专卖等事务。郑当时：字庄。陈（今河南周口淮阳
区）人。为官清廉，待人不分贵贱，积极举贤。

⑬徐伯：汉武帝时齐人。治水专家。其他不详。

⑭昆明池：昆明池在今陕西西安长安区西丰水与滈水之间。池成后，
一支引水东出为昆明渠，以利漕运；一支北出为昆明池水，泄入沈

水，供长安城之用。

⑮且田且漕：既可屯田，又可漕运。按，以上事见《汉书·沟洫志》："时郑当旪为大司农，言：'异时关东漕粟从渭上，度六月罢，而渭水道九百余里，时有难处。引渭穿渠起长安，旁南山下，至河三百余里……'上以为然，令齐人水工徐伯表，发卒数万人穿漕渠，三岁而通。以漕，大便利。其后漕稍多，而渠下之民颇得以溉矣。"

【译文】

旧渠又往东北流经刘更始墓西面。更始帝于二年被赤眉所杀，前侍中刘恭乘夜去把他的尸体运回掩埋了，光武帝派遣司徒邓禹把他安葬于霸陵县。更始帝的尚书仆射行大将军事鲍永，受命把军队结集在河东，听说更始帝已死，就投向世祖，一再升官，当上司隶校尉。他巡察京畿时经过更始帝墓，慰下马拜哭，吊悼完毕，方才离去。光武帝去问公卿，大中大夫张湛说：仁爱的人不遗弃旧友，忠贞的人不忘记君主，这是德行崇高的人啊。于是光武帝心中的疑虑才消除了。又往东北流经新丰县，又向右流汇合了漕渠，此渠是汉大司农郑当时所开。他因渭水难以运粮，就叫齐国的水利专家徐伯调派兵丁开渠，把渭水引进来。渠道从昆明池起，南边沿着山脚，往东通到大河，既有助于耕作，又可以运粮，利处很多，但现在已经无水了。

霸水又北迳秦虎圈东①。《列士传》曰②：秦昭王会魏王③，魏王不行，使朱亥奉璧一双④。秦王大怒，置朱亥虎圈中。亥瞋目视虎，眦裂血出溅虎⑤，虎不敢动。即是处也。霸水又北入于渭水。

【注释】

①虎圈：《水经注疏》杨守敬按："《长安志》引《汉宫殿疏》，秦故虎圈，周匝三十五步，西去长安十五里……《一统志》，在咸宁县（今陕

西西安）东北。"

② 《列士传》：书名。西汉刘向撰。记上古至西汉忠烈之士的事迹。
已佚。

③ 秦昭王：即秦昭襄王嬴稷，一名则。战国时秦国国君。魏王：即魏
安釐（一作僖）王，名圉。魏昭王之子。

④ 朱亥：魏大梁（今河南开封）人。战国时侠客。有勇力，隐于屠肆。
秦兵围赵，信陵君计窃兵符，率魏军，又虑魏将晋鄙不肯交兵权，
遂使朱亥以铁椎击杀晋鄙，夺晋鄙军以救赵。

⑤ 眦（zì）裂：眼角瞪裂。形容极其愤怒。

【译文】

霸水又往北流经秦虎圈东边。《列士传》说：秦昭王约魏王会见，魏
王不去，只派朱亥送了一对玉璧给他。秦王大怒，把朱亥关到虎圈里去。
朱亥对着老虎怒目圆睁，眼角都睁裂了，血滴溅到老虎身上，老虎怕得动
也不敢动。就是在这地方。霸水又往北流，注入渭水。

渭水又东会成国故渠①。渠，魏尚书左仆射卫臻征蜀所
开也②，号成国渠，引以浇田。其渎上承汧水于陈仓东③，东
迳郿及武功、槐里县北④，渠左有安定梁严冢⑤，碑碣尚存⑥。
又东迳汉武帝茂陵南⑦，故槐里之茂乡也。应劭曰：帝自为
陵，在长安西北八十余里。《汉武帝故事》曰⑧：帝崩后见
形⑨，谓陵令薛平曰⑩：吾虽失势⑪，犹为汝君，奈何令吏卒上
吾陵磨刀剑乎？自今以后，可禁之。平顿首谢，因不见。推
问，陵傍果有方石，可以为砺⑫，吏卒常盗磨刀剑。霍光欲斩
之⑬，张安世曰⑭：神道茫昧，不宜为法。乃止。故阮公《咏
怀诗》曰：失势在须臾，带剑上吾丘。陵之西而北一里，即
李夫人冢⑮，冢形三成⑯，世谓之英陵。夫人兄延年知音⑰，

尤善歌舞，帝爱之，每为新声变曲[18]，闻者莫不感动。常侍上起舞，歌曰：北方有佳人，绝世而独立。一顾倾人城[19]，再顾倾人国。宁不知倾城复倾国，佳人难再得。上曰：世岂有此人乎？平阳主曰[20]：延年女弟。上召见之，妖丽善歌舞，得幸，早卒，上悯念之，以后礼葬。悲思不已，赋诗悼伤[21]。

【注释】

①成国故渠：古代关中平原的人工灌溉渠道。汉武帝时开凿，自今陕西眉县㐰北渭水北岸开口，引渭水东流，经兴平、咸阳北，至泾、渭㐓合处注入渭水。三国魏卫臻征蜀时，又自陈仓（今陕西宝鸡东）引汧水（今千河）东流，和西汉成国渠相接，总称成国渠。

②卫臻：字公振。汉黄门侍郎。后转投魏氏父子。抗击蜀军期间任征南将军。

③汧（qiān）水：一作汧川。即今陕西西部渭河支流千河。陈仓：即陈仓县。秦置，属内史。治所在今陕西宝鸡东二十里渭水北岸。汉属右扶风。三国魏属扶风郡。西晋后废。

④郿：周邑。在今陕西眉县东十五里渭河北岸。春秋属秦。武功：即武功县。战国秦孝公置。治所在今陕西眉县东四十里渭水南岸。秦属内史。西汉属右扶风。晋属始平郡。槐里县：西汉高帝三年（前204）㐰废丘县置，属右扶风。治所在今陕西兴平东南十里南佐村附近。东汉为右扶风治所。三国魏为扶风郡治。

⑤安定：即安定郡。西汉元鼎三年（前114）分北地郡置。治所在高平县（今宁夏固原）。东汉属凉州，移治临泾县（今甘肃镇原东南）。东晋又徙治安定县（今甘肃泾川北）。梁严冢：《水经注疏》熊会贞按："冢在兴平县（今陕西兴平）东北。"梁严，具体不详。

⑥碣：圆顶的石碑。

⑦汉武帝茂陵：汉武帝刘彻的陵墓。在今陕西兴平东北三十里㐰位

镇茂林村。

⑧《汉武帝故事》：书名。一作《汉武故事》。记叙汉武帝自生于猗兰殿至死葬茂陵的琐闻杂事，多神仙怪异之言。鲁迅《古小说钩沉》有辑本一卷。

⑨见形：这里指人去世后，显现出原来的人形模样。

⑩陵令：即守卫汉武帝茂陵的官长。薛平：具体不详。

⑪失势：这里指人去世。

⑫砺：磨刀石。

⑬霍光：字子孟。河东平阳（今山西临汾西南）人。西汉霍去病异母弟。以大将军大司马受遗诏辅佐幼主昭帝，后立昌邑王刘贺，又废之立宣帝。

⑭张安世：字子孺。御史大夫张汤之子。汉昭帝时以辅政宿卫、肃静不怠而封为富平侯。与大将军霍光共征立昌邑王刘贺，后共谋废昌邑王，尊立宣帝刘询。

⑮李夫人：中山（今河北定州）人。西汉武帝夫人。汉协律都尉李延年之妹。有倾国倾城貌，善舞，武帝爱之。早卒。

⑯三成：即三层。

⑰延年：即李延年。善歌舞，为新变声，深受汉武帝喜爱。因其妹李夫人，而被武帝封为协律都尉。李夫人卒后，武帝诛延年兄弟宗族。

⑱新声变曲：指创作新的歌曲。

⑲顾：回头看。倾人城：能覆亡整个城市。形容女子极其美丽。倾，覆亡，倾覆。

⑳平阳主：本阳信长公主，汉武帝姊。为平阳侯曹寿所尚，故称平阳主。后嫁大将军卫青。

㉑赋诗悼伤：按，以上事见《汉书·外戚传上·孝武李夫人》。

【译文】

渭水又往东流，与成国旧渠汇合。这条渠道是魏尚书左仆射卫臻征

蜀时所开，号为㴚国渠，用以引水灌溉田亩。渠道上游在陈仓以东承接
汧水，往东流经郿、武功、槐里县以北，渠左有安定梁严墓，现在还有碑碣
存在。渠水又往东流经汉武帝茂陵南边，就是从前槐里的茂乡。应劭说：
武帝亲自在长安西北八十余里建陵。《汉武帝故事》说：武帝死后，显灵
对陵令薛平说：我虽已失势，但到底还是你的君主，怎么可以让下吏兵卒
之辈到我陵上来磨刀剑呢？从今以后，你要禁止他们。薛平叩头请罪，
武帝忽然不见了。他去查问，果然陵墓旁边有一块方石，可以当磨石用，
下吏兵卒常常偷偷地在那里磨刀剑。霍光想把那些人杀了，张安世说：
神道之事幽渺难知，不宜作为执法的依据。于是才作罢。所以阮籍《咏
怀诗》说：片刻间就失去权势，让人们带剑走上我坟墓。陵墓西边偏北一
里，就是李夫人墓，有三层，人们称之为英陵。李夫人兄李延年懂音律，
尤其善于歌舞，武帝很喜欢他，每当制作了新曲，听众无不受到感动。他
常常在伺候武帝时跳舞，唱道：北方有一位美人，有举世无双的绝色。看
一眼会毁一座城，再一眼就亡一个国。难道你不知道毁城又亡国，绝世
美人难再得。皇上说：世界上难道会有这样的人吗？平阳主说：有，就是
李延年的妹妹。武帝召她进宫，见她艳丽迷人，善于歌舞，大为宠爱，但
她不幸早死，武帝怜悯她，就以皇后之礼安葬她。武帝心里悲伤，时时刻
刻思念着她，并作诗悼亡。

　　故渠又东迳茂陵县故城南①，武帝建元二年置②。《地理
志》曰：宣帝县焉③，王莽之宣成也。故渠又东迳龙泉北④，
今人谓之温泉，非也。渠北故坂北，即龙渊庙⑤。如淳曰：
《三辅黄图》有龙渊宫⑥，今长安城西有其庙处，盖宫之遗也。
故渠又东迳姜原北⑦，渠北有汉昭帝陵⑧，东南去长安七十
里。又东迳平陵县故城南⑨。《地理志》曰：昭帝置，王莽之
广利也。故渠之南有窦氏泉⑩，北有徘徊庙⑪。又东迳汉大

将军魏其侯窦婴冢南⑫，又东迳成帝延陵南⑬。陵之东北五里，即平帝康陵坂也⑭。

【注释】

①茂陵县：西汉宣帝时改茂陵邑置，属右扶风。治所在今陕西兴平东北三十里南位镇茂林村。

②建元二年：前 139 年。建元，西汉武帝刘彻的年号（前 140—前 135）。

③宣帝：西汉皇帝刘询。

④龙泉：亦称温泉。《水经注疏》熊会贞按："《地形志》，始平县（今陕西兴平东北）有温泉，即此。是后魏时误以龙泉为温泉之证。"

⑤龙渊庙：《水经注疏》杨守敬按："《元和志》，龙泉庙在兴平县（今陕西兴平）东北二十里。"

⑥《三辅黄图》：书名。撰者不详。记西汉首都长安之京兆尹、左冯翊、右扶风三区的宫观、陵庙、明堂、辟雍、郊畤等，间涉周代旧迹。是研究关中历史地理的重要史料。

⑦姜原：《水经注疏》杨守敬按："姜原无考，当在今咸阳县（今陕西咸阳）东。"

⑧汉昭帝陵：即西汉昭帝刘弗陵的平陵。在今陕西咸阳东北十三里，故平陵城北二里。

⑨平陵县：西汉昭帝置，属右扶风。治所在今陕西咸阳西北十五里。三国魏改名始平县。

⑩窦氏泉：《水经注疏》熊会贞按："《地形志》，石安县有窦氏泉。当在今咸阳县西。"

⑪徘徊庙：《水经注疏》熊会贞按："当在今咸阳县西。"

⑫魏其侯窦婴冢：《水经注疏》熊会贞按："冢当在今咸阳县西北。"窦婴，字王孙。孝文帝窦皇后侄。观津（今河北武邑）人。平吴楚七国之乱有功，封魏其侯。

⑬成帝延陵：西汉成帝刘骜（ào）的陵墓。在今陕西咸阳北马家窑附近。

⑭平帝康陵：西汉平帝刘衎的陵墓。在今陕西咸阳西北大王村附近。

【译文】

旧渠往东流经茂陵县老城南边，茂陵县于武帝建元二年设置。《地理志》说：宣帝设置为县，就是王莽的宣成。旧渠又往东流经龙泉北边，现在人们称之为温泉，其实不对。渠北旧堤北边，就是龙渊庙。如淳说：《三辅黄图》有龙渊宫，现在长安城西龙渊庙所在的地点，就是龙渊宫的遗址。旧渠又往东流经姜原以北，渠北有汉昭帝陵墓，东南距长安七十里。又往东流经平陵县老城南边。《地理志》说：平陵县是昭帝所置，就是王莽的广利。旧渠南有窦氏泉，北有徘徊庙。又往东流经汉大将军魏其侯窦婴墓南边，又往东流经成帝延陵南边。延陵东北五里，就是平帝康陵所在的山坡。

故渠又东迳渭陵南①。元帝永光四年②，以渭城寿陵亭原上为初陵③，诏不立县邑。又东迳哀帝义陵南④，又东迳惠帝安陵南⑤，陵北有安陵县故城⑥。《地理志》曰：惠帝置，王莽之嘉平也。渠侧有杜邮亭⑦。又东迳渭城北。《地理志》曰：县有兰池宫⑧。秦始皇微行，逢盗于兰池，今不知所在。又东迳长陵南⑨，亦曰长山也。秦名天子冢曰山，汉曰陵，故通曰山陵矣。《风俗通》曰⑩：陵者，天生自然者也，今王公坟垄称陵。《春秋左传》曰：南陵⑪，夏后皋之墓也⑫。《春秋说题辞》曰⑬：丘者，墓也；冢者，种也，种墓也，罗倚于山，分卑尊之名者也。故渠又东迳汉丞相周勃冢南⑭，冢北有亚夫冢⑮。故渠东南谓之周氏曲⑯。又东南迳汉景帝阳陵南⑰。又东南注于渭，今无水。

【注释】

①渭陵：西汉元帝刘奭（shì）的陵墓。在今陕西咸阳北司魏村北。

②永光四年：前 40 年。永光，西汉元帝刘奭的年号（前 43—前 39）。

③渭城：即渭城县。西汉元鼎三年（前 114）改新城县置，属右扶风。治所在今陕西咸阳东北窑店镇一带。

④哀帝义陵：西汉哀帝刘欣的陵墓。在今陕西咸阳秦都区东北大王村附近。

⑤惠帝安陵：西汉惠帝刘盈的陵墓。在今陕西咸阳东北，接高陵、泾阳二县界。

⑥安陵县：西汉惠帝置，属右扶风。治所在今陕西咸阳东北穆家村附近。

⑦杜邮亭：即杜邮。在今陕西咸阳东北五里。

⑧兰池宫：秦离宫名。在今陕西咸阳东北二十里。

⑨长陵：亦称长山。西汉高帝刘邦的陵墓。在今陕西咸阳东北约四十里。

⑩《风俗通》：书名。一名《风俗通义》。东汉应劭撰。主要收录有关古代历史、风俗礼仪、山河泽薮、怪异传闻等内容。

⑪南陵：石崤山（今河南洛宁西北）有二陵，南陵为夏后皋之墓，北陵为文王所避风雨处。见《水经注·河水四》记载。

⑫夏后皋：一位名皋的夏朝国君。

⑬《春秋说题辞》：书名。又作《说题辞》。汉代谶纬类著作。撰者不详。

⑭周勃冢：《水经注疏》熊会贞按："《名胜志》，周勃墓在咸阳县（今陕西咸阳）东北四十里。"周勃，沛（今江苏沛县）人。汉高祖刘邦开国功臣。

⑮亚夫：即绛侯周勃子周亚夫。

⑯周氏曲：亦名周氏陂。在今陕西咸阳东三十里。

⑰汉景帝阳陵：西汉景帝刘启的陵墓。在今陕西咸阳东北穆家村北。

【译文】

旧渠又往东流经渭陵南边。元帝永光四年，以渭城寿陵亭原上作为初陵，下诏不设县城。又往东流经哀帝义陵南边，又往东流经惠帝安陵南边，陵北有安陵县旧城。《地理志》说：安陵县，惠帝置，就是王莽的嘉平。渠旁有杜邮亭。又往东流经渭城北边。《地理志》说：县里有兰池宫。秦始皇微服出行，在兰池遇到强盗，但现在已不知道在哪里了。又往东流经长陵南边，也叫长山。秦时称皇帝坟墓为山，汉时称陵，所以通称山陵。《风俗通》说：陵是天然生成的，现在王公坟墓称为陵。《春秋左传》说：南陵，是夏帝皋的坟墓。《春秋说题辞》说：丘，就是墓；冢，就是种，就是隆起的坟，依山罗列，分出尊卑的名分。旧渠又往东流经汉丞相周勃墓南边，墓北又有周亚夫墓。旧渠东南称为周氏曲。又往东南流经汉景帝阳陵南边。又往东南流，注入渭水，现在已经无水了。

渭水又东迳霸城县北①，与高陵分水②；水南有定陶恭王庙、傅太后陵③。元帝崩，傅昭仪随王归国，称定陶太后。后十年，恭王薨，子代为王④，征为太子。太子即帝位，立恭王寝庙于京师⑤，比宣帝父悼皇故事⑥。元寿元年⑦，傅后崩，合葬渭陵。潘岳《关中记》⑧：汉帝后同茔则为合葬⑨，不共陵也，诸侯皆如之。恭王庙在霸城西北，庙西北即傅太后陵，不与元帝同茔。渭陵，非谓元帝陵也，盖在渭水之南，故曰渭陵也。陵与元帝齐者，谓同十二丈也。王莽奏毁傅太后冢，冢崩，压杀数百人；开棺，臭闻数里。公卿在位，皆阿莽旨⑩，入钱帛，遣子弟及诸生、四夷，凡十余万人，操持作具，助将作掘傅后冢^⑪，二句皆平，周棘其处，以为世戒。今其处积土犹高，世谓之增堰，又亦谓之增阜，俗亦谓之成帝初陵处^⑫，所未详也。

【注释】

①霸城县：三国魏改霸陵县置，属京兆郡。治所在今陕西西安东北灞桥区新筑街道。

②高陵：即高陵县。战国时秦孝公置。治所在今陕西西安高陵区西南一里。秦属内史。西汉属左冯翊，左辅都尉驻此。东汉为左冯翊治。三国魏改名为高陆县。北魏迁治所于今高陵县，为冯翊郡治。

③定陶恭王：即鲁恭王刘馀。西汉景帝之子，汉哀帝刘欣之父。初为淮阳王。吴楚七国之乱平后，徙为鲁王。傅太后：河内温县（今河南温县）人。汉景帝之昭仪，恭王刘馀之母，汉哀帝之祖母。

④子：此指定陶鲁恭王刘馀之子、西汉哀帝刘欣。母曰丁姬。

⑤寝庙：古代宗庙的正殿称庙，后殿称寝，合称寝庙。

⑥比：等同。宣帝父悼皇：《水经注疏》杨守敬按："《汉书·戾太子传》，太子男史皇孙，宣帝父也。"故事：先例，旧日的典章制度。

⑦元寿元年：前2年。元寿，西汉哀帝刘欣的年号（前2—前1）。

⑧潘岳《关中记》：潘岳，字安仁。荥阳中牟（今河南中牟）人。西晋武帝时文学家。其《关中记》，记叙关中地区事迹。

⑨茔（yíng）：葬地。

⑩阿（ē）：阿谀，迎合。

⑪将作：官名。秦置。始称将作少府，西汉景帝时改称将作大匠。掌管宫室等土木营建。

⑫成帝：西汉皇帝刘骜（ào），字太孙。孝元皇帝刘奭之子。初陵：最开始埋葬之处。《水经注疏》熊会贞按："成帝所营之昌陵，在霸城东，有《关中记》可据……"

【译文】

渭水又往东流经霸城县北边,与高陵县以水为界;水南有定陶恭王庙、傅太后陵。元帝死后,傅昭仪随恭王返回封国,称为定陶太后。十年后恭王死了,他的儿子嗣位为王,后来被征召为太子。太子即帝位后,参照宣帝父悼皇的先例,在京师建立恭王宗庙。元寿元年,傅后死,合葬于渭陵。潘岳《关□记》:汉代皇帝皇后同墓地,就是合葬,但不共陵,诸侯也都援此例。恭王庙在霸城西北,庙的西北面就是傅太后陵,傅太后不与元帝同葬一墓。称渭陵,不说元帝陵,因在渭水以南,所以叫渭陵。太后陵与元帝陵平级,这是说高度都是十二丈。王莽上书拆毁傅太后墓,坟墓崩塌,压死数百人;开棺时臭气远扬,几里以外都能闻到。在位的公卿都迎合王莽的心意,送来钱币缣帛,并派了子弟、诸生、四夷共十余万人,手持掘坟工具,帮助将作大匠去掘傅后墓,连掘二十天方才掘平,在周围种植荆棘,作为天下的诫鉴。现在那里泥土堆得还很高,人们称之为增墠,又叫增阜,民间又说是成帝初陵处,这些也弄不清楚。

渭水又迳平阿侯王谭墓北[①],冢次有碑,左则泾水注之[②]。渭水又东迳郿县西[③],盖陇西郡之郿徙也[④]。渭水又东得白渠枝口[⑤],又东与五丈渠合[⑥]。水出云阳县石门山[⑦],谓之清水,东南流迳黄嵚山西[⑧],又南入祋祤县[⑨],历原南出,谓之清水口。东南流绝郑渠[⑩],又东南入高陵县,迳黄白城西[⑪],本曲梁宫也。南绝白渠,屈而东流,谓之曲梁水[⑫]。又东南迳高陵县牧城北,东南绝白渠渎,又东南入万年县[⑬],谓之五丈渠。又迳藕原东[⑭],东南流注于渭。

【注释】

①平阿侯王谭墓:《水经注疏》杨守敬按:"墓当在今咸宁县(今陕西西安)东北。"平阿侯王谭,西汉元王皇后弟,字子元。河平二年(前

27），汉成帝刘骜同日封舅舅王谭为平阿侯，王商为成都侯，王立为红阳侯，王根为曲阳侯，王逢时为高平侯，世谓之"五侯"。

②泾水：渭水支流。在今陕西中部。因泾水清、渭水浊，故有"泾渭分明"之说。

③郑县：北魏太和二十二年（498）分万年县置，属冯翊郡。治所在今陕西西安临潼区东北交口镇。

④陇西郡：战国秦昭襄王二十八年（前279）置。治所在狄道县（今甘肃临洮南）。以在陇山之西而得名。鄣：另一鄣县。东汉置，属陇西郡。治所在今甘肃漳县西南五里。徙：迁徙。

⑤白渠枝口：《水经注疏》杨守敬按："此白渠初分之枝水，后叙白渠所谓东南迳池阳城北，枝渎出焉，历藕原，迳郑县下入渭者也。"

⑥五丈渠：在今陕西西安高陵区一带。

⑦云阳县：秦置，属内史。治所在今陕西淳化西北四十里前头村北。汉属左冯翊。东汉末废。石门山：在今陕西铜川耀州区，接旬邑界。

⑧黄嶔（qīn）山：即黄钦山。在今陕西铜川西北。

⑨祋祤（duì yì）县：西汉景帝二年（前155）置，属内史。治所在今陕西铜川耀州区东一里河东堡。

⑩郑渠：亦称郑国渠。战国时期关中平原（今陕西中部平原）最早兴建的人工灌溉渠。秦王嬴政采纳韩国水工郑国的建议开凿而成。自今陕西泾阳西北仲山下，分泾水东流，历今三原、富平、蒲城诸县境注入洛水。唐以后逐渐堙废。

⑪黄白城：在今陕西三原东北十里。

⑫曲梁水：《水经注疏》熊会贞按："此水先迳黄白城西，去曲梁宫尚远，至此正迳其南，以近曲梁宫，因有曲梁水之目。据此又可知先但有曲梁宫，故水氏之，则曲梁水之名久矣。"

⑬万年县：西汉高帝分栎（yuè）阳县置，与栎阳县同城而治，属左冯翊。治所在今陕西西安东北阎良区武屯镇古城村。

⑭藕原：《水经注疏》杨守敬按："原当在今高陵县（今陕西西安高陵区）东南。"

【译文】

　　渭水又流经平阿侯王谭墓北，墓旁有碑，泾水从左边注入。渭水又往东流经彭县西边，这是从陇西郡的郫县迁徙过来的。渭水又往东流，到了白渠枝口，又往东流，与五丈渠汇合。渠水发源于云阳县石门山，称为清水，往东南沇经黄嶔山西，又往南流到祋祤县，经平原往南流，称为清水口。水往东南流，与郑渠相汇合，又往东南流入高陵县，流经黄白城西，旧时的曲梁宫就在这里。往南又与白渠相汇合，折转往东流，称为曲梁水。又往东南流经高陵县老城北边，往东南与白渠渎汇合，又往东南流入万年县，称为五丈渠。又流经藕原东边，往东南流，注入渭水。

　　渭水右迳新丰县故城北①，东与鱼池水会②。水出丽山东北，本导源北流，后秦始皇葬于山北③，水过而曲行，东注北转。始皇造陵取土，其地污深，水积成池，谓之鱼池也。在秦皇陵东北五里④，周围四里，池水西北流，迳始皇冢北。秦始皇大兴厚葬，营建冢圹于丽戎之山⑤，一名蓝田，其阴多金⑥，其阳多玉，始皇贪其美名，因而葬焉。斩山凿石⑦，下锢三泉⑧，以铜为椁。旁行周回三十余里，上画天文星宿之象⑨，下以水银为四渎、百川、五岳、九州⑩，具地理之势。宫观百官，奇器珍宝，充满其中。令匠作机弩，有所穿近，辄射之。以人鱼膏为灯烛⑪，取其不灭者久之。后宫无子者，皆使殉葬甚众。坟高五丈，周回五里余，作者七十万人⑫，积年方成。而周章百万之师⑬，已至其下，乃使章邯领作者以御难⑭，弗能禁。项羽入关，发之，以三十万人三十日运物不能穷。关东盗贼⑮，销椁取铜，牧人寻羊烧之，火延九十日不能灭。北对鸿门十里⑯。

【注释】

①新丰县：西汉高帝七年（前200）改骊邑县置，初属内史，后属京兆尹。治所在今陕西西安临潼区东北十四里阴槃城。

②鱼池水：《水经注疏》熊会贞按："《临潼县志》，山在县南里许，绵亘而东，五十余里。鱼池水出山东北，则在县东。"

③秦始皇葬于山北：《水经注疏》杨守敬按："《博物志》六，始皇陵在骊山之北……《括地志》，在新丰县西南十里。"

④秦皇陵：秦始皇嬴政的陵墓。在今陕西西安临潼区东十里下河村附近。

⑤圹（kuàng）：墓穴。丽戎之山：即丽山、骊山。

⑥阴：这里指蓝田山的北边。古人以山南水北为阳，相反为阴。

⑦斩：开辟。

⑧锢：用金属熔液填塞空隙。《水经注疏》杨守敬按："《贾山传》，下彻三泉，合采金石，冶铜锢其中，皆作'锢'之证。"

⑨天文星宿之象：日、月、星辰等天体在宇宙间分布、运行的图象。

⑩水银：汞的别称。四渎：长江、黄河、淮河、济水的合称。百川：江河湖泽的总称。五岳：我国境内的五座高山。指泰山、华山、衡山、恒山、嵩山。九州：古代分中国为九州。说法不一。一说为冀、兖、青、徐、扬、荆、豫、梁、雍。

⑪人鱼膏：鲵（ní）鱼的膏脂。可以点火照明。人鱼，即鲵鱼，俗称娃娃鱼。

⑫作者：这里指修筑坟墓的人。

⑬周章：字文。陈（今河南周口淮阳区）地的贤者，事春申君。自言娴习兵法，陈胜授之将军印，西击秦军，为秦将章邯所败。后自刎。百万之师：形容士兵非常之多。

⑭章邯(hán)：秦二世时官少府。陈涉起兵，二世令章邯率骊山徒迎战，击败周章。复攻灭陈胜，击败项梁，平魏咎。御难：抵御灾难。

⑮关东：函谷关以东地区。

⑯鸿门：在今陕西西安临潼区东十七里。附近有鸿门堡。项羽为刘邦所置的鸿门宴就在这里。

【译文】

渭水右边流经新丰县老城北侧，东流与鱼池水汇合。鱼池水发源于丽山东北，原来引水北流，后来秦始皇葬在山北，水到这里就绕弯前进，东流北转。秦始皇造陵时在那里取土，挖成很深的洼地，于是积水成池，称为鱼池。池在秦皇陵东北五里，周围四里，池水往西北流经秦始皇墓北。秦始皇大搞厚葬，在丽戎之山——又名蓝田——营建墓地，山北多金，山南多玉，秦始皇贪它的美名，因而葬在这里。他劈山凿石，用金属溶液填塞墓穴的地下深处，用铜铸造棺椁。墓地周围三十余里，墓室上面画了天文星宿的图象，下面用水银模拟天下的四渎、百川、五岳、九州，地理形势无不具备。墓内还置宫观百官，堆满奇器珍宝。又令工匠制作装置了机关的弩，有人入内行近，就发弩射死他。墓内用人鱼膏作灯烛，取其能久燃不灭。后宫没有生过儿子的妃嫔，殉葬的极多。坟高五丈，周围五里余，筑陵动用了七十万人，接连好几年方才告成。但周章的大军却已打到陵下了，于是派章邯率领筑陵役夫去抵抗，却约束不住这批人。项羽入关，掘开陵墓，用三十万人搬运墓内葬品，接连三十天还搬不完。关东盗贼熔化铜棺来取铜，牧人寻羊放火烧陵，大火延烧了九十日不能扑灭。陵墓北面与鸿门遥遥相对，相距十里。

池水又西北流，水之西南有温泉①，世以疗疾。《三秦记》曰：丽山西北有温水，祭则得入，不祭则烂人肉。俗云：始皇与神女游而忤其旨②，神女唾之生疮，始皇谢之③，神女为出温水，后人因以浇洗疮。张衡《温泉赋序》曰④：余出丽山，观温泉，浴神井，嘉洪泽之普施，乃为之赋云。此汤也⑤，不使灼人形体矣。

【注释】

①温泉：即今陕西西安临潼区的骊山温泉。

②忤（wǔ）：触犯，违背。

③谢：谢罪，道歉。

④张衡《温泉赋序》：张衡，字平子。南阳西鄂（今河南南阳）人。东汉科学家、文学家。《温泉赋序》为其游历京都时所作。

⑤汤：热水。这里指温泉。

【译文】

鱼池水又往西北流，西南面有温泉，人们用以治病。《三秦记》说：丽山西北有温泉，致祭之后才可入水，不祭就会烫烂皮肉。民间传说称：秦始皇与神女同游，不听她的话，神女唾他，使他生疮，于是秦始皇向她谢罪，神女就为他变出温泉，后人也就用它来洗疮。张衡《温泉赋序》说：我经过丽山，参观了温泉，沐浴于神井，赞美这广大福泽遍施于人，于是为温泉作赋。这温泉，是不会烫坏人的身体的。

池水又迳鸿门西，又迳新丰县故城东，故丽戎地也①。高祖王关中，太上皇思东归②，故象旧里，制兹新邑，立城社③，树枌榆，令街庭若一④，分置丰民以实兹邑⑤，故名之为新丰也。汉灵帝建宁三年⑥，改为都乡，封段颎为侯国⑦。后立阴槃城⑧。其水际城北出⑨，世谓是水为阴槃水⑩。又北绝漕渠，北注于渭。

【注释】

①丽戎：即骊戎，古族名。古戎人的一支。国君姬姓。在今陕西西

安临潼区一带。一说在今山西析城、王屋两山之间。曾与秦的先

世通婚。

②太上皇：指汉高祖刘邦的父亲。思东归：想回到东边的家乡去。

③社：乡社。古代地区单位之一。

④街庭若一：这里指与原来居住的丰地的建筑样式一模一样。

⑤丰民：原来丰地的百姓。丰，即丰县。秦后期置，属泗水郡。西汉

属沛郡。治所在今江苏丰县。汉高祖刘邦为沛郡丰县人。

⑥建宁三年：170 年。建宁，东汉灵帝刘宏的年号（168—172）。

⑦段颎（jiǒng）：字纪明。武威姑臧（今甘肃武威）人。桓帝时为护

羌校尉，破羌有功。封为都乡侯。

⑧阴槃城：正汉时阴槃县治。治所在今陕西长武西北二十五里。东

汉灵帝末年侨置于新丰县（今陕西西安临潼区东北），属京兆郡。

⑨际：毗邻，紧邻。

⑩阴槃水：约在今陕西西安一带。

【译文】

　　鱼池水又流经鸿门西面，又流经新丰县旧城东面，这里从前是丽戎的地区。高祖在关中称王，太上皇想回到东方去，所以仿照故乡的风貌，来建造这座新城，建立土地庙，种植枌树、榆树，使街道庭院看起来就和家乡一模一样，又把一部分丰县百姓迁过来，补充城内人口，所以名为新丰。汉灵帝建宁三年，改为都乡，封给段颎，立为侯国。以后设立阴槃城。水沿城边北流，人们称之为阴槃水。又往北穿过漕渠，往北注入渭水。

　　渭水又东迳鸿门北，旧大道北下坂口名也。右有鸿亭①。《汉书》：高祖将见项羽。《楚汉春秋》曰②：项王在鸿门。亚父曰③：吾使人望沛公④，其气冲天，五色采相缪⑤，或似龙，或似云，非人臣之气，可诛之。高祖会项羽，范增目羽⑥，羽不应。樊哙杖盾撞人入⑦，食豕肩于此⑧，羽壮之。《郡国志》

曰：新丰县东有鸿门亭者也。郭缘生《述征记》[9]：或云霸城
南门曰鸿门也。项羽将因会危高祖，羽仁而弗断。范增谋
而不纳，项伯终护高祖以获免[10]。既抵霸上，遂封汉王[11]。按
《汉书》注[12]，鸿门在新丰东十七里，则霸上应百里。按《史
记》，项伯夜驰告张良[13]，良与俱见高祖，仍使夜返。考其道
里[14]，不容得尔。今父老传在霸城南门数十里，于理为得。按
缘生此记，虽历览《史》《汉》，述行涂经见，可谓学而不思矣[15]。

【注释】

①鸿亭：即鸿门。一作鸿门亭。在今陕西西安临潼区东十七里。

②《楚汉春秋》：书名。西汉陆贾撰。记刘邦、项羽起事及汉惠帝至
　文帝时事。

③亚父：即范增。秦末居鄪（今安徽巢湖）人。好奇计。往说项梁所
　立楚怀王的孙子熊心为楚怀王，从民所望。项梁死，跟随项羽，为
　重要谋士。帮助项羽称霸诸侯，被尊称为"亚父"。

④望：这里指望气。古代方士的一种占候术，观察人体形成的云气
　以预测吉凶。

⑤五色采相缪（jiū）："采"字疑为衍文。五色相缪，各种颜色相互纠
　结在一起。缪，纠结，缠绕。

⑥目：用目光示意。

⑦樊哙（kuài）：沛（今江苏沛县）人。高祖开国功臣。少时以屠狗为
　事。杖盾：握持盾牌。杖，握，执持。

⑧豕肩：猪肘子。

⑨郭缘生《述征记》：郭缘生，晋末宋初人。所撰《述征记》，记述了
　他跟随刘裕北伐慕容燕、西征姚秦的沿途所见。

⑩项伯：名缠，字伯。秦末下相（今江苏宿迁）人。楚国贵族后裔，

项羽叔父。在鸿门宴上舞剑以护刘邦,使之幸免于难。刘邦建立

汉朝后,项伯受封射阳侯,赐姓刘氏。

⑪遂封汉王:事见《史记·项羽本纪》:"项王、范增疑沛公之有天下,

业已讲解,又恶负约,恐诸侯叛之,乃阴谋曰:'巴、蜀道险,秦之迁

人皆居蜀,'乃曰:'巴蜀亦关中地也。'故立沛公为汉王,王巴、蜀、

汉中,都南郑。"

⑫《汉书》注:《水经注疏》杨守敬按:"《汉书·高帝纪》注文。即下

所称孟康说也。"可知此处为颜师古的《汉书》注。

⑬张良:即留侯张良,字子房。本为韩国贵族。因在博浪沙刺杀秦

始皇未遂,而被大索天下,求贼甚急。改名,亡匿下邳。在下邳遇

黄石公授其《太公兵法》。刘邦起事,辅佐刘邦。能运筹帷幄之中,

决胜千里之外。西汉建立,甚有功焉,封为留侯。

⑭考:计算,考量。道里:道路的里程。

⑮学而不思:只学习而不深思。语见《论语·为政》:"子曰:学而不

思则罔,思而不学则殆。"

【译文】

渭水又往东流经鸿门北边,这是旧时大道向北下去的坡道道口地

名。右边有鸿亭。《汉书》载:高祖将见项羽。《楚汉春秋》说:项羽在鸿门。

亚父说:我叫人望沛公,他头上有一股气直冲天庭,五彩错杂相间,有的

像龙,有的像云,这不是为臣者的气,还是先杀了他为好。高祖去会见项

羽,范增向项羽使了个眼色,但项羽没有理会他。樊哙带了盾推开门卫

闯了进来,在这旦吃猪肘子,项羽夸他豪壮。《郡国志》说:新丰县东有鸿

门亭。郭缘生《述征记》说:有人说霸城南门叫鸿门。项羽将利用与高

祖的会见来加害他,但项羽心肠软,下不了决心。范增为他策划,却未被

采纳,项伯终于护卫高祖,使他得免于难。高祖到了霸上后,就封为汉王。

查考《汉书注》,鸿门在新丰东十七里,那么离霸上就应有一百里了。查

考《史记》,项伯乘夜骑马去告诉张良,张良带他去见高祖,仍让他连夜回

去。推究其间的里程，不可能这么远。现在父老相传，鸿门在霸城南门外数十里，从情理上是说得通的。郭缘生写这篇记，虽然遍读《史记》《汉书》，但叙述一路所见，却可说读书不用脑子。

　　今新丰县故城东三里有坂，长二里余，堑原通道①，南北洞开，有同门状，谓之鸿门。孟康言②，在新丰东十七里。无之。盖指县治而言，非谓城也。自新丰故城西至霸城五十里③。霸城西十里则霸水④，西二十里则长安城。应劭曰：霸，水上地名，在长安东二十里，即霸城是也。高祖旧停军处⑤，东去新丰既远，何由项伯夜与张良共见高祖乎！推此言之，知缘生此记乖矣⑥。

【注释】

①堑（qiàn）原：凿开原野。堑，挖掘。

②孟康：字公休。安平广宗（今河北威县东南）人。三国魏学者。撰《汉书音义》。

③霸城：古地名。三国魏改霸陵为霸城。故址在今陕西西安东北灞桥区新筑街道。

④霸水：也作灞水。关中八川之一。源出陕西蓝田东秦岭北麓，西北流经西安入渭水。

⑤高祖旧停军处：《史记·高祖本纪》："汉元年十月，沛公兵遂先诸侯至霸上……欲止宫休舍，樊哙、张良谏，乃封秦重宝财物府库，还军霸上。"

⑥乖：乖谬，错误。

【译文】

现在新丰县老城东三里有一道山坡，长二里余，把它掘开以通道路，南北大开,有如门户,称为鸿门。孟康说,鸿门在新丰东十七里。但事实上却没有。大概他是指县治而言,不是说新丰城。从新丰老城西到霸城是五十里。霸城西十里是霸水,西二十里则是长安城。应劭说:霸,是水上地名,在长安东二十里,就是霸城。高祖过去屯兵的地方,东距新丰既然很远,项伯又怎能连夜与张良同见高祖呢?依此推断,可知缘生此记的谬误了。

　　渭水又东,石川水南注焉[1]。渭水又东,戏水注之[2]。水出丽山冯公谷[3],东北流,又北迳丽戎城东[4]。《春秋》[5]:晋献公五年伐之[6],获丽姬于是邑[7]。丽戎,男国也[8],姬姓,秦之丽邑矣[9]。又北,右总三川,迳鸿门东,又北迳戏亭东[10]。应劭曰:戏,弘农湖县西界也[11]。地隔诸县,不得为湖县西。苏林曰[12]:戏,邑名,在新丰东南四十里。孟康曰[13]:乃水名也,今戏亭是也。昔周幽王悦褒姒[14],姒不笑,王乃击鼓举烽火以征诸侯[15]。诸侯至,无寇,褒姒乃笑,王甚悦之。及犬戎至[16],王又举烽以征诸侯,诸侯不至,遂败幽王于戏水之上,身死于丽山之北。故《国语》曰:幽灭者也[17]。汉成帝建始二年[18],造延陵为初陵[19],以为非吉,于霸曲亭南更营之。鸿嘉元年[20],于新丰戏乡为昌陵县[21],以奉初陵。永始元年[22],诏以昌陵卑下,客土疏恶[23],不可为万岁居,其罢陵作,令吏民反,故徙将作大匠解万年燉煌[24]。《关中记》曰:昌陵在霸城东二十里,取土东山,与粟同价,所费巨万,积年无成。即此处也。戏水又北分为二水,并注渭水。

【注释】

①石川水:即今石川河。源出陕西旬邑东,东南流经铜川耀州区、富

平，在西安高陵区南汇入渭河。《水经注疏》杨守敬按：“《括地志》，沮水（今富平县一带的石川河）一名石川水。”

②戏水：在陕西西安临潼区东。源出骊山，北流入渭。古戏亭在其西。

③冯公谷：在今陕西西安临潼区。

④丽戎城：即骊戎。在今陕西西安临潼区东。

⑤《春秋》：所引语见《左传·庄公二十八年》。

⑥晋献公五年：前672年。晋献公，春秋时晋武公之子，名诡诸。

⑦丽姬：丽戎国姬姓女子。这里指奚齐的母亲。

⑧男国：古代诸侯分为五等爵：公、侯、伯、子、男。骊戎属于男爵。

⑨丽邑：即骊邑。秦始皇十六年（前231）置。汉高帝七年（前200）改县。治所在今陕西西安临潼区东北十四里。

⑩戏亭：亦名幽王城、幽王垒。在今陕西西安临潼区东北三十里。

⑪弘农：即弘农郡。西汉元鼎四年（前113）置。治所在弘农县（今河南灵宝北故函谷关城）。湖县：西汉建元元年（前140）改胡县置，属内史（后属京兆尹）。治所在今河南灵宝西北原阌乡县城。东汉属弘农郡。

⑫苏林：字孝友。陈留外黄（今河南民权西北）人。汉、魏间学者。与邯郸淳等并为当时儒宗。

⑬孟康：字公休。安平广宗（今河北威县东南）人。三国魏学者。撰《汉书音义》。

⑭周幽王：姓姬，名宫涅。周宣王之子。褒姒（sì）：姒姓。幽王妃。幽王为其烽火戏诸侯。

⑮举：点燃。烽火：古时遇敌人来犯，边防人员点烟火报警，夜里点的火叫烽，白天放的烟叫燧。

⑯犬戎：古族名。周代对分布于今陕北、甘肃东北部、内蒙古自治区鄂尔多斯市和阴山南北的这一地区少数民族的称谓。

⑰幽灭者也：语见《国语·鲁语》。

⑱ 建始二年：前 31 年。建始，西汉成帝刘骜（ào）的年号（前 32—前
   28）。

⑲ 延陵：西汉成帝刘骜的陵墓。在今陕西咸阳北马家窑附近。

⑳ 鸿嘉元年：前 20 年。鸿嘉，西汉成帝刘骜的年号（前 20—前 17）。

㉑ 昌陵县：西汉鸿嘉元年（前 20）置，属京兆尹。治所在今陕西西安
   临潼区东。

㉒ 永始元年：前 16 年。永始，西汉成帝刘骜的年号（前 16—前 13）。

㉓ 客土：从外地运来的泥土。疏恶：土质低劣。

㉔ 解万年：具体不详。燉煌：即敦煌郡。西汉元鼎六年（前 111）分
   酒泉郡置，治所在敦煌县（今甘肃敦煌西）。

【译文】

渭水又东流，有石川水南流注入。渭水又东流，有戏水注入。戏水
发源于丽山冯公谷，往东北流，又往北流经丽戎城东。《春秋左传·庄公
二十八年》载，晋献公五年伐丽戎，就在此城得到丽姬。丽戎是男爵一级
的封国，姓姬，就是秦时的丽邑。戏水又北流，右边汇集了三条溪水，流
经鸿门东边，又往北流经戏亭东边。应劭说：戏，是弘农湖县的西部边界。
但这里和湖县隔了好几个县，不可能是湖县的西部。苏林说：戏是城名，
在新丰东南四十里。孟康说：戏是水名，就是现在的戏亭水。从前周幽
王想取悦褒姒，褒姒不笑，幽王就敲起鼓，点起烽火来征召诸侯。诸侯都
来了，但并没有敌人打进来，褒姒这才笑起来，幽王也非常高兴。后来犬
戎真的来了，幽王又点起烽火征召诸侯，诸侯都不来，幽王就在戏水上打
了败仗，在丽山以北被杀。所以《国语》说：幽王灭亡。汉成帝建始二年，
兴建延陵作为初陵，以为不吉，又在霸曲亭南改建。鸿嘉元年，在新丰戏
乡立昌陵县，以照管初陵。永始元年，下诏说昌陵地势低洼，地处偏远，环
境恶劣，不可作为帝王安眠的地方，停止建设工程，撤回官民，并把将作大
匠解万年贬谪到敦煌。《关中记》说：昌陵在霸城东二十里，筑陵时要从
东山运土，按运费计算，运到的泥土与稻谷等价，耗资巨万，接连多年还是

建不起来。昌陵就在这地方。戏水又往北流,分为两条,都注入渭水。

　　渭水又东,泠水入焉①。水南出肺浮山②,盖丽山连麓而异名也③。北会三川,统归一壑,历阴槃、新丰两原之间④,北流注于渭。

【注释】

①泠水:亦作零水。即今陕西西安临潼区东零河。源出蓝田西北马谷老池头,北流入临潼区境,至零口镇北入渭。

②肺浮山:《水经注疏》杨守敬按:"《一统志》谓山在临潼县(今陕西西安临潼区)骊山东。"

③连麓:山麓相连。

④阴槃、新丰两原:《水经注疏》杨守敬按:"阴槃原在临潼县(今陕西西安临潼区)东。新丰原在县东,接渭南县(今陕西渭南市)界。"

【译文】

　　渭水又往东流,有泠水注入。泠水发源于南方的肺浮山,山麓与丽山相连,但山名不同。泠水又往北流,汇合了三条溪流,并成一条,流经阴槃、新丰两平原之间,北流注入渭水。

　　渭水又东,酉水南出倒虎山①,西总五水②,单流迳秦步高宫东③,世名市丘城。历新丰原东而北迳步寿宫西④,又北入渭。

【注释】

①酉水:又作首水。即今陕西渭南市东沋河。源出渭南市南大谷,北流入渭。倒虎山:即玄象山,又作倒兽山。在今陕西渭南市东南,

接蓝田界。

②五水：依《水经注疏》，五水为酋水、羊河、小谷河、清水河、黄谷水等。

③单流：这里指酋水这一条河流。秦步高宫：宫名。亦称市丘城。秦筑。在今陕西渭南市西南张胡村一带。

④步寿宫：宫名。在今陕西西安临潼区东北。

【译文】

渭水又往东流，酋水发源于南方的倒虎山，汇集了西面的五条溪水，并成一条，流经蚕步高宫以东，世人称之为市丘城。经新丰原东边，往北流经步寿宫西边，又北流注入渭水。

渭水又东得西阳水^①，又东得东阳水，并南出广乡原北垂^②，俱北入渭。

【注释】

①西阳水：《水经注疏》杨守敬按：“《渭南县志》，（广乡）原北有西阳、东阳二谷。西阳水在县东八里，源出西阳谷，其东为东阳水，源出东阳谷。”

②广乡原：《水经注疏》杨守敬按：“《长安志》，原在渭南县（今陕西渭南市）东南十里。”

【译文】

渭水又往东流，接纳了西阳水，又往东流，接纳了东阳水，两条水都发源于南方的广乡原北境，一同往北注入渭水。

渭水又东迳下邽县故城南^①，秦伐邽^②，置邽戎于此。有上邽^③，故加下也。

【注释】

① 下邽（guī）县：战国秦置，属内史。治所在今陕西渭南市东北故市
　　镇故县村。西汉属京兆尹。北魏初移治今市东北巴邑，改名下邽县。

② 秦伐邽：事见《史记·秦本纪》。邽，春秋时戎邑。在今甘肃天水。

③ 上邽（guī）：即上邽县。战国秦改邽县置，属陇西郡。治所在今甘
　　肃天水。

【译文】

渭水又往东流经下邽县老城南边，秦伐邽，把邽戎安置在这里。因
为有个上邽，所以称这里为下邽。

渭水又东与竹水合①。水南出竹山②，北迳媚加谷③，历
广乡原东，俗谓之大赤水，北流注于渭。

【注释】

① 竹水：又名赤水，亦名大赤水。源出陕西渭南市东南箭谷山下，北
　　流至渭。

② 竹山：在今陕西渭南市东南四十里。

③ 媚加谷：在今陕西渭南市东南。

【译文】

渭水又往东流，与竹水汇合。竹水发源于南方的竹山，往北流经媚
加谷，流过广乡原东边，民间称之为大赤水，北流注入渭水。

渭水又东得白渠口①。大始二年②，赵国中大夫白公奏
穿渠引泾水③，首起谷口④，出于郑渠南，名曰白渠⑤。民歌
之曰：田于何所？池阳谷口⑥。郑国在前，白渠起后。即水
所始也⑦。东迳宜春城南⑧，又东南迳池阳城北，枝渎出焉。

东南历藕原下⑨，又东迳郿县故城北⑩，东南入渭，今无水。白渠又东，枝渠出焉，东南迳高陵县故城北⑪。《地理志》曰：左辅都尉治⑫，王莽之千春也。《太康地记》谓之曰高陆也⑬。车频《秦书》曰⑭：苻坚建元十四年⑮，高陆县民穿井得龟，大二尺六寸，背文负八卦古字⑯，坚以石为池养之。十六年而死，取其骨以问吉凶，名为客龟。大卜佐高鲁梦客龟言⑰：我将归江南，不遇，死于秦。鲁于梦中自解曰：龟三万六千岁而终，终必亡国之征也。为谢玄破于淮肥⑱，自缢新城浮图中⑲，秦祚因即沦矣。

【注释】

①白渠口：白渠的渠首。

②大始二年：即太始二年，前95年。太始，西汉武帝刘彻的年号（前96—前93）。

③中大夫：官名。掌议论、顾问应对，为郎中令之属官。白公：具体不详。

④谷口：即谷口县。秦置，属内史。治所在今陕西礼泉东北五十里烟霞镇东北屯附近。

⑤白渠：古代关中平原的人工灌溉水渠。《汉书·沟洫志》记载，汉武帝太始二年（前95），用赵中大夫白公建议，于郑国渠之南开凿，自谷口（今陕西礼泉东北）分泾水东南流，经高陵、栎阳（今西安临潼区北），东至下邽（今渭南市北）东南注入渭水。名曰白渠。

⑥池阳：即池阳县。西汉惠帝四年（前191）置，属左冯翊。治所在今陕西泾阳西北二里，俗名迎冬城。

⑦水所始也：陈桥驿按，这一段是郦氏对关中水利事业的歌颂。

⑧宜春城：具体不详。

⑨藕原：《水经注疏》杨守敬按："原当在今高陵县（今陕西西安高陵区）东南。"

⑩鄣县：北魏太和二十二年（498）分万年县置，属冯翊郡。治所在今陕西西安临潼区东北交口镇。

⑪高陵县：战国时秦孝公置。治所在今陕西西安高陵区西南一里。

⑫左辅都尉：为三辅都尉（京辅都尉、左辅都尉、右辅都尉）之一。三辅都尉是汉武帝元鼎四年（前113）设置，三辅（京兆、左冯翊、右扶风）各设一人，掌兵禁、出入。

⑬《太康地记》：书名。又称《晋太康地记》等。撰者不详。成书于晋太康三年（282）。记载晋初州、郡、县建制沿革、地名取义、山水、物产等。高陆：即高陆县。三国魏黄初元年（220）改高陵县置，属京兆郡。治所在今陕西西安高陵区西南一里。北魏迁治今高陵县城，为冯翊郡治。

⑭车频《秦书》：具体不详。

⑮建元十四年：378年。建元，前秦苻坚的年号（365—385）。

⑯背文：龟背上的纹路。八卦：《周易》中八种具有象征意义的基本图形，每个图形用代表阳的符号"—"（阳爻）和代表阴的符号"--"（阴爻）组成。名称是乾、坤、震、巽（xùn）、坎、离、艮（gèn）、兑，分别象征自然界的八种基本事物：天、地、雷、风、水、火、山、泽。相传是伏羲所创。

⑰大卜：官名。即太卜。掌征伐、疾病、祭祀、立君、封建诸侯等所需占卜事。佐高鲁：一作佐高虏。前秦苻坚时太卜，善占卜。

⑱为谢玄破于淮肥：事见《晋书·谢安传》附"谢玄传"："玄、琰乃进，决战肥水南。坚中流矢，临阵斩融。坚众奔溃，自相蹈藉投水死者不可胜计，肥水为之不流。余众弃甲宵遁，闻风声鹤唳，皆以为王师已至，草行露宿，重以饥冻，死者十七八。"谢玄，字幼度。陈郡阳夏（今河南太康）人。东晋名将。淮肥，即肥水。今安徽寿

县之东淝河。源出合肥西北将军岭,北流至寿县东北两河口(今
名起台子)入淮河。

⑲新城:应作新平。《水经注疏》熊会贞按:"《晋书·载记》,坚至五
台山,姚苌将吴忠执坚以归新平,苌旋缢坚于新平佛寺中。又引
童谣云:河水清复清,符诏死新城。此从童谣作'新城'耳。"译文
从之。新平,即新平县。西汉置,属淮阳国。治所在今河南周口
淮阳区东北二十五里临蔡镇。东汉属陈国。浮图:指佛塔。亦作
浮屠。

【译文】

　　渭水又东流,就到白渠口。太始二年,赵国中大夫白公上书建议开
渠,引导泾水,上端从谷口开始,从郑渠南边流出,名叫白渠。民间歌谣
道:在哪里耕田?在池阳谷口。郑国渠在前,白渠开凿在后。民谣说的
池阳谷口,就是白渠的起始端。渠水往东流经宜春城南边,又往东南流
经池阳城北边,有支渠流出。支渠往东南流经藕原下,又往东流经郫县
老城北边,往东向注入渭水,现在已经无水了。白渠又东流,有支渠分出,
往东南流经高陵县旧城北边。《地理志》说:高陵县是左辅都尉治所,就
是王莽的千春。《太康地记》称为高陆。车频《秦书》说:符坚建元十四
年,高陆县有人挖井,捉到一只大乌龟,长二尺六寸,背上有八卦古字,符
坚用石块砌成水池来养。十六年后龟死,取龟骨来占卜吉凶,名为客龟。
太卜佐高鲁梦见客龟说:我将回江南,但机遇不好,以致死于秦。佐高鲁
梦中自己解梦说:龟活到三万六千岁才死,龟死必定是亡国的预兆。符
坚在淝水被谢玄打得大败,在新平佛塔内自缢而死,前秦于是也亡了。

　　又东迳栎阳城①。《史记》:秦献公二年②,城栎阳,自雍
徙居之③;十八年,雨金于是处也。项羽以封司马欣为塞王④。
按《汉书》,高帝克关中始都之,王莽之师亭也。后汉建武二
年⑤,封骠骑大将军景丹为侯国⑥。丹让,世祖曰:富贵不还

故乡,如衣锦夜行⑦,故以封卿。白渠又东迳秦孝公陵北⑧,又东南迳居陵城北、莲芍城南⑨,又东注金氏陂⑩,又东南注于渭。故《汉书·沟洫志》曰⑪:白渠首起谷口,尾入栎阳是也。今无水。

【注释】

①栎(yuè)阳城:在今陕西西安东北阎良区武屯镇古城村南。

②秦献公二年:前383年。秦献公,名师隰(xí)。战国时秦国国君。秦灵公之子。

③雍:即雍县。战国秦以旧都雍邑置。治所在今陕西凤翔西南七里南古城。

④司马欣:秦朝章邯的长史。请事咸阳,赵高不见,遂从章邯降楚,项羽分天下以王诸侯,司马欣为塞王。汉王刘邦击三秦,司马欣降归汉王。后复叛汉归楚。汉初破楚军于成皋,司马欣自刭死。

⑤建武二年:26年。建武,东汉光武帝刘秀的年号(25—56)。

⑥景丹:字孙卿。冯翊栎阳(今陕西临潼)人。光武帝即位,拜丹为骠骑大将军。封栎阳侯。

⑦衣锦夜行:穿了锦绣的衣服,却在夜间出行。比喻虽居官位,却不能使人看到自己的荣耀显贵。

⑧秦孝公陵:《水经注疏》杨守敬按:“陵当在今富平县(今陕西富平)东南。”秦孝公,名渠梁。战国时秦国国君。秦献公之子。任用商鞅变法,使秦国强大,诸侯朝贺。

⑨居陵城:在今陕西渭南市西北。莲芍城:在今陕西渭南市东北来化镇村。

⑩金氏陂:在今陕西渭南市东北,渭河北。

⑪《汉书·沟洫志》:班固《汉书》十志之一,以司马迁《史记·河渠书》为基础。主要记载农田水利。

【译文】

白渠又往东流经栎阳城北。《史记》：秦献公二年，在栎阳建城，从雍迁居到那里；十八年，这里天降金雨。项羽把这里封给司马欣，号为塞王。查考《汉书》，高帝攻下关中才建都于此，就是王莽的师亭。后汉建武二年，把这里封给骠骑大将军景丹，立为侯国。景丹谦让，世祖说：做人有了荣华富贵而不回家乡，正如枉穿了漂亮的锦缎在黑夜里行走一样，所以把这桑梓之地封给你。白渠又往东流经秦孝公陵北，又往东南流经居陵城北、莲芍城南，又往东流，注入金氏陂，最后往东南注入渭水。所以《汉书·沟洫志》说：白渠首端起于谷口，终端流入栎阳。现在此渠已无水了。

又东过郑县北[①]，

渭水又东迳峦都城北[②]，故蕃邑[③]，殷契之所居[④]。《世本》曰[⑤]：契居蕃。阚骃曰：蕃在郑西。然则今峦城是矣。俗名之赤城，水曰赤水[⑥]，非也。苻健入秦[⑦]，据此城以抗杜洪[⑧]。小赤水即《山海经》之灌水也[⑨]，水出石脆之山[⑩]，北迳萧加谷于孤柏原西[⑪]，东北流与禺水合[⑫]。水出英山[⑬]，北流与招水相得，乱流西北注于灌。

【注释】

①郑县：春秋秦武公十一年（前687）灭郑国置。治所在今陕西渭南市华州区。秦属内史，西汉属京兆尹。三国魏属京兆郡。

②峦都城：即峦城，亦名赤城。在今陕西渭南市华州区西。

③蕃（pí）邑：此指夏、商时的蕃邑。

④殷契（xiè）：即殷的始祖契。母曰简狄，帝喾的次妃。相传见玄鸟堕其卵，简狄取吞之，因孕生契。契长而佐大禹治水有功，被帝舜

　　　封于商,赐姓子氏。

⑤《世本》:书名。撰者不详,成书时代亦不可考。该书记录自黄帝以
　　来至春秋帝王公卿大夫的氏姓、世系、都邑、器物的制作和发明等。

⑥赤水:《水经注疏》杨守敬按:"因水与赤城近,故亦有赤水之名。"

⑦符健:字建业。略阳临渭(今甘肃天水)氐人。十六国时期前秦
　　国君。

⑧杜洪:京兆(今陕西西安)人。据长安,自称晋征北将军、雍州刺史。
　　被符健所败,奔司竹。后屯宜秋,为其部将张琚所杀。

⑨小赤水:一名灌水。在今陕西渭南市华州区西。

⑩石脆之山:在今陕西渭南市华州区西南。《山海经·西山经》载,
　　符禺山"西六十里曰石脆之山"。

⑪孤柏原:《水经注疏》杨守敬按:"《华州志》,原在江村原北,突起
　　隆阜,俗名蔚家原。"

⑫禺水:在今陕西渭南市华州区西。

⑬英山:在今陕西渭南市华州区西南三十里。

【译文】

　　渭水又往东流过郑县北边,

　　渭水又往东流经峦都城北边,就是旧时的蕃邑,殷契就住在那里。
《世本》说:契居于蕃。阚骃说:蕃在郑的西边。这样说来,那就是现在的
峦城了。民间称之为赤城,水叫赤水,都不对。符健入秦,守住此城抵抗
杜洪。小赤水就是《山海经》的灌水,发源于石脆之山,在孤柏原西面往
北流经萧加谷,又往东北流,与禺水汇合。禺水发源于英山,北流与招水
相汇合,往西北乱流注入灌水。

　　灌水又北注于渭。渭水又东,西石桥水南出马岭山[①],
积石据其东[②],丽山距其西,源泉上通,悬流数十,与华岳同
体[③]。其水北迳郑城西[④]。水上有桥,桥虽崩褫[⑤],旧迹犹存。

东去郑城十里，故世以桥名水也。而北流注于渭，阚骃谓之新郑水⑥。

【注释】

①西石桥水：《水经注疏》：“赵（一清）云：石桥水有二，皆出马岭山。道元两叙其源流，一流迳郑城西，为西石桥水，一流迳郑城东，为东石桥水。”马岭山：在今陕西渭南市华州区南二十里。

②积石：亦名石积。在今陕西渭南市华州区西南。

③华岳：即华山，又称太华山。在今陕西华阴南十里。

④郑城：郑县治。在今陕西渭南市华州区。

⑤崩褫（chǐ）：崩塌脱落。

⑥新郑水：《水经注疏》熊会贞按：“因先有此郑，故以河南之郑为新郑……当本作谓之郑水，‘新’字是后人所加。”译文从之。

【译文】

灌水又北流注入渭水。渭水又东流，西石桥水发源于南方的马岭山，积石山盘踞于水东，丽山对峙于水西，源泉自山上直通而下，泻为数一条瀑布，山与华山连成一体。水往北流经郑城西边。水上原来有桥，但然早已坍毁，但遗迹还在。此桥东距郑城十里，所以人们以桥为水名。水往北流，注入渭水，阚骃称之为郑水。

渭水又东迳郑县故城北。《史记》：秦武公十年县之①，郑桓公友之故邑也②。《汉书》薛瓒《注》言③：周自穆王已下④，都于西郑，不得以封桓公也。幽王既败，虢、侩又灭⑤，迁居其地，国于郑父之丘⑥，是为郑桓公。无封京兆之文⑦。余按迁《史记》，考《春秋》《国语》《世本》言，周宣王二十二年⑧，封庶弟友于郑⑨。又《春秋》《国语》并言桓公为周司徒⑩，

以王室将乱，谋于史伯⑪，而寄帑与贿于虢、郐之间⑫。幽王
賨于戏⑬，郑桓公死之。平王东迁⑭，郑武公辅王室⑮，灭虢、
郐而兼其土。故周桓公言于王曰⑯：我周之东迁，晋、郑是
依。乃迁封于彼。

【注释】

①秦武公十年：前688年。秦武公，名不详。秦宁公之子。在位期
　间曾多次出兵攻戎，国土有较大扩展。

②郑桓公友：名友。西周末郑国国君。周厉王少子，宣王庶弟。

③《汉书》薛瓒《注》：《汉书》颜师古注中收录有"臣瓒"注《汉书》。
　但臣瓒姓氏，历来学者考辨，众说纷纭，莫衷一是。郦注屡作薛瓒，
　未知何据。

④穆王：即周昭王之子姬满。在位期间西击犬戎，东讨徐戎，周游
　天下。

⑤虢：西周封国。姬姓。西虢在今陕西宝鸡东，东虢在今河南荥阳
　西北。北虢在今河南三门峡市陕州区、山西平陆一带。郐（kuài）：
　又作郐、会、桧。西周封国。妘姓。在今河南新密东七十里古城
　角寨村。

⑥郑父之丘：具体不详。

⑦京兆：即京兆郡。三国魏改京兆尹置，为雍州治。治所在长安县（今
　陕西西安西北十三里）。

⑧周宣王二十二年：前806年。周宣王，即姬静（一作靖），周厉王姬
　胡之子。

⑨庶弟：庶出之弟。友：即郑桓公姬友。西周末郑国国君。

⑩司徒：官名。掌管国家土地和人民教化。

⑪史伯：具体不详。

⑫帑（tǎng）：古代指收藏钱财的府库或钱财。贿：财物。

⑬霣（yǔn）：通"殒"。死亡。戏：在今陕西西安临潼区东北戏水西岸。

⑭平王东迁：前770年，周平王姬宜臼迁都洛邑（今河南洛阳西），为"东周"的开始。

⑮郑武公：名掘突，一名滑突。春秋时郑国国君。郑桓公之子，郑庄公之父。

⑯周桓公：名揭。战国时西周国君。被周考王封于河南，都王城（今河南洛阳西郊涧水东岸），与东周国都成周（今河南洛阳白马寺之东）相对。

【译文】

渭水又往东流经郑县旧城北边。《史记》：秦武公十年立县，这地方原来是郑桓公姬友的食邑。《汉书》薛瓒《注》说：周从穆王以后就建都于西郑，不可能封给桓公。幽王既已败亡，虢、郐也都被灭了，迁居到那里，建都二郑父之丘的，就是郑桓公。没有封于京兆的说法。我查过司马迁的《史记》，参考过《春秋》《国语》《世本》的说法，周宣王二十二年，封异母弟姬友于郑。此外，《春秋》《国语》都说郑桓公是周的司徒，因王室将乱，和史伯商议策划，把金库里所藏的钱帛、货财寄存于虢、郐之间。幽王在戏水被杀，郑桓公也死了。平王东迁，郑武公辅佐王室，灭了虢、郐，兼并了两国的土地。所以周桓公对周考王说：我们周室东迁，是依靠着晋、郑的。所以郑就被封在那里。

《左传·隐公十一年》①，郑伯谓公孙获曰②：吾先君新邑于此，其能与许争乎③？是指新郑为言矣④。然班固、应劭、郑玄、皇甫谧、裴頠、王隐、阚骃及诸述作者⑤，咸以西郑为友之始封⑥，贤于薛瓒之单说也。无宜违正经而从逸录矣。赤眉樊崇于郭北设坛⑦，祀城阳景王⑧，而尊右校卒史刘侠卿牧牛儿盆子为帝⑨。年十五，被发徒跣⑩，为具绛单衣、半头

赤帻、直綦履⑪。顾见众人拜,恐畏欲啼。号年建世。后月余,
乘白盖小车,与崇及尚书一人,相随向郑北⑫,渡渭水,即此
处也。城南山北有五部神庙,东南向华岳。庙前有碑,后汉
光和四年⑬,郑县令河东裴毕字君先立⑭。

【注释】

①隐公十一年:前712年。

②郑伯:即郑庄公寤生。郑武公掘突之子。其国国君为伯爵,故又
　　称为郑伯。公孙获:春秋时郑国人。郑庄公时大夫。

③许:周诸侯国名。在今河南许昌东三十六里古城。

④新郑:春秋、战国时郑国之都。即今河南新郑。

⑤裴頠(wěi):字逸民。河东闻喜(今山西闻喜)人。西晋哲学家。
　　裴秀之子。博学稽古,时人谓之为言谈之林薮。著《崇有论》,以
　　针砭时俗放荡、不尊儒术之流弊。王隐:字处叔。陈郡陈(今河南
　　周口淮阳区)人。东晋史学家。撰《晋书》,今佚。

⑥西郑:指西周时郑国都城棫林(一作咸林),今陕西渭南市华州区。
　　友:即郑桓公友。

⑦赤眉:新莽末年农民起义军名。因以赤色涂眉为标志,故称。曾
　　攻占长安,杀刘玄,立刘盆子为帝,后被刘秀消灭。樊崇:字细君。
　　琅邪(今山东临沂)人。新莽末赤眉起义军领袖。

⑧城阳景王:齐悼惠王次子刘章。高后立诸吕为三王,擅权用事。
　　时刘章年轻有气力,忿刘氏。后吕禄、吕产欲作乱,刘章与太尉周
　　勃、丞相陈平等诛之。

⑨刘侠卿:具体不详。盆子:即刘盆子。泰山式县(今山东中部)人。
　　城阳景王刘章之后。曾参加赤眉军,管理牧牛事务。更始三年
　　(25),赤眉军首领樊崇等拥立刘盆子为帝,自号建世元年。

⑩被：同"披"。披散。徒跣（xiǎn）：光着脚。

⑪单衣：朝服或礼服，参加典礼时所穿。半头赤帻（zé）：也叫半头帻、童子帻、空顶帻。汉时童子的头巾包于额间，上露顶发。直綦（qí）履：刺绣有直綦纹的鞋子。

⑫郑：这里指西郑。在今陕西渭南市华州区。

⑬光和四年：181 年。光和，东汉灵帝刘宏的年号（178—184）。

⑭裴毕字君先：《水经注疏》熊会贞按："《寰宇记》引此作'郑县令裴毕字君光所立'，'毕'为宿名，与'光'字义相应，似作'光'较合。"

【译文】

《春秋左传·隐公十一年》，郑伯对公孙获说：我祖先的新都在这里，能和许相争吗？这里是指新郑说的。但班固、应劭、郑玄、皇甫谧、裴颜、王隐、阚骃等作者，都以为西郑是姬友的初封之地，这些都比薛瓒独家的说法来得可靠。不应违背正史而以一些私家的记载为依据。赤眉樊崇在城北设坛，祭祀城阳景王，把右校卒史刘侠卿的放牛娃盆子尊奉为帝。盆子十五岁，披发赤脚，给他准备了红单衣、红头巾、绣花鞋。他看到许多人拜他，害怕得要哭了。于是建王朝，立年号。月余后他乘着白盖小车，与樊崇及随从的尚书一人，向郑而去，北渡渭水，就是这地方。城南山北有五部神庙，朝东南向着华岳。庙前有碑，是后汉光和四年郑县县令河东裴毕裴君先所立。

渭水又东与东石桥水会。故沈水也①，水南出马岭山②，北流迳武平城东③。按《地理志》，左冯翊有武城县④，王莽之桓城也。石桥水又迳郑城东，水有故石梁⑤。《述征记》曰⑥，郑城东、西十四里各有石梁者也。又北迳沈阳城北⑦，注于渭。《汉书·地理志》，左冯翊有沈阳县，王莽更之曰制昌也，盖藉水以取称矣。

【注释】

① 沈水：《水经注疏》杨守敬按："此沈水别无可征，郦氏盖即据汉沈阳县（治今陕西渭南市华州区东北）为说。"

② 马岭山：在今陕西渭南市华州区。

③ 武平城：即汉武城县故城。在今陕西渭南市华州区东北十七里。

④ 左冯翊：官名。即汉三辅长官之一，与京兆尹、右扶风合称三辅。武城县：战国秦置，属内史。治所在今陕西渭南市华州区东北十七里。西汉属左冯翊。

⑤ 石梁：石制的桥梁。

⑥《述征记》：晋末宋初人郭缘生撰。记述了他跟随刘裕北伐慕容燕、西征姚秦的沿途所见。

⑦ 沈阳城：沈阳县治。在今陕西渭南市华州区东北。

【译文】

渭水又东流，与东石桥水汇合。这条水就是从前的沈水，发源于南方的马岭山，往北流经武平城东边。查考《地理志》，左冯翊有武城县，就是王莽的桓城。石桥水又流经郑城东边，水上有古石桥。《述征记》说，郑城东西两边十四里都有石桥。此桥就是其中一座。又往北流经沈阳城北，注入渭水。据《汉书·地理志》，左冯翊有沈阳县，王莽改名为制昌，是以水命名的。

　　渭水又东，敷水注之①。水南出石山之敷谷②，北迳告平城东③。耆旧所传④，言武王伐纣，告太平于此，故城得厥名，非所详也。敷水又北迳集灵宫西⑤。《地理志》曰：华阴县有集灵宫⑥，武帝起，故张昶《华岳碑》称⑦，汉武慕其灵，筑宫在其后。而北流注于渭。

【注释】

① 敷水：即今陕西华阴西罗夫河。

② 敷谷：在今陕西渭南市华州区。

③ 告平城：一曰高平城。在今陕西华阴西三十里敷水之西。

④ 耆旧：年高望重者。

⑤ 集灵宫：宫名。在今陕西华阴西北。

⑥ 华阴县：西汉高帝八年（前199）改宁秦县置，属京兆尹，为京辅都
　　尉治。治所在今陕西华阴东南五里。

⑦ 张昶（chǎng）《华岳碑》：张昶，字文舒。敦煌渊泉（今甘肃渊泉）
　　人。东汉书法家。书类其兄张芝，善章草，极工八分，又善隶。其
　　《华岳碑》亦称《西岳华山堂阙铭》，今存见于《古文苑》九。

【译文】

渭水又东流，有敷水注入。敷水发源于南边石山的敷谷，往北流经
告平城东边。据老人们相传，说是武王伐纣时，在这里祭天，祝告天下太
平，所以城就得了告平的名字，事实如何不大清楚。敷水又往北流经集
灵宫西边。《地理志》说：华阴县有集灵宫，武帝建，所以张昶《华岳碑》说，
汉武帝仰慕此山神灵，就在山后建宫。敷水又北流注入渭水。

渭水又东，粮馀水注之①。水南出粮馀山之阴②，北流
入于渭，俗谓之宣水也③。

【注释】

① 粮馀水：在今陕西华阴西。

② 粮馀山：《水经注疏》杨守敬按："《寰宇记》，山在华阴县（今陕西
　　华阴）西南三十里。"

③ 宣水：《水经注疏》熊会贞按："'宣'与'宜'形近，'宜'与'余'音
　　同，'宣'乃'宜'之误。因此益知上但作'余水'，本非脱'粮'字。"

译文从之。

【译文】

渭水又东流,有粮馀水注入。粮馀水发源于南方的粮馀山北麓,北流注入渭水,俗称宜水。

渭水又东合黄酸之水①,世名之为千渠水。水南出升山②,北流注于渭。

【注释】

①黄酸之水:在今陕西华阴西南。

②升山:《水经注疏》杨守敬按:"《华阴县志》,县西南五十余里有升山,黄酸水出此。"

【译文】

渭水又东流,汇合了黄酸之水,世人称之为千渠水。千渠水发源于南方的升山,北流注入渭水。

渭水又东迳平舒城北①,城侧枕渭滨②,半破沦水,南面通衢③。昔秦始皇之将亡也,江神素车白马④,道华山下,返璧于华阴平舒道曰⑤:为遗镐池君⑥。使者致之,乃二十八年渡江所沉璧也⑦。即江神返璧处也。渭水之阳即怀德县界也⑧。城在渭水之北、沙苑之南⑨,即怀德县故城也。世谓之高阳城,非矣。《地理志》曰:《禹贡》北条荆山在南⑩,山下有荆渠⑪,即夏后铸九鼎处也⑫。王莽更县曰德骥。

【注释】

①平舒城:在今陕西华阴西北六里。

②侧枕：毗邻，紧挨。枕，毗邻，靠近。

③通衢：四通八达的道路。

④江神素车白马：司马贞《史记索隐》："按：服虔云水神，是也。江神以璧遗鄗池之神，告始皇之将终也。且秦水德王，故其君将亡，水神先自扫告也。"素车，古代凶、丧事所用之车，以白土涂刷。

⑤华阴：即华阴县。以在太华山之阴（北），故名之。平舒道：即平舒城。

⑥遗（wèi）：赠送。鄗（hào）池君：掌管鄗池的水神名。鄗池，一作滈池。西周时开凿。在今陕西西安长安区（韦曲镇）西北鄗京村西北洼地。池水经由滈水河，北注入渭。

⑦二十八年：即秦始皇二十八年，前219年。渡江所沉璧：按，以上事见《史记·秦始皇本纪》。

⑧怀德县：秦置，属内史。治所在今陕西大荔东南。西汉属左冯翊。东汉废。

⑨沙苑：在今陕西大荔东南四十余里。今名马坊头。

⑩《禹贡》：即《尚书·禹贡》。详细记载了古代九州的划分、山川的方位、物产分布以及土壤性质等。北条：《水经注疏》杨守敬按："钱坫曰：《禹贡》道九山，汧、壶口、砥柱、太行、西倾、熊耳、嶓（bō）冢、内方、岐也。古分为三条。马融以汧为北条，西倾为中条，嶓冢为南条。"荆山：在今陕西大荔东南朝邑镇南。

⑪荆渠：《汉书·地理志》作"强梁原"。强梁原，亦名朝坂。在今陕西大荔朝邑镇南。

⑫夏后：这里指夏朝君主大禹。

【译文】

渭水又往东流经平舒城北边，城濒渭水之滨，城墙一半已经崩塌淹水，南边是通衢大道。从前秦始皇将死时，江神驾着素车白马，途经华山之下，把璧送回华阴平舒道，说道：请替我带给鄗池君。使者把璧送去，原来是秦始皇二十八年渡江时所沉的璧。平舒城就是江神送璧归还的地方。渭水北岸就是怀德县的边界。城在渭水以北、沙苑以南,就是怀德县旧城。人们称之为高阳城,是不对的。《地理志》说:《禹贡》北条荆山在南,山下有荆渠,就是夏禹铸九鼎的地方。王莽改县名为德驩。

渭水又东迳长城北①,长涧水注之②。水南出太华之山③,侧长城东而北流,注于渭水。《史记》,秦孝公元年④,楚、魏与秦接界,魏筑长城,自郑滨洛者也⑤。

【注释】

①长城:秦孝公时,魏国所筑。在陕西华阴西长涧河以西。

②长涧水:即今长涧河。在陕西华阴西。

③太华之山:即今陕西华阴南十里华山。号为西岳。以西有少华,故曰太华。

④秦孝公元年:前361年。

⑤洛:一名北洛水。即今陕西洛河。

【译文】

渭水又往东流经长城北边,有长涧水注入。长涧水发源于南方的太华山,沿着长城东侧北流,注入渭水。据《史记》,秦孝公元年,楚、魏与秦接界,魏从郑开始,沿着洛水之滨修筑长城。

又东过华阴县北①,

洛水入焉,阚骃以为漆沮之水也②。《曹瞒传》曰③:操与马超隔渭水④,每渡渭,辄为超骑所冲突。地多沙,不可筑城。娄子伯说⑤,今寒可起沙为城,以水灌之,一宿而成。操乃多作缣囊以堙水⑥,夜汲作城⑦,比明城立于是水之次也。

【注释】

① 华阴县：西汉高帝八年（前 199）改宁秦县置，属京兆尹，为京辅都
　尉治。治所在今陕西华阴东南五里。

② 漆沮之水：漆水与沮水合流后之通称。漆水即今陕西岐山南之
　横水河，沮水即今陕西岐山县东之沣河，两水合流后，水名互为通
　称，亦称漆沮水。

③《曹瞒传》：《水经注疏》熊会贞按："《（三国志·）魏书·武帝纪》
　注引。"曹瞒，即曹操，字孟德，小字阿瞒。东汉曹嵩之子。三国
　魏黄初初年，追尊武帝。

④ 马超：字孟起。扶风茂陵（今陕西兴平）人。汉末为偏将军，领父
　马腾部属。进军至潼关，与曹操战，败奔汉中，后归刘备。

⑤ 娄子伯：曹操部下。其余不详。

⑥ 缣（jiān）囊：丝绢制成的袋子。缣，由多根丝线并在一起织成的
　丝织品。堙（yīn）：堵塞，填塞。

⑦ 汲：从井里取水。亦泛指打水。

【译文】

渭水又往东流过华阴县北边，

洛水流入华阴县，阚骃以为是漆沮之水。《三国志·魏书·曹瞒传》
说：曹操与马超隔着渭水，每次渡渭水，就受到马超骑兵的冲击。那地方
多沙，不能筑城。娄子伯说：现在天气很冷，可以堆沙浇水造城，一夜之
间就可以筑成了。于是曹操做了许多绢袋来堵水，夜里汲水造城，到了
天明，城就在水边赫然耸立起来了。

渭水迳县故城北，《春秋》之阴晋也①。秦惠文王五年②，
改曰宁秦；汉高帝八年③，更名华阴，王莽之华坛也。县有华
山。《山海经》曰：其高五千仞，削成而四方，远而望之，又
若华状，西南有小华山也④。《韩子》曰⑤：秦昭王令工施钩

梯上华山⑥，以节柏之心为博⑦，箭长八尺，棋长八寸，而勒之曰⑧：昭王尝与天神博于是。

【注释】

①阴晋：春秋晋邑，后属魏。在今陕西华阴东北。

②秦惠文王五年：前333年。秦惠文王，名驷。战国时秦国国君。秦孝公之子。

③汉高帝八年：前199年。

④小华山：即少华山。在今陕西渭南市华州区东南。与太华峰势相连而稍低，故名少华。亦曰小华。东南接秦岭。

⑤《韩子》：书名。即《韩非子》。战国末期的法家思想集大成者韩非的著作。主张以法为中心的法、术、势三者合一的君主统治术，为中央集权的封建制度提供了理论依据。

⑥秦昭王：即秦昭襄王嬴稷，一名则。战国时秦国国君。钩梯：一种攀爬器械，用以爬高。

⑦节柏：《水经注疏》杨守敬按："《韩子》作松柏，《初学记》五引《韩子》，亦作松柏。"博：通"簿"。古代的一种游戏用具，类似后代的棋。

⑧勒：雕刻，铭刻。

【译文】

渭水流经华阴县老城北边，这就是《春秋》的阴晋。秦惠文王五年，改名宁秦；汉高帝八年，改名华阴，就是王莽的华坛。县里有华山。《山海经》说：山高五千仞，好像斧削而成，四面呈方形，远远望去却又像花，西南边有小华山。《韩非子》说：秦昭王叫工匠用钩梯登上华山，用节柏的树心做成博，箭长八尺，棋长八寸，在上面刻道：昭王曾与天神在此博弈。

《神仙传》曰①：中山卫叔卿尝乘云车②，驾白鹿，见汉武帝。帝将臣之，叔卿不言而去。武帝悔，求得其子度世，令追其父。度世登华山,见父与数人博于石上,敕度世令还^③。山层云秀,故能怀灵抱异耳。山上有二泉,东西分流,至若山雨滂湃^④,洪津泛洒,挂溜腾虚^⑤,直泻山下。有汉文帝庙,庙有石阙数碑^③,一碑是建安中立^⑦,汉镇远将军段煨更修祠堂^⑧,碑文汉给事黄门侍郎张昶造^⑨,昶自书之。文帝又刊其二十余字。二书存,垂名海内。又刊侍中司隶校尉锺繇、弘农太守毌丘俭姓名^⑩,广六行,郁然修平。是太康八年^⑪,弘农太守河东卫叔始为、华阴令河东裴仲恂役其逸力^⑫,修立坛庙,夹道树柏,迄于山阴。事见永兴元年华百石所造碑^⑬。

【注释】

①《神仙传》:书名。晋葛洪撰。记述远古至魏晋传说中的神仙故事,被后世道家视为必读之书。

②中山:即中山国。西汉景帝改中山郡置。治所在卢奴县(今河北定州)。卫叔卿:具体不详。云车:传说中仙人的车乘(shèng)。仙人以云为车,故名。

③敕:命令。

④滂湃:雨大貌。

⑤挂溜:瀑布。

⑥石阙:以石建筑的阙。多立于宫庙陵墓之前,供铭记官爵、功绩或装饰用。

⑦建安:东汉献帝刘协的年号(196—220)。

⑧段煨(wèi):东汉武威(今甘肃武威)人。献帝时为中郎将,屯华阴,谨修农事。帝东迁,煨迎至营,奉给御膳,赡百官。

⑨张昶(chǎng):字文舒。敦煌渊泉(今甘肃渊泉)人。东汉书法家。书类其兄张芝,极工八分,又善隶。

⑩锺繇(zhōng yóu)：字元常。三国时颍川长社(今河南长葛)人。善书法。毌(guàn)丘俭：字仲恭。河东闻喜(今山西闻喜)人。三国魏将领。毌丘兴封高阳乡侯，毌丘俭袭父爵，为平原侯文学。

⑪太康八年：287年。太康，西晋武帝司马炎的年号(280—289)。

⑫卫叔始为："为"字衍文。卫叔始，河东郡(治今山西夏县)人。官弘农太守。其余不详。裴仲恂：河东郡人。官华阴令。其余不详。役其逸力：运用自己所有的力气。役，役使，差遣。

⑬永兴元年：304年。永兴，西晋惠帝司马衷的年号(304—305)。华百石：人名。具体不详。《水经注疏》熊会贞按："卫叔始、裴仲恂修立坛庙，未及造碑，至永兴元年，华百石乃造碑记其事也。"

【译文】

《神仙传》说：中山卫叔卿曾乘云车、驾白鹿，去见汉武帝。武帝将把他当差役使用，卫叔卿一言不发就走了。武帝后悔，去寻他的儿子度世，要他把他父亲追回来。度世登上华山，看见父亲和几个人在岩头玩博戏，其父叫他回去。华山峰峦层沓，秀色映于云霄，所以能蕴藏灵异之气。山上有两条泉水，向东西两面分流，每逢山雨滂沱，山洪猛涨，瀑布也腾空飞洒，向山下奔泻。山中有汉文帝庙，庙前有石阙和几块石碑，其中一块是建安年间所立，记载汉镇远将军段煨重修祠堂，碑文由汉给事黄门侍郎张昶所作，并由张昶亲自书写。文帝又刻了二十余字。这两种题刻都还在，在海内享有盛名。又刻了侍中司隶校尉锺繇、弘农太守毌丘俭的姓名，宽六行，书法酣畅淋漓，匀称优美。太康八年，弘农太守河东卫叔始、华阴县令河东裴仲恂大力修筑坛庙，道路两旁都种上翠柏，直通到山北。关于这件事，永兴元年华百石所立碑中有所记载。

渭水又东，沙渠水注之①。水出南山北流，西北入长城，城自华山北达于河。《华岳铭》曰②：秦、晋争其祠，立城建其左者也。郭著《述征记》指证魏之立长城③，长城在后，不

得在斯。斯为非矣。渠水又北注于渭。《三秦记》曰：长城
北有平原，广数百里，民井汲巢居④，井深五十尺。

【注释】

①沙渠水：《水经注疏》熊会贞按："《华阴县志》，水在县（今陕西华
　阴）东十五里，亦曰蒲涧水。"

②《华岳铭》：即张昶的华岳碑铭文，亦称《西岳华山堂阙铭》。

③郭著《述征记》：即晋末宋初人郭缘生《述征记》。记述了他跟随
　刘裕北伐慕容燕、西征姚秦的沿途所见。长城：秦孝公时，魏国所
　筑。在今陕西华阴长涧河以西。

④井汲：从井中打水。巢居：筑巢穴居住。

【译文】

渭水又东流，有沙渠水注入。沙渠水发源于南山，往北流，又往西北
流入长城——长城从华山往北直通到河水。华岳碑铭文说：秦晋争祠，
筑城立于祠左。郭缘生《述征记》指证魏造的长城在后面，不可能在这里。
这说法却不对。渠水又北流，注入渭水。《三秦记》说：长城北有平原，广
袤数百里，居民从井里汲水，在窑洞里居住，井深五十尺。

渭水又东迳定城北①。《西征记》曰②：城因原立③。《述
征记》曰：定城去潼关三十里④，夹道各一城。

【注释】

①定城：在今陕西华阴东十里。

②《西征记》：书名。东晋末戴延之（戴祚）撰。记作者随刘裕西征
　关中时的沿途所见。

③城因原立：定城是凭借长城北、广袤数百里的平原而建立的。

④潼关：在今陕西潼关县东北。古为桃林塞地。东汉建安中设潼关。

故址在今潼关县东北港口镇东南四里杨家庄附近。

【译文】

渭水又往东流经定城北边。《西征记》说：城因平原而建立。《述征记》说：定城离潼关三十里，道路两边各有一城。

渭水又东，泥泉水注之^①。水出南山灵谷^②，而北流注于渭水也。

【注释】

①泥泉水：《水经注疏》熊会贞按："《寰宇记》引《述征记》，泥泉水出定城下。"

②灵谷：《水经注疏》熊会贞按："《一统志》，灵谷在华阴县（今陕西华阴）东南，泥泉水所出。"

【译文】

渭水又东流，有泥泉水注入。泥泉水发源于南山灵谷，北流注入渭水。

渭水又东合沙渠水。水即符禺之水也^①，南出符石。又迳符禺之山^②，北流入于渭。

【注释】

①符禺之水：当在今陕西渭南市华州区西南一带。《山海经·西山经》：小华山"西八十里曰符禺之山，其阳多铜，其阴多铁，符禺之水出焉"。

②符禺之山：在今陕西渭南市华州区西南四十里。

【译文】

渭水又东流，汇合了沙渠水。沙渠水就是符禺之水，发源于南方的符石。又流经符禺之山，北流注入渭水。

东入于河。

《春秋》之渭汭也①。《左传·闵公二年》②，虢公败犬戎于渭汭③。服虔曰④：汭谓汭也。杜预曰：水之隈曲曰汭⑤。王肃云⑥：汭，入也。吕忱云：汭者，水相入也。水会，即舡司空所在矣⑦。《地理志》曰：渭水东至船司空入河。服虔曰：县名，都官⑧。《三辅黄图》有船库官⑨，后改为县。王莽之船利者也。

【注释】

①渭汭（ruì）：渭水入黄河处。在今陕西潼关县东北。汭，河流汇合或弯曲的地方。

②闵公二年：前660年。

③虢公：春秋时西虢国君。虢国，在今陕西宝鸡东，后来迁到河南三门峡市陕州区东南。犬戎：古族名。即畎戎，又称犬夷。戎人的一支。西戎之别种居住中国者。

④服虔：字子慎，初名重，又名祇。河南荥阳（今河南荥阳）人。东汉经学家。

⑤隈（wēi）曲：山水弯曲处。

⑥王肃：字子雍。东海郯（今山东郯城）人。三国魏经学家。善贾逵、马融之学而反郑玄。

⑦船司空：即船司空县。西汉置，属京兆尹。治所在今陕西潼关县东北港口镇附近。

⑧都官：官署名。汉司隶校尉属官有都官从事，掌中都官不法事。东汉光武帝以二千石曹掌中都官水、火、盗贼。至三国魏青龙二年（234），始置尚书都官郎，佐督军事。

⑨《三辅黄图》：书名。撰者不详。记三辅宫观、陵庙、明堂、辟雍、

郊畤等事。船库官：主船之官。

【译文】

渭水往东流注入河水。

入河处就是《春秋》中的渭汭。《春秋左传·闵公二年》，虢公在渭汭打败犬戎。服虔说：汭，就是汭。杜预说：水的转弯处叫汭。王肃说：汭，就是入。吕忱说：汭是水相互注入的意思。两水汇合之处，就是船司空的所在地。《地理志》说：渭水东流到了船司空，注入河水。服虔说：船司空是县名，有都司空官驻在这里。《三辅黄图》有船库官，后来改为县。就是王莽的船利。

卷二十

漾水　丹水

【题解】

《禹贡》有"嶓冢导漾，东流为汉"的说法，这实际上是《禹贡》的错误，因为它把漾水作为汉水的上源。《水经》继承了《禹贡》的错误，它开头就说："漾水出陇西氐道县嶓冢山，东至武都沮县为汉水。"其实，东至武都沮县的不是汉水，而是西汉水。西汉水和汉水是两条完全不同的河流，但古人误以为西汉水就是汉水的上源，所以才有这样的错误。这种错误同样也发生在郦道元的《注》文中，他说："常璩《华阳国志》曰：汉水有二源，东源出武都氐道县漾山为漾水，《禹贡》导漾东流为汉是也。西源出陇西西县嶓冢山，会白水，迳葭萌入汉，始源曰沔。"郦道元引《华阳国志》和《禹贡》作注，认为西汉水就是汉水的西源，东、西两源汇合，称为沔水，沔水就是汉水的古称。郦道元说"会白水，迳葭萌入汉"，"会白水"，这是不错的，但"迳葭萌入汉"却全是附会。葭萌是南朝益州之地，郦道元根本没有到过这个地方，所以他无法纠正古人的错误。现在可以肯定的是，《水经》和《水经注》所称的漾水，就是今西汉水，是四川境内的长江支流嘉陵江的上游。

丹水今称丹江，发源陕西东南，从荆紫关流入河南。原来在河南丹江县（李官桥）以南进入湖北与汉江汇合（丹江县后来划归湖北，并改名均县）。今已在丹江入汉处建筑水利枢纽工程,在丹江和汉江形成一个蓄水量达 210 亿立方米的大型水库——丹江口水库。《经》文说:"又东南过商县南,又东南至于丹水县,入于均。"《注》文说:"又南合均水,谓之析口。"这里《经》文和《注》文所说的"均水",是一条河流的古代名称,现在早无此名。至于此水究系何水,历来也有不同看法,参阅卷二十九《均水》篇"题解"。

漾水

漾水出陇西氐道县嶓冢山[①],东至武都沮县为汉水[②]。

常璩《华阳国志》曰[③]:汉水有二源[④],东源出武都氐道县漾山为漾水[⑤],《禹贡》:导漾东流为汉是也[⑥]。西源出陇西西县嶓冢山[⑦],会白水[⑧],迳葭萌入汉[⑨],始源曰沔[⑩]。按沔水出东狼谷[⑪],迳沮县入汉。《汉中记》曰[⑫]:嶓冢以东,水皆东流;嶓冢以西,水皆西流。即其地势源流所归,故俗以嶓冢为分水岭。即此推沔水无西入之理。刘澄之云[⑬]:有水从阿阳县南至梓潼汉寿入大穴[⑭],暗通冈山[⑮]。郭景纯亦言是矣。冈山穴小,本不容水,水成大泽而流与汉合。庾仲雍又言[⑯]:汉水自武遂川南入蔓葛谷[⑰],越野牛迳至关城[⑱],合西汉水[⑲]。故诸言汉者,多言西汉水至葭萌入汉。又曰:始源曰沔,是以《经》云:漾水出氐道县,东至沮县为汉水,东南至广魏白水[⑳]。诊其沿注[㉑],似与三说相符[㉒],而未极西汉之源矣[㉓]。然东、西两川,俱受沔、汉之名者,义或在兹矣。

【注释】

①漾水:即今西汉水,是四川境内的长江支流嘉陵江的上游。此处

《水经》延续了《禹贡》的错误。陇西：即陇西郡。战国秦置。治所在今狄道县（今甘肃临洮南）。氐道县：西汉置，属陇西郡。治所在今甘肃礼县西北。嶓（bō）冢山：今陕西宁强北之嶓冢山，土人名汉源山，当为《禹贡》"嶓冢导漾"之嶓冢山。

②武都：即武都郡。西汉元鼎六年（前111）置。治所在武都县（今甘肃西和南仇池山东麓）。东汉移治下辨县（今成县西三十里）。沮县：西汉置，属武都郡。治所在今陕西略阳东黑河东侧。汉水：即西汉水。今四川嘉陵江。源出甘肃天水南嶓冢山。

③常璩（qú）：字道将。蜀郡江原（今四川崇州）人。少好学，初仕成汉。李势时，官至散骑常侍，掌著作。桓温伐蜀，璩等劝李势降温，成汉亡。桓温以璩为参军。有《华阳国志》，今存。《华阳国志》：又名《华阳国记》。全书共十二卷。记录了从远古到东晋永和三年，古代中国西南地区历史、地理、人物、物产等，为现存有关汉中、四川地区最早之地方史志。

④汉水有二源：陈桥驿按，这是《水经注》中比较重要的错误。当然，这亦非郦道元的错误。《经》文毋庸再提，《注》文开头就引《华阳国志》，古代学者常以之为《越绝书》以后的我国第二部方志。尽管其说始于《禹贡》，但许多权威古籍都尊奉经书，郦氏当然不能例外，把蜀中之水与鄂中之水合二为一。

⑤漾山：在武都郡氐道县（今甘肃礼县西北）一带。

⑥《禹贡》导漾东流为汉：见《尚书·禹贡》："嶓冢导漾，东流为汉。"

⑦西县：战国秦于故西犬丘地置，属陇西郡。治所在今甘肃天水西南九十里。晋废。

⑧白水：即今甘肃文县南白水江。源出四川九寨沟县西北，东南流至甘肃文县东南入白龙江。

⑨葭萌：古邑名。在今四川广元西南昭化镇。

⑩沔：即今汉水。据《水经注》：北源出自今陕西留坝县西，一名沮

水者为沔水；西源出自今陕西宁强北者为汉水。两水合流后通称
沔水或汉水。

⑪东狼谷：山谷名。故地在今陕西凤县南，与甘肃交界边境一带，汉
水发源地区。

⑫《汉中记》：书名。撰者不详。史志及他书少见征引，《水经注》则
屡有引用。

⑬刘澄之：南朝宋武帝刘裕的族弟刘遵考之子。著作甚丰，郦道元
《水经注》多引，有时引作刘中书。

⑭阿阳县：当作沔阳县。沔阳县，西汉置，属汉中郡。治所在今陕西
勉县东旧州铺。梓潼：东汉建安二十二年（217）刘备分广汉郡置。
治所在梓潼（今四川梓潼）。汉寿：东汉建安二十二年（217）刘备
改葭萌置，属梓潼郡。治所在今四川广元西南四十五里昭化镇。

⑮冈山：《水经注疏》杨守敬按："《尔雅》疏引郭氏《音义》文。《禹贡》
疏亦引，冈作岡。《广韵》，岡音洞，山一穴也。"

⑯庾仲雍：晋人。撰有《湘州记》《江记》《汉水记》。

⑰武遂川、蔓葛谷：具体不详。

⑱野牛：《水经注疏》杨守敬按："此所谓越野牛，盖指石牛道欤？"石
牛道，古道路名。又名金牛道。为古代汉中盆地和巴蜀的主要交
通路线。自今陕西勉县西南行，越七盘岭入四川境，经朝天驿、广
元，而至剑阁。关城：即阳平关。在今陕西宁强西北。

⑲西汉水：即今四川嘉陵江，源出甘肃天水南嶓冢山。

⑳广魏：此指广汉郡，西汉高帝六年（前201）分巴、蜀二郡置，初治
乘乡（在今四川金堂东），后徙治梓潼县（今四川梓潼）。三国曹魏
时改广汉为广魏。白水：即白水县。西汉置，属广汉郡。治所在
今四川青川东北沙州镇。

㉑诊：考察，省视。

㉒三说：指书中提及的刘澄之、郭璞、庾仲雍三家之说。

㉓未极西汉之源：《水经注疏》杨守敬按："西汉之源出西县，而《经》
　　云出氐道，故云未极西汉之源。"极，探求，深究。

【译文】

漾水

漾水发源于陇西郡氐道县的嶓冢山，往东流到武都郡沮
县，称为汉水。

常璩《华阳国志》说：汉水有两个源头，东边的源头出自武都氐道县
的漾山，称为漾水，《禹贡》说：疏导漾水往东流是汉水，就指此水。西面
的源头出自陇西郡西县嶓冢山，汇合白水，流往葭萌注入汉水，上源弥为
沔水。按沔水发源于东狼谷，流经沮县注入汉水。《汉中记》说：嶓冢山
以东，水都往东沇；嶓冢山以西，水就往西流。水源是循着地势而流的，
因此民间都把嶓冢山作为分水岭。据此推断，沔水是没有向西流的道理
的。刘澄之说：有一条水从阿阳县南流到梓潼郡的汉寿县，注入一个大
山洞，山洞暗通习山。郭景纯也有这样的说法。冈山的洞小，本来就容
不了多少水，于是水就积成一片汪洋大泽，流出去与汉水汇合。庾仲雍
又说：汉水从武遂川往南流入蔓葛谷，穿过野牛，流到关城，汇合西汉水。
所以诸家谈到汉水时，大都说西汉水流到葭萌注入汉水。又有人说上源
叫沔水，所以《水经》说：漾水发源于氐道县，东流到沮县称为汉水，注东
南流到广魏白水县。考察水道的流向，似乎与上述三种说法相符，但都
没有穷究到西汉水的源头。不过东西两条水，都有沔水和汉水的名称，
道理或许就在这里吧。

班固《地理志》，司马彪、袁山松《郡国志》①，并言汉有
二源，东出氐道，西出西县之嶓冢山。阚骃云：汉或为漾，漾
水出昆仑西北隅②，至氐道重源显发而为漾水③。又言，陇西
西县，嶓冢山在西，西汉水所出，南入广魏白水。又云：漾水
出豲道④，东至武都入汉。许慎、吕忱并言⑤：漾水出陇西豲

道，东至武都为汉水，不言氐道。然貔道在冀之西北⑥，又隔诸川，无水南入，疑出貔道之为谬矣。又云：汉，漾也，东为沧浪水⑦。《山海经》曰：嶓冢之山，汉水出焉，而东南流注于江⑧。然东、西两川，俱出嶓冢而同为汉水者也。孔安国曰⑨：泉始出为漾⑩，其犹蒙耳⑪。而常璩专为漾山、漾水，当是作者附而为山水之殊目矣。

【注释】

① 司马彪《郡国志》：司马彪《续汉书》中的内容。《水经注》中多引。司马彪，字绍统。河内温县（今河南温县）人。魏晋时期史学家。袁山松《郡国志》：袁山松，即袁崧，字山松。陈郡阳夏（今河南太康）人。东晋史学家。撰《后汉书》，今存辑本。郑德坤《水经注引书考》："《晋书》本传称山松著《后汉书》百篇与《隋志注》合。《水经注》所引多《郡国志》文……"

② 昆仑：山名。古昆仑山包括今喀喇昆仑山、昆仑山。古代把塔里木河南源视为黄河源，昆仑山往往被误为黄河发源处。

③ 重源：不止一个源头。显发：与"潜发"义相反。发源于地面。

④ 貔（huán）道：即貔道县。汉置。治所在今甘肃陇西东南文峰镇东三台村。

⑤ 许慎：字叔重。汝南召陵（今河南漯河市召陵区）人。东汉著名的经学家、文字学家。博学经籍，有"五经无双许叔重"之称。所著《说文解字》，是中国文字学的奠基之作，也是我国第一部以六书理论系统分析字形、解释字义的字典。吕忱：字伯雍。任城（今山东济宁东南）人。晋文字学家，官义阳王典祠令。撰《字林》七卷。

⑥ 冀：即冀县。春秋战国时秦所置。治所在今甘肃甘谷东。西晋后废。

⑦ 沧浪水：《水经注·沔水》："盖汉沔水自下有沧浪通称耳。"

⑧ "嶓冢之山"几句：语见《山海经·西山经》："嶓冢之山，汉水出

　焉，而东南流注于沔。"

⑨孔安国：宇子国。鲁（今山东曲阜）人。西汉经学家。相传他曾得
　　孔壁所藏古文《尚书》，开古文《尚书》学派。

⑩泉始出为漾：泉水从源头流出叫"漾"，为通名。

⑪蒙：通"萌"。开端，开始。

【译文】

　　班固的《地理志》，司马彪、袁山松的《郡国志》都说汉水有两个源头，东源出自氐道县，西源出自西县的嶓冢山。阚骃说：汉水有人称为漾水，漾水发源于昆仑山西北角，流到氐道，潜流于地下的源头才重新冒出地面，称为漾水。又说，陇西郡西县，嶓冢山在西边，西汉水就发源于那里，往南流入广魏白水。又有人说：漾水发源于獂道县，往东流到武都注入汉水。许慎、吕忱都说漾水发源于陇西獂道县，往东流到武都称为汉水，并没有提到氐道。獂道县在冀县的西北，又隔着几条河流，没有南流的水，发源于獂道的说法想来是错误的。又说：汉水就是漾水，东边是沧浪水。《山海经》说：嶓冢山是汉水的发源地，往东南流注入江水。然而，东西两条水都发源于嶓冢山，也都同样称为汉水。孔安国说：泉水开始流出叫漾，意思是说水流很细。而常璩仅仅提到漾山、漾水，大概是作者附会，把山和水联系在一起而得出漾山这样一个很特别的山名来。

　　余按《山海经》，漾水出昆仑西北隅，而南流注于丑涂之水①。《穆天子传》曰②：天子自春山西征③，至于赤乌氏④，己卯，北征；庚辰，济于洋水⑤；辛巳，入于曹奴⑥。曹奴人戏⑦，觞天子于洋水之上⑧，乃献良马九百，牛羊七千，天子使逢固受之⑨，天子乃赐之黄金之鹿，戏乃膜拜而受。余以太和中从高祖北巡⑩，狄人犹有此献⑪。虽古今世殊，而所贡不异，然川流隐伏，卒难详照⑫，地理潜闷⑬，变通无方，复不

可全言阚氏之非也。虽津流派别^⑭，枝渠势悬，原始要终，潜流或一，故俱受汉、漾之名，纳方土之称，是其有汉川、汉阳、广汉、汉寿之号^⑮，或因其始，或据其终，纵异名互见，犹为汉、漾矣。川共目殊，或亦在斯。今西县嶓冢山^⑯，西汉水所导也，然微涓细注，若通幂历^⑰，津注而已^⑱。

【注释】

①丑涂之水：具体不详。

②《穆天子传》：书名。撰者不详。约为春秋末到战国初时作。晋咸宁五年（279）在汲郡（今河南汲县）战国魏襄王墓中出土的汲冢书之一。主要记录的是周穆王西征西方诸国和巡游中原的故事。

③天子：即穆天子。春山：王守春《〈穆天子传〉与古代新疆历史地理相关问题研究》一文考证，此"春山"当指天山。

④赤乌氏：《穆天子传》中有赤乌氏，为祁连山一带之游牧部族。

⑤洋水：即今陕西西乡东泾洋河。源出陕西镇巴南，北流经西乡会牧马河，入于汉。

⑥曹奴：西域部族名。

⑦戏：人名。曹奴人的首领。

⑧觞（shāng）：古代本指盛满酒的酒杯。后来引申为以酒饮人或自饮。这里指敬酒。

⑨逢固：秦穆公的臣子。

⑩太和：北魏孝文帝元宏的年号（477—499）。高祖：指北魏孝文帝元宏。献文帝拓跋弘长子。

⑪狄人：我国古代称北方的民族。

⑫详照：清楚明白。照，明白，知晓。

⑬潜閟（bì）：隐藏而难以昭揭。閟，关闭，隐藏。

⑭派：水分道而流。

⑮汉川：即汉水。今四川汉源西北之流沙河，为大渡河支流。汉阳：
　　即汉阳郡。东汉永平十七年（74）改天水郡置。治所在冀县（今
　　甘肃甘谷东）。广汉：即广汉郡。西汉高帝六年（前201）分巴、蜀
　　二郡置。初治乘乡（今四川金堂东），后徙治梓潼县（今四川梓潼）。
　　汉寿：即汉寿水。即今四川广元南之南河。

⑯西县：战国秦于故西犬丘地置，属陇西郡。治所在今甘肃天水西
　　南九十里。晋废。

⑰幂历：分布覆被貌。

⑱津注而已：只是能通流，还不至于断流。意思是说水很小。

【译文】

　　我查过《山海经》，漾水发源于昆仑山西北角，南流注入丑涂水。《穆
天子传》说：穆天子从舂山出发西行，到达赤乌氏，己卯日北行，庚辰日渡
过洋水，辛巳日迸入曹奴。曹奴有个人名戏，在洋水上宴请天子，献上良
马九百匹，牛羊七千头，天子派逢固去接他馈赠，于是回赠他黄金鹿一只，
戏恭敬地跪拜接受了。我在太和年间曾跟从高祖北巡，狄人也有此类贡
献。虽然古今时代不同，但所贡献的东西却没有差别，然而，川流隐失在
地下，很难详细搞清楚，地形地貌隐蔽幽深，变化莫测，没有一定的规律
可循，因此也不能完全责怪阚氏的错误了。虽然水流有分支，支渠相隔遥
远，但探究它们的源头和归宿，隐蔽的地下潜流，有时却是同属一条水的，
因此，都有了汉水、漾水之名，同时又采用了一些地方名称，于是就有了汉
川、汉阳、广汉、汉寿等名，有的是根据起点，有的是根据终点，纵然各书中
可以看到各种异名，但指的还是汉水和漾水。同一条川流，而名称各异，
原因或许就在这里吧。今天的嶓冢山作为西汉水的发源地，只是一些细
微的溪流汇注，像幕布般仅能把地面覆盖，形成不至于断流的水流而已。

　　西流与马池水合①。水出上邽西南六十余里②，谓之龙
渊水，言神马出水，事同余吾、来渊之异③，故因名焉。《开山

图》曰④：陇西神马山有渊池⑤，龙马所生。即是水也。其水西流谓之马池川，又西流入西汉水。

【注释】

①马池水：在今甘肃天水西南。

②上邽（guī）：战国秦改邽县置，属陇西郡。治所即今甘肃天水。东汉属汉阳郡，西晋为天水郡治。北魏避道武帝珪讳，改名上封。

③余吾之异：《汉书·武帝纪》："（元狩二年）夏，马生余吾水中。""（元鼎四年）秋，马生渥洼水中。"余吾，即余吾县。西汉置，属上党郡。治所即今山西长治屯留区西北余吾镇。来渊之异：《开山图》曰："陇西神马山有渊池，龙马所生。"

④《开山图》：书名。又作《遁甲开山图》。撰者不详。所记皆天下名山及洪古帝王发迹之处。今存黄奭《汉学堂》辑本。

⑤神马山：当在今甘肃临洮一带。渊：深。

【译文】

西汉水往西流，与马池水汇合。马池水发源于上邽西南六十多里，叫龙渊水，据说有神马从渊里出来，与余吾、来渊出现过的奇迹相类似，因而得名。《开山图》说：陇西神马山有个深潭，出生过龙马。说的就是这条水。水往西流，称为马池川，再往西流，注入西汉水。

西汉水又西南流，左得兰渠溪水，次西有山黎谷水，次西有铁谷水，次西有石耽谷水，次西有南谷水，并出南山，扬湍北注。右得高望谷水，次西得西溪水，次西得黄花谷水①，咸出北山，飞波南入。

【注释】

①"右得高望谷水"几句：《水经注疏》熊会贞按："西溪水、黄花谷水，

与高望谷水类叙，亦载西汉之右。三水亦在今秦州（今甘肃天水）
西南。”

【译文】

西汉水又往西南流，左边接纳了兰渠溪水，往西依次有山黎谷水、铁
谷水、石耽谷水和南谷水，这几条水都发源于南山，急流奔腾，往北流去。
右面接纳了高望谷水，往西有西溪水，再往西有黄花谷水，都发源于北
山，浪花飞溅，南流注入西汉水。

西汉水又西南，资水注之。水北出资川，导源四鏊，南
至资峡，总为一水，出峡西南流，注西汉水。

【译文】

西汉水继续往西南流，资水注入。资水发源于北方的资川，源头从
四面山谷中流出，南流到资峡，合并为一条，出峡后往西南流，最后注入
西汉水。

西汉水又西南得峡石水口。水出苑亭、西草、黑谷三溪，
西南至峡石口，合为一渎，东南流，屈而南注西汉水。

【译文】

西汉水又往西南流，到了峡石水口。峡石水发源于苑亭、西草、黑谷
三条小溪，往西南流到峡石口，汇合成一条，然后往东南流，拐弯南流注
入西汉水。

西汉水又西南合杨廉川水[①]。水出西谷，众川泻流，合
成一川，东南流迳西县故城北。秦庄公伐西戎[②]，破之。周

宣王与其先大骆犬丘之地[3]，为西垂大夫[4]，亦西垂宫也。王莽之西治矣。建武八年[5]，世祖出阿阳[6]，窦融等悉会[7]，天水震动[8]。隗嚣将妻子奔西城从杨广[9]，广死，嚣愁穷城守。时颍川贼起[10]，车驾东归，留吴汉、岑彭围嚣[11]。岑等壅西谷水[12]，以缣幔盛土为堤灌城[13]，城未没丈余，水穿壅不行，地中数丈涌出，故城不坏。王元请蜀救至[14]，汉等退还上邽。但广、廉字相状，后人因以人名名之，故习讹为杨廉也，置杨廉县焉[15]。又东南流，右会茅川水。水出西南戎溪，东北流迳戎丘城南[16]，吴汉之围西城[17]，王捷登城向汉军曰[18]：为隗王城守者，皆必死无二心，愿诸将亟罢，请自杀以明之。遂刎颈而死。又东北流注西谷水，乱流东南入于西汉水。

【注释】

①杨廉川水：即西谷水，今甘肃礼县东北盐水河。

②秦庄公：西周秦国国君。周宣王四年（前824），秦仲为大夫，诛西戎，败死。庄公受宣王之召，率兵七千人，攻破西戎，得封为西垂大夫，居西犬丘（今甘肃礼县东北）。后追谥庄公。西戎：古代西北戎族的总称。

③周宣王：即姬静（一作靖），周厉王姬胡之子。在位期间任用尹吉甫、仲山甫等贤臣辅佐朝政，曾使西周的国力得到短暂恢复，史称宣王中兴。晚年则昏庸独断，不纳忠言。大骆：神话传说中人物，相传为秦之祖先。犬丘：西周邑名。在今陕西兴平东南十里南佐村。秦改为废丘。

④西垂：古邑名。即西犬丘（今甘肃天水西南）。

⑤建武八年：32年。建武，东汉光武帝刘秀的年号（25—56）。

⑥世祖：光武帝刘秀。阿阳：即阿阳县。西汉置，属天水郡。治所在

今甘肃静宁西南城川乡咀头村。

⑦窦融：字周公。东汉扶风平陵（今陕西西安）人。王莽时，为强弩
　将军司马，以军功封建武男。后归光武帝，授为凉州牧。以跟从
　刘秀破隗嚣有功，封安丰侯。

⑧天水：即天水郡。西汉元鼎三年（前114）置。治所在平襄县（今
　甘肃通渭西北）。

⑨隗嚣（wěi áo）：字季孟。东汉天水成纪（今甘肃静宁西南）人。王
　莽末，据陇西起兵，自称西州上将军。归光武帝刘秀。后叛归附
　公孙述。刘秀西征，隗嚣奔西城而死。奔：逃亡。西城：西县县城（在
　今甘肃天水西南九十里）。杨廣：字春卿。新莽末陇西上邽（今甘
　肃天水）人。拥立隗嚣为上将军以应更始刘玄，屡破王莽军。后
　不愿降光武帝，战死。

⑩颍川：即颍川郡。秦始皇十七年（前230）置。治所在今阳翟县（今
　河南禹州）。

⑪吴汉：字子颜。东汉南阳宛（今河南南阳）人。刘秀时位至大司马，
　封广平侯。岑彭：字君然。南阳棘阳（今河南南阳南）人。王莽时
　为本县长。后归光武帝刘秀，以为邓禹军师。击秦丰有功，封为
　舞阴侯。

⑫壅：堵塞、淤塞。

⑬缣（jiān）幔：用细绢做成的幔帐。

⑭王元：隗嚣的将领。其余不详。

⑮杨廉县：比指阳廉县。北魏置，属汉阳郡。治所在今甘肃天水西南。

⑯戎丘城：在今甘肃天水西南。

⑰吴汉之围西城：《后汉书·隗嚣列传》："嚣终不降。于是诛其子
　恂，使吴汉与征南大将军岑彭围西城，耿弇与虎牙大将军盖延围
　上邽。"

⑱王捷：隗嚣大将军。汉军围嚣，王捷登城誓死无二心，自刎死。

【译文】

西汉水又往西南流,汇合了杨廉川水。杨廉川水发源于西谷,许多条山涧流泻下来,汇合成一条,往东南流经西县旧城北面。秦庄公讨伐西戎,把西戎击溃。周宣王把犬丘赐给庄公祖先大骆作为封地,称为西垂大夫,西垂宫就在这里。这也就是王莽时的西治。建武八年世祖到阿阳,窦融等人都来会合,因此天水人心动摇。隗嚣带着妻子儿女逃奔西城,去投靠杨广,杨广死后,隗嚣因守城陷入困境,十分忧愁。当时颍川盗贼蜂起,世祖车驾东归,留下吴汉、岑彭围困隗嚣。岑彭等人堵住了西谷水,用帐幕装上泥土,筑堤淹城,但城墙还有一丈多没有淹没,水却冲破堤坝,从地下数丈处涌出来,因而城也没有毁坏。再加上王元请到了蜀地的救兵,吴汉的军队只得退回上邽。后人常用人名给地方命名,广、廉两字因字形相似误作杨廉,以讹传讹,于是设置了杨廉县。杨廉川水又往东南流,在右边汇合了茅川水。茅川水发源于西南的戎溪,往东北流经戎丘城南面,吴汉等人围困西城的时候,守将王捷登上城头向汉军将士们说:我们这些为隗王守城的人都做了必死的准备,绝无二心,希望诸位将领马上退兵,请让我们用自杀来表明我们的决心。说罢就刎颈而死。茅川水又往东北流,注入西谷水,之后往东南乱流,注入西汉水。

西汉水又西南迳始昌峡[①],《晋书地道记》曰[②]:天水始昌县[③],故城西也,亦曰清崖峡。

【注释】

①始昌峡:亦名清崖峡。晋时在天水始昌县(今甘肃礼县东北)。

②《晋书地道记》:书名。又称《晋地道志》《晋地道记》《地道记》。东晋王隐撰。今存清人辑本。

③始昌县:西晋置,属天水郡。治所在今甘肃礼县东北。

【译文】

西汉水继续往西南流往始昌峡，《晋书地道记》说：天水始昌县，在旧城西面，始昌峡也叫清崖峡。

西汉水又西南迳宕备戍南①，左则宕备水自东南、西北注之，右则盐官水南入焉②。水北有盐官③，在嶓冢西五十许里，相承营煮不辍，味与海盐同。故《地理志》云：西县有盐官是也④。其水东南迳宕备戍西，东南入汉水。

【注释】

①宕备戍：《水经注疏》熊会贞按："'宕'乃'岩'之讹，与《渭水注》'石岩水'作'石宕水'一也。戍当在今西和县（今甘肃西和）东北。自此以下所叙诸戍，皆无可考。"

②盐官水：《水经注疏》杨守敬按："《寰宇记》，盐官水在长道县北一里，自天水县界流来。盖以西汉为盐官。《水道提纲》亦以西汉正流为盐官，非古之盐官水也。古盐官水在今西和县之东北，南流入西汉水。"

③盐官：《水经注疏》杨守敬按："《元和志》，盐官故城在长道县（今甘肃西和北长道镇）东三十里，在嶓冢西四十里，相承营煮，味与海盐同。又云：盐井水与岸齐，盐极甘美，食之破气。《明·地理志》，西和县东北有盐井。"

④西县有盐官：今本《汉书·地理志》"陇西郡"下"西县"条无。《水经注疏》杨守敬按："今本《汉志》脱'有盐官'三字，当据此补。"

【译文】

西汉水又往西南流，经宕备戍南面，左边有宕备水，来自东南，往西北注入；右边有盐官水，往南流汇合进来。盐官水的北面有个地方叫盐官，在嶓冢山西面约五十里，人们世世代代在这里煮盐，从未停歇过，煮的盐咸味与海盐相同。所以《地理志》说：西县有盐官。盐官水往东南流经宕备戍西面，往东南注入汉水。

汉水又西南合左谷水。水出南山穷溪，北注汉水。又西南，兰皋水出西北五交谷①，东南历祁山军②，东南入汉水。汉水又西南迳祁山军南，鸡水南出鸡谷③，北迳水南县④，西北流注于汉。

【注释】

①兰皋水：《水经注疏》熊会贞按："当在今西和县（今甘肃西和）东北。"

②祁山军：《水经注疏》熊会贞按："祁山军当在祁山（在今甘肃礼县东四十里祁山乡）之东。"

③鸡水南出鸡谷：《水经注疏》熊会贞按："《明一统志》，鸡峰山在西和县东北十五里，其形如圭，古名圭峰，盖即鸡水所出之山也。"

④水南县：北魏太平真君二年（441）置，后为天水郡治。治所在今甘肃西和北长道镇。

【译文】

汉水又往西南流，汇合了左谷水。左谷水发源于南山深处的溪涧，北流注入汉水。汉水又往西南流，有兰皋水发源于西北五交谷，往东南流经祁山军，往东南注入汉水。汉水又往西南流经祁山军南面，有鸡水发源于南方的鸡谷，往北流经水南县，往西北流，注入汉水。

汉水又西，建安川水入焉。其水导源建威西北山白石戍东南①，二源合注，东迳建威城南，又东与兰坑水会②。水出西南近溪，东北迳兰坑城西③，东北流注建安水④。建安水又东迳兰坑城北、建安城南，其地，故西县之历城也⑤。杨定自陇右徙治历城⑥，即此处也。去仇池百二十里⑦，后改为建安城。其水又东合错水。水出错水戍东南，而东北入建安水。建安水又东北，有雉尾谷水；又东北，有太谷水；又北，有小祁山水。并出东溪，扬波西注。又北，左会胡谷水。水西出胡谷，东迳金盘、历城二军北⑧，军在水南层山上，其水又东注建安水。建安水又东北迳塞峡⑨，元嘉十九年⑩，宋太祖遣龙骧将军裴方明伐杨难当⑪，难当将妻子北奔，安西参军鲁尚期追出塞峡⑫，即是峡矣。左山侧有石穴洞⑬，人言潜通下辨⑭，所未详也。其水出峡，西北流注汉水。

【注释】

①建戚：即建戚城。在今甘肃成县西北。东汉末所置戍守处。

②兰坑水：《水经注疏》杨守敬按："此水当在今西和县境。"

③兰坑城：《水经注疏》杨守敬按："城当在今西和县东。"

④建安水：即今甘肃西和东西和河。

⑤历城：后改名为建安城。在今甘肃西和北。

⑥杨定：略阳（今甘肃天水）人。东晋时氐族首领，仕前秦苻坚为尚书、领军将军。坚死，乃率众奔陇右，称藩于晋，自号仇池公，晋孝武帝即以其自号假之，为秦州刺史。自号陇西王。后为西秦乞伏乾归所杀。陇右：古地区名。泛指陇山以西地区。古代以西为右，故名。相当于今甘肃陇山、六盘山以西，黄河以东一带。

⑦仇池：山名，在今甘肃西和西南洛峪。山上有仇池，多泉水，出盐。魏晋南北朝时为氐族杨氏的根据地。

⑧金盘、历城二军：具体不详，当在今甘肃西和一带。

⑨塞峡：一名鸶峡。在今甘肃西和东北石堡乡大湾家峡。

⑩元嘉十九年:442 年。元嘉,南朝宋文帝刘义隆的年号(424—453)。

⑪宋太祖:南朝宋文帝刘义隆。在位期间整顿吏治,加强集权,取得
　　"元嘉之治"的局面。龙骧将军:杂号将军。西晋始置,晋武帝咸
　　宁初年以王濬为之。南北朝均置。在北朝地位较高,为三品将军;
　　南朝梁、陈则为七品将军。裴方明:河东(今山西永济)人。为刘
　　道济振武中兵参军,立功蜀土,历颍川、南平昌太守。后坐赃私免
　　官,下狱死。杨难当:略阳(今甘肃天水)人。世居仇池(今甘肃
　　西和)。南朝宋刘义隆时氐族首领。后自立为大秦王,一时称盛。

⑫安西参军鲁尚期追出塞峡:事见《宋书·氐胡传》:"于是难当将
　　妻子奔索虏,死于虏中。安西参军鲁尚期追难当出塞峡,生擒建节
　　将军杨保炽、安昌侯杨虎头。"鲁尚期,一名鲁尚斯。临沂县(今山
　　东临沂)人。元嘉十九年(442),任安西参军、司空参军。

⑬石穴洞:《水经注疏》杨守敬按:"《地形志》,兰仓县有黄帝洞,疑
　　即此。"

⑭下辨:即下辨县。秦置,属陇西郡。治所在今甘肃成县西北三十里。
　　西汉改置下辨道,东汉复为下辨县。

【译文】

汉水又往西流,有建安川水注入。建安川水发源于建威西北山间的
白石戍东南,由两个源头汇合而成,往东流经建威城南面,又东流与兰坑
水汇合。兰坑水发源于西南近处的溪涧,往东北流经兰坑城西,又东北
流注入建安水。建安水又往东流经兰坑城北、建安城南,这里是旧时西
县的历城地方。杨定把治所从陇右迁到历城,就是这个地方。这里离仇
池一百二十里,后来改名为建安城。建安水又东流,汇合了错水。错水
发源于错水戍东南面,往东北流,注入建安水。建安水又往东北流,有雉
尾谷水;又往东北流,有太谷水;又往北流,有小祁山水。这几条水都发
源于东溪,带着跳跃的水波,往西注入建安水。建安水又往北流,左边汇
合了胡谷水。胡谷水发源于西方的胡谷,往东流经金盘、历城两个军事

据点北面,这两个据点都在水南层沓的山岭上,胡谷水又往东流,注入建安水。建安水又往东北流经塞峡,元嘉十九年,宋太祖派遣龙骧将军裴方明讨伐杨难当。杨难当带着妻子儿女向北逃奔,安西参军鲁尚期追出塞峡,指的就是这个山峡。山峡左边山侧有个石洞,传说暗通下辨,不知是否真的如此。建安水出峡后往西北流,注入汉水。

　　汉水北①,连山秀举,罗峰竞峙,祁山在嶓冢之西七十许里②,山上有城,极为岩固③。昔诸葛亮攻祁山④,即斯城也。汉水迳其南,城南三里有亮故垒⑤,垒之左右犹丰茂宿草,盖亮所植也,在上邽西南二百四十里⑥。《开山图》曰:汉阳西南有祁山⑦,蹊径逶迤⑧,山高岩险,九州之名阻⑨,天下之奇峻。今此山于众阜之中,亦非为杰矣。

【注释】

①汉水:即西汉水。源出甘肃天水南嶓冢山。

②祁山:在今甘肃礼县东四十里祁山乡。

③岩固:险要坚固。岩,险要。

④诸葛亮:字孔明。琅邪(láng yá)阳都(今山东沂南)人。三国蜀汉丞相。一生"鞠躬尽瘁,死而后已",是中国传统文化中忠臣与智者的化身。

⑤垒:军壁,阵地上的防御工事。

⑥上邽(guī):秦改邽县置,属陇西郡。治所在今甘肃天水。东汉属汉阳郡,西晋为天水郡治。北魏避道武帝珪讳,改名上封。

⑦汉阳:即汉阳郡。东汉永平十七年(74)改天水郡置。治所在冀县(今甘肃甘谷东)。

⑧逶迤(wēi yí):弯弯曲曲延续不绝的样子。

⑨九州:传说中的我国上古行政区划,后用作中国的代称。名阻:著
　名的险要之处。阻,险阻,险要之地。

【译文】

　　汉水北面群山重峦叠嶂,众多秀拔山峰竞相高耸,祁山就在嶓冢山西
约七十里,山上有城,十分坚固险要。从前诸葛亮进攻祁山,就是这座城。
汉水就从城南流过,城南三里有诸葛亮军营的遗址,遗址至今荒草茂盛,
那是诸葛亮当年种植的,那地方位于上邽西南二百四十里。《开山图》说:
汉阳西南有祁山,山径盘回曲折,山高岩险,是九州著名的险要之地,天下
罕见的高山峻岭。但今天看来,此山在群丘之中,也看不出特别之处。

　　汉水又西南与甲谷水合。水出西南甲谷,东北流注汉水。

【译文】

　　汉水又往西南流,与甲谷水汇合。甲谷水发源于西南的甲谷,往东
北流,注入汉水。

　　汉水又西迳南岈、北岈中①**,上下有二城相对,左右坟
垒低昂,亘山被阜**②**。古谚云:南岈、北岈,万有余家**③**。诸
葛亮《表》言**④**:祁山去沮县五百里**⑤**,有民万户。瞩其丘墟,
信为殷矣。**

【注释】

①南岈(yá)、北岈:《水经注疏》熊会贞按:"则此南岈、北岈,谓南北
　二壁间之大空也。《方舆纪要》,今祁山西南有二岈。"

②亘(gèn)山被阜:连绵不断地布满山岗。被,覆盖,布满。阜,山岗。

③万有余家:这里叙述了三国时期祁山距沮县五百里,已有居民万
　余家。可以想见汉中一带在当时是如何的富庶。

④《表》：此指《祁山表》，或称《至祁山南北岈上表》。

⑤沮县：西汉置，属武都郡。治所在今陕西略阳东黑河东侧。

【译文】

汉水又往西流经南岈与北岈之间，上下两城相对，左右尽是高低起伏的坟墓，连绵不断地布满山陵冈阜。古语说：南岈、北岈，万有余家。诸葛亮《表》说：祁山距沮县五百里，有居民万余家。看看这里大片的坟地，那么诸葛亮所说的有居民万户是可信的。

汉水西南迳武植戍南①。武植戍水发北山，二源奇发②，合于安民戍南③，又南迳武植戍西，而西南流，注于汉水。

【注释】

①武植戍：《水经注疏》熊会贞按："戍当在今礼县（今甘肃礼县）东。"

②奇发：即异发。从不同地方发源。

③安民戍：当在今礼县东。

【译文】

汉水注西南流经武植戍南面。武植戍水发源于北山，有两个源头一齐涌出，在安民戍南汇合，往南流经武植戍西面，然后往西南注入汉水。

汉水又西南迳平夷戍南①，又西南，夷水注之②。水出北山，南迳其戍西，南入汉水。

【注释】

①平夷戍：《水经注疏》熊会贞按："戍亦当在今礼县东。"

②夷水：《水经注疏》熊会贞按："今礼县北有水，东南入西汉水，疑即夷水也。"

【译文】

汉水又往西南流经平夷戍南面，又往西南流，夷水注入。夷水发源于北山，往南流经平夷戍西，往南注入汉水。

汉水又西迳兰仓城南①，又南，右会两溪②，俱出西山，东流注于汉水。张华《博物志》云③：温水出鸟鼠山④，下注汉水。疑是此水，而非所详也。

【注释】

①兰仓城：北魏太平真君三年（442）置，为汉阳郡治。治所在今甘肃礼县。西魏废帝时改为汉阳县。

②两溪：《水经注疏》熊会贞按："两溪当在今礼县西南。"

③张华《博物志》：书名。西晋张华撰。多取材古籍，分类记载异物、奇境、琐闻等，多神仙方术故事，为笔记体志怪小说。张华，字茂先。西晋时辞赋家。

④温水：《水经注疏》熊会贞按："上所指两溪出西山，东注于汉，正是出鸟鼠山，下注汉水，与《博物志》叙温水合，故疑是此水。"鸟鼠山：在今甘肃渭源西南十五里。

【译文】

汉水又往西流经兰仓城南面，又往南流，在右边汇合了两条溪流，溪流都发源于西山，往东流注入汉水。张华《博物志》说：温水发源于鸟鼠山，往下流注入汉水。可能就是这条水，但也不大清楚。

汉水又南入嘉陵道而为嘉陵水①，世俗名之为阶陵水②，非也。

【注释】

①嘉陵道：西汉置，属武都郡。治所在今陕西略阳北境嘉陵江畔。东汉废。嘉陵水：古名西汉水。源出甘肃东南的秦岭山系，汇为西汉水；及四川西北岷山系，汇为白龙江；在四川广元西南汇流总称嘉陵江。

②阶陵水：《水经注疏》熊会贞按："《地形志》秦州汉阳郡，南秦州仇池郡，并有阶陵县，当以此阶陵水得名。"

【译文】

汉水又往南流入嘉陵道，称为嘉陵水，但民间却叫阶陵水，这是错的。

汉水又东南，得北谷水；又东南，得武街水①；又东南，得仓谷水②。右三水③，并出西溪，东流注汉水。

【注释】

①武街水：熊会贞认为当为"城阶水"。译文从之。

②仓谷水：《水经注疏》杨守敬按："其仓谷水疑即出岷峨山（今甘肃礼县西南一百里，与宕昌接界）、东南注西汉之岷峨江也。"

③右三水：指北谷水、城阶水、仓谷水。《水经注疏》杨守敬按："三水当在今西和县（今甘肃西和）西。"

【译文】

汉水又往东南流，接纳了北谷水；又往东南流，接纳了城阶水；又往东南流，接纳了仓谷水。右面这三条水都发源于西溪，东流注入汉水。

汉水又东南迳瞿堆西①，又屈迳瞿堆南，绝壁峭峙、孤险云高，望之形若覆唾壶②。高二十余里，羊肠蟠道三十六回③，《开山图》谓之仇夷④，所谓积石嵯峨⑤，嵚岑隐阿者也⑥。

上有平田百顷,煮土成盐[7],因以"百顷"为号。山上丰水泉,所谓清泉涌沸,润气上流者也。汉武帝元鼎六年[8],开以为武都郡[9],天池大泽在西[10],故以都为目矣[11]。王莽更名乐平郡,县曰循虏。常璩、范晔云[12],郡居河池,一名仇池,池方百顷,即指此也。左右悉白马氏矣[13]。汉献帝建安中[14],有天水氐杨腾者[15],世居陇右[16],为氐大帅,子驹[17],勇健多计,徙居仇池,魏拜为百顷氐王[18]。

【注释】

① 瞿堆:亦名仇池山、百顷山。在今甘肃西和西南。

② 覆唾壶:倒着的唾壶。覆,倾覆,倒扣着。

③ 羊肠蟠道:像羊肠一样狭窄盘曲的山路。蟠道,盘曲的山路。三十六:言其多。回:弯曲,曲折。

④ 仇夷:本名仇维山,上有池,故曰仇池山。又名河池、百顷、氐池、仇夷、瞿堆。在今甘肃西和南洛峪,为杨氏根据地。

⑤ 嵯峨(cuó é):高峻耸立的样子。

⑥ 嶔岑(qīn cén):高峻。隐阿:遮蔽着大山。形容非常高大。隐,遮蔽,覆盖。阿,大山。

⑦ 煮土成盐:《水经注疏》杨守敬按:"《元和志》,其地良沃,有土可以煮盐。"

⑧ 元鼎六年:前111年。元鼎,西汉武帝刘彻的年号(前116—前111)。

⑨ 武都郡:西汉元鼎六年(前111)置。治所在武都县(今甘肃西和南仇池山东麓)。东汉移治下辨县(今甘肃成县西三十里)。

⑩ 天池大泽:《水经注疏》杨守敬按:"《汉志》,武都郡,武帝元鼎六年置。武都县,天池大泽在县西。"

⑪ 以都为目:以"都"为名称。

⑫范晔：字蔚宗。南朝宋顺阳（今河南淅川）人。史学家。仿班固《汉书》断代史体例撰成《后汉书》，与《史记》《汉书》《三国志》合称为"前四史"。

⑬白马氐：我国古代西南地区氐族的一部。汉武帝元鼎六年（前111）于其地置武都郡。分布在今四川西北部及甘肃南部。亦省称白马。

⑭建安：东汉献帝刘协的年号（196—220）。

⑮天水：即天水郡。西汉元鼎三年（前114）置。治所在平襄县（今甘肃通渭）。东汉永平十七年（74）改为汉阳郡，并移治冀县（今甘肃甘谷南）。三国魏仍改为天水郡。氐：我国古代民族。居住在今西北一带，东晋时建立过前秦、后凉。杨腾：东汉略阳（今甘肃秦安）清水氐。氐族大帅。勇健多计谋。始迁至仇池，仇池地方百顷，因以"百顷"为号。引泉灌田，煮土成盐。

⑯陇右：古地区名。又称陇西。泛指陇山以西地区。古代以西为右，故名。约当今甘肃陇山、六盘山以西，黄河以东一带。

⑰子驹：即杨腾的儿子杨驹。

⑱魏：此指三国魏。百顷氐王：指三国时氐族首领杨千万。杨驹之子，附魏，封百顷氐王。

【译文】

汉水又往东南流经瞿堆西面，接着又绕到瞿堆南面，这里断崖绝壁陡峭峥嵘，险峻的孤峰高入云霄，看上去好像倒置的痰盂。山高二十余里，羊肠小道盘桓曲折，有三十六道弯，《开山图》称为仇夷，所谓层岩高峻巍峨，高耸的山峰遮蔽了山坳，就是描写这地方。顶上有平坦的田地百顷，泥土可以煮盐，因而就用"百顷"作为地名。山上水源十分丰富，正像人们所说，清泉喷涌，湿气升腾。汉武帝元鼎六年，立为武都郡，因为西面是天池大泽，水泽所聚叫都，因而就以都字为名。王莽改名为乐平郡，县名叫循虔。常璩、范晔说：郡治设在河池，又称仇池，方圆百顷，指的就是此池。这一带住的都是白马氐族人。汉献帝建安年间,天水氐族有一个名叫杨腾的人,世居陇右,做了氐族的首领,他的儿子杨驹,勇健多谋,后来迁居到仇池,魏封他为百顷氐王。

汉水又东合洛谷水①。水有二源,同注一壑,迳神蛇戍西②,左右山溪多五色蛇③,性驯良,不为物毒。洛谷水又南迳虎馗戍东④,又南迳仇池郡西、瞿堆东⑤,西南入汉水。

【注释】

①洛谷水:即今陕西洋县北铁冶河。

②神蛇戍:《水经注疏》杨守敬按:"戍当在今成县(今甘肃成县)西北。"

③五色蛇:《水经注疏》杨守敬按:"青蛇、白蛇、赤蛇、玄蛇、黄蛇,载籍多纪之,五色蛇仅见此。"

④虎馗(kuí)戍:《水经注疏》杨守敬按:"戍当在今成县东。"

⑤仇池郡:东晋太元中置。治所在洛谷城(今甘肃西和西南洛峪镇)。

【译文】

汉水往东流,汇合了洛谷水。洛谷水有两个源头,一同注入一条山沟,流经神蛇戍西面,这一带溪旁有许多五色蛇,生性驯良,无毒。洛谷水又往南流经虎馗戍东面,又往南流经仇池郡西面、瞿堆东面,往西南注入汉水。

汉水又东合洛溪水①。水北发洛谷,南迳威武戍南②,又西南与龙门水合。水出西北龙门谷,东流与横水会,东北穷溪,即水源也。又南迳龙门戍东③,又东南入洛溪水。又东南迳上禄县故城西④,修源浚导⑤,迳引北溪,南总两川⑥,单流纳汉⑦。

【注释】

①洛溪水：《水经注疏》："赵（一清）云：《方舆纪要》，成县有六汉水，即洛汉水也。其水源出西和县境，流迳成县之六汉堡，又西入西汉水。六与洛音近……戴（震）'汉'作'溪'。"

②威武戍：《水经注疏》杨守敬按："此戍当在今成县西。"

③龙门戍：《水经注疏》熊会贞按："《一统志》，在成县西南，仇池东南。"

④上禄县：西汉置，属武都郡。治所在今甘肃成县西南。

⑤修源：绵长的水源。

⑥两川：《水经注疏》杨守敬按："两川即指洛汉水与北溪，非别有两川也。"

⑦单流纳汉：《水经注疏》杨守敬按："南总者，谓北溪南流入洛溪，合为一水而注西汉，故云单流纳汉。"

【译文】

汉水又往东流，汇合了洛溪水。洛溪水发源于北方的洛谷，往南流经威武戍南面，又转向西南与龙门水汇合。龙门水发源于西北的龙门谷，东流与横水汇合。东北方僻远的山溪就是它的源头。龙门水又往南流经龙门戍东面，又往东南流，注入洛溪水。洛溪水又往东南流经上禄县旧城西面，洛溪源长水深，引入北溪的水，往南汇合了两条川流，合为一条，注入汉水。

汉水又东南迳浊水城南①，又东南会平乐水②。水出武街东北四十五里③，更驰④。南溪导源东北流，山侧有甘泉，涌波飞清，下注平乐水。又迳甘泉戍南⑤，又东迳平乐戍南⑥，又东入汉，谓之会口。

【注释】

①浊水城：亦曰浊水戍。在今甘肃成县西南。

②平乐水:《水经注疏》杨守敬按:"今水曰谭家河,出阶州(今甘肃陇南市)东北。"

③武街:当作武阶。北魏置郡。属南秦州。治所在甑当县(今甘肃陇南市武都区东南福津沟)。《水经注疏》杨守敬按:"此即《地形志》之武阶郡,《羌水注》称迳武阶者,是也。"译文从之。

④更驰:《水经注疏》杨守敬按:"'更'疑当作'东','驰'字断句,此以马之驰喻水之流也。"

⑤甘泉戍:在阶州(今甘肃陇南市)一带。

⑥平乐戍:《水经注疏》熊会贞按:"钱坫云:在今阶州(今甘肃陇南市)东北。"

【译文】

汉水又往东南流经浊水城南面,又往东南流,汇合了平乐水。平乐水发源于武阶东北四十五里,向前滚滚奔流至南溪。南溪发源后往东北流,山边有一条甘冽的山泉,清波飞流,往下注入平乐水。平乐水又流经甘泉戍南面,又往东流经平乐戍南面,又往东注入汉水,汇流处称为会口。

汉水东南迳脩城道南①,与脩水合②。水总二源,东北合汉。

【注释】

①脩城道:亦作循城道。西汉置,属武都郡。治所在今甘肃成县东南。

②脩水:《水经注疏》熊会贞按:"今成县南有山家河。东北流入西汉,盖即脩水也。"

【译文】

汉水往东南流经脩城道南,与脩水汇合。脩水汇合了两条源流,往东北流,汇合于汉水。

　　汉水又东南于槃头郡南与浊水合①。水出浊城北②，东流，与丁令溪水会③。其水北出丁令谷④，南迳武街城西⑤，东南入浊水。浊水又东迳武街城南，故下辨县治也⑥。李玲、李稚以氐王杨难敌妻死葬阴平⑦，袭武街，为氐所杀于此矣。今广业郡治⑧。浊水又东，宏休水注之⑨。水出北溪，南迳武街城东，而南流注于浊水。浊水又东迳白石县南⑩，《续汉书》曰⑪：虞诩为武都太守⑫，下辨东三十余里有峡，峡中白水生大石，障塞水流，春夏辄溃溢⑬，败坏城郭，诩使烧石，以醯灌之，石皆碎裂，因镌去焉，遂无泛溢之害⑭。浊水即白水之异名也。浊水又东南，塈阳水北出塈谷⑮，南迳白石县东，而南入浊水。浊水又东南与仇鸠水合⑯。水发鸠溪⑰，南迳河池县故城西⑱，王莽之乐平亭也。其水西南流注浊水。浊水又东南与河池水合⑲。水出河池北谷，南迳河池戍东⑳，西南入浊水。

【注释】

①槃头郡：北魏置，属东益州。治所在苌举县（今陕西略阳西北、嘉陵江西长峰镇南）。因水盘曲为名。浊水：即今甘肃徽县西之洛河。源出县西北老爷山，南流入成县，又折而东流复入徽县，又东南流至陕西略阳入嘉陵江。

②浊城：即沮水城。亦曰浊水戍。在今甘肃成县西南。

③丁令溪水：即今甘肃成县西北东河。源出天水南界，南流经徽县，至成县东南入龙峡合南河。

④丁令谷：《水经注疏》熊会贞按："或以今成县东之东河当丁令溪。据《注》曰丁令谷南迳武街西，则水在成县西，丁令谷在县西北。"

⑤武街城：在今甘肃临洮东。

⑥下辨县：秦置，属陇西郡。治所在今甘肃成县西北三十里。西汉改置下辨道，东汉复为下辨县，移武都郡治此。

⑦李玲、李稚：十六国时期巴西宕渠（今四川渠县）人。成汉国主李雄之侄。氐王杨难敌兄弟据武都，恃险反成汉。玲与弟稚率军攻武都，深入无继，被杀。杨难敌：东晋略阳清水氐王。杨茂搜之子。茂搜死，难敌袭位。与弟坚头分领部曲，号左贤王，屯下辨。阴平：三国魏改阴平道置，为阴平郡治。治所在今甘肃文县西北五里。

⑧广业郡：北魏正始中置，属南岐州。治所在白石县（西魏改为同谷，今甘肃成县）。

⑨宏休水：《水经注疏》杨守敬按："今有黑峪江，出秦州（今甘肃天水）南山，疑即宏休水也。"

⑩白石县：北魏正始中置，为广业郡治。治所即今甘肃成县。西魏改名同谷县。

⑪《续汉书》：书名。晋秘书监司马彪撰。记载东汉一代史实，为纪、志、传三体。《续汉书》唯存八志，南朝宋时为后人补入范晔《后汉书》中而流传至今。

⑫虞诩（xǔ）：字升卿。东汉陈国武平（今河南鹿邑）人。官至尚书令。

⑬濆（pēn）溢：喷涌漫溢。

⑭"诩使烧石"几句：虞诩使人用火烧石头，用醋浇灌烧热的石头，热石和冷醋相遇，热胀冷缩，石头就会自己坼裂破碎。醯（xī），醋。陈桥驿按，虞诩的方法是在每块大石中凿出孔穴，注入醯（即醋），用以腐蚀大石，然后逐块烧凿，在当时没有比醋更有效的腐蚀方法时，这是唯一的做法。

⑮塈（ní）谷：一名泥阳水。即今甘肃成县、徽县境内之洛河。

⑯仇鸠水：在今甘肃徽县西十五里。

⑰鸠溪：具体不详。

⑱河池县：西汉置，属武都郡。治所即今甘肃徽县西北银杏树乡。

⑲河池水：即今甘肃徽县东永宁河。

⑳河池戍：即今甘肃徽县西北银杏树乡。

【译文】

汉水又往东南流，在骆头郡南与浊水汇合。浊水发源于浊城北面，东流与丁令溪水汇合。丁令溪水发源于北方的丁令谷，往南流经武街城西面，往东南注入浊水。浊水又往东流经武街城南，这是旧下辨县的治所。李珍、李稚因为氐王杨难敌的妻子死后葬在阴平，率兵去偷袭武街，结果在此处被氐人所杀。今天这里是广业郡的治所。浊水又东流，宏休水注入。宏休水发源于北溪，往南流经武街城东面，然后南流注入浊水。浊水又往东流经白石县南，《续汉书》说：虞诩任武都太守时，下辨以东三十余里有一条山峡，山峡里的白水中有一块巨石，阻塞了水流，每至春夏洪水泛滥，冲毁城墙，虞诩派人用火来烧巨石，再用醋浇注，巨石碎裂，然后把它凿去，从此以后就不再有洪水泛滥之灾了。浊水就是白水的别名。浊水又往东南流，塈阳水发源于北方的塈谷，往南流经白石县东面，往南注入浊水。浊水又往东南流，与仇鸠水汇合。仇鸠水发源于鸠溪，往南流经河池县旧城西面，就是王莽时的乐平亭。仇鸠水往西南流，注入浊水。浊水又注东南流，与河池水汇合。河池水发源于河池县北谷，往南流经河池戍东面，然后往西南注入浊水。

浊水又东南，两当水注之①，水出陈仓县之大散岭②，西南流入故道川③，谓之故道水。西南迳故道城东④，魏征仇池，筑以置戍，与马鞍山水合⑤。水东出马鞍山，历谷西流，至故道城东，西入故道水。西南流，北川水注之⑥。水出北洛樀山南⑦，南流迳唐仓城下⑧，南至困冢川，入故道水。故道水又西南迳广香交⑨，合广香川水⑩。水出南田县利乔山⑪，南流至广香川，谓之广香川水，又南注故道水，谓之广香交。故道水又西南入秦冈山⑫，尚婆水注之⑬。山高入云，远望增状，若岭纡曦轩⑭，峰枉月驾矣⑮。悬崖之侧，列壁之上，有神象，若图指状妇人之容⑯，其形上赤下白，世名之曰圣女神，至于福应愆违⑰，方俗是祈。水源北出利乔山，南迳尚婆川，谓之尚婆水，历两当县之尚婆城南⑱，魏故道郡治也⑲。西南至秦冈山，入故道水。故道水又右会黄卢山水⑳。水出西北天水郡黄卢山腹，历谷南流，交注故道水。故道水南入东益州之广业郡界㉑，与沮水枝津合㉒，谓之两当溪水，上承武都沮县之沮水渎㉓，西南流，注于两当溪。虞诩为郡，漕谷布在沮，从沮县至下辨，山道险绝，水中多石，舟车不通，驴马负运，僦五致一㉔。诩乃于沮受僦直，约自致之，即将吏民按行，皆烧石翦木㉕，开漕船道。水运通利，岁省万计，以其僦廪与吏士㉖，年四十余万也。又西南注于浊水。

【注释】

①两当水：《水经注疏》杨守敬按："今成县（今甘肃成县）南河，于县东南入西汉……"

②陈仓县：秦置，属内史。治所在今陕西宝鸡东二十里渭水北岸。大散岭：在今陕西宝鸡西南五十二里，上有大散关。

③故道川：亦名故道水。即今嘉陵江之上源。源出今宝鸡西南，西南流经凤县及甘肃两当、徽县，至陕西略阳北合西汉水。

④故道城：《水经注疏》熊会贞按："此后魏所筑之城，盖以濒故道水，因亦谓之故道城耳，当在今凤县（今陕西凤县）北。"

⑤马鞍山水：《水经注疏》熊会贞按："今曰安河，出凤县东天子岭。"

⑥北川水：《水经注疏》熊会贞按："今凤县西有红崖河，北出臧寠领，盖即北川水也。"

⑦洛榗山：具体地址不详。《水经注疏》熊会贞按："字书无'榗'字。"榗，段熙仲点校、陈桥驿复校《水经注疏》："下文叙虞诩事有云：烧石榗木，朱（谋㙔）《笺》引《后汉书·诩传》作'烧石靧木'，然则'榗'乃'靧'之异体。"

⑧唐仓城：即唐仓镇。在今陕西凤县北三十里唐藏镇。

⑨广香交：《水经注疏》熊会贞按："在今两当县（今甘肃两当）庶。"

⑩广香川水：即今甘肃两当东庙河。

⑪甫田县：此应为南由县。南由县，北魏孝明帝于南由谷口置，属武都郡。治所在今陕西宝鸡陈仓区西北一百二十里香泉镇。利乔山：具体不详。

⑫秦冈山：在今甘肃两当南。

⑬尚婆水：亦称尚婆川。今甘肃徽县东永宁河。

⑭纡：萦绕，回绕。曦轩：羲和所驾之车。代指太阳。曦，羲和。古代神话口的人物。驾驭日车的神。

⑮枉：围绕，环绕。月驾：即月车。

⑯指状：犹苗摹。

⑰愆（qiān）违：过失。

⑱两当县：北魏置，为固道郡治。治所在今甘肃两当东三十五里杨家店。尚婆城：在今甘肃徽县东北。北魏延兴四年（474），置固道郡于此。

⑲故道郡：亦作固道郡。北魏延兴四年（474）置，属南岐州。治所在尚婆城（今甘肃徽县东北）。

⑳黄卢山水：《水经注疏》熊会贞按："今有高桥河，亦出两当县西北山，盖即黄卢山水也。"

㉑东益州：北魏置。治所在武兴（今陕西略阳）。

㉒沮水枝津:《水经注疏》熊会贞按:"沮水枝津当在今徽县东南,接略阳县界。"

㉓沮县:西汉置,属武都郡。治所在今陕西略阳东黑河东侧观音寺。

㉔僦(jiù)五致一:雇佣消耗的费用为五,获得的利润则为一。僦,雇佣的费用。

㉕槏(jiǎn):《后汉书·虞诩传》作"烧石翦木"。"槏"当为"翦"之异体。义为除去、斩除。

㉖僦廪(jiù lǐn):钱财俸禄。

【译文】

浊水又往东南流,有两当水注入。两当水发源于陈仓县的大散岭,往西南流入故道川,称为故道水。又往西南流经故道城东面,魏征讨仇池时,修筑此城驻防,故道水与马鞍山水汇合。马鞍山水发源于东方的马鞍山,穿过山谷往西流到故道城东面,往西流注入故道水。故道水往西南流,有北川水注入。北川水发源于北洛槏山南,往南流经唐仓城下,往南流到困冢川,注入故道水。故道水又往西南流经广香交,汇合了广香川水。广香川水发源于南田县利乔山,往南流到广香川,称为广香川水,又往南注入故道水,汇流处称为广香交。故道水又往西南流入秦冈山,尚婆水注入。秦冈山高入云霄,远远望去,峰峦层层叠叠,仿佛日神和月神的车驾都要绕过这些高峰峻岭才能通过似的。悬崖旁边的石壁上,有个仿佛画成的神像,形状像个女人的面容,上身红色,下身白色,人们称之为圣女神,地方民众常到此处祭祀祈祷。尚婆水发源于北方的利乔山,往南流经尚婆川,称为尚婆水,流经两当县的尚婆城南面,这是魏故道郡的治所。尚婆水往西南流到秦冈山,注入故道水。故道水又在右边汇合了黄卢山水。黄卢山水发源于西北天水郡黄卢山中,穿过山谷南流,注入故道水。故道水往南流入东益州的广业郡边界,与沮水支流汇合,称为两当溪,溪流上游承接武都沮县的沮水渎,往西南流,注入两当溪。虞诩当郡守时,要把沮县的粮食和布匹转运到下辨,这条山路险峻难行，水道中礁石很多，车船都不通行，用驴马驮运，运费高昂，运到时所得只有五分之一。于是虞诩就在沮县与民佚议定运费，约定由各人自己送到，他就率领属吏和百姓巡行督察，点燃柴火，烧裂水中礁石，开辟出一条漕运的水道。于是水运畅通，每年节省运费数以万计，他就把作为运费的存粮分给下属官吏和兵丁，年达四十余万。两当溪又往西南流，注入浊水。

浊水南迳槃头郡东，而南合凤溪水①。水上承浊水于广业郡，南迳凤溪，中有二石双高，其形若阙②，汉世有凤凰止焉，故谓之凤凰台③。北去郡三里，水出台下，东南流，左注浊水。浊水又南注汉水。

【注释】

①凤溪水：《水经注疏》熊会贞按："《隋志》，长举县有凤溪水。今成县南，河自东南折而出，盖即凤溪水承浊水之道。古长举在今略阳县西北，则凤溪水注浊水，当在今略阳境。"

②阙：古代宫殿、祠庙或陵墓前的高台，通常左右各一，台上起楼观。

③凤凰台：《水经注疏》熊会贞按："凤凰台在今成县（今甘肃成县）东南十旦。"

【译文】

浊水往南流经槃头郡东面，然后又往南流与凤溪水汇合。凤溪水上游在广业郡承接浊水，往南流经凤溪，水中有两块并峙的巨石，形状像城阙，汉朝时有凤凰飞到这里栖息，所以称为凤凰台。此台北距郡治约三里，溪水从台下流出，往东南流，向左边注入浊水。浊水又往南流，注入汉水。

汉水又东南历汉曲①，迳挟崖与挟崖水合②。水西出担潭交③，东流入汉水。

【注释】

①汉曲：西魏改武兴县置，为顺政郡治。治所即今陕西略阳。

②挟崖：《水经注疏》熊会贞按："当在今略阳县西。"挟崖水：《水经注疏》熊会贞按："今有横现河出略阳西山，盖即挟崖水也。"

③担潭交：《水经注疏》熊会贞按："《浍水注》，浍水与诸水合，谓之浍交。本篇前云，广香川水注故道水，谓之广香交，皆就水交会处言。"交，水流交会处的地名的通名。

【译文】

汉水继续往东南流经汉曲，流过挟崖，与挟崖水汇合。挟崖水发源于西方的担潭交，东流注入汉水。

汉水又东迳武兴城南①，又东南与北谷水合②。水出武兴东北，而西南迳武兴城北，谓之北谷水。南转迳其城东，而南与一水合。水出东溪，西流注北谷水，又南流注汉水。

【注释】

①武兴：北魏置，为武兴郡治。治所即今陕西略阳。

②北谷水：即八渡水。在今陕西略阳东。

【译文】

汉水又往东流经武兴城南面，又往东南，与北谷水汇合。北谷水发源于武兴东北，往西南流经武兴城北，称为北谷水。水流转向南边，流经武兴城东面，往南流与一条水汇合。这条水发源于东溪，西流注入北谷水，北谷水又南流，注入汉水。

汉水又西南迳关城北①，除水出西北除溪②，东南流入于汉。

【注释】

①关城：即今陕西宁强西北阳平关。

②除水：《水经注疏》熊会贞按："今阳平关西北有一水，东南流入嘉

陵江，盖即除水也。"

【译文】

汉水又往西南流经关城北面，除水发源于西北的除溪，往东南流，注入汉水。

汉水又西南迳通谷①，通谷水出东北通溪，上承漾水，西南流为西汉水。

【注释】

①通谷：《水经注疏》："孙星衍曰：今宁羌州（今陕西宁强）西龙门，当是通谷也。"

【译文】

汉水又往西南流经通谷，通谷水发源于东北的通溪，上游承接漾水，向西南流，就是西汉水。

汉水又西南，寒水注之①。水东出寒川，西流入汉。

【注释】

①寒水：《水经注疏》："孙星衍曰：今西流河。"

【译文】

汉水又往西南流，有寒水注入。寒水发源于东方的寒川，西流注入汉水。

汉水又西迳石亭戍①，广平水西出百顷川②，东南流注

汉。又有平阿水出东山③,西流注汉水。

【注释】

①石亭戍:在今四川广元北。

②广平水:即今四川广元西北之广坪河、羊模河。

③平阿水:在今四川广元北。

【译文】

汉水又往西流经石亭戍,广平水发源于西方的百顷川,往东南流注入汉水。又有一条平阿水,发源于东山,西流注入汉水。

汉水又迳晋寿城西①,而南合汉寿水②。水源出东山,西迳东晋寿故城南③,而西南入于汉水也。

【注释】

①晋寿:西晋太康元年(280)改汉寿县置,属梓潼郡。治所在今四川广元西南四十五里昭化镇(旧昭化县)。

②汉寿水:即今四川广元南之南河。

③东晋寿:南朝齐永泰元年(498)置(一说东晋安帝时置),属梁州。治所在今四川广元。

【译文】

汉水又流经晋寿城西面,南流与汉寿水汇合。汉寿水发源于东山,往西流经东晋寿旧城南面,往西南注入汉水。

又东南至广魏白水县西①,又东南至葭萌县②,东北与羌水合③。

白水西北出于临洮县西南西倾山④,水色白浊,东南流与黑水合⑤。水出羌中，西南迳黑水城西⑥，又西南入白水。

【注释】

①广魏：此为广汉郡，西汉高帝六年（前201）分巴、蜀二郡置，初治乘乡（在今四川金堂东），后徙治梓潼县（今四川梓潼）。三国曹魏时改广汉为广魏。白水县：西汉置，属广汉郡。治所在今四川青川东北沙州镇。

②葭萌县：战国末秦于葭萌城置，属蜀郡。治所在今四川广元西南昭化镇。

③羌水：又名强川。即发源于今甘肃岷县东南之岷江，因在羌族地区而得名。

④临洮县：秦置，属陇西郡。治所即今甘肃岷县。以临洮水得名。西倾山：又名彊（jiàng）台山、西强山。在今青海东部、甘肃西南部，属秦岭西端。

⑤黑水：即今四川九寨沟县西北黑河，为白水江北支。十六国时期为羌人所居，号黑水羌。

⑥黑水城：北魏邓至羌所建。在今四川九寨沟县西北一百十里黑河乡（头道城）。

【译文】

汉水又往东南流到广魏郡白水县西面，又往东南流到葭萌县，东北与羌水汇合。

白水西北发源于临洮县西南的西倾山，水色白浊，往东南流，与黑水汇合。黑水发源于羌中，往西南流经黑水城西面，又往西南流，注入白水。

白水又东迳洛和城南①，洛和水西南出和溪，东北流迳南黑水城西②，而北注白水。

【注释】

①洛和城:《水经注疏》熊会贞按:"此城取洛和水为名。……在今文县(今甘肃文县)西北徼外。"

②南黑水城:《水经注疏》熊会贞按:"对在北之黑水城言,则为南黑水城也。在今文县西北徼外。"

【译文】

白水又往东流经洛和城南面,洛和水发源于西南的和溪,往东北流经南黑水城西面,然后北流注入白水。

白水又东南迳邓至城南①,又东南与大夷祝水合②。水出夷祝城西南穷溪③,北注夷水④。又东北合羊洪水⑤。水出东南羊溪⑥,西北迳夷祝城东,又西北流,屈而东北注于夷水。夷水又东北入白水。

【注释】

①邓至城:南北朝时邓至羌建。有二:一在今四川九寨沟县白水河东岸,一在今四川九寨沟县南。

②大夷祝水:《水经注疏》熊会贞按:"水在今文县西徼外。"

③夷祝城:当在今甘肃文县一带。穷溪:溪流名称。

④夷水:当在今甘肃文县西。

⑤羊洪水:《水经注疏》熊会贞按:"水在今文县西徼外。"

⑥羊溪:当在今甘肃文县西北。

【译文】

白水又往东南流经邓至城南面,又往东南流,与大夷祝水汇合。大夷祝水发源于夷祝城西南的穷溪,北流注入夷水。又往东北流,汇合了羊洪水。羊洪水发源于东南的羊溪,往西北流经夷祝城东面,又往西北流,然后转向东北,注入夷水。夷水又往东北流,注入白水。

白水又东与安昌水会①。水源发卫大西溪②,东南迳邓至、安昌郡南③,又东南合无累水④。无累水出东北近溪,西南入安昌水,安昌水又东南入白水。

【注释】

①安昌水:《水经注疏》熊会贞按:"今有马儿河,出文县西北,疑即安昌水也。"

②卫大西溪:当在今甘肃文县西北。

③邓至:即邓至城。安昌郡:北魏置,属邓州。治所在今甘肃文县西北。

④无累水:《水经注疏》熊会贞按:"水在今文县西。"

【译文】

白水又往东流,与安昌水汇合。安昌水发源于卫大西溪,往东南流经邓至、安昌郡南面,又往东南流,汇合了无累水。无累水发源于东北附近的溪流,往西南注入安昌水,安昌水又往东南注入白水。

白水又东南入阴平,得东维水①。水出西北维谷,东南迳维城西②,东南入白水。

【注释】

①东维水:《水经注疏》熊会贞按:"《寰宇记》,东维水今名邛维水,出曲水县东北邛维谷。今有松坪河,出文县西北,疑即东维水也。"

②维城:《水经注疏》熊会贞按:"此城以维水得名,当在今文县西北。"

【译文】

白水又往东南流入阴平境内,接纳了东维水。东维水发源于西北的维谷,往东南流经维城西面,往东南注入白水。

白水又东南迳阴平道故城南①,王莽更名摧虏矣,即广汉之北部也。广汉属国都尉治②,汉安帝永初三年③,分广汉蛮夷置④。又有白马水⑤,出长松县西南白马溪⑥,东北迳长松县北,而东北注白水。

【注释】

①阴平道故城:在今甘肃文县西北五里。

②广汉属国都尉:东汉永初三年(109)改广汉北部都尉置,后属益州。治所在阴平道(今甘肃文县西五里)。

③永初三年:109 年。永初,汉安帝刘祜(hù)的年号(107—113)。

④蛮夷:古代对四方边远地区少数民族的泛称,亦专指南方少数民族。

⑤白马水:即今甘肃文县西南白马峪河。源出石垭子梁,东流入白水江。

⑥长松县:北魏置,属卢北郡。治所在今甘肃文县西北石鸡坝乡。

【译文】

白水又往东南流经阴平道旧城南面,王莽改阴平道为摧虏,是广汉郡的北部。也是广汉属国都尉治所,广汉属国都尉是汉安帝永初三年从广汉蛮夷分出来设置的。又有白马水,发源于长松县西南的白马溪,往东北流经长松县北面,然后往东北注入白水。

白水又东迳阴平大城北①,盖其渠帅自故城徙居也②。

【注释】

①阴平大城:《水经注疏》杨守敬按:"此城在阴平故城之东南,当在今文县之南。"

②渠帅:首领。旧时称部落酋长。

【译文】

白水又往东流经阴平大城北面,土人首领从旧城迁居到这里来。

白水又东,偃溪水出西南偃溪[1],东北流迳偃城西[2],而东北流入白水。

【注释】

①偃溪水:《水经注疏》杨守敬按:"今有水出文县南,东北流入清水江,盖即偃溪水也。"

②偃城:城当在今文县东南。

【译文】

白水又往东流,偃溪水发源于西南的偃溪,往东北流经偃城西面,然后往东北注入白水。

白水又东迳偃城北,又东北迳桥头[1],昔姜维之将还蜀也[2],雍州刺史诸葛绪邀之于此[3],后期不及[4],故维得保剑阁而锺会不能入也[5]。

【注释】

①桥头:《水经注疏》杨守敬按:"此《蜀志》姜维所谓阴平桥头也。……今阴平桥在文县南门外,跨白水上,盖非古之桥头。"

②姜维:字伯约。天水冀(今甘肃甘谷)人。三国时蜀国名将。

③诸葛绪:西晋官吏。仕魏历太山太守、雍州刺史。入晋为太常、卫尉等官。邀:阻拦,截击。

④后期:迟误期限。

⑤保:依据、依凭。剑阁:在今四川剑阁南剑门关镇剑门关。锺会:字士季。三国魏颍川长社(今河南长葛)人。博学善文。依附权

臣司马昭，官至司徒。景元四年（263）与邓艾分兵灭蜀，后与降
将姜维谋叛被杀。

【译文】

白水又往东流经偃城北面，又往东北流经桥头，从前姜维将要回蜀
时，雍州刺史诸葛绪在这里拦截他，诸葛绪迟来一步没有追上，因此姜维
得以保住剑阁，使锺会不能攻入。

白水又与羌水合，自下羌水又得其通称矣。

【译文】

白水又与羌水汇合，从此以下，羌水又有了白水的通称了。

白水又东迳郭公城南①，昔郭淮之攻廖化于阴平也②，
筑之，故因名焉。

【注释】

①郭公城：《水经注疏》杨守敬按："在今文县东南。"

②郭淮：字伯济。三国魏阳曲（今山西定襄）人。廖化：本名淳，字
　元俭。三国蜀襄阳（今湖北襄阳襄州区）人。

【译文】

白水又往东流经郭公城南，从前郭淮在阴平进攻廖化时，筑了这个
城堡，因此得名。

白水又东，雍川水出西南雍溪①，东北注白水。

【注释】

①雍川水：《水经注疏》杨守敬按："水当在今文县东南。"

【译文】

白水又往东流，雍川水发源于西南的雍溪，往东北流注入白水。

白水又东合空泠水[1]，傍溪西南穷谷，即川源也。

【注释】

①空泠水：《水经注疏》杨守敬按："水亦当在今文县东南。"

【译文】

白水继续东流，汇合了空泠水，沿着溪边往西南走，到了深谷的尽头，就是它的源头了。

白水又东南与南五部水会[1]。水有二源：西源出五部溪，东南流；东源出郎谷，西南合注白水。

【注释】

①南五部水：《水经注疏》杨守敬按："《地形志》，太和四年置南五部郡，后改为县。此水盖因郡县得名。今文县东南有小盘峪河，西南流入白水江，疑即南五部水，但只一源为异。"

【译文】

白水又往东南流，与南五部水汇合。此水有两个源头，西源出自五部溪，往东南流；东源出自郎谷，往西南流，两水汇合后注入白水。

白水又东南迳建昌郡东[1]，而北与一水合，二源同注，共成一溪，西南流入于白水。

【注释】

①建昌郡：一作建阳郡。《水经注疏》杨守敬按："在今平武县（今四

川平武）东北百二十里。"

【译文】

　　白水又往东南流经建昌郡东面，然后在北面接纳了一条河流，此水由两个源头合成一溪，往西南流入白水。

　　白水又东南迳白水县故城东，即白水郡治也①。《经》云：汉水出其西，非也。

【注释】

　　①白水郡：南朝宋以仇池氐流寓置，属梁州。治所在白水县（今四川青川东北沙州镇）。西魏改为南白水郡。

【译文】

　　白水继续往东南流，经过白水县旧城东面，这就是白水郡的治所。《水经》说，汉水从县西流过，这是不对的。

　　白水又东南与西谷水相得①。水出西溪，东流迳白水城南，东南入白水。

【注释】

　　①西谷水：即今四川青川南之青川河。相得：汇合。得，到达，这里指两水相遇。

【译文】

　　白水又往东南流，与西谷水相汇合。西谷水发源于西溪，往东流经白水城南，往东南注入白水。

　　白水又南，左会东流水，东入极溪，便即水源也。

【译文】

白水又往南流,左边汇合了东流水,往东走,直到溪流的尽头,便是水源了。

白水又南迳武兴城东①,又东南,左得剌稽水口②,溪东北出,便水源矣。

【注释】

①武兴城:熊会贞认为当作"兴城"。当在今昭化县(今四川广元西南昭化镇)西北。

②剌稽水口:《水经注疏》杨守敬按:"水在今广元县(今四川广元)西北。"

【译文】

白水又往南流经武兴城东面,又往东南流,左边到剌稽水口,剌稽水从东北方流来,小溪就是它的源头。

白水又东南,清水左注之①,庾仲雍曰②:清水自祁山来合白水③。斯为孟浪也④。水出于平武郡东北瞩累亘下⑤,南迳平武城东,屈迳其城南。又西历平洛郡东南⑥,屈而南,迳南阳侨郡东北⑦,又东南迳新巴县东北⑧,又东南迳始平侨郡南⑨,又东南迳小剑戍北⑩,西去大剑三十里⑪,连山绝险,飞阁通衢,故谓之剑阁也⑫。张载《铭》曰⑬:一人守险,万夫趑趄⑭。信然。故李特至剑阁而叹曰⑮:刘氏有如此地而面缚于人⑯,岂不奴才也⑰。小剑水西南出剑谷⑱,东北流迳其戍下入清水,清水又东南注白水。

【注释】

①清水:《水经注疏》杨守敬按:"《寰宇记》,清川县有清水,今曰黄沙江,出平武县(今四川平武)东北摩天岭。"

②庾仲雍:晋人。撰有《湘州记》《江记》《汉水记》。

③祁山:在今甘肃礼县东四十里祁山乡。

④孟浪:荒诞疏误,不合常理。

⑤平武郡:北魏末置。治所在平武县(今四川平武东北)。南朝梁以后废。

⑥平洛郡:《水经注疏》杨守敬按:"《涪水注》亦云,建始水发平洛郡西溪,而《地形志》脱此郡,当在今平武县(今四川平武)东北。"

⑦南阳侨郡:《水经注疏》杨守敬按:"当在今平武县东。"

⑧新巴县:北魏置,属广苌郡。治所在今四川广元北境。后废。

⑨始平侨郡:南朝宋置,为侨郡,属梁州。治所在今四川广元西南。

⑩小剑戍:在今四川剑阁县(下寺镇)东之大仓坝。

⑪大剑:即大剑山。亦名梁山、剑山、剑门山。在今四川剑阁(下寺镇)西南。

⑫剑阁:在今四川剑阁南剑门关镇剑门关。

⑬张载:字孟阳。西晋安平人。性娴雅,博学有文章,与弟张协、张亢并称三张。有《剑阁铭》《榷论》传世。《铭》:即《剑阁铭》。《晋书·张载传》:"太康初,至蜀省父,道经剑阁。载以蜀人恃险好乱,因著铭以作诚曰……益州刺史张敏见而奇之,乃表上其文,武帝遣使镌之于剑阁山焉。"《铭》全文见《晋书·张载传》。

⑭赵趄(zī jū):行进困难。

⑮李特:字玄休。西晋巴西宕渠(今四川渠县)人。雄武善骑射。元康中,随流人入蜀,依益州刺史赵廞。永宁元年,攻灭廞。后被六郡流人推为主。太安元年(302),自称大将军、大都督。次年攻取成都小城,改年建初。后战败,被罗尚杀。

⑯刘氏：指刘备之子刘禅（shàn）。面缚：双手反绑于背。

⑰奴才：义如"庸才"。有鄙薄轻视之意。

⑱小剑水：在今四川剑阁西南。

【译文】

　　白水又往东南流，清水在左侧注入，庾仲雍说：清水从祁山流来与白水汇合。这话说得太不靠谱了。清水发源于平武郡东北的瞩累亘下，往南流经平武城东面，拐弯流经城南。又往西流经平洛郡东南，转弯向南，流经南阳侨郡东北，又往东南流经新巴县东北，又往东南流经始平侨郡南面，又往东南流经小剑戍北面，这里西距大剑山三十里，连绵的山岭极其险峻，在峡谷中修建了一座控扼这条通道的阁楼，因而称为剑阁。张载的《剑阁铭》说：一人守住险处，千军万马也上不来。确实如此。怪不得李特到剑阁后叹道：刘氏有这样险要的地方，却向人束手求降，岂不就是奴才吗！小剑水发源于西南的剑谷，往东北流经边防营垒下面，注入清水，清水又往东南流，注入白水。

　　白水又东南于吐费城南①，即西晋寿之东北也②，东南流注汉水。百晋寿，即蜀王弟葭萌所封为苴侯邑③，故遂名城为葭萌矣④。刘备改曰汉寿⑤；太康中⑥，又曰晋寿。水有津关⑦。段元章善风角⑧，弟子归，元章封笞药授之⑨。曰：路有急难，开之。生到葭萌，从者与津吏诤⑩，打伤。开笞得书言：其破头者，可以此药裹之。生乃叹服，还卒业焉。亦廉叔度抱父枢自沉处也⑪。

【注释】

①吐费城：在今四川广元西南昭化镇北土基坝。

②百晋寿：北魏改晋寿郡置。治所在晋寿县（今四川广元西南昭化

镇）。

③蜀王弟葭萌所封为苴侯邑：《水经注疏》杨守敬按："《华阳国志》三：蜀王别封弟葭萌于汉中，号苴侯，命其邑曰葭萌。"

④葭萌：又作葭明县。本古苴侯国，蜀王封其弟葭萌为苴侯。秦置县。治所在今四川广元西南昭化镇。三国蜀汉改名汉寿县。

⑤刘备：字玄德。东汉末年幽州涿郡涿县（今河北涿州）人。三国时期蜀汉开国皇帝。汉寿：东汉建安二十二年（217）刘备改葭萌置，属梓潼郡。治所在今四川广元西南四十五里昭化镇。

⑥太康：西晋武帝司马炎的年号（280—289）。

⑦津关：水陆冲要之处所设的关口。

⑧段元章：即段翳，字元章。东汉广汉新都（今四川成都新都区）人。习《易经》，明风角。时有就其学者，虽未至，必先能预知其姓名。后隐居，终于家。风角：古代据风以卜吉凶之方术。

⑨笥（sì）：盛饭食、衣物等的竹制方形器皿。

⑩津吏：古代管理渡口、桥梁的官吏。诤：争执，争论。

⑪廉叔度抱父枢自沉：《后汉书·廉范传》："（廉）范父遭丧乱，客死于蜀汉。……（范）与客步负丧归葭萌。载船触石破没，范抱持棺枢，遂俱沉溺。"廉叔度，即廉范，字叔度。东汉京兆杜陵（今陕西西安东南）人。历任武威、武都二郡太守。章帝时迁蜀郡太守，有治绩，百姓歌之。

【译文】

白水又往东南流经吐费城南面，就是西晋寿的东北，往东南注入汉水。蜀王弟葭萌封为苴侯，西晋寿就是他的封邑，所以城也就命名为葭萌了。刘备把它改名为汉寿，太康年间又称为晋寿。白水上有个关口。段元章善于看风占卜，他有个弟子要回家去，段元章装了一盒药交给他说：路上遇有急难时，可以打开。弟子到了葭萌，随从与关吏发生争执，被打伤了。他打开小盒，见一张字条上写道：打破了头的人，可用此药敷上。弟子这才倾心佩服,就回去完成了学业。这里也是廉叔度抱着父亲灵柩自沉的地方。

又东南过巴郡阆中县①,

巴西郡治也。刘璋之分三巴②,此其一焉。阚骃曰:强水出阴平西北强山③,一曰强川。姜维之还也④,邓艾遣天水太守王颀败之于强川⑤,即是水也。其水东北迳武都、阴平、梓潼、南安入汉水⑥。

【注释】

①巴郡:东汉兴平元年(194)刘璋分巴郡为三郡,以垫江以上置巴郡,属益州。治所在安汉县(今四川南充北)。建安六年(201)改为巴西郡。阆中县:战国秦惠文王于巴国别都阆中置,属巴郡。治所即今四川阆中。

②刘璋:字季玉。东汉末江夏竟陵(今湖北潜江市西北)人。初为奉车都尉,父卒,袭益州牧。三巴:东汉末益州牧刘璋分巴郡为永宁、固陵、巴三郡。建安六年(201)改固陵为巴东,改巴郡为巴西,改永宁为巴郡,合称三巴。相当于今重庆嘉陵江和綦江流域以东大部分地区。

③强水:《水经注疏》杨守敬按:"《河水注》,洮水与垫江水俱出蟾台山,段国取下流经垫江为名,谓之垫江水。阚骃取上源出强山为名,谓之强水。"阴平:即阴平县。强山:即蟾(jiàng)台山,又称百强山。即今青海东部、甘肃西南之西倾山。

④姜维:字伯约。天水冀县(今甘肃甘谷东)人。三国时蜀国名将。诸葛亮时封当阳亭侯。亮卒,维还成都,为右监军辅汉将军,统诸军,进封平襄侯,拜为大将军。数伐魏无功,被后主刘禅敕令投戈放甲,技降钟会。后被魏军杀。

⑤邓艾:字士载。义阳棘阳(今河南信阳南)人。三国魏镇西将军,
　　与郭淮共拒蜀将姜维。天水:即天水郡。西汉元鼎三年(前114)
　　置。治所在平襄县(今甘肃通渭)。王颀:东莱(今山东莱州)人。
　　三国魏官吏,曾任天水太守。邓艾部将。
⑥武都、阴平、梓潼、南安:此皆指郡。武都,西汉元鼎六年(前111)
　　置。治所在武都县(今甘肃西和南仇池山东麓)。东汉移治下辨
　　县(今甘肃成县西三十里)。梓潼,即梓潼郡。东汉建安二十二年
　　(217)刘备置,属益州。治所梓潼县(今四川梓潼)。南安,即南
　　安郡。南朝宋置,属益州。治所南安县(今四川剑阁)。

【译文】

汉水又往东南流过巴郡阆中县,

阆中县是巴西郡的治所。刘璋分划三巴,这是其中之一。阚骃说:
强水发源于阴平县西北的强山,又叫强川。姜维回蜀时,邓艾曾派天水
太守王颀在强川击败姜维,指的就是这条水。强水往东北流经武都、阴
平、梓潼、南安,然后注入汉水。

汉水又东南迳津渠戍东①,又南迳阆中县东,阆水出阆
阳县②,而东迳其县南,又东注汉水。昔刘璋之攻霍峻于葭
萌也③,自此水上。张达、范彊害张飞于此县④。

【注释】

①津渠戍:《水经注疏》杨守敬按:"戍疑在今苍溪(今四川苍溪县西
　　南)西北。"
②阆水:指今四川阆中西白溪浩河。阆阳县:《水经注疏》杨守敬按:
　　"疑县本置于阆中境,因流民移置于新城郡境。宋、齐《志》但据
　　移置之县书之耳。"
③霍峻:字仲邈。南郡枝江(今湖北枝江东北)人。初依刘表,后归

刘备，为中郎将。刘备定成都，霍峻因功封梓潼太守、裨将军。

④张达、范疆害张飞于此县：《三国志·蜀书·张飞传》："羽善待卒伍而骄于士大夫，飞爱敬君子而不恤小人。……先主伐吴，飞当率兵万人，自阆中会江州。临发，其帐下将张达、范疆杀飞，持其首，顺流而奔孙权。"张飞，字益德。三国时涿郡（今河北涿州）人。与关羽俱事刘备。

【译文】

汉水又往东南流经津渠戍东面，又往南流经阆中县东，阆水发源于阆阳县，往东流经县南，又往东注入汉水。从前刘璋在葭萌进攻霍峻，就是沿这条水上来的。张达、范疆杀害张飞也在此县。

汉水又东南得东水口。水出巴岭①，南历獠中②，谓之东游水③。李寿之时④，獠自牂柯北入⑤，所在诸郡，布满山谷。其水西南迳宋熙郡东⑥，又东南迳始平城东⑦，又东南迳巴西郡东，又东入汉水。

【注释】

①巴岭：今川陕边界之大巴山。

②獠中：古代獠民居住的区域。獠，指中国古代的一个少数民族，分布在今广东、广西、湖南、四川、云南、贵州等地区，是当今壮族的先民。

③东游水：今四川苍溪东北之东河。

④李寿：字武考。巴西宕渠（今四川渠县）人。十六国时期成汉国君。

⑤牂柯（zāng kē）：即牂柯郡。西汉元鼎六年（前111）置。治所在故且兰县（今贵州黄平西南，一说在今贵阳附近）。

⑥宋熙郡：南朝宋武帝置，属梁州。治所在兴乐县（今四川旺苍西南

嘉川镇）。

⑦始平城:《水经注疏》熊会贞按:"城建置无考,当在今苍溪县东北。"

【译文】

汉水又往东南流,到了东水口。东水发源于巴岭,往南流经獠人地区,叫东游水。李寿时,獠人曾从牂柯北上,所到的几个郡,獠人布满山谷。东游水往西南流经宋熙郡东面,又往东南流经始平城东面,又往东南流经巴西郡东面,又往东流,注入汉水。

汉水又东与濮溪水合①。水出獠中,世亦谓之为清水也②,东南流注汉水。

【注释】

①濮溪水:即今四川阆中东南之构溪河。

②清水:亦作清水江。即今四川巴中西恩阳河。

【译文】

汉水又东流,与濮溪水汇合。濮溪水发源于獠中,世俗也称之为清水,往东南流,注入汉水。

汉水又东南迳宕渠县东①,又东南合宕渠水②。水西北出南郑县巴岭③,与磐余水同源④,派注南流⑤,谓之北水,东南流与难江水合。水出东北小巴山⑥,西南注之。又东南流迳宕渠县,谓之宕渠水,又东南入于汉。

【注释】

①宕渠县:西汉置,属巴郡。治所在今四川渠县东北七十四里土溪镇渠江南岸城坝古城。

②宕渠水：即今四川渠江及其上游南江。

③南郑县：东晋太元十五年（390）以汉中郡流民置，属南汉中郡。治所在今四川德阳境。南齐属南阴平郡。后废。

④磐会水：《水经注疏》熊会贞按："《沔水注》作磐余云，水出南山巴岭二，泉流两分，飞清派注，南入蜀水，北注汉津。"

⑤派注：分流。派，水分道而流。

⑥小巴山：亦名小巴岭。在今四川南江县东北。

【译文】

汉水又往东南流经宕渠县东面，又往东南流，汇合了宕渠水。宕渠水发源于西北方南郑县的巴岭，与磐余水同出一源，分支后南流，称为北水，往东南流，与难江水汇合。难江水发源于东北的小巴山，往西南注入北水。北水又东南流经宕渠县，称为宕渠水，又往东南注入汉水。

又东南过江州县东①，东南入于江。

涪水注之②，庾仲雍所谓涪内水者也。

【注释】

①江州县：战国周慎王五年（前316）秦灭巴国置，为巴郡治。治所在今重庆。

②涪水：发源于川西北，向东南流，后与嘉陵江汇合，至重庆注入长江。

【译文】

汉水又往东南流过江州县东面，往东南注入江水。

有涪水注入　涪水就是庾仲雍所说的涪内水。

丹水

丹水出京兆上洛县西北冢岭山①，

一名高猪岭也。丹水东南流与清池水合②。水源东北出清池山③,西南流入于丹水。

【注释】

①丹水:即今陕西、湖北、河南边境之丹江。为汉江支流。京兆:即京兆郡。三国魏改京兆尹置,为雍州治。治所在长安县(今陕西西安西北)。上洛县:三国魏改上雒侯国置,属京兆郡。治所即今陕西商洛。冢岭山:也叫高猪岭。在今陕西洛南西北,与商州、蓝田交界处。

②清池水:今陕西商洛北大荆川。

③清池山:亦名安山。《水经注疏》熊会贞按:“今商州北五十五里,有安山,此水所出,谓之荆水。”

【译文】

丹水

丹水发源于京兆郡上洛县西北的冢岭山,

冢岭山又名高猪岭。丹水往东南流,与清池水汇合。清池水发源于东北方的清池山,往西南流,注入丹水。

东南过其县南①,

县,故属京兆,晋分为郡②。《地道记》曰③:郡在洛上④,故以为名。《竹书纪年》:晋烈公三年⑤,楚人伐我南鄙⑥,至于上洛。楚水注之⑦。水源出上洛县西南楚山⑧,昔四皓隐于楚山⑨,即此山也。其水两源合舍于四皓庙东⑩,又东迳高车岭南⑪,翼带众流⑫,北转入丹水。岭上有四皓庙。丹水自仓野又东历兔和山⑬,即《春秋》所谓左师军于兔和⑭,右师军于仓野者也⑮。

【注释】

①其长：这里指上洛县。

②晋分为郡：《水经注疏》杨守敬按："《宋志》引《晋太康地志》，分京兆，立上洛郡。《晋志》泰始二年分京兆南部置。后魏县仍为郡治。今商州治。"

③《地道记》：书名。亦称《晋书地道记》《晋地道记》《晋书地道志》。东晋史学家王隐撰。

④郡在洛上：郡在洛水边。洛，即洛水，一名北洛水。即今陕西洛河。源出定边东南白于山，东南流经吴起、志丹、甘泉，又南流经富县、洛川等县，至大荔南合渭水，东入黄河。上，边。

⑤晋烈公三年：前413年。晋烈公，名止。晋幽公之子，一说是晋幽公之弟。

⑥南鄙：南部边邑。鄙，边邑。偏远之城邑。

⑦楚水：即陕西商洛西乳河。

⑧楚山：即商山。在今陕西丹凤西商镇南一里。

⑨四皓：指秦末隐居商山的东园公、甪（lù）里先生、绮里季、夏黄公。四人年皆八十有余，须眉皓白，故称商山四皓。高祖刘邦曾召四人辅佐，皆不应。刘邦欲废太子，吕后用张良计，迎四皓，使辅佐太子，高祖以太子羽翼已成，乃打消改立太子之意。

⑩合舍：同"合止"。汇合，交汇。四皓庙：在今陕西商洛西金鸡原。

⑪高车岭：即高车山。在今陕西商洛南二里。

⑫翼带：左右引纳。

⑬仓野：亦作苍野。在今陕西丹凤西。兔和山：一作菟和山。在今陕西丹凤东南十里资峪岭。

⑭军：驻扎，驻军。

⑮右师军于仓野：按，以上事见《左传·哀公四年》。

【译文】

丹水往东南流过上洛县南，

　　上洛县,过去隶属于京兆,晋朝时划分为郡。《地道记》说:郡治在洛上,因此作为郡名。《竹书纪年》记载:晋烈公三年,楚人进攻我国南方的边境,到了上洛。楚水在这里注入。楚水发源于上洛县西南面的楚山,昔日四皓隐居在楚山,就是这座山。楚水有两条源流,汇合于四皓庙东,又往东流经高车岭南面,两边引纳许多小支流,北转注入丹水。岭上有四皓庙。丹水从仓野又往东流经兔和山,《春秋》所说的左师驻扎在兔和,右师驻扎在仓野,指的就是这两个地方。

　　　又东南过商县南[①],又东南至于丹水县[②],入于均[③]。
　　　契始封商[④],鲁连子曰[⑤]:在太华之阳[⑥]。皇甫谧、阚骃并以为上洛商县也[⑦]。殷商之名,起于此矣。丹水自商县东南流注,历少习[⑧],出武关[⑨]。应劭曰:秦之南关也,通南阳郡[⑩]。《春秋左传·哀公四年》[⑪],楚左司马使谓阴地之命大夫士蔑曰[⑫]:晋、楚有盟,好恶同之,不然将通于少习以听命者也[⑬]。京相璠曰[⑭]:楚通上洛[⑮],陕道也[⑯]。汉祖下析、郦[⑰],攻武关。文颖曰[⑱]:武关在析县西百七十里[⑲],弘农界也[⑳]。

【注释】

①商县:战国秦置,属内史。治所在今陕西丹凤西五里古城。西汉属弘农郡。东汉属京兆郡。西晋属上洛郡。北魏属上庸郡。

②丹水县:秦置,属南阳郡。治所在今河南淅川西六十五里寺湾镇。

③均:指均水。上源曰淅水,出河南卢氏,南流经西峡西,至淅川县南与丹水合流为均水,至湖北丹江口市入汉。

④契(xiè):即殷契。母曰简狄,帝喾次妃。相传见玄鸟堕其卵,简狄取吞之,因孕生契。契长而佐大禹治水有功,被帝舜封于商。

⑤鲁连子:即鲁仲连,或称鲁连。战国时齐人。有计谋,但不肯做官。

尝周游各国,排难解纷。

⑥太华之阳:太华山的南边。太华,又称华岳、华山。在今陕西华阴南十里。阳,山南水北为阳。

⑦皇甫谧:即皇甫士安。字士安,自号玄晏先生。魏晋安定朝那(今宁夏固原东南)人。后徙居新安(今河南渑池)。其《帝王世纪》,起自三皇,迄于汉魏,专记帝王事迹。阚骃(kàn yīn):字玄阴。敦煌(今甘肃敦煌)人。北凉至北魏学者。所撰《十三州志》为地理类著作。上洛:即上洛郡。西晋泰始二年(266)置,属司州。治所在上洛县(今陕西商洛)。

⑧少习:山名。在今陕西丹凤东南。山道险厄,是秦、晋通楚的要道。山下即武关。

⑨武关:战国秦置。在今陕西商南西南丹江上。即秦之南关。

⑩南阳郡:战国秦昭襄王三十五年(前272)置。治所在宛县(今河南南阳)。

⑪哀公四年:前491年。

⑫左司马:官名。春秋战国时楚、赵等国置,为大司马之佐,协掌军务。阴地:春秋晋地。西起今陕西商洛,东至河南崇县,北起黄河,南至秦岭山脉。今河南卢氏东北有阴地城。命大夫士蔑:士蔑为受箓命之大夫。阴地为晋国南部要道,故使士蔑守之。

⑬不然将通二少习以听命者也:如若不遵守晋楚缔结的盟约,我们就会交好秦国,而听从秦国的命令。少习,这里借代秦国。

⑭京相璠(fán):西晋地理学者裴秀的门客。撰有《春秋土地名》三卷。

⑮楚通上洛:楚国与上洛间通道。

⑯阨(è)道:极其险要之道。厄,极其险要。

⑰扞:古邑名。在今河南西峡县。郦:战国楚邑。在今河南南阳西北。

⑱文颖:字叔良。南阳(今河南南阳)人。后汉末荆州从事,魏建安

中为甘陵府丞。曾注《汉书》。

⑲析县：战国楚置。治所即今河南西峡县。秦仍以为县，西汉属弘
农郡。东汉属南阳郡。三国魏属南乡郡。

⑳弘农：即弘农郡。西汉元鼎四年（前113）置。治所在弘农县（今
河南灵宝北故函谷关城）。

【译文】

丹水又往东南流过商县南面，又往东南流到丹水县，注入均水。

契最初封于商，鲁连子说：商在太华山的南面。而皇甫谧、阚骃都认
为在上洛商县。殷商这个名称，就起源于这里。丹水从商县往东南奔流，
经过少习，流出武关。应劭说：武关就是秦时的南关，通南阳郡。《春秋
左传·哀公四年》，楚国左司马派遣使者对阴地的命大夫士蔑说：晋、楚
是结盟国家，爱憎都是相同的，如果背信的话，我们就只好往少习山那边
去，听候秦国的吩咐了。京相璠说：武关是楚国通上洛的险路。汉祖攻下
析、郦，又去攻打武关。文颖说：武关在析县西一百七十里，与弘农交界。

丹水又东南流入臼口①，历其戍下，又东南，析水出析
县西北弘农卢氏县大蒿山②，南流迳修阳县故城北③，县，即
析之北乡也。又东入析县，流结成潭，谓之龙渊④，清深神
异。《耆旧传》云⑤：汉祖入关，迳观是潭，其下若有府舍焉。
事既非恒，难以详矣。其水又东迳其县故城北，盖《春秋》
之白羽也⑥。《左传·昭公十八年》⑦，楚使王子胜迁许于析
是也⑧。郭仲产云⑨：相承言此城汉高所筑，非也，余按《史
记》：楚襄王元年，秦出武关，斩众五万，取析十五城⑩。汉
祖入关，亦言下析、郦，非无城之言，修之则可矣。析水又历
其县东，王莽更名县为君亭也。而南流入丹水县注于丹水，
故丹水会均有析口之称⑪。

【注释】

① 白口：《水经注疏》杨守敬按："当在今商南县（今陕西商南县西）南。"

② 析水：即淅水。今老灌河。源出今河南卢氏南。上游名黄沙五渡河，南流经西峡西，至淅川南入丹江。卢氏县：西汉属弘农郡。治所即今河南卢氏。

③ 修阳县：北魏置，属修阳郡。治所在今河南西峡北。

④ 龙渊：《水经注疏》杨守敬按："考《续汉志》析县刘（昭）《注》，正引《荆州记》曰：县有龙渊，深不测。当在今内乡县（今河南南阳内乡）西。"

⑤《耆旧传》：书名。一说为晋王嘉撰。

⑥ 白羽：即析。春秋楚邑。即今河南西峡县治。

⑦ 昭公十八年：前 524 年。

⑧ 王子胜：楚国人。官至左尹。许：周诸侯国名。在今河南许昌东。

⑨ 郭仲产：曾任南朝宋尚书库部郎。撰有《湘州记》《襄阳记》等。

⑩ "楚襄王元年"几句：事见《史记·楚世家》。楚襄王元年，前 298 年。楚襄王，芈姓，熊氏，名横。战国时期楚国国君，楚怀王之子。

⑪ 析口：丹水与均水的交汇处。

【译文】

丹水又往东南流入白口，经过边防营垒下，又往东南流，析水发源于析县西北弘农卢氏县的大蒿山，往南流经修阳县旧城北面，修阳县就是析县的北乡。析水又往东流入析县境内，形成一个大水潭，称为龙渊，潭水清澈幽深，颇有灵异。《耆旧传》说：汉高祖入关后，经过这里观看水潭，见到水下仿佛有房屋。事情不是永久不变的，也就难以弄清楚了。析水又往东流经析县旧城北面，大概就是《春秋》里提到的白羽。《左传·昭公十八年》，楚派遣王子胜把许迁到析，指的就是这个地方。郭仲产说：相传此城是汉高祖修筑的，其实不是，我查考过《史记》：楚襄王元年，秦军出武关，杀了敌兵五万人，夺取了析十五个城。汉高祖入关后，也曾攻下析、郦，并没有说以前没有城，但汉高祖修过城却是可能的。析水又流经县城东面，王莽改名为君亭。析水往南流入丹水县，注入丹水，所以丹水与均水汇合处有析口的地名。

丹水又东南迳一故城南，名曰三户城①。昔汉祖入关，王陵起兵丹水②，以归汉祖，此城疑陵所筑也。

【注释】

①三户城：春秋楚邑。在今河南淅川西北。

②王陵：汉初沛（今江苏沛县）人。始为县豪。楚汉战争起，聚众数千人归附刘邦。汉朝建立，封安国侯。后为右丞相。惠帝死，吕后欲立诸吕为王，陵阻之，得罪吕后，被免相，改任太傅。后托病辞免，杜门不朝。

【译文】

丹水又往东南流经一个旧城南，叫三户城。从前汉高祖入关时，王陵在丹水起兵，投奔高祖，这个城可能是王陵修筑的。

丹水又迳丹水县故城西南，县有密阳乡①，古商密之地②，昔楚申、息之师所戍也③，《春秋》之三户矣④。杜预曰：县北有三户亭。《竹书纪年》曰：壬寅，孙何侵楚⑤，入三户郛者是也⑥。水出丹鱼，先夏至十日，夜伺之，鱼浮水侧，赤光上照如火，网而取之，割其血以涂足，可以步行水上，长居渊中。丹水东南流至其县南，黄水北出芬山黄谷，南迳丹水县，南注丹水。黄水北有墨山⑦，山石悉黑，缋彩奋发⑧，黝焉若墨，故谓之墨山。今河南新安有石墨山⑨，斯其类也。

丹水南有丹崖山⑩，山悉赪壁霞举⑪，若红云秀天，二岫更为殊观矣⑫。

【注释】

①密阳乡：亘汉置，属丹水县。在今河南淅川西。

②古商密：古邑名。本春秋鄀国都城，楚灭之为邑。在今河南淅川西南、丹水南岸。

③申、息：皆楚县邑。申，在今河南南阳北二十里。本申国，楚文王灭申后置县。息，在今河南息县西南。

④三户：春秋楚邑。在今河南淅川西北。

⑤孙何：具体不详。

⑥三户郭：三户城的外城。郭，外城。

⑦墨山：在今河南淅川西。

⑧缋（huì）彩：五彩缤纷的花纹图案。缋，彩色的花纹图案。

⑨河南：即河南郡。汉高祖二年（前205）改河南国置。治所在洛阳县（今河南洛阳东北汉魏故城）。新安：即新安县。战国秦置，属三川郡。治所在今河南义马西石河村。西汉属弘农郡。西晋属河南郡。

⑩丹崖山：在今河南淅川丹水南岸。

⑪赪（chēng）壁：红色的石壁。霞举：同义连文，"霞""举"均表"高耸入云"义。

⑫二岫（xiù）：这里指墨山和丹霞山这两座山峦。

【译文】

丹水又流经丹水县旧城西南，该县有个密阳乡，是古代商密的地方，从前楚国申、息的军队就驻守在这里，也是《春秋》说到的三户。杜预说：县北面有个三户亭。《竹书纪年》说：壬寅日，孙何侵犯楚国，打进三户城，说的就是这地方。丹水里有一种红色的鱼，夏至前十天，夜里去守候，鱼在水岸边浮上来,红光四射像火一样,撒网捕捉,剖鱼用血涂在脚上,可以在水里行走,长期待在深潭中。丹水又从东南流到县南,黄水发源于北方芬山的黄谷,往南流经丹水县,往南注入丹水。黄水北有墨山,山上岩石全都呈黑色,光彩四射,黑如墨染,所以称为墨山。如今河南新安有石墨山,也属于这一类。丹水南有丹崖山,山上全是浅红色的崖壁,巍然高耸,好像红霞映照天际,两山一黑一红,相映更为奇观了。

　　丹水又南迳南乡县故城东北①,汉建安中②,割南阳右壤为南乡郡③,逮晋封宣帝孙畅为顺阳王④,因立为顺阳郡⑤,而南乡为县,旧治酂城⑥。永嘉中⑦,丹水浸没,至永和中⑧,徙治南乡故城⑨。城南门外,旧有郡社柏树⑩,大三十围⑪,萧欣为郡⑫,伐之。言有大蛇从树腹中坠下,大数围,长三丈,群小蛇数十,随入南山,声如风雨。伐树之前,见梦于欣,欣不以厝意⑬,及伐之,更少日,果死。丹水又东迳南乡县北,兴宁末⑭,太守王靡之改筑今城⑮,城北半据在水中,左右夹涧深长,及春夏水涨,望若孤洲矣。城前有晋顺阳太守丁穆碑⑯,郡民范甯立之⑰。

【注释】

①南乡县:东汉置,属南阳郡。治所在今河南淅川西南丹江水库内。

②建安:东汉献帝刘协的年号(196—220)。

③南阳:即南阳郡。战国秦昭襄王三十五年(前272)置。治所在宛县(今河南南阳)。西晋改为南阳国。南朝宋复为南阳郡。右壤:此指南阳郡之西境。南乡郡:东汉建安十三年(208)析南阳郡治,属荆州。治所在南乡县(今河南淅川西南丹江水库内)。

④宣帝:即司马懿(yì)。字仲达。河内温(今河南温县)人。三国魏

权臣。其孙司马炎代魏称帝,建立晋朝,追尊他为宣帝。畅:即司马暘,字玄舒。初袭父爵为扶风王,武帝太康十年(289)改封顺阳王。历给事中、屯骑校尉、游击将军。永嘉末,刘聪入洛,不知所终。

⑤顺阳郡:西晋太康中改南乡郡置,属荆州。治所在酂县(今湖北老河口西北西集街北)。

⑥酂(zàn)城:秦置,属南阳郡。治所在今湖北老河口西北西集街北。西汉改为酂侯国。东汉复为酂县。西晋太康中为顺阳郡治。南朝宋属广平郡。

⑦永嘉:西晋怀帝司马炽(chì)的年号(307—312)。

⑧永和:晋穆帝司马聃的年号(345—356)。

⑨南乡故城:《水经注疏》杨守敬按:"宋、齐、后魏,县并为顺阳郡治。后魏末复曰南乡郡。故城在今淅川厅东南。"

⑩郡社:郡治处设置的社坛。古代封土为社,各栽种其土所宜之树,以为祀社神之所在。

⑪匡:计量周长的约略单位。旧说尺寸长短不一,现多指两手或两臂之间合拱的长度。

⑫萧欣:南朝时梁宗室。南兰陵(今江苏常州西北)人。幼聪警,善属文。历侍中、中书令、尚书令等。著《梁史》百卷,遭乱矢本。为郡:为郡守。郡守是一郡的最高行政长官,掌管一郡之事。

⑬厝(cuò)意:注意,关心。

⑭兴宁:东晋哀帝司马丕的年号(363—365)。

⑮王靡之:具体不详。

⑯□穆:字彦远。东晋谯国(今安徽亳州)人。因功封真定侯,累迁为顺阳太守。晋孝武帝太元中,符坚攻顺阳,穆战败,被执至长安,称疾不□。后坚倾国攻晋,穆与关中人士谋袭长安,事泄遇害。

⑰范甯:字武子。东晋顺阳(今河南淅川西南)人。少笃学,多所通览。

初为馀杭令,在县兴学校,养生徒,洁己修礼,志行之士莫不宗之。后迁临淮太守,封阳遂侯。又拜中书侍郎。撰有《春秋穀梁传集解》传世。

【译文】

丹水又往南流经南乡县旧城东北,汉朝建安年间,把南阳右边的辖地划为南乡郡,到晋朝时,封宣帝的孙子司马畅为顺阳王,就以旧地立为顺阳郡,南乡则是一个县,旧县治在鄷城。永嘉年间,丹水淹没鄷城,到永和年间,就把县治迁到南乡旧城。城南门外,从前在社庙旁原有一棵柏树,有三十围粗,萧欣当郡守时把它砍掉了。据说当时有一条大蛇从树洞中坠下,蛇身粗数围,长三丈,约数十条小蛇跟着它爬进南山里,声音有如风雨。砍树以前,大蛇曾经托梦萧欣,但萧欣并不在意,待砍倒树后,过不了几天,萧欣果然死了。丹水又往东流经南乡县北面,兴宁末年,太守王靡之改筑了今天这座城,城的北半部建在水中,左右两边夹在深深的溪涧之间,到了春夏水涨时,看上去就像一座孤洲。城的前面有晋朝顺阳太守丁穆碑,是郡民范宵所立。

　　丹水迳流两县之间,历於中之北[1],所谓商於者也。故张仪说楚绝齐,许以商於之地六百里[2],谓以此矣。《吕氏春秋》曰:尧有丹水之战以服南蛮[3],即此水也。又南合均水,谓之析口。

【注释】

①於中:即商于、商於。古地区名。在今河南淅川西南。

②故张仪说楚绝齐,许以商於之地六百里:见《史记·张仪列传》:"秦奚贪夫孤国,而与之商於之地六百里?"张仪,战国时魏国人。游说入秦,首创连横。秦惠王以张仪为相。秦欲伐齐,他入楚说楚怀王,瓦解齐、楚联盟,旋即夺取楚汉中地。再入韩,说韩王和

秦连横。复归秦，被封为武信君。秦武王立，他再入魏，相魏一岁，卒于魏。说楚绝齐，游说楚国与齐国断绝关系。

③尧有丹水之战以服南蛮：为《吕氏春秋·恃君览》中的文字："兵所自来者久矣。尧战于丹水之浦，以服南蛮。"

【译文】

丹水流经两县之间，流过於中北面，就是所谓商於。昔日张仪劝说楚国与齐国绝交，答应将商於地区六百里割让给楚国，说的就是这里。《吕氏春秋》说：尧经过丹水之战，征服了南蛮，说的就是这条水。丹水又往南流，汇合了垍水，汇流处称为析口。

卷二十一

汝水

【题解】

　　汝水今称汝河,是发源于河南境内的淮河支流之一。淮河是一条支流极多的河流,发源于河南境内的淮河支流,流域面积在一百平方公里以上的超过二百六十条。现在的汝河在淮河各支流中,不过是一条小支流,从伏牛山东麓发源以后,东流到新蔡以东就注入淮河的另一支流洪河,流程不出河南省境。

　　但是在古代却不是这样,汝水是淮水的最大支流之一。《汉书·地理志》记载的汝水:"过郡四,行千三百四十里。"确实是条大河,所以《水经注》为它单独立卷。《水经》说:"又东至原鹿县,南入于淮。"《水经》是三国时期的著作,原鹿县属魏,在今安徽阜南之南、河南淮滨之东。《注》文说:"所谓汝口,侧水有汝口戍,淮、汝之会也。"在南北朝的齐时,北魏与南齐以淮水为界,汝水入淮在北魏辖境之内。到了梁时,北魏的南疆北缩,汝水入淮已在南梁境内。但不管怎样,郦道元所说的汝口,总在今洪河入淮之处。在今河南淮滨的谷堆附近。

汝水

汝水出河南梁县勉乡西天息山①，

《地理志》曰：出高陵山②，即猛山也。亦言出南阳鲁阳县之大盂山③，又言出弘农卢氏县还归山④。《博物志》曰⑤：汝出燕泉山。并异名也。余以永平中蒙除鲁阳太守⑥，会上台下列《山川图》⑦，以方志参差⑧，遂令寻其源流。此等既非学徒，难以取悉，既在迳见，不容不述。今汝水西出鲁阳县之大盂山蒙柏谷，岩障深高⑨，山岫邃密⑩，石径崎岖，人迹裁交⑪，西即卢氏界也。其水东北流迳太和城西⑫，又东流迳其城北，左右深松列植，筠柏交荫⑬，尹公度之所栖神处也⑭。又东届尧山西岭下⑮，水流两分。一水东迳尧山南，为滍水也⑯。即《经》所言滍水出尧山矣。一水东北出为汝水，历蒙柏谷，左右岫壑争深，山阜竞高，夹水层松茂柏，倾山荫渚⑰，故世人以名也。津流不已，北历长白沙口，狐白溪水注之⑱，夹岸沙涨若雪，因以取名。其水南出狐白川，北流注汝水，汝水又东北趣狼皋山者也⑲。

【注释】

①汝水：淮水支流。上游即今河南北汝河；自郾城以下，故道南流至西平东会沤水（今洪河），又南经上蔡西至遂平东会瀙水（今沙河）；此下即今南汝河及新蔡以下的洪河。河南：即河南郡。汉高祖二年（前205）改河南国置。治所在洛阳县（今河南洛阳东北汉魏故城）。梁县：战国时周畺。后入秦，属三川郡。治所在今河南汝州西四十里汝水南岸石台村。西汉属河南郡。天息山：一名伏牛山。在今河南嵩县西南。山北为汝水之源，山南为白河之源。

②高陵山:《水经注疏》杨守敬按:"在汝南定陵县(今河南舞阳北)。"

③南阳:即南阳郡。战国秦昭襄王三十五年(前272)置。治所在宛
县(今河南南阳)。鲁阳县:战国魏置。秦始皇二十二年(前225)
入秦,属南阳郡。治所即今河南鲁山县。大盂山:在今河南鲁山
县西南。

④弘农:即弘农郡。西汉元鼎四年(前113)置。治所在弘农县(今
河南灵宝北故函谷关城)。卢氏县:战国时韩置。后入秦,属三川郡。
治所即今河南卢氏。西汉属弘农郡。还归山:《水经注疏》杨守敬按:
"《经》称天息,《注》云高陵、猛山、大盂、还归、燕泉,并异名。"

⑤《博物志》:书名。西晋张华撰。多取材古籍,分类记载异物、奇境、
琐闻等,多神仙方术故事,为笔记体志怪小说。

⑥永平:北魏宣武帝元恪的年号(508—512)。鲁阳:即鲁阳郡。北
魏太和二十二年(498)置,属司州。治所在山北县(即今河南鲁
山县)。

⑦会上台下列《山川图》:陈桥驿按,《山川图》不知是北魏一朝普遍
为此,抑或是一地图籍,尚可研究。但《注》文明说是"上台下列",
郦氏为鲁阳郡之守,其郡属司州,则郦云"上台",至少是指的司
州,但郦氏经过查勘,写下了他"既在迳见,不容不述"的一段文
字,与他在卷首《原序》中所说"访渎搜渠,缉而缀之"的话相合,
足见他是一位重视今日所谓田野考察的学者。

⑧方志:有关地方风俗、物产、舆地等记载的书籍。陈桥驿按,此段
出现"方志"一词,卷二十二《渠沙水》《经》文"又出南至扶沟北"
的《注》文中又说"因其方志所叙就记缠络焉",说明地方志在北
魏已经是一种相当普及的文献,可惜已全部亡佚,没有流传。

⑨岩障:岩石形成的山嶂。

⑩山岫(xiù):山峦。邃密:深邃浓密。

⑪裁交:略有到达。裁,稍微,略微。

⑫太和城：北魏筑。在今河南嵩县南，汝水东南岸。

⑬筼（yún）柏：筼竹与松柏。

⑭尹公度：即尹轨，字公度。博学五经，尤明天文星气、河洛谶纬。晚年学道，常服黄精花，日三合许。年数百岁。后到太和山中，仙去。栖神处：《水经注疏》熊会贞按："在今嵩县（今河南嵩县）南。"栖神，死后安息。

⑮尧山：在今河南汝阳西南。

⑯潕（zhì）永：即今河南鲁山、叶县境内的沙河。

⑰倾山荫渚：遮盖着山野和水涯。倾，覆盖，遮盖。荫，荫蔽。

⑱狐白溪水：《水经注疏》熊会贞按："今有一水，出伊阳县（今河南汝阳）南普救关下，北流入汝，疑即狐白溪水。"

⑲猿皋山：一名鸣皋山。在今河南汝州西南六十里。

【译文】

汝水

汝水发源于河南郡梁县勉乡西面的天息山，

《地理志》说：汝水发源于高陵山，就是猛山。也有人说发源于南阳郡鲁阳县大盂山，又说是发源于弘农郡卢氏县的还归山。《博物志》说：汝水发源于燕泉山。这都是一山的异名。我在永平年间受命出任鲁阳太守，上任时正逢上级长官下来，要求展示各地《山川图》，因地方志说法各不相同，就命我们探寻诸水的源流。参加工作的如不是专家，就很难获得详尽正确的情况，本人既是亲眼所见，就不得不做具体的叙述了。汝水发源于西面鲁阳县大盂山的蒙柏谷，那一带重峦叠嶂，山高谷深，石径崎岖，人迹罕至，西边靠近卢氏县边界。汝水往东北流经太和城西，又往东流经城北，左右两岸青松成行，绿竹和翠柏枝叶相接，这是尹公度死后安息的地方。汝水又往东流到尧山西岭下，分为两条。一条往东流经尧山南，叫潕水。也就是《水经》所说的潕水发源于尧山。另一条往东北流，就是汝水，流经蒙柏谷，两边幽谷争深，山峰竞高，溪流两岸都是密层层的青松和绿沉沉的翠柏，浓荫覆盖着山野和水滨，因而人们称之为蒙柏谷。山上的泉流滔滔不绝，往北流经长白沙口时，狐白溪水注入，溪水两岸流沙冲积洁白如雪，因而得名。狐白溪水发源于南面的狐白川，北流注入汝水，汝水又往东北流向狼皋山。

东南过其县北，

汝水自狼皋山东出峡，谓之汝阨也①。东历麻解城北②，故鄤乡城也③，谓之蛮中④。《左传》所谓单浮馀围蛮氏⑤，蛮氏溃者也。杜预曰：城在河南新城县之东南⑥，伊洛之戎、陆浑蛮氏城也⑦。俗以为麻解城，盖蛮、麻读声近故也。

【注释】

①汝阨：《水经注疏》杨守敬按："《名胜志》，伊阳县（今河南汝阳）东十里有紫罗口，昔禹所凿汝水东出者也，当即此。"

②麻解城：在今河南伊川西南。

③鄤乡城：在今河南伊川西南东、西蛮子营（今名东、西村）。

④蛮中：《水经注疏》熊会贞按："《汉志》，新成（今河南伊川西南）蛮中，故戎蛮子国。《续汉志》，新城有鄤聚，古鄤氏今名蛮中。"

⑤单浮馀：楚国大夫。蛮氏：春秋部落。在今河南伊川西南东、西蛮子营。

⑥新城县：战国秦置。东汉属河南尹。治所在今河南伊川西南。

⑦伊洛之戎：杂居在伊水、洛水之间的少数民族戎族。在今河南洛阳东南。陆浑：即陆浑之戎。戎之一支，允姓，本居瓜州，秦晋诱而迁之伊川。

【译文】

汝水往东南流过县北，

汝水从狼皋山东流出峡，峡谷称为汝阨。又往东流经麻解城北面，这就是旧时的䢵乡城,叫蛮中。《左传》中所说的单浮馀围困蛮氏,蛮氏被击溃,就指的是这里。杜预说:城在河南新城县东南,就是伊洛之戎、陆浑蛮氏所居的城。俗称麻解城,是因为蛮、麻两字读音相近,以致音讹的缘故。

汝水又迳周平城南①。京相璠曰:霍阳山在周平城东南者也②。

【注释】

①周平城:在今河南汝州西南汝水南岸。

②霍阳山:一名霍山。在今河南汝州西南。

【译文】

汝水又流经周平城南。京相璠说:霍阳山在周平城东南。

汝水又东与三屯谷水合。水出南山,北流迳石碣东,柱侧刊云:河南界。又有一碣题言:洛阳南界①。碑柱相对②,既无年月,竟不知何代所表也③。其水又北流,注于汝水。

【注释】

①洛阳南界:《水经注疏》熊会贞按:"《寰宇记》,洛阳界碑在旧临汝县西八十里。或即此,当在今伊阳县(今河南汝阳)境。"

②碑柱:界碑与碣柱。

③表:立(标记)。

【译文】

汝水又往东流,与三屯谷水汇合。三屯谷水发源于南山,往北流经石碣东边,石柱边上刻着:河南界。另有一块石碣题着:洛阳南界。碑柱相对而立,未署年月,也不知是哪个朝代所立。水又北流,注入汝水。

汝水又东与广成泽水合①。水出狼皋山北泽中②。安帝永初元年③，以广成游猎地假与贫民④。元初二年⑤，邓太后临朝⑥，邓骘兄弟辅政⑦，世士以为文德可兴⑧，武功宜废⑨，寝蒐狩之礼⑩，息战阵之法。于时，马融以文武之道⑪，圣贤不坠，五材之用⑫，无或可废，作《广成颂》云⑬：大汉之初基也，揆厥灵囿⑭，营于南郊，右矕三塗⑮，左枕嵩岳⑯，面据衡阴⑰，背箕王屋⑱，浸以波、溲⑲，演以荥、洛⑳，金山、石林㉑，殷起乎其中㉒，神泉侧出，丹水、涅池㉓，怪石浮磬㉔，耀焜于其陂㉕。桓帝延熹元年㉖，校猎广成㉗，遂幸函谷关㉘。其水自泽东南流，迳温泉南㉙，与温泉水合。温水数源，扬波于川左泉上，华宇连荫，茨甍交拒㉚，方塘石沼，错落其间，颐道者多归之㉛。其水东南流注广成泽水。泽水又东南入于汝水。

【注释】

①广成泽水：在今河南汝州西。

②狼皋山：一名鸣皋山。在今河南汝州西南六十里。

③永初元年：107年。永初，东汉安帝刘祜（hù）的年号（107—113）。

④广成：即广成苑。在今河南汝州西。假与：给予。假，给予。

⑤元初二年：115年。元初，东汉安帝刘祜的年号（114—120）。

⑥邓太后临朝：元兴元年，和帝崩，长子平原王有疾，而诸皇子夭没，后生者隐秘养于人间。殇帝生始百日，邓后迎立之。尊邓后为皇太后，开始临朝。邓太后，指邓绥。东汉和帝皇后。临朝，特指太后摄政称制。

⑦邓骘（zhì）兄弟：即邓训诸子，邓骘、邓京、邓悝、邓弘、邓阊等人。邓骘，字昭伯。邓禹之孙，邓训之子，邓太后之兄。殇帝崩，邓太后

与骘等定策立安帝。建光元年（121）。邓太后卒，邓氏家族被人诬陷欲废安帝，骘徙封为罗侯，不久免官，他不甘其辱，绝食而死。

⑧世士：当世文士。文德：礼乐教化等文治方面。

⑨武功：武力，军事等方面。

⑩寝：停止，休止。蒐（sōu）狩：春蒐和冬狩。古代帝王春、冬时的射猎活动。蒐，特指春猎。

⑪马融：字季长。扶风茂陵（今陕西兴平东北）人。东汉经学家、辞赋家。卢植、郑玄皆尝师事之。

⑫五材：指金、木、水、火、土五种物质。

⑬《广成颂》：赋名。东汉马融作。马融赋以《广成颂》《长笛赋》为最著名。《后汉书·马融传》有收录。

⑭揆（kuí）：揣度，思忖。厥：其，这。灵囿：本指周文王的园囿名。后泛指帝王圈养动物的园林。

⑮矕（mǎn）：看视，观看。三涂：在今河南嵩县西南十里。

⑯枕：临近，毗邻。嵩岳：指嵩山。在今河南登封北。

⑰衡阴：衡山之北。山南水北为阳，山北水南为阴。衡山，在今河南南召东。

⑱箕：通"基"。依据，依傍。王屋：即王屋山。在今河南济源西北九十里与山西阳城交界处。

⑲浸：浸灌，灌注。波：即波水。在今河南鲁山县西。溠（zhà）：即溠水。一名伏恭河。在今湖北随州西。

⑳演：水流经某地。荥：即荥泽。在今河南郑州西北古荥镇北。洛：即洛水。今河南洛河。为黄河支流。

㉑金山：即金门山。在今河南洛宁南。石林：又名大石山、大石岭、万安山、蜚华山。在今河南偃师西南。

㉒殷起：高峻突起。

㉓丹水：即今陕西、湖北、河南边境之丹江。源出今陕西商洛西北冢

岭山,东南流经丹凤、商县南,又东入河南,经淅川县会淅川水,折西南至湖北丹江口市入汉水。涅池:即涅水。今河南镇平西、邓州东赵河。

㉔浮磬:如浮动的磬一般显露于水面的石头。

㉕焜(kūn):光亮,光辉。陂:池塘。

㉖延熹元年:158年。延熹,东汉桓帝刘志的年号(158—167)。

㉗校猎:用木为栏校,遮拦禽兽以猎取之。亦泛指打猎。

㉘函谷关:战国秦置。在今河南灵宝北三十里王垛村。汉武帝元鼎三年(前114)移到洛阳西面的新安县。

㉙温泉:《水经注疏》杨守敬按:"今温泉在汝州(今河南汝州)西六十里。"

㉚茨甍(cí méng):用茅草覆盖的屋脊。拒:依恃。

㉛颐道者:修身养性之人。颐,颐养,保养。

【译文】

汝水继续东流,与广成泽水汇合。广成泽水发源于狼皋山北面的沼泽中。安帝永初元年,把广成这块游猎地给了贫民。元初二年,邓太后临朝,邓骘兄弟辅政,天下士人认为文治将会兴起,武功应当废弃,皇家狩猎的礼仪、列阵作战的方法,都可束之高阁了。那时,马融却认为文武之道,圣贤从未偏废过,金、木、水、火、土五材各有所用,缺一不可,于是作了《广成颂》说:大汉建国初期,划定这个秀丽的园林,营建于南郊,园林右望三塗,左依嵩岳,前对衡山之阴,背负王屋之麓,有波水、溠水灌溉,有荥泽、洛水长流,金山、石林,在中央高高耸起,神泉在旁边涌出,形成丹水、涅池,浮磬般的怪石在陂塘中熠熠生辉。桓帝延熹元年,驾临广成围猎,后又巡游函谷关。水从泽中往东南流经温泉南面,与温泉水汇合。温泉水有好几个源头,在川流左岸扬波奔流,温泉上,华丽的屋宇连成一片,屋脊纵横交错,其间错落地散布着一些方整的石砌池塘,很多修道者都喜欢到这里来。温水往东南流,注入广成泽水。泽水又往东南流,注入汝水。

汝水又东得鲁公水口^①。水上承阳人城东鲁公陂^②。城，古梁之阳人聚也^③，秦灭东周^④，徙其君于此。陂水东南流^⑤，合于涧水^⑥。水出北山，南流注之，又乱流注于汝水。

【注释】

①鲁公水口：《水经注疏》熊会贞按："《楚语》，惠王以梁与鲁阳文子，《淮南·览冥训》谓之鲁阳公，盖即此鲁公，而陂及水皆取以为名也。"

②阳人城：又称阳人聚。战国时楚邑。在今河南汝州西四十里。

③梁：即梁县。战国时周置。后入秦，属三川郡。治所在今河南汝州西四十里汝水南岸石台村。西汉属河南郡。

④东周：战国的前期，前770—前256年，自周平王（姬宜臼）迁都洛邑（今河南洛阳西）起，到被秦灭亡止。

⑤陂水：《水经注疏》杨守敬按："在今汝州（今河南汝州）西。"

⑥涧水：《水经注疏》杨守敬按："在今汝州西。"

【译文】

汝水又往东流，在鲁公水口接纳了鲁公水。鲁公水上源承接阳人城东面的鲁公陂。阳人城，是古代梁国的阳人聚，秦灭东周后，将周王迁到此城。陂水往东南流，与涧水汇合。涧水发源于北山，往南流，注入陂水，又乱流注入汝水。

汝水之右，有霍阳聚^①，汝水迳其北，东合霍阳山水^②。水出南山。杜预曰：河南梁县有霍山者也^③。其水东北流迳霍阳聚东，世谓之华浮城^④，非也。《春秋左传·哀公四年》^⑤，楚侵梁及霍^⑥。服虔曰：梁、霍，周南鄙也^⑦。建武二年^⑧，世祖遣征虏将军祭遵攻蛮中山贼张满^⑨，时，厌新、柏华余贼合^⑩，攻得霍阳聚。即此。霍阳山水又迳梁城西⑪。按《春秋》⑫，周小邑也，于战国为南梁矣。故《经》云汝水迳其县北。俗谓之治城，非也，以北有注城故也⑬，今置治城县⑭，治霍阳山。水又东北流，注于汝水。

【注释】

①霍阳聚：一名霍阳城、张侯城。在今河南汝州西南，汝水南岸。

②霍阳山水：在今河南汝州西南。

③霍山：又名霍阳山。在今河南汝州西南。

④华浮城：《水经注疏》熊会贞按："《方舆纪要》或曰：东汉初，蛮中山贼张满屯此，故有张侯城之名。此华（繁体为華）与章形似，当章之讹，盖张、章音同，侯、浮音近，传呼失实耳。"

⑤哀公四年：前491年。

⑥梁：春秋周邑，后属楚。在今河南汝州西南。霍：在今河南汝州西南汝水南岸。

⑦鄙：边境，边陲。

⑧建武二年：26年。建武，东汉光武帝刘秀的年号（25—56）。

⑨世祖：东汉光武帝刘秀。征虏将军：官名。东汉杂号将军之一。始于光武帝刘秀拜祭遵为征虏将军。魏晋南北朝多沿置。祭（zhài）遵：字弟孙。颍川颍阳（河南许昌）人。东汉将领。为人廉约小心，克己奉公，赏赐尽与士卒，家无余财。为云台二十八将之一。蛮中：春秋时戎蛮居地。在今河南伊川县西南。张满：东汉时新城（今河南伊川西南）人。为蛮中山贼，被祭遵擒斩。

⑩厌新、柏华：二地今不详。《水经注疏》杨守敬按："《遵传》，厌新、柏华在弘农（今河南灵宝北旧灵宝西南）。"

⑪梁城：战国时周所设置的梁县的县治。在今河南汝州西四十里汝水南岸石台村。

⑫《春秋》：指鲁国史书《春秋》。

⑬注城：战国韩邑。在今河南汝州西十五里汝水北。

⑭治城县：北魏孝昌三年（527）置，属汝北郡。治所在今河南汝州西南。北齐废。

【译文】

汝水右岸有霍阳聚，汝水流经这个聚落的北面，往东流汇合了霍阳山水。霍阳山水发源于南山。杜预说：河南梁县有霍山。水往东北流经霍阳聚东面，人们把这个聚落称为华浮城，其实不对。《春秋左传·哀公四年》，楚国入侵梁和霍。服虔说：梁和霍是周的南部边境。建武二年，世祖派遣征虏将军祭遵进攻蛮中山寇张满，当时厌新、柏华等地余寇配合进攻，占领了霍阳聚。指的就是这地方。霍阳山水又流经梁城西面。查考《春秋》，梁城是周朝的一个小城，到战国时叫南梁。所以《水经》说汝水流经县北。民间称之为治城，其实不是，大概是因为北面有个注城的缘故，今天设置了治城县，治所在霍阳山。霍阳山水又往东北流，注入汝水。

汝水又左合三里水①。水北出梁县西北，而东南流迳其县故城西，故蟜狐聚也②。《地理志》云：秦灭西周徙其君于此，因乃县之。杜预曰：河南县西南有梁城③，即是县也。水又东南迳注城南。司马彪曰：河南梁县有注城。《史记》：魏文侯三十二年④，败秦于注者也。又与一水合，水发注城东坂下，东南流注三里水，三里水又乱流入于汝。

【注释】

①三里水：《水经注疏》熊会贞按："三里水在汝（水）之左。"杨守敬按："今有一水，出汝州（今河南汝州）西北路寨东，东南流，迳州西入汝，当即三里水也。"

②愚狐聚：《水经注疏》熊会贞按："《括地志》，汝州外古梁城，即愚狐
　聚也，本郦说。此故城在汝水之北。下云秦徙西周君于此，因乃
　县之，盖秦县城也。在今汝州西北。"

③河南县：战国秦置，属三川郡。治所在今河南洛阳西涧水东岸。

④魏文侯三十二年：前414年。魏文侯，名都。战国时魏国第一位
　国君。任用李悝为相，实行变法，使魏国成为强大的国家。

【译文】

　　汝水又在左边汇合了三里水。三里水发源于北方的梁县西北，往东
南流经该县老城西面，就是旧时的愚狐聚。《地理志》说：秦灭西周后，将
周王迁到这里，因而设立为县。杜预说：河南县西南有梁城，就是这个县。
三里水又往东南流经注城南面。司马彪说：河南梁县有注城。《史记》：
魏文侯三十二年，在注城打败了秦。三里水又汇合了一条水，这条水发源
于注城东边的山坡下，往东南流，注入三里水，三里水又乱流注入汝水。

　　汝水又东迳成安县故城北①。按《地理志》，颍川郡有
成安县②，侯国也③。《史记·建元以来功臣侯者年表》曰④：
汉武帝元朔五年⑤，校尉韩千秋击南越⑥，死，封其子韩延年
为成安侯⑦，即此邑矣。世谓之白泉城，非也，俗谬耳。

【注释】

①成安县：即成安侯国。西汉置，属颍川郡。治所在今河南汝州东南。

②颍川郡：秦始皇十七年（前230）置。治所在阳翟县（今河南禹州）。
　三国魏黄初二年（221）徙治许昌县（今河南许昌东三十六里古城）。

③侯国：列侯的封地。

④《史记·建元以来功臣侯者年表》：今本《史记》作"建元以来侯
　者年表"。为《史记》"十表"中的内容。汉兴以后，各诸侯王将
　相的废立、传代事件，没有必要逐月记录，故作诸表。

⑤元朔五年：前124年。元朔，西汉武帝刘彻的年号（前128—前123）。《水经注疏》熊会贞按："《汉书·武帝纪》击南越在元鼎五年（前112），《史表》是元鼎五年封延年，此元朔为元鼎之误。"译文从之。

⑥韩千秋：西汉颍川郏县（今河南郏县）人。曾任济北王相。南越相吕嘉作乱，他自请愿得勇士三百人往平。武帝任以校尉，率兵二千击南越，战死。南越：古国名。西汉高帝四年（前203），南海龙川令赵佗自立为南越武王，十一年（前196）遣陆贾立佗为南越王。高后时自号为南越武帝，都番禺（今广东广州）。

⑦韩延年：韩千秋子。韩千秋击南越战死，武帝元鼎五年（前112）韩延年以父功封为成安侯。后以校尉随李陵击匈奴，被围，力战死。

【译文】

汝水又东经成安县老城北面。查考《地理志》，颍川郡有成安县，是个侯国。《史记·建元以来功臣侯者年表》说：汉武帝元鼎五年，校尉韩千秋打南越时战死，朝廷封他的儿子韩延年为成安侯，就是此城。人们称之为白泉城，其实不对，这是民间讹传的结果。

汝水又东为周公渡①，藉承休之徽号②，而有周公之嘉称也。

【注释】

①周公渡：《水经注疏》熊会贞按："渡在今汝州（今河南汝州）东。"

②承休：即下文的周承休县。西汉初元五年（前44）置，为侯国。属颍川郡。治所在今河南汝州东。徽号：美名。徽，美，善。

【译文】

汝水又东流，就到周公渡，因为这里过去是承休侯国，凭着这个嘉号，才有周公这个美名。

汝水又东,黄水注之^①。水出梁山东南,迳周承休县故城东,为承休水^②。县,故子南国也。汉武帝元鼎四年^③,幸洛阳^④,巡省豫州^⑤,观于周室,邈而无祀,询问耆老^⑥。乃得孽子嘉^⑦,封为周子南君,以奉周祀。按汲冢古文^⑧,谓卫将军文子为子南弥牟^⑨,其后有子南劲^⑩。《纪年》^⑪:劲朝于魏,后惠成王如卫^⑫,命子南为侯。秦并六国,卫最后灭,疑嘉是卫后,故氏子南而称君也。初元五年^⑬,为周承休邑。《地理志》曰:侯国也,元帝置^⑭。元始二年^⑮,更曰郑公^⑯,王莽之嘉美也。故汝渡有周公之名^⑰,盖藉邑以纳称。世谓之黄城,水曰黄水,皆非也。其水又东南迳白茅台东^⑱,又南迳梁瞿乡西^⑲,世谓之期城,非也。按《后汉书》^⑳,世祖自颍川往梁瞿乡^㉑,冯魴先诣行^㉒,即是邑也。水积为陂^㉓,世谓之黄陂^㉔,东转迳其城南东流,右合汝水。

【注释】

①黄水:《水经注疏》杨守敬按:"今水出汝州(今河南汝州)东北山。"

②承休水:《水经注疏》杨守敬按:"县多有取水为名者,水亦有取县为名者,此则水取县为名也。"

③元鼎四年:前113。元鼎,西汉武帝刘彻的年号(前116—前111)。

④洛阳:本名成周,战国时改名洛阳。因在洛水之北而得名。

⑤巡省:巡察视察。豫州:西汉武帝置,为十三刺史部之一。

⑥耆老:老年人。

⑦孽子:庶子,非嫡妻所生之子。嘉:人名。

⑧汲冢古文:亦称汲冢书。晋武帝司马炎咸宁五年(279)在汲郡汲县(今河南汲县)战国魏襄王古冢中出土的古书,皆用蝌蚪文(即战国文字)写在简册上。

⑨卫将军文子为子南弥牟：《礼记·檀弓上》孔颖达疏："案《世本》：
'（卫）灵公生昭子郢，郢生文子木及惠叔兰，兰生虎，为司寇氏。
文子生简子瑕，瑕生卫将军文氏。'然则，弥牟是木之字。"

⑩子南劲：《水经注疏》："《史记·卫世家》，怀君三十一年，朝魏。
怀君即致也。"据此，若"怀君即劲"，那么，子南劲即是卫之国君
卫怀君，工嗣君子。

⑪《纪年》：即《竹书记年》。书名。因原本写于西晋时汲郡出土的
竹简之上，故名。是一部编年体史书，记述夏商周及春秋晋国、战
国魏国的史事，至魏襄王时止。今存辑本。

⑫惠成王：即魏惠王。姬姓，魏氏，名罃（yīng）。战国时魏国国君。
因魏都大梁（今河南开封西北），故又称梁惠王。惠是谥号。

⑬初元五年：前44年。初元，西汉元帝刘奭的年号（前48—前44）。

⑭元帝：即刘奭。汉宣帝子，母共哀许皇后。汉元帝多才艺，善史书，
通音律，柔仁好儒。在位期间，因宠信宦官，导致皇权式微，朝政
混乱不堪，西汉由此走向衰落。

⑮元始二年：当作"元始四年"。《水经注疏》杨守敬按："王念孙曰：
《平帝纪》元始四年，改周承休公曰郑公。荀悦《汉纪》同。《恩泽
侯表》亦云。周承休侯绶和元年进爵为公，元始四年为郑公。"元
始四年，乙年。元始，西汉平帝刘衎（kàn）年号（1—5）。译文从之。

⑯郑公：当为"邟公"之讹。《水经注疏》杨守敬按："赖有《说文》尚
存'邟'字。稽撰其地，信而有征。可订颜本'郑'字为误文也。
后读段氏（玉裁）《（说文解字）注》，意亦如此。"译文从之。

⑰汝渡：亦称周公渡。《水经注疏》熊会贞按："渡在今汝州东。"

⑱白茅台：《水经注疏》熊会贞按："台在今汝州东南。"

⑲梁瞿乡：《水经注疏》熊会贞按："在今汝州东南。"

⑳《后汉书》：书名。即南朝宋范晔所撰的《后汉书》。

㉑颖川：即颖川郡。战国秦王政十七年（前230）置。治所在阳翟

县(今河南禹州)。西汉高帝五年(前202)改为韩国。六年(前201)复为颍川郡。

㉒冯鲂(fáng):字孝孙。东汉南阳湖阳(今河南唐河县南)人。新莽末,聚宾客豪杰筑垒自保。后归刘秀。初拜虞令,为政敢杀伐,以威信称。冯鲂性矜严公正,在位数进忠言,多被纳用。行所:亦称王所、行在所,古代帝王的行宫。

㉓陂:池塘,水池。

㉔黄陂:《水经注疏》杨守敬按:"此陂在今汝州东。"

【译文】

汝水又往东流,黄水注入。黄水发源于梁山东南,流经周承休县老城东面,叫承休水。周承休县是旧时的子南国。汉武帝于元鼎四年,临幸洛阳,巡察豫州,他看到周朝王族因年代久远,无人祭祀祖先,询问老者。结果查得周后裔庶子嘉,于是封其为周子南君,让他掌管对周室宗庙的祭祀。查考汲冢古文,说卫国将军文子,叫子南弥牟,他的后代有子南劲。《竹书纪年》里提道:子南劲向魏朝觐,后来惠成王到卫,封子南为侯。秦并六国时,卫最后被灭,嘉可能是卫的后代,因此以子南为姓氏,并且称君的。初元五年,这里是周承休邑。《地理志》说:这是元帝设置的侯国。元始四年,改名为郑公,就是王莽时的嘉美。因此,汝水的渡口叫周公渡,大概就是因城而得名的。世人称城为黄城,水为黄水,都是不对的。承休水又往东南流经白茅台东面,又往南流经梁瞿乡西面,人们称之为期城,也是不对的。查考《后汉书》,世祖从颍川前往梁瞿乡,冯鲂先到行宫,就是此城。水流积聚为陂塘,人们称之为黄陂,水往东转,经过城南往东流,在右边汇合汝水。

又东南过颍川郏县南①,

汝水又东与张磨泉合②。水发北阜,春夏水盛,则南注汝水。

【注释】

①颍川：即颍川郡。战国秦王政十七年（前230）置。治所在阳翟县（今河南禹州）。三国魏黄初二年（221）徙治许昌县（今河南许昌东三十六里古城）。郏县：秦置，属颍川郡。治所即今河南郏县。

②张磨泉：《水经注疏》熊会贞按："今有戴液溪，自汝州（今河南汝州）流入郏县（今河南郏县）西北，又南入汝，疑即张磨泉也。"

【译文】

汝水又往东南流过颍川郡郏县南面，

汝水继续东流，与张磨泉汇合。此水发源于北面的山陵，春夏水涨时，就南流注入汝水。

汝水又东分为西长湖①，湖水南北五十余步，东西三百步。

【注释】

①西长湖：《水经注疏》熊会贞按："《地形志》，汝北郡东汝南有隔陂，盖指此西长湖及下东长湖，以二湖相隔，故又有隔陂之名。今宝丰县（今河南宝丰）东北有阳家湖，阔二十里，或谓即东西长湖，盖二湖已合为一矣。"

【译文】

汝水又东流，分为西长湖，湖水南北五十余步，东西三百步。

汝水又东，扈涧水北出大刘山①，南迳木蓼堆东郏城西②，南流入于汝。

【注释】

①扈涧水：在今河南郏县西十里。为汝水支流。大刘山：《水经注疏》熊会贞按："《地形志》，南阳郡南阳（今河南南阳）有大刘山祠。《隋

　　志》，郏城（今河南郏县）有大留山。留、刘音同。"

　　②木蓼（liǎo）堆：《水经注疏》熊会贞按："木蓼堆在今郏县西。"

【译文】

　　汝水又东流，扈涧水发源于北方的大刘山，往南流经木蓼堆以东、郏城以西，往南注入汝水。

　　汝水又右迤为湖①，湖水南北八九十步，东西四五百步，俗谓之东长湖。湖水下入汝，古养水也②。水出鲁阳县北将孤山北长冈下③，数泉俱发，东历永仁三堆南④，又东迳沙川，世谓之沙水⑤。历山符垒北⑥，又东迳沙亭南⑦，故养阴里也。司马彪《郡国志》曰⑧：襄城有养阴里⑨。京相璠曰：在襄城郏县西南，养，水名也。俗以是水为沙水，故亦名之为沙城，非也。又城处水之阳，而以阴为称⑩，更用惑焉。但流杂间居⑪，裂渎互移⑫，致令川渠异容，津途改状⑬，故物望疑焉⑭。又右会堇沟水⑮。水出沛公垒西六十许步⑯。盖汉祖入关，往征是由，故地擅斯目矣。其水东北注养水。养水又东北入东长湖，乱流注汝水也。

【注释】

　　①迤（yǐ）：泄，溢，流出。

　　②养水：即今河南宝丰北石河。

　　③鲁阳县：战国魏置。秦始皇二十二年（前225）入秦，属南阳郡。治所即今河南鲁山县。将孤山：《水经注疏》熊会贞按："《一统志》，谷积山（今河南宝丰西）在鲁山县西北九十里，养、溅二水出焉，或谓即将孤山。"

　　④三堆：指三堆山。在今河南宝丰西三十里。

⑤沙水：亦称沙川。在今河南宝丰西北。

⑥符垒：即符垒县。北魏太和中置，属襄城郡。治所在今河南宝丰西北三十四里大营镇。《水经注疏》熊会贞按："《地形志》，汝南郡符垒县有沙水，沿世俗之称。县，太和中置。当即《注》所指。疑山为县之误，又错入符字上也。"译文从之。

⑦沙亭：即故养阴里。在今河南宝丰北。

⑧《郡国志》：晋司马彪《续汉书》中的"八志"之一。记述东汉时期全国行政区划、人口以及《春秋》和"前三史"所载征伐、会盟所在的地名。

⑨襄城：即襄城郡。西晋泰始二年（266）置，属豫州。治所在襄城县（今河南襄城）。

⑩以阴为称：这里指"养阴里"以"阴"为名。

⑪流杂：指由外地流入某地的移民。

⑫裂溉：引水灌溉。

⑬津途：水道，河道，渠道。改状：改道，改变路线。

⑭物望：众望，人望。

⑮蓳（qín）沟水：《水经注疏》熊会贞按："详蓳沟水出（沛公）垒西，注养。在今河南宝丰（今河南宝丰）东北。"

⑯沛公垒：在今河南汝州东北。

【译文】

汝水又向右侧泄出成为湖泊，湖水南北八九十步，东西四五百步，俗称东长湖。湖水往下流，注入汝水，就是古时的养水。此水发源于鲁阳县北将孤山北面的长冈下，几条山泉一起流出，往东流经永仁三堆南面，又往东流经沙川，世人称之为沙水。流经符垒县北面，又往东流经沙亭南面，这就是旧时的养阴里。司马彪《郡国志》说：襄城有养阴里。京相璠说：养阴里在襄城郏县西南，养是水名。民间把这条水称为沙水，因而也把养阴里称为沙城，这是不对的。此外，此城坐落在水北，却以阴为地名，这更令人困惑不解了。然而，当时许多流民杂户杂居在这里，耕种时开沟引水，位置常有移动，使得这一带沟渠面貌、河道形状发生改变，因此后世学者也弄不清楚了。养水又在右边汇合了董沟水。董沟水发源于沛公垒以西约六十步。汉高祖入关时，出征是从这里经过的，因此取名为沛公垒。董沟水往东北流，注入养水。养水又往东北流，注入东长湖，然后乱流注入汝水。

　　汝水又迳郏县故城南。《春秋·昭公十九年》①，楚令尹子瑕之所城也②。潕水注之③。水出鲁阳县之将孤山，东南流。许慎云：水出南阳鲁阳④，入父城⑤，从水，敖声。吕忱《字林》亦言在鲁阳⑥。潕水东入父城县与桓水会⑦。水出鲁阳北山，水有二源奇导⑧，于贾复城合为一渎⑨，迳贾复城北，復南击郾所筑也⑩，俗语讹谬，谓之寡妇城，水曰寡妇水⑪。此渎水有穷通，故有枯渠之称焉。其水东北流至父城县北，右注潕水，乱流又东北至郏入汝。

【注释】

①昭公十九年：前523年。

②令尹：官名。春秋战国时楚国所置。执掌军政大权，相当于后世的宰相，大都以亲族公子或嗣君担任。

③潕（áo）水：即今河南宝丰北净肠（yáng）河。

④南阳：即南阳郡。战国秦昭襄王三十五年（前272）置。治所在宛县（今河南南阳）。

⑤父城：西汉置，属颍川郡。治所在今河南宝丰东三十六里古城村。

⑥吕忱：字伯雍。任城（今山东济宁东南）人。晋文字学家，官义阳王典祠令。撰《字林》七卷。

⑦桓水：从"水出鲁阳北山"看，应该在今河南鲁山县一带。

⑧奇导：从不同地方发源。

⑨贾复城：即今河南宝丰。

⑩复南击郾：复，即贾复，字君文。南阳冠军（今河南邓州西北）人。为人刚毅方直，多大节。深受光武帝器重与恩遇。郾，即郾县。西汉置，属颍川郡。治所在今河南漯河市郾城区西南五里古城。

⑪寡妇水：即上文的桓水。《水经注疏》熊会贞按："桓水当自今宝丰县西，东北流，至县东，入澺水。"

【译文】

汝水又流经郏县老城南面。《春秋·昭公十九年》，楚国令尹子瑕所筑。澺水在这里注入。澺水发源于鲁阳县的将孤山，往东南流。许慎说：澺水发源于南阳郡鲁阳县，流入父城，澺字偏旁从水，音教。吕忱《字林》也说澺水在鲁阳。澺水往东流进父城县后，与桓水汇合。桓水发源于鲁阳北山，有两个源头，在贾复城汇合成一条，流经贾复城北面，此城是贾复南下攻郾时所筑，民间音讹，称之为寡妇城，水称寡妇水。这条水有时会干涸，因此有桔渠之称。水往东北流到父城县北面，向右边注入澺水，乱流往东北到郏县注入汝水。

汝水又东南，左合蓝水①。水出阳翟县重岭山②，东南流迳纪氏城西③，有层台，谓之纪氏台④。《续汉书》曰：世祖车驾西征⑤，盗贼群起，郏令冯鲂为贼延裒所攻⑥，力屈。上诣纪氏，群贼自降，即是处，在郏城东北十余里。其水又东南流迳黄阜东⑦，而南入汝水。

【注释】

①蓝水：《水经注疏》杨守敬按："今禹州（今河南禹州）西六十里有神后山，蓝水出焉。"

②阳翟县：战国韩置。始皇十七年（前230）属秦，为颍川郡治。治所即今河南禹州。

③纪氏城：在今河南郏县东北十余里。

④纪氏台：在今河南郏县东北十余里。

⑤世祖：东汉光武帝刘秀。

⑥延衮（bāo）：在今标点本《后汉书·冯鲂传》中作"襃"。"衮"同"襃"。

⑦黄阜：《水经注疏》熊会贞按："阜在今郏县（今河南郏县）境。"

【译文】

　　汝水又往东南流，在左边汇合了蓝水。蓝水发源于阳翟县重岭山，往东南流经纪氏城西面，有层台，称为纪氏台。《续汉书》说：世祖亲自西征，当时盗贼群起，郏县县令冯鲂被盗贼延衮攻击，力竭。这时光武帝驾临纪氏，群贼自动投降，就是这地方，在郏城东北十余里。蓝水又往东南流经黄阜东面，然后南流注入汝水。

　　汝水又东南流，与白沟水合①。水出夏亭城西②，又南迳龙城西③。城西北，即摩陂也④，纵广可十五里⑤。魏青龙元年⑥，有龙见于郏之摩陂，明帝幸陂观龙，于是改摩陂曰龙陂，其城曰龙城。其水又南入于汝水。

【注释】

①白沟水：当在今河南郏县境内。

②夏亭城：在今河南郏县东。

③龙城：在今河南郏县东南。

④摩陂：在今河南郏县东南。

⑤纵广：本指长度和宽度。这里指面积，方圆。可：大约。

⑥青龙元年：233年。青龙，三国魏明帝曹叡（ruì）的年号（233—237）。

【译文】

　　汝水又往东南流,与白沟水汇合。白沟水发源于夏亭城西面,又往南流经龙城西面。龙城西北,就是摩陂,方圆约十五里。魏青龙元年,郏县的摩陂有龙出现,明帝去陂湖观龙,于是把摩陂改名为龙陂,把城称为龙城。白沟水又往南注入汝水。

　　汝水又东南与龙山水会[1]。水出龙山龙溪[2],北流际父城县故城东[3]。昔楚平王大城城父[4],以居太子建。故杜预曰:即襄城之父城县也[5]。冯异据之以降世祖[6],用报巾车之恩也[7]。其水又东北流与二水合[8],俱出龙山,北流注之,又东北入于汝水。

【注释】

①龙山水:《水经注疏》熊会贞按:"在今宝丰县(今河南宝丰)东南四一里,俗谓之香山,封家溪出焉,即龙山水也。"

②龙山:在今河南宝丰东南三十五里。

③父城县:西汉置,属颍川郡。治所在今河南宝丰东三十六里古城村。

④楚平王:春秋时楚国国君。芈姓,名弃疾。即位后改名熊居。楚共王子。大城:大肆修建城池。城父:春秋楚邑。在今河南宝丰东。

⑤襄城:即襄城郡。西晋泰始二年(266)置,属豫州。治所在襄城县(今河南襄城)。

⑥冯异:字公孙。东汉初颍川父城(今河南宝丰东)人。新莽时仁郡掾,后归刘秀。每所止舍,诸将并坐论功,他常退避树下,军中号"大树将军"。后封为阳夏侯。

⑦用报巾车之恩:光武帝刘秀获冯异于巾车(今河南平顶山市西留村)而赦之。

⑧二水:《水经注疏》熊会贞按:"二水在今宝丰东南。"

【译文】

　　汝水往东南流,与龙山水汇合。龙山水发源于龙山的龙溪,傍着父城县老城东面往北流。从前楚平王大兴土木修筑城父城,打算让太子建居住。所以杜预说:城父就是襄城的父城县。冯异据有此城,投降世祖,以报答他在巾车开释之恩。龙山水又往东北流,汇合了两条水,这两条水都发源于龙山,北流注入龙山水,龙山水又往东北流,注入汝水。

　　汝水又东南迳襄城县故城南。王隐《晋书地道记》曰①:楚灵王筑②。刘向《说苑》曰:襄城君始封之日③,服翠衣,带玉佩,徙倚于流水之上④。即是水也。楚大夫庄辛所说处⑤,后乃县之。吕后元年⑥,立孝惠后宫子义为侯国⑦。王莽更名相成也。黄帝尝遇牧童于其野,故嵇叔夜赞曰⑧:奇矣难测,襄城小童,倦游六合⑨,来憩兹邦也。其城南对汜城⑩,周襄王出郑居汜,即是此城也。《春秋·襄公二十六年》⑪,楚伐郑⑫,涉汜而归。杜预曰:涉汝水于汜城下也。晋襄城郡治⑬。京相璠曰:周襄王居之,故曰襄城也。今置关于其下⑭。

【注释】

①王隐:字处叔。陈郡陈(今河南周口淮阳区)人。东晋史学家。《晋书地道记》:书名。又称《晋地道志》《晋地道记》《地道记》。东晋王隐撰。今存清人辑本。

②楚灵王:芈姓,熊氏,初名围,即王位后改名虔。春秋时楚国国君。楚共王次子,杀侄儿郏敖自立。

③襄城君:掌管襄城的诸侯王。

④徙倚:犹徘徊。

⑤庄辛:战国时楚大夫。事楚襄王。襄王淫逸侈靡,宠幸佞臣而国

危,庄辛车谏而襄王不听,庄辛遂离楚前往赵地。后秦果拔鄢、郢之地,楚襄王亦流掩于城阳。襄王于是召辛问计,辛以"亡羊补牢"作喻,勉励襄王远小人、勤国政。后收复失地,王乃执圭而授之职,封阳陵君。

⑥吕后元年:前 187 年。

⑦孝惠:即汉惠帝刘盈。刘邦之子,母为吕皇后。义:即刘义。封襄城侯。《汉书》作"弘",颜师古注引晋灼曰:"《史记》惠帝元年,子不疑为常山王,子山为襄城侯。二年,常山王薨,即不疑也。以弟襄城侯山为常山王,更名义。丙辰,立常山王义为帝。义更名弘。《汉书》一之,书'弘'以为正也。"

⑧嵇叔夜:即嵇康,字叔夜。谯郡铚(今安徽濉溪西南)人。三国魏文学家、思想家。为竹林七贤之一。赞:文体名。以颂扬人物为主旨。

⑨六合:天下,人世间。

⑩氾城:《水经注疏》杨守敬按:"《括地志》《元和志》,在襄城县(今河南襄城)南一里。"

⑪襄公二十六年:前 547 年。

⑫楚:周诸侯国名。原来在今湖北和湖南北部,后来扩展到今河南、安徽、江苏、浙江、江西和四川。郑:周诸侯国名。在今河南新郑一带。

⑬襄城郡:西晋泰始二年(266)置,属豫州。治所在襄城县(今河南襄城)。

⑭今置关于其下:《水经注疏》杨守敬按:"《周书·崔猷传》:'襄城控带京洛,实当今之要地,如有动静,易相应接。'此魏置关之由。"

【译文】

汝水又往东南流经襄城县老城南面。王隐《晋书地道记》说:此城是楚灵王所筑。刘向《说苑》说:襄城君刚受封的那天,穿着翠绿色的衣服，戴着玉佩，徘徊在流水上。就指的是此水。楚国大夫庄辛曾在此劝说过襄城君，后来就在这里设县。吕后元年，把孝惠帝后宫所生的儿子义封在这里，立为侯国。王莽改名为相成。黄帝曾在襄城郊野遇见一个牧童，所以嵇叔夜的赞里说：黄帝倦游四方，奇事往往难测，迷路时遇襄城小童，才到这里来歇息。襄城南对汜城，周襄王离郑，居于汜，就是此城。《春秋·襄公二十六年》，楚军伐郑，在汜涉水而归。杜预说：楚军是在汜城下涉过汝水。晋时襄城郡的治所就在这里。京相璠说：周襄王留居于此城，因此称为襄城。现今在城下设关。

汝水又东南流迳西不羹城南①。《春秋左传·昭公十二年》②，楚灵王曰：昔诸侯远我而畏晋，今我大城陈、蔡、不羹③，赋皆千乘④，诸侯其畏我乎？《东观汉记》曰⑤：车骑马防以前参药⑥，勤劳省闼⑦，增封侯国襄城羹亭千二百五十户⑧。即此亭也。

【注释】

①西不羹城：在今河南襄城东南二十里。

②昭公十二年：前530年。

③陈：在今河南周口淮阳区一带。蔡：在今河南上蔡西南，后来迁到新蔡一带。不羹：春秋楚邑。有东西二不羹。东不羹在今河南舞阳西北沙河入汝水处，西不羹在襄城东南二十里汝水北岸。

④赋：兵，军队。乘：古以一车四马为一乘。

⑤《东观汉记》：书名。又名《东观记》。东汉班固、刘珍等人以纪传体撰写的一部记载东汉历史的史书。记事起于光武帝，终于灵帝。

⑥车骑：官名。即车骑将军。马防：字江平。扶风茂陵（今陕西兴平东北）人。东汉官吏。明德马皇后之兄。章帝建初二年（77），以行车骑将军事率军平定西羌。还拜车骑将军，封颍阳侯。一时贵

宠最盛。后以"奢侈逾僭",被奏免官,遣归封地。参:旧时下级按
一定的礼节觐见上级。

⑦省闼(tà):宫中,禁中。又称禁闼。古代中央政府诸省设于禁中,
后因作中央政府的代称。

⑧羹亭:当在今河南襄城一带。

【译文】

汝水又往东南流经西不羹城南面。《春秋左传·昭公十二年》,楚灵
王说:昔日诸侯因我地区偏僻遥远而畏惧晋国,今天我大兴土木,在陈、
蔡、不羹等地大举修城,这里都各有兵车千乘,现在,诸侯难道不畏惧我
吗?《东观汉记》说:车骑马防因为进奉药物,进宫探病很勤,以襄城羹
亭一千二百五十户增封给他的侯国。说的就是此亭。

汝水又东南迳繁丘城南①,而东南出也。

【注释】

①繁丘城:《水经注疏》杨守敬按:"在今襄城县(今河南襄城)东南。"

【译文】

汝水往东南流经繁丘城南面,然后往东南流去。

又东南过定陵县北①,

湛水出犨县北鱼齿山西北②,东南流,历鱼齿山下为湛
浦③,方五十余步。《春秋·襄公十六年》④:晋伐楚,报杨梁
之役⑤。楚公子格及晋师,战于湛阪⑥,楚师败绩,遂侵方域
之外⑦。今水北悉枕翼山阜⑧,于父城东南、湛水之北⑨,山
有长阪⑩,盖即湛水以名阪,故有湛阪之名也。湛水又东南
迳蒲城北⑪。京相璠曰:昆阳县北有蒲城⑫,蒲城北有滍水者

是也。湛水又东，于汝水九曲北东入汝。杜预亦以是水为湛水矣。《周礼》⑬：荆州，其浸颍、湛⑭。郑玄云未闻⑮。盖偶有不照也。今考地则不乖其土⑯，言水则有符《经》文矣。

【注释】

①定陵县：西汉置，属颍川郡。治所即今河南舞阳北五十里后古城。

②湛（zhàn）水：源出今河南宝丰东南，经平顶山、叶县，至襄城界入汝河。犨（chōu）县：秦置，属南阳郡。治所在今河南鲁阳东南五十五里。鱼齿山：在今河南平顶山市西南。

③湛浦：湛水形成的水泊。

④襄公十六年：前557年。

⑤杨梁之役：此役中，楚人入侵宋国的杨梁。《左传·襄公十二年》："冬，楚子囊、秦庶长无地伐宋，师于杨梁，以报晋之取郑也。"《左传·襄公十六年》："晋荀偃、栾黡帅师伐楚，以报宋杨梁之役。"杨梁，春秋宋邑。在今河南商丘东南三十里。

⑥湛阪：湛水之北有长阪，名湛阪。在今河南平顶山市北。

⑦方城之外：据赵生群《春秋左传新注》，方城本在楚国北境，此时疆土扩大，方城之外亦有属楚者，故晋至方城之外。方城：在今河南叶县南、方城县北。

⑧枕翼：两侧临近。枕，靠近，接近。翼，左右两侧。

⑨父城：即父城县。西汉置，属颍川郡。治所在今河南宝丰东三十六里古城村。

⑩长阪：长长的山坡。

⑪蒲城：在今河南叶县北二十里。

⑫昆阳县：秦置，属颍川郡。治所即今河南叶县。

⑬《周礼》：书名。儒家经典之一。是书作者及成书年代，历来见解不一。杂汇周王室官制及战国年间各国制度，附会儒家政治理想，

增损排比而成，分《天官冢宰》《地官司徒》《春官宗伯》等六篇。

⑭荆州：古九州之一。浸：泛指可资灌溉的川泽。颍：即颍水。为淮河支流。源出河南登封的嵩山西南，东南流到周口，纳沙河、贾鲁河，至安徽寿县正阳关入淮河，长五百五十七公里。

⑮郑玄云未闻：许慎《说文解字》颍字：“颍水。豫州浸。”湛字：“一曰湛水。豫州浸。”可见，颍、湛本属豫州，而《周礼·夏官·职方氏》作“荆州”，故郑玄云未闻。段玉裁《说文解字注》颍字：‘《职方氏》曰：荆州其浸颍、湛。豫州其浸波、溠。许颍下、湛下皆曰豫州浸，而溠下曰荆州浸。此非笔误，盖案地形互易之也。”

⑯考地：考察实际地域。不乖其土：与当地情况不相违背。乖，乖剌，违背。

【译文】

汝水又往东南流过定陵县北面，

湛水发源于𬒈县北面的鱼齿山西北，往东南流经鱼齿山下，就是湛浦，湛浦方圆五十余步。《春秋·襄公十六年》：晋国伐楚，以报复杨梁之役。楚国公子格的军队与晋军遭遇，在湛阪交战，楚军战败，晋军于是就侵入到方城之外。当今湛水以北，全是一片山丘，在父城东南、湛水以北的山地间，有一条漫长的山坡，就是以湛水来命名的，因此有湛阪之称。湛水又往东南流经蒲城北面。京相璠说：昆阳县北面有蒲城，蒲城北面有湛水。湛水又东流，在汝水九曲北面往东注入汝水。杜预也认为此水是湛水。《周礼》说：荆州，大川有颍水、湛水。郑玄却说没有听到过。大概偶然也有疏失的地方。今天作实地考察，许多记载与当地情况并无不合之处，所记的川流也是与《水经》相一致的。

汝水又东南迳定陵县故城北。汉成帝元延三年①，封侍中、卫尉淳于长为侯国②。王莽更之曰定城矣。《东观汉记》曰：光武击王莽二公③，还到汝水上，于涯以手饮水④，澡颏尘垢⑤，谓傅俊曰⑥：今日疲倦，诸君宁惫也？即是水也。水右则灈水左入焉⑦，左则百尺沟出矣⑧。沟水夹岸层崇，亦谓之为百尺堤也。自定陵城北通颍水于襄城县⑨，颍盛则南播，汝溢则北注⑩。沟之东有澄潭，号曰龙渊⑪，在汝北四里许，南北百步，东西二百步，水至清深，常不耗竭，佳饶鱼笋。湖溢则东注潩水矣。

【注释】

①元延三年：前10年。元延，西汉成帝刘骜（ào）的年号（前12—前9）。

②淳于长：字子儒。魏郡元城（今河北大名东）人。西汉外戚、诸侯。少以太后姊子为黄门郎。大将军王凤病，因晨夜扶丞左右，汉成帝嘉其仁义，拜为列校尉诸曹，迁水衡都尉侍中，至卫尉九卿。后封为定陵侯。淳于长外交诸侯牧守，内多畜妻妾，不奉法度。后罪至大逆，死狱中。

③二公：指王莽手下的两个大臣大司空王邑和大司马王寻。

④涯：水边。

⑤澡：洗。

⑥傅俊：字子卫。颍川襄城（今河南襄城）人。东汉初将领。初为亭长，迎刘秀，拜为校尉。从破王寻等，以为偏将军。刘秀即位，以为侍中。建武二年（26），封昆阳侯。三年，拜积弩将军。七年卒，谥曰威侯。

⑦灈（zhì）水：即今河南鲁山、叶县境内的沙河。为汝水支流。源出今河南鲁山县西，东流经叶县北，至舞阳西北入汝河。

⑧百尺沟：在今河南舞阳北。

⑨襄城县：战国楚置。楚怀王二十九年（前300）归秦，属颍川郡。治所即今河南襄城。汉仍属颍川郡。西晋为襄城郡治。

⑩溢（yì）：泄，溢，流出。

⑪龙渊：在今河南舞阳钢东、西平西。

【译文】

汝水又往东南流经定陵县老城北面。汉成帝元延三年，将定陵封给侍中、卫尉淳于长，立为侯国。王莽时改名为定城。《东观汉记》说：光武帝攻打王莽的两个大臣，返回时走到汝水，在岸边用手捧水痛饮，洗去脸上的尘灰污垢，他对傅俊说：今天确是有点疲倦了，诸位难道不疲惫吗？他就是在这条水上说这话的。汝水右边，有㵻水向左注入，左边有百尺沟流出。沟水两岸有高高的河堤，也叫百尺堤。沟水从定陵城以北在襄城县与颍水相通，颍水上涨时就向南流，汝水泛滥时就向北流。沟水东面有个清澈的水潭，叫龙渊，在汝水北岸约四里，水潭南北百步，东西二百步，水极清澈幽深，常年不涸，这一带盛产鱼类和芦笋。潭水满溢时就往东注入潩水。

汝水又东南，昆水注之①。水出鲁阳县唐山②，东南流迳昆阳县故城西③。更始元年④，王莽征天下能为兵法者，选练武卫，招募猛士，旌旗辎重，千里不绝。又驱诸犷兽⑤：虎、豹、犀、象之属，以助威武。自秦、汉出师之盛，未尝有也。世祖以数千兵徼之阳关⑥，诸将见寻、邑兵盛⑦，反走入昆阳。世祖乃使成国上公王凤、廷尉大将军王常留守⑧，夜与十三骑出城南门，收兵于郾。寻、邑围城数十重，云车十余丈⑨，瞰临城中，积弩乱发⑩，矢下如雨，城中人负户而汲⑪。王凤请降，不许。世祖帅营部俱进，频破之，乘胜以敢死三千人，径冲寻、邑兵，败其中坚于是水之上，遂杀王寻。城中亦鼓噪而出，中外合势，震呼动天地。会大雷风，屋瓦皆飞，莽兵大溃。昆水又屈迳其城南。世祖建武中⑫，封侍中傅俊为侯国^⑬。故《后汉郡国志》有昆阳县^⑭,盖藉水以氏县也^⑮。昆水又东迳定陵城南,又东注汝水。

【注释】

①昆水:即今灰河。一名辉河。为汝水支流。源出今河南鲁山县东南,东流经叶县南,至舞阳北舞渡,北入汝水。

②鲁阳县:战国魏置。秦始皇二十二年(前225)入秦,属南阳郡。治所即今河南鲁山县。西晋属南阳国。十六国后赵属南阳郡。唐山:亦称青山。在今河南叶县西。

③昆阳县:秦置,属颍川郡。治所即今河南叶县。西晋改属襄城郡。

④更始元年:23年。更始,东汉皇帝刘玄的年号(23—25)。

⑤犷(guǎng)兽:粗野的野兽。犷,粗野,凶猛。

⑥世祖:刘秀。以:率领,带领。微(yāo):通"邀"。拦截,阻拦。阳关:即阳关聚。在今河南禹州西北。

⑦寻:即王寻。王莽宗族。汉平帝时,封丕进侯。王莽称帝,迁大司徒,封章新公。新莽末,绿林、赤眉起义爆发,率领十万军队屯洛阳。地皇四年(23)六月,与大司空王邑率军镇压绿林军,大战于昆阳,兵败被杀。邑:即王邑。王莽从弟。成都侯王商之子。以辅佐王莽代汉有功,拜大司空。后封隆新公。与王寻统兵四十二万,在昆阳镇压绿林军,被刘秀所败。

⑧王凤:新市(今河北正定)人。与王匡、马武及其支党朱鲔、张卬等人北入南阳,号新市兵,皆自称将军。更始即帝位,拜置诸将,以王匡为定国上公,王凤为成国上公。王常:字颜卿。颍川舞阳(今河南舞阳西北)人。新莽时绿林军将领。与王凤、王匡等起兵云杜绿林中,聚众数万人,以常为偏将,攻旁县。更始立,以常为廷尉、大将军,封知命侯。与光武共击破王寻、王邑。更始西都长安,以常行南阳太守事,封为邓王,赐姓刘氏。后归光武,特加赏赐,

　　拜为左曹,封山桑侯。后拜为横野大将军。

⑨云车:古代作战时用以窥察敌情的楼车。

⑩秫弩:连射之弩。

⑪负户而汲:背负门板去打水。户,单扇的门。汲,打水。

⑫建武:东汉光武帝刘秀的年号(25—56)。

⑬傅俊:字子卫。颍川襄城(今河南襄城)人。东汉初将领。建武二
　　年(26),封昆阳侯。

⑭《后汉郡国志》:晋司马彪《续汉书》之《郡国志》。记述东汉时期
　　全国行政区划、人口以及《春秋》和"前三史"所载征伐、会盟所
　　在的地之。《续汉书》唯存八志,南朝宋时为后人补入范晔《后汉
　　书》中而流传至今。

⑮氏县:给县邑命名。

【译文】

　　汝水又往东南流,昆水注入。昆水发源于鲁阳县的唐山,往东南流
经昆阳县老城西面。更始元年,王莽征召天下擅长兵法的军事人才,选
拔训练武卫部队,招募猛士,旌旗辎重,千里不绝。作战时又驱使各种猛
兽,如虎、豹、犀、象之类,以助军威。从秦、汉以来,出兵时的这种盛况是
前所未有的。世祖派数千兵马在阳关拦截敌军,诸将见王寻、王邑兵多
势盛,就退回昆阳。于是世祖就派遣成国上公王凤、廷尉大将军王常留
守昆阳,连夜带领十三名轻骑从南门出城,到郾县去调集军队。王寻、王
邑把昆阳城围了数十重,靠近城边布置了高达十余丈的云车,居高临下
地窥视着城中,并用弓弩向城中乱射,箭如雨下,城中人只得背负着门板
去汲水。王凤请求投降,但王寻等不许。世祖率各部军队一同进攻,屡
次打败敌军,继而又乘胜组织了敢死队三千人,直冲王寻、王邑军队,在
昆水上大败敌军主力,杀了王寻。此时城中守军也击鼓呐喊,冲出城外,
内外夹击,喊杀声震天动地。当时正逢大雷雨,狂风大作,刮得屋上瓦片
乱飞,王莽军大败。昆水又绕到昆阳城南面。世祖建武年间,把昆阳封

给侍中傅俊,立为侯国。所以《后汉书·郡国志》有昆阳县,是因水而取县名的。昆水又往东流经定陵城南,往东流注入汝水。

汝水又东南迳奇頟城西北①,今南颍川郡治也②。溃水出焉③,世亦谓之大㶟水④。《尔雅》曰:河有雍⑤,汝有溃⑥。然则溃者,汝别也⑦,故其下夹水之邑,犹流汝阳之名⑧。是或溃、㶟之声相近矣,亦或下合㶟、颍⑨,兼统厥称耳。

【注释】

①奇頟(é)城:在今河南漯河市郾城区东南。北魏置颍川郡(又称南颍川郡)于此。

②南颍川郡:即《魏书·地形志》豫州颍川郡。治所在今河南漯河市郾城区西阴阳赵乡。

③溃(fén)水:汝水支流。即今河南漯河市郾城区至安徽阜阳间的汾泉河。

④大㶟(yīn)水:颍水东至临颍西别出为大㶟水、小㶟水。大㶟水东南至漯河市郾城区合汝水,又自汝别出东至商水县入颍水。合汝以上久湮,别汝东出一段即今沙河。

⑤河有雍:《尔雅·释水》:"水自河出为灉。"河,指黄河。

⑥汝有溃:《尔雅·释水》:"颍为沙。汝为溃。"郭璞注:"《诗》曰:'遵彼汝坟。'皆大水溢出别为小水之名。"

⑦溃者,汝别也:溃,是汝水的分流。别,分流。

⑧汝阳:即汝阳县。战国韩置。后入秦,属陈郡。治所在今河南商水县西北。西汉属汝南郡。东晋为汝阳郡治。

⑨颍:即颍水。淮河支流。源出河南登封嵩山西南,东南流到周口,纳沙河、贾鲁河,至安徽寿县正阳关入淮河,长五百五十七公里。

【译文】

汝水又往东南流经奇頟城西北，现在这是南颍川郡的治所。溃水就从这里流出，人们也称之为大㶏水。《尔雅》说：河水有雍水，汝水有溃水。那么溃水其实就是汝水的分支了，因而下游两水之间的城邑，今天还留下汝阳的地名。或许是因为溃、㶏两字读音相近，或许也是因为汝水下游与㶏水、颍水汇合，于是也就笼统兼用这个名称吧。

又东南过郾县北①，

汝水迳奇頟城西东南流，其城衿带两水②，侧背双流。

【注释】

①郾县：西汉置，属颍川郡。治所在今河南漯河市郾城区西南五里古城。

②衿带：像衣领一样交汇环绕。

【译文】

汝水又往东南流过郾县北面，

汝水经奇頟城西往东南流，城在两水之间，侧面和背后都濒临两水。

汝水又东南流迳郾县故城北，故魏下邑也①。《史记》楚昭阳伐魏取郾②，是也。

【注释】

①魏：周诸侯国名。辖境相当于今河南北部及山西西南部。下邑：即下邑县。战国秦置，属砀郡。治所在今安徽砀山县。西汉属梁国。北魏孝昌元年（525）移治栗县故城（今河南夏邑），为临涣郡治。

②昭阳：为楚之上柱国，令尹。曾带兵攻魏，破之于襄陵。又移兵攻齐。恰逢陈轸为秦使使齐，以画蛇添足之譬喻，告诉昭阳其中的

道理。昭阳觉之善,引兵而去。

【译文】

汝水又往东南流经郾县老城北面,这是旧时魏的下邑。《史记》说到楚国昭阳伐魏取郾,就指此城。

汝水又东得醴水口①。水出南阳雉县②,亦云导源雉衡山③,即《山海经》云衡山也④。郭景纯以为南岳⑤,非也。马融《广成颂》曰面据衡阴⑥,指谓是山。在雉县界,故世谓之雉衡山。依《山海经》,不言有水。然醴水东流历唐山下⑦,即高凤所隐之山也⑧。醴水又东南与皋水合⑨。水发皋山⑩,郭景纯言或作章山,东流注于醴水。醴水又东南迳唐城北⑪,南入城而西流出城,城盖因山以即称矣⑫。

【注释】

①醴水:醴亦作澧。醴水亦作澧河、澧水。俗名拐河。源出今河南方城西北郦山,东流经叶县、舞阳,至漯河西入沙河。

②南阳:即南阳郡。战国秦昭襄王三十五年(前272)置。治所在宛县(今河南南阳)。西晋改为南阳国,南朝宋复为南阳郡。雉县:西汉置,属南阳郡。治所在今河南南召东南。西晋属南阳国。南朝宋废。

③雉衡山:原名衡山。在今河南南召东。

④《山海经》云衡山:《水经注疏》熊会贞按:"《中次十一经》之衡山。"

⑤南岳:《水经注疏》熊会贞按:"郭《注》,今衡山在衡阳湘南县(今湖南湘潭西南)南岳也。"

⑥衡阴:衡山之北。古人以山南水北为阳,山北水南为阴。

⑦唐山:又名西唐山、青山。在今河南叶县西南六十里澧河畔。

⑧高凤：字文通。南阳叶（今河南叶县南二十八里旧县乡）人。东汉
隐士。少为书生，家以农亩为业，而专精诵读，昼夜不息。后为名
儒，教授于西唐山中，名声远著。太守连召请，凤乃诈与寡嫂讼田，
遂不仕。章帝建初中，举直言，到公车，托疾逃归。隐身渔钓，终
于家。

⑨皋水：《水经注疏》杨守敬按："此水在今叶县（今河南叶县）西南。"

⑩皋山：当在今河南叶县一带。

⑪唐城：《水经注疏》杨守敬按："城在今叶县西南。"

⑫即称：获得名称。

【译文】

　　汝水又往东流，到了醴水口。醴水发源于南阳雉县，也有人说导源
于雉衡山，就是《山海经》里说的衡山。郭景纯以为这就是南岳，其实不
是。马融《广成颂》说面对着衡山之北，指的就是此山。山在雉县境内，
所以人们叫它雉衡山。查考《山海经》，没有提到衡山有水。但醴水往东
流经唐山下，就是高凤隐居过的山。醴水又往东南流，与皋水汇合。皋水
发源于皋山，郭景纯说，皋山，有人称之为章山，东流注入醴水。醴水又往
东南流经唐城北面，南流入城，然后西流出城，城就是因山而得名的。

　　醴水又屈而东南流，迳叶县故城北①。《春秋·昭公
十五年》②，许迁于叶者也③。楚盛周衰，控霸南土，欲争强
中国，多筑列城于北方，以逼华夏，故号此城为万城，或作方
字。唐勒《奏土论》曰④：我是楚也⑤，世霸南土，自越以至叶
垂⑥，弘境万里，故号曰万城也。余按《春秋》，屈完之在召
陵⑦，对齐侯彐⑧：楚国方城以为城⑨。杜预曰：方城，山名也，
在叶南。未详孰是。楚惠王以封诸梁子高⑩，号曰叶公城。
即子高之故邑也。叶公好龙，神龙下之。

【注释】

①叶县：战国楚置。后入秦，属南阳郡。治所在今河南叶县南二十八里旧县。

②昭公十五年：《水经注疏》杨守敬按："是成公十五年。今订。"成公十五年，前576年。译文从之。

③许：周诸侯国名。都城在今河南许昌东三十六里古城。

④唐勒《奏土论》：唐勒，战国楚大夫。好辞而以赋见称。与宋玉、景差皆祖屈原之辞令。《水经注疏》杨守敬按："唐勒见《史记·屈原传》，所谓屈原既没之后，楚有宋玉、唐勒、景差之徒，是也。《奏土论》仅引见此。"

⑤我是楚也：武英殿本《水经注》："案此语有讹误。"

⑥越：周诸侯国名。辖境相当今浙江中部、北部地区，后扩展到江苏全省、山东南部。叶垂：叶地的边境。

⑦屈完：春秋时楚大夫。曾作为楚国使者，去与齐桓公所率领的军队谈判，不辱使命，与诸侯订立盟约，使齐桓公所率领的军队放弃侵略楚国。召陵：春秋楚邑。在今河南漯河市召陵区东召陵镇。

⑧齐侯：齐国公子小白。春秋五霸之一。

⑨方城：在今河南叶县南、方城县北。

⑩楚惠王：楚昭王之子，名章。诸梁子高：姓沈，名诸梁，字子高。春秋末期楚国臣子。封地在叶（今河南叶县南二十八里旧县乡），自称叶公。曾救楚惠王之命。在叶地治水开田，颇具政绩。

【译文】

醴水又折向东南流，经过叶县老城北面。《春秋·成公十五年》，把许迁到叶，就指叶县。当时楚国强盛，周室衰弱，楚国称霸于南方，还想在中国争强，因此在北方修筑了许多城邑，来进逼华夏，因称此城为万城，万字也有写作方字的。唐勒《奏土论》说：我们楚国世代称霸南方，从越到叶的边境，国境辽阔万里，因此号称万城。我查考《春秋》，屈完在召陵，对齐侯说：楚国以方城为城。杜预说：方城是山名，在叶县南面。不知谁的说法正确。楚惠王把此城封给诸梁沈子高，号为叶公城。叶县老城就是子高的封邑。叶公好龙，神龙于是下凡。

　　河东王乔之为叶令也[①]，每月望[②]，常自诣台朝帝[③]，怪其来数而不见车骑，显宗密令太史伺望之[④]。言其临至，辄有双凫从东南飞来[⑤]。于是候凫至，举罗张之，但得一只舄[⑥]。乃诏尚方诊视[⑦]，则四年中所赐尚书官属履也。每当朝时，叶门下鼓不言自鸣，闻于京师。后天下玉棺于堂前，吏民推排，终不摇动。乔曰：天帝独欲召我耶？乃沐浴服饰寝其中[⑧]，盖便立覆。宿昔葬于城东[⑨]，土自成坟[⑩]。其夕，县中牛皆流汗喘乏，而人无知者。百姓为立庙，号叶君祠[⑪]，牧守毡班录[⑫]，皆先谒拜之，吏民祈祷，无不如应，若有违犯，亦立能为祟[⑬]。帝乃迎取其鼓，置都亭下[⑭]，略无复声焉。或云，即古仙人王乔也[⑮]，是以干氏书之于神化[⑯]。

【注释】

①王乔：河东（今山西夏县西北）人。汉明帝刘庄时，为叶令。有神术，每月朔望，常从叶县到都城朝见，明帝很奇怪他来得频繁且不见车骑。密令太史窥探，后来发现，每次等王乔到来时，都有双凫从东南飞来。每当朝时，叶县城门下鼓不击自鸣，闻于京师。

②望：月相名。农历每月十五日（有时是十六日或十七日），地球运行到月球和太阳之间，当月亮和太阳的黄经相差一百八十度，太阳从西方落下，月亮正好从东方升起之时，地球上看见的月亮最圆满，这种月相叫望。

③台：古代中央政府的官署。常指御史台。后指朝廷。

④显宗：东汉明帝刘庄。光武帝刘秀第四子。在位期间，遵奉光武帝所立各项制度，法令分明，尊儒学，又注重经济发展，天下安平。太史：官名。汉时属太常，掌天时星历。

⑤凫：野鸭。

⑥舄（xì）：鞋。

⑦尚方：古代制造帝王所用器物的官署。秦朝设置。为少府属官。诊视：察看。

⑧服饰：穿好衣服。

⑨宿昔：夜晚，夜里。

⑩土自成坟：地面上自然形成了一座高坟。坟，隆起的高土堆。

⑪叶君祠：《水经注疏》杨守敬按："《一统志》称王乔祠在叶县（今河南叶县）南旧县北门外，与叶公庙所在处同，是有叶公庙，又有王乔祠，岂后人傅会为之乎？"

⑫牧守：州郡的长官。州官称牧，郡官称守。班录：授予禄位。班，颁布，授予。录，通"禄"。禄位。

⑬祟：神灵降下灾祸。

⑭都亭：都邑中的传舍。秦法，十里一亭。郡县治所则设置都亭。

⑮王乔：亦作王子乔、王子晋。相传为春秋周灵王太子，名晋。以直谏被废。相传好吹笙作凤凰鸣。有道士浮丘公接以上嵩高山。三十余年后，预言于七月七日见于缑氏山巅。至期，其果乘白鹤至山头，举手以谢时人，数日而去。

⑯干氏：指干宝。字令升。东晋新蔡（今河南新蔡）人。所撰《搜神记》是我国志怪小说的代表作。神化：即干宝《搜神记·神化篇》。

【译文】

河东王乔当叶县县令，每月十五常亲自赴京朝见皇帝，皇帝见他常常来，却没有看到过车马，感到十分奇怪，就暗里叫太史监视他。太史报告说，他每次将到时，就有一对野鸭从东南方飞来。于是他们等候野鸭飞到时,就张开罗网去捉,但被网住的却是一只鞋子。于是皇帝叫尚方令仔细查验,发现这是近四年来赐给尚书属吏的鞋子。每当朝见皇帝时,叶县衙门下大鼓不击自鸣,京城都能听到。后来,上天在县堂前降下一口玉棺,无论人们怎样用力推都推不动。王乔说:天帝单单想召我去吧?于是就沐浴更衣,穿戴齐整躺入棺中,棺盖就马上自动盖上了。他夜里被安葬在城东,地面上自然形成了一座高坟。当天晚上,县里的牛都大汗淋漓,喘息力乏,人们都不知什么缘故。后来,百姓为他立庙,称之为叶君祠,州郡长官每当封爵授官时,都要先来庙里谒拜,官吏和民众前来祈祷,有求必应,如有违犯,也立即会有灾祸降临。后来,皇帝来迎取那面鼓,把它放在都亭下,但鼓从此再也不响了。有人说这就是古代仙人王乔,所以后来干宝把这件事写入《搜神记·神化篇》。

　　醴水又迳其城东与烧车水合①。水西出苦菜山②,东流侧叶城南,而下注醴水。醴水又东迳叶公庙北③,庙前有沈子高诸梁碑④。旧秦汉之世,庙道有双阙几筵⑤,黄巾之乱⑥,残毁颓阙,魏太和、景初中⑦,令长修饰旧宇,后长汝南陈晞⑧,以正始元年立碑⑨,碑字破落,遗文殆存,事见其碑。

【注释】

①烧车水:在今河南叶县南。

②苦菜山:一名黄城山。在今河南叶县西南。

③叶公庙:《水经注疏》熊会贞按:“《风俗通》二,叶公退老于叶,及其终也,吁人追思而立祠。……又《寰宇记》,叶公庙在叶县(今河南叶县)东北三里,唐仙州刺史张景洪建。盖屡重修矣。在今县南旧北门外。”

④沈子高诸梁碑:一作叶公子高诸梁碑。叶公,姓沈,名诸梁,字子高。曾在叶地治水开田,颇具政绩。

⑤双阙:两道高阙。阙,神庙、陵墓前竖立的石雕。几筵:几具和祭
祀的筵席。

⑥黄巾之乱:东汉末年张角所领导的农民起义军,因头缠黄巾而得
名。184年,黄巾军在七州二十八郡同时起义。张角称天公将军,
张宝称地公将军,张梁称人公将军。黄巾军给东汉朝廷以极其沉
重的打击,最终还是被统治者镇压而失败。

⑦太和、景初:均为三国魏明帝曹叡(ruì)的年号,分别为227—233
年和237—239年。

⑧陈晞:三国魏汝南人。具体不详。

⑨正始元年:240年。正始,三国魏齐王曹芳的年号(240—249)。

【译文】

醴水又流经城东与烧车水汇合。烧车水发源于西方的苦菜山,往东
沿叶城南边流流去,注入醴水。醴水又往东流经叶公庙北面,庙前有沈子
高诸梁碑。从前秦汉时候,庙道上有两座门阙和祭席等物,黄巾之乱后,
庙宇遭受破坏损毁了,魏太和、景初年间,县令重新修葺了旧庙,后任县
官汝南陈晞于正始元年立碑,现在碑上的字迹已有几处破损,但遗文基
本上还在,所记事迹可从碑上看到。

醴水又东与叶西陂水会。县南有方城山,屈完所谓楚
国方城以为城者也。山有涌泉北流,畜之以为陂①,陂塘方
二里。陂水散流,又东迳叶城南而东北注醴水。醴水又东
注叶陂②,陂东西十里,南北七里,二陂并诸梁之所堨也③。
陂水又东迳沅阳县故城北④,又东迳定陵城南⑤,东与芹沟水
合⑥。其水导源叶县,东迳沅阳城北,又东迳定陵县南,又东
南流注醴。其水迳流昆、醴之间⑦,缠络四县之中⑧,疑即吕
忱所谓岘水也⑨。今于定陵更无别水,惟是水可当之。醴水

东迳郾县故城南，左入汝。《山海经》曰：醴水东流注于㵯
水也。

【注释】

①陂：陂塘，湖泊。

②叶陂：《水经注疏》熊会贞按："《方舆纪要》，东陂在叶县（今河南
　　叶县）东，引《志》云，东西十里，南北七里，亦本此为说。在今县
　　东南。"

③诸梁：即叶公，姓沈，名诸梁，字子高。堨（è）：谓筑堨截水。

④沅（wǔ）阳县：亦作舞阳县。秦置，属颍川郡。在今河南舞阳西北。
　　因在舞水之阳，故名。三国魏属襄城郡。

⑤定陵：即定陵县。西汉置，属颍川郡。治所即今河南舞阳北五十
　　里后古城。西晋属襄城郡。北魏皇兴元年（467）改置北舞阳县。

⑥芹沟水：《水经注疏》熊会贞按："水自今叶县南，东至郾城县（今
　　河南漯河市郾城区）东北，入澧河。"

⑦昆：即昆水。今灰河，一名辉河。为汝水支流。源出今河南鲁山
　　县东南，东流经叶县南，至舞阳北舞渡，北入汝水。

⑧缠络：缠绕，萦绕。

⑨吕忱：字伯雍。任城（今山东济宁东南）人。晋文字学家，官义阳
　　王典祠令，撰《字林》七卷。岘（xiàn）水：具体未详。《水经注疏》
　　熊会贞按："《大典》本作'㵯'。"杨守敬按："而道元之㵯水为无著
　　矣。《汉志》《说文》并云，澧水入汝，此云注㵯者，盖合㵯以入汝也。"

【译文】

　　醴水又往东流，与叶县的西陂水汇合。县南有座方城山，就是屈完
所说楚国以方城为城的那座山。山上有泉水涌出，往北流，积聚成陂塘，
陂塘方圆二里。陂水散流，又往东流经叶城南面，然后往东北注入醴水。
醴水又往东流注入叶陂，这个陂塘东西十里，南北七里，两个陂塘都是叶

公诸梁所筑。陂水又往东流经沤阳县老城北面,又往东流经定陵城南面,东流与芹沟水汇合。芹沟水导源于叶县,往东流经沤阳城北面,又往东流经定陵县南面,然后往东南流,注入醴水。这支水流经昆水、醴水之间,弯弯曲曲地流过四县,可能就是吕忱所说的岘水。今天看来,在定陵再没有别的河流了,只有此水才可视为与岘水相当。醴水往东流经郾县老城南面,向左流注入汝水。《山海经》说:醴水往东流,注入溵水。

汝水又东南流迳邓城西①。《春秋左传·桓公二年》②,蔡侯、郑伯会于邓者也③。

【注释】

①邓城:春秋蔡邑。即今河南漯河市东南召陵区邓店。

②桓公二年:前710年。

③郑伯:即郑庄公寤生。郑武公掘突之子。其国国君为伯爵,故又称为郑伯。

【译文】

汝水又往东南流经邓城西面。《春秋左传·桓公二年》,蔡侯、郑伯在邓相会,就是这个邓城。

汝水又东南流,沤水注之①。

【注释】

①沤水:即舞水。古汝水支流。故道在今河南舞钢和西平境内。

【译文】

汝水又往东南流,沤水注入。

又东南过汝南上蔡县西①,

汝南郡，楚之别也②，汉高祖四年置③，王莽改郡曰汝汾。县，故蔡国④，周武王克殷，封其弟叔度于蔡。《世本》曰⑤：上蔡也。九江有下蔡⑥，故称上。《竹书纪年》曰：魏章率师及郑师伐楚⑦，取上蔡者也。永初元年⑧，安帝封邓骘为侯国⑨。

【注释】

①汝南：即汝南郡。西汉高帝四年（前203）置。治所在上蔡县（今河南上蔡西南）。东汉徙治平舆县（今河南平舆北）。三国魏徙治新息县（即今河南息县）。上蔡县：战国楚置。秦始皇二十三年（前225）入秦，属陈郡。治所在今河南上蔡城关一带。西汉属汝南郡。

②楚之别：《水经注疏》杨守敬按："此语未详。"

③汉高祖四年：前203年。

④蔡国：周诸侯国名。在今河南上蔡城关一带。

⑤《世本》：书名。撰者不详，成书时代亦不可考。该书记录自黄帝以来至春秋帝王公卿大夫的氏姓、世系、都邑、器物的制作和发明等。

⑥九江：指九江郡。战国秦置。治所在寿春县（今安徽寿县）。下蔡：即下蔡县。战国楚置。始皇二十三年（前224）入秦，属泗水郡。治所在今安徽凤台。西汉属沛郡。东汉属九江郡。

⑦魏章：本为魏将，后投奔秦国，侍奉秦惠文王。后得樗里疾之助，大败楚军于丹阳（今河南淅川东南丹水之阳），夺取了汉中之地。秦武王立，他与张仪一同被逐出秦国，返魏，后卒于魏。

⑧永初元年：107年。永初，东汉安帝刘祜（hù）的年号（107—113）。

⑨安帝：东汉皇帝刘祜。清河孝王刘庆之子。年十岁，好学史书。殇帝崩，奉太后诏，至洛阳即皇帝位，由邓太后执政，外戚邓骘为大将军。邓骘（zhì）：字昭伯。邓禹之孙，邓训之子，邓太后之兄。殇帝崩，邓太后与骘等定策立安帝。建光元年（121），邓太后卒，

邓氏家族被人诬陷欲废安帝,骘徙封为罗侯,不久免官,他不甘其
辱,绝食而死。

【译文】

汝水又往东南流过汝南郡上蔡县西面,

汝南郡原属楚国的领域,汉高祖四年设置该郡,王莽时改郡名为汝
汾。上蔡县就是旧时的蔡国,周武王征服殷后,把蔡封给他的弟弟叔度。
《世本》说:这是上蔡。因为九江有个下蔡,所以这里称上蔡。《竹书纪年》
说:魏章率军并联合郑军攻楚,夺取上蔡。永初元年,安帝将上蔡封给邓
骘,立为侯国。

汝水又东迳悬瓠城北①。王智深云②:汝南太守周矜起
义于悬瓠者是矣。今豫州刺史汝南郡治③。城之西北,汝水
枝别左出,西北流,又屈西东转,又西南会汝,形若垂瓠④。
耆彦云⑤:城北名马湾,中有地数顷,上有栗园,栗小,殊不
并固安之实也⑥,然岁贡三百石,以充天府⑦。水渚即栗州也,
树木高茂,望若屯云积气矣。林中有栗堂、射埻甚闲敞⑧,
牧宰及英彦多所游薄⑨。其城上西北隅,高祖以太和中幸悬
瓠⑩,平南王肃起高台于小城⑪,建层楼于隅阿⑫,下际水湄⑬,
降眺栗渚,左右列榭,四周参差竞峙⑭,奇为佳观也。

【注释】

①悬瓠城:一作悬壶城。在今河南汝南县。

②王智深:字云才。琅邪临沂(今山东临沂)人。南朝齐史学家。齐
　武帝时,命智深撰《宋纪》,书成三十卷。

③豫州刺史汝南郡治:《水经注疏》熊会贞按:"《地形志》,刘义隆置
　司州,治悬瓠城。皇兴中改豫州。汝南郡与州同治。"

④垂瓠：垂下的瓠瓜。

⑤耆彦：德高望重的老者。

⑥固安之实：固安的板栗。固安，即固安县。北魏改故安县置。故安县，西汉置，属涿郡。治所在今河北易县东南亓贯城。三国魏属范阳郡。西晋属范阳国。北魏移治今易县东南西贯城。《水经注疏》杨守敬按："《通鉴》梁普通七年，魏都督于荣等击杜洛周将曹纥真于栗园。胡（三省）《注》，栗园当在固安县界，固安之栗，天下称之。此郦氏所以言栗独推固安也。"

⑦充：备办，供给。天府：原为周官名。掌祖庙之守藏，后泛指朝廷藏物之府车或图籍档案库。

⑧射埻（zhǔn）：土筑的箭靶。

⑨牧宰：泛指州县长官。州官称牧，县官称宰。英彦：才俊之人。游薄：游玩停泊。薄，通"泊"。停泊。

⑩高祖：此指北魏孝文帝元宏。在位期间实行改革，经济上推行均田制，政治上实行俸禄制，习俗上以汉化为中心。太和：北魏孝文帝元宏的年号（477—499）。

⑪平南：即平南将军。王肃：字恭懿。琅邪临沂（今山东临沂）人，东晋名相王导之后。少而聪辩，涉猎经史，颇有大志。初仕南齐，后奔魏，深得孝文帝器重。

⑫隅阿（yú ē）：弯曲处。

⑬际：连接，靠近。水湄：水边。

⑭跱（zhì）：同"峙"。独立，特立。

【译文】

汝水又往东流经悬瓠城北面。王智深说：汝南太守周矜在悬瓠起义，就是这地方。今天，悬瓠是豫州刺史和汝南郡的治所。城的西北面，汝水的一条支流从左边分出，往西北流，又西折东转，又往西南流，与汝水汇合，河道弯曲状如垂下的瓠瓜。老年人说：城北名叫马湾，湾中有土地数顷,还有个栗园,栗子很小,与固安的栗子相比差得远了,但每年上贡三百石,以充实朝廷的府库。这个水渚就是栗州,渚上树木参天,树荫茂密,望去好像屯集了一片云气。树林中有个栗堂、靶场,十分幽静宽敞,当地州县长官和才俊之人常来这里游乐。高祖在太和年间,曾巡幸悬瓠城,平南将军王肃在小城的拐角处修筑高台,建造层楼,下临水滨,俯眺栗渚,左右两边是水榭,四周景物参差竞峙,堪称胜景了。

又东南过平舆县南①,

溱水出浮石岭北青衣山②,亦谓之青衣水也,东南迳朗陵县故城西③。应劭曰:西南有朗陵山④,县以氏焉。世祖建武中⑤,封城门校尉臧宫为侯国也⑥。溱水又南屈迳其县南,又东北迳北宜春县故城北⑦,王莽更名之为宜屏也。豫章有宜春⑧,故加北矣。元初三年⑨,安帝封后父侍中阎畅为侯国⑩。溱水又东北迳马香城北⑪,又东北入汝。

【注释】

①平舆县:战国楚置。后入秦,属秦郡。治所在今河南平舆北四十里。
　西汉为汝南郡治。三国魏属汝南郡。
②溱(zhēn)水:即今河南确山县西南溱头河。浮石岭:亦名确山。
　在今河南确山县东南二里。
③朗陵县:西汉置,属汝南郡。治所在今河南确山县西南三十五里
　任店。
④朗陵山:在今河南确山县南。
⑤建武:东汉光武帝刘秀的年号(25—56)。
⑥城门校尉:官名。汉代京师城防官。西汉始置,东汉因之。掌京
　师城门屯兵及启闭,下属有司马、十二城门侯。臧宫:字君翁。颍

川郏(今河南郏县)人。从光武帝刘秀征战,诸将多称其勇。建武
十五年(39),定封朗陵侯。

⑦北宜春县:东汉改宜春侯国置,属汝南郡。治所在今河南汝南县
西南六十里。

⑧豫章:即豫章郡。西汉高帝六年(前201)分九江郡置。治所在南
昌县(今江西南昌东)。宜春:即宜春县。西汉高帝六年(前201)
置,属豫章郡。治所即今江西宜春。

⑨元初三年:116年。元初,东汉安帝刘祜(hù)的年号(114—120)。

⑩后:此指安思阎皇后。阎畅:河南荥阳(今河南荥阳西)人。东汉
官吏。封北宜春侯。

⑪马香城:一作马乡城。即今河南汝南南五十里梁祝镇。

【译文】

汝水又往东南流过平舆县南面,

溱水发源于浮石岭北面的青衣山,又称为青衣水,往东南流经朗陵
县老城西面。应劭说:西南有朗陵山,朗陵就是因山而得名的。世祖建
武年间,将该县封给城门校尉臧宫,立为侯国。溱水又向南转弯流往县
南,又往东北流经北宜春县老城北面,王莽时改名为宜屏。豫章也有个
宜春,因此这里加上北字。元初三年,安帝将这地方封给皇后之父侍中
阎畅,立为侯国。溱水又往东北流经马香城北面,又往东北注入汝水。

汝水又东南迳平舆县南,安成县故城北①。王莽更名至
成也。汉武帝元光六年②,封长沙定王子刘苍为侯国矣③。

【注释】

①安戎县:三国魏改安城侯国为安城县。西晋改安成县,属汝南国。
治所在今河南汝南县东南七十里北胡。

②元光六年:前129年。元光,西汉武帝刘彻的年号(前134—前129)。

③刘苍：长沙定王刘发之子。封安成侯。

【译文】

　　汝水又往东南流经平舆县南面，安成县老城北面。安成，王莽时改名为至成。汉武帝元光六年，将安成封给长沙定王的儿子刘苍，立为侯国。

　　汝水又东南，陂水注之①。水首受慎水于慎阳县故城南陂②，陂水两分。一水自陂北绕慎阳城四周城堑③。颍川荀淑遇县人黄叔度于逆旅④，与语移日⑤，曰：子，吾师表也。范奕论曰⑥：黄宪言论风旨，无所传闻。然士君子见之者，靡不服深远，去疵吝⑦，将以道周性全⑧，无得而称乎⑨。堑水又自渎东北流注北陂。一水自陂东北流积为鲷陂，陂水又东北又结而为陂，世谓之窖陂。陂水上承慎阳县北陂，东北流积而为土陂。陂水又东为窖陂，陂水又东南流注壁陂，陂水又东北为太陂，陂水又东入汝。

【注释】

①陂水：当作汶水。《水经注疏》杨守敬按："明抄本、黄本并作汶水注之。《隋志》，慎阳有汶水。《明一统志》，汶水在汝宁府城（今河南汝南）南七十里。水自青龙陂入汝，今称汶口，即此水也。"译文从之。

②首受：源头接纳。慎水：在今河南正阳北。东南至息县附近入淮河。一说为清水河。慎阳县：西汉高帝十一年（前196）置，为侯国，属汝南郡。治所在今河南正阳北江口集。南朝宋初改为真阳县。后复为慎阳县。

③城堑：护城河。

④荀淑：字季和。颍川颍阴（今河南许昌）人。东汉末官吏。荀卿

十一世孙。少有高行,博学而不好章句。当世名贤李固、李膺等皆师宗之。梁太后临朝,讥刺贵倖,为大将军梁冀所忌,出补朗陵侯相。莅事明理,称为神君。后弃官归,闲居养志。年六十七卒。黄叔度:即黄宪,字叔度。汝南慎阳(今河南正阳北)人。东汉名士。世贫贱,父为牛医。当时名流陈蕃、周举、郭泰皆倾心佩服。宪初举孝廉,又辟公府,友人劝其仕,宪亦不拒之,暂到京师而还,竟无所就,年四十八终,天下号曰"征君"。逆旅:客舍,旅馆。

⑤移日:太阳发生了移动。指时间很长。

⑥范奕:当为"范晔"。《水经注疏》熊会贞按:"《大典》本仍作'晔'。"译文从之。

⑦疵(cī)吝:缺点,过失。

⑧道周性全:道德全备,性格纯一。

⑨无得而称:《水经注疏》杨守敬按:"原书'得'作'德'。"李贤《后汉书注》:"无德而称,言其德大无能名焉。"意为:品德广大,不能用言语表达出来。

【译文】

汝水又往东南流,汶水注入。汶水上口在慎阳县老城旁的南陂引入慎水,陂水分为两条。一条从陂北流出,环绕慎阳城四周的城濠。颍川荀淑曾在客舍里遇到本县同乡黄叔度,与他交谈了很久,对他说:您可以做我的表率啊。范晔评论说:黄宪言论中的意旨,没有流传下来。但凡见过他的有才德之士,无不佩服他思想的深远,并借以克服自身的缺点和错误,从而使道德全备、性格纯一,品德广大,不能用言语表达出来。城濠水又从渠中流向东北,注入北陂。另一条水从陂塘东北流出,积聚成铜陂,陂水又往东北流,又积聚成一个陂塘,人们称之为窖陂。陂水上游承接慎阳县的北陂,往东北流,积聚成土陂。陂水又往东流,就是窖陂;陂水又往东南流,注入壁陂;陂水又往东北流,是太陂;陂水又往东流,注入汝水。

汝水又东南迳平陵亭北[①]，又东南迳阳遂乡北[②]。

【注释】

①平陵亭：《水经注疏》杨守敬按："亭当在今新蔡县（今河南新蔡）西南。"

②阳遂乡：《水经注疏》杨守敬按："乡亦当在今新蔡县西南。"

【译文】

汝水又往东南流经平陵亭北面，又往东南流经阳遂乡北面。

汝水又东迳栎亭北[①]。《春秋》之棘栎也[②]。杜预曰：汝阴新蔡县东北有栎亭[③]。今城在新蔡故城西北，城北半沦水。

【注释】

①栎亭：即春秋楚栎邑。在今河南新蔡西北。

②棘：春秋楚邑。在今河南永城西北。栎：春秋楚东鄙。在今河南新蔡西北。《左传·昭公四年》："冬，吴伐楚，入棘、栎、麻，以报朱方之役。"

③汝阴：即汝阴郡。三国魏景初二年（238）置，属豫州。治所在汝阴县（今安徽阜阳）。新蔡县：战国秦置，属陈郡。治所即今河南新蔡县。西汉属汝南郡。西晋属汝阴郡。

【译文】

汝水又往东流经栎亭北面。栎亭，《春秋》之棘栎的栎。杜预说：汝阴郡新蔡县东北有栎亭。今天此城在新蔡县老城西北，城北一半已沉入水中。

汝水又东南迳新蔡县故城南。昔管、蔡间王室[①]，放蔡叔而迁之。其子胡，能率德易行[②]，周公举之为卿士[③]，以见于王,王命之以蔡,申吕地也④,以奉叔度祀,是为蔡仲矣⑤。宋忠曰⑥:故名其地为新蔡,王莽所谓新迁者也。世祖建武二十八年⑦,封吴国为侯国⑧。《汝南先贤传》曰⑨:新蔡郑敬⑩,字次都,为郡功曹⑪。都尉高懿厅事前有槐树⑫,白露类甘露者。懿问掾属⑬,皆言是甘露,敬独曰:明府政未能致甘露⑭,但树汁耳。懿不悦,托疾而去。

【注释】

①管:即管叔,一作关叔。周初三监之一。名鲜,周武王弟。武王灭商后,封于管(都今河南郑州)。武王去世,成王年幼,周公旦摄政,他和蔡叔等不满,散布流言,诬蔑周公谋杀成王,窃夺王位。之后勾结武庚叛乱,被周公旦平定,杀死。一说自杀。蔡:即蔡叔,名度。文王第五子,武王弟。封于蔡(今河南上蔡西南)。与管叔、武庚联合东夷作乱,周公讨平之,被放逐。

②率:遵循。德:这里指祖上的德行。行:这里指其父蔡叔之品行。

③周公:指周公旦。姓姬名旦,亦称叔旦。周文王姬昌之子,周武王姬发之弟。辅佐武王灭商纣王。成王即位,周公摄政。平定武庚、管叔、蔡叔之叛乱。营雒邑为东都,天下大治。卿士:周王朝的执政者。辅助天子治理全国政务。

④申吕地:《水经注疏》杨守敬按:"因新蔡是吕地,而连言申,与上《春秋》之棘、栎也一例。"申,西周封国。姜姓。在今河南南阳北二十里。吕,西周封国。姜姓。在今河南南阳西三十里。

⑤蔡仲:蔡是国名,仲是字,名胡,姬姓。周文王之孙,蔡叔度之子,周武王之臣。西周时期诸侯国蔡国第二任国君,亦称蔡仲胡。

⑥宋忠:字仲子。南阳章陵(今湖北枣阳)人。东汉末年大儒。建安中,荆州牧刘表立学官,以忠等撰《五经章句》。有《周易注》十卷,

亡佚。王肃、尹默、李撰等先后从之受学。

⑦建武二十八年：52年。建武，汉光武帝刘秀的年号（25—56）。

⑧吴国：东汉初将领吴汉之子。封新蔡侯。

⑨《汝南先贤传》：书名。三国魏晋时汝南人周斐撰。是我国古代
地记、郡书的代表之作，为范晔撰写《后汉书》的重要取材来源之
一，郦道元《水经注》亦多引。

⑩郑敬：字次都。新蔡（今河南新蔡）人。清志高世，光武连征不到。
素与郅恽厚，郅恽邀其与之从政，郑敬谢绝。

⑪郡功曹：官名。汉代郡守属吏有功曹，为郡守自选之属吏中地位
较高者，主选署功劳，议论赏罚，为郡守的左右手。

⑫都尉：官名。汉以后地方武官。西汉景帝时改地方郡尉曰都尉，掌
统郡兵，佐太守主一郡武事，防备盗贼，有治所、属官，以时巡行属
县，主持立秋时的都试，有兵事则将兵以行，平时位任甚尊，太守缺
时，代行太守之职。高懿：具体不详。厅事：官署视事问案的厅堂。

⑬掾（yuàn）属：佐治的官吏。汉代自三公至郡县，都有掾属。人员
由主官自选，不由朝廷任命。魏晋以后，改由吏部任免。

⑭明府：汉魏以来对郡守牧尹的尊称。又称明府君。

【译文】

汝水又往东南流经新蔡县老城南面。从前管叔、蔡叔两人离间周王
室，蔡叔被放逐，迁到这里。他的儿子胡，遵循祖德，改变父行，周公推荐
胡做卿士，带他朝见成王，成王以原属申吕的蔡封他，让他掌管对叔度的
祭祀，这就是蔡仲。宋忠说：因为这缘故，所以把这地方称作新蔡，也就
是王莽时的新迁。世祖建武二十八年，将新蔡封给吴国，立为侯国。《汝
南先贤传》说：新蔡郑敬，字次都，为郡功曹。都尉高懿官署厅前有槐树，
树上的白露看来有点像甘露。高懿同下属，都说是甘露，只有郑敬一人
却说：您的政绩还不能使天降甘露，这只不过是树汁罢了。高懿很不高
兴，借口身体不适离开了。

汝水又东南,左会澺水[1]。水上承汝水别流于奇頟城东[2],东南流为练沟,迳召陵县西[3],东南流注,至上蔡西冈北为黄陵陂[4]。陂水东流,于上蔡冈东为蔡塘[5],又东迳平舆县故城南[6],为澺水。县,旧沈国也[7],有沈亭。《春秋·定公四年》[8],蔡灭沈,以沈子嘉归,后楚以为县。《史记》曰:秦将李信攻平舆[9],败之者也。建武三十年[10],世祖封铫统为侯国[11]。本汝南郡治。昔费长房为市吏[12],见王壶公悬壶郡市[13],长房从之,因而自远目入此壶[14],隐沦仙路,骨谢怀灵[15],无会而返,虽能役使鬼神,而终同物化[16]。城南里余有神庙,世谓之张明府祠[17],水旱之不节则祷之[18]。庙前有圭碑[19],文字紊碎,不可复寻,碑侧有小石函。按《桂阳先贤画赞》[20],临武张熹[21],字季智,为平舆令。时天大旱,熹躬祷雩[22],未获嘉应,乃积薪自焚,主簿侯崇、小吏张化从熹焚焉[23]。火既燎,天灵感应,即澍雨[24],此熹自焚处也。

【注释】

①澺(yì)水:即今河南西平、上蔡以下的洪河。源出河南方城之牛心山,至新蔡与汝河会。

②奇頟(é)城:在今河南漯河市郾城区东南。北魏置颍川郡(又称南颍川郡)于此。

③召陵县:西汉置,属汝南郡。治所在今河南漯河市召陵区东召陵镇。西晋改为邵陵县。

④上蔡西冈:《水经注疏》熊会贞按:“《元和志》,蔡冈,在上蔡县(今河南上蔡)东十里,周回五十里,疑上蔡西冈北当作上蔡冈西北,与下上蔡冈东对文。冈在今上蔡县东,陂当在县北。”

⑤蔡塘:《水经注疏》熊会贞按:"塘在今上蔡县东。"

⑥平舆县:战国楚置。后入秦,属秦郡。治所在今河南平舆北四十里。西汉为汝南郡治。三国魏属汝南郡。

⑦沈国:春秋属蔡,战国时为楚邑。汉置县,为汝南郡治。

⑧定公四年:前506年。

⑨李信:战国秦将。年少壮勇。始皇时为将,尝以数千兵逐燕太子丹至于衍水中,卒破得丹。后与王翦争勇,击楚,先胜后败。

⑩建武三十年:54年。

⑪世祖封铫(yáo)统为侯国:郦道元记载铫统封平舆侯,但《后汉书·铫期传》载,铫统封建平侯。铫统,东汉初将领铫期之子。

⑫费长房:汝南(治今河南上蔡东南)人。曾为市掾。后随一卖药老翁入深山学道。道成,能医治众病,鞭笞百鬼,驱使社公。后为众鬼所杀。

⑬王壶公:即《后汉书·方术传·费长房》中所记载的"卖药老翁",为得道的仙人。悬壶:本指悬挂一壶。后谓行医卖药。《后汉书·方术传·费长房》:"市中有老翁卖药,悬一壶于肆头,及市罢,辄跳入壶中。"

⑭自远:《水经注疏》熊会贞按:"朱之臣云:自远字,自是仙凡之隔。"

⑮骨谢:脱胎换骨。谢,这里指改换。怀灵:身怀灵异之术。

⑯终同物化:最终如常人一样死亡。物化,死亡。指费长房为众鬼所杀。

⑰张明府祠:《水经注疏》熊会贞按:"《寰宇记》,平舆县张熹庙,后人感德而庙存。今张明府庙在汝阳县(今河南汝南)东关外二里许。"

⑱不节:不守节令。这里指水旱失常。

⑲圭(guī)碑:圭形的墓碑。圭,古代帝王诸侯举行礼仪时所用的玉器,上尖下方。

⑳《桂阳先贤画赞》：《水经注疏》杨守敬按："《书钞》三十五引作《桂阳先贤传》。《隋志》，《桂阳先贤画赞》一卷，吴左中郎张胜撰。两《唐志》作五卷。"桂阳，即桂阳郡。汉高帝置。治所在郴县（今湖南郴州）。先贤，已经去世的有才德的人。画赞，文体名。以赞颂画像中的人物为主旨。

㉑临武：即临武县。西汉置，属桂阳郡。治所在今湖南临武东十五里古城渡。

㉒祷雩（yú）：祈雨。雩，古代求雨的祭礼。

㉓主簿（bù）：官名。汉代御史台及郡县官署多置。主管文书、薄籍及印鉴。至魏晋时渐为将帅重臣的主要僚属，参与机要，总领府事。侯崇：具体不详。小吏：一作小史。古小官名。掌邦国之志、贵族世系以及礼仪等事。汉以后为尚书令史或地方官一般属吏之称。张化：具体不详。

㉔澍（shù）雨：大雨，暴雨。

【译文】

汝水又往东南流，在左边汇合了澺水。澺水上游在奇頟城东承接汝水分支，往东南流，叫练沟。经过召陵县西面，往东南流，到上蔡西冈北面就是黄陵陂。陂水往东流，在上蔡冈东积成蔡塘，又往东流经平舆县老城南面，才叫澺水。平舆县是昔日的沈国，有沈亭。《春秋·定公四年》蔡灭沈，把沈子嘉掳去，后来楚国把这一地方设立为县。《史记》说：秦将李信攻平舆，击败守军。建武三十年，世祖把这地方封给铫统，立为侯国，这里本是汝南郡的治所。从前，费长房当市吏，看见王壶公把壶挂在郡里的市场上。费长房就跟着他，因而自离尘世和他一同进入壶中，从此他就隐遁修仙，脱胎换骨，身怀灵气，但没学成就返回人间，虽然能遣使鬼神，但最后还是死了。城南一里余有神庙，世人称之为张明府祠，每逢水旱失常，人们就在那里祈祷。庙前有一块上尖下方的石碑，碑上文字剥落破损，已看不清楚了，碑旁有一个小石匣。查考《桂阳先贤画赞》，临武张熹，字季智，当平舆县令。当时天正大旱，张熹亲自设祭祈求降雨，但并无灵验，于是他就堆了柴垛自焚，主簿侯崇、小吏张化也跟他一起自焚。大火熊熊烧起来时，上天的神灵受了感动，立即降了一场大雨，这里就是张熹自焚的地方。

澺水又东南，左迆为葛陂①，陂方数十里，水物含灵，多所苞育②。昔费长房投杖于陂，而龙变所在也③。又劾东海君于是陂矣④。陂水东出为铜水⑤，俗谓之三丈陂，亦曰三严水，水迳铜阳县故城南⑥。应劭曰：县在铜水之阳⑦。汉明帝永平中⑧，封卫尉阴兴子庆为侯国也⑨。县有葛陵城⑩。建武十五年⑪，更封安成侯铫丹为侯国⑫。城之东北有楚武王冢⑬，民谓之楚王琴⑭。城北祝社里下⑮，土中得铜鼎，铭云：楚武王。是知武王隧也⑯。铜陂东注为富水⑰，水积之处，谓之陂塘⑱，津渠交络⑲，枝布川隰矣⑳。澺水自葛陂东南迳新蔡县故城东㉑，而东南流注于汝。

【注释】

①葛陂：在今河南新蔡西北七十里。上承澺水（今洪河），东出为铜水、富水（今埌）等注入淮河。周围三十里。今埌。

②苞育：孕育，养育。

③龙变所在：《后汉书·方术传·费长房》："长房辞归，翁与一竹杖，曰：'骑此任所之，则自至矣。既至，可以杖投葛陂中也。'……即以杖投陂，顾视则龙也。"

④又劾东海君于是陂：《后汉书·方术传·费长房》："后东海君来见葛陂君，因淫其夫人，于是长房劾系之三年，而东海大旱。长房至海上，见其人请雨，乃谓之曰：'东海君有罪，吾前系于葛陂，今方

出之使作雨也。'于是雨立注。"东海君，掌管东海之海神。

⑤铜（tóng）水：俗谓之三丈陂，亦曰三严水。在今安徽临泉西铜城镇南。

⑥铜阳县：西汉置，属汝南郡。治所即今安徽临泉西五十里铜城镇。

⑦铜水之阳：铜水北边。阳，古人以山南水北为阳。

⑧永平：东汉明帝刘庄的年号（58—75）。

⑨阴兴：字君陵。南阳新野（今河南新野）人。东汉外戚。交友有方，唯知荐贤不计仇隙，迁侍中，赐爵关内侯。后帝欲封之，固辞不受。姊问其故，答谓外戚之患在于不知谦退。庆：即阴兴之子阴庆。封为铜阳侯。阴庆推田宅财物悉与弟。明帝以庆义让，擢为黄门侍郎。

⑩葛陵城：即葛陂城。在今河南新蔡西北五十里。

⑪建武十五年：39 年。

⑫封安成侯铫（yáo）丹为侯国：《后汉书·铫期传》："子丹嗣。……后徙封卬葛陵侯。"《水经注疏》杨守敬按："《后汉书·铫期传》，建武十年卒，子丹嗣封安成侯，后徙封葛陵侯，不言十五年，此本他家《后汉书》。"

⑬楚武王：芈姓，名熊通。春秋时楚国国君。若敖孙，蚡冒弟。弑蚡冒子而代立。后伐随国。随人至周，代楚武王向周王室求尊号，周王不许，熊通怒而自立，为武王，与随人结盟而去。后复攻随，死于军中。

⑭琴：《水经注》卷三十二："楚人谓冢为琴。"

⑮祝社里：里弄名。具体不详。

⑯武王隧：武王的墓道。隧，墓道。

⑰富水：当在今安徽阜阳一带。

⑱陂塘：《水经注疏》熊会贞按："陂在今阜阳县（今安徽阜阳）西。"

⑲津渠：水流沟渠。交络：纵横交错。

⑳川隰（xí）：平野与低湿之地。

㉑新蔡县：战国秦置，属陈郡。治所即今河南新蔡。西汉属汝南郡。西晋属汝阴郡，惠帝时为新蔡郡治。

【译文】

澺水又往东南流，左边分支流出，就是葛陂，这个陂湖方圆数十里，水体和水中生物都有着灵气，湖中所藏所育物类很多。这里就是费长房把手杖投到湖里，手杖变成龙的地方。他又在这里弹劾扣留东海君。湖水往东流出叫銅水，俗称三丈陂，也叫三严水，此水流经銅阳县老城南面。应劭说：銅阳县在銅水北边。汉明帝永平年间，把銅阳封给卫尉阴兴的儿子阴庆，立为侯国。銅阳县有葛陵城。建武十五年，把这地方改封给安成侯铫丹，立为侯国。城的东北有楚武王墓，民间称之为楚王琴。在城北祝社里下的土中，挖出了一只铜鼎，上有铭文题着：楚武王。由此可知这是武王墓的隧道。銅陂水往东流叫富水，流水积聚之处叫陂塘，这里沟渠交错，遍布这一片低洼地。澺水从葛陂往东南流经新蔡县老城东面，往东南流，注入汝水。

汝水又东南迳下桑里[①]，左迤为横塘陂[②]，又东北为青陂者也[③]。

【注释】

①下桑里：在今河南新蔡东。《水经注疏》杨守敬按："《左传·成六年》，楚御晋桑隧。杜《注》，朗陵县（今河南确山县）东有桑里，在上蔡（今河南上蔡）西南。此《注》叙汝水东南迳新蔡（今河南新蔡），又东南迳下桑里，则在新蔡东，盖对桑里言，故称下。"

②迤：溢，流出。横塘陂：《水经注疏》熊会贞按："陂在今新蔡县东。"

③青陂：当在今河南新蔡一带。《水经注疏》熊会贞按："下青陂在汝水南，此青陂在汝水北，对下青陂作北青陂，似不误。"

【译文】

汝水又往东南流经下桑里，向左分支流出是横塘陂，又往东北流是青陂。

汝水又东南迳壶丘城北①，故陈地②。《春秋左传·文公九年》③，楚侵陈，克壶丘，以其服于晋是也。

【注释】

①壶丘城：古邑名。故址在今河南新蔡东南。

②陈：周诸侯国名。妫姓。都宛丘（今河南周口淮阳区东南）。

③文公九年：前618年。

【译文】

汝水又往东南流经壶丘城北面，这里旧时是陈的地方。《春秋左传·文公九年》，楚国入侵陈，攻下壶丘，这是因为陈臣服于晋。

汝水又东与青陂合。水上承慎水于慎阳县之上慎陂①。右沟，北注马城陂②，陂西有黄丘亭③。陂水又东迳新息亭北④，又东为绸陂。陂水又东迳新息县⑤，结为墙陂。陂水又东迳遂乡东南而为壁陂。又东为青陂，陂东对大吕亭⑥。《春秋外传》曰⑦：当成周时⑧，南有荆蛮、申、吕⑨，姜姓矣⑩，蔡平侯始封也⑪。西南有小吕亭⑫，故此称大也。侧陂南有青陂庙，庙前有陂。汉灵帝建宁三年⑬，新蔡长河南缑氏李言⑭，上请修复青陂，司徒臣训、尚书臣袭奏可洛阳宫⑮，于青陂东塘南树碑，碑称青陂在县坤地⑯，源起桐柏淮川⑰，别流入于潕溲⑱，迳新息墙陂，衍入褒信界⑲，灌溉五百余顷。陂水又东分为二水：一水南入淮，一水东南迳白亭北，又东迳吴城南^⑳。《史记》:楚惠王二年^㉑,子西召太子建之子胜于吴^㉒,胜入居之,故曰吴城也。又东北屈迳壶丘东而北流,注于汝水,世谓之薄溪水^㉓。汝水又东迳褒信县故城北而东注矣。

【注释】

①慎水:在今河南正阳北。慎阳县:西汉高帝十一年(前196)置。为侯国,属汝南郡。治所在今河南正阳北江口集。南朝宋初改为真阳县。后复为慎阳县。上慎陂:在今河南正阳东。

②马城陂:当在今河南正阳一带。

③黄丘亭:《水经注疏》熊会贞按:"亭当在今正阳县(今河南正阳)东北。"

④新息亭:《水经注疏》熊会贞按:"亭当在今新息县(今河南息县)西北。"

⑤新息县:西汉置,属汝南郡。治所即今河南息县。魏晋为汝南郡治。

⑥大吕亭:《水经注疏》熊会贞按:"《续汉志》,新蔡有大吕亭……新蔡,古吕国。亭在今新蔡县(今河南新蔡)东。"

⑦《春秋外传》:书名。即《国语》。相传春秋左丘明撰,实成于战国时期。二十一卷。国别史。分周、鲁、齐、晋、郑、楚、吴、越八国语。全书以着重记述人物言论为特征,对当时政治、外交、军事亦有所述。

⑧成周:指周公辅佐成王的兴盛时期。

⑨荆蛮:古代中原人对楚、越或南人的称呼。申:西周封国。姜姓。在今河南南阳北二十里。吕:西周封国。姜姓。在今河南南阳西三十里。

⑩姜姓:炎帝生于姜水,因生以为姓。《国语集解》:"荆蛮,芈姓之蛮,鬻熊之后。申、吕,姜姓也。"

⑪蔡平侯:姬姓,名庐,景侯少子,灵侯之弟。春秋时蔡国国君。周

景王十六年（前529），由楚平王所立。

⑫小弓亭：《水经注疏》熊会贞按："《淯水篇》，新蔡（今河南新蔡）有
小弓亭。当在县西南。"

⑬建宁三年：170年。建宁，东汉灵帝刘宏的年号（168—172）。

⑭缑（gōu）氏：春秋时为周缑氏邑。在今河南偃师东南。战国时改
置缑氏县。后属韩。秦昭襄王四十六年（前261）入于秦，属三川
郡。李言：具体不详。

⑮司徒：官名。东汉时掌教化。臣训：即许训。字季师。平舆（今河
南平舆）人。尚书：官名。秦为少府属官，汉因之，主收受奏章，出
宣诏命。汉成帝置尚书五人，开始分曹办事，地位逐渐提高。臣袭：
即闻人袭。字定卿。沛国（治今安徽濉溪西北）人。

⑯坤地：此指新息县（今河南息县）西南。《水经注疏》杨守敬按："坤，
西南。此云在县坤地，是以卦名命四维也。"

⑰桐柏：即桐柏山。在今河南桐柏县西南。淮川：即淮河。古四渎
之一，源出河南桐柏山。

⑱潺湲（chán yuán）：此指一条绵延不绝的水流。

⑲衍：散布，散流。褒信：即褒信县。东汉置，属汝南郡。治所即今
河南息县东北七十里包信。三国魏属汝阴郡。

⑳吴城：故城在今河南新蔡。

㉑楚惠王二年：前487年。楚惠王，芈姓，名熊章。春秋时楚国国君。
楚昭王之子。楚惠王二年，子西召故平王太子建之子胜于吴，以
为巢大夫，号曰白公。后白公劫惠王，置之高府，欲弑之。白公自
立为王。逢叶公诸梁子高来救楚，楚惠王之徒与共攻白公，杀之。
惠王乃复立。灭陈、蔡、杞三国，广地至泗上。

㉒子西：春秋末年楚国令尹。楚平王之庶弟，死于白公之难。太子建：
楚平王子。胜：楚平王孙，太子建子，号为白公。

㉓薄溪水：《水经注疏》熊会贞按："水自今正阳县（今河南正阳）东，

迳新息县（今河南息县），又东北至新蔡县（今河南新蔡）东南，入南汝。"

【译文】

汝水又往东流，与青陂汇合。青陂水上游在慎阳县的上慎陂承接慎水。右沟往北流，注入马城陂，马城陂西有个黄丘亭。陂水又往东流经新息亭北面，又往东流是绸陂。陂水又往东流经新息县，积成墙陂。陂水又往东流经遂乡东南，形成壁陂。又往东流积成青陂，青陂东对大吕亭。《春秋外传》说：成周的时候，南面有荆蛮、申、吕，都姓姜，最初受封在这里的是蔡平侯。因西南有小吕亭，所以这里称为大吕亭。陂塘旁边，南有青陂庙，庙前有池塘。汉灵帝建宁三年，河南缑氏李言任新蔡县官，向朝廷请求修复青陂，司徒许训、尚书闻人袭在洛阳宫向皇帝上奏获准，在青陂东塘南面立碑，碑文说青陂坐落在该县西南，发源于桐柏山的淮川，一条分支汇入潺湲水，流经新息县的墙陂，延伸流入褒信边界，灌溉田地五百余顷。陂水又往东流，分成两条，一条往南流注入淮水，另一条往东南流经白亭北面，又往东流经吴城南面。《史记》说：楚惠王二年，子西把太子建的儿子胜召到吴国，胜来后就住在这里，所以称为吴城。水又向东北转弯，经过壶丘东面往北流，注入汝水，世人称之为薄溪水。汝水又往东流经褒信县老城北面，然后又向东流去。

又东至原鹿县①，

汝水又东南迳县故城西。杜预《释地》曰②：汝阴有原鹿县也③。

【注释】

①原鹿县：三国魏改原鹿侯国置，属汝南郡。治所在今安徽阜南西南公桥集东五里。西晋属汝阴郡。南朝宋废。

②杜预《释地》：即杜预《春秋释地》。杜预，字元凯。京兆杜陵（今

陕西西安）人。西晋经学家。《隋书·经籍志》只记载其有《春秋
释例》十三卷。

③汝阴：即汝阴郡。三国魏景初二年（238）置，属豫州。治所在汝
阴县（今安徽阜阳）。

【译文】

汝水又往东流到原鹿县，

汝水又往东南流经原鹿县老城西面。杜预《释地》说：汝阴郡有原
鹿县。

南入于淮。

所谓汝口①，侧水有汝口戍，淮、汝之交会也②。

【注释】

①汝口：汝水入淮河的入水口。

②淮：即淮河。古四渎之一。源出河南桐柏山，流经安徽，入江苏洪
泽湖。汝：即汝水。淮水支流。上游即今河南北汝河；自郾城以下，
故道南流至西平东会沅水（今洪河），又南经上蔡西至遂平东会潕
水（今沙河）；此下即今南汝河及新蔡以下的洪河。

【译文】

汝水往南注入淮水。

入淮处就是所谓汝口，水边有汝口戍，位于淮水和汝水的汇流处。

卷二十二

颍水　洧水　潩水　潧水　渠沙水

【题解】

卷二十二记载了五条河流。颍水即今颍河，至今仍是淮河的最大支流之一，独流入淮。《水经》说它"又东南至慎县东，南入于淮"。三国魏慎县属南郡，在今安徽颍上以北。《注》文说："颍水又东南迳蛱蟟郭东，俗谓之郑城矣。又东南入于淮。"这个郑城，就在今安徽颍上附近。

这一卷的另外三水，即洧水、潩水和潧水。其中潩水和洧水都是颍水的支流，而潧水则是洧水的支流。洧水即今河南的双洎河，在彭店以东注入贾鲁河，但从洧川到彭店一段，雨季有水，干季枯水，形成一种季节河的现象。潩水今称潩河，在安徽境内的逍遥镇附近汇合清流河而成为颍河的一支。潧水是条很小的支流，由于历史上这个地区河流泛滥袭夺现象频繁，现在已找不到这条河流。其实，《水经注》的《经》文和《注》文对此河说法就不相同，以后的郦学家如清全祖望等，也都弄不清这条河流。

渠是淮河的另一条支流，这条河流很有一些问题。武英殿本《水经注》在卷首目录中只用一个"渠"字，但在卷二十二标题中，"渠"字下又用小一号字加"沙水"二字。总目录与分卷目录不统一，殿本仅此一处。

赵一清《水经注释》称为"渠水"。朱谋㙔《水经注笺》总目录和分卷标题都没有此水名称,但卷内紧接濄水之后仍叙此水并无缺漏。杨守敬、熊会贞《水经注疏》的总目录和分卷标题都作"沙渠水"。从不同版本之间的差异和武英殿本《水经注》在总目录和分卷标题之间的差异来看,说明这条河流比较复杂。有人认为殿本总目录作"渠",这是受《水经》的影响,因为《水经》第一句就作"渠出荥阳北河,东南过中牟县之北",并无"渠水"或"沙渠水"字样。但有人则认为《经》文原为"蒗荡(亦作狼汤,殿本作蒗荡)渠出荥阳北河",传钞时脱去"蒗荡"二字。《水经注释》作"渠水",是因为郦道元在《注》文中使用此名。《注》文开头在引用了《风俗通》的"渠者,水所居也"以后,接着就称,"渠水自河与济乱流",此后一直称"渠水",不称"渠"。武英殿本《水经注》卷二十二标题在"渠"字下用小一号字加上"沙水"二字,则是因为在《经》文"又东至浚仪县"下,《注》文在最后揭出了"沙水"这个名称,《注》文说:"新沟又东北流迳牛首乡北,谓之牛建城。又东北注渠,即沙水也。"从此以后,《注》文再不提渠水,只说沙水,直到最后说:"沙水东流注于淮,谓之沙汭。"由于这条河流名称多,历来变化也多,所以比较复杂。此河实为古代鸿沟,后称蒗荡渠,又称沙水,又称蔡水,总之是古代沟通黄河和淮河之间的一片水系。现在河道变迁,已经找不到这些河流了。因多本均作《渠沙水》,故此本不从武英殿本《水经注》,而作《渠沙水》。

颍水

颍水出颍川阳城县西北少室山[①],

秦始皇十七年灭韩[②],以其地为颍川郡,盖因水以著称者也。汉高帝二年,以为韩国[③],王莽之左队也。《山海经》曰:颍水出少室山。《地理志》曰:出阳城县阳乾山[④]。今颍水有三源奇发,右水出阳乾山之颍谷[⑤]。《春秋》颍考叔为其封人⑥。其水东北流。中水导源少室通阜⑦，东南流迳负黍亭东⑧。《春秋·定公六年》⑨，郑伐冯、滑、负黍者也⑩。冯敬通《显志赋》曰⑪：求善卷之所在⑫，遇许由于负黍⑬。京相璠曰⑭：负黍在颍川阳城县西南二十七里，世谓之黄城也。亦或谓是水为瀮水⑮，东与右水合。左水出少室南溪，东合颍水。故作者互举二山，言水所发也。《吕氏春秋》曰：卞随耻受汤让，自投此水而死⑯。张显《逸民传》、嵇叔夜《高士传》并言投泂水而死⑰。未知其孰是也。

【注释】

①颍水：淮河支流。源出河南登封嵩山西南，东南流到周口，纳沙河、贾鲁河，至安徽寿县正阳关入淮河。颍川：即颍川郡。战国秦王政十七年（前230）置。治所在阳翟县（今河南禹州）。西汉高帝五年（前202）改为韩国。六年（前201）复为颍川郡。三国魏黄初二年（221）徙治许昌县（今河南许昌东三十六里古城）。阳城县：秦置，属颍川郡。治所即今河南登封东南二十四里告成镇。少室山：在今河南登封西北。

②秦始皇十七年：前230年。韩：战国七雄之一。领有今河南中部和山西东南部。

③汉高帝二年，以为韩国：《水经注疏》杨守敬按："《汉志》颍川郡，高帝五年为韩国，六年复故。考《史记·高祖纪》五年，立韩王信为韩王，都阳翟（今河南禹州），六年，徙太原。《信传》同。此二年为五年之误，无疑。"汉高帝五年，前202年。译文从之。

④阳乾山：《水经注疏》杨守敬按："《元和志》，阳乾山在颍阳县（今河南许昌）东二十五里，颍水一源出此。"

⑤颍谷：春秋郑地。在今河南登封西南。

⑥颍考叔：春秋时郑国大夫。官为封人，以孝闻。封人：官名。司徒的属官。主管修筑王社的土坛和短墙，在王畿边界植树封疆，并掌诸侯的封疆及营建都邑的封域诸事务。春秋时郑、楚、宋、卫等国均置。

⑦中水：《水经注疏》杨守敬按："此水在三源之口，为出少室之西源。今水出登封（今河南登封）西。"

⑧负黍亭：在今河南登封西南。

⑨定公六年：前504年。

⑩郑：周诸侯国名。在今河南新郑一带。冯：春秋周邑。在今河南荥阳西。滑：一名费滑。周封地，姬姓。原都于今河南睢县西北。后徙都于费（今河南偃师东南府店镇北二里）。负黍：春秋周邑。在今河南登封西南。

⑪冯敬通《显志赋》：冯敬通，即冯衍，字敬通。东汉京兆杜陵（今陕西西安）人。后闭门不与亲故通，退而作文自论。其《显志赋》自叙家世及志节。全文见于《后汉书·冯衍传》。

⑫善卷：武陵人，居枉渚。唐尧听说其得道，北面师之。尧死，舜以天下让善卷，善卷不受而去。

⑬许由：一作许繇，字武仲。古史传说中隐士。相传尧到晚年，欲让位给他，他坚辞不受，逃隐于中岳颍水之阳、箕山之下。后尧又欲召他为九州长，他不但不肯出山，还以闻此言为耻，特至颍水边洗耳。据说死后葬于箕山。

⑭京相璠：西晋地理学者裴秀的门客。撰有《春秋土地名》三卷。

⑮灈（yīn）水：颍水东至临颍西又别出为大灈水、小灈水。大灈水东南至郾城合汝水，又自汝别出东至商水县入颍水。合汝以上久湮，别汝东出一段即今沙河。小灈水在大灈水之北，久湮。

⑯卞随耻受汤让，自投此水而死：按，以上语见《吕氏春秋·离俗览》。相传商汤将讨伐夏桀，曾和卞随商量，卞随拒不回答。汤战

胜夏桀后，要让天下给卞随，卞随认为受到污辱，自投稠水（一说颖水）而死。卞随，古隐士。

⑰《逸民传》：书名。晋张显撰。二卷。记晋以前隐士事迹。《高士传》：书名。一作《圣贤高士传》。三国魏嵇康撰。为上古以来高士所作传赞。洇（yǐng）水：即颖水。洇，通"颖"。

【译文】

颖水

颖水发源于颖川郡阳城县西北方的少室山，

秦始皇十七年灭了韩国，在那里设置颖川郡，是以水来命名的。汉高帝五年，立为韩国，王莽时改名为左队。《山海经》说：颖水发源于少室山。《地理志》说：发源于阳城县阳乾山。颖水由三个源头涌出，右边的一条发源于阳乾山的颖谷。《春秋》记载，颖考叔任颖谷封人之职。水往东北流。中间一条发源于少室山的通阜，往东南流经负黍亭东边。《春秋·定公六年》，郑国攻打冯、滑、负黍等地。冯敬通《显志赋》说：寻求高士善卷所在的地方，在负黍遇到许由。京相璠说：负黍在颖川郡阳城县西南二十七里，世人称之为黄城。也有人称这条水为瀔水，东流与右边那条水汇合。左边的一条发源于少室山的南溪，东流与颖水汇合。因此，各家作者在提到颖水的发源地时，都互举上述这两座山。《吕氏春秋》说：卞随以接受汤的让位为耻，自投颖水而死。张显《逸民传》、嵇叔夜《高士传》都说卞随投洇水而死。不知道哪种说法正确。

东南过其县南，

颖水又东，五渡水注之①。其水导源窑高县东北太室东溪②。县，汉武帝置，以奉太室山，俗谓之崧阳城。及春夏雨泛，水自山顶而迭相灌澍③，崿流相承④，为二十八浦也⑤。昒旱辍津⑥，而石潭不耗，道路游憩者，惟得餐饮而已，无敢澡盥其中⑦，苟不如法，必数日不豫⑧，是以行者惮之。山下大潭，周数里，而清深肃洁。水中有立石，高十余丈，广二十许步，上甚平整。缁素之士⑨，多泛舟升陟⑩，取畅幽情。其水东南迳阳城西，石溜萦委⑪，溯者五涉，故亦谓之五渡水。东南流入颍水。

【注释】

①五渡水：颍水上游的一条支流。在今河南登封东南。因"溯者王涉"（行路之人要渡河五次）而得名。

②崈（chóng）高县：一作崇高县。西汉武帝置，属颍川郡。治所即今河南登封。下文的"嵩阳城"亦指此处。太室：即太室山。嵩山之东部。在今河南登封北。

③灌澍（zhù）：灌注，倾泻。澍，通"注"。灌注。

④崿（è）：向水中突出的山嘴或山体。

⑤浦（pǔ）：水湾。

⑥旸（yáng）旱：晴朗干旱。旸，晴天。

⑦澡盥：洗澡洗手。

⑧不豫：身体不适。豫，舒适。

⑨缁素之二：指僧人和俗士。

⑩升陟：攀登。

⑪石溜：从岩石中穿过的溪流。萦委：回旋曲折。

【译文】

颍水往东南流过阳城县南，

颍水又往东流　五渡水注入。五渡水发源于崈高县东北的太室山东溪。崈高县是汉武帝时为奉祀太室山而设置的，俗称嵩阳城。每逢春夏多雨时，一条又一条的山泉从山顶流泻而下，流经一道道向河中突出的山嘴，形成二十八个水湾。干旱季节山涧溪流断水，但石潭仍不干涸，过路行人游客在此歇息,只能舀点水喝罢了,没有人敢在潭水中洗澡或洗手,如果有人不遵守这个规矩,一定有好几天不得安宁,因此行人都有点畏惧。山下有个大潭,周围数里,潭水清深洁净。水中有一块屹立的巨石,高十余丈,宽广二十来步,顶端非常平整。僧俗人士常划船到那里,爬到顶岩上,情怀为之一畅。五渡水往东南流经阳城西边,石涧萦回曲折,过往行人要渡河五次,因此也叫五渡水。水往东南流,注入颍水。

颍水迳其县故城南,昔舜禅禹,禹避商均①,伯益避启②,并于此也。亦周公以土圭测日景处③。汉成帝永始元年④,封赵临为侯国也⑤。县南对箕山⑥,山上有许由冢,尧所封也⑦。故太史公曰:余登箕山,其上有许由墓焉。山下有牵牛墟。侧颍水有犊泉,是巢父还牛处也⑧,石上犊迹存焉。又有许由庙,碑阙尚存⑨,是汉颍川太守朱宠所立⑩。

【注释】

①商均:舜与女英之子。相传舜以商均不肖,乃使伯禹继位。商均常与尧子丹朱并用为不肖子之典实。

②伯益:又称伯翳。擅长畜牧和狩猎,被舜任为虞官。相传助禹治水有功,禹欲让位于益。禹死,禹子启继承王位,伯益避居箕山之北。

③周公:指周公旦。姓姬名旦,亦称叔旦。周文王姬昌之子,周武王姬发之弟。辅佐武王灭商纣王。成王即位,周公摄政。平定武庚、管叔、蔡叔之叛乱。营洛邑为东都,天下大治。土圭:古代用以测日影、正四时和测度土地的器具。

④永始元年:前16年。永始,西汉成帝刘骜(ào)的年号(前16—前13)。

⑤赵临:汉成帝皇后赵飞燕之父。成帝欲立赵飞燕为皇后,因飞燕

　　出身低微，故先封其父为成阳侯。

⑥箕山：在今河南登封东南。

⑦封：积土为坟墓。

⑧巢父：传说为尧时隐士。隐居山中，不求世利，以树为巢，睡寝其
　　上，故名"巢父"。相传尧曾任许由为九州长，许由恶闻其声，遂至
　　颍水边洗耳。恰巢父牵犊饮水于此，不欲世俗名利污其犊口，牵
　　犊上游饮之。

⑨碑阙：古代坟墓前两旁的巨柱，多用石雕成。

⑩朱宠：字仲威。东汉京兆（今陕西西安）人。少从经学大师桓郁研
　　习儒学，尤精《欧阳尚书》。曾任颍川太守，有政绩。

【译文】

　　颍水流经崈高县旧城南边，从前舜让位给禹，禹避让商均，伯益又避让启，都是在这里。这里也是周公用土圭测日影的地方。汉成帝永始元年，把这地方封给赵临，立为侯国。县城南对箕山，山上有许由墓，是尧时筑的。因此太史公说：我登箕山，山上有许由墓。山下有牵牛墟。在颍水旁有一条犊泉，是巢父带牛返回的地方，岩石上牛的足迹还在。还有许由庙，石碑墓阙都还在，是汉朝颍川太守朱宠建立的。

　　颍水迳其北，东与龙渊水合①。其水导源龙渊，东南流迳阳城北，又东南入于颍。

【注释】

①龙渊水：《水经注疏》熊会贞按："今有水出登封（今河南登封）东
　　北之黑龙潭，东南流至县东南入颍，即此水也。"

【译文】

　　颍水流经城北，东流与龙渊水汇合。龙渊水发源于龙渊，往东南流经阳城北边，又往东南注入颍水。

颍水又东，平洛溪水注之①。水发玉女台下平洛涧，世谓之平洛水。吕忱所谓勺水出阳城山②，盖斯水也。又东南流，注于颍。

【注释】

①平洛溪水：《水经注疏》熊会贞按："石淙水即平洛水。水出今登封（今河南登封）东北。"

②吕忱：字伯雍。任城（今山东济宁东南）人。晋文字学家，官义阳王典祠令。撰《字林》七卷。勺水：《水经注疏》熊会贞按："《集韵》，汐，水名，出阳城山。一曰，海潮汐池也。据一曰之文，足征字确作汐。然则吕忱当本作汐。今《注》作勺，乃汐、勺形近致讹耳"阳城山：俗名车岭山。在今河南登封东北。

【译文】

颍水又东流，平洛溪水注入。平洛溪水发源于玉女台下的平洛涧，世人称之为平洛水。吕忱所说的勺水发源于阳城山，就是这条水。平洛溪水又往东南流，注入颍水。

颍水又东出阳关①，历康城南②。魏明帝封尚书右仆射卫臻为康乡侯③，此即臻封邑也。

【注释】

①阳关：当为"阳城关"之讹。《水经注疏》杨守敬按："《地形志》，阳城郡康城县有阳城关，与此同。……在今登封县（今河南登封）东南。"译文从之。

②康城：在今河南禹州西北三十五里康城村。

③尚书右仆射（yè）：官名。尚书台副长官。东汉时为尚书令之副职，

尚书令缺则奏下众事。献帝建安四年（199）仆射分左、右。卫臻：
字公振。陈留襄邑（今河南睢县）人。三国时魏大臣。魏明帝即位，
进封其为康乡侯。

【译文】

颍水又往东流出阳城关，流经康城南边。魏明帝封尚书右仆射卫臻
为康乡侯，这里就是他的封邑。

又东南过阳翟县北①，

颍水东南流迳阳关聚②，聚夹水相对，俗谓之东、西二
土城也。

【注释】

①阳翟县：战国韩置。秦始皇十七年（前230）属秦，为颍川郡治。
治所即今河南禹州。

②阳关聚：在今河南禹州西北。

【译文】

颍水又往东南流过阳翟县北边，

颍水往东南流经阳关聚，阳关聚夹水相对，俗称东土城和西土城。

颍水又迳上棘城西①，又屈迳其城南。《春秋左传·襄
公十八年》②，楚师伐郑，城上棘以涉颍者也。县西有故堰③，
堰石崩褫④，颓基尚存⑤，旧遏颍水枝流所出也。其故渎东南
迳三封山北⑥。今无水。渠中又有泉流出焉，时人谓之㠏水⑦，
东迳三封山东，东南历大陵西连山，亦曰启筮亭⑧。启享神
于大陵之上，即钧台也⑨。《春秋左传》曰：夏启有钧台之飨
是也⑩。杜预曰：河南阳翟县南有钧台⑪。其水又东南流，水

积为陂,陂方十里,俗谓之钧台陂^⑫,盖陂指台取名也^⑬。又西南流迳夏亭城西^⑭,又屈而东南为郏之靡陂^⑮。

【注释】

①上棘城:春秋郑邑。在今河南禹州西北。

②襄公十八年:前555年。

③堰:较低的挡水构筑物,作用是提高上游水位,便利灌溉和航运。

④崩褫(chǐ):崩塌,毁坏。褫,脱落,毁坏。

⑤颓基:颓败的基址。

⑥三封山:《水经注疏》熊会贞按:"《一统志》,上有三峰,亦名三峰山。在今禹州(今河南禹州)西南二十里。"

⑦峿(yú)水:《水经注疏》熊会贞按:"《名胜志》,三封山峰岭泉出,时人谓之峿水。《一统志》,山有二泉分流,疑即此水。"

⑧东南历大陵西连山,亦曰启筮亭:陈桥驿按,孙诒让《札迻》卷三云:"案此文'连山亦曰启筮亭'七字有误。考《御览》八十二引《归藏易》云:昔夏后启筮享神于大陵而上钧台枚占,皋陶曰不吉。此文疑当作《连山易》曰:启筮享神于大陵之上。盖《连山》《归藏》两《易》皆有此文,抑或本出《归藏》,郦氏误忆为《连山》,'启筮亭'三字又涉下'启筮享'而衍,文字传讹,构虚成实,遂若此地有山名连、亭名启筮者。不知郦意,但引《连山易》以释大陵耳。安得陵之外,别有山与亭乎?"杨、熊《水经注疏》作"东南历大陵西,《归藏易》曰:启筮享神于大陵之上,即钧台也"。启筮亭,《水经注疏》杨守敬按:"在今禹州南。"

⑨钧台:一名夏台。在今河南禹州南。

⑩夏启有钧台之飨:启即位而飨宴诸侯于钧台。

⑪河南:即河南郡。汉高祖二年(前205)改河南国置。治所在洛阳县(今河南洛阳东北汉魏故城)。东汉、三国魏、西晋、北魏建都于

洛阳，置尹。

⑫钧台陂：当在今河南禹州一带。《水经注疏》熊会贞按："《寰宇记》引《晋地道记》，钧台下有陂，俗谓之钧台陂。"

⑬指：依凭，凭借。

⑭夏亭城：在今河南郏县东。

⑮郏（jiá）：即郏县。秦置，属颍川郡。治所即今河南郏县。西晋属襄城郡。靡陂：又作摩陂。当在今河南郏县一带。

【译文】

颍水又流经上棘城西边，又绕到城南。《春秋左传·襄公十八年》，楚国军队攻打郑国，修筑了上棘城，以便渡过颍水。县西有旧堰，堰石已崩毁，但残破的堰基还在，从前这道堤堰是拦截颍水支流分出处。旧水道往东南通过三封山北边，今天已无水了。渠道中又有泉流涌出，当时人们称之为䂀水，往东流经三封山东边，往东南流经大陵西面的连山，又称启筮亭。启在大陵上祭神，那就是钧台。《春秋左传》说：启即位而飨宴诸侯于钧台。杜预说：河南阳翟县有钧台。水往东南流，水流积聚成陂塘，方圆十里，俗称钧台陂，就是以台来取名的。又往西南流经夏亭城西边，又拐弯转向东南，形成郏县的靡陂。

颍水自堨东迳阳翟县故城北①，夏禹始封于此为夏国，故武王至周曰②：吾其有夏之居乎？遂营洛邑③。徐广曰：河南阳城、阳翟，则夏地也。《春秋经》书④：秋，郑伯突入于栎⑤。《左传·桓公十五年》⑥，突杀檀伯而居之。服虔曰⑦：檀伯，郑守栎大夫；栎，郑之大都。宋忠曰⑧：今阳翟也。周末，韩景侯自新郑徙都之⑨。王隐曰⑩：阳翟，本栎也，故颍川郡治也。城西有郭奉孝碑⑪，侧水有九山祠碑⑫。丛柏犹茂，北枕川流也⑬。

【注释】

①堨(è)：拦水的堰坝。

②周：此指镐京。在今陕西西安长安区西北镐京村附近。

③洛邑：故址在今河南洛阳附近。

④《春秋经》：书名。即指《春秋》。相传为孔子据鲁史修订而成。记载鲁隐公元年（前722）至鲁哀公十四年（前481），凡十二君、二百四十二年的历史。叙事简略，后世有《左氏传》《穀梁传》与《公羊传》为之解释补充，合称《春秋》三传。

⑤郑伯突：即郑厉公。郑庄公之子。栎(lì)：春秋郑别都。为公子元（郑厉公）食邑。在今河南禹州。

⑥桓公十五年：前697年。

⑦服虔：字子慎，初名重，又名祇。河南荥阳（今河南荥阳）人。东汉经学家。

⑧宋忠：字仲子。南阳章陵（今湖北枣阳）人。东汉末年大儒。建安中，荆州牧刘表立学官，以忠等撰《五经章句》。王肃、尹默、李撰等先后从之受学。有《周易注》十卷，亡佚。

⑨韩景侯：名虔，一说名处。战国时韩国国君。韩武子之子。执政期间，国势渐强，与郑屡有战事。

⑩王隐：字处叔。陈郡陈（今河南周口淮阳区）人。东晋史学家。撰《晋书》，今佚。

⑪郭奉孝：即郭嘉，字奉孝。颍川阳翟（今河南禹州）人。先见袁绍，后归曹操，深得器重。曹操听从郭嘉之计，遂擒吕布。官渡之战前，郭嘉分析袁、曹双方条件，料定袁绍必败。北征三郡乌丸，还后病卒。

⑫九山祠碑：《水经注疏》杨守敬按："《地形志》，阳翟有九山祠，《隋志》同。《一统志》，山在禹州西南二十五里。依《注》叙城西有郭奉孝碑，后接叙此山，并云北枕川流，当在今州西颍水南。"

⑬枕：临近，靠近。

【译文】

颍水从堰坝往东流经阳翟县旧城北边，夏禹最初封在这里，称夏国，所以武王到周时说：我已经占有夏人居住的地方了吧？于是就开始营建洛邑。徐广说：河南阳城、阳翟是夏的地方。《春秋经》记载：秋天，郑伯突进入栎。《左传·桓公十五年》：突杀了檀柏，就在栎居住下来。服虔说：檀柏是郑国守卫栎的大夫，栎是郑国的大都。宋忠说：栎就是今天的阳翟。周朝末年，韩景侯自新郑迁都到这里。王隐说：阳翟原来是栎的地方，是旧时颍川郡的治所。城西有郭奉孝碑，水旁有九山祠碑。柏树丛林还很茂密，北面紧靠川流。

又东南过颍阳县西①**，又东南过颍阴县西南**②**，**

应劭曰：县在颍水之阳③，故邑氏之④。按《东观汉记》⑤，汉封车骑将军马防为侯国⑥。防，城门校尉⑦，位在九卿上⑧，绝席⑨。

【注释】

①颍阳县：秦置，属颍川郡。治所在今河南许昌西南。

②颍阴县：秦置，属颍川郡。治所在今河南许昌。

③颍水之阳：颍水的北面。阳，古人以山南水北为阳。

④氏：取名。

⑤《东观汉记》：书名。又名《东观记》。东汉班固、刘珍等人以纪传体撰写的一部记载东汉历史的史书。记事起于光武帝，终于灵帝。

⑥车骑将军：官名。典京师兵卫，掌宫卫。马防：字江平。马援之子。为人小心周密。与弟光俱为黄门侍郎。建初二年（77），拜行车骑将军事，率兵平定西羌。还拜车骑将军，封颍阳侯。

⑦城门校尉：官名。西汉始置，东汉因之。掌京师城门屯兵及启闭，

下属有司马、十二城门候。

⑧九卿：古代中央政府的九个高级官职。历代多设九卿。各朝的名
　　称、司职略有不同。汉以太常、光禄勋、卫尉、太仆、廷尉、大鸿胪、
　　宗正、大司农、少府为九寺（即九卿）。

⑨绝席：分席而坐，以示尊贵。

【译文】

颍水又往东南流过颍阳县西边，又往东南流过颍阴县西南，
应劭说：县城在颍水之阳，因此以颍阳作为县名。根据《东观汉记》，
汉朝时把这里封给车骑将军马防，立为侯国。马防当城门校尉，地位在
九卿之上，不与人同席。

颍水又南迳颍乡城西①，颍阴县故城在东北，旧许昌典
农都尉治也②，后改为县，魏明帝封侍中辛毗为侯国也③。

【注释】

①颍乡城：《水经注疏》杨守敬按："《地形志》，襄城郡繁昌有颍乡城。
　　在今许州（今河南许昌）西南。"

②许昌：即许昌县。三国魏黄初二年（221）改许县置，为颍川郡治。
　　治所在今河南许昌东三十六里古城。典农都尉：官名。三国魏、
　　吴屯田区农官。魏时属典农中郎将之下，其地位和县令相等。掌
　　管屯田生产、民政和田租。

③辛毗（pí）：字佐治。颍川阳翟（今河南禹州）人。先从袁绍，后归
　　曹操，为丞相长史。魏明帝即位后，进封其为颍乡侯。

【译文】

颍水又往南流经颍乡城西边，颍阴县旧城在东北，过去是许昌典农
都尉的治所，后来改为县，魏明帝时把这地方封给侍中辛毗，立为侯国。

颍水又东南迳柏祠曲东①,历冈丘城南②,故汾丘城也。《春秋左传·襄公十八年》③,楚子庚治兵于汾④。司马彪曰:襄城县有汾丘⑤。杜预曰:在襄城县之东北也。迳繁昌故县北⑥,曲蠡之繁阳亭也⑦。《魏书·国志》曰⑧:文帝以汉献帝延康元年⑨,行至曲蠡,登坛受禅于是地⑩,改元黄初⑪。其年,以颍阴之繁阳亭为繁昌县。城内有三台,时人谓之繁昌台。坛前有二碑,昔魏文帝受禅于此,自坛而降曰:舜、禹之事,吾知之矣。故其石铭曰:遂于繁昌筑灵坛也⑫。于后其碑六字生金,论者以为司马金行⑬,故曹氏六世迁魏而事晋也⑭。

【注释】

①柏祠曲:《水经注疏》熊会贞按:"当在今襄城县(今河南襄城)东北。"

②冈丘城:《水经注疏》杨守敬按:"在襄城县东北,即今县东北。"

③襄公十八年:前555年。

④子庚:即公子午。楚令尹。汾:春秋战国楚邑。在今河南襄城东北三十里颍水南岸汾陈乡。

⑤襄城县:战国楚置。楚怀王二十九年(前300)归秦,属颍川郡。治所在今河南襄城。汉仍属颍川郡。西晋为襄城郡治。

⑥繁昌:即繁昌县。三国魏黄初元年(220)置,属颍川郡。治所即今河南临颍西北二十八里繁城回族镇。

⑦曲蠡(lǐ):即颍阴县。繁阳亭:今为繁城镇,位于许昌西南的临颍、许昌、襄城三县交界处。

⑧《魏书·国志》:这里指《三国志·魏书·文帝纪》。

⑨文帝:即曹操第二子曹丕。字子桓。延康元年:220年。延康:东汉献帝刘协的年号,仅一年。

⑩受禅:此指曹丕接受汉献帝禅让帝位。

⑪黄初：三国魏文帝曹丕的年号（220—226）。

⑫灵坛：祭祀的高台。

⑬司马金行：即司马氏五行属金。古代哲学家在五行学说中用五行相胜来比附王朝的兴替。认为每一个朝代都代表五行中的一德（性质），循环往复，终而复始。

⑭曹氏六世：指魏武帝、文帝、明帝、齐王芳、高贵乡公、陈留王奂六代。

【译文】

　　颍水又往东南流经柏祠曲东边，流过冈丘城南，这就是过去的汾丘城。《春秋左传·襄公十八年》，楚子庚在汾练兵。司马彪说：襄城县有汾丘。杜预说：汾在襄城县东北。颍水流经繁昌旧县城北边，就是曲蠡的繁阳亭。《三国志·魏书·文帝纪》说：文帝在汉献帝延康元年巡行到曲蠡，在此地登坛接受了帝位，改元黄初。同年，把颍阴的繁阳亭改为繁昌县。城里有三座台，当时人称之为繁昌台。坛前有两块石碑，当年魏文帝在此受禅，从坛上走下来说：舜、禹的事情我知道了。所以石碑上的铭文说：于是就在繁昌修筑了灵坛。后来石碑上的六个字长了金，评论者认为司马氏五行属金，所以曹氏六世而魏亡晋立。

　　颍水又东南流迳青陵亭城北①，北对青陵陂②，陂纵广二十里，颍水迳其北，枝入为陂。陂西则潩水注之③。水出襄城县之邑城下，东流注于陂。陂水又东入临颍县之狼陂④。

【注释】

①青陵亭城：《水经注疏》熊会贞按："《方舆纪要》，青陵城在郾城（今河南漯河市郾城区）西南三十里。"

②青陵陂：《水经注疏》熊会贞按："即青陵城北之陂也，当在今临颍县（今河南临颍）西。"

③漷（kuò）水：《水经注疏》熊会贞按："《一统志》，漷水在临颍县西。
　　盖旧自今襄城县（今河南襄城）东，东南流至临颍西入陂。"

④临颍县：西汉置，属颍川郡。治所在今河南临颍北十四里固厢乡。
　　狼陂：《水经注疏》熊会贞按："当在今临颍县西南。"

【译文】

　　颍水又往东南流经青陵亭城北边，此城北对青陵陂，陂塘南北宽二十里，颍水流经陂北，支流注入成为陂塘。陂西有漷水注入。漷水发源于襄城县的邑城下，东流注入陂中。陂水又往东流，注入临颍县的狼陂。

　　颍水又东南流而历临颍县也。

【译文】

　　颍水又往东南流经临颍县。

　　又东南过临颍县南，又东南过汝南㶏强县北①，洧水从河南密县东流注之②。

　　临颍，旧县也。颍水自县西注，小㶏水出焉③。《尔雅》曰：颍别为沙④。郭景纯曰⑤：皆大水溢出，别为小水之名也，亦犹江别为沱也⑥。

【注释】

①汝南：即汝南郡。西汉高帝四年（前203）置。治所在上蔡县（今河南上蔡西南）。东汉徙治平舆县（今河南平舆北）。三国魏徙治新息（即今河南息县）。㶏（yīn）强县：西汉置，属汝南郡。东汉改为侯国。治所在今河南临颍东。

②洧（wěi）水：即今河南双洎河。源出今河南登封东阳城山，东流

至西华西入颍水。密县：西汉置，属河南郡。治所在今河南新密
东南三十里。

③小滧水：当在今河南临颍一带。《水经注疏》杨守敬按："郦引《尔
雅》于此，是小滧水即沙水矣。"

④颍别为沙：《尔雅·释水》："颍为沙。汝为濆。"《水经注疏》杨守
敬按："此《释水》文，无'别'字，郦以意增。"

⑤郭景纯：即郭璞，字景纯。东晋河东闻喜（今山西闻喜）人。所注《尔
雅》《方言》《山海经》等皆流传至今。

⑥江：即长江。沱：即沱水。有两条：一条在今四川成都郫都区西南，
为古郫江之前身；另一条在今四川汶川西，相当于今杂谷脑河。

【译文】

颍水又往东南流过临颍县南边，又往东南流过汝南郡滧强
县北边，洧水从河南郡密县东流注入。

临颍是个旧县。颍水从县西注入，小滧水从这里流出。《尔雅》说：
颍水分支为沙水。郭景纯说：都是大河溢出，分为小支流的名称，也正如
长江分支成为沱水一样。

颍水又东南迳皋城北①，即古皋城亭矣②。《春秋经》书，
公及诸侯盟于皋鼬者也③。皋、泽字相似，名与字乖耳。

【注释】

①皋城：一作泽城。当在今河南临颍南。

②古皋城亭：《水经注疏》杨守敬按："在今临颍县（今河南临颍）南。"

③皋鼬（yòu）：春秋郑邑。在今河南临颍南。

【译文】

颍水又往东南流经皋城北边，就是古时的皋城亭。《春秋经》记载，
定公和诸侯会盟于皋鼬。皋、泽字形相似，因而造成了名与字不相一致。

颍水又东迳灅阳城南[1]。《竹书纪年》曰:孙何取灅阳[2]。灅强城在东北,颍水不得迳其北也。

【注释】

①灅阳城:战国韩邑。在今河南漯河市召陵区东北。

②孙何取灅阳:《水经注疏》杨守敬按:“此事于史无考。”

【译文】

颍水又往东流经灅阳城南边。《竹书纪年》说:孙何攻取灅阳。灅强城在东北,颍水是不可能流经此城以北的。

颍水又东南,漠水入焉[1],非洧水也。

【注释】

①漠(yì)水:又名浍河、艾城河。颍水支流。源出今河南新密东南大騩(guī)山,东南流经新郑、长葛、许昌等地,至临颍县入颍。

【译文】

颍水又往东南流,漠水注入,并非洧水。

又东过西华县北[1],

王莽更名之曰华望也。有东[2],故言西矣。世祖光武皇帝建武中[3],封邓晨为侯国[4]。汉济北戴封[5],字平仲,为西华令,遇天旱,慨治功无感,乃积柴坐其上以自焚,火起而大雨暴至,远近叹服。永元十三年[6],征太常焉[7]。县北有习阳城[8],颍水迳其南,《经》所谓洧水流注之也。

【注释】

①西华县:西汉置,属汝南郡。治所在今河南西华南。

②有东：有东华城。《水经注疏》杨守敬按："东华城见《渠水》篇。"
　　熊会贞按："此城当在今太康县（今河南太康）之西南，淮宁县（今
　　河南周口淮阳区）之西北。"

③建武：东汉光武帝刘秀的年号（25—56）。

④邓晨：字伟卿。南阳新野（今河南新野）人。东汉官吏。初娶光武
　　帝刘秀姊刘元。更始立，以邓晨为偏将军。邓晨与光武略地颍川，
　　夜出昆阳城，击破王寻、王邑。建武十九年（43）封西华侯。

⑤戴封：字平仲。济北刚县（治今山东宁阳东北三十五里堽城坝）人。
　　东汉官吏，在任有治绩。

⑥永元十三年：101年。永元，东汉和帝刘肇的年号（89—105）。

⑦太常：官名。周时称宗伯。秦改称为奉常。汉景帝时更名太常，
　　为九卿之一。掌管宗庙礼乐及文化教育的官员。

⑧习阳城：《水经注疏》熊会贞按："《地形志》，长平有习阳城。在今
　　西华县（今河南西华）西南十里，俗名石羊集。"

【译文】

颍水又往东流过西华县北边，

　　西华县，王莽改名为华望。因为有东华，所以此城称西华。世祖光
武帝建武年间，把这地方封给邓晨，立为侯国。汉朝济北戴封，字平仲，
任西华县县令，有一年天大旱，他慨叹自己政绩平庸，没有感动上天，就
堆起柴垛，坐在上面自焚，火点燃后暴雨骤降，远近都赞叹佩服他。永元
十三年，他被朝廷征召担任太常之职。县北有习阳城，颍水流经城南，这
就是《水经》中所说的洧水流注于颍水的地方。

又南过女阳县北①，

　　县故城南有汝水枝流，故县得厥称矣。阚骃曰：本汝水
别流，其后枯竭，号曰死汝水，故其字无水②。余按汝、女乃方
俗之音，故字随读改，未必一如阚氏之说，以穷通损字也。

【注释】

①女阳县：即汝阳县。汉置。治所在今河南商水县西南。

②故其字无水："女"为"汝"字没有"水"旁。

【译文】

颍水又往南流过女阳县北边，

女阳县旧城南边有汝水支流，因此该县得到女阳的县名。阚骃说：这条水原是汝水支流，后来枯竭了，称为死汝水，因而女阳的女字偏旁无水。我查考过，汝、女方言读音相近，所以字也随着读音而改了，未必就像阚氏所说的那样，因水枯不通而削去原字偏旁的。

颍水又东，大𣲷水注之①。又东南迳博阳县故城东②，城在南顿县北四十里③，汉宣帝封邴吉为侯国④。王莽更名乐嘉。

【注释】

①大𣲷水：本源即今河南登封西北颍水三源中之中源。颍水东流至今临颍西又别出为大、小𣲷水。东流者为小𣲷水，东至漯河市郾城区东入大𣲷水；南流者为大𣲷水，南至今漯河市郾城区西入汝水，久湮。

②博阳县故城：即博阳侯国。西汉宣帝封邴吉为侯国，属汝南郡。治所在今河南商水县东。东汉废。

③南顿县：战国秦置，属陈郡。治所即今河南项城西南南顿镇。西汉属汝南郡。

④邴吉：或作丙吉。字少卿。鲁国（今山东曲阜东北二里古城村）人。西汉大臣。治律令，本为鲁狱史。积功劳，稍迁廷尉右监。武帝末，诏治巫蛊狱。曾建议迎立皇曾孙，即汉宣帝。后封博阳侯。

【译文】

颍水又东流，大𣲷水注入。又往东南流过博阳县旧城东边，此城在南顿县以北四十里,汉宣帝把它封给邴吉,立为侯国。王莽改名为乐嘉。

又东南过南顿县北,滶水从西来流注之。

滶水于乐嘉县入颍①,不至于顿②。顿,故顿子国也,周之同姓。《春秋·僖公二十五年》③,楚伐陈,纳顿子于顿是也。俗谓之颍阴城④,非也。

【注释】

①乐嘉县:依前文,当为博阳县故城。

②顿:西周封国。姬姓。国都原在今河南商水县东南,后迫于陈而南迁。在今河南项城西南南顿镇。

③僖公二十五年:前 635 年。

④颍阴城:《水经注疏》杨守敬按:"《地形志》南顿郡,南顿有颍阴城。《括地志》,颍阴故城在南顿县(今河南项城西南南顿镇)西北。……《寰宇记》,颍阴城在南顿县西三十里。"

【译文】

颍水又往东南流过南顿县北边,滶水从西方流来注入。

滶水在乐嘉县注入颍水,并没有流到南顿县。顿,从前是顿子国,与周同姓。《春秋左传·僖公二十五年》,楚国讨伐陈国,把顿子送回到顿去。俗称顿为颍阴城,其实不对。

颍水又东南迳陈县南①,又东南,左会交口者也②。

【注释】

①陈县:春秋楚灭陈国置。秦为陈郡治。治所即今河南周口淮阳区。秦末陈涉称王都此。西汉为淮阳国治。东汉为陈国治。西晋属梁国。

②交口：谷水与颍水的交汇之处。当在今河南周口淮阳区一带。《水
　　经注疏》杨守敬按："盖言两水合流。相交也。"

【译文】

颍水又往东南流经陈县南边，又往东南流，在左侧于交口汇合一条水。

又东南乽新阳县北①，溉蘯渠水从西北来注之②。

《经》云：溉蘯渠者，百尺沟之名别也③。颍水南合交口，
新沟自是东出。颍上有堰，谓之新阳堰④，俗谓之山阳塌，非
也。新沟自颍北东出，县在水北，故应劭曰：县在新水之阳。
今县故城在东，明颍水不出其北，盖《经》误耳。

【注释】

①新阳县：秦置，属陈郡。治所在今安徽界首北光武镇尹城子。西
　　汉属汝南郡。东汉建武三十年（54）改属淮阳郡。永元十一年（99）
　　仍属汝南郡。

②溉蘯渠水：一作狼汤渠，又作溉荡渠、莨汤渠。即战国至秦、汉间
　　之鸿沟。故道自今河南荥阳北广武镇北引黄河水东流，经中牟北，
　　至开封东南。折而南流经通许东、太康西，至周口淮阳区东南流
　　于沈丘北入颍水。魏、晋以后，开封以上河段称汴水，以下河段称
　　蔡水。

③百尺沟：在今河南周口淮阳区东，为沙水下游的别称。

④新阳堰：盖新水首受颍于百尺沟，故堰兼有新阳之名也。

【译文】

颍水又往东南流到新阳县北边，溉蘯渠水从西北流来注入。
《水经》说：溉蘯渠是百尺沟的别名。颍水往南流，汇合交口，新沟从
这里向东分支流出。颍水上有堰，称为新阳堰，俗称山阳塌，是错误的。

新沟从颍水北岸向东流出,新阳县在新沟水以北,所以应劭说:新阳县在新水之阳。今天旧县城在东边,显然颍水不可能流经该县北边,《水经》是搞错了。

颍水自堰东南流,迳项县故城北①。《春秋·僖公十七年》②,鲁灭项是矣③。

【注释】

①项县:秦置,属陈郡。治所即今河南沈丘。西汉属汝南郡。南朝宋为陈郡治。北魏徙治陈城(今河南周口淮阳区)。

②僖公十七年:前643年。

③项:西周封国。姞(jí)姓。即今河南沈丘。

【译文】

颍水从新阳堰往东南流经项县旧城北边。《春秋·僖公十七年》,鲁国灭了项国,就是指这里。

颍水又东,右合谷水①。水上承平乡诸陂②,东北迳南顿县故城南③,侧城东注④。《春秋左传》所谓顿迫于陈而奔楚,自顿徙南,故曰南顿也。今其城在顿南三十余里。又东迳项城中⑤,楚襄王所郭⑥,以为别都⑦。都内西南小城,项县故城也,旧颍州治⑧。谷水迳小城北,又东迳魏豫州刺史贾逵祠北⑨。王隐言⑩,祠在城北。非也。庙在小城东,昔王凌为宣王司马懿所执⑪,届庙而叹曰:贾梁道,王凌魏之忠臣,惟汝有灵知之。遂仰鸩而死⑫。庙前有碑,碑石金生⑬。干宝曰⑭:黄金可采,为晋中兴之瑞。谷水又东流出城,东注颍。

【注释】

①谷水：《水经注疏》熊会贞按："魏有平乡县。在今项城县（今河南项城）西北七十里。谷水承平乡诸陂，则出今项城县西北。今曰濄河，出县西北境平香店，正在其西。"

②平乡：即卫乡县。北魏置，属南顿郡。治所在今河南项城西。

③南顿县：战国秦置，属陈郡。治所即今河南项城西南南顿镇。西汉属汝南郡。

④侧：侧临，临近。

⑤项城：项县县城。项县，秦置，属陈郡。治所即今河南沈丘。西汉属汝南郡，南朝宋为陈郡治。

⑥楚襄王：芈姓，熊氏，名横。战国时期楚国国君。楚怀王之子。郭：古代在城的外围加筑的一道城墙。此作动词用。

⑦别都：旧时在首都以外另设的一个首都。

⑧旧颍州治：当为"旧豫州治"。陈桥驿按，王国维《明抄本水经注跋》（《清华学报》第1期，民国14年6月。又收入于罗振玉编印《海宁王忠悫公遗书》及赵万里、王国华编印《海宁王静安先生遗书》）云：'颍水又东迳项城中，楚襄王所郭以为别都。都内西南小城，项县故城也，旧预州治。案预者，豫之别字，诸本并讹作颍。考项县东汉魏时本属豫叫汝南郡，至后魏孝昌四年始置颍州，不得为项县地，而天平二年置北扬州，乃治项城，是项县故城，当是旧豫州治，不得为后魏颍州治也。且下文云，又东迳刺史贾逵祠，刺史上下著州名，乃承上文旧豫州治言之（《魏志本传》逵为豫州刺史）。则此本作预州是，诸本作颍州者误也。"译文从之。

⑨贾逵：字梁道。河东襄陵（今山西襄汾东北）人。曹丕称帝，历为邺令、魏郡太守、豫州刺史等。

⑩王隐：字处叔。陈郡陈（今河南周口淮阳区）人。东晋史学家。撰《晋书》，今佚。

⑪王凌:字彦云。三国魏太原祁(今山西祁县)人。汉司徒王允侄。初举孝廉,渐迁至中山太守,所在有治,曹操辟为丞相掾属。后司马懿诛曹爽,进王凌为太尉,假节钺。凌阴谋滋甚,被告发,面缚水次,见司马懿。至项,饮药死。

⑫仰鸩(zhèn):饮鸩酒。鸩,传说中的一种毒鸟。以羽浸酒,饮之立死。

⑬金生:即生金。生出黄金。

⑭干宝:字令升。东晋新蔡(今河南新蔡)人。官至著作郎。有感于生死之事,"遂撰集古今神祇灵异人物变化",多采集神话故事和民间传说,撰成《搜神记》。是我国志怪小说的代表作。

【译文】

颍水又东流,右边与谷水汇合。谷水上源承接平乡诸陂,往东北流经南顿县旧城南边,从城旁向东流去。《春秋左传》说,顿受到陈的胁迫而投奔楚国,从顿南迁,所以称南顿。现在此城在顿南三十余里。水又往东流经项县县城中,楚襄王修筑外城,把项城作为别都。都内西南的小城就是项县的旧城,从前是豫州的治所。谷水流经小城北边,又往东流经魏豫州刺史贾逵祠北。王隐说,祠在城北。说得不对。庙在小城东面,从前王凌被宣王司马懿抓住,到了此庙叹息道:贾梁道啊,王凌是魏的忠臣,只有你有灵才知道我啊!于是就饮毒酒而死。庙前有一块石碑,碑石上生出黄金。干宝说:黄金能采下来,这是晋朝中兴的吉祥征兆。谷水又东流出城,往东注入颍水。

颍水又东,侧颍有公路城①,袁术所筑也,故世因以术字名城矣②。

【注释】

①公路城:在今河南沈丘东四里。

②以术字名城：袁术字公路。因此公路城以袁术的字命名。

【译文】

颍水又东流，岸边有公路城，是袁术所筑，所以世人用袁术的字——
公路——来命名。

颍水又东迳临颍城北^①，城临水，阙南面。又东迳云阳
二城间^②，南北翼水^③，并非所具。

【注释】

①临颍：即临颍县。西汉置，属颍川郡。治所在今河南临颍北十四
　里固厢乡。

②云阳二城：《水经注疏》杨守敬按："二城在今沈邱县（今河南沈丘）
　东北。"

③南北翼水：指两城如鸟翼一样在颍水的南北两岸分布。

【译文】

颍水又往东流经临颍城北边，此城濒水，南面没有城墙。又往东流
经云阳两城之间，两城位于颍水南北两岸，城墙都不完全。

又东迳丘头^①，丘头南枕水^②。《魏书·郡国志》曰^③：宣
王军次丘头^④，王凌面缚水次^⑤，故号武丘矣^⑥。

【注释】

①丘头：《水经注疏》杨守敬按："在今沈邱县（今河南沈丘东南五十
　四里老城镇）东北。"

②枕：临近，靠近。

③《魏书·郡国志》：《水经注疏》杨守敬按："此当指陈寿《三国志》。
　观《渠水注》亦载宣王事，称《魏书·国志》，则'郡'字是衍文。"

　　译文从之。

④宣王：即司马懿。次：驻扎。

⑤面缚：手捆绑在身后。

⑥武丘：当在今河南沈丘一带。《水经注疏》杨守敬按："惟《凌传》但云：宣王军到丘头，凌面缚水次，不云改号武丘，或郦氏记忆之误耶？"

【译文】

　　颍水继续往东流经丘头，丘头南面濒水。《三国志·魏书》说：宣王军队驻扎丘头，王凌在颍水旁自缚投降，所以又称武丘。

　　颍水又东南流，于故城北，细水注之①。水上承阳都陂②，陂水枝分，东南出为细水。东迳新阳县故城北，又东南迳宋县故城北③。县，即所谓郪丘者也④，秦伐魏取郪丘，谓是邑矣。汉成帝绥和元年⑤，诏封殷后于沛，以存三统⑥。平帝元始四年⑦，改曰宋公⑧。章帝建初四年⑨，徙邑于此，故号新郪⑩，为宋公国也⑪，王莽之新延矣。细水又南迳细阳县⑫，新沟水注之。沟首受交口，东北迳新阳县故城南。汉高帝六年⑬，封吕青为侯国⑭。王莽更名曰新明也。故应劭曰：县在新水之阳，今无水，故渠旧道而已。东入泽渚而散流入细。细水又东南迳细阳县故城南，王莽更之曰乐庆也。世祖建武中⑮，封岑彭子遵为侯国⑯。细水又东南，积而为陂，谓之次塘⑰，公私引裂⑱，以供田溉⑲。又东南流，屈而西南入颍。《地理志》曰：细水出细阳县⑳，东南入颍。

【注释】

①细水：古沙水（狼汤渠）支津，颍水支流。故道自今河南郸城东，

东南流经安徽太和，至阜阳北入颍水。约当今茨河下游。

②阳都陂：在今河南郸城东。

③宋县：三国魏改宋公国置，属谯郡。治所在今安徽太和北六十里倪丘镇附近。

④郪（qī）丘：又名廪丘、邢丘。战国魏邑。

⑤绥和元年：前8年。绥和，西汉成帝刘骜（ào）的年号（前8—前7）。

⑥三统：指夏、商、周三代的正朔。夏正建寅，以正月为岁首，称为人统；商正建丑，以十二月为岁首，称为地统；周正建子，以十一月为岁首，称为天统。

⑦元始四年：4年。元始，西汉平帝刘衎的年号（1—5）。

⑧宋公：西汉朝廷给殷商后裔的封号。西汉成帝时封殷后人孔吉，一说孔吉之子孔何齐为殷绍嘉侯，以继殷汤之祀。元始四年（4，一说元始二年），晋爵为宋公。

⑨建初四年：79年。建初，东汉章帝刘炟（dá）的年号（76—84）。

⑩新郪：即郪丘。在今安徽太和北六十里倪丘镇附近。西汉改置新郪镇。

⑪宋公国：又名宋国。东汉建初四年（79）改新郪县置，属汝南郡。

⑫细阳县：西汉置，属汝南郡。治所在今安徽太和东南。一说在今阜阳北。

⑬汉高帝六年：前201年。

⑭吕青：秦末人。各地反秦军起，先从项羽。后为楚怀王令尹。汉王五年（前202）归刘邦，任左令尹。高祖六年（前201）封新阳侯。《水经注疏》杨守敬按：“《汉表》‘新阳’作‘阳信’，信、新通，但文误倒。”

⑮建武：东汉光武帝刘秀的年号（25—56）。

⑯岑彭：字君然。南阳棘阳（今河南南阳南）人。王莽时为本县长。后归光武帝刘秀，以为邓禹军师。击秦丰有功，封为舞阴侯。遵：

岑彭的儿子岑遵。岑彭卒，岑遵嗣爵。后徙封细阳侯。

⑰次塘：《水经注疏》熊会贞按："塘当在今太和县（今安徽太和）东南。"

⑱引裂：分引。

⑲细水出细阳县：赵一清《水经注释》："按今《汉志》无是文。"《汉书》颜师古注曰："居细水之阳，故曰细阳。细水出新郪。"

【译文】

颍水又往东南流，在旧城北边，细水注入。细水上游承接阳都陂，陂水分支流出，往东南流的就是细水。细水往东流经新阳县旧城北边，又往东南流经宋县旧城北边。宋县就是所谓郪丘，秦国进攻魏国，夺取了郪丘，说的就是这座城。汉成帝绥和元年，下诏将沛封给殷的后代，以便保存三统。平帝元始四年，改称宋公。章帝建初四年，把封邑迁到这里，因此称新郪，是宋公国，就是王莽时的新延。细水又往南流经细阳县，新沟水在此注入。新沟水上口承接交口，往东北流经新阳县旧城南边。汉高帝六年，把这地方封给吕青，立为侯国。王莽时改名为新明。所以应劭说：新阳县在新水之阳，现在已经无水，只不过还留有旧渠道而已。新沟水往东注入沼泽，然后散流汇入细水。细水又往东南流经细阳县旧城南边，王莽改名为乐庆。世祖建武年间，把这地方封给岑彭的儿子岑遵，立为侯国。细水又往东南流，积水成为陂塘，称为次塘，公田和私田都开渠引水灌溉。细水又往东南流，拐弯转向西南注入颍水。《地理志》说：细水发源于细阳县，往东南注入颍水。

颍水又东南流迳胡城东①，故胡子国也②。《春秋·定公十五年》③，楚灭胡，以胡子豹归是也。杜预《释地》曰：汝阴县西北有胡城也④。

【注释】

①胡城：在今安徽阜阳西北。

②胡子国：胡，西周春秋时国名。胡国国君爵位为子爵，故称胡子国。在今安徽阜阳西北。

③定公十五年：前 495 年。

④汝阴县：战国秦置，属陈郡。治所即今安徽阜阳。西汉改为女阴县，属汝南郡。东汉复为汝阴县。三国魏为汝阴郡治。

【译文】

颍水又往东南流经胡城东边，这里从前是胡子国。《春秋·定公十五年》，楚国灭了胡子国，俘获胡子豹回来。杜预《释地》说：汝阴县西北有胡城。

颍水又东南，汝水枝津注之。水上承汝水别渎于奇洛城东三十里[C]，世谓之大㶉水也。东南迳召陵县故城南②。《春秋左传·僖公四年》③，齐桓公师于召陵，责楚贡不入④，即此处也。城内有大井，径数丈，水至清深。阚骃曰：召者，高也。其地丘墟，井深数丈，故以名焉。又东南迳征羌县⑤，故召陵县之安陵乡安陵亭也⑥。世祖建武十一年⑦，以封中郎将来歙⑧，歙以征定西羌功⑨，故更名征羌也。阚骃引《战国策》以为秦昭王欲易地⑩，谓此，非也。

【注释】

①奇洛城：当为奇頟（é）城。在今河南漯河市郾城区东南。北魏置颍川郡（又称南颍川郡）于此。译文从之。

②召陵县：西汉置，属汝南郡。治所在今河南漯河市召陵区召陵镇。

③僖公四年：前 656 年。

④楚贡：楚地生产菁茅，为荆州应进贡之物。

⑤征羌县：东汉建武十一年（35）置，为侯国，属汝南郡。治所在今

河南漯河市郾城区东南。东汉时，以来歙征定西羌功，故更名安
乡县为征羌县。西晋废。北魏复置。

⑥安陵乡安陵亭：赵一清《水经注释》："《续（汉）志》云：汝南郡，召
陵县有安陵乡，征羌侯国有安陵亭，与郦《注》合。"《水经注疏》
杨守敬按："盖安陵乡（今河南漯河市郾城区）有安陵亭，或分乡之
半为征羌县，故召陵仍有安陵乡，而征羌有安陵亭也。"

⑦建武十一年：35 年。

⑧来歙：字君叔。南阳新野（今河南新野）人。与汉中王刘嘉一起归
光武帝刘秀。攻战连年，平定羌、陇，忧国忘家，忠孝彰著。被刺
客刺中要害，抽刃自绝。光武帝使太中大夫赠歙中郎将、征羌侯
印绶，谥曰节侯。

⑨西羌：为东汉时羌人内徙的一支。定居在金城（即今甘肃兰州西
北）、陇西（今甘肃临洮南）、汉阳（今甘肃甘谷东）等郡。因住地偏
西，故中原内地称其为西羌。

⑩《战国策》：书名。撰者不详。西汉刘向整理改编。分为西周、东周、
秦、齐、楚、赵、魏、韩、燕、宋、卫、中山十二策，共三十三篇。记春
秋末至秦间史事。秦昭王：即秦昭襄王嬴稷，一名则。战国时秦
国国君。

【译文】

颍水又往东南流，汝水支流注入。这条支流上游承接奇頟城东三十
里的汝水分支，世人称之为大氵隐水。此水往东南流经召陵县旧城南边。
《春秋左传·僖公四年》，齐桓公率军到了召陵，责问楚国不纳贡物，就
在这里。城内有一口大井，直径数丈，水极清幽。阚骃说：召，是高的意
思。这里是一片荒寂的丘岗，有数丈深的大井，所以名为召陵。此水又
往东南流经征羌县，这是从前召陵县的安陵乡安陵亭。世祖建武十一年，
把这里封给中郎将来歙，来歙因出征平定西羌有功，所以改地名为征羌。
阚骃引《战国策》认为秦昭王想调换土地而改名，其实不是如此。

　　汝水别渎又东迳公路台北①,台临水,方百步,袁术所筑也。汝水别沟又东迳西门城②,即南利也③,汉宣帝封广陵厉王子刘昌为侯国④。县北三十里有靲城⑤,号曰北利。故渎出于二利之间,间关女阳之县⑥,世名之死汝县。取水名,故曰女阳也。

【注释】

①公路台:《水经注疏》熊会贞按:“此台在今商水县(今河南商水县)西南。”

②西门城:《水经注疏》杨守敬按:“《风俗通》九,汝南汝阳(今河南商水县西北)西门亭云云,《搜神记》十六称后汉时,汝南西门亭,即西门城也。”

③南利:《水经注疏》杨守敬按:“《括地志》,南利城在上蔡县(今河南上蔡)东北八十五里。在今商水县南。”

④刘昌:广陵厉王刘胥之子。宣帝即位,本始元年(前73)封胥四子圣、曾、宝、昌皆为列侯,其中刘昌为南利侯。

⑤靲城:亦称北利。《水经注疏》杨守敬按:“《初学记》八引《十三州志》,北利城在上蔡。在今商水县西南。”

⑥间关:曲折辗转。女阳之县:即汝阳县。亦称死汝县。战国韩置。后入秦,属陈郡。治所在今河南商水县西北。

【译文】

汝水支流又往东流经公路台北边,此台临水,方圆百步,是袁术所筑。汝水支流又往东流经西门城,就是南利,汉宣帝将这地方封给广陵厉王的儿子刘昌,立为侯国。县北三十里有靲城,又称北利。旧河道穿过南利和北利之间,辗转流经女阳县,世人称之为死汝县。该县是因水取名的,所以叫女阳。

又东迳南顿县故城北①，又东南迳铜阳城北②，又东迳邸乡城北③，又东迳固始县故城北④。《地理志》：县，故寖也⑤。寖丘在南，故藉丘名县矣。王莽更名之曰闰治。孙叔敖以土浸薄⑥，取而为封，故能绵嗣⑦。城北犹有叔敖碑。建武二年⑧，司空李通又慕叔敖受邑⑨，故光武以嘉之，更名固始。

【注释】

①南顿县：战国秦置，属陈郡。治所即今河南项城西南南顿镇。西汉属汝南郡。西晋惠帝时为南顿郡治。

②铜（tóng）阳城：即铜阳县。西汉置，属汝南郡。治所即今安徽临泉西五十里铜城镇。

③邸乡城：《水经注疏》熊会贞按："当在今沈邱县（今河南沈丘）西南。"

④固始县：三国魏改固始侯国置，属汝南郡。治所在今安徽临泉。西晋属汝阴郡。北魏属新蔡郡。

⑤寖（jìn）：即寖丘。春秋楚邑。即今安徽临泉县。

⑥孙叔敖：芍氏，名敖，字叔敖。春秋时楚国期思（今河南淮滨东南二十六里期思镇）人。官令尹。曾佐楚庄王大胜晋军。又于期思、雩娄间，兴水利，有政绩。曾三为令尹而不喜，三罢之而不忧。浸薄：指土地潮湿贫瘠。

⑦绵嗣：子孙后代绵延不绝。

⑧建武二年：26 年。

⑨司空：官名。东汉时位高禄重，但无实权，名义上部按宗正、少府、大司农三卿，掌检查四方水土功课、奏殿最行赏罚，然仅受成而已。李通：字次元。东汉南阳宛（今河南南阳）人。新莽末为五威将军从事，出补巫丞，有能名。及起义军起，宣称"刘氏当兴，李氏为辅"，与刘秀商谋举兵。刘玄更始时任大将军，封西平王。娶

刘秀妹伯姬,是为宁平公主。光武即位,特见亲重,征为卫尉,封固始侯。

【译文】

汝水支流又往东流经南顿县旧城北边,又往东南流经鮦阳城北边,又往东流经邸乡城北边,又往东流经固始县旧城北边。《地理志》说:固始县是从前的寖。因为寖丘在县南,所以按丘名来取县名。王莽时改名为闰治。孙叔敖因为这里土地潮湿贫瘠,领了它作为封地,所以能使后代绵延不绝。城北还有叔敖碑。建武二年,司空李通又因敬慕孙叔敖,领受这地方为封邑,所以光武帝嘉奖他,并改地名为固始。

别汝又东迳蔡冈北[①],冈上有平阳侯相蔡昭冢[②]。昭字叔明,周后稷之胄[③]。冢有石阙,阙前有二碑,碑字沦碎,不可复识,羊虎倾低,殆存而已。枝汝又东北流迳胡城南,而东历女阴县故城西北[④],东入颍水。

【注释】

①蔡冈:在今河南上蔡东。

②柤:官名。汉时朝廷派往诸侯国的最高长官。蔡昭:具体不详。

③后稷(jì):名弃。周王室之先祖。相传其母姜嫄(yuán)履巨人迹而孕。因曾弃而不养,故名之为“弃”。虞舜命为农官,教民耕稼,称为后稷。胄(zhòu):古代帝王或贵族的后嗣。

④女阴县:即汝阴县。战国秦置,属陈郡。治所即今安徽阜阳。西汉复改汝阴县为女阴县,属汝南郡。东汉改为汝阴县。

【译文】

汝水支流又往东流经蔡冈北边,冈上有平阳侯宰相蔡昭的坟墓。蔡昭字叔明,是周朝先祖后稷的后代。坟墓有石阙,石阙前有两块石碑,碑上文字已剥蚀破碎,不能辨认了,墓前的石羊石虎也已倾倒,只不过还留着罢了。汝水支流又往东北流经胡城南边，又往东流经女阴县旧城西北，往东注入颍水。

颍水又东迳女阴县故城北。《史记·高祖功臣侯者年表》曰[1]：高祖六年[2]，封夏侯婴为侯国[3]。王莽更名之曰汝渍也。县在汝水之阴，故以汝水纳称。城西有一城，故陶丘乡也[4]，汝阴郡治[5]。城外东北隅有旧台翼城若丘，俗谓之女郎台[6]，虽经颓毁，犹自广崇，上有一井。疑故陶丘乡，所未详。

【注释】

[1]《史记·高祖功臣侯者年表》：《史记》"十表"之一。汉兴以后，各诸侯王将相的废立、传代事件，没有必要逐月记录，故作《汉兴以来诸侯王年表》《高祖功臣侯者年表》等。

[2] 高祖六年：前 201 年。

[3] 夏侯婴：西汉沛（今江苏沛县）人。刘邦旧友。刘邦即位后，封汝阴侯。后与大臣共立文帝。以其曾为滕令，故号滕公。

[4] 陶丘乡：《水经注疏》杨守敬按："《续汉志》刘昭《注》引《地道记》：汝阴（今安徽阜阳）有陶丘乡。"

[5] 汝阴郡：三国魏景初二年（238）置，属豫州。治所在汝阴县（今安徽阜阳）。

[6] 女郎台：《水经注疏》杨守敬按："《寰宇记》，女郎台在汝阴县西北一里。古老云：昔胡子之女，嫁鲁昭侯为夫人，筑台宾之，俗谓之女郎台，台上有井。"

【译文】

颍水又往东流经女阴县旧城北边。《史记·高祖功臣侯者年表》说：高祖六年，把这地方封给夏侯婴，立为侯国。王莽改名为汝渍。该县在

汝水南面,是因汝水而得名的。城西有一座城,是从前的陶丘乡,也是汝
阴郡的治所。城外东北角有座旧台,靠着城边,像小丘一样,俗称女郎台,
虽然已经颓毁,但旧基还很高大,上面还有一口井。推想起来可能这就
是以前的陶丘乡,但不很清楚。

又东南至慎县东①,南入于淮。

颍水东南流,左合上吴、百尺二水②,俱承次塘细陂③,
南流注于颍。

【注释】

①慎县:春秋楚慎邑。战国秦置慎县,属陈郡。治所在今安徽颍上
　　西北江口镇。西汉属汝南郡。

②上吴、百尺二水:《水经注疏》熊会贞按:"二水均自今太和县(今
　　安徽太和)东南,南流至阜阳县东南入颍。"

③次塘细陂:在今安徽太和东南。《水经注疏》熊会贞按:"次塘本细
　　水所汇,故言承次塘细陂也。"

【译文】

颍水又往东南流,到了慎县东面,往南注入淮水。

颍水往东南流,左边汇合了上吴、百尺两条水,这两条水都承接次塘
细陂,往南流注入颍水。

颍水又东南,江陂水注之①。水受大溵陂②,陂水南流,
积为江陂,南迳慎城西,侧城南流入于颍。

【注释】

①江陂水:即今安徽颍上西北江口河。

②大溵(chóng)陂:又名大溵。在今安徽利辛西。

【译文】

颍水又往东南流,江陂水注入。江陂水接纳了大漴陂,陂水往南流,积聚成江陂,往南流经慎县县城西边,沿着城旁南流注入颍水。

颍水又迳慎县故城南。县,故楚邑,白公所居以拒吴[①]。《春秋左传·哀公十六年》[②],吴人伐慎,白公败之。王莽之慎治也。世祖建武中[③],封刘赐为侯国[④]。

【注释】

①白公:即白公胜。芈姓,名胜,封于白。因以为氏,称白公。楚平王嫡孙,楚太子建之子。

②哀公十六年:前479年。

③建武:东汉光武帝刘秀的年号(25—56)。

④刘赐:字子琴。光武族兄。祖父刘利,为苍梧太守。少孤。更始立,以赐为光禄勋,封广汉侯。光武即位,嘉其忠诚,封为慎侯。

【译文】

颍水又流经慎县旧城南边。慎县是从前的楚邑,白公据守在这里,抗拒吴国。《春秋左传·哀公十六年》,吴人攻慎,白公打败了他们。王莽时叫慎治。世祖建武年间,把这地方封给刘赐,立为侯国。

颍水又东南迳蜩蟟郭东,俗谓之郑城矣[①]。又东南入于淮。《春秋·昭公十二年》[②],楚子狩于州来[③],次于颍尾[④],盖颍水之会淮也。

【注释】

①郑城:亦称蜩蟟(tiáo liáo)郭。《水经注疏》杨守敬按:"《功臣侯表》,宣帝神爵三年,封郑吉为安远侯。俗以姓名城。在今颍上县

（今安徽颍上）南。”

②昭公十二年：前 530 年。

③楚子：楚国国君为子爵，故称为楚子。狩：冬天田猎之名。州来：春秋国名。即今安徽凤台。

④颍尾：即颍口。在今安徽颍上东南颍河入淮之口，即古西正阳镇。

【译文】

颍水又往东南流经蜩蟟郭东边，民间称之为郑城。又往东南流，注入淮水。《春秋·昭公十二年》，楚子在州来狩猎，在颍尾住宿，这是颍水和淮水的汇流处。

洧水

洧水出河南密县西南马领山①，

水出山下，亦言出颍川阳城山②，山在阳城县之东北③，盖马领之统目焉④。洧水东南流，迳一故台南，俗谓之阳子台⑤。又东迳马领坞北⑥，坞在山上，坞下泉流北注，亦谓洧别源也，而入于洧水。

【注释】

①洧（wěi）水：即今河南双洎（jì）河。源出今河南登封东阳城山，东流至西华西入颍水。河南：即河南郡。汉高祖二年（前205）改河南国置。治所在洛阳县（今河南洛阳东北汉魏故城）。密县：西汉置，属河南郡。治所在今河南新密东南三十里。马岭山：《水经注疏》熊会贞按：“《元和志》，马岭山在密县（今河南新密）南十五里，洧水所出。”

②颍川：即颍川郡。阳城山：俗名车岭山。当在今河南登封东北。

③阳城县：秦置，属颍川郡。治所即今河南登封东南二十四里告成镇。

④统目：统称，总称。

⑤阳子台：《水经注疏》杨守敬按："台在今密县西北。"

⑥马领坞：当在今河南新密一带。《水经注疏》熊会贞按："此《经》之马岭山也，因筑坞而谓之马岭坞。郦氏不举著名之山，而举后起之坞，是其好奇处。"

【译文】

洧水

洧水发源于河南郡密县西南的马领山，

洧水发源于马领山下，也有人说发源于颍川阳城山，阳城山在阳城县东北，是包括马领山在内的总山名。洧水往东南流经一座旧台南边，俗称阳子台。又往东流经马领坞北边，这个坞在山上，坞下的山泉往北流，有人说这是洧水的另一个源头，注入洧水。

　　洧水东流，绥水会焉①。水出方山绥溪②，即《山海经》所谓浮戏之山也。东南流，迳汉弘农太守张伯雅墓③，茔域四周④，垒石为垣，隒阿相降⑤，列于绥水之阴⑥。庚门表二石阙⑦，夹对石兽于阙下⑧。冢前有石庙，列植三碑，碑云：德字伯雅，河南密人也。碑侧树两石人，有数石柱及诸石兽矣。旧引绥水南入茔域，而为池沼，沼在丑地⑨，皆蟾蜍吐水⑩，石隍承溜⑪。池之南，又建石楼、石庙，前又翼列诸兽⑫，但物谢时沦，凋毁殆尽。夫富而非义，比之浮云，况复此乎？王孙、士安⑬，斯为达矣⑭。绥水又东南流迳上郭亭南⑮，东南注洧。

【注释】

①绥水：《水经注疏》杨守敬按："今密县（今河南新密）西有十河口，

源出县西北,山涧皆汇斯口,南流入洧。《一统志》疑即此水也。"

②方山:即下文浮戏山。在今河南荥阳西南。

③弘农:即弘农郡。西汉元鼎四年(前113)置。治所在弘农县(今河南灵宝北故函谷关城)。张伯雅墓:《水经注疏》杨守敬按:"《名胜志》引《城冢记》,伯雅墓在绥溪侧。在今密县西北。"

④茔(yíng)域:坟墓,坟地。

⑤隅阿:弯曲。相降:一层一层依次下降。指建筑很多层。

⑥绥水之阴:绥水之南。古代以山南水北为阳,反之为阴。

⑦庚门:西门。《水经注疏》熊会贞按:"庚金属西方,丑土属中央。此庚门及下丑地,以支干代,与《鲍丘》《穀水》等篇以卦代同,皆郦氏好奇之故。"石阙(què):古代神庙、坟墓前竖立的石雕,作铭记官爵、功绩或装饰用。

⑧夹对:两边相对而立。

⑨丑地:指东北偏北方向。古代阴阳五行家将十二地支和四方相配:子在正北,卯在正东,午在正南,酉在正西。丑在子、卯之间,于位为东北偏北。

⑩蟾蜍(chán chú):通称癞蛤蟆。

⑪石隍:石头垒砌的沟渠。承溜:承纳水流。溜,水流。

⑫翼列:如鸟翅膀一样两边排列。

⑬王孙:即杨王孙。汉武帝时人。学黄老之术,家业千金,厚自奉养生。及病且终,先令其子,曰:"吾欲裸葬,以反吾真,必亡易吾意。"死则为布囊盛尸,入地七尺,既下,从足引脱其囊,以身亲土。有《裸葬亏》,反对厚葬,指出人死不为鬼,其尸块然独处而无知。士安:即皇甫谧(mì)。幼名静,字士安。安定朝那(今宁夏固原东南)人,后徙居新安(今河南渑池东南)。魏晋之际学者、医学家。博综经史百家之言,沉静寡欲,以著述为务,自号玄晏先生。由魏入晋,累辞征召。临逝作《笃终》一文,反对厚葬,主张不棺敛、不殉

物、不移纤、不墓祭、不封树。其子皆遵其遗命。

⑭斯为达矣：对生死看得清楚明白曰达。

⑮上郭亭：当在今河南新密一带。《水经注疏》熊会贞按："《开封府志》，即今之上郭图。"

【译文】

洧水东流，绥水汇入。绥水发源于方山绥溪，就是《山海经》所说的浮戏之山。绥水往东南流经汉时弘农太守张伯雅墓，墓地四周用石块砌成围墙，沿山坡迤逦而下，坐落在绥水的南岸。西门有两座石阙，石阙两边有两只石兽。墓前有石庙，排着三块石碑，碑文上说：张德字伯雅，河南密县人。碑旁立着两座石人，还有几根石柱和一些石兽。从前引了绥水往南流入墓园，蓄水造成池沼，池在墓园东北偏北方向，池上有石雕蛤蟆吐水，泻入石池中。池沼南面又建了石楼、石庙，前面两旁排列着各种石兽，但因年代久远，物换星移，差不多都已风化剥蚀了。不义而来的富贵，正如烟云过眼，好景不长，更何况这些东西呢？杨王孙裸葬，皇甫士安以竹席裹尸，可说是旷达的了。绥水又往东南流经上郭亭南，往东南注入洧水。

洧水又东，襄荷水注之。水出北山子节溪①，亦谓之子节水，东南流注于洧。

【注释】

①子节溪：《水经注疏》熊会贞按："今密县（今河南新密）有青山河，源出县北八里青屏山，南流经西门外。《一统志》，疑即子节水。但《县志》谓青山河合十河口入洧，则下流会绥水，与古异。盖水道有变迁矣。"

【译文】

洧水又东流，襄荷水注入。襄荷水发源于北山子节溪，也称子节水，往东南流，注入洧水。

洧水又东会沥滴泉水^①，出深溪之侧，泉流丈余，悬水散注^②，故世士以沥滴称，南流入洧水也。

【注释】

①沥滴泉水：《水经注疏》熊会贞按："《名胜志》，滴沥泉出密县（今河南新密）南深溪之侧。《一统志》谓在县东五里。"

②悬水：瀑布。散注：四处灌注。

【译文】

洧水又往左流，汇合了沥滴泉水，此水从深溪旁流出，从一丈多高的岩头散流而下，所以文人把它称为沥滴泉，南流注入洧水。

东南过其县南，

洧水又东南流，与承云二水合^①，俱出承云山^②，二源双导^③，东南流注于洧，世谓之东、西承云水。

【注释】

①承云二水：即下文的东、西承云水。《水经注疏》杨守敬按："《地形志》，密县有承云山。山在今县东北，今有蛟河，源出县东北十五里，双沟南流，至县东南入洧。《一统志》似以之当承云水，但止一水，与《注》言二水异也。"段熙仲点校、陈桥驿复校《水经注疏》："《一统志》引《县志》有'双沟南流'之语，故蛟河虽一水，流实双沟，所谓双导也。"

②承云山：在今河南新密东北十八里。

③二源双导：两个水源流向两条河流。

【译文】

洧水往东南流过县南，

洧水又往东南流，与从承云山流出的两条山泉汇合，这两条山泉都往东南流,注入洧水,世人称之为东承云水与西承云水。

洧水又东,微水注之①。水出微山②,东北流入于洧。

【注释】

①微水:即今河南新密之艾坪河,由市西南向东北流,至市东南入洧水。

②微山:当在今河南新密一带。

【译文】

洧水又往东流,微水注入。微水发源于微山,往东北流,注入洧水。

洧水又东迳密县故城南①。《春秋》谓之新城②。《左传·僖公六年》③,会诸侯伐郑围新密④,郑所以不时城也⑤。今县城东门南侧,有汉密令卓茂祠⑥。茂字子康,南阳宛人⑦,温仁宽雅,恭而有礼。人有认其马者,茂与之,曰:若非公马,幸至丞相府归我⑧。遂挽车而去。后马主得马,谢而还之。任汉黄门郎⑨,迁密令,举善而教,口无恶言,教化大行,道不拾遗,蝗不入境。百姓为之立祠,享祀不辍矣。

【注释】

①密县:西汉置,属河南郡。治所在今河南新密东南三十里。

②《春秋》谓之新城:语见《左传·僖公六年》。新城,郑地。即密县。

③僖公六年:前654年。

④新密:即新城。

⑤郑所以不时城:郑以非时兴土功,齐桓公声扬其罪以告诸侯。

⑥汉密令卓茂祠:《水经注疏》杨守敬按:"今祠有二:一在密县(今河南新密)治东北,一在县东南大騩(guī)镇东。"卓茂,字子康。

南阳宛（今河南南阳）人。两汉之际官吏。在密令任上，宽仁恭爱，排解吏民纠纷，为人所敬。

⑦南阳：即南阳郡。战国秦昭襄王三十五年（前272）置。治所在宛县（今河南南阳）。

⑧丞相府：丞相的官署。卓茂初为丞相府史，故称"幸至丞相府"。

⑨黄门郎：官名。即黄门侍郎。秦有给事黄门，汉因之。东汉称给事黄门侍郎。掌侍从左右，关通中外。诸王朝见，则引王朝坐。

【译文】

洧水又往东流经密县老城南边。密县，《春秋》称为新城。《左传·僖公六年》，与诸侯会师讨伐郑国，围困了新密，因郑兴工筑城不得其时，所以兴师讨伐。现在县城东门南侧，有汉时密县县令卓茂祠。卓茂字子康，南阳宛人，为人温雅宽厚，待人谦恭有礼。一次，有个人误认他的马是自己的，卓茂就把马给他，说：这马如果不是您的，请您送到丞相府还我。说罢拉着车就走了。后来那个人找回了自己的马，就把马送还了卓茂，并向他道歉。卓茂曾任汉朝黄门郎，调任密县县令，他推举德才兼备的人以教育县人，口里不出恶言，于是社会风气大为改良，道不拾遗，连蝗虫也不侵入境内。百姓为他立祠，享受祭祀从没有停止过。

洧水又左会璅泉水①。水出玉亭西，北流注于洧水。

【注释】

①璅（suǒ）泉水：熊会贞按："《县志》，泉在大騩（guī）镇西南八里，不流亦不涸。与《注》叙述异，在今密县（今河南新密）东南。"

【译文】

洧水又在左边与璅泉水汇合。璅泉水发源于玉亭西边，北流注入洧水。

洧水又东南与马关水合①。水出玉亭下，东北流历马关,谓之马关水;又东北注于洧。

【注释】

①马关水:在今河南新密东南。

【译文】

洧水又往东南流,与马关水汇合。马关水发源于玉亭下,往东北流经马关,称为马关水;又往东北流,注入洧水。

洧水又东合武定水①。水北出武定冈②,西南流,又屈而东南,流迳零鸟坞西③,侧坞东南流。坞侧有水,悬流赴壑④,一匹有余⑤,直注涧下,沦积成渊。嬉游者瞩望,奇为佳观。俗人睹此水挂于坞侧,遂目之为零鸟水⑥。东南流入于洧。

【注释】

①武定水:当在今河南新密一带。

②武定冈:《水经注疏》熊会贞按:"武定冈当在今密县(今河南新密)东北。"

③零鸟坞:当在今河南新密一带。坞,地势周围高而中央凹的地方。

④悬流:瀑布。赴壑:奔注沟壑。

⑤一匹:古代四丈为一匹。

⑥目:称,叫。零鸟水:《水经注疏》熊会贞按:"水盖自今密县东北,东南流,至县东南入洧。"

【译文】

洧水又东流,与武定水汇合。武定水发源于北方的武定冈,往西南流,又拐弯转向东南,流经零鸟坞西边,沿着坞边往东南流。坞旁有一挂瀑布，凌空飞泻而下，高达四丈余，直注山涧下，积成一个大深潭。游人眺望，无不称为奇观。当地百姓见此水挂在坞侧，就把它称为零鸟水。水往东南流，注入洧水。

洧水又东与虎牍山水合①。水发南山虎牍溪，东北流入洧。

【注释】

①虎牍山水：《水经注疏》熊会贞按："水在今密县（今河南新密）东南。"

【译文】

洧水又东流，与虎牍山水汇合。此水发源于南山的虎牍溪，往东北流注入洧水。

洧水又东南，赤涧水注之。水出武定冈，东南流迳皇台冈下①，又历冈东，东南流注于洧。

【注释】

①皇台冈：《水经注疏》杨守敬按："即《溟水》篇所谓皇台七女冈也。在今禹州（今河南禹州）东北。"

【译文】

洧水又往东南流，赤涧水注入。此水发源于武定冈，往东南流经皇台冈下，又流经冈东，往东南流注入洧水。

洧水又东南流，潧水注之①。

【注释】

①潧（zhēn）水：又名溱水、鄫水。即今河南新密东溱河。

【译文】

洧水又往东南流，潧水注入。

洧水又东南迳郐城南①。《世本》曰②：陆终娶于鬼方氏之妹③，谓之女隤④，是生六子，孕三年。启其左胁，三人出焉；破其右胁，三人出焉。其四曰莱言，是为郐人⑤，郐人者⑥，郑是也。郑桓公问于史伯⑦，曰：王室多难，予安逃死乎？史伯曰：虢、郐⑧，公之民，迁之可也。郑氏东迁，虢、郐献十邑焉。刘桢云⑨：郐在豫州外方之北⑩，北邻于虢，都荥之南⑪，左济右洛⑫，居两水之间，食溱、洧焉⑬。徐广曰：郐在密县，妘姓矣，不得在外方之北也。

【注释】

①郐（kuài）城：在今河南新密东南。

②《世本》：书名。撰者不详，成书时代亦不可考。该书记录自黄帝以来至春秋帝王公卿大夫的氏姓、世系、都邑、器物的制作和发明等。

③陆终：相传为夏朝时人。颛顼后裔。娶鬼方氏之女，产六男，后分为卫、韩、彭、郑、邾、芈（楚先祖）六氏。鬼方氏：商周时居于我国西北方的部落，源自曾与轩辕黄帝联姻的氏族——大隗（guī）氏。

④女隤（tuí）：一作女嬇（huì），女溃。

⑤郐（kuài）人：这里指莱言是郐人的祖先。

⑥郐人者，郑是也：郐人又是郑人的祖先。

⑦郑桓公：姬姓，名友。西周末郑国建立者。周厉王少子，宣王庶弟。初封于郑。周幽王时任司徒。幽王失德，诸侯多叛，桓公迁其民于郐、东虢之间，为建郑国立下基础。后，申侯联合犬戎杀幽王于骊山，并杀桓公。史伯：或称太史伯。西周幽王史官。郑桓公任

周幽王司徒，见王室多故，问史伯何处可逃死。史伯教以济、洛、河、颖之间。郑桓公从之。又提出"和实生物，同则不继"之说，以金、木、水、火、土五行解释百物之起源。

⑧虢：周诸侯国名。西虢在今陕西宝鸡陈仓区，后来迁到河南三门峡市陕州区东南。东虢在今河南荥阳东北。北虢都上阳（今河南三门峡市东）。这里似指东虢。郐：又作桧或会。西周分封的诸侯国。相传为祝融之后，妘姓。前769年为郑所灭。在今河南新密东南七一里古城角寨村。

⑨刘桢：字公幹。东汉末东平宁阳（今山东宁阳南十七里古城）人。建安七子之一。以文章见贵，终于野王令。学博才高，气编性傲，诗文兼善。

⑩豫州：古九州之一。外方：即外方山，又名嵩高山。即今河南登封西北嵩山。五岳之一。

⑪荥：即荥泽。一作荧泽，又名荥波。在今河南郑州西北古荥镇北。春秋战国时尚与济水、黄河相通。

⑫左济右洛：左边济水，右边洛水。济，即济水。一名泲（jǐ）水。古四渎之一。包括黄河南、北两部分。河北部分源出今河南济源西王屋山，下游屡经变迁。《禹贡》时济水在今河南武陟南入河。《水经》时在今河南温县入河。

⑬溱（zhēn）：即溱水，又名潧水、鄤水。即今河南新密东溱河。东南流会洧水。

【译文】

洧水又往东南流经郐城南边。《世本》说：陆终娶了鬼方氏的妹妹女嬇为妻，女嬇怀孕三年生了六个儿子。打开她的左腋生出三个婴孩，打开右腋又生出三个婴孩。第四个儿子名莱言，就是郐人的祖先，郐人的居地就是郑。郑桓公问史伯：王室多患难，我能到哪里去逃命呢？史伯说：虢、郐两地都是您的百姓，您可以迁到那边去。于是郑氏东迁，虢、郐献出了十座城。刘桢说：邬在豫州外方山以北，北面与虢相邻，都城在荥泽南面，左边有济水，右边是洛水，居于两水之间，以溱、洧流域为封地。徐广说：邬在密县，邬人姓坛，不可能在外方山以北。

　　洧水又东迳阴坂北^①，水有梁焉，俗谓是济为参辰口^②。《左传·襄公九年》^③，晋伐郑，济于阴坂，次于阴口而还是也^④。杜预曰：阴坂，洧津也。服虔曰：水南曰阴，口者，水口也，参、阴声相近，盖传呼之谬耳。又晋居参之分^⑤，实沈之土^⑥，郑处大辰之野^⑦，阏伯之地^⑧。军师所次，故济得其名也。

【注释】

①阴坂：春秋郑津渡名。即今河南新郑西北双洎河（古洧水）上津梁。

②济：渡口，津渡。

③襄公九年：前 564 年。

④阴口：春秋郑地。在今河南新郑西北。

⑤晋居参（shēn）之分：晋处在参之分野。参，星名。二十八宿之一。

⑥实沈：古代神话谓高辛氏的季子名实沈，是参宿之神。

⑦郑处大辰之野：郑国处于大辰星宿的分野。大辰，星宿名。即心宿，大火。

⑧阏（yān）伯：传说中高辛氏之子。与其弟实沈同居于旷野，二人不和，每日干戈相向。尧不喜，遂迁阏伯于商丘（今河南商丘），掌祀大火。后为商人发源地，故大火亦名商星。

【译文】

洧水又往东流经阴坂北边，水上有桥，民间称这渡口为参辰口。《左传·襄公九年》，晋攻郑，在阴坂渡水，在阴口驻扎了几天退回。杜预说：阴坂是洧水上的渡口。服虔说：水的南面称阴，口是指水口，参、阴音相近,是由于口头相传的错误。此外,晋国地处参宿的分野,属于实沈之星的地域,郑国地处大辰星的分野,是阏伯的土地。晋军在这里驻扎过、渡口因此得名。

又东过郑县南①,潧水从西北来注之②。

洧水又东迳新郑县故城中③,《左传·襄公元年》④,晋韩厥、荀偃帅诸侯伐郑⑤,入其郛⑥,败其徒兵于洧上是也⑦。《竹书纪年》:晋文侯二年⑧,周惠王子多父伐郐⑨,克之,乃居郑父之丘⑩,名之曰郑,是曰桓公。皇甫士安《帝王世纪》云⑪:或言县故有熊氏之墟⑫,黄帝之所都也⑬,郑氏徙居之,故曰新郑矣。城内有遗祠,名曰章乘是也。

【注释】

①郑县:战国韩置,治所在今河南新郑的郑韩故城。为韩国都城所在。秦灭韩之后,改名新郑县。

②潧(zhēn)水:又名溱水、鄫水。即今河南新密东溱河。

③新郑县:战国秦置,属颍川郡。治所即今河南新郑。西汉属河南郡。

④襄公元年:前572年。

⑤韩厥:亦称韩献子。春秋时晋国正卿。初任晋司马。景公时,因尝救赵氏孤儿(即赵武)闻名于时。周定王十八年(前589),与郤克等率军八百乘伐齐,击败齐军于鞌(在今山东济南市),以功升为正卿。后说服景公令赵武续赵氏祀,恢复故赵氏封邑。有偃:一作中行偃,又称中行献子,字伯游。晋上军副帅。荀林父孙,晋大夫荀吴之父。

⑥郛(fú):外城。

⑦徒兵:步兵。洧:即洧水。今河南双洎河。源出今河南登封东阳

城山,东流至西华西入颍水。

⑧晋文侯二年:前779年。晋文侯,姬姓,名仇。西周末晋国国君。

⑨周惠王:疑作周宣王。周宣王,姬静(一作靖),周厉王姬胡之子。任用尹吉甫、仲山甫等贤臣辅佐朝政,曾使西周的国力得到短暂恢复,史称宣王中兴。晚年则昏庸独断,不纳忠言。多父:具体不详。

⑩郑父之丘:当在今河南新郑境内。

⑪皇甫士安《帝王世纪》:即皇甫谧《帝王世纪》。皇甫谧,字士安,自号玄晏先生。魏晋安定朝那(今宁夏固原东南)人。后徙居新安(今河南渑池)。其《帝王世纪》,起自三皇,迄于汉魏,专记帝王事迹。

⑫有熊氏:古部落名。或说黄帝为有熊氏首领。有熊故地在今河南新郑。

⑬黄帝之所都:古言今河南新郑曾是黄帝的都城。

【译文】

洧水又往东流过郑县南边,潧水从西北流来注入。

洧水又往东流经新郑县旧城中。《左传·襄公元年》,晋国的韩厥、荀偃率领诸侯军攻打郑国,攻入外城,在洧水边打败了郑国的步兵。《竹书纪年》:晋文侯二年,周惠王的儿子多父伐郐,攻克后就住在郑父之丘,取名为郑,这就是郑桓公。皇甫士安《帝王世纪》说:有人说该县的有熊氏之墟,是黄帝的都城,郑氏移居到那里,所以称新郑。城内还留有一座祠庙,名叫章乘。

洧水又东为洧渊水①。《春秋传》曰②:龙斗于时门之外洧渊③,即此潭也。今洧水自郑城西北入而东南流④,迳郑城南城之南门内,旧外蛇与内蛇斗,内蛇死。六年,大夫傅瑕杀郑子⑤,纳厉公⑥,是其征也。水南有郑庄公望母台⑦。庄

姜恶公寤生⑧，与段京居⑨，段不弟⑩，姜氏无训，庄公居夫人
于城颍⑪，誓曰：不及黄泉，无相见也。故成台以望母，用伸
在心之悬。感考叔之言⑫，忻大隧之赋⑬，泄泄之慈有嘉⑭，
融融之孝得常矣⑮。

【注释】

①洧渊水：当在今河南新郑东。

②《春秋传》：书名。此指《春秋左氏传》，又称《左氏春秋》《春秋
左传》，简称《左传》。关于本书作者与成书年代，历来见解不一，
迄无定论。一般认为春秋末年鲁国史官左丘明应是最初修撰人
或传述者，后陆续经人补作，约成书于战国前期，记事起自鲁隐
公元年（前722），终于鲁哀公二十七年（前468），是我国第一部
叙事详细完整的编年史。与《穀梁传》《公羊传》合称《春秋》三传。

③时门：郑国南门。

④郑城：即今河南新郑。

⑤傅瑕：春秋时郑国人。郑厉公时大夫。郑子：即郑子仪，名一作
婴。春秋时郑国国君。郑庄公第四子，昭公之弟。周庄王四年（前
693）由祭仲、高渠弥拥立，后郑厉公使傅瑕杀之。

⑥厉公：即郑厉公，名突。春秋时郑国国君。郑庄公次子。

⑦郑庄公：姬姓，名寤生。春秋时郑国国君。郑武公之子。即位后，
封其弟段于京（今河南荥阳东南），号太叔。太叔与其母武姜合谋
叛乱，他出兵镇压，将太叔击败于鄢（今河南鄢陵西北）。望母台：
《水经注疏》熊会贞按："《寰宇记》谓望母台在管城县（今河南郑
州），当在今新郑县（今河南新郑）南。"

⑧庄姜：应为"武姜"。郑武公之妻，娶于申（今河南南阳），姜姓。武
表示丈夫为武公，姜表示母家姓姜。译文从之。寤生：指胎儿出
生时脚先出来。这种情况一般为难产。寤，通"悟"。逆，倒着。

⑨段：庄公之弟，名段。后出奔共（在今河南辉县），故又称共叔段。
　　京：春秋郑邑。在今河南荥阳东南二十四里京襄城村。
⑩段不弟：段没有做到为人弟（即悌，对兄长或长辈恭顺）之礼。这
　　里指段与其母亲姜氏一起阴谋篡夺庄公之王位。
⑪城颍：春秋郑邑。在今河南临颍西北。
⑫考叔：即颍考叔。春秋时郑国颍谷（今河南登封西南）人。为颍谷
　　封人（管理疆界的长官），以孝闻。
⑬忻（xīn）：启发。
⑭泄泄（yì）：和美快乐的样子。
⑮融融：恬适快乐的样子。得常：和好如初。按，以上事见《左传·隐
　　公元年》。

【译文】

　　洧水又东流，称为洧渊水。《春秋传》说：龙在时门外的洧渊相斗，就
是这个水潭。今天洧水从郑城西北流入，往东南流经郑城南边，城的南
门内，从前外蛇与内蛇曾在这里相斗，内蛇斗死。六年，大夫傅瑕杀了郑
子，接纳了厉公。蛇斗就是这件事的征兆。水南有郑庄公的望母台。武
姜十分讨厌庄公，因为武姜生庄公时难产，她与段一起居住在京城里，段
对待长兄庄公不好，姜氏又不管教，于是庄公把姜氏迁往城颍去居住，发
誓说：不到黄泉，绝不再相见。后来庄公悔悟，所以筑台望母，表示自己
内心的思念。他听了颍考叔一席话，于是在隧道中与母亲相见，母子作
赋，表达了和美的慈母之情和孝子之心，母子关系得以恢复。

　　洧水又东与黄水合①。《经》所谓潧水，非也。黄水出
太山南黄泉②，东南流迳华城西③。史伯谓郑桓公曰④：华，
君之土也。韦昭曰⑤：华⑥，国名矣。《史记》：秦昭王三十三
年⑦，白起攻魏⑧，拔华阳⑨，走芒卯⑩，斩首十五万。司马彪
曰：华阳，亭名，在密县⑪。嵇叔夜常采药于山泽，学琴于古

人⑫，即此亭也。黄水东南流，又与一水合。水出华城南冈⑬，一源两分，泉流派别，东为七虎涧水，西流即是水也。其水西南流注于黄水。黄，即《春秋》之所谓黄崖也⑭。故杜预云：苑陵县西有黄水者也⑮。

【注释】

①黄水：在今河南新郑境。

②太山：《水经注疏》熊会贞按："今曰自然山，在新郑县（今河南新郑）西北二十五里，黄水河所出也。"

③华城：在今河南新郑北四十里华阳砦。

④史伯：或称太史伯。西周幽王史官。郑桓公：姬姓，名友。西周末郑国建立者。

⑤韦昭：字弘嗣。吴郡云阳（今江苏丹阳）人。三国吴史学家。后因避司马昭之讳，改为韦曜。曾依刘向所作，校定群书。著有《国语注》《汉书音义》。

⑥华：西周封国。在今河南新郑北四十里华阳砦。西周末，为郑所灭。

⑦秦昭王三十三年：前274年。秦昭王，即秦昭襄王嬴稷，一名则。战国时秦国国君。

⑧白起：郿（今陕西眉县）人。秦朝名将。善用兵，事秦昭王，为秦夺得韩、魏、赵、楚诸国大量土地。在与赵的长平之战中，前后坑斩首虏四十五万。

⑨华阳：一名华。战国韩邑。在今河南新郑北四十里华阳砦。

⑩芒卯：战国时魏国将领。秦国白起攻打魏国，芒卯率领魏、韩、赵三国军队抵御秦军，在华阳被秦军大败，秦斩杀联军十多万人，芒卯战败逃跑。

⑪密县：西汉置，属河南郡。治所在今河南新密东南三十里。西晋属荥阳郡。

⑫学琴于古人：朱谋㙔《水经注笺》曰："《灵异志》，嵇中散尝西南去
　　洛数十里，有亭名华阳，投宿。一更中，操琴，闻空中称善。中散
　　呼与相见，乃出见形，以手持其头，共论音声，因授以《广陵散》。"

⑬华城南冈：《水经注疏》杨守敬按："在今新郑县北。"

⑭黄崖：春秋郑地。即今河南新郑西北黄水市。

⑮苑陵县：秦置，属颍川郡。治所在今河南新郑东北三十里。西汉
　　属河南郡。西晋属荥阳郡。

【译文】

　　洧水又东流，与黄水汇合。《水经》说是潧水，其实不对。黄水发源
于太山南麓的黄泉，往东南流经华城西边。史伯对郑桓公说：华城原是
您的土地。韦昭说：华是国名。《史记》：秦昭王三十三年，白起进攻魏国，
攻克华阳，使芒卯败逃，杀了十五万人。司马彪说：华阳是亭名，在密县。
嵇叔夜常在山间和泽地采药，曾在这个亭里向古人的神灵学琴。黄水往
东南流，又与一水汇合。这水发源于华城南冈，一条源流分为两条，东边
一条叫七虎涧水，西边的就是这条水。水往西南流，注入黄水。黄，就是
《春秋》所说的黄崖。所以杜预说：苑陵县西有一条黄水。

　　又东南流，水侧有二台，谓之积粟台①，台东即二水之
会也。捕獐山水注之②。水东出捕獐山，西流注于黄水。黄
水又南至郑城北，东转于城之东北，与黄沟合。水出捕獐山，
东南流至郑城东，北入黄水。黄水又东南迳龙渊东南③，七
里沟水注之④。水出陕候亭东南平地⑤，东注，又屈而南流，
迳升城东⑥，又南历烛城西⑦，即郑大夫烛之武邑也⑧，又南
流注于洧水也。

【注释】

①积粟台：《水经注疏》杨守敬按："台当在今新郑县（今河南新郑）

西北。"

②捕獐山水：当在今河南新郑北。捕獐山,《水经注疏》熊会贞按："今
　新郑县北二十里有抱獐山,即捕章山。"

③龙渊：当在今河南新郑一带。《水经注疏》熊会贞按："《渠水》篇
　称苑陵故城西北,平地出泉,谓之龙渊泉,即此。"

④七里沟水：当在今河南新郑北。

⑤隳候亭：《水经注疏》杨守敬按："隳为璯之误,说见《渠水》篇役水
　下。亭在今新郑县北。"译文从之。

⑥千城：《水经注疏》杨守敬按："城当在今新郑县东北。"

⑦炟城：春秋郑邑。在今河南新郑东北。

⑧烛之武：郑大夫。秦、晋围郑,郑文公用佚之狐言,使烛之武夜缒
　面出,说秦穆公。穆公大悦,与郑人结盟。

【译文】

　　黄水又往东南流,水旁有两座台,称为积粟台,台东就是这两条水的
汇流处。接着,有捕獐山水注入。此水发源于东方的捕獐山,西流注入
黄水。黄水又往南流到郑城北边,向东转,在郑城东北与黄沟汇合。黄
沟发源于捕獐山,往东南流到郑城东边,往北注入黄水。黄水又往东南
流经龙渊东南,七里沟水注入。七里沟水发源于璯候亭东南的平地,往
东流,又转弯向南流经升城东边,又往南流经烛城西边,就是郑国大夫烛
之武的封邑,又往南流注入洧水。

又东南过长社县北①,

洧水东南流,南洧、北洧二水入焉②。洧音仆。

【注释】

①长社县：战国秦置,属颍川郡。治所在今河南长葛东北。

②南洧、北洧：《水经注疏》杨守敬按："二水自洧水出,见彼篇。在

今长葛县（今河南长葛）西北。"

【译文】

洧水又往东南流过长社县北边，

洧水往东南流，南濮、北濮两水注入。濮音仆。

洧水又东南与龙渊水合。水出长社县西北，有故沟上承洧水，水盛则通注龙渊①，水减则津渠辍流②。其渎中濼泉③，南注东转为渊，绿水平潭，清洁澄深，俯视游鱼，类若乘空矣，所谓渊无潜鳞也。又东迳长社县故城北，郑之长葛邑也④。《春秋·隐公五年》⑤，宋人伐郑，围长葛是也。后社树暴长⑥，故曰长社，魏颍川郡治也⑦。余以景明中出宰兹郡⑧，于南城西侧修立客馆⑨，版筑既兴⑩，于土下得一树根，甚壮大，疑是故社怪长暴茂者也。稽之故说，县无龙渊水名，盖出近世矣。京相璠《春秋土地名》曰：长社北界有禀水⑪。但是水导于隍壍之中⑫，非北界之所谓。又按京、杜《地名》⑬，并云长社县北有长葛乡，斯乃县徙于南矣。然则是水即禀水也。其水又东南迳棘城北⑭。《左传》所谓楚子伐郑救齐，次于棘泽者也。禀水又东，左注洧水。

【注释】

①通注：通畅流注。

②津渠：河流沟渠。

③濼泉：具体不详。

④长葛邑：春秋郑邑。在今河南长葛东北二十余里。

⑤隐公五年：前718年。

⑥社树：古代封土为社，各随其地所宜种植树木，称社树。

⑦颍川郡治：北魏时，长社县（今河南长葛东北）为颍川郡官署所在地。

⑧景明：北魏宣武帝元恪（kè）的年号（500—503）。出宰：这里指郦道元出任颍川太守。

⑨客馆：接待宾客的客舍馆驿。

⑩版筑：泛指土木营造之事。

⑪长社：即长社县。㶏水：《水经注疏》熊会贞按："水自今长葛县（今河南长葛）西北，东南流，又东至县东北，入今双泪河。"

⑫隍堑（qiàn）：城壕。堑，同"堑"。壕沟。

⑬京：即京相璠。撰有《春秋土地名》。杜：即杜预。撰有《春秋释地》。

⑭棘城：即春秋时郑之棘泽。在今河南长葛东北。

【译文】

　　洧水又往东南流，与龙渊水汇合。龙渊水发源于长社县西北。有一条旧沟，上口承接洧水，水大时就与龙渊相通，水少时沟渠就断流。这条旧沟中间有一条溘泉，南流东转，形成一片深潭，绿水平波，澄洁深沉，俯视游鱼，有如在空中游动，所谓深潭里没有潜藏着的鱼，就指的是这情况。龙渊水又注东流经长社县旧城北边，这里原是郑国的长葛邑。《春秋·隐公五年》，宋人攻打郑国，围困长葛。就指的是这里。后来社庙前有一株树突然长高了，所以称为长社，魏时这里是颍川郡的治所。我于景明年间，出宰该郡太守，在南城西侧修建客馆，正当兴工挖土筑墙时，从地下挖出一条树根，十分粗大，想来可能就是过去社庙前那棵暴长的怪树的根。查考旧时的有关记载，该县没有叫龙渊的水名，那是近代才出现的。京相璠《春秋土地名》说：长社北界有㶏水。但这条水流过深沟之中，并不是说在北界。又按京、杜《地名》都说，长社县北面有长葛乡，这表明县是向南迁移了。这样看来，这条水就是㶏水了。㶏水又往东南流经棘城北边。《左传》所说的楚子伐郑救齐，驻兵于棘泽，指的就是这里。㶏水又往东流，从左边注入洧水。

　　洧水又东南分为二水，其枝水东北流注沙①，一水东迳许昌县②，故许男国也③，姜姓，四岳之后矣④。《穆天子传》所谓天子见许男于洧上者也⑤。汉章帝建初四年⑥，封马光为侯国⑦。《春秋佐助期》曰⑧：汉以许失天下⑨，及魏承汉历⑩，遂改名许昌也⑪。城内有景福殿基⑫，魏明帝太和中造⑬，准价八百余万⑭。

【注释】

①沙：即沙水。故道自今河南周口淮阳区境内分古狼汤渠东出，又东至鹿邑南，又东略循今安徽茨河，经涡阳、蒙城西，至怀远南入淮水。

②许昌县：三国魏黄初二年（221）改许县置，为颍川郡治。治所在今河南许昌东三十六里古城。

③许男国：西周及春秋时期的一个诸侯国，男爵爵位。国君为姜姓。建国君主是许文叔。

④四岳：相传为共工的后裔，因佐禹治水有功，赐姓姜，封于吕，并使为诸侯之长。一说四岳为尧臣羲和之四子，分掌四方之诸侯。

⑤《穆天子传》：书名。撰者不详。约为春秋末到战国初时作。晋咸宁五年（279）在汲郡（今河南汲县）战国魏襄王墓中出土的汲冢书之一。主要记录的是周穆王西征西方诸国和巡游中原的故事。

⑥建初四年：79 年。建初，东汉章帝刘炟（dá）的年号（76—84）。

⑦马光：东汉扶风茂陵（今陕西兴平北）人。马援子。汉章帝建初中封许侯，拜卫尉。

⑧《春秋佐助期》：书名。汉代谶纬类著作。具体不详。

⑨汉以许失天下：《水经注疏》杨守敬按："汉当以许亡，魏当以许昌（今河南许昌）……戴（震）不加详考，臆删'昌'字，与下句亦不相

应。"许,亘周初封国。姜姓。都城在今河南许昌东三十六里古城。

⑩魏承汉历:三国魏承接汉朝气数。

⑪改名许昌:魏因许而昌盛,故将许改名许昌。

⑫景福殿基:《水经注疏》杨守敬按:"《元和志》,景福殿基址在许昌
故城内西南隅。"

⑬魏明帝太和中造:《水经注疏》杨守敬按:"《魏志·明帝纪》太和六
年起景福殿。"太和,三国魏明帝曹叡(ruì)的年号(227—233)。

⑭准价:核准价值。准,核准,核算。

【译文】

洧水又往东南流,分为两条水,支流往东北流,注入沙水,另一条往东流经许昌县。许昌从前是男爵的封国,姓姜,是四岳的后代。《穆天子传》说天子在洧上会见许男。汉章帝建初四年,把这里封给马光,立为侯国。《春秋佐助期》说:汉因为许失了天下,到魏继汉而立,就改名为许昌。城内有景福殿旧基,景福殿建于魏明帝太和年间,造价达八百多万。

洧水又东入汶仓城内①,俗以是水为汶水,故有汶仓之名,非也。盖洧水之邸阁耳②。

【注释】

①汶仓:在今河南鄢陵西北洧水(双洎河)旁。

②邸阁:古代官府所设储存粮食等物资的仓库。

【译文】

洧水又往东流入汶仓城内,民间把这条水叫汶水,所以有汶仓的名称,其实不对。那是洧水的仓储城。

洧水又东迳鄢陵县故城南①。李奇曰②:六国为安陵也③,昔秦求易地,唐且受使于此④。汉高帝十二年⑤,封都尉朱濞

为侯国⑥。王莽更名左亭。

【注释】

①鄢陵县：北魏改隔陵县置，属颍川郡。治所在今河南鄢陵西北十八里古城。

②李奇：南阳人。曾为《汉书》做过注解。

③六国：指战国时位于函谷关以东的齐、楚、燕、韩、赵、魏六国。

④唐且（jū）：亦作唐雎（jū）。战国时魏国策士。齐、楚相约攻魏，唐雎奉安陵君之命出使秦国，面请秦昭王出兵救魏，最终保存了国家。

⑤汉高帝十二年：前195年。

⑥朱濞：西汉诸侯。初为秦卒。秦末起兵于丰，不久归汉，为都尉，曾击败项籍、臧荼等。高祖元年（前206）十二月封为偃陵侯。都尉：官名。战国时始置，秦汉沿置。为高级将领之下的中级武官，地位略低于校尉。

【译文】

洧水又往东流经鄢陵县旧城南边。李奇说：六国时称安陵，昔日秦国要求调换土地，唐且接受使命曾到过这里。汉高帝十二年，将这里封给都尉朱濞，立为侯国。王莽改名为左亭。

洧水又东，鄢陵陂水注之①。水出鄢陵南陂东，西南流注于洧水也。

【注释】

①鄢陵陂水：《水经注疏》熊会贞按："水在今鄢陵县（今河南鄢陵）西。"

【译文】

洧水又东流，鄢陵陂水注入。此水出自鄢陵南陂东边，往西南流，注入洧水。

又东南过新汲县东北^①，

洧水自鄢陵东迳桐丘南^②，俗谓之天井陵，又曰冈，非也。

【注释】

①新汲县：西汉神爵三年（前59）置，属颍川郡。治所在今河南扶沟
　西南二一里汲下村。

②桐丘：春秋郑邑。在今河南扶沟西二十里。

【译文】

洧水又往东南流经新汲县东北，

洧水从鄢陵往东流经桐丘南，俗称天井陵，又称天井冈，都不对。

洧水又屈而南流，水上有梁，谓之桐门桥，藉桐丘以取称，亦言取桐门亭而著目焉^①，然不知亭之所在，未之详也。

【注释】

①著目：命名。

【译文】

洧水又转弯向南流，水上有桥，称为桐门桥，是按桐丘取名，也有人说是因桐门亭得名，但不知这亭在什么地方，这些也弄不清楚。

洧水又东南迳桐丘城。《春秋左传·庄公二十八年》^①，楚伐郑，郑人将奔桐丘，即此城也。杜预《春秋释地》曰：颍川许昌城东北^②。京相璠曰：郑地也。今图无而城见存，西南去许昌故城可三十五里^③，俗名之曰堤。其城南即长堤^④，固洧水之北防也。西面桐丘，其城邪长而不方^⑤，盖凭丘之称，即城之名矣。

【注释】

①庄公二十八年：前 666 年。

②颍川：即颍川郡。许昌：即许昌县。三国魏黄初二年（221）改许县置。为颍川郡治。治所在今河南许昌东三十六里古城。

③可：大约。

④长堤：《水经注疏》熊会贞按："《一统志》，此故堤在鄢陵县（今河南鄢陵）北。"

⑤邪长：即斜长。

【译文】

洧水又往东南流经桐丘城。《春秋左传·庄公二十八年》，楚国攻打郑国，郑人逃奔到桐丘，就是此城。杜预《春秋释地》说：桐丘城在颍川许昌城东北。京相璠说：桐丘是郑的地方。今天地图上没有城，实际上却还在，西南距许昌旧城约三十五里，民间叫堤。城南就是长堤，是原来洧水北岸的堤防。西边面对桐丘，城就是按此丘而取名的，城形呈斜长状，而不方正。

洧水又东迳新汲县故城北。汉宣帝神雀二年置于许之汲乡曲洧城①，以河内有汲县②，故加新也。城在洧水南堤上。

【注释】

①神雀二年：前 60 年。神雀，亦作神爵，西汉宣帝刘询的年号（前 61—前 58）。许：即许县。秦置，属颍川郡。治所在今河南许昌东三十六里古城。曲洧城：春秋郑邑。在今河南扶沟西南二十里汲下村。

②河内：即河内郡。秦置。治所在怀县（今河南武陟西南）。汲县：西汉置，属河内郡。治所在今河南卫辉西南二十里汲城。

【译文】

洧水又往东流经新汲县旧城北边。汉宣帝神雀二年，在许的汲乡曲洧城设县，因为河内已有汲县，所以称新汲。城坐落在洧水的南堤上。

又东,洧水右迤为瀖陂①。

【注释】

①迤:曲折流淌。瀖(hù)陂:《水经注疏》熊会贞按:"《一统志》,护陵陂在扶沟县(今河南扶沟)西南二十里,即瀖陂。"

【译文】

洧水又东流,向右分支流出,形成瀖陂。

洧水又迳匡城南①,扶沟之匡亭也。又东,洧水左迤为鸭子陂②,谓之大穴口也。

【注释】

①匡城:春秋郑邑。在今河南扶沟西。

②鸭子陂:《水经注疏》熊会贞按:"《地形志》,新汲有鸭子陂。《一统志》称《旧志》鸭冈陂在扶沟县南三十五里,即鸭子陂。"

【译文】

洧水又流经匡城南边,就是扶沟县的匡亭。又往东流,洧水向左分支流出,形成鸭子陂,称为大穴口。

又东南过茅城邑之东北①,

洧水自大穴口东南迳洧阳城西②,南迳茅城东北,又南,左合甲庚沟③。沟水上承洧水于大穴口,东北枝分,东迳洧阳故城南。俗谓之复阳城,非也,盖洧、复字类音读变。汉建安中④,封司空祭酒郭奉孝为侯国。其水又东南为鸭子陂,陂广十五里,余波南入甲庚沟,西注洧,东北泻沙⑤。

【注释】

①茅城邑：《水经注疏》杨守敬按：“在今扶沟县（今河南扶沟）西南。”

②洧阳城：《水经注疏》杨守敬按：“城在今扶沟县南。”

③甲庚沟：当在今河南扶沟一带。《水经注疏》熊会贞按：“此即《渠水》篇所谓沙水枝渎，西南达洧，谓之甲庚沟也。”

④建安：东汉献帝刘协的年号（196—220）。

⑤泻沙：《水经注疏》熊会贞按：“泻沙非此水入沙，乃泄沙水之流耳。”

【译文】

洧水又往东南流过茅城邑东北，

洧水从大穴口往东南流经洧阳城西边，往南流经茅城东北，又南流，在左边与甲庚沟汇合。沟水上游在大穴口承接洧水，往东北分出支流，往东流经洧阳旧城南边。洧阳城民间叫復阳城，其实不是，因为洧、復两字形近而误，读音也就随着字而改变了。汉朝建安年间，把这里封给司空祭酒郭奉孝，立为侯国。沟水又往东南流，形成了鸭子陂，陂宽广十五里，陂水向南注入甲庚沟，甲庚沟从东北导入沙水，往西注入洧水。

洧水又南迳一故城西，世谓之思乡城①，西去洧水十五里。

【注释】

①思乡城：《水经注疏》杨守敬按：“《地形志》，襄邑治思都城，都为乡之误，当以此正之。在今西华县（今河南西华）北二十里。”

【译文】

洧水又往南流经一座旧城西边，世人称之为思乡城，西距洧水十五里。

洧水又右合濦陂水。水上承洧水于新汲县①，南迳新汲县故城东，又南积而为陂，陂之西北即长社城②。陂水东翼洧堤③，西面茅邑，自城北门列筑堤道④，迄于此冈。世尚谓之茅冈⑤，即《经》所谓茅城邑也。陂水北出东入洧津，西纳北异流⑥。

【注释】

①新汲县：西汉神爵三年（前59）置，属颍川郡。治所在今河南扶沟西南二一里汲下村。

②长社城：全祖望认为，长舍即长社之变。戴震以舍为讹，改作社。《水经注疏》熊会贞按："《地形志》，新汲有长合戍，舍与合形近致误。然厂征此《注》本作舍，不作社。戴改失之。在今扶沟县（今河南扶沟）西南。"

③翼洧堤：以洧堤为翼。这里指洧堤像翅膀一样在陂水的两边。

④列筑：两边修建。

⑤茅冈：即茅城邑。在今扶沟西南。

⑥西纳北异流：武英殿本《水经注》："案此句有脱误，未详。"赵一清《水经注释》及杨守敬、熊会贞《水经注疏》均作"西北纳异流"。译文从之。

【译文】

洧水又在右边与渡陂水汇合。此水上口在新汲县承接洧水，往南流经新汲县旧城东边，又往南流，积水成为陂塘，陂塘西北就是长社城。陂水的东边有洧水堤防翼护，西边面对茅邑，从城北门开始修筑堤道，直到山冈边。人们还称之为茅冈，就是《水经》里所说的茅城邑。陂水从北面流出，东流注入洧水，西北接纳了一条异流。

又东过习阳城西①，折入于颍。

洧水又东南迳辰亭东②，俗谓之田城，非也。盖田、辰声相近，城、亭音韵联故也。《经》书③：鲁宣公十一年④，楚子、陈侯、郑伯盟于辰陵也⑤。京相璠曰：颍川长平有故辰亭。杜预曰：长平县东南有辰亭。今此城在长平城西北，长平城在东南，或杜氏之谬，《传》书之误耳⑥。长平东南淋陂北畔有一阜⑦，东西减里⑧，南北五十许步，俗谓之新亭台⑨，又疑是杜氏所谓辰亭而未之详也。

【注释】

①习阳城：在今河南西华西南。

②辰亭：《水经注疏》杨守敬按："当在今西华县（今河南西华）西北。"

③《经》：此指《春秋经》。为鲁国史书之专名。

④鲁宣公十一年：前 598 年。

⑤辰陵：春秋陈邑。在今河南西华西北。

⑥《传》书：此指《左传》。

⑦淋陂：《水经注疏》熊会贞按："此即涝陂（今河南周口淮阳区）。涝陂见下文及《渠水》篇，淋乃涝字之脱烂，今订。"译文从之。

⑧减：不足，大约。

⑨新亭台：《水经注疏》杨守敬按："在长平（今河南西华）东南。"

【译文】

洧水又往东流过习阳城西边，转弯注入颍水。

洧水又往东南流经辰亭东边，俗称田城，说得不对。大概是田、辰音近，城、亭韵同而音讹的缘故。《春秋经》载，鲁宣公十一年，楚子、陈侯、郑伯在辰陵会盟。京相璠说：颍川长平有旧辰亭。杜预说：长平县东南有辰亭。今天此城在长平城西北，长平城在东南，也许杜氏的差错是因《左传》里记载失误引起的吧。长平东南涝陂北岸有一座土丘，东西长近一里，南北宽五十来步，俗称新亭台，也许就是杜氏所说的辰亭了，但不大清楚。

洧水又南迳长平县故城西①，王莽之长正也。

【注释】

①长平县故城：《水经注疏》杨守敬按："在今西华县（今河南西华）东北十八里。"

【译文】

洧水又往南流经长平县旧城西边，王莽时称为长正。

洧水又南分为二水，枝分东出，谓之五梁沟①，迳习阳城北，又东迳赭丘南②，丘上有故城。《郡国志》曰③：长平故属汝南④，县有赭丘城。即此城也。

【注释】

①五梁沟：《水经注疏》杨守敬按："当在今西华县（今河南西华）西。"

②赭丘：春秋宋地。在今河南西华县北。

③《郡国志》：晋司马彪《续汉书》中的"八志"之一。记述东汉时期全国行政区划、人口以及《春秋》和"前三史"所载征伐、会盟所在的地名。

④汝南：即女南郡。西汉高帝四年（前203）置。治所在上蔡县（今河南上蔡西南）。东汉徙治平舆县（今河南平舆北）。三国魏徙治新息（即河南息县）。

【译文】

洧水又南流分为两条，向东分流的称为五梁沟，流经习阳城北边，又往东流经赭丘南边，丘上有旧城。《郡国志》说：长平从前属汝南郡，县里有赭丘城。就指此城。

又东迳长平城南，东注涝陂。

【译文】

五梁沟又往东流经长平城南边，往东注入涝陂。

洧水南出，谓之鸡笼水，故水会有笼口之名矣[①]。

【注释】

①笼口：当在今河南西华一带。《水经注疏》杨守敬按："言水会则是洧水入颍水之口，非如上大穴为水出之口也。"

【译文】

洧水向南流出，称为鸡笼水，所以汇流处有笼口的地名。

洧水又东迳习阳城西，西南折入颍。《地理志》曰：洧水东南至长平县入颍者也[①]。

【注释】

①长平县：战国魏置。后入秦属陈郡。治所在今河南西华东北十八里。西汉属汝南郡。

【译文】

洧水又往东流经习阳城西边，转向西南注入颍水。《地理志》说：洧水往东南流到长平县注入颍水。

渶水

渶水出河南密县大騩山[①]，

大騩，即具茨山也。黄帝登具茨之山，升于洪堤上，受《神芝图》于华盖童子[②]，即是山也。渶水出其阿[③]，流而为陂[④]，俗谓之玉女池。东迳陉山北[⑤]。《史记》：魏襄王六年[⑥]，败楚于陉山者也。山上有郑祭仲冢⑦,冢西有子产墓⑧,累石为方坟。坟东有庙,并东北向郑城⑨。杜元凯言不忘本⑩。际庙旧有一枯柏树⑪,其尘根故株之上,多生稚柏成林,列秀青青⑫,望之奇可嘉矣。

【注释】

① 溱(yì)水:又名浍河、艾城河。颍水支流。源出今河南新密东南大騩山,东南流经新郑、长葛、许昌等县市,至临颍入颍。河南:即河南郡。汉高祖二年(前205)改河南国置。治所在洛阳县(今河南洛阳东北汉魏故城)。东汉、三国魏建都于洛阳,置尹。密县:西汉置,属河南郡。治所在今河南新密东南三十里。大騩(guī)山:即具茨山。在今河南新密东南。

②《神芝图》:书名。古代的神仙之书,具体不详。

③ 阿:山坳,山麓。

④ 陂:池塘,水池。

⑤ 陉山:《水经注疏》杨守敬按:“《续汉志》,密县有陉山。《括地志》,陉山在新郑县(今河南新郑)西南三十里。”

⑥ 魏襄王六年:前313年。魏襄王,战国魏惠王之子。以张仪为相,秦屡败魏军,王予秦以河西地。

⑦ 郑祭(zhài)仲:即祭足,字仲,又称祭仲。春秋时郑国大臣。著名政治家、谋略家。

⑧ 子产墓:《水经注疏》杨守敬按:“《地形志》,密县有子产墓。《括地志》,在新郑县西南三十五里。”子产,即郑国大夫公孙侨,字子产。执政四十余年,晋、楚不能加兵于郑。

⑨ 郑城:当在今河南新郑一带。

⑩ 杜元凯:即杜预,字元凯。京兆杜陵(今陕西西安)人。西晋经学家。言不忘本:《晋书·杜预传》:“预先为遗令曰:‘山上有冢,问

耕父,云是郑大夫祭仲,或云子产之冢也,遂率从者祭而观焉。其造冢居山之顶,四望周达,连山体南北之正而邪东北,向新郑城,意不忘本也。"段熙仲点校、陈桥驿复校《水经注疏》:"郦《注》作'并'者,意主祭仲、子产二墓均东北向新郑,二人皆郑大夫,皆不忘本也。"

⑪际:靠近、接近。

⑫列秀:这里指从尘根故株上生长出来的排排枝条。

【译文】

洧水

洧水发源于河南郡密县的大騩山,

大騩山就是具茨山。黄帝登上具茨山,爬到洪堤上,从华盖童子手里接受了《神芝图》,就是在这座山上。洧水发源于山坳里,流出后积聚成陂,俗称玉女池。池水往东流经陉山以北。《史记》载:魏襄王六年,在陉山打败了楚军。山上有郑祭仲墓,墓西有子产墓,用石块垒砌成方坟。坟东有一座庙,都面向东北,朝着郑城。杜元凯说这是不忘本。庙旁原来有一株枯柏树,在它的旧根残株上,长出许多小柏树,郁然成丛,满眼青翠欲滴,可称是一种奇妙的美景。

洧水又东南迳长社城西北①,南濮、北濮二水出焉②。刘澄之著《永初记》云③:《水经》濮水④,源出大騩山,东北流注泗,卫灵闻音于水上⑤。殊为乖矣⑥。余按《水经》为洧水不为濮也。是水首受洧水⑦,川渠双引⑧,俱东注洧。洧与之过沙⑨,枝流派乱⑩,互得通称⑪。是以《春秋·昭公九年》⑫,迁城父人于陈⑬,以夷濮西田益之⑭。京相璠曰:以夷之濮西田益也。杜预亦言,以夷田在濮水西者与城父人。服虔曰:濮,水名也。且字类音同⑮,津澜邈别⑯,不得为北濮上源,师氏传音于其上矣^⑰。

【注释】

①长社城：战国魏邑。在今河南长葛东。秦置县。

②南濮、北濮二水：《水经注疏》杨守敬按："二水自洧水出，见彼篇。在今长葛县（今河南长葛）西北。"

③刘澄之：南朝宋武帝刘裕的族弟刘遵考之子。累官豫州刺史、都官尚书。著作甚丰。《永初记》：书名。全称《永初山川古今记》。刘澄之撰，二十卷。已佚。

④濮水：一名濮渠水。流经春秋时卫地。上游一支首受济水于今河南封丘西，东北流；一支首受黄河于今原阳北，东流经延津南。二支合流于今长垣西。东流经长垣北至滑县东南，此下又分为二：一支经山东东明北，东北至鄄城南注于瓠子河；一支经东明南，又东经菏泽北注入钜野泽。

⑤卫灵闻音于水上：《史记·乐书》："而卫灵公之时，将之晋，至于濮水之上舍，夜半时闻鼓琴声，问左右，皆对曰：'不闻。'乃召师涓曰：'吾闻鼓琴音，问左右，皆不闻。其状似鬼神，为我听而写之。'师涓曰：'诺。'因端坐援琴，听而写之。"卫灵，卫献公之孙，名元。昏庸无道，夫人南子秉权，政治昏乱。孔子曾言"卫灵公之无道也"。

⑥乖：乖谬，错误。

⑦首受：上游接纳。

⑧川渠：水渠。双引：从两个水源发源。

⑨沙：即沙水。故道自今河南周口淮阳区境内分古狼汤渠东出，又东至鹿邑南，又东略循今安徽茨河，经涡阳、蒙城西，至怀远西入淮水。

⑩派乱：分分合合。派，分流。乱，汇合。

⑪互得通称：相互称名。

⑫ 昭公九年：前 533 年。

⑬ 城父：又名夷邑。春秋陈地。即今安徽亳州东南七十里城父镇。陈：
　　春秋楚灭陈国置。秦为陈郡治。治所即今河南周口淮阳区。秦
　　末陈涉称王都此。

⑭ 以夷濮西田益之：以夷田在濮水西岸者与城父人。濮水在安徽亳
　　州西境，今已消失。夷，即城父。此时改城父为夷。

⑮ 字类音同：师氏作靡靡之音的"濮水"，一名濮渠水，流经春秋时卫
　　地。而"以夷濮西田益之"的"濮水"，在今安徽亳州西境，已消失。
　　两个都是"濮水"，故郦道元说"字类音同"。

⑯ 津澜：水流。邈别：距离相差太远。

⑰ 师氏传音于其上：《水经注疏》熊会贞按："师延为纣作靡靡之乐，
　　投濮水死。后，卫灵闻新声于水上。见《济水》篇北濮下。乃刘
　　氏误以此濮水当之。郦氏明濮注洧，洧枝流与过、沙乱流，亦得称
　　濮，并引《春秋》事者，见此濮水之下流，即夷之濮水，与师氏传音
　　之濮水，渺不相涉也。"师氏，即商纣王的乐师师延。为纣王作靡
　　靡之乐。武王伐纣，师延自投濮水而死。

【译文】

　　潩水又往东南流经长社城西北，南濮、北濮两条水都从这里流出。
刘澄之著的《永初记》说：《水经》记载的濮水，发源于大騩山，往东北流，
注入泗水，卫灵公曾在水上听到音乐。这是完全搞错了。我查考《水经》，
发源于大騩山的是潩水而不是濮水。南、北濮水的上口都承接潩水，两
渠并流，往东都注入洧水。洧水与濮水合流，又注入沙水，支流交错凌乱，
所以可互相通称。《春秋·昭公九年》，把城父人迁到陈，划了一些夷濮
以西的田亩添补给他们。京相璠说：以夷的濮西田亩添补给他们。杜预
也说，把夷在濮水西的田地划给城父人。服虔说：濮是水名。师氏作靡
靡之音的濮水与这条濮水，虽然字合音同，但此濮与彼濮互不相涉，它不
是北濮的上源。

　　溱水又南迳锺亭西[1]，又东南迳皇台西，又东南迳关亭西[2]，又东南迳宛亭西[3]，郑大夫宛射犬之故邑也[4]。

【注释】

①锺亭：在今河南长葛东北。魏太傅锺繇故里。

②关亭：《水经注疏》熊会贞按："亭当在今长葛县（今河南长葛）西南。"

③宛亭：《水经注疏》熊会贞按："亭亦当在今长葛县西南。"

④宛（yuān）射犬：春秋郑简公时大夫。

【译文】

　　溱水又往南流经锺亭西边，又往东南流经皇台西边，又往东南流经关亭西边，又往东南流经宛亭西边，这是郑国大夫宛射犬的旧邑。

　　溱水又南分为二水。一水南出迳胡城东[1]，故颍阴县之狐人亭也[2]。其水南结为陂，谓之胡城陂[3]。

【注释】

①胡城：《水经注疏》熊会贞按："城亦当在今长葛县（今河南长葛）西南。"

②颍阴县：秦置，属颍川郡。治所在今河南许昌。狐人亭：春秋周邑。在今河南长葛西南。

③胡城陂：《水经注疏》杨守敬按："陂以城为名。在城东南，亦当在今长葛县西南。"

【译文】

　　溱水又南流分为两条。一条向南流出，经过胡城东边，就是旧颍阴县的狐人亭。水往南流，积聚成为陂塘，称为胡城陂。

　　溱水自竹渠东迳曲强城东[1]，皇陂水注之。水出西北皇台七女冈北^②，皇陂即古长社县之浊泽也^③。《史记》：魏惠王元年^④，韩懿侯与赵成侯合军伐魏^⑤，战于浊泽是也。其陂北对鸡鸣城^⑥，即长社县之浊城也。陂水东南流迳胡泉城北^⑦，故颍阴县之狐宗乡也。又东合狐城陂水，水上承皇陂，而东南流注于黄水，谓之合作口。而东迳曲强城北，东流入溟水。时人谓之敕水，非也。敕、溟音相类，故字从声变耳。

【注释】

①枝渠：支流。曲强城：当在今河南长葛一带。

②皇台：一作黄台。即黄台县。东魏兴和元年（539）析阳翟县置，属阳翟郡。治所在今河南禹州东。七女冈：在今河南禹州东北。

③皇陂：亦称浊泽。在今河南长葛西。长社县：战国秦置，属颍川郡。治所在今河南长葛东北。北魏为颍川郡治。

④魏惠王元年：前369年。魏惠王，姬姓，魏氏，名䓨。战国时魏国国君。因魏都大梁，故又称梁惠王。惠是谥号。或称魏惠成王。

⑤韩懿侯：战国时韩国国君。韩哀侯之子。赵成侯：嬴姓，赵氏，名种。战国时赵国国君。

⑥鸡鸣城：在今河南禹州东北。

⑦胡泉城：《水经注疏》熊会贞按："城当在今长葛县（今河南长葛）西南。"

【译文】

溟水从支渠往东流经曲强城东边，皇陂水注入。皇陂水发源于西北的皇台七女冈北麓，皇陂就是古时长社县的浊泽。《史记》载：魏惠王元年，韩懿侯和赵成侯合兵进攻魏国，在浊泽开战。此陂北面直对鸡鸣城，就是长社县的浊城。陂水往东南流经胡泉城北边，这里是旧颍阴县的狐宗乡。又往东流，与胡城陂水汇合，陂水上口承接皇陂，往东南流，注入黄水，汇流处称合作口。汇合后往东流经曲强城北边，往东流注入溟水。当时人称之为敕水，这是不对的。敕、溟二字音近，因此字就随音而变了。

　　溟水又迳东、西武亭间①，两城相对，疑是古之岸门②，史迁所谓走犀首于岸门者也③。徐广曰：颍阴有岸亭④。未知是否。溟水又南迳射犬城东⑤，即郑公孙射犬城也⑥。盖俗谬耳。

【注释】

①东、西武亭：《水经注疏》杨守敬按："在今许州（今河南许昌）西北。"

②岸门：战国韩地。在今河南许昌西北。

③犀首：指公孙衍。姬姓，公孙氏，名衍，号犀首（一说因他曾任魏犀首，故称）。战国纵横家。

④岸亭：即岸门。

⑤射犬城：在今河南许昌。

⑥郑公孙：即郑大夫射犬。

【译文】

　　溟水又流经东武亭和西武亭之间，两城相对，这里可能就是古时的岸门，即司马迁所说的，犀首在岸门败走的地方。徐广说：颍阴有岸亭。不知是否就是此处。溟水又往南流经射犬城东边，就是郑公孙的射犬城。称射犬城是民间的误传。

　　溟水又南迳颍阴县故城西，魏明帝封司空陈群为侯国①。

【注释】

①司空：官名。掌管土木建筑和水利工程。陈群：字长文。三国魏

颖川许昌（今河南许昌东）人。陈纪子。与孔融相交，少有显名。
魏明帝时官至司空、录尚书事。封颍阴侯。

【译文】

渼水又往南流经颍阴县旧城西边，魏明帝把这里封给司空陈群，立
为侯国。

其水又东南迳许昌城南①，又东南与宣梁陂水合②。陂
上承狼陂于颍阴城西南，陂南北二十里，东西十里。《春秋
左传》曰：楚子伐郑师于狼渊是也③。其水东南入许昌县，
迳巨陵城北④，郑地也。《春秋左氏传·庄公十四年》⑤，郑
厉公获傅瑕于大陵⑥。京相璠曰：颍川临颍县东北二十五里
有故巨陵亭，古大陵也。其水又东积而为陂，谓之宣梁陂也。
陂水又东南入渼水。

【注释】

①许昌：即许昌县。三国魏黄初二年（221）改许县置，为颍川郡治。
　治所在今河南许昌东三十六里古城。

②宣梁陂水：当在今河南许昌一带。

③狼渊：又名狼陂。在今河南许昌西。

④巨陵城：《水经注疏》杨守敬按："在今临颍县（今河南临颍）北。"

⑤庄公十四年：前 680 年。

⑥郑厉公：姬姓，名突。春秋时郑国国君。郑庄公次子。傅瑕：春秋
　时郑国人。郑厉公时大夫。厉公为祭仲所逐，后侵郑及大陵，获瑕。
　瑕谓如获释，将助厉公回国，厉公乃与之盟而赦之。即杀郑子而
　迎厉公。大陵：春秋郑地。在今河南临颍东北十二里巨陵乡。

【译文】

渼水又往东南流经许昌城南，又往东南流与宣梁陂水汇合。陂水上

口在颍阴城西南承接狼陂,狼陂南北二十里,东西十里。《春秋左传》说:楚子在狼渊攻打郧军。狼渊水往东南流入许昌县,流经巨陵城北边,这是郑的地域。《春秋左氏传·庄公十四年》,郑厉公在大陵俘获傅瑕。京相璠说:颍川临颍县东北二十五里有旧巨陵亭,就是古时的大陵。狼陂水又东流,积水成陂,称为宣梁陂。陂水又往东南注入潩水。

洧水又西南流迳陶城西[①],又东南迳陶陂东[②]。

【注释】

①陶城:在今河南鄢陵南。

②陶陂:《水经注疏》熊会贞按:"此即《㶏水》篇之陶枢陂。在今临颍县(今河南临颍)东。"

【译文】

洧水又往西南流经陶城西边,又往东南流经陶陂东边。

东南入于颍。

【译文】

洧水往东南注入颍水。

潧水
潧水出郑县西北平地[①],

潧水出郐城西北鸡络坞下[②],东南流迳贾复城西[③],东南流,左合滚水[④]。水出贾复城东,南流注于潧。

【注释】

①潧(zhēn)水:即溱水,又名郐水。即今河南新密东溱河。郑县:

春秋秦武公十一年（前687）灭郑国置。治所即今陕西渭南市华
州区。秦属内史，西汉属京兆尹。三国魏属京兆郡。

②郐：又作桧或会。西周封国，妘姓。在今河南新密东七十里古城
角寨村。鸡络坞：当在今河南新密一带。

③贾复城：即今河南宝丰。

④渁水：《水经注疏》熊会贞按："在今密县（今河南新密）东北。"

【译文】

溱水

溱水发源于郑县西北的平地上，

溱水发源于郐城西北鸡络坞下，往东南流经贾復城西边，往东南流，
在左边与渁水汇合。渁水发源于贾复城东边，往南流，注入溱水。

溱水又南，左会承云山水。水出西北承云山①，东南历
浑子冈东注，世谓冈峡为五鸣口，东南流注于溱。

【注释】

①承云山：在今河南新密东北十八里。

【译文】

溱水又往南流，左边与承云山水汇合。承云山水发源于西北方的承
云山，往东南流过浑子冈，往东注入，人们把冈峡叫五鸣口，往东南流，注
入溱水。

溱水又东南流，历下田川，迳郐城西，谓之为柳泉水
也。故史伯答桓公曰①：君以成周之众②，奉辞伐罪③，若克
虢、郐④，君之土也，如前华后河⑤，右洛左济⑥，主芣騩而食
溱、洧⑦，修典刑以守之，可以少固⑧。即谓此矣。

【注释】

① 史伯：或称太史伯。西周幽王太史官。桓公：即郑桓公姬友。幽王失德，诸侯多叛，桓公迁其民于侩、东虢之间，为建郑国立下基础。

② 成周：西周初周公平定武庚叛乱后营建。在今河南洛阳旧城西至王城公园一带。

③ 奉辞：谓秉君主之正辞。

④ 虢：西周封国。有西虢、东虢、北虢。西虢在今陕西宝鸡东。东虢在今河南荥阳东北。北虢在今河南三门峡市、山西平陆一带。这里似指东虢。

⑤ 华：即华山。又称太华山。在今陕西华阴南十里。河：即黄河。

⑥ 洛：即洛水。即今河南洛河。为黄河支流。古时作"雒"。济：即济水，一名沛（zǐ）水。古四渎之一。包括黄河南、北两部分。河北部分源出今河南济源西王屋山，下游屡经变迁。《禹贡》时济水在今河南武陟南入河。《水经》时在今河南温县入河。

⑦ 苿虒（fú suī）：山名。当在河南新密。洧（wěi）：即今河南双洎河。

⑧ 少：通"秒"。渐渐。

【译文】

涫水又往东南流经下田川，流过郐城西边，称为柳泉水。曾经史伯回答桓公说：您就凭着成周的兵力，伸张正义，讨伐有罪，如果攻克虢、郐，那地方就是您的土地了，到那时前有华山，后有河水，左据济水，右拥洛水，以苿虒山为家，靠涫、洧两条水养活，制订典章刑律来治理，国家就巩固了。说的就是这里。

涫水又南，悬流奔壑，崩注丈余①，其下积水成潭，广四十许步，渊深难测。又南注于洧。《诗》所谓溱与洧者也②。世亦谓之为郐水也③。

【注释】

①崩注：崩落倾注。

②《诗》：此指《诗经·郑风·溱洧》篇。

③郐（kuài）水：即潧水，亦称溱水。即今河南新密东溱河。

【译文】

潧水又南流，从悬崖上奔泻入岩窦，崖高丈余，水声轰鸣，下面积水成潭，宽约四十步，水深莫测。此水又南流注入洧水。这就是《诗经》所说的溱水与洧水。世人也称之为郐水。

东过其县北，又东南过其县东，又南入于洧水。

自郐、潧东南，更无别渎，不得迳新郑而会洧也①。郑城东入洧者，黄崖水也②，盖《经》误证耳。

【注释】

①新郑：即新郑县。战国秦置，属颍川郡。治所即今河南新郑。西
　汉属河南郡。

②黄崖水：即今河南新郑西北的黄水。黄崖水因黄崖而得名。

【译文】

潧水往东流过县北，又往东南流过县东，又往南注入洧水。

郐水、潧水的东南方，再也没有别的河流了，潧水不可能流经新郑再与洧水汇合的。在郑城往东注入洧水的是黄崖水，《水经》的记载是错误的。

渠沙水①

渠出荥阳北河②，东南过中牟县之北③，

《风俗通》曰④：渠者，水所居也。渠水自河与济乱流，东迳荥泽北⑤，东南分济，历中牟县之圃田泽⑥，北与阳武

分水⑦。泽多赤黄草⑧,故《述征记》曰⑨:践县境便睹斯宇,穷则知逾界。今虽不能,然谅亦非谬⑩。《诗》所谓东有圃草也⑪。皇武子曰⑫:郑之有原圃,犹秦之有具囿⑬。泽在中牟县西,西限长城⑭,东极官渡⑮,北佩渠水,东西四十许里,南北二十许里。中有沙冈,上下二十四浦,津流径通,渊潭相接。各有名焉:有大渐、小渐、大灰、小灰、义鲁、练秋、大白杨、小白杨、散吓、禺中、羊圈、大鹄、小鹄、龙泽、蜜罗、大哀、小哀、大长、小长、大缩、小缩、伯丘、大盖、牛眼等⑯。浦水盛则北注,渠溢则南播。故《竹书纪年》,梁惠成王十年⑰,入河水于甫田,又为大沟而引甫水者也。又有一渎,自酸枣受河⑱,寻自濮渎,历酸枣迳阳武县南出,世谓之十字沟而属于渠。或谓是渎为梁惠之年所开⑲,而不能详也。斯浦乃水泽之所钟⑳,为郑隰之渊薮矣㉑。

【注释】

①渠沙水:陈桥驿按,武英殿本以《渠》为篇名,但多本均作《渠沙水》,故此本不从殿本,而作《渠沙水》。

②渠:即渠水。指狼汤渠,战国至秦汉之际的鸿沟。为淮河的支流。荥阳:即荥阳县。秦置,属三川郡。治所在今河南郑州西北古荥镇。西汉属河南郡。三国魏正始三年(242)为荥阳郡治。

③中牟县:战国赵置。后入秦,属三川郡。治所在今河南中牟东。西汉属河南郡。

④《风俗通》:书名。一名《风俗通义》。东汉应劭撰。主要收录有关古代历史、风俗礼仪、山河泽薮、怪异传闻等内容。

⑤荥泽:一作荧泽,又名荥波。在今河南郑州西北古荥镇北。春秋战国时尚与济水、黄河相通。

⑥圃田泽:古泽名。又名原圃。在今河南中牟西及郑州东。

⑦阳武:即阳武县。秦置,属三川郡。治所在今河南原阳东南二十八里。西汉属河南郡。西晋属荥阳郡。分水:《水经注疏》杨守敬按:"阳武在渠水北,中牟在渠水南,二县以水为界,故云分水。"

⑧麻黄草:亦称草麻黄、麻黄,是多年生草本植物,有广泛的中药用途。

⑨《述征记》:书名。晋末宋初人郭缘生撰。记述了他跟随刘裕北伐慕容燕、西征姚秦的沿途所见。

⑩谅:的确,确实。

⑪东有圃草:语见《诗经·小雅·车攻》:"田车既好,四牡孔阜。东有甫草,驾言行狩。"

⑫皇武子:春秋时郑国人。事文公,为卿。文公曾问礼于武子。郑穆公元年,从商人弦高处得知秦将攻郑,杞子等三人又在客馆厉兵秣马,以为内应。穆公使武子去辞谢,杞子等三人知郑已有备,即逃离郑。一说皇武子系郑悼公时大夫皇戌之谥。

⑬具囿:即秦之阳纡。在今陕西凤翔附近。

⑭长城:为魏、韩所修筑,自卷县(在今河南原阳西圈城)至阳武县为魏所筑,自阳武至密(在今河南新密)为韩所筑。

⑮官渡:在今河南中牟东北。

⑯"有大渐"句:陈桥驿按,此即古代的圃田泽,春秋时称为原圃,当时是一个大湖,但到《水经注》时代已经分散成二十四个小湖。以后就全部湮废,成为平陆。

⑰梁惠成王十年:前360年。

⑱酸枣:即酸枣县。战国魏置。后入秦,属东郡。治所在今河南延津西南十五里。汉属陈留郡。北魏太和十八年(494)属东郡。

⑲梁惠:即惠成王、魏惠王。魏是国名,姬姓,魏氏,名罃,因魏都大梁,故又称梁惠王。惠是谥号。或称魏惠成王。

⑳钟:汇集,聚集。

㉑隰：低湿的地方。渊薮：聚集之地。

【译文】

渠沙水

渠水出自荥阳北河，往东南流过中牟县北边，

《风俗通》说：渠就是水所存积的地方。渠水从河水分出与济水合流，往东流经荥泽北边，往东南从济水分支而出，流经中牟县圃田泽，北边与阳武县以水为分界。泽中多麻黄草，所以《述征记》说：一踏进县境，到处都可以看见这种草，待到草完了时，就知道过了县界了。今天虽然不能分得这样清楚，但确实这话也不是乱说的。《诗经》里说的东有圃草，就指的是这种麻黄草。皇武子说：郑国有原圃，就像秦国有具圃一样。圃田泽在中牟县西边，西界长城，东到官渡，北连渠水，东西约四十里，南北约二十里。泽中有沙冈，上下有二十四浦，河渠相通，深潭相接。各浦都有名称：有大斩、小渐、大灰、小灰、义鲁、练秋、大白杨、小白杨、散吓、禺中、羊圈、大鹄、小鹄、龙泽、蜜罗、大哀、小哀、大长、小长、大缩、小缩、伯丘、大盖、牛眼，等等。水涨时就向北流注，渠水满溢就向南宣泄。所以《竹书纪年》载，梁惠成王十年，把河水引入甫田，又开凿大沟引入甫水。另一条渠道，经濮渎从酸枣引入河水，经酸枣、阳武县向南流出，世人称之为十字沟，而与渠水相连。有人说这条渠是在梁惠王时开凿的，但也弄不清楚。此浦是水泽汇聚之地，是郑国低洼地集中分布之地。

渠水右合五池沟①。沟上承泽水，下流注渠，谓之五池口。魏嘉平三年②，司马懿帅中军讨太尉王凌于寿春③，自彼而还，帝使侍中韦诞劳军于五池者也④。今其地为五池乡矣。

【注释】

①五池沟：在今河南中牟西。

②嘉平三年：251 年。嘉平，三国魏齐王曹芳的年号（249—254）。

③中军：古代行军作战分左、中、右或上、中、下三军，由主将所在的中军发号施令。太尉：官名。秦统一全国后为最高军事长官。魏晋南北朝时，已成为一种荣誉头衔，并无实权。王淩：字彦云。三国魏太原祁（今山西祁县）人。汉司徒王允侄。司马懿诛曹爽，进淩为太尉，假节钺。淩阴谋滋甚，后被告发，面缚水次，见司马懿。至项，饮药死。寿春：即寿春县。战国后期为楚都。始皇二十三年（前224）属秦，为九江郡治。治所即今安徽寿县。东晋孝武帝时，以避郑太后讳，改为寿阳县。南朝宋又改为睢阳县，北魏复名为寿春县。

④帝：此指魏齐王曹芳。侍中：官名。秦始置，为丞相属官。两汉沿袭，是正规官职外的加官之一。侍从皇帝左右，出入官廷。韦诞：字仲将。太仆韦端之子。有文才，善属辞章。东汉建安中，为郡上计吏，特拜郎中，稍迁侍中中书监，以光禄大夫逊位。

【译文】

渠水又在右边与五池沟汇合。五池沟上口承接泽水，往下注入渠水，汇流处称为五池口。魏嘉平三年，司马懿率中军在寿春讨伐太尉王淩，回师途中，皇帝派侍中韦诞在五池慰劳军队。今天这里已成为五池乡了。

渠水又东，不家沟水注之①。水出京县东南梅山北溪②。《春秋·襄公十八年》③，楚芳子冯、公子格率锐师侵费④，右回梅山。杜预曰：在密东北⑤。即是山也。其水自溪东北流迳管城西⑥，故管国也⑦，周武王以封管叔矣⑧。成王幼弱，周公摄政，管叔流言曰：公将不利于孺子⑨。公赋《鸱鸮》以伐之⑩，即东山之师是也⑪。

【注释】

①不家沟水：简称不家水，俗称管水，隋以后称郑水。在今河南郑州和中牟境内。

②京县：战国韩置。后入秦，属三川郡。治所在今河南荥阳东南二十四里京襄城。西汉属河南郡。三国魏属荥阳郡。梅山：在今河南郑州西南三十五里，与新郑接界。

③襄公十八年：前555年。

④蒍子冯：芳子冯。孙叔敖之侄。郢（今湖北荆州市荆州区）人。春秋时楚令尹。公子格：具体不详。费：亦称费滑。春秋滑国都。在今河南偃师东南府店镇北二里。

⑤密：即密县。西汉置，属河南郡。治所在今河南新密东南三一里。

⑥管城：在今河南郑州。

⑦管国：西周封国，姬姓。都城在今河南郑州。

⑧管叔：名鲜。文王第三子，武王弟。武王灭商，封叔鲜于管。成王继位，年幼，周公旦摄政。管叔与蔡叔、武庚联合东夷作乱。周公东征，管叔与武庚同被诛。

⑨孺子：这里指幼弱的周成王。

⑩《鸱鸮》：指《诗经·豳风·鸱鸮》。旧说该诗为周公所作。诗中以母鸟喻自己，鸱鸮比武庚，被取之子比管、蔡二叔，孺子比成王，室家比周王朝。

⑪东山之师：当为"《东山》之诗"。《诗经·豳风·东山》小序："《东山》，周公东征也。周公东征，三年而归。劳归士，大夫美之，故作是诗也。"译文从之。

【译文】

渠水又左流，不家沟水注入。此水发源于京县东南的梅山北溪。《春秋·襄公十八年》：楚芳子冯、公子格率领精兵侵费，从右边绕过梅山。杜预说：梅山在密县东北。指的就是这座山。水从溪中往东北流经管城西边，这里是从前的管国，周武王把它封给管叔。当时成王年幼，周公摄政，管叔散布流言道：周公掌政将不利于幼王。周公作《鸱鸮》，讨伐管叔，就是《东山》这首诗。

　　《左传·宣公十二年》①,晋师救郑,楚次管以待之。杜预曰京县东北有管城者是也。俗谓之为管水②。又东北,分为二水,一水东北流注黄雀沟③,谓之黄渊,渊周百步。其一水东越长城,东北流,水积为渊,南北二里,东西百步,谓之百尺水④。北入圃田泽,分为二水。一水东北迳东武强城北⑤。《汉书·曹参传》⑥:击羽婴于昆阳⑦,追至叶⑧,还攻武强,因至荥阳⑨。薛瓒云⑩:按武强城在阳武县,即斯城也。汉高帝六年⑪,封骑将庄不识为侯国⑫。又东北流,左注于渠,为不家水口也⑬。一水东流,又屈而南,转东南注白沟也⑭。

【注释】

①宣公十二年:前597年。

②管水:《水经注疏》熊会贞按:"《隋志》管城(今河南郑州)有郑水。《寰宇记》,郑水一名不家水,是俗传展转改易,既以不家水为管水,又变管水为郑水矣。"

③黄雀沟:一名黄渊。《水经注疏》杨守敬按:"今郑州(今河南郑州)西有小贾鲁河,盖即黄雀沟。"

④百尺水:当在河南郑州一带。

⑤武强城:在今河南郑州东北。

⑥曹参:西汉沛(今江苏沛县)人。秦时为沛狱掾,与萧何一起辅佐刘邦定天下,封平阳侯。萧何将死,推贤唯曹参。曹参代萧何为相国,举事无所变更,全遵照萧何规定。百姓歌之:"萧何为法,较若画一;曹参代之,守而勿失。载其清净,民以宁一。"

⑦羽婴:具体不详。昆阳:即昆阳县。秦置,属颍川郡。治所即今河南叶县。

⑧叶:即叶县。战国楚置。后入秦,属南阳郡。治所在今河南叶县

南二十八里旧县。

⑨荥阳：即荥阳县。秦置，属三川郡。治所在今河南郑州西北古荥镇。西汉属河南郡。三国魏正始三年（242）为荥阳郡治。

⑩薛瓒：《汉书》颜师古注中收录有"臣瓒"注《汉书》。但臣瓒姓氏，历来学者考辨，众说纷纭，莫衷一是。此注作薛瓒，未知郦氏何据。

⑪汉高帝六年：前201年。

⑫庄不识：西汉人。因为避汉明帝刘庄的讳，有时称为严不职。以舍人从刘邦起于沛。以骑将入汉，以将军击英布。高祖六年，封武强侯。卒谥庄。

⑬不家水口：《水经注疏》熊会贞按："今东京河自郑州（今河南郑州）西南，东北流入贾鲁河。旧不家水下流，当自州东北，至今中牟县（今河南中牟）西北入渠，已湮。"

⑭白沟：古济水流经今河南原阳东南潴为白马渊，渊水东流为白沟，又东经封丘南、开封北，下游与古济水合。

【译文】

《左传·宣公十二年》，晋军救郑，楚军屯驻于管，严阵以待。杜预所说的京县东北有管城，就指此城。民间称这条水为管水。又往东北流，分为两条，一条往东北流，注入黄雀沟，称为黄渊，渊潭周围百步。另一条往东流，越过长城往东北流，积聚成渊，南北二里，东西百步，称为百尺水。北流注入圃田泽，又分为两条。一条往东北流经东武强城北边。《汉书·曹参传》说：曹参在昆阳攻打羽婴，追到叶，又折回攻打武强，由此到荥阳。薛瓒说：查考武强城在阳武县，就是这座城。汉高帝六年，把这里封给骑将庄不识，立为侯国。水又往东北流，向左注入渠水，汇流处称为不家水口。另一条向东流，又向南转弯，往东南注入白沟。

渠水又东，清池水注之①。水出清阳亭西南平地②，东北流迳清阳亭南，东流，即故清人城也③。《诗》所谓清人在彭④，彭为高克邑也⑤。故杜预《春秋释地》云⑥：中牟县西有清阳亭是也。清水又屈而北流至清口泽⑦，七虎涧水注之⑧。水出华城南冈⑨，一源两派⑩，津川趣别⑪，西入黄雀沟，东为七虎溪，亦谓之为华水也。又东北流，紫光沟水注之。水出华阳城东北而东流，俗名曰紫光涧，又东北注华水⑫。

【注释】

①清池水：当在今河南中牟西。

②清阳亭：即春秋郑清邑。在今河南中牟西。

③清人城：即清阳亭。

④清人在彭：语见《诗经·郑风·清人》："清人在彭，驷介旁旁。二矛重英，河上乎翱翔。"清，郑国地名。彭，郑国地名，在黄河边上。

⑤高克：春秋时郑国人。郑文公时大夫。

⑥《春秋释地》：书名。西晋杜预撰。《隋书·经籍志》只记载有其《春秋释例》十五卷。

⑦清口泽：《水经注疏》熊会贞按："当在今中牟县（今河南中牟）西北。"

⑧七虎涧水：当在今河南新郑北。

⑨华城：即华阳城。战国韩邑。后属魏。在今河南新郑北四十里华阳砦。

⑩一源两派：一个水源流出两条河流。派，分流。

⑪津川：水流。趣别：趋向不同。

⑫华水：《水经注疏》熊会贞按："在今新郑县（今河南新郑）东北。"

【译文】

渠水又往东流，清池水注入。清池水发源于清阳亭西南平地上，往东北流经清阳亭南边，往东流，这里就是过去的清人城。《诗经》说的清人在彭，彭就是高克邑。因此杜预《春秋释地》说：中牟县西有清阳亭。

清水又转弯往北流，到清口泽，七虎涧水注入。此水发源于华城南冈，一个源头分成两道水流，各自朝着不同的方向，西流的注入黄雀沟，东流的叫七虎溪，也称半水。华水又往东北流，紫光沟水注入。紫光沟水出自华阳城东北，往西流，俗称紫光涧。又往东北流，注入华水。

　　华水又东迳裴城北①，即北林亭也。《春秋》：文公与郑伯宴于裴林②，子家赋《鸿雁》者也③。《春秋·宣公元年》④，诸侯会于裴林以伐郑，楚救郑，遇于北林⑤。服虔曰：北林，郑南地也。京相璠曰：今荥阳苑陵县有故林乡⑥，在新郑北⑦，故曰北林也。余按林乡故城在新郑东如北七十许里⑧，苑陵故城在东南五十许里，不得在新郑北也。考京、服之说，并为疏矣。杜预云：荥阳中牟县西南有林亭，在郑北。今是亭南去新郑县故城四十许里，盖以南有林乡亭，故杜预据是为北林，最为密矣。又以林乡为裴，亦或疑焉。诸侯会裴、楚遇于此，宁得知不在是而更指他处也。积古之传，事或不谬矣。

【注释】

①裴（fěi）城：即北林亭。春秋郑地。在今河南新郑东北。

②文公：即鲁文公，姬姓，名兴。春秋时鲁国国君。鲁僖公之子。尝败翟于咸（今山东郓城西）。获长翟乔如。裴林：又作斐、斐。春秋郑邑，在今河南尉氏西。

③子家赋《鸿雁》：子家，郑大夫公子归生之字。《鸿雁》，《诗经·小雅》篇名。取侯伯哀恤鳏寡，有征行之劳。言郑国寡弱，希望鲁君至晋，为郑请平。按，以上语见《左传·文公十三年》。

④宣公元年：前608年。

⑤北林：春秋郑地。在今河南郑州东南。

⑥苑陵县：秦置，属颍川郡。治所在今河南新郑东北三十里。西汉属河南郡。西晋属荥阳郡。

⑦新郑：春秋、战国时郑国之都。即今河南新郑。

⑧东如北：东面稍北。如，略，稍，偏。

【译文】

华水又往东流经柴城北边，就是北林亭。《春秋》中文公与郑伯在柴林会宴，子家作《鸿雁》赋，就是这地方。《春秋·宣公元年》，诸侯为伐郑在柴林会合，楚国去援救郑，在北林与诸侯军相遇。服虔说：北林是郑国南部地方。京相璠说：今天荥阳苑陵县有旧时的林乡，因地处新郑以北，所以称北林。我查考林乡旧城在新郑东偏北七十来里，苑陵旧城在新郑东南五十来里，不可能在新郑北面。这样看来，京相璠、服虔的说法都有错误。杜预说：荥阳中牟县西南有林亭，在郑北部。今天此亭南距新郑县旧城四十来里，因为南面有林乡亭，所以杜预根据这一点以为是北林，这说法最为确切。又认为林乡就是柴，这又值得怀疑了。诸侯在柴会师，楚军在此与诸侯军相遇，哪里知道不在这里而另指别处呢？自古流传下来的记载，也许是不错的。

又东北迳鹿台南冈①，北出为七虎涧，东流，期水注之②。水出期城西北平地③，世号龙渊水。东北流，又北迳期城西，又北与七虎涧合，谓之虎溪水，乱流东注迳期城北，东会清口水。司马彪《郡国志》曰：中牟有清口水。即是水也。

【注释】

①鹿台南冈：《水经注疏》熊会贞按："冈当在今中牟（今河南中牟）县西南。"

②期水：世称龙渊水。当在今河南封丘一带。

③期城：在今河南封丘西南七里。

【译文】

华水又往东北流经鹿台南冈，往北流出后称为七虎涧，往东流，有期水注入。期水发源于期城西北的平地，世人称之为龙渊水。往东北流，又往北流经期城西边，又北流与七虎涧水汇合，称为虎溪水，乱流往东奔泻，经过期城北边，东流与清口水汇合。司马彪《郡国志》说：中牟县有清口水。指的就是这条水。

清水又东北，白沟水注之。水有二源：北水出密之梅山东南^①，而东迳靖城南^②，与南水合；南水出太山^③，西北流至靖城南，左注北水，即承水也^④。《山海经》曰：承水出太山之阴，东北流注于役水者也。世亦谓之靖涧水。又东北流，太水注之。水出太山东平地。《山海经》曰：太水出于太山之阳，而东南流注于役水^⑤。世谓之礼水也。东北迳武陵城西^⑥，东北流注于承水。

【注释】

①密：即密县。西汉置，属河南郡。治所在今河南新密东南三十里。

　　梅山：在今河南郑州西南三十五里，与新郑接界。

②靖城：《水经注疏》杨守敬按："城在今郑州（今河南郑州）东南。"

③太山：《水经注疏》杨守敬按："山在今郑州南四十里。"

④承水：在今河南郑州南。

⑤役水：在今河南新郑、中牟县境。今湮。

⑥武陵城：《水经注疏》杨守敬按："城在今郑州东北。"

【译文】

清水又往东北流，白沟水注入。白沟水有两个源头：北水发源于密县的梅山东南，往东流经靖城南与南水汇合；南水发源于太山，往西北流到靖城南，向左边注入北水，就是承水。《山海经》说：承水发源于太山北麓，往东北流，注入役水。世人称之为靖涧水。又往东北流，太水注入，太水发源于太山东面的平地。《山海经》说：太水发源于太山南麓，往东南流，注入役水。世人称之为礼水。往东北流经武陵城西边，往东北流注入承水。

　　承水又东北入黄瓮涧，北迳中阳城西①。城内有旧台甚秀，台侧有陂池，池水清深。涧水又东屈迳其城北。《竹书纪年》：梁惠成王十七年②，郑釐侯来朝中阳者也③。其水东北流为白沟，又东北迳伯禽城北④，盖伯禽之鲁⑤，往迳所由也。

【注释】

①中阳城：《水经注疏》杨守敬按："当在今中牟（今河南中牟）西。"

②梁惠成王十七年：前353年。

③郑釐（xī）侯：即韩昭侯。懿侯之子。其谥完整当作"韩昭釐侯"，韩国灭郑，国都迁于新郑，故又称"郑釐侯"。以申不害为相，修术行道，国内以治，诸侯不敢侵伐。

④伯禽城：《水经注疏》杨守敬按："城当在今中牟西。"

⑤伯禽：姬姓，字伯禽，亦称禽父。西周鲁国始封者。周公旦长子。成王以商奄之地及殷民六族封伯禽，国号鲁，都曲阜。受封三年然后报政。周公问何以迟，伯禽以"变世俗，革其礼，丧三年然后除之"对。后辅成王政，率师征淮夷徐戎，誓于费，平徐戎，定鲁。

【译文】

　　承水又往东北流，注入黄瓮涧，往北流经中阳城西边。城内有一座旧台，十分秀丽，台旁有池，池水清澈幽深。涧水又东流，绕到城北。《竹书纪年》：梁惠咸王十七年，郑釐侯来中阳城朝见。此水往东北流，称为白沟，又往东北流经伯禽城北边，那是伯禽赴鲁时所经过的地方。

屈而南流，东注于清水。即潘岳都乡碑所谓自中牟故县以西①，西至于清沟。指是水也。乱流东迳中牟宰鲁恭祠南②。汉和帝时③，右扶风鲁恭④，字仲康，以太尉掾迁中牟令⑤，政专德化，不任刑罚，吏民敬信，蝗不入境。河南尹袁安疑不实⑥，使部掾肥亲按行之⑦，恭随亲行阡陌⑧，坐桑树下，雉止其旁，有小儿。亲曰：儿何不击雉？曰：将雏。亲起曰：虫不入境，一异；化及鸟兽，二异；竖子怀仁，三异。久留非优贤，请还。是年嘉禾生县庭⑨，安美其治，以状上之⑩，征博士、侍中⑪。车驾每出⑫，恭常陪乘⑬，上顾问民政，无所隐讳。故能遗爱，自古祠享来今矣。

【注释】

①都乡碑：具体不详。

②鲁恭：字仲康。东汉扶风平陵（今陕西咸阳西北）人。少居太学，习《鲁诗》。章帝集诸儒于白虎观，恭特以经明得召，与其议。拜中牟令，以德化为理，不任刑罚。

③汉和帝：即东汉皇帝刘肇。肃宗刘炟第四子。

④右扶风：西汉太初元年（前104）改主爵都尉置，分右内史百半部为其辖区，职掌相当于郡太守。因地属畿辅，故不称郡，为三辅之一。治所在长安县（今陕西西安西北）。

⑤太尉掾：太尉所属诸曹的总称。

⑥河南尹：官名。东汉设。掌京都洛阳地区行政。袁安：字邵公。东汉汝南汝阳（今河南商水县西北）人。为人严重有威，见敬于州

里。任河南尹期间,政号严明,名重朝廷。

⑦部掾:河南尹的属吏。肥亲:具体不详。按行:巡视察看。

⑧阡陌:泛指田间小路。

⑨嘉禾:生长奇异的禾,古人以之为吉祥的征兆。

⑩状:文体名。向上级陈述意见或事实的文书。

⑪博士:官名。源于战国,秦汉相承,掌古今史事,典守书籍,或专掌某一经书的传授。

⑫车驾:代指皇帝。

⑬陪乘:古代乘车,尊者在左,驾车者在中,一人在右,称陪乘。亦称参乘或车右。

【译文】

白沟水拐弯向南流,往东注入清水。潘岳都乡碑所说的,从中牟旧县以西到清沟。指的就是这条水。清沟水乱流东经中牟县县令鲁恭祠南边。汉和帝时,右扶风鲁恭,字仲康,从太尉掾调任中牟令,他致力于政事,以德进行教化,不轻施刑罚,官吏百姓都十分尊敬信仰他,连蝗虫都不飞入县境。河南府尹袁安怀疑所闻不实,派部属肥亲去巡察,鲁恭跟着肥亲走过田间小路,坐在一棵桑树下,这时有一只雉鸡停息在树旁,还有一个小孩也在。肥亲问小孩道:你为什么不去打这只雉鸡呢? 小孩回答道:它正带着一群小雉呢。肥亲站起来说:蝗虫不入县境,是一奇;教化及于鸟兽,是二奇;儿童怀有仁心,是三奇。久留并不是优待贤人的做法,让我回去吧。这一年县府庭院里长出一棵茎壮穗长的嘉禾,袁安赞赏他的政绩,写了奏状上呈朝廷,鲁恭被征聘为博士、侍中。皇上每次车驾出门,鲁恭常在旁陪伴,皇上问及民政诸事,他都直言不讳。所以自古以来,一直受到民间的爱戴,立祠享祭,至今从未中断过。

清沟水又东北迳沈清亭①,疑即博浪亭也。服虔曰:博浪,阳武南地名也②。今有亭,所未详也。历博浪泽,昔张良为韩报仇于秦③，以金椎击秦始皇不中④，中其副车于此⑤。又北分为二水，枝津东注清水。清水自枝流北注渠，谓之清沟口。

【注释】

①沈清亭：疑即博浪亭。在今河南原阳东关。

②阳武：即阳武县。秦置，属三川郡。治所在今河南原阳东南二十八里。西汉属河南郡。西晋属荥阳郡。

③张良：字子房。因在博浪沙刺杀秦始皇，而被大索天下，改名，亡匿下邳。在下邳为黄石公取履，黄石公授其《太公兵法》。刘邦起事，辅佐刘邦。能运筹帷幄之中，决胜千里之外。西汉建立，甚有功焉。封为留侯。

④金椎：铁锤。

⑤副车：皇帝的随从之车。

【译文】

清沟水又往东北流经沈清亭，可能就是博浪亭。服虔说：博浪是阳武以南的地名。今天有亭，但不知是否就是这个亭。清沟水流经博浪泽，从前张良为韩国向秦报仇，用铁锤投击秦始皇，没有击中，却击中了侍从的车，此事就发生在这里。清沟水又北流，分为两条，支流往东注入清水。清水从支流往北注入渠水，分流处称清沟口。

渠水又左迳阳武县故城南，东为官渡水，又迳曹太祖垒北①，有高台，谓之官渡台②，渡在中牟，故世又谓之中牟台。建安五年③，太祖营官渡④，袁绍保阳武⑤，绍连营稍前，依沙堆为屯，东西数十里。公亦分营相御，合战不利。绍进临官渡，起土山地道以逼垒，公亦起高台以捍之，即中牟台也。

今台北土山犹在，山之东悉绍旧营，遗基并存。

【注释】

①曹太祖：即曹操。

②官渡台：亦称中牟台。在今河南中牟东北。

③建安五年：200年。建安，东汉献帝刘协的年号（196—220）。

④官渡：渡口名。在今河南中牟东北。历史上著名的官渡之战即发
　　生于此地。

⑤保：依仗，依靠。

【译文】

　　渠水左边流经阳武县旧城南边，东流称为官渡水；又流经曹太祖垒
北边，这里有一座高台，称为官渡台，渡口在中牟，所以人们又称之为中
牟台。建安五年，太祖在官渡扎营，袁绍守在阳武，连营结寨逐渐向前推
进，依傍沙堆为营地，东西连营达数十里。曹操也分兵抵御，交战失利。
袁绍兵向东推进逼近官渡，筑土山，挖地道进逼曹操营垒；曹操也筑起高
台来捍卫，这就是中牟台。今天台北的土山还在，山的东边都是袁绍的
旧营垒，遗基也都还留着。

　　渠水又东迳田丰祠北^①。袁本初惭不纳其言^②，害之。时
人嘉其诚谋，无辜见戮，故立祠于是，用表袁氏覆灭之宜矣^③。

【注释】

①田丰祠：《水经注疏》杨守敬按："祠当在今中牟县（今河南中牟）
　　东北。"田丰，字元皓。东汉钜鹿（治今河北宁晋西南）人。权略
　　多奇，博览多识，名重州党。曾为袁绍别驾，劝绍迎天子，绍不从。
　　袁绍用田丰谋，平公孙瓒。逢纪惮丰亮直，数谗之于绍，袁绍遂忌
　　丰。终被袁绍所杀。

②袁本初：即袁绍。东汉末权臣。

③表：彰显，昭示。覆灭之宜：应该灭亡。

【译文】

渠水又往东流经田丰祠北边。袁绍不听田丰意见，以致战败，羞愤交加，竟把田丰杀了。当时人们赞赏田丰真心为袁绍谋划，却无辜被杀，特在此为他立祠，用以表示袁氏的覆灭是咎由自取。

又东，役水注之①。水出苑陵县西隙候亭东②，世谓此亭为邵城，非也，盖隙、邵声相近耳。中平陂，世名之埿泉也，即古役水矣。《山海经》曰：役山③，役水所出，北流注于河。疑是水也。东北流迳苑陵县故城北，东北流迳焦城东、阳丘亭西④，世谓之焦沟水⑤。《竹书纪年》：梁惠成王十六年⑥，秦公孙壮率师伐郑⑦，围焦城不克。即此城也。俗谓之驿城，非也。

【注释】

①役水：在今河南新郑、中牟县境。今湮。

②苑陵县：秦置，属颍川郡。治所在今河南新郑东北三十里。西汉属河南郡。西晋属荥阳郡。隙候亭：亦称邵（xì）城。当在今河南新郑一带。

③役山：《水经注疏》杨守敬按：“役山当即今中牟县（今河南中牟）北牟山，与《注》所叙役水导源之地异。”

④焦城：亦称驿城。在今河南中牟西南。阳丘亭：《水经注疏》杨守敬按：“亭在今新郑县（今河南新郑）东北。”

⑤焦沟水：当在今河南新郑一带。

⑥梁惠成王十六年：前354年。

⑦公孙壮：具体不详。

【译文】

渠水又往东流，役水注入。役水发源于苑陵县以西、陬候亭以东，世人称此亭为邻城，是不对的，那是由于陬、邻两字读音相近而致误。中平陂，世人称之为湮泉，就是古时的役水。《山海经》说：役山是役水的发源地，北流注入河水。指的可能就是这条水。役水往东北流经苑陵县旧城北边，往东北流经焦城东边、阳丘亭西边，世人称之为焦沟水。《竹书纪年》：梁惠成王十六年，秦国公孙壮率军攻郑，包围了焦城，却没有攻下。指的就是此城。民间称之为驿城，是不对的。

役水自阳丘亭东流，迳山民城北①，为高榆渊。《竹书纪年》：梁惠成王十六年，秦公孙壮率师城上枳、安陵、山民者也②。又东北为酢沟③。又东北，鲁沟水出焉。役水又东北，堲沟水出焉④。又东北为八丈沟⑤。又东，清水枝津注之。水自沈城东派⑥，注于役水。

【注释】

①山民城：当为"山氏城"。战国初郑地。在今河南尉氏西南。译文从之。

②上枳：具体不详。安陵：即鄢陵。战国魏邑。在今河南鄢陵西北十八里古城村。山民：应为山氏。译文从之。

③酢沟：为古圃田泽之遗迹。泽有九沟，酢沟为其一。当在今河南中牟一带。

④堲沟水：《水经注疏》熊会贞按："堲沟水即汜水（源出今河南巩义东南，北流经荥阳汜水镇西，北入黄河）。"

⑤八丈沟：当为"丈八沟"。在今河南中牟西南。为古圃田泽之遗迹。泽有九沟，其一为丈八沟，东北流入贾鲁河。译文从之。

⑥沈城：《水经注疏》熊会贞按："沈城即前沈清亭（在今河南原阳东
　　关）。"派：分流。

【译文】

　　役水从阳兰亭往东流经山氏城北边，就到高榆渊。《竹书纪年》：梁
惠成王一六年，秦公孙壮率军修筑了上枳、安陵、山氏等城。役水又往东
北流是酢沟。又往东北流，鲁沟水分支流出。又往东北流，分出湮沟水。
又往东北流是支八沟。又往东流，清水支流注入。这条支流从沈城分出，
往东注入役水。

　　役水又东迳曹公垒南，东与沫水合①。《山海经》云：沫
山②，沫水所出，北流注于役。今是水出中牟城西南，疑即沫
水也。

【注释】

　　①沫水：当在今河南中牟一带。
　　②沫山：当在今河南中牟一带。

【译文】

　　役水又往东流经曹公垒南边，东流与沫水汇合。《山海经》说：沫山
是沫水的发源地，北流注入役水。今天这条水发源于中牟城西南，可能
就是沫水。

　　东北迳迳中牟县故城西，昔赵献侯自耿都此①。班固
云：赵自邯郸徙焉②。赵襄子时③，佛肸以中牟叛④，置鼎于
庭，不与己者烹之⑤，田英将褰裳赴鼎处也⑥。薛瓒注《汉书》
云⑦：中牟在春秋之时为郑之堰也⑧，及三卿分晋⑨，则在魏
之邦土。赵自漳北不及此也⑩。《春秋传》曰：卫侯如晋过

中牟⑪。非卫适晋之次也。汲郡古文曰⑫：齐师伐赵东鄙⑬，围中牟。此中牟不在赵之东也。按中牟当在潆水之上矣⑭。按《春秋》，齐伐晋夷仪⑮，晋车千乘在中牟⑯，卫侯过中牟，中牟人欲伐之。卫褚师固亡在中牟⑰，曰：卫虽小，其君在，未可胜也。齐师克城而骄，遇之必败。乃败齐师。服虔不列中牟所在。杜预曰：今荥阳有中牟⑱。回远⑲，疑为非也。然地理参差，土无常域，随其强弱，自相吞并，疆里流移，宁可一也。兵车所指，迳纡难知。自魏徙大梁⑳，赵以中牟易魏，故赵之南界，极于浮水㉑，匪直专漳也㉒。赵自西取后止中牟，齐师伐其东鄙，于宜无嫌㉓。而瓒径指潆水，空言中牟所在，非论证也。汉高帝十一年㉔，封单父圣为侯国㉕。

【注释】

①赵献侯：嬴姓，赵氏，名浣。战国时赵国国君。耿：西周封国。姬姓。在今山西河津东南耿乡城。

②邯郸：春秋卫邑。战国赵都城。在今河北邯郸。

③赵襄子：名毋恤。春秋末晋国正卿。赵鞅之子。

④佛肸（xī）：春秋末年晋大夫范氏、中行氏的家臣，为中牟的县宰。

⑤烹：古代的一种残忍的刑罚，把人放在容器中烹煮而死。

⑥田英：一作田基、田卑。春秋晋顷公时中牟（今河南中牟）人。佛肸攻赵氏，他不从。后赵氏求而赏之，他辞赏去楚。褰裳：撩起下裳。

⑦薛瓒注《汉书》：《汉书》颜师古注中收录有"臣瓒"注《汉书》。但臣瓒姓氏，历来学者考辨，众说纷纭，莫衷一是。郦注屡作薛瓒，未知何据。

⑧堰：当为"疆"之讹。《水经注疏》杨守敬按："全（祖望）、赵（一清）改'疆'，是也。戴氏（震）何以不从？"译文从之。

⑨三卿分晋：即韩、赵、魏分晋。春秋晚期，晋国各世卿为夺取晋国政权相互兼并，至前453年，赵、韩、魏三家三分晋地，晋君成为附庸。史称三家分晋。

⑩漳：即漳水。有清漳水、浊漳水二源，均发源于山西东南部，与河北南部边境汇合后称漳河，其河道古今变迁很大。

⑪卫侯：即卫成公。春秋卫文公之子，名郑。

⑫汲郡古文：亦称汲冢书。西晋咸宁五年（279）在汲郡汲县（今河南汲县）战国魏襄王古冢中出土的古书，皆用蝌蚪文（即战国文字）写在简册上。

⑬鄙：边邑。

⑭漯水：一作漯川。漯，东汉许慎《说文解字》作"湿"。古代黄河下游主要支津之一。

⑮亳仪：在今山东聊城西南十二里。春秋时邢国建都于此。一说在今河北邢台西北。

⑯乘（shèng）：古代称四匹马拉的车一辆为一乘。

⑰褚师固：一作褚师圃。褚师为姓氏。春秋卫大夫，宋国人。

⑱荥阳：即荥阳郡。三国魏正始三年（242）置，属司州。治所在荥阳（今河南郑州西北古荥镇）。

⑲回远：指路途迂曲遥远。

⑳魏徙大梁：魏惠王时，自安邑（今山西夏县西北禹王城）徙都于大梁。大梁：战国魏都邑。在今河南开封西北。

㉑浮水：在今河北沧县东南，东入盐山县界。

㉒匪直：不仅仅是。

㉓无嫌：即无疑。没有可疑问的。

㉔汉高帝十一年：当为十二年（前197）。译文从之。

㉕单父圣：《汉书》作单右车。秦末以步衣从刘邦起义于沛（今江苏沛县）。以功封中牟侯。

【译文】

　　役水往东北流经中牟县旧城西边,从前赵献侯从耿迁都到这里。班固说:赵从邯郸迁到这里。赵襄子的时候,佛肸在中牟反叛,把大锅放在庭院中,不跟他走的就投入大锅里煮,这里就是田英提起衣襟走向大锅的地方。薛瓒注《汉书》说:中牟在春秋时是郑国的疆域,到三卿分晋时,则在魏的国境内。赵在漳水以北,国界不到这里。《春秋传》说:卫侯去晋,经过中牟。但不是说在从卫去晋的路上。汲郡古文说:齐国军队攻打赵国东部边境,围困中牟。这里的中牟不在赵国东边。查考中牟应在漯水上。查考《春秋》,齐国攻打晋国夷仪,晋军千余辆兵车聚集在中牟,卫侯经过中牟的时候,中牟人想攻击他。卫国有个褚师固早先逃亡到中牟,他对中牟人说:卫国虽然是小国,但君主在,是不能取胜的。齐军攻克城邑,已经骄傲起来了,一交战就要打败仗。后来果然打败齐军。服虔没有指出中牟在什么地方。杜预说:今天荥阳有个中牟。路途迂回遥远,想来不是那个中牟。但地理状况很不一致,地域的范围又变化无常,随着各国力量的强弱消长,自相吞并,疆界也变动不定,怎么可以看作一成不变呢?当年兵车开往何处,故意迂回曲折地绕道走,也很难说。自从魏迁移到大梁后,赵用中牟与魏交换土地,所以赵的南疆直到浮水为止,而不止到漳水。赵国自从向西扩张后,到中牟为止,齐军侵犯它的东部边境,该是无可怀疑的。而薛瓒却直接推定是在漯水,凭空断言中牟所在之处,这不是论证的方法。汉高帝十二年,把这里封给单父圣,立为侯国。

　　沫水又东北注于役水。昔魏太祖之背董卓也[①],间行出中牟,为亭长所录[②]。郭长公《世语》云[③]:为县所拘,功曹请释焉[④]。役水又东北迳中牟泽[⑤],即郑太叔攻萑蒲之盗于是泽也[⑥]。其水东流北屈注渠。《续述征记》所谓自酱魁城到酢沟十里者也[⑦]。渠水又东流而左会渊水。其水上承圣女陂[⑧],

陂周二百余步，水无耗竭，湛然清满⑨，而南流注于渠。渠水又东南而注大梁也。

【注释】

①魏太祖：即曹操。董卓：字仲颖。东汉临洮（今甘肃岷县）人。汉灵帝时拜前将军。废少帝，立献帝，弑何太后。拥帝入长安，自为太师。残忍不仁，凶暴滋甚，司徒王允密诱董卓部将吕布杀之。

②亭长：秦汉时城市中每十里设一亭，置亭长。乡村有乡亭，亦设亭长。掌治安，捕盗贼，理民事，兼管停留旅客。录：逮捕，抓获。

③《世语》：书名。亦作《魏晋世语》。晋郭颁撰。记述魏晋间名人事迹。三伏。

④功曹：官名。汉代郡守、县令长之佐吏。系郡县佐吏中地位最高者。其职主考查记录功劳、参预任免赏罚，有时甚至代行郡守及县令长之事，职总内外。

⑤中牟泽：《水经注疏》杨守敬按："泽当在今中牟县（今河南中牟）东北。"

⑥郑太叔：名游吉。郑国子产之子。子产死后，代其父为政。太叔为政，不忍猛而宽。萑蒲：即萑蒲泽。春秋郑地。在今河南中牟东北。郦道元以中牟泽当之。

⑦《续述征记》：书名。《初学记》"地部""州郡部"并引作郭缘生《续述征记》。酱魁城：《水经注疏》熊会贞按："酱魁城无考。就郭氏西行言之，在酢沟之东，当在今祥符县（今河南开封）西北。"

⑧圣女陂：当在今河南开封一带。

⑨湛然：清澈貌。

【译文】

沫水又往东北流，注入役水。从前魏太祖离开董卓，抄小路逃出中牟，被亭长捉住。郭长公《魏晋世语》说：被县官拘捕，功曹请求释放他。

役水又往东北流经中牟泽,郑太叔就是在这片泽地中进攻萑蒲的盗贼的。水往东流,折向北方,注入渠水。《续述征记》说从酱魁城到酢沟路程十里,这里的酢沟就指渠水。渠水又东流,在左面与渊水汇合。渊水上口承接圣女陂,此陂周围二百多步,陂水从不干涸,总是清澈充盈,池水南流注入渠水。渠水又往东南向着大梁流去。

又东至浚仪县^①,

渠水东南迳赤城北^②,戴延之所谓西北有大梁亭^③,非也。《竹书纪年》:梁惠成王二十八年^④,穰庇率师及郑孔夜战于梁、赫^⑤,郑师败逋^⑥。即此城也。左则故渎出焉。秦始皇二十年^⑦,王贲断故渠^⑧,引水东南出以灌大梁,谓之梁沟^⑨。

【注释】

①浚仪县:西汉文帝时置,属梁国。治所在今河南开封。

②赤城:亦称赤冈。在今河南开封西北。

③戴延之:即戴祚,字延之。东晋末江东(今江苏长江下游南岸一带)人。官西戎主簿。曾从刘裕西征姚秦。著有《西征记》《甄异传》等。大梁亭:《水经注疏》杨守敬按:“本赤西城,而延之以为大梁亭,故斥其非。”

④梁惠成王二十八年:前342年。梁惠成王,即魏惠王。姬姓,魏氏,名罃。战国时魏国国君。

⑤穰庇(cì):亦作襄庇。魏人,魏惠王时曾为邺令。孔夜:具体不详。梁:春秋周邑,后属楚。在今河南汝州西南。赫:在今河南汝州西南。

⑥败逋:溃败逃亡。逋,逃亡。

⑦秦始皇二十年:前227年。

⑧王贲:战国时秦国频阳(今陕西富平东北)人。王翦之子。尝领兵击破魏、燕,伐齐诸地。封通武侯。始皇二十六年(前221)天下

统一，王氏父子及蒙氏功最多，有名于世。

⑨梁沟：当在今河南开封一带。

【译文】

渠水又往东流到浚仪县，

渠水往东南流经赤城北边，戴延之以为西北的大梁亭就是赤城，这是搞错了。《竹书纪年》：梁惠成王二十八年，魏将穰疵率兵与郑将孔夜在梁、赫打了一仗，郑军败逃。就指的是此城。左边有旧渠道从这里流出。秦始皇二十年，王贲堵住这条旧渠道，引水流向东南，去淹大梁，形成的渠道叫梁沟。

又东迳大梁城南。本《春秋》之阳武高阳乡也①，于战国为大梁，周梁伯之故居矣②。梁伯好土功③，大其城，号曰新里④。民疲而溃，秦遂取焉。后魏惠王自安邑徙都之⑤，故曰梁耳。《竹书纪年》：梁惠成王六年四月甲寅⑥，徙都于大梁是也。秦灭魏以为县。汉文帝封孝王于梁⑦，孝王以土地下湿，东都睢阳⑧，又改曰梁。自是置县。

【注释】

①阳武：即阳武县。秦置，属三川郡。治所在今河南原阳东南二十八里。西汉属河南郡。西晋属荥阳郡。高阳乡：在今河南杞县西南。

②梁伯：嬴姓。春秋时梁国国君。好治城沟，国疲民怨。秦穆公二十年（前640），秦灭梁。

③土功：指修筑城池、宫殿等工程。

④新里：春秋宋地。在今河南开封东北。

⑤魏惠王：即梁惠成王。姬姓，魏氏，名䓨。战国时魏国国君。因魏都大梁，故又称梁惠王。惠是谥号。或称魏惠成王。安邑：战国时魏国都城。故址在今山西夏县西北禹王城。

⑥梁惠成王六年：前 364 年。

⑦孝王：即刘武。汉文帝次子，景帝同母弟。

⑧睢阳：即睢阳县。战国秦置，为砀郡治。治所在今河南商丘南一里。西汉初属梁国，文帝时为梁国国都。

【译文】

渠水又往东流经大梁城南边。这里原是《春秋》中说的阳武高阳乡，到战国时称为大梁，是周朝梁伯的故居。梁伯喜欢大兴土木，扩大此城的范围，称为新里。百姓不胜劳苦，纷纷逃亡，于是秦国就乘机夺取了此城。后来魏惠王从安邑迁都到这里，所以也称为梁。《竹书纪年》：梁惠成王六年四月甲寅日，迁都到大梁。秦灭魏后立为县。汉文帝把梁封给孝王，孝王因为这里地势低洼潮湿，把都城移到东面的睢阳，又改称梁。自此以后，就在这里立县。

以大梁城广，居其东城夷门之东①。夷门，即侯嬴抱关处也②。《续述征记》以此城为师旷城③，言郭缘生曾游此邑④，践夷门，升吹台⑤，终古之迹，缅焉尽在⑥。余谓此乃梁氏之台门⑦，魏惠之都居⑧，非吹台也，当是误证耳。《西征记》论仪封人即此县⑨，又非也。《竹书纪年》：梁惠成王三十一年三月⑩，为大沟于北郛，以行圃田之水⑪。《陈留风俗传》曰⑫：县北有浚水⑬，像而仪之⑭，故曰浚仪。余谓故汳沙为阴沟矣⑮，浚之，故曰浚，其犹《春秋》之浚洙乎⑯？汉氏之浚仪水，无他也，皆变名矣。其国多池沼，时池中出神剑，到今其民像而作之，号大梁氏之剑也。

【注释】

①夷门：战国魏都大梁城东门。在今河南开封城内东北角。因在夷

山之上而得名。

②侯嬴：战国时魏人。隐士。家贫，年七十为大梁夷门监者，信陵君
迎为上客。秦攻赵，围邯郸，赵求救于魏，魏王命将军晋鄙领兵
十万救赵，屯兵不进。嬴献计信陵君通过魏王宠妃如姬窃得兵符，
并荐勇士朱亥击杀晋鄙，夺取兵权，因而救赵。后，侯嬴自刎而死。
抱关：守门，看门。

③师旷：又称瞽旷。春秋晋国的乐师。生而目盲，善知音。

④郭缘生：晋末宋初人。撰《述征记》，记述他跟随刘裕北伐慕容燕、
西征姚秦的沿途所见。

⑤吹台：在今河南开封东南。传为先秦时建筑，西汉梁王增筑。后
毁于兵燹。

⑥缅焉：遥远貌。

⑦梁氏：梁王刘武被汉文帝封为梁王。故称梁氏。

⑧都居：居主。

⑨《西征记》：书名。东晋末戴延之（戴祚）撰。记作者随刘裕西征
关中时的沿途所见。仪：春秋卫邑。在今河南兰考东仪封乡东北。
封人：官名。春秋时为典守封疆之官。

⑩梁惠成王三十一年：前339年。

⑪圃田：即圃田泽。在今河南中牟西及郑州东。

⑫《陈留风俗传》：书名。东汉圈称撰。叙述陈留（今河南开封）一
带风俗民情。今存清王仁俊辑本一卷。

⑬浚水：在今河南开封北。

⑭像而仪之：摹状效法。像，摹状。仪，取法，效法。

⑮汳、沙、阴沟：《水经注疏》杨守敬按："乃浚水（在今河南开封北）
旧目……汳、沙、阴沟三者，考其源，则皆出渠水，别其流，则各有
三名。"

⑯浚：疏通，开挖。洙（zhū）：即洙水。在今山东，为泗水支流。有

两个源头。一源出山东费县北，西流入泗水。一源出曲阜北，南流合沂水后再流入泗水。故道久已湮没。

【译文】

因为大梁城范围很大，就把县治设在东城夷门的东边。夷门就是当年侯嬴守关的地方。《续述征记》以为此城就是师旷城，说郭缘生曾经游历过此城，到过夷门，登上吹台，这些从遥远的古代留下的遗迹，今天都还在。我以为这是梁氏的台门，魏惠王居住的地方，并不是吹台，郭氏是弄错了。《西征记》提到仪城封人，以为仪城就是此县，也不对。《竹书纪年》：梁惠成王三十一年三月，在北边外城开凿了大沟，以引圃田旧泽的水。《陈留风俗传》说：县北有浚水，摹状效法，因此称为浚仪。我以为从前的汳水、沙水就是阴沟水，因为疏浚过，所以称为浚水，这也许就像《春秋》中的浚洙吧？汉朝的浚仪水，没有什么特别的意思，不过都是异名罢了。这一带地方遍布池塘沼泽，当时池中捞出一把神剑，到今天当地人还仿它的式样制剑，称为大梁氏之剑。

渠水又北屈，分为二水。《续述征记》曰：汳沙到浚仪而分也。汳东注[①]，沙南流[②]，其水更南流，迳梁王吹台东[③]。《陈留风俗传》曰：县有苍颉、师旷城[④]，上有列仙之吹台，北有牧泽[⑤]，泽中出兰蒲[⑥]，上多俊髦[⑦]，衿带牧泽[⑧]。方十五里，俗谓之蒲关泽。即谓此矣。梁王增筑，以为吹台。城隍夷灭[⑨]，略存故迹，今层台孤立于牧泽之右矣。其台方百许步，即阮嗣宗《咏怀诗》所谓驾言发魏都[⑩]，南向望吹台，箫管有遗音[⑪]，梁王安在哉？晋世丧乱，乞活凭居[⑫]，削堕故基[⑬]，遂成二层，上基犹方四五十步，高一丈余，世谓之乞活台[⑭]，又谓之繁台城[⑮]。渠水于此，有阴沟、鸿沟之称焉[⑯]。项羽与汉高分王，指是水以为东西之别。苏秦说魏襄王曰[⑰]：大王之地,南有鸿沟是也。故尉氏县有波乡、波亭、鸿沟乡、鸿沟亭^⑱,皆藉水以立称也。今萧县西亦有鸿沟亭^⑲,梁国睢阳县东有鸿口亭^⑳,先后谈者,亦指此以为楚、汉之分王,非也。盖《春秋》之所谓红泽者矣^㉑。

【注释】

①汳(biàn):即汴。故道自今河南开封东北分狼汤渠水东流,至今商丘北,下接获水。自晋以后被认为是汴河的下游。"汳"名废弃不用,通称汴河或汴渠。

②沙:即沙水。故道自今河南周口淮阳区境内分古狼汤渠东出,又东至鹿邑南,又东略循今安徽茨河,经涡阳、蒙城西,至怀远南入淮水。

③梁王吹台:又称繁台、梁台。在今河南开封东南禹王台公园内。相传为春秋时师旷吹乐之台。西汉梁孝王增筑曰明台。因梁孝王常歌吹于此,故亦称吹台。

④苍颉(jié):又作仓颉。相传为黄帝的史官、汉字的创造者,实则为古代整理汉字的代表者。

⑤牧泽:又称蒲关泽。在今河南开封东南陈留镇北。

⑥兰蒲:兰花和蒲草。

⑦俊茭:指柔美细长的草。

⑧衿带:像衣领一样交汇环绕。

⑨城隍:城墙和护城河。

⑩阮嗣宗《咏怀诗》:阮嗣宗,即阮籍。陈留尉氏(今河南尉氏)人。三国魏文学家、玄学家。竹林七贤之一。于魏晋之际,常虑祸患及己,故《咏怀诗》之作,多刺时人无故旧之情,逐势利而已。写言:此指出游。魏都:魏的都城。这里指大梁。

⑪箫管:一种管乐器,用多个竹管编排在一起的叫排箫,用一根竹管

做成的叫洞箫。

⑫乞活：逃亡求食的饥民。

⑬削堕（huī）：砍削损坏。堕，破坏，损坏。

⑭乞活台：即今河南开封东南繁台。汉为吹台。西晋末，乞活居此，俗称乞活台。

⑮繁台城：赵一清《水经注释》："《文昌杂录》，繁台，梁孝王按歌吹之台，后有繁氏居其侧，里人呼为繁台。繁、婆音相近，即婆台也。"

⑯阴沟：即阴沟水。为古黄河支津。故道西起今河南原阳西南，东至开封境内合古狼汤渠。是狼汤渠分河水的渠道之一，故亦为狼汤渠的另一名称。鸿沟：战国至秦汉间之鸿沟。后称狼汤渠，或作蒗荡渠、莨汤渠。

⑰苏秦：字季子。东周洛阳（今河南洛阳）人。战国著名纵横家。师事鬼谷先生。燕昭王时，赴燕游说，合纵抗秦。后被反间而死。魏襄王：战国魏惠王之子，魏文侯之曾孙。以张仪为相，秦屡败魏军，王予秦以河西地。

⑱尉氏县：秦始皇二年（前245）置，属颍川郡。治所即今河南尉氏。西汉属陈留郡。西晋属陈留国。西晋末属陈留郡。

⑲萧县：秦置，属泗水郡。在今安徽萧县西北十里。西汉属沛郡。东汉属沛国。三国魏属谯郡。

⑳梁国：西汉高帝五年（前202）改砀郡为梁国。都定陶（今山东菏泽定陶区西北）。汉文帝时移都睢阳县（今河南商丘南）。王莽始建国初改为梁郡。东汉建初四年（79）复为梁国。三国魏黄初中改为梁郡。西晋复为梁国。

㉑红泽：《水经注疏》杨守敬按："《（春秋）经·昭（公）八年》，蒐于红（春秋鲁地。在今山东泰安南大洪沟一带）。不作红泽。"译文从之。

【译文】

渠水又转向北流，分为两条水。《续述征记》说：汳沙到浚仪而分流。

汳水东注。沙水南流，渠水往南流经梁王吹台东边。《陈留风俗传》说：县有苍颉、师旷城，城上有仙人们的吹台，北边有牧泽，泽中出产兰草和香蒲，此土还生长很多柔美细长的草，像衣领一样交汇环绕着牧泽。牧泽方圆十五里，俗称薄关泽。就是指这里。梁王扩建了吹台。城墙和护城河都已平毁了，只留下一点遗迹，现在那座高台还孤零零地耸立在牧泽的右边。高台大小约一百步见方，就是阮嗣宗《咏怀诗》里所写的：从魏都乘车出发，向南眺望着吹台，箫管的声音还能听到，可是梁王如今何在？晋朝战祸频仍，流民聚居在这里，台基被挖掘破坏，于是就成为两层，上层还有四五十步见方，高一丈多，民间称之为乞活台，又叫繁台城。渠水到这里，有阴沟、鸿沟之称。项羽与汉高祖分地称王，就以这条水作为东西两边的分界。苏秦游说魏襄王说：大王的土地南面有鸿沟。指的就是这里。旧尉氏县有波乡、波亭、鸿沟乡、鸿沟亭，都是以水命名的。今天萧县西也有鸿沟亭，梁国睢阳县东有鸿口亭，古今许多谈及鸿沟的人，也有认为此水是楚汉的分界，这是搞错了的。实际上这是《春秋》所说的红泽。

渠水右与汜水合。水上承役水于苑陵县^①。县，故郑都也，王莽之左亭县也。役水枝津东派为汜水者也^②，而世俗谓之墅沟水也。《春秋左传·僖公三十年》^③，晋侯、秦伯围郑^④，晋军函陵^⑤，秦军汜南，所谓东汜者也^⑥。其水又东北迳中牟县南^⑦，又东北迳中牟泽与渊水合^⑧。水出中牟县故城北，域有层台。按郭长公《世语》及干宝《晋纪》，并言中牟县故魏任城王台下池中^⑨，有汉时铁锥，长六尺，入地三尺，头西南指不可动，正月朔自正^⑩。以为晋氏中兴之瑞。而今不知所在，或言在中阳城池台^⑪，未知焉是。渊水自池西出，屈迳其城西，而东南流注于汜。汜水又东迳大梁亭南^⑫，又东迳梁台南，东注渠。

【注释】

①役水：在今河南新郑、中牟境内。今湮。苑陵县：秦置，属颍川郡。治所在今河南新郑东北三十里。西汉属河南郡。西晋属荥阳郡。

②枝津：支流。派，分流。

③僖公三十年：前630年。

④晋侯：指晋文公重耳。晋献公之子。流亡在外十九年，后在秦穆公的帮助下，登上君位，是为晋文公。春秋五霸之一。秦伯：指秦穆公。春秋秦德公第三子，名任好。秦国第八位国君。既立，勤求贤士。西取由余于戎，东得百里奚于宛，迎蹇叔于宋，求丕豹、公孙支于晋。败晋惠公夷吾，纳晋文公重耳。后违蹇叔之言以袭郑，晋襄公败之于崤。后霸西戎。

⑤函陵：在今河南新郑北十三里。

⑥东汜：今已湮，故道在今河南中牟南。

⑦中牟县：战国赵置。后入秦，属三川郡。治所在今河南中牟东。西汉属河南郡。西晋属荥阳郡。

⑧中牟泽：当在今河南中牟东。渊水：当在今河南中牟一带。

⑨魏任城王：即曹操之子曹彰。字子文。少善射御，膂力过人，手格猛兽，数从征伐，不好读书。封鄢陵侯。曾统兵征讨代郡乌丸，获胜。曹操大喜，持彰须曰："黄须儿竟大奇也！"文帝时，立为任城王。

⑩朔：农历每月初一。

⑪中阳城：中阳县治所。在今山西中阳。

⑫大梁亭：在今河南开封西北。

【译文】

渠水在右与汜水汇合。汜水上游在苑陵县承接役水。苑陵县是以前郑国的都城，就是王莽时的左亭县。役水支流向东分出称为汜水，民间则称之为湮沟水。《春秋左传·僖公三十年》，晋侯、秦伯包围了郑，晋军驻扎在函陵,豪军驻扎在汜南,汜南就是所谓东汜。汜水又往东北流经中牟县南边,又往东北流经中牟泽与渊水汇合。渊水发源于中牟县旧城北边,城里有高台。按郭长公《世语》和干宝《晋纪》,都说中牟县从前在魏的任城玉台下的池中,有一把汉时的铁锥,长六尺,陷入地下三尺,锥头指向西南,怎也扳不动,但到正月初一,锥头却自动指正了方向。人们认为这是晋朝中兴的吉兆。但今天不知道这铁锥在什么地方了,有人说在中阳城池台,不知真否。渊水从池西流出,绕到城西,往东南流,注入汜水。汜水又往东流经大梁亭南边,又往东流经梁台南边,往东注入渠水。

　　渠水又东南流迳开封县①,睢、涣二水出焉②。右则新沟注之。其水出逢池③,池上承役水于苑陵县,别为鲁沟水④,东南流迳开封县故城北。汉高帝十一年⑤,封陶舍为侯国也⑥。《陈留志》称⑦:阮简字茂弘⑧,为开封令。县侧有劫贼,外白甚急数,简方围棋长啸。吏云:劫急! 简曰:局上有劫亦甚急⑨! 其耽乐如是。故《语林》曰⑩:王中郎以围棋为坐隐⑪。或亦谓之为手谈⑫,又谓之为棋圣。

【注释】

①开封县:秦置,属砀郡。治所在今河南开封西南四十六里古城村。西汉属河南郡。西晋属荥阳郡。

②睢:即睢水。汴水支流。战国鸿沟(汉代称狼汤渠)支流之一。自今河南开封东分古鸿沟东流,经今杞县、睢县、宁陵、商丘、夏邑、永城,安徽濉溪、宿州、灵璧及江苏睢宁,至宿迁南注入古泗水。此水仅存安徽濉溪、宿州一段。涣:即涣水。又名浍水、澉水。自今河南于封东分狼汤渠水东南流经杞县、睢县、柘城,南入安徽

　　境，经亳州东北、河南永城南、安徽宿州、固镇县，至五河南入淮
　　水。今上游已湮。下游在安徽境内者即今之浍河。

③逢池：即战国魏逢泽。在今河南开封东南。

④鲁沟水：汴水支流。在今河南杞县南。

⑤汉高帝十一年：前196年。

⑥陶舍：汉王五年（前202）加入汉军，历任右司马、中尉等职。先后
　参与平定燕王臧荼、赵相国陈豨叛乱，有功。封开封侯。

⑦《陈留志》：书名。汉圈称撰。一作东晋江敞撰。十五卷。地方
　志著作。已佚。

⑧阮简：字茂弘。为开封令。

⑨局上：棋局上。

⑩《语林》：书名。晋裴玄撰。此书搜集汉、魏、晋时言语应对之可
　称者，谓之《语林》。今有清马国翰辑本。

⑪王中郎：即王坦之。字文度。因曾官北中郎将，故称。晋太原晋
　阳（今山西太原西南）人。王述之子。弱冠与郗超俱享重名，誉为
　“江东独步”。尚刑名，严整有风操。坐隐：此为围棋的代称。

⑫手谈：围棋的代称。

【译文】

　　渠水又往东南流经开封县，睢水和涣水在这里分出。右边有新沟水
注入。新沟水从逢池流出，池水上源在苑陵县承接役水，分支流出，叫鲁
沟水，往东南流经开封县旧城北边。汉高帝十一年，把这里封给陶舍，立
为侯国。《陈留志》说：阮简，字茂弘，为开封县令。县旁有强盗抢劫，外
面多次报告十分紧急，阮简正在下围棋，还长声吟啸。县吏说：抢劫情况
紧急啊！阮简回答说：棋局上有劫，也很紧急啊！这位县令沉溺于娱乐
竟到了这样的地步。所以《语林》说：王中郎把下围棋称为坐隐。也有
人把它叫手谈，又称善弈者为棋圣。

　　鲁沟南际富城[1]，东南入百尺陂[2]，即古之逢泽也。徐广《史记音义》曰：秦使公子少官率师会诸侯逢泽[3]。汲郡墓《竹书纪年》作秦孝公会诸侯于逢泽[4]。斯其处也。故应德琏《西征赋》曰[5]：鸾衡东指[6]，弭节逢泽[7]。其水东北流为新沟，新沟又东北流迳牛首乡北[8]，谓之牛建城。又东北注渠，即沙水也[9]。音蔡，许慎正作沙音，言水散石也，从水少，水少沙见矣。楚东有沙水，谓此水也。

【注释】

①际：临近。富城：《水经注疏》杨守敬按："城当在今祥符县（今河南开封）南。"

②百尺陂：即古之逢泽。在今河南开封东南。

③公子少官：具体不详。

④汲郡：西晋泰始二年（266）置，属司州。治所在汲县（今河南卫辉西南二十里）。秦孝公：嬴姓，名渠梁。战国时秦国国君。秦献公之子。秦孝公六年（前356）任用商鞅，实行变法。十二年（前350），迁都咸阳，进一步变法改制，开阡陌，普遍设县。秦国日益富强。

⑤应德琏：即应场（yáng），字德琏。东汉末汝南南顿（今河南项城西）人。建安七子之一。《西征赋》为其赋从军平陇右之作。

⑥鸾衡：有鸾铃的车前横木。此处代指皇上的车驾。

⑦弭节：驻节，停车。弭，停止。节，车行的节度。

⑧牛首乡：又名牛首城。在今河南开封南。

⑨沙水：故道自今河南周口淮阳区境内分古狼汤渠东出，又东至鹿邑南，又东略循今安徽茨河，经涡阳、蒙城西，至怀远南入淮水。

【译文】

　　鲁沟南面紧靠富城，往东南流，注入百尺陂，就是古时的逢泽。徐广

《史记音义》说：秦国派遣公子少官率领军队在逢泽与诸侯相会。汲郡坟墓里发掘出来的《竹书纪年》则载：秦孝公在逢泽与诸侯相会。所说的就是这地方。所以应德琏的《西征赋》说：皇上车驾东行，停车逗留于逢泽。这条水往东北流称为新沟，新沟又往东北流经牛首乡北边，有城叫牛建城。又往东北注入渠水，也就是沙水。沙，音蔡，许慎正音读作沙，意思是说水流冲散石子，偏旁从水，从少，水少沙也露出来了。楚国东部有沙水，就指的是这条水。

又屈南至扶沟县北①，

沙水又东南迳牛首乡东南，鲁沟水出焉，亦谓之宋沟也。又迳陈留县故城南②。孟康曰③：留，郑邑也，后为陈所并，故曰陈留矣。鲁沟水又东南迳圉县故城北④。县苦楚难，修其干戈以圉其患⑤，故曰圉也。或曰边陲之号矣。历万人散⑥。王莽之篡也，东郡太守翟义兴兵讨莽⑦，莽遣奋威将军孙建击之于圉北⑧。义师大败，尸积万数，血流溢道，号其处为万人散，百姓哀而祠之。又历鲁沟亭⑨，又东南至阳夏县故城西⑩。汉高祖六年⑪，封陈豨为侯国⑫。鲁沟又南入涡⑬，今无水也。

【注释】

①扶沟县：西汉置，属淮阳国。治所在今河南扶沟东北四十四里古城村。

②陈留县：秦置，属砀郡。治所在今河南开封东南二十六里陈留镇。

③孟康：字公休。安平广宗（今河北威县东南）人。三国魏学者。撰《汉书音义》。

④圉（yǔ）县：西汉置，属淮阳国。治所即今河南杞县西南五十里圉镇。

⑤围：抵御、禁止。

⑥万人散：《清一统志》谓当在杞县南围镇。

⑦东郡：战国秦王嬴政五年（前242）置。治所在濮阳县（今河南濮阳东南二十里高城村）。翟义：字文仲。西汉官吏。翟方进少子。为东郡太守。王莽居摄，义心恶之，乃立东平王云子信为天子，义目号柱天大将军，以诛莽。莽乃使孙建、王邑等将兵击义，破之。义亡，自杀。

⑧奋威将军：官名。将军为古代高级武官的通称，奋威为将军之号。孙建：王莽部下。具体不详。

⑨鲁沟亭：《水经注疏》杨守敬按："亭当在今杞县（今河南杞县）东南。"

⑩阳夏县：战国秦置，属陈郡。治所即今河南太康。西汉属淮阳国。东汉属陈国。西晋属梁国。

⑪汉高祖六年：前201年。

⑫狶豨（xī）：宛朐（今山东东明南）人。西汉诸侯、高祖功臣。封阳夏侯。

⑬涡：即涊水。古狼汤渠支津。即今淮水支流涡河。故道自今河南扶沟东分狼汤渠（魏晋以后称蔡水），东流经太康北、鹿邑南，以下循今涡河至安徽怀远东入淮。为中原地区水运航道之一。

【译文】

沙水又转弯南流到扶沟县北边，

沙水又往东南流经牛首山东南，鲁沟水从这里分出，鲁沟也称宋沙。鲁沟水又流经陈留县旧城南边。孟康说：留是郑国城邑，后来被陈国兼并，所以叫陈留。鲁沟水又往东南流经围县旧城北边。围县人民深受楚国侵扰之苦，打造兵器以防御（围）入侵，因此取名为围。也有人说围就是边陲的意思。鲁沟水又流经万人散。王莽篡位时，东郡太守翟义兴兵讨伐王莽，王莽派遣奋威将军孙建在围县北拦击翟义。翟义的军队大败，被杀了万余人，道路上血流成河，因而把那地方叫万人散，百姓哀悼死难者，就为他们立祠。鲁沟水又流经鲁沟亭，又往东南流，到阳夏县旧城西边。汉高祖六年，把这地方封给陈豨，立为侯国。鲁沟又往南注入涡水，今天已经没有水了。

沙水又东南迳斗城西①。《左传·襄公三十年》②：子产殡伯有尸③，其臣葬之于是也。

【注释】

①斗城：春秋郑地。在今河南通许东北。

②襄公三十年：前543年。

③子产：即郑国大夫公孙侨，字子产。执政四十余年，晋、楚不能加兵于郑。殡：死者入殓后停柩以待葬。伯有：即良霄。春秋时郑国执政之卿。主持国政时，和贵族驷带发生争执，被杀于羊肆。

【译文】

沙水又往东南流经斗城西边。《左传·襄公三十年》：子产停放好伯有的尸体，又把伯有的臣僚葬在这里。

沙水又东南迳牛首亭东①。《左传·桓公十四年》②：宋人与诸侯伐郑东郊，取牛首者也，俗谓之车牛城矣。

【注释】

①牛首亭：即春秋郑牛首邑。又名车牛城。在今河南通许东北。

②桓公十四年：前698年。

【译文】

沙水又往东南流经牛首亭东边。《左传·桓公十四年》：宋人与诸侯攻打郑国东郊，攻占牛首，俗称车牛城。

沙水又东南，八里沟水出焉，又东南迳陈留县裘氏乡裘氏亭西①，又迳澹台子羽冢东②，与八里沟合。按《陈留风俗传》曰③：陈留县裘氏乡有澹台子羽冢，又有子羽祠，民祈祷焉。京相璠曰：今泰山南武城县有澹台子羽冢④，县人也。未知孰是。因其方志所叙⑤，就记缠络焉⑥。沟水上承沙河而西南流，迳牛首亭南，与百尺陂水合⑦。其水自陂南迳开封城东三里冈⑧，左屈而西流南转，注八里沟。又南得野兔水口，水上承西南兔氏亭北野兔陂⑨，郑地也。《春秋传》云：郑伯劳屈生于兔氏者也⑩。陂水东北入八里沟。八里沟水又南迳石仓城西⑪，又南迳兔氏亭东，又南迳召陵亭西⑫，东入沙水。

【注释】

①裘氏亭：一名裘亭、裘氏城。在今河南通许东。

②澹（tán）台子羽冢：《水经注疏》熊会贞按："在今通许县（今河南通许）东。"澹台子羽，澹台为复姓，名灭明，字子羽。为孔子弟子。为人公正无私。相传状貌甚恶。

③《陈留风俗传》：书名。东汉圈称撰。叙述陈留（今河南开封）一带风俗民情。今存清王仁俊辑本。

④武城县：西晋太康中改东武城县置，属清河国。治所在今山东武城西北。

⑤方志：记录四方风俗、物产、舆地以及故事传说等的簿册。

⑥缠络：纠缠不清。

⑦百尺陂水：即古之逢泽。在今河南开封东南。

⑧三里冈：《水经注疏》熊会贞按："《御览》一百五十八引《史记》此事《注》云：三亭今属浚仪。此冈在开封城（今河南开封）东，地望

正合，疑三里冈为三亭冈之误。"

⑨兔氏亭：春秋郑邑。在今河南尉氏西北。

⑩郑伯：春秋时郑国国君。劳：慰劳，犒劳。屈生：屈建子。

⑪石仓城：或说即上仓城。在今河南通许西。

⑫召陵亭：当在今河南扶沟一带。

【译文】

沙水又往东南流，八里沟水从这里分出，又往东南流经陈留县袭氏乡袭氏亭西边，又流经澹台子羽墓东边，与八里沟水汇合。查考《陈留风俗传》：陈留县袭氏乡有澹台子羽墓，又有子羽祠，百姓都到祠里祈祷。京相璠说：现在泰山南边的武城县有澹台子羽墓，子羽是本县人。不知哪一说法正确。这里只是根据地方志的记载，将其各不相同的记载记录下来罢了。沟水上游承接沙河，往西南流经过牛首亭南边，与百尺陂水汇合。百尺陂水从陂南流经开封城东面的三里冈，向左拐弯而西流南转，注入八里沟。八里沟水又南流，在野兔水口接纳了一条水，这条水上源承接西南方兔氏亭以北的野兔陂，那是郑国地方。《春秋传》说：郑伯在兔氏慰劳屈生。陂水往东北注入八里沟。八里沟水又往南流经石仓城西边，又往南流经兔氏亭东边，又往南流经召陵亭西边，往东注入沙水。

沙水南迳扶沟县故城东。县即颍川之穀平乡也①，有扶亭②，又有洧水沟，故县有扶沟之名焉。建武元年③，汉光武封平狄将军朱鲔为侯国④。

【注释】

①颍川：即颍川郡。战国秦王政十七年（前230）置。治所在阳翟县（今河南禹州）。三国魏黄初二年（221）徙治许昌县（今河南许昌东三十六里古城）。

②扶亭：当在今河南扶沟一带。

③建武元年:25 年。建武,东汉光武帝刘秀的年号(25—56)。

④朱鲔(wěi):淮阳(今河南周口淮阳区)人。更始帝刘玄时为大司
　马、胶东三。与赤眉军战。后归降光武帝刘秀。刘秀拜为平狄将军,
　封扶沟侯。

【译文】

　　沙水往南流经扶沟县旧城东边。扶沟县就是颍川的毂平乡,有扶亭,
又有洧水沟,所以有扶沟县的名称。建武元年,汉光武帝把这里封给平
狄将军朱鲔,立为侯国。

　　沙水又东与康沟水合①。水首受洧水于长社县东②,东
北迳向冈西,即郑之向乡也③。后人遏其上口,今水盛则北
注,水耗则辍流。又有长明沟水注之④。水出苑陵县故城西
北⑤。县有二城,此则西城也。二城以东,悉多陂泽,即古制
泽也⑥。京柤瑶曰:郑地。杜预曰:泽在荥阳苑陵县东⑦,即
《春秋》之制田也。故城西北平地出泉,谓之龙渊泉。泉水
流迳陵丘亭西⑧,又西,重泉水注之。水出城西北平地,泉涌
南流,迳陵丘亭西,西南注龙渊水⑨。

【注释】

①康沟水:《水经注疏》熊会贞按:“《地形志》,扶沟(今河南扶沟)有
　康沟水。”

②长社县:战国秦置,属颍川郡。治所在今河南长葛东北。

③向乡:当在今河南长葛一带。

④长明沟水:在今河南尉氏西。

⑤苑陵县:秦置,属颍川郡。治所在今河南长葛东北。

⑥制泽:即春秋时制田。在今河南新郑东北。

⑦荥阳:即荥阳郡。三国魏正始三年(242)置,属司州。治所在荥
　　阳县(今河南郑州西北古荥镇)。
⑧陵丘亭:《水经注疏》杨守敬按:"亭在新郑县(今河南新郑)东北。"
⑨龙渊水:《水经注疏》杨守敬按:"水在今新郑县东北。"

【译文】
　　沙水又往东流,与康沟水汇合。康沟水上口在长社县东面引入洧水,
往东北流经向冈西边,就是郑的向乡。后人堵塞了这条水的上口,现在
水涨时就往北流,水少时就断流。又有长明沟水注入。长明沟水发源于
苑陵县旧城西北。苑陵县有两座城,旧城是西城。两座城东面一带,有
很多陂泽,这就是古时的制泽。京相璠说:这是郑国地方。杜预说:泽在
荥阳苑陵县东边,就是《春秋》中说的制田。旧城西北平地涌出泉水,称
为龙渊泉。泉水流经陵丘亭西边,又西流,重泉水注入。重泉水发源于旧
城西北的平地,泉水涌出,往南流经陵丘亭西边,往西南注入龙渊水。

　　龙渊水又东南迳凡阳亭西①,而南入白雁陂②。陂在长
社县东北③,东西七里,南北十里,在林乡之西南④。司马彪
《郡国志》曰:苑陵有林乡亭⑤。白雁陂又引渎南流,谓之长
明沟⑥,东转北屈,又东迳向城北⑦。城侧有向冈。《左传·襄
公十一年》⑧,诸侯伐郑,师于向者也。又东,右迤为染泽陂⑨,
而东注于蔡泽陂⑩。长明沟水又东迳尉氏县故城南⑪。圈称
云⑫:尉氏,郑国之东鄙⑬。弊狱官名也⑭,郑大夫尉氏之邑⑮。
故栾盈曰⑯:盈将归死于尉氏也。

【注释】
①凡阳亭:《水经注疏》杨守敬按:"亭在今新郑县(今河南新郑)东
　　北。"

②白雁陂：在今河南尉氏西南洧川镇西北三里。

③长社县：战国秦置，属颍川郡。治所在今河南长葛东北。

④林乡：即春秋时棐林。在今河南新郑东二十五里。

⑤苑陵：秦置，属颍川郡。治所在今河南新郑东北三十里。

⑥长明沟：在今河南尉氏西。

⑦向城：春秋郑邑。在今河南尉氏西南五十里。

⑧襄公十一年：前562年。

⑨染泽陂：《水经注疏》熊会贞按："当在今尉氏县（今河南尉氏）西南。"

⑩蔡泽陂：《水经注疏》杨守敬按："今尉氏县西南四十里有大陂，当即蔡泽失名耳。"

⑪尉氏县：秦始皇二年（前245）置，属颍川郡。治所即今河南尉氏。西汉属陈留郡。西晋属陈留国。西晋末属陈留郡。

⑫圈称：字幼举。东汉末陈留（今河南开封）人。自称为楚鬻熊之后。撰《陈留风俗传》。

⑬郑国：周诸侯国名。在今河南新郑一带。东鄙：东边的边境。

⑭弊狱：断狱，判罪。弊，决断，裁决。狱，罪案。

⑮郑大夫尉氏之邑：《汉书》颜师古注："郑大夫尉氏，亦以掌狱之官，故为族耳。"段熙仲点校、陈桥驿复校《水经注疏》："师古说最简要。尉氏为古狱官之名，郑之居是官为大夫者，因以尉氏别其族，其食邑因曰尉氏。"

⑯栾盈：亦名栾怀子。春秋时晋国人。栾靥（桓子）之子。好施舍，士人多归之。为下卿（下军佐，位第六）。

【译文】

龙渊水又往东南流经凡阳亭西边，然后往南注入白雁陂。白雁陂在长社县东北，东西七里，南北十里，在林乡西南。司马彪《郡国志》说：苑陵有林乡亭。白雁陂又有一条渠道引水南流，称为长明沟，沟水向东拐弯，又向北转，然后又往东流经向城北边。城旁有向冈。《左传·襄公十一年》，诸侯讨伐郑国，兵临于向。长明沟水又东流，向右分流积成染泽陂，往东注入蔡泽陂。长明沟水又往东流经尉氏县旧城南边。圈称说：尉氏县是郑国东部边境。尉氏是执掌刑狱的官名，是郑大夫尉氏的封邑。所以栾盈说：我回去将死于尉氏之手了。

　　沟渎自是三分。北分为康沟，东迳平陆县故城北①。高后元年②，封楚元王子礼为侯国③。建武元年，以户不满三千，罢为尉氏县之陵树乡④。又有陵树亭⑤，汉建安中⑥，封尚书荀攸为陵树乡侯⑦。故《陈留风俗传》曰：陵树乡，故平陆县也。北有大泽，名曰长乐厩⑧。康沟又东迳扶沟县之白亭北⑨。《陈留风俗传》曰：扶沟县有帛乡、帛亭，名在七乡十二亭中。康沟又东迳少曲亭⑩。《陈留风俗传》曰：尉氏县有少曲亭，俗谓之小城也。又东南迳扶沟县故城东，而东南注沙水。

【注释】

①平陆县：西汉景帝元年（前156）置平陆侯国，属陈留郡。治所在今河南尉氏东北。地节元年（前69）国除，改为县。

②高后元年：前187年。高后，即西汉皇帝刘邦的皇后吕后。

③封楚元王子礼为侯国：当是汉景帝时所封。楚元王刘交，字游。汉高祖同父异母少弟。高祖六年（前201），封楚王。礼，即楚元王刘交少子刘礼。文帝元年（前179）封平陆侯。

④陵树乡：在今河南尉氏东北。

⑤陵树亭：在今河南尉氏东北三十五里。

⑥建安：东汉献帝刘协的年号（196—220）。

⑦荀攸：字公达。三国魏颍川颍阴（今河南许昌）人。荀彧从子。深

密有智防，从曹操征伐，常谋谟帷幄。曹操常称赞："公达外愚内智，外怯内勇，外弱内强，不伐善，无施劳，智可及，愚不可及，虽颜子、宁武不能过也。"

⑧长乐厩：当在今河南尉氏一带。

⑨扶沟县：西汉置，属淮阳国。治所在今河南扶沟东北四十四里古城村。白亭：《水经注疏》杨守敬按："《括地志》，扶沟县（今河南扶沟）北四十五里北又有白亭。即今扶沟县北。"

⑩少曲亭：在今河南尉氏东。

【译文】

长明沟在这里分为三条。北支叫康沟，往东流经平陆县旧城北边，高后元年，把这里封给楚元王的儿子刘礼，立为侯国。建武元年，因平陆县人口不满三千户，撤县改为尉氏县的陵树乡。又有陵树亭，汉朝建安年间，封尚书荀攸为陵树乡侯。因此《陈留风俗传》说：陵树乡是过去的平陆县。北边有大泽，名为长乐厩。康沟水又往东流经扶沟县的白亭北边。《陈留风俗传》说：扶沟县有帛乡、帛亭，地名在七乡十二亭之列。康沟水又往东流经少曲亭。《陈留风俗传》说：尉氏县有少曲亭，民间称之为小城。又往东南流经扶沟县旧城东边，往东南注入沙水。

沙水又南会南水，其水南流，又分为二水。一水南迳关亭东①，又东屈流，与左水合。其水自枝渎南迳召陵亭西②，疑即扶沟之亭也，而东南合右水。世以是水与鄢陵陂水双导③，亦谓之双沟④。又东南入沙水。

【注释】

①关亭：《水经注疏》杨守敬按："亭当在今尉氏县（今河南尉氏）南。"

②召陵亭：当在今河南扶沟一带。

③鄢陵陂水：《水经注疏》熊会贞按："水在今鄢陵县（今河南鄢陵）

西。"

④双沟：当在今河南扶沟一带。

【译文】

沙水又往南流，与南水汇合，此水南流又分为两条。一条往南流经关亭东边，又往东南流，与左水汇合。这条水从支渠往南流经召陵亭西，召陵亭可能就是扶沟亭，往东南流，与右水汇合。世人因此水与鄢陵陂水并流，所以也称双沟。此水又往东南流，注入沙水。

沙水南与蔡泽陂水合。水出鄢陵城西北①。《春秋·成公十六年》②：晋、楚相遇于鄢陵，吕锜射中共王目③，王召养由基④，使射杀之。亦子反醉酒自毙处也。陂东西五里，南北十里，陂水东迳匡城北⑤，城在新汲县之东北⑥，即扶沟之匡亭也⑦。亭在匡城乡。《春秋·文公元年》⑧，诸侯朝晋，卫成公不朝⑨，使孔达侵郑⑩，伐绵訾及匡⑪。即此邑也。今陈留长垣县南有匡城⑫，即平丘之匡亭也⑬。襄邑又有承匡城⑭。然匡居陈、卫之间，亦往往有异邑矣。陂水又东南至扶沟城北，又东南入沙水。

【注释】

①鄢陵城：在今河南鄢陵西北十八里古城。

②成公十六年：前575年。

③吕锜：亦称魏锜。春秋时晋国人。厉公时大夫。共王：春秋时楚国国君，芈姓，名熊审。庄王子。

④养由基：或作养游基。春秋时楚国人。善射，百步外射柳叶，百发百中。共王时为大夫。

⑤匡城：春秋郑邑。在今河南扶沟西。

⑥新汲县：西汉神爵三年（前59）置，属颍川郡。治所在今河南扶沟
　　西南二一里汲下村。

⑦匡亭：即匡城。

⑧文公元年：前626年。

⑨工成公：名郑。春秋时魏国国君。卫文公之子。

⑩孔达：卫大夫。具体未详。

⑪绵訾：郑地。具体未详。匡：春秋卫邑。在今河南长垣西南十三里。

⑫陈留：即陈留郡。西汉武帝元狩元年（前122）置。治所在陈留县
　　（今河南开封东南陈留镇）。长垣县：秦置，属东郡。治所在今河
　　南长垣东北八里陈墙村。西汉属陈留郡。

⑬平丘：即平丘县。战国魏置。后入秦，属东郡。治所在今河南封
　　丘东南四十六里平街。西汉属陈留郡。

⑭襄邑：即襄邑县。战国秦置，属砀郡。治所即今河南睢县。承匡城：
　　在今河南睢县西三十里匡城乡。

【译文】

沙水南流与蔡泽陂水汇合。蔡泽陂水出自鄢陵城西北。《春秋·成
公十六年》：晋、楚两军在鄢陵相遇，吕锜射中共王的眼睛，共王把养由基
召来，要他将吕锜射死。这里也是子反醉酒而死的地方。蔡泽陂东西五
里，南北十里，陂水往东流经匡城北边，城在新汲县东北，就是扶沟的匡
亭。亭在匡城乡。《春秋·文公元年》，诸侯到晋国朝见，卫成公却不去
朝见，还派遣孔达入侵郑国，攻打绵訾和匡。匡，就是匡城。现在陈留郡
长垣县尚有匡城，就是平丘的匡亭。襄邑又有承匡城。然而匡在陈、卫
之间，又往往还有另外的城。陂水又往东南流到扶沟城北，又往东南注
入沙水。

沙水又南迳小扶城西①，而东南流也。城即扶沟县之平
周亭②。东汉和帝永元中③，封陈敬王子参为侯国④。

【注释】

①小扶城:当在今河南扶沟一带。

②平周亭:即小扶城。

③永元:东汉和帝刘肇的年号(89—105)。

④陈敬王:即东汉明帝刘庄之子刘羡。参:刘羡之子刘参。

【译文】

沙水又往南流经小扶城西边,然后转向东南流。小扶城就是扶沟县的平周亭。东汉和帝永元年间,把这里封给陈敬王的儿子刘参,立为侯国。

沙水又东南迳大扶城西①,城即扶乐故城也。城北二里有袁良碑②,云良,陈国扶乐人③。后汉世祖建武十七年④,更封刘隆为扶乐侯⑤,即此城也。涡水于是分焉⑥,不得在扶沟北便分为二水也。

【注释】

①大扶城:亦称扶乐城。治所在今河南太康西北四十二里扶乐城。

②袁良碑:《水经注疏》熊会贞按:"《天下碑录》,良碑在太康县(今河南太康)围城镇西南三十里……又云,在县西北三十里阳夏乡墓下,今佚。"袁良,赵一清《水经注释》:"洪氏适曰:碑在开封(今河南开封)之扶沟。袁君名良,历郎中、谒者,将作大匠、丞相令史、广陵太守、议郎、符节令、国三老、梁相。以顺帝永建六年卒,其孙卫尉滂立此石。滂以光和年为相,其作九卿,当在灵帝之初。"

③扶乐:即大扶城。

④建武十七年:41年。建武,东汉光武帝刘秀的年号(25—56)。

⑤刘隆:字元伯。南阳安众侯宗室。建武二年(26),封亢父侯。十三年(37),更封竟陵侯。后复封为扶乐乡侯。

⑥涡(guō)水:古狼汤渠支流。即今淮水支流涡河。

【译文】

沙水又往东南流经大扶城西边，这座城就是扶乐旧城。城北二里有袁良碑，碑上刻着：袁良，陈国扶乐人。后汉世祖建武十七年，改封刘隆为扶乐侯，就是这座城。涡水从这里分出，不是在扶沟以北就分为两条支流的。

其一者，东南过陈县北①，

沙水又东南迳东华城西②，又东南，沙水枝渎西南达洧，谓之甲庚沟，今无水。

【注释】

①陈县：春秋楚灭陈国置。秦为陈郡治。治所即今河南周口淮阳区。西汉为淮阳国治。东汉为陈国治。

②东华城　《水经注疏》熊会贞按："此城当在今太康县（今河南太康）之西南，淮宁县（今河南周口淮阳区）之西北。"

【译文】

其中一条往东南流过陈县北边，

沙水又往东南流经东华城西边，又往东南流，沙水的一条支流往西南流到洧水，称为甲庚沟，现在已经无水了。

沙水又南与广漕渠合①。上承庞官陂，云邓艾所开也②。虽水流废兴，沟渎尚骈③。昔贾逵为魏豫州刺史，通运渠二百里余，亦所谓贾侯渠也④。而川渠径复，交错畛陌⑤，无以辨之。

【注释】

①广漕渠：《水经注疏》杨守敬按："《魏志·邓艾传》，艾行陈、项已

东至寿春,言宜开河渠,可以饮水浇溉,大积军粮,又通运漕之道。正始二年(241),开广漕渠,每东南有事,大军兴众,泛舟而下,达于江淮,资食有储,艾所建也。《方舆纪要》,广漕渠在陈州南,就下流言也。如《注》所指。在今怀宁县(今河南周口淮阳区)西北。"

②邓艾:字士载。义阳棘阳(今河南信阳南)人。三国时魏大臣。累历尚书郎,南安、汝南、城阳太守,兖州刺史等官,所在皆兴修水利,垦辟荒野,军民并丰。又著《济河论》,规划论证农田水利建设。诸事深得司马懿赞赏。

③夥(huǒ):多。

④贾侯渠:《水经注疏》杨守敬按:"《方舆纪要》,或谓之淮阳渠。《一统志》,在怀宁县(今河南周口淮阳区)西北。"

⑤畛陌:泛指田间的道路。

【译文】

沙水又南流,与广漕渠汇合。广漕渠上源承接庞官陂,据说是邓艾开凿的。虽然水流时断时通,沟渠还是很多的。从前贾逵当魏豫州刺史,疏通了这条渠道二百余里,于是也叫贾侯渠。然而河流渠道像田间阡陌似的纵横交错,很难辨别哪些是他疏浚过的。

　　沙水又东迳长平县故城北①,又东南迳陈城北,故陈国也。伏羲、神农并都之②。城东北三十许里,犹有羲城实中③。舜后妫满④,为周陶正⑤,武王赖其器用,妻以元女太姬而封诸陈⑥,以备三恪⑦。太姬好祭祀,故《诗》所谓坎其击鼓,宛丘之下⑧。宛丘在陈城南道东。王隐云⑨:渐欲平。今不知所在矣。楚讨陈,杀夏徵舒于栗门⑩,以为夏州⑪。后城之东门内有池,池水东西七十步,南北八十许步,水至清洁,而不耗竭,不生鱼草,水中有故台处,《诗》所谓东门之池也⑫。

【注释】

①长平县：战国魏置。后入秦，属陈郡。治所在今河南西华东北十八里。西汉属汝南郡。东汉属陈国。

②伏羲：亦作伏牺，或伏戏。古代传说中的三皇之一。相传其始画八卦，又教民渔猎，取牺牲以供庖厨，因称庖牺。神农：我国古代传说中的帝王名。相传他教人从事农业生产，又亲尝百草，发明医药，是为炎帝。

③羲城：当在今河南周口淮阳区一带。

④妫（guī）满：妫姓，名满。西周陈国国君。武王灭商，求舜后代，得妫满，以长女大姬配妫满，封于陈，是为胡公。

⑤陶正：周职官名。主掌陶器。

⑥元女：长女。太姬：武王之长女。

⑦三恪：周朝新立，封前代三王朝的子孙，给以王侯名号，称三恪，以示敬重。

⑧坎其击鼓，宛丘之下：语见《诗经·陈风·宛丘》。坎，象声词。击鼓声。宛丘，在今河南周口淮阳区东南。

⑨王隐：字处叔。陈郡陈（今河南周口淮阳区）人。东晋史学家。撰《晋书》，今佚。

⑩夏徵舒：妫姓，夏氏，名徵舒。春秋时陈国大夫。陈公族。因其祖父名少西，故又以少西为氏。大夫御叔之子。陈灵公时任大夫。其父早卒，母夏姬淫，与灵公、大夫孔宁、仪行父私通，又互相以他为戏乐。周定王八年（前599），夏徵舒起兵攻杀灵公，自立为陈侯。孔宁、仪行父奔楚求援，次年，楚庄王率军入陈，夏徵舒兵败，车裂而死。

⑪夏州：在今湖北武汉汉阳区以北一带。州，周之编户单位。两千五百户为州。五州为乡，乡万二千五百户。

⑫东门之池：语见《诗经·陈风·东门之池》。东门池，在今河南周

口淮阳区。

【译文】

　　沙水又往东流经长平县旧城北边，又往东南流经陈城北边，这里就是从前的陈国。伏羲、神农都在这里建都过。城东北三十来里，还有一座羲城，城塌如丘。舜的后代妫满，当周朝的陶正，武王使用他做的陶器，因而把自己的长女太姬嫁给他为妻，并把陈封给他为食邑，这样，武王分封前三朝帝王后裔这件事——即所谓三恪——就都办妥了。太姬喜欢祭祀，所以《诗经》里写道：宛丘之下，鼓声咚咚。宛丘在陈城南边的路东。王隐说：宛丘逐渐被削平了。今天已不知它在什么地方了。楚国攻陈，在栗门杀了夏徵舒，在陈设置夏州。城的东门内有个水池，池水东西七十步，南北约八十步，池水十分清净，从不干涸，而且也不生鱼虾水草，池心留有旧时亭台的遗址，这就是《诗经》里所说的东门之池。

　　城内有汉相王君造四县邸碑①，文字剥缺，不可悉识，其略曰：惟兹陈国，故曰淮阳郡云云②。清惠著闻，为百姓畏爱。求贤养士，千有余人，赐与田宅。吏舍，自损俸钱，助之成邸。五官掾西华陈骐等二百五人③，以延熹二年云云④。故其颂曰：修德立功，四县回附。今碑之左右，遗墉尚存⑤，基础犹在。时人不复寻其碑证，云孔子庙学⑥，非也。后楚襄王为秦所灭⑦，徙都于此。文颖曰⑧：西楚矣⑨。三楚⑩，斯其一焉。城南郭里⑪，又有一城，名曰淮阳城⑫，子产所置也⑬。汉高祖十一年以为淮阳国⑭，王莽更名，郡为新平，县曰陈陵，故豫州治⑮。王隐《晋书地道记》云⑯：城北有故沙，名之为死沙，而今水流津通，漕运所由矣⑰。

【注释】

① 四县邸碑：《水经注疏》杨守敬按："此碑欧（阳修）、赵（明诚）皆不著录，洪（适）但载郦说，盖已佚。"

② 淮阳郡：即淮阳国。西汉高帝十一年（前196），立子友为淮阳王，为同姓九国之一。都陈县（今河南周口淮阳区）。惠帝元年（前194）改为郡。此后或国、或郡。东汉章和二年（88）改为陈国。

③ 五官掾：官名。汉代地方郡太守自辟的属吏之一。职掌春秋祭祀。若功曹史缺，或其他曹有员缺，则署理或代行其事，在郡属吏中，地位与功曹史相当。陈骐：具体不详。

④ 延熹二年：159年。延熹，东汉桓帝刘志的年号（158—167）。

⑤ 遗墉：遗存的城墙。

⑥ 孔子庙学：旧指设于孔庙内的学校。

⑦ 楚襄王：芈姓，熊氏，名横。战国时期楚国国君，楚怀王之子。

⑧ 文颖：字叔良。南阳（今河南南阳）人。后汉末荆州从事，魏建安中为甘陵府丞。曾注《汉书》。

⑨ 西楚：地区名。《史记·货殖列传》以淮北、沛、陈、汝南、南郡等地为西楚。约相当于今安徽淮河以北、江苏西北部、河南南部和湖北北部地区。秦亡后，项羽自立为西楚霸王，都彭城（今江苏徐州）。

⑩ 三楚：秦汉时将战国楚地分为西楚、东楚、南楚，合称三楚。《史记·货殖列传》以淮北、沛、陈、汝南、南郡为西楚；彭城以东，东海、吴、广陵为东楚；衡山、九江、江南、豫章、长沙为南楚。

⑪ 郭：古代在城的外围加筑的一道城墙。

⑫ 淮阳城：在今河南周口淮阳区。西汉初为淮阳王封国，都于此。东汉改为陈国。

⑬ 子产：即郑国大夫公孙侨，字子产。执政四十余年，晋、楚不能加兵于郑。

⑭汉高祖十一年：前196年。

⑮豫州：西汉武帝置，为十三刺史部之一。

⑯《晋书地道记》：书名。又称《晋地道志》《晋地道记》。东晋王隐撰。今存清人辑本。

⑰漕运：旧时指国家从水道运输粮食，供应京城或接济军需。

【译文】

城内有汉相王君造四县邸碑，碑上文字已剥落残缺，有些已看不清楚，大致意思是：现在的陈国，过去叫淮阳郡，等等。又说：王君以清廉仁爱著称，受到百姓的敬畏爱戴。他求贤养士千余人，赐给他们田地住宅。他自己削减薪俸，帮助吏属修建房舍。五官掾西华陈骐等二百零五人于延熹二年，等等。所以对他的颂词说：他修仁德，立功勋，四方各县百姓都来归附。今天碑的左右还遗留着断垣残壁，基础还在。当今人们不去寻遗碑为证，却说这是孔子庙学校，这是弄错了。后来楚襄王被秦国灭掉，迁都到这里来。文颖说：这就是西楚。所谓三楚，这就是其中之一。城南的城郭里面，又有一座城，名叫淮阳城，是子产修筑的。汉高祖十一年，立为淮阳国，王莽时改名，郡称新平，县叫陈陵，是先前豫州的治所。王隐《晋书地道记》说：城北有从前的沙水旧道，名叫死沙，但今天水流畅通，是漕运经过的地方。

沙水又东而南屈，迳陈城东，谓之百尺沟①，又南分为二水，新沟水出焉。沟水东南流，谷水注之。水源上承涝陂②，陂在陈城西北。南暨莘城③，皆为陂矣。陂水东流谓之谷水，东迳涝城北。王隐曰：莘北有谷水是也。莘即柽矣。《经》书④：公会齐、宋于柽者也。杜预曰：柽即莘也。在陈县西北为非，柽，小城也，在陈郡西南⑤。谷水又东迳陈城南，又东流入于新沟水，又东南注于颍，谓之交口⑥。水次有大堰，即古百尺堰也⑦。《魏书·国志》曰⑧：司马宣王讨太尉王凌⑨，大军掩至百尺堨⑩。即此堨也。今俗呼之为山阳堰，非也，盖新水首受颍于百尺沟，故堰兼有新阳之名也。以是推之，悟故俗谓之非矣。

【注释】

①百尺沟：在今河南周口淮阳区东。为沙水下游的别称。

②涝陂：《水经注疏》熊会贞按："陂在今淮宁县（今河南周口淮阳区）西北。"

③暨：至，到达。苇城：一名柽（chēng）。在今河南周口淮阳区西南。

④《经》：此指《春秋经》。

⑤陈郡：秦置。治所在陈县（今河南周口淮阳区）。西汉为淮阳国。东汉章和二年（88）改为陈国。建安初又改为陈郡。三国魏黄初六年（225）改为陈国，七年（226）又改为陈郡。

⑥交口：《水经注疏》杨守敬按："盖言两水合流相交也。"

⑦百尺堰：又名山阳堰。在今河南沈丘西北。

⑧《魏书·国志》：此指陈寿《三国志·魏书》。

⑨司马宣王：即司马懿。

⑩掩：乘其不备。

【译文】

沙水又东泝，转而向南，流经陈城东，称为百尺沟，又南流分为两条水，新沟水就从这里流出。沟水往东南流，谷水注入。谷水上游承接涝陂，陂在陈域西北。南达苇城，这一片都是湖泽。陂水东流称为谷水，往东流经涝域北边。王隐说：苇城北有谷水。苇城就是柽。《春秋经》载：僖公在柽与齐宋会盟。杜预说：柽就是苇。说在陈县西北，却弄错了，柽是小城，在陈郡西南。谷水又往东流经陈城南边，又往东流注入新沟水，又往东南注入颍水，汇流处称为交口。水旁有一条大堤堰，就是古时的百尺堰。《三国志·魏书》说：司马宣王讨伐太尉王淩，大军出其不意来到百尺堨。指的就是这条堤堰。今天俗称山阳堰，其实不是，因新水上口在百尺沟接纳了颍水，所以这条堰又兼有新阳堰的名称。根据这一点推断，可以明白民间的称呼是错误的。

又东南至汝南新阳县北①，

沙水自百尺沟东迳宁平县之故城南②。《晋阳秋》称晋太傅东海王越之东奔也③，石勒追之④，燔尸于此⑤，数十万众，敛手受害⑥。勒纵骑围射，尸积如山，王夷甫死焉⑦。余谓俊者所以智胜群情，辨者所以文身袪惑。夷甫虽体荷俊令⑧，口擅雌黄⑨，污辱君亲，获罪羯勒⑩，史官方之华、王⑪，谅为褒矣。

【注释】

①汝南：即汝南郡。西汉高帝四年（前203）置。治所在上蔡县（今河南上蔡西南）。东汉徙治平舆县（今河南平舆北）。三国魏徙治新息县（即今河南息县）。新阳县：秦置，属陈郡。治所在今安徽界首北光武镇尹城子。西汉属汝南郡。

②宁平县：西汉置，属淮阳国。治所在今河南郸城东北二十五里宁平城。东汉属陈国。

③《晋阳秋》：书名。晋孙盛撰。晋朝断代史。阳秋，即春秋，春秋是古代史书的通称，因晋简文帝生母郑太后名春，讳春作阳，故书名为《晋阳秋》。仅存辑本。太傅：官名。魏晋后为大臣之加官，无实权。东海王越：即司马越，字元超。晋高密王司马泰之子。

④石勒：字世龙。上党武乡（今山西榆社北）人。羯族。十六国时期后赵的建立者。

⑤燔尸：焚烧尸首。燔，同"焚"。燃烧。

⑥敛手：拱手，束手。

⑦王夷甫：即王衍，字夷甫。西晋琅邪临沂（今山东临沂）人。王戎从弟。不以经国为念，专谋自保。司马越以为太傅军司。怀帝永嘉五年（311），越卒，衍为石勒所俘，因劝勒称帝，欲求自免，被勒所杀。

⑧荷：承担。承载。

⑨雌黄：雌黄是一种橙黄色的矿物，即鸡冠石，可作颜料。古时用黄纸书写，错了即用雌黄涂抹重写。后因称不顾事实的随意批评或舌说为"信口雌黄"。

⑩羯勒：石勒为上党武乡羯人，故称。

⑪方：与……相比。华：即华歆。字子鱼。三国魏平原高唐（今山东禹城西南四十里）人。为政清静不烦，吏民感而爱之。王：即王朗。本名严，字景兴。三国魏东海郯（今山东郯城北）人。曹操拜为谏议大夫，参司空军事。后累迁大理，治狱宽恕。

【译文】

沙水又往东南流，到了汝南郡新阳县北边，

沙水从百尺沟往东流经宁平县旧城南边。《晋阳秋》说：晋朝太傅东海王司马越向东逃奔，石勒在后追击，在这里焚烧了他的尸体，部下数十万人都被围困在此，束手受戮。石勒纵马围射，尸积如山，王夷甫也死在这里。我想，才智出众的人是凭着机智胜过普通人，能思辨之人通过修养自己的德行来祛除迷惑。王夷甫虽然身负英才俊士的美名，但嘴巴长于颠倒黑白、污辱君亲，得罪了石勒，史官把他与华歆、王朗相比，实在还是抬高了他。

沙水又东①，积而为陂，谓之阳都陂，明水注之②。水上承沙水枝津，东出迳汝南郡之宜禄县故城北③，王莽之赏都

亭也。明水又东北流注于陂,陂水东南流,谓之细水。又东
迳新阳县北,又东,高陂水东出焉④。

【注释】

①沙水:故道自今河南周口淮阳区境内分古狼汤渠东出,又东至鹿
　　邑南,又东略循今安徽茨河,经涡阳、蒙城西,至怀远南入淮水。
②明水:《水经注疏》熊会贞按:"水自今淮宁县(今河南周口淮阳区)
　　东南,东北流至鹿邑县南,入陂。"
③宜禄县:西汉置,属汝南郡。治所在今河南郸城南三十七里宜路镇。
④高陂水:《水经注疏》杨守敬按:"高陂水东出,即《淮水》篇所谓
　　夏肥水(古沙水支流,淮水支流。故道自今河南郸城东南分沙水
　　东南流,经今安徽亳州南,涡阳、利辛二地之西,至凤台西南入淮
　　水),上承沙水,东为高陂者也。"

【译文】

沙水又东流,积水成陂,称为阳都陂,明水注入。明水上口承接沙
水支流,往东流经汝南郡宜禄县旧城北边,宜禄县就是王莽时的赏都亭。
明水又往东北流,注入陂中,陂水往东南流,称为细水。又往东流经新阳
县北边,又往东流,高陂水从东流出。

沙水又东分为二水,即《春秋》所谓夷濮之水也①。枝
津北迳谯县故城西②,侧城入涡。

【注释】

①夷濮之水:在安徽亳州西境,今已消失。
②谯县:秦改焦邑置,属泗水郡。治所即今安徽亳州。西汉属沛郡。
　　东汉属沛国。

【译文】

沙水又往东流,分为两条,就是《春秋》所说的夷濮水。支流往北流经谯县旧城西边,在城旁流过,注入涡水。

沙水东南迳城父县西南①,枝津出焉,俗谓之章水②。一水东注,即濮水也③,俗谓之艾水。东迳城父县之故城南,东流注也。

【注释】

①城父县:西汉置,属沛郡。治所在今安徽亳州东南城父镇。东汉属汝南郡。三国魏属谯郡。

②章水:在今安徽亳州南,东南流至涡阳西北入涡。

③濮水:即夷濮之水。在安徽亳州西境,今已消失。

【译文】

沙水往东南流经城父县西南,又有一条支流在此分出,俗称章水。另一条水往东流,就是濮水,俗称艾水。往东流经城父县旧城南边,往东流去。

又东南过山桑县北①,

山桑故城在涡水北②,沙水不得迳其北明矣。《经》言过北,误也。

【注释】

①山桑县:西汉置,属沛郡。治所在今安徽蒙城北三十六里坛城集。

②涡水:古狼汤渠支津。即今淮水支流涡河。故道自今河南扶沟东分狼汤渠(魏晋以后称蔡水),东流经太康北、鹿邑南,以下循今涡

河至安徽怀远东入淮。为中原地区水运航道之一。

【译文】

沙水又往东南流过山桑县北边，

山桑县旧城在涡水以北，沙水不可能流经城北，这是明明白白的。《水经》却说流过县北，是搞错了。

又东南过龙亢县南①，

沙水迳故城北，又东南迳白鹿城北而东注也②。

【注释】

①龙亢县：西汉置，属沛郡。治所在今安徽怀远西北七十五里龙亢镇。

②白鹿城：《水经注疏》熊会贞按：“城当在今怀远县（今安徽怀远）西。”

【译文】

沙水又往东南流过龙亢县南边，

沙水流经旧城北边，又往东南流经白鹿城北边，然后往东流去。

又东南过义成县西①，南入于淮②。

义成县故属沛③，后隶九江④。沙水东流注于淮，谓之沙汭⑤。京相璠曰：楚东地也。《春秋左传·昭公二十七年》⑥，楚令尹子常以舟师及沙汭而还⑦。杜预曰：沙，水名也。

【注释】

①义成县：东汉改义成侯国置，属九江郡。治所在今安徽怀远东北十五里拖城。

②淮：即今淮河。源出河南桐柏山，东流经河南、安徽，原在江苏北

部入海。后来,其下游为黄河所夺,现由洪泽湖,经宝应湖、高邮
湖。在今江苏江都入长江。

③泗:即沛郡。西汉高帝改泗水郡南部置。治所在相县(今安徽淮
北相山区)。东汉改为沛国。三国魏移治沛县(今江苏沛县)。西
晋还旧治,后复为郡。

④九江:即九江郡。战国秦置。治所在寿春县(今安徽寿县)。以境
内有九江而得名。西汉高帝五年(前202)改为淮南国,元狩初复
为九江郡。

⑤沙汭(ruì):沙水注入淮河的尾端。在今安徽怀远东北。

⑥昭公二十七年:前515年。

⑦楚令尹:官名。春秋战国时楚国执掌军政大权的最高长官,大都
以公子或嗣君担任,相当于后世的宰相。子常:春秋时楚国令尹。
名囊瓦,又称"令尹子常"。子囊之孙,性贪。以:率领,带领。舟师:
水军。

【译文】

又往东南流过义城县西边,往南注入淮水。

义成县从前属于沛郡,后来属于九江郡。沙水往东流,注入淮水,称
为沙汭。京相璠说:这里是楚国东部地域。《春秋左传·昭公二十七年》,
楚国令尹子常把水军开到沙汭后又退了回去。杜预说:沙,是水名。

卷二十三

阴沟水　汳水　获水

【题解】

　　阴沟水、汳水和获水，都是古代淮河水系的河流，是淮河的支流。《经》文说："阴沟水出河南阳武县蒗荡渠。"蒗荡渠即卷二十二的渠沙水，说明它是从渠沙水分流而出的。但《经》文后来又说："东南至沛，为涡水。"则它的下游注入涡水。从这一句《经》文以下，《注》文记载的全是涡水及涡水的其他支流。最后写的一条支流是北肥水，一直写到涡水入淮。北肥水和涡水现在仍然存在，称为北淝河和涡河，但历史上这一带水道变迁甚大，现在的北淝河和涡河，与《水经注》的北肥水和涡水并不完全相同。

　　汳水也是鸿沟水系中的一条古代河流。从《水经》来看，"汳水出阴沟于浚仪县北"，说明三国时期的汳水是从阴沟水分出来的一支。郦道元解释这一句《经》文："阴沟，即蒗荡渠也。亦言汳受旃然水，又云丹、沁乱流，于武德绝河，南入荥阳合汳，故汳兼丹水之称。"说明在北魏时期，尽管浚仪（今开封）、荥阳（今荥阳）都在郦道元可以亲自考察的北魏疆域之内，但是由于河道迁徙，别名众多，他也已经分辨不清楚了。晋代以后，人们把汳水作为汴水的下游，汳水之名从此废弃不用。甚至有人认为"汳"字是'汴'字的古字，魏晋人怕"反"，所以改"反"为"卞"。这些说法并不可靠，却也反映了这个地区水道复杂多变的情况。

获水据《水经》原文："(汳水)又东至梁郡蒙县，为获水，余波南入睢阳城中。"又说："获水出汳水于梁郡蒙县北。"由此看来，古代获水是汳水的下游。获水最后注入泗水，这是《经》文与《注》文都一致的，但《注》文在最后描写彭城县的彭祖楼时说："其楼之侧，襟汳带泗，东北为二水之会也。"说明即使获水会泗之处，古时仍有称汳水的。

从卷二十一起，连续三卷，记载的都是古代淮河水系的河流，由于河道甚多，河名亦多，变迁频繁，许多河道和河名早已消失，要辨明古今，十分困难。除了前面已经介绍的各种地图集以外，水利部治淮委员会编有《淮河水利史》(1990年，水利电力出版社出版)一书，可资参考。

阴沟水

阴沟水出河南阳武县蒗蓎渠①，

阴沟首受大河于卷县②，故渎东南迳卷县故城南，又东迳蒙城北③。《史记》：秦庄襄王元年④，蒙骜击取成皋、荥阳⑤，初置三川郡⑥。疑即骜所筑也，于事未详。故渎东分为二，世谓之阴沟水。京相璠以为出河之济⑦，又非所究。俱东绝济隧⑧，右渎东南迳阳武城北⑨，东南绝长城⑩，迳安亭北⑪，又东北会左渎。左渎又东绝长城，迳垣雍城南⑫。昔晋文公战胜于楚⑬，周襄王劳之于此⑭。故《春秋》书：甲午至于衡雍⑮，作王宫于践土⑯。《吕氏春秋》曰：尊天子于衡雍者也。《郡国志》曰：卷县有垣雍城⑰，即《史记》所记韩献秦垣雍是也。又东迳开光亭南⑱，又东迳清阳亭南⑲，又东合右渎。

【注释】

①阴沟水:古黄河支津。故道西起今河南原阳西南,东至开封境内合古狼汤渠。是狼汤渠分河水的渠道之一,故亦为狼汤渠的另一名称。河南:即河南郡。汉高祖二年(前205)改河南国置。治所在洛阳县(今河南洛阳东北汉魏故城)。阳武县:秦置,属三川郡。治所在今河南原阳东南二十八里。西汉属河南郡。蒗荡渠:一作狼汤渠,又作蒗荡渠、茛汤渠。即战国至秦、汉间之鸿沟。故道自今河南荥阳北广武镇北引黄河水东流,经中牟北,至开封东南。折而南流经通许东、太康西,至周口淮阳区东南流于沈丘北入颍水。魏、晋以后,开封以上河段称汴水,以下河段称蔡水。

②大河:即黄河。卷县:战国秦置,属三川郡。治所在河南原阳西圈城。西汉属河南郡。西晋属荥阳郡。

③蒙城:《水经注疏》熊会贞按:"城当在今原武县(今河南原阳)西南。"

④秦庄襄王元年:前249年。秦庄襄王,亦称秦庄王。初名异人,后改名子楚。秦孝文王之子,秦始皇之父。

⑤蒙骜(ào):一作蒙傲。齐国人。战国后期秦国名将。数次率军出征,屡立战功,官至上卿。其子蒙武、其孙蒙恬均为秦国名将。成皋:即春秋郑虎牢邑,后名成皋。战国属韩。在今河南荥阳西北汜水镇西。荥阳:战国韩邑。在今河南荥阳东北。

⑥三川郡:秦庄襄王元年(前249)置。治所在洛阳县(今河南洛阳东北汉魏故城)。一说在荥阳县(今河南荥阳东北)。

⑦济:即济水。一名沛(jǐ)水。古四渎之一。包括黄河南、北两部分。河北部分源出今河南济源西王屋山,下游屡经变迁。《禹贡》时济水在今河南武陟南入河。《水经》时在今河南温县入河。

⑧绝:横过,直渡。济隧:水名。在今河南荥阳东南,今已湮没。

⑨阳武:即阳武县。秦置,属三川郡。治所在今河南原阳东南

二十八里。西汉属河南郡。西晋属荥阳郡。

⑩长城：这里指魏国所修建的长城。从卷县（今河南原阳西圈城）经
　　阳武县（今河南原阳东南）。

⑪安亭：《水经注疏》杨守敬按："即今原武县东南。"

⑫垣雍城：即春秋时之衡雍。战国为韩邑，后属秦。在今河南原阳
　　西圈城。

⑬晋文公：即晋献公之子重耳。任用贤臣狐偃、赵衰等人，开创了诸
　　侯霸业，为春秋五霸之一。

⑭周襄王：春秋时东周国王。姬姓，名郑。周惠王之太子。周惠王
　　宠惠后，欲立惠后之子王子带为嗣。他赖齐、宋诸侯之力即位。
　　后王子带曾二度作乱，他被迫逃亡郑国，赖晋文公出兵护送返国，
　　诛王子带，才得以复位。他因此赐晋温（今河南温县西）、原（今河
　　南济源北）等地，使得周王室直接管辖之地仅剩二百余方旦。又
　　应晋文公之召，亲自赴"践土之会"，命文公为侯伯。对此《春秋》
　　颇不以为然，讳曰："天王狩于河阳。"

⑮衡雍：即上文垣雍城。

⑯践土：春秋郑邑。在今河南原阳西南。

⑰《郡国志》：晋司马彪《续汉书》篇名。记述东汉时期全国行政区
　　划、人口以及《春秋》和"前三史"所载征伐、会盟所在的地名。

⑱开光亭：《水经注疏》杨守敬按："亭当在今原武县东北。"

⑲清阳亭：即春秋郑清邑。在今河南中牟西。

【译文】

阴沟水

阴沟水源出河南郡阳武县的蒗𦿋渠，

阴沟水的上口在卷县由大河给水，旧渠道往东南流经卷县老城南
面，又往东流经蒙城北面。《史记》：秦庄襄王元年，蒙骜攻占成皋、荥阳，
首先设置了三川郡。蒙城大概就是蒙骜修筑的，但不大清楚。旧渠道往

东流,分为两条,俗称阴沟水。京相璠认为是从河水分出的济水,也没有细究。这两条支渠都向东穿过济隧,右渠往东南流经阳武城北面,往东南穿过长城,流经安亭北面,又往东北流,与左渠汇合。左渠又东流,穿过长城,流经垣雍城南面。从前晋文公战胜楚国,周襄王在这里慰劳晋军。所以《春秋》记载:甲午年晋文公到了衡雍,在践土修建了王宫。《吕氏春秋》说:在衡雍尊奉周天子。《郡国志》说:卷县有座垣雍城,就是《史记》里所说的韩国献给秦国的那座垣雍城。左渠又往东流经开光亭南面,又往东流经清阳亭南面,又东流与右渠汇合。

又东南迳封丘县①,绝济渎,东南至大梁②,合菠荡渠。梁沟既开③,菠荡渠故渎实兼阴沟、浚仪之称④,故云出阳武矣。

【注释】

①封丘县:西汉置,属陈留郡。治所即今河南封丘。

②大梁:战国魏都邑。在今河南开封西北。

③梁沟:当在今河南开封一带。《水经注疏》杨守敬按:"秦王奔断故渠,引水东南出,以灌大梁(今河南开封西北),谓之梁沟。"

④浚仪:即浚仪渠。狼汤渠分黄河水东流至浚仪(今河南开封)境一段的别称。因渠水东注浚仪,故称之为浚仪渠。

【译文】

阴沟水又往东南流经封丘县,横穿过济渎,往东南流,到大梁与菠荡渠汇合。梁沟开凿后,菠荡渠旧渠道实际上兼有阴沟和浚仪渠两个名称,因此,《水经》说阴沟水发源于阳武县。

东南迳大梁城北,左屈与梁沟合。俱东南流,同受鸿沟、沙水之目①。其川流之会左渎东导者,即汳水也②,盖津源之变名矣③。故《经》云：阴沟出蒗蕩渠也。

【注释】

①沙水：拢二十二卷《渠水》篇，沙水故道自今河南淮阳境内分古狼汤渠东凵，又东至鹿邑南，又东略循今安徽茨河，经安徽涡阳、蒙城西，至安徽怀远南入淮水。

②汳水：故道自今河南开封东北分狼汤渠水东流，至今商丘北，下接获水。自晋以后被认为是汴河的下游。"汳"名遂废弃不用，通称汴河或汴渠。

③津源：支流的源头。

【译文】

　　阴沟水往东南流经大梁城北面，向左拐弯与梁沟汇合。两条水都往东南流，也都有鸿沟和沙水的名称。那条往东流与左渠相汇合的就是汳水，这是这条支流源头部分的异名。因此《水经》说：阴沟水源出蒗蕩渠。

东南至沛①，为涡水②，

　　阴沟始乱蒗蕩，终别于沙，而涡水出焉。涡水受沙水于扶沟县③。许慎又曰：涡水首受淮阳扶沟县蒗蕩渠④，不得至沛方为涡水也。《尔雅》曰：涡为洵。郭景纯曰：大水泆为小水也⑤。吕忱曰⑥：洵，涡水也。涡水迳大扶城西⑦，城之东北，悉诸袁旧墓⑧，碑宇倾低，羊虎碎折，惟司徒滂、蜀郡太守腾、博平令光碑字所存惟此⑨，自余殆不可寻。涡水又东南迳阳夏县西⑩，又东迳邟城北⑪，城实中而西有隙郭。

【注释】

①沛：春秋宋邑，战国入楚。即今江苏沛县。

②濄（guō）水：古狼汤渠支津。即今淮水支流涡河。

③扶沟县：西汉置，属淮阳国。治所在今河南扶沟东北四十四里古
城村。东汉属陈留郡。三国魏属陈留国。西晋初废，后复置。

④淮阳：即淮阳国。西汉高帝十一年（前196），立子友为淮阳王，
为同姓九国之一。都陈县（今河南周口淮阳区）。惠帝元年（前
194）改为郡。此后或为国，或为郡。

⑤郭景纯：即郭璞，字景纯。东晋初学者、文学家和术士。河东闻喜（今
山西闻喜）人。好经术，善词赋，博学多才。又得术士郭公真传，通
天文、五行和卜筮之术。西晋末，避乱移居江南。泆（yì）：水满而泛滥。

⑥吕忱：字伯雍。任城（今山东济宁东南）人。晋文字学家，官义阳
王典祠令。撰《字林》七卷。

⑦大扶城：亦称扶乐城。在今河南太康西北四十二里扶乐城。

⑧诸袁：《水经注疏》熊会贞按：“《三国·魏志·袁涣传》，涣字曜卿，
陈郡扶乐人，官至郎中令，行御史大夫事。父滂，子侃，从弟霸，霸
子亮，霸弟徽，并附《涣传》。裴《注》引《袁氏世纪》，涣有四子：侃、
寓、奥、准。又引荀绰《九州记》，袁氏子孙世有名位，贵达至今。”

⑨滂：即袁滂，字公熙。陈郡扶乐（今河南太康西北）人。曾任大司
农，东汉灵帝时官至司徒。为人清心寡欲，不言人短。腾：即袁腾。
东汉官吏。光：即袁光。具体不详。博平县：西汉置，属东郡。治
所在今山东聊城茌平区西北肖王庄乡西南王菜瓜村西二里。三
国魏属平原国。北魏属平原郡。

⑩阳夏县：战国秦置，属陈郡。治所即今河南太康。西汉属淮阳国。
东汉属陈国。西晋属梁国。

⑪邈城：《水经注疏》熊会贞按：“城当在今太康县（今河南太康）东南。”

【译文】

阴沟水往东南流到沛县，分出濄水，

阴沟水先流入蒗𦿆渠，最后又从沙水分出，成为濄水。濄水在扶沟

县承接沙水。许慎又说：涡水上游接纳了淮阳扶沟县的蒗荡渠，不可能到沛县才成为涡水的。《尔雅》说：涡水就是洵水。郭景纯说：这是大水溢出而形成的支流。吕忱说：洵水，就是涡水。涡水流经大扶城西面，此城的东北边，全是袁氏的旧墓，不少墓室都塌陷了，墓碑倾倒了，石羊石虎也破碎断折了，只有司徒袁滂、蜀郡太守袁腾、博平县令袁光的墓碑还在，除此之外，竟都不知是谁的墓了。涡水又往东南流经阳夏县西面，又往东流经邈城北面，城塌如丘，西头有城郭。

涡水又东迳大棘城南①，故鄢之大棘乡也②。《春秋·宣公二年》③：宋华元与郑公子归生战于大棘④，获华元。《左传》曰：华元杀羊食士⑤，不及其御⑥。将战，羊斟曰：畴昔之羊⑦，子为政；今日之事，我为政。遂御入郑，故见获焉。后其地为楚庄所并⑧。故圈称曰⑨：大棘，楚地，有楚太子建之坟及伍员钓台⑩，池沼具存。涡水又东迳安平县故城北⑪。《陈留风俗传》曰：大棘乡，故安平县也，士人敦愿⑫，易以统御。

【注释】

①大棘城：古地名。春秋宋邑。一名棘壁。在今河南睢县南。

②鄢：西周封国。在今河南鄢陵西北十八里古城村。

③宣公二年：前607年。

④华元：子姓，华氏。春秋时宋国正卿。公子归生：姬姓，名归生，字子家。春秋时郑国正卿。穆公之子，灵公之弟。

⑤食（sì）：宴请，以酒食招待。

⑥不及：这里指没有给予。御：驾车之人。名羊斟（zhēn）。

⑦畴昔：已前，从前。

⑧楚庄：即楚庄王。芈姓，熊氏，名旅（一作侣、吕）。楚穆王之子，春

秋五霸之一。

⑨圈称：字幼举。东汉末陈留（今河南开封）人。撰《陈留风俗传》。

⑩楚太子建：芈姓，名建，字子木。春秋末楚平王之子。前528年，其父楚平王即位后，立为太子。伍员：字子胥。春秋时吴国大夫。父伍奢、兄伍尚为楚平王所杀。伍子胥奔吴，佐吴伐楚。入郢都时，平王已卒，乃掘其墓，鞭尸三百。后吴败越，越王勾践请和，吴王夫差应许之，而子胥谏不听，被谗而死。

⑪安平县：《水经注疏》杨守敬按：“安平县未详，盖旋置旋废，故地志不载。郦氏好奇，则因见于《陈留风俗传》而叙之。《名胜志》以为汉县，盖就圈称汉人为说也。今有安平集，在鹿邑县（今河南鹿邑）西北七十里。”

⑫敦惷（chōng）：敦厚愚拙。惷，愚昧。

【译文】

涡水又往东流经大棘城南面，这是过去鄢县的大棘乡。《春秋·宣公二年》：宋国华元与郑国公子归生在大棘会战，华元被俘。《左传》说：华元在出阵前杀羊慰劳将士，但没有把羊肉分给他的驾车人。将要开战时，驾车人羊斟说：过去的羊肉由您支配，今天的事情要由我支配了。就驾车闯入郑军阵中，所以华元被俘。后来这一带被楚庄王所兼并。因而圈称说：大棘是楚国地方，有楚太子建的坟墓及伍员的钓台，池塘如今都还在。涡水又往东流经安平县老城北面。《陈留风俗传》说：大棘乡就是从前的安平县，人民敦厚愚拙，容易统治。

涡水又东迳鹿邑城北①，世谓之虎乡城，非也，《春秋》之鸣鹿矣②。杜预曰：陈国武平西南有鹿邑亭是也③。城南十里有晋中散大夫胡均碑④，元康八年立⑤。涡水之北有汉温令许续碑⑥。续字嗣公，陈国人也，举贤良⑦，拜议郎⑧，迁温令⑨。延熹中立⑩。涡水又东迳武平县故城北，城之西南七里许有汉尚书令虞诩碑⑪，碑题云：虞君之碑。讳诩，字定安，虞仲之后⑫，为朝歌令、武都太守⑬。文字多缺，不复可寻。按范晔《汉书》，诩字升卿，陈国武平人，祖为县狱吏，治存宽恕。尝曰：于公为里门⑭，子为丞相，吾虽不及于公，子孙不必不为九卿⑮。故字诩曰升卿。定安，盖其幼字也，魏武王初封于此⑯，终以武平华夏矣。

【注释】

①鹿邑城：在今河南鹿邑西鹿邑城。

②鸣鹿：春秋陈邑。在今河南鹿邑西七十里。

③陈国：东汉章和二年（88）改淮阳国置。治所在陈县（今河南周口淮阳区）。武平：即武平县。东汉置，属陈国。治所在今河南鹿邑西北四十里庙王庄。

④胡均：《水经注疏》杨守敬按："胡均，《晋书》无传。此碑，欧（阳修）、赵（明诚）皆不著录，盖已佚。"

⑤元康八年：298年。元康，西晋惠帝司马衷的年号（291—299）。

⑥汉温令午续碑：《水经注疏》杨守敬按："此碑，欧（阳修）、赵（明诚）皆不著录，洪（适）但载郦说，盖已佚。"

⑦贤良：汉代以贤良为察举的科目之一。一称贤良文学，简称贤良。始于汉文帝时诏郡国举贤良方正。举贤良重在文学知识。

⑧议郎：郎中令的属官。郎官中地位较高者。掌顾问应对，不入直宿卫。

⑨温：即温县。春秋时晋置。治所在今河南温县西南三十里古温城（今上苑村北）。

⑩延熹：东汉桓帝刘志的年号（158—167）。

⑪汉尚书令虞诩（xǔ）碑：《水经注疏》杨守敬按："诩墓在今鹿邑县

（今河南鹿邑）西北四十七里。"虞诩，字升卿。东汉陈国武平（今河
南鹿邑西北）人。在各任上有治绩，累迁尚书仆射。好刺举，数忤
权戚，屡遭谴考、刑罚，刚正之性终老不屈。顺帝永和初迁尚书令。

⑫虞仲：姬姓，吴君周章之弟。周武王灭商后，被封于虞（今山西平
陆北），列为诸侯。

⑬朝歌：即朝歌县。秦置，属河内郡。治所即今河南淇县。武都：即
武都郡。西汉元鼎六年（前111）置。治所在武都县（今甘肃西和
南仇池山东麓）。东汉移治下辨（今陕西成县西三十里）。

⑭于公：东海郯（今山东郯城）人。西汉丞相于定国之父。曾为县狱
吏、郡决曹。判决案件公允，"罗文法者于公所决皆不恨"。郡中
为之生立祠，号曰于公祠。里门：指看守里门的小吏。

⑮九卿：古代中央政府的九个高级官职。历代多设九卿而名称、司
职略有不同。汉以太常、光禄勋、卫尉、太仆、廷尉、大鸿胪、宗正、
司农、少府为九寺（即九卿）。

⑯魏武王：指曹操。

【译文】

　　涡水又往东流经鹿邑城北面，人们称之为虎乡城，是不对的，这是
《春秋》中的鸣鹿。杜预说：陈国武平西南有个鹿邑亭，就指的是这地方。
城南十里有晋中散大夫胡均碑，元康八年立。涡水以北有汉温令许续
碑。许续字嗣公，陈国人，被推举为贤良，授官议郎，以后调到温县当县
令。墓碑是延熹年间所立。涡水又往东流经武平县老城北面，城西南面
约七里有汉尚书令虞诩碑，碑上题字是：虞君之碑。虞君名诩，字定安，
是虞仲的后代，当过朝歌令和武都太守。碑上文字残缺很多，不能辨认
了。按范晔的《汉书》，虞诩字升卿，陈国武平人，祖父在县里当狱吏，管
理犯人较为宽厚。他曾说：于公当里门的小吏，但他的儿子却做丞相，我
虽比不上于公，但子孙未必不当九卿。因此给虞诩取字叫升卿。定安是
他的小名。魏武王最初被封在这里，最终被封为武平侯，一统华夏。

　　濄水又东迳广乡城北①。圈称曰：襄邑有蛇丘亭②，故广乡矣，改曰广世。后汉顺帝阳嘉四年③，封侍中挚填为侯国④，即广乡也。濄水又东迳苦县西南⑤，分为二水，枝流东北注，于赖城入谷⑥，谓死濄也。濄水又东南屈，迳苦县故城南。《郡国志》曰：春秋之相也⑦，王莽更名之曰赖陵矣。城之四门，列筑驰道，东起赖乡⑧，南自南门，越水直指故台；西面南门。列道径趣广乡道西门驰道⑨。西届武平北门驰道；暨于北台⑩。

【注释】

①厂乡城：在今河南鹿邑西，涡河南岸。

②襄邑：即襄邑县。战国秦置，属砀郡。治所即今河南睢县。西汉属陈留郡。

③阳嘉四年：135年。阳嘉，东汉顺帝刘保的年号（132—135）。

④挚填：《水经注疏》杨守敬按："挚填，范（晔）《书》不载，当在谢（承）、薛（莹）、司马（彪）等书中。"

⑤苦县：春秋楚置。治所即今河南鹿邑。秦属陈郡。西汉属淮阳国。东汉属陈国。

⑥赖城：在今河南鹿邑东。

⑦相：春秋时楚邑。在今河南鹿邑东十五里。

⑧赖乡：即厉乡。在今河南鹿邑东十里。

⑨趣：趋向。

⑩暨：至，到达。

【译文】

　　濄水又往东流经广乡城北面。圈称说：襄邑有个蛇丘亭，就是过去的广乡，后来改称广世。后汉顺帝阳嘉四年，将这地方封给侍中挚填，立为侯国，就是广乡。濄水又往东流经苦县西南，分为两条水，支流向东北流，在赖城注入谷水，称为死濄。濄水又折转向东南，流经苦县老城南面。《郡国志》说：这里就是春秋时的相，王莽改名为赖陵。苦县老城四面的城门，修筑了几条宽阔的驰道，东面从赖乡开始，南面从南门穿过濄水，直通故台，故台西面朝向南门。另一条大道直通向广乡道西门的驰道。西边通到武平北门的驰道，直达北台。

　　濄水又东北屈，至赖乡西，谷水注之①。谷水首受涣水于襄邑县东②，东迳承匡城东③。《春秋经》书：夏叔仲彭生会晋郤缺于承匡④。《左传》曰：谋诸侯之从楚者⑤。京相璠曰：今陈留襄邑西三十里有故承匡城⑥。谷水又东南迳己吾县故城西⑦。《陈留风俗传》曰：县，故宋也，杂以陈、楚之地，故梁国宁陵县之徙种龙乡也⑧。以成、哀之世⑨，户至八九千，冠带之徒求置县矣⑩。永元十一年⑪，陈王削地⑫，以大棘乡、直阳乡十二年自鄢隶之⑬，命以嘉名曰己吾。犹有陈、楚之俗焉。

【注释】

①谷水：在今河南杞县一带。

②涣水：自今河南开封东分狼汤渠水东南流经杞县、睢县、柘城，南入安徽境，经亳州东北、河南永城南、安徽宿州、固镇县，至五河县南入淮水。襄邑县：战国秦置，属砀郡。治所即今河南睢县。西汉属陈留郡。

③承匡城：战国秦置，属砀郡。在今河南睢县西三十里匡城乡。

④叔仲彭生：又作叔彭生。姬姓，叔仲氏，谥惠，史称叔仲惠伯。鲁国公族。各本衍"仲"字。郤缺：即郤成子。春秋时晋国大夫。

从政多年,历事数君。

⑤谋诸侯之从楚:商量对付投靠楚国的诸侯。当时诸侯从楚者,有陈、郑、宋诸国。

⑥陈留:即陈留郡。西汉元狩元年(前122)置。治所在陈留县(今河南开封东南陈留镇)。西晋改为陈留国,移治小黄县(今河南开封东北)。西晋末复为郡。

⑦己吾县:东汉永元十一年(99)置,属陈留郡。治所在今河南宁陵西南三十九里己吾城。西晋初废。北魏复置。

⑧梁国:西汉高帝五年(前202)改砀郡为梁国。都定陶(今山东菏泽定陶区西北)。汉文帝时移都睢阳县(今河南商丘南)。宁陵县:西汉置,属陈留郡。治所在今河南宁陵东南。东汉属梁国。

⑨成帝:即西汉皇帝刘骜(ào)。字太孙。孝元皇帝刘奭之子。哀帝:即西汉皇帝刘欣。元帝庶孙,定陶鲁恭王刘徐之子。

⑩冠带之徒:指士族官吏。

⑪永元十一年:99年。永元,东汉和帝刘肇的年号(89—105)。

⑫陈王削地:朱谋㙔《水经注笺》曰:"《后汉书》陈王钧坐杀人事,削西华、项、新阳三县。"

⑬六棘乡:古地名。一名棘壁。在今河南柘城西北。直阳乡:《水经注疏》熊会贞按:"《地志》,襄邑(今河南睢县)有直阳城。"十二年:100年。鄢:在今河南鄢陵西北十八里古城村。

【译文】

涡水又折转向东北,流到赖乡西面,谷水注入。谷水上口在襄邑县东面承接涣水,向东流经承匡城东面。《春秋经》记载:夏天,叔仲彭生在承匡会见了晋国郤缺。《左传》说:商量对付投靠楚国的诸侯。京相璠说:今天,在陈留襄邑西面三十里有旧时的承匡城。谷水又往东南流经己吾县老城西面。《陈留风俗传》说:己吾县从前属于宋国,兼有陈、楚的部分土地,是过去梁国宁陵县的种龙乡。成帝、哀帝时这里的居民发展到八九千户，于是当地的士族、官吏要求设县。永元十一年，陈王封地被削，十二年自鄢划出大棘乡、直阳乡隶属于该县，取了个美名叫己吾。这里还有陈、楚两地的旧习俗。

　　谷水又东迳柘县故城东①。《地理志》，淮阳之属县也。城内有柘令许君清德颂②，石碎字紊，惟此文见碑。城西南里许，有汉阳台令许叔种碑③，光和中立④；又有汉故乐成陵令太尉掾许婴碑⑤。婴字虞卿，司隶校尉之子⑥。建宁元年立⑦。余碑文字碎灭，不复可观，当似司隶诸碑也。谷水又东迳苦县故城中⑧，水泛则四周隍壍⑨，耗则孤津独逝。谷水又东迳赖乡城南。其城实中，东北隅有台偏高。俗以是台在谷水北，其城又谓之谷阳台，非也。谷水自此东入涡水。

【注释】

①柘县：战国秦置，属陈郡。治所在今河南柘城北。

②清德颂：《水经注疏》熊会贞按："此碑，欧（阳修）、赵（明诚）皆不著录，洪（适）但载郦说，盖已佚。"

③汉阳台令许叔种碑：当作"汉阳翟令许叔台碑"。《水经注疏》熊会贞按："《天下碑录》，汉阳翟令许叔台碑在柘城县（今河南柘城）西南，光和中立。"阳翟，即阳翟县。战国韩置，始皇十七年（前230）属秦，为颍川郡治。治所即今河南禹州。译文从之。许叔台，具体不详。

④光和：东汉灵帝刘宏的年号（178—184）。

⑤汉故乐成陵令太尉掾许婴碑：《水经注疏》熊会贞按："《天下碑录》，汉故乐成陵令太尉掾许婴碑在柘城县西南，今佚。"乐成陵，即乐成县。战国秦置，属钜鹿郡。治所在今河北献县东南十六里

河城街乡南。西汉为河间国治。"陵"字是桓帝所加。太尉掾，太
尉属官。西汉太尉无实际职务，属官较少。东汉职权渐重，属官
增多，分曹治事。有西曹、东曹、户曹等，各曹正职官称掾。

⑥司隶校尉：官名。汉武帝征和四年（前89）置，掌持节率中都官徒
以捕巫蛊、督京师奸猾。哀帝时改称司隶。东汉复称司隶校尉，
与御史中丞、尚书令并称"三独坐"，权势显赫，实兼中央监察与地
方行政诸任于一身。

⑦建宁元年：168年。建宁，东汉灵帝刘宏的年号（168—172）。

⑧苦县：春秋楚置。治所即今河南鹿邑。秦属陈郡。西汉属淮阳国。
东汉属陈国。

⑨隍壍（qiàn）：护城河。壍，同"堑"。壕沟。

【译文】

谷水又往东流经柘县老城东面。据《地理志》，这是淮阳的属县。城
内有柘县县令许君撰写的清德颂碑，别的石碑都破碎了，碑文也已模糊
不清，只有此文的碑刻还看得出。城西南约一里左右，有汉阳翟令许叔
台碑，是光和年间所立；又有汉故乐成陵令太尉掾许婴碑。许婴，字虞卿，
是司隶校尉的儿子。碑是建宁元年所立。其余的石碑，文字都剥蚀不清，
无可辨认了，看来应当也是像司隶等差不多的碑。谷水又往东流经苦县
老城中，水大泛滥时，就流遍四周的护城河；水小时，就只有一水独流了。
谷水又注东流经赖乡城南面。这座城坍塌如丘，东北隅有台，显得较高。
民间以为此台在谷水北面，因此又称此城为谷阳台，其实是不对的。谷
水在这里东流注入涡水。

涡水又北迳老子庙东①，庙前有二碑，在南门外。汉桓
帝遣中官管霸祠老子②，命陈相边韶撰文③。碑北有双石阙
甚整顿，石阙南侧，魏文帝黄初三年经谯所勒④，阙北东侧，有
孔子庙⑤，庙前有一碑，西面，是陈相鲁国孔畴建和三年立⑥。

北则老君庙，庙东院中有九井焉。又北，涡水之侧又有李母庙⑦，庙在老子庙北，庙前有李母冢，冢东有碑，是永兴元年谯令长沙王阜所立⑧。碑云：老子生于曲、涡间⑨。涡水又屈东迳相县故城南⑩，其城卑小实中。边韶《老子碑》文云：老子，楚相县人也。相县虚荒，今属苦，故城犹存，在赖乡之东，涡水处其阳。疑即此城也，自是无郭以应之。

【注释】

①老子庙：一名老君庙。在今河南鹿邑东。

②汉桓帝：即东汉皇帝刘志。蠡吾侯刘翼之子。管霸：东汉宦官。桓帝时受命杂考李云。桓帝欲诛李云、杜众时曾加以卫护。后甚奢侈，取天下良田美业。颇有才略，灵帝时专制官省。窦武诛宦官时杀之。

③边韶：字孝先。陈留浚仪（河南开封）人。东汉官吏。以文章知名。善口辩。东汉顺帝时，为尚书侍郎。桓帝时，为临颍侯相，征拜太中大夫，著作东观。后为陈相。

④黄初三年：222 年。黄初，三国魏文帝曹丕的年号（220—226）。谯：即谯县。秦改焦邑置，属泗水郡。治所即今安徽亳州。西汉属沛郡。东汉属沛国。三国魏黄初元年（220）立为谯国。勒：雕刻。

⑤孔子庙：《水经注疏》杨守敬按：“《魏志·仓慈传》注引《孔氏谱》，汉桓帝立老子庙于苦县（今河南鹿邑）之赖乡（今河南鹿邑东十里），画孔子像于壁。孔畴为陈相，立孔子碑于像前。”

⑥孔畴：字元矩。东汉末鲁国（今山东曲阜）人。孔子之后。汉桓帝时任陈相。建和三年：149 年。建和，东汉桓帝刘志的年号（147—149）。

⑦李母庙：在今河南鹿邑一带。《水经注疏》熊会贞按：“《初学记》

二十四弓《赖乡记》，老子祠北二里李夫人祠，是老子所生旧宅。"

⑧永兴元年：153年。永兴，东汉桓帝刘志的年号（153—154）。王阜：具体不详。

⑨曲：即曲仁里。在今河南鹿邑一带。涡：即涡水。古狼汤渠支津。即今淮水支流涡河。

⑩相县故城：在今河南鹿邑东十五里。

【译文】

涡水又往北流经老子庙东面，庙前有两块石碑，在南门外。汉桓帝派遣宦官管霸去祭祀老子，命陈国丞相边韶撰写碑文。碑的北面有两座很整齐的石阙，石阙南侧，是魏文帝黄初三年经过谯县时刻的，石阙北边东侧，有孔子庙，庙前有一块石碑，石碑朝西，是陈国丞相鲁国的孔畴在建和三年所立。北面就是老君庙，庙东的院子里有九口井。又往北，在涡水的旁边又有李母庙，在老子庙的北边，庙前有李母墓，墓的东边有块石碑，是永兴元年谯县令长沙王阜所立。碑文说：老子生在曲仁里涡水之间。涡水又句东拐弯，流经相县老城南面，此城低小，坍塌如丘。边韶撰的《老子碑》说：老子是楚国相县人。相县虚空荒凉，今天属于苦县，老城至今还在，在赖乡的东边，涡水流过城南。说的可能就是此城，但却没有城郭了。

涡水又东迳谯县故城北。《春秋左传·僖公二十二年》①，楚成得臣帅师伐陈②，遂取谯，城顿而还是也③。王莽之延成亭也，魏立谯郡④，沇州治⑤。沙水自南枝分，北迳谯城西，而北注涡。涡水四周城侧，城南有曹嵩冢⑥，冢北有碑，碑北有庙堂，余基尚存，柱础仍在⑦。庙北有二石阙双峙，高一丈六尺，榱栌及柱皆雕镂云矩⑧，上罣罳已碎⑨，阙北有圭碑，题云：汉故中常侍长乐太仆特进费亭侯曹君之碑⑩，延熹三年立⑪。碑阴又刊诏策，二碑文同。夹碑东西，列对两石马，高八尺五寸，石作粗拙，不匹光武隧道所表象马也。有腾兄冢⑫，冢东有碑，题云：汉故颍川太守曹君墓⑬，延熹九年卒⑭。而不刊树碑岁月。坟北有其元子炽冢⑮，冢东有碑，题云：汉故长水校尉曹君之碑⑯。历大中大夫、司马、长史、侍中⑰，迁长水，年三十九卒，熹平六年造⑱。炽弟胤冢⑲，冢东有碑，题云：汉谒者曹君之碑⑳，熹平六年立。城东有曹太祖旧宅㉑，所在负郭对廛㉒，侧隍临水㉓。《魏书》曰：太祖作议郎㉔，告疾归乡里，筑室城外，春夏习读书传，秋冬射猎以自娱乐。文帝以汉中平四年生于此㉕，上有青云如车盖，终日乃解。即是处也。后文帝以延康元年幸谯㉖，大飨父老㉗，立坛于故宅，坛前树碑，碑题云：大飨之碑㉘。

【注释】

①僖公二十二年：此处应为二十三年，即前637年。译文从之。

②成得臣：字子玉。楚成王时，因战功被子文推荐为令尹。围宋，与救宋之晋、齐、秦联军战于城濮（今山东鄄城临濮集），楚军溃败。引咎自杀于归途中。

③顿：西周封国。姬姓。国都原在今河南商水县东南，后迫于陈而南迁。在今河南项城西南南顿镇，为楚附庸。

④谯郡：东汉建安末，魏武析沛国置。治所在谯县（今安徽亳州）。

⑤沇州：西汉武帝置，为十三刺史部之一。东汉时治所在昌邑县（今山东巨野东南）。

⑥曹嵩冢：《水经注疏》熊会贞按：“《寰宇记》，曹嵩墓在沂水县（今山东沂水县）南一百二十五里。”曹嵩，字巨高，沛国谯（今安徽亳州）人。东汉末大臣。曹操之父。以宦官曹腾养子，仕途得意。

魏黄初元年（220），曹丕称帝，追尊嵩曰太皇帝。

⑦柱础：俗称柱础石。古人在房屋柱脚上垫一块石墩，既能起到防潮作用，又能加强柱基的承压力。

⑧榱（cuī）：即椽。放在檩上支持屋面和瓦片的木条。栌：柱头承托栋梁的短木，即樽栌、斗栱。雕镂：雕刻镂刻。云矩：雕刻的云形图案。矩，刻画以留标志。

⑨罦罳（fú sī）：亦作罦思、复思、罘罳。古代设在门外或城角上的网状建筑。

⑩汉故中常侍长乐太仆特进费亭侯曹君之碑：《水经注疏》熊会贞按："此魏武之祖曹腾碑。"曹腾，字季兴，沛国谯（今安徽亳州）人。东汉末宦官。安帝时，授黄门从官。顺帝即位，为小黄门，迁中常侍。质帝被杀后，与长乐太仆州辅等七人，以定策功，皆封亭侯，腾为费亭侯，迁大长秋，加位特进。奉事四帝，对海内名人，有所进达。魏明帝太和三年（229），追尊为高皇帝。

⑪延熹三年：160年。延熹，东汉桓帝刘志的年号（158—167）。

⑫腾兄：即曹腾的从兄曹褒，曹仁之祖父。官颍川太守。

⑬汉故颍川太守曹君墓：《水经注疏》熊会贞按："此碑，欧（阳修）、赵（明诚）皆不著录，洪（适）但载郦说，盖已佚。"

⑭延熹九年：166年。

⑮元子：长子。炽：即曹炽，字元盛。沛国谯县（今安徽亳州）人。东汉颍川太守曹褒之子，曹仁之父，曹操之从父。

⑯长水校尉：官名。西汉武帝所置，京师屯兵八校尉之一，掌长水胡骑。

⑰大中大夫：官名。即太中大夫。掌议论，无定员，多至数十人。虽为顾问一类散职，但汉世多以宠臣贵戚和功臣充任，与皇帝关系亲近，为机密之职。司马：官名。汉代为宫门守将、大将军、将军、校尉的属官。边郡亦置司马，专管军事。长史：官名。汉时丞相、太尉、公及将军府属吏均有长史。另边陲郡守亦置长史，掌兵马。

侍中：官名。秦始置，为丞相属官。两汉沿袭，是正规官职外的加官之一。侍从皇帝左右，出入宫廷。

⑱熹平六年：177年。熹平，东汉灵帝刘宏的年号（172—178）。

⑲炽弟胤：《水经注疏》熊会贞按："（曹）胤之仕履不见于史，惟此碑题，稍存官衔耳。"

⑳谒者：官名。守宫殿门户，掌传达，接待宾客以及临时差遣等职务。

㉑曹太祖旧宅：曹操旧宅。《水经注疏》杨守敬按："《魏志·武帝纪》注引《魏武故事》载公《令》：孤于谯（今安徽亳州）东五十里，筑精舍。"

㉒负郭：背对着城郭。对廛（chán）：面对着民居。廛，古代一户人家所占的房地。

㉓隍：护城壕。

㉔议郎：官名。郎中令的属官。为郎官中地位较高者。掌顾问应对，无常员。

㉕文帝：即曹操之子魏文帝曹丕。中平四年：187年。中平，东汉灵帝刘宏的年号（184—189）。

㉖延康元年：220年。延康，东汉灵帝刘宏的年号，凡一年。

㉗飨（xiǎng）：宴请宾客。

㉘大飨之碑：《水经注疏》杨守敬按："《寰宇记》，大飨碑在魏文庙前。昔文帝幸谯，父老立碑于故宅，题曰：大飨之碑。锺繇篆额，曹子建文，梁鹄书，时称为三绝碑，在《隶释》。洪适曰：碑字有不明者。唐大中年，亳守李暨再刻。在今亳州（今安徽亳州）东，已佚。"

【译文】

涡水又往东流经谯县老城北面。《春秋左传·僖公二十三年》，楚国成得臣率领军队讨伐陈国，结果攻取了焦，在顿筑城，然后还师。王莽时叫延成亭，魏时设立了谯郡，是沇州的治所。沙水从南面分支流出，往北流经谯城西面，往北注入涡水。涡水四面环绕城边，城南有曹嵩墓，墓北有一块石碑，碑北有一座庙堂，今天在遗址上还能看到石柱和石础。庙北有两座石阙，互相对峙，高一丈六尺，顶椽、斗拱及立柱都雕刻着云纹，上面的围屏已经破碎，石阙北边有一块圭形碑，碑上题着：汉故中常侍长乐太仆特进费亭侯曹君之碑，延熹三年立。碑的背面又刻着诏书，两面碑文相同。石碑东西两边，相对立着两匹石马，高八尺五寸，石雕粗糙拙劣，比不上光武帝墓道上的石像石马。附近有曹腾兄墓，墓东有石碑，题着：汉故颍川太守曹君墓，延熹九年卒。而未刻立碑年月。墓北有他的长子曹炽的墓，墓东有石碑，题着：汉故长水校尉曹君之碑。曹炽历任大中大夫、司马、长史、侍中等职，调任长水校尉，三十九岁死，熹平六年造。曹炽弟曹胤的墓也在这里，墓东有碑，题着：汉谒者曹君之墓，熹平六年立。城东有曹太祖的故居，故居背靠城墙，面对民房，旁边是城壕，面临流水。《三国志·魏书》说：太祖当过议郎，后因病辞官还乡，在城外建了房屋，春夏研读诗书经传，秋冬到郊外射猎娱乐。文帝于汉中平四年出生在这里，当时天上青云像车盖一样笼罩着，到天晚才散去。指的就是此处。后来文帝在延康元年驾临谯县，大摆筵席宴请乡里父老，并在故居设立祭坛，坛前立碑，碑题叫大飨之碑。

碑之东北，涡水南，有谯定王司马士会冢①。冢前有碑，晋永嘉三年立②。碑南二百许步有两石柱，高丈余，半下为束竹交文③，作制极工。石榜云④：晋故使持节散骑常侍都督扬州江州诸军事、安东大将军谯定王河内温司马公墓之神道⑤。

【注释】

①定王司马士会：《水经注疏》杨守敬按："《晋书·谯王逊传》，子定王随立，薨，以此云士会证之，其即定王随无疑。盖随字士会，又以字行，故此称士会乎？而《传》不言士会。《惠帝纪》太安元年，亦但言安东将军谯王随薨，不如碑南石榜叙官位文，此可辅《晋

书》之阙。"

②永嘉三年:309 年。永嘉,西晋怀帝司马炽(chì)的年号(307—312)。

③束竹交文:成束的竹子互相交叉的花纹。文,文理,花纹。

④石榜:石头制作的匾额。榜,匾额。

⑤神道:寺、庙、陵、祠碑等参拜场所前的道路。

【译文】

　　碑的东北面、涡水南面,有谯定王司马士会墓。墓前有块石碑,是晋永嘉三年所立。碑南约二百来步有两根石柱,高一丈多,下半部有成束的竹子互相交叉的花纹,雕刻非常精致。石碑额上写着:晋朝前使者持节散骑常侍都督扬州江州诸军事、安东大将军谯定王河内郡温县司马公墓之墓道。

　　涡水又东迳朱龟墓北^①,东南流。冢南枕道有碑^②,碑题云:汉故幽州刺史朱君之碑^③。龟字伯灵,光和六年卒官^④,故吏别驾从事史、右北平无终年化^⑤,中平二年造^⑥。碑阴刊故吏姓名,悉蓟、涿及上谷、北平等人^⑦。

【注释】

①朱龟墓:《水经注疏》杨守敬按:"墓在今亳州(今安徽亳州)。"

②枕:靠近,接近。

③汉故幽州刺史朱君之碑:《水经注疏》杨守敬按:"(欧阳修)《集古录》,汉朱龟碑在亳州界中,后余守亳州,徙置州学中。"幽州,汉武帝置十三州刺史部之一。东汉治所在蓟县(今北京西南)。

④光和六年:183 年。光和,东汉灵帝刘宏的年号(178—184)。

⑤别驾从事史:官名。即别驾从事。府、州佐吏名。亦称别驾。汉置。刺史行部时,别乘传车侍从导引,主录众事,故名。位居诸从事之右,职位颇重。年化:一作牟化。具体不详。

⑥中平二年：185年。中平，东汉灵帝刘宏的年号（184—189）。

⑦蓟：即蓟县。战国秦置，为广阳郡治。治所在今北京西南隅。西汉为广阳国治。涿：即涿县。秦置，属广阳郡。治所即今河北涿州。西汉为涿郡治。上谷：即上谷郡。战国燕置，秦治所在沮阳县（今河北怀来东南）。北平：此处应指右北平郡。

【译文】

㴥水又往东流经朱龟墓北面，往东南流。墓南靠近道路，有块石碑，碑上题着：汉故幽州刺史朱君之碑。朱龟字伯灵，光和六年死于在任期间，旧属别驾从事史、右北平无终县年化，中平二年造。碑的背面刻着旧时属吏的姓名，都是蓟、涿及上谷、北平等地人。

涡水东南迳层丘北①，丘阜独秀，巍然介立②，故壁垒所在也。

【注释】

①层丘：《水经注疏》杨守敬按："丘在今亳州（安徽亳州）东南。"

②介立：卓然耸立。

【译文】

涡水往东南流经层丘北面，丘岗特别秀美，巍然独立，这是从前军营所在的地方。

涡水又东南迳城父县故城北①，沙水枝分注之。水上承沙水于思善县②，世谓之章水③，故有章头之名也。东北流迳城父县故城西，侧城东北流入于涡。涡水又东迳下城父北④。《郡国志》曰⑤：山桑县有下城父聚者也⑥。涡水又屈迳其聚东郎山西⑦，又东南屈迳郎山南，山东有垂惠聚⑧，世谓之礼城。袁山松《郡国志》曰⑨：山桑县有垂惠聚。即此城也。

【注释】

①城父县：西汉置，属沛郡。治所在今安徽亳州东南城父镇。东汉属汝南郡。三国魏属谯郡。

②思善县：三国魏改思善侯国置，属谯郡。治所在今安徽亳州南八十里古城镇。

③章水：在今安徽亳州南，东南流至涡阳西北入涡。

④下城父：又名下城父聚。在今安徽涡阳西北。

⑤《郡国志》：晋司马彪《续汉书》篇名。记述东汉时期全国行政区划、人口以及《春秋》和"前三史"所载征伐、会盟所在的地名。

⑥山桑县：西汉置，属沛郡。治所在今安徽蒙城北三十六里坛城集。

⑦郎山：亦名狼山。在今安徽蒙城西北二十八里。

⑧垂惠聚：世谓之礼城。在今安徽蒙城西北二十里。

⑨袁山松《郡国志》：袁山松，即袁崧，字山松。陈郡阳夏（今河南太康）人。东晋史学家。撰《后汉书》，今存辑本。郑德坤《水经注引书考》："《晋书》本传称山松著《后汉书》百篇与《隋志注》合。《水经注》所引多《郡国志》文……"

【译文】

涡水又往东南流经城父县老城北面，沙水的支流在这里注入涡水。此水上游在思善县承接沙水，世人称之为章水，因此有章头的地名。章水往东北流经城父县老城西面，靠着城旁往东北流入涡水。涡水又往东流经下城父北面。《郡国志》说：山桑县有个村子叫下城父聚。涡水又拐弯流经村东的郎山西面，又往东南拐弯流经郎山南面，山东有个垂惠聚，人们称之为礼城。袁山松《郡国志》说：山桑县有垂惠聚。指的就是此城。

涡水又东南迳涡阳城北①，临侧涡水②，魏太和中为涡州治③，以盖表为刺史④。后罢州立郡，衿带遏戍⑤。濄水又东南迳龙亢县故城南⑥。汉建武十三年⑦，世祖封傅昌为侯国⑧。故语曰：沛国龙亢至山桑者也⑨。濄水又屈而南流出石梁⑩，梁石崩褫⑪，夹岸积石高二丈，水历其间。又东南流，迳荆山北而东流注也⑫。

【注释】

①濄阳城：即涡阳城。今安徽蒙城东北涡河北岸刘寨村。后移今蒙城。

②临侧：靠近，毗邻。

③太和：北魏孝文帝元宏的年号（477—499）。濄州：北魏置。治所在涡阳城（今安徽蒙城东北涡河北岸刘寨村，后移今蒙城）。景明中改为涡阳郡。

④盖表：当为"孟表"之讹。孟表，《水经注疏》熊会贞按："考《魏书·孟表传》：表仕萧鸾为马头太守，太和十八年，据郡归诚，除南兖州刺史，领马头太守，镇涡阳（今安徽涡阳）。"译文从之。

⑤衿带：像衣领一样交汇环绕。

⑥龙亢县：西汉置，属沛郡。治所在今安徽怀远西北七十五里龙亢镇。东汉属沛国。西晋改属谯郡。

⑦汉建武一三年：37年。建武，东汉光武帝刘秀的年号（25—56）。

⑧傅昌：东汉颍川襄城（今河南襄城）人。傅俊之子。封芜湖侯。建初中，遭母忧，因上书，以国贫不愿之封，乞钱五十万，为关内侯。肃宗怒，贬为关内侯，竟不赐钱。

⑨沛国：东汉建武二十年（44）改沛郡置。治所在相县（今安徽淮北市相山区）。三国魏移治沛县（今江苏沛县）。

⑩石梁：《水经注疏》熊会贞按："梁在今怀远县（今安徽怀远）西北。"

⑪崩褫（chǐ）：崩塌毁坏。

⑫荆山：即今安徽怀远西南淮河北岸荆山。

【译文】

　　涡水又往东南流经涡阳城北面，城濒涡水，魏太和年间是涡州的治所，派孟表任刺史。后来废州立郡，有涡水天险为屏护。涡水又往东南流经龙亢县老城南面。汉建武十三年，光武帝把这地方封给傅昌，立为侯国。所以俗语说：沛国龙亢到山桑。涡水又拐弯向南流出石桥，石桥已毁，崩塌下来的石块堆积在两岸，高达两丈，水从其间流过。涡水又往东南流经荆山北，往东流去。

又东南至下邳淮陵县①，入于淮。

　　涡水又东，左合北肥水②。北肥水出山桑县西北泽薮③，东南流，左右翼佩数源④，异出同归，盖微脉涓注耳。东南流迳山桑邑南，俗谓之北平城⑤。昔文钦之封山桑侯⑥，疑食邑于此城。东南有一碑，碑文悉破无验，惟碑背故吏姓名尚存：熹平元年义士门生沛国萧刘定兴立⑦。

【注释】

①下邳：即下邳郡。东汉建安十一年（206）改下邳国置，属徐州。治所在下邳县（今江苏睢宁西北古邳镇东）。淮陵县：西汉置，属临淮郡。治所在今安徽明光东北六十里紫阳乡附近。东汉属下邳国。

②北肥水：即今安徽淮河支流北淝河。

③山桑县：西汉置，属沛郡。治所在今安徽蒙城北三十六里坛城集。东汉改为侯国，属汝南郡。三国魏复为县，属谯郡。泽薮（sǒu）：大泽。

④翼佩：左右两边拥有。

⑤北平城：在今安徽涡阳东五十六里曹市集北。

⑥文钦：字仲若。谯郡（今安徽亳州）人。曹操部将文稷之子，三国

时魏将。与毌丘俭等起兵讨伐司马师，兵败投吴，授为镇北大将
军、幽州牧等。封谯侯。

⑦熹平元年：172年。熹平，东汉灵帝刘宏的年号（172—178）。刘
定兴：具体不详。

【译文】

阴沟水又往东南流，到下邳郡淮陵县，注入淮水。

涡水又东流，在左边与北肥水汇合。北肥水发源于山桑县西北的大
泽，往东南流，左右两边引来了好几条细流，这些水源来自不同的地方，
但都汇聚于一水。北肥水往东南流经山桑邑南面，俗称北平城。从前文
钦受封为山桑侯，食邑大概就在这里。城东南有一块石碑，碑文已经完
全剥蚀得无法辨认了，只有石碑背面所刻的属吏姓名还能看清：熹平元
年义士门生沛国萧县刘定兴立。

北肥水又东迳山桑县故城南，俗谓之都亭，非也。今城
内东侧犹有山亭桀立①，陵阜高峻，非洪台所拟②。《十三州
志》所谓山生于邑，其亭有桑，因以氏县者也。郭城东有文
穆冢碑③，三世二千石④，穆郡户曹史⑤，征试博士、太常丞⑥，
以明气候⑦，擢拜侍中、右中郎将⑧，迁九江、彭城、陈留三
郡⑨，光和中卒⑩。故吏涿郡太守彭城吕虔等立⑪。

【注释】

①桀立：高耸直立。桀，高耸。

②洪台：当在今安徽蒙城一带。《水经注疏》杨守敬按："扬子云《甘
泉赋》，洪台崛其独出兮，救北极之嶒嶙。此谓比洪台尤高也。"

③文穆冢碑：《水经注疏》杨守敬按："此碑欧（阳修）、赵（明诚）皆
不著录，洪（适）但载郦说，盖已佚。"

④二千石：指郡国守相。汉代百官以俸禄多寡为等差，郡守、诸侯王国相皆秩二千石，遂以为称。

⑤穆：即文穆。东汉灵帝时人。郡户曹史：郡佐吏。汉置，或分左右二员，位在户曹掾之下，佐掾主民户、礼俗、祠祀、农桑诸事。魏晋以下多沿置。

⑥太常丞：官名。秦汉九卿太常的副佐，太常寺属官，协助太常掌管陵庙礼仪及寺内诸曹事务的总管。

⑦气候：天文占气等。

⑧侍中：官名。秦始置，为丞相属官。两汉沿袭，是正规官职外的加官之一。侍从皇帝左右，出入宫廷。右中郎将：官名。秦置，汉因之。轮番执戟，宿门宫廷殿门。职隶光禄勋。

⑨九江：即九江郡。战国秦置。治所在寿春县（今安徽寿县）。西汉高帝五年（前202）改为淮南国，元狩初复为九江郡。彭城：当为彭城国。东汉章和二年（88）改楚国置。治所在彭城县（今江苏徐州）。陈留：即陈留郡。西汉元狩元年（前122）置。治所在陈留县（今河南开封东南陈留镇）。

⑩光和：汉灵帝刘宏的年号（178—184）。

⑪涿郡：西汉高帝置。治所在涿县（今河北涿州）。吕虔：人名。具体不详。

【译文】

北肥水又往东流经山桑县老城南面，俗称都亭，这是不对的。今天城内东侧小山岗上还有一座亭子高高地矗立着，山岗很高峻，不是洪台所能相比的。《十三州志》说：城内有座山，山上的亭子旁有桑树，因此取名山桑县。外城东有文穆墓碑，大意说：文穆祖上三代都官至二千石。文穆初任郡户曹史，召试为博士、太常丞，因懂得气象变化的规律，升任侍中、右中郎将，调任九江、彭城、陈留三郡太守，光和年间亡故。属吏涿郡太守彭城吕虔等人立碑。

北肥水又东积而为陂，谓之瑕陂①。陂水又东南迳瑕城南②。《春秋左传·成公十六年》③，楚师还及瑕。即此城也。故京相璠曰：瑕，楚地。北肥水又东南迳向县故城南④。《地理志》曰：故司国也。《世本》曰⑤：许、州、向、申⑥，姜姓也，炎帝后。京相璠曰：向，沛国县，今并属谯国龙亢也。杜预曰：龙亢县东有向城，汉世祖建武十三年⑦，更封富波侯王霸为侯国⑧。即此城也。俗谓之圆城，非。又东南迳义成南⑨，世谓之楮城，非。又东入于涡，涡水又东注淮。《经》言下邳淮陵入淮⑩，误矣。

【注释】

①瑕陂：《水经注疏》杨守敬按："陂在瑕城（今安徽蒙城东北）之西。"

②瑕城：春秋楚地。在今安徽蒙城东北。

③成公十六年：前575年。

④向县：西汉置，属沛郡。治所在今安徽怀远西北。

⑤《世本》书名。撰者不详，成书时代亦不可考。该书记录自黄帝以来至春秋帝王公卿大夫的氏姓、世系、都邑、器物的制作和发明等。

⑥许：西周封国。姜姓。都城在今河南许昌东三十六里古城。州：西周封国。姜姓。建都淳于。在今山东安丘东北三十里黄旗堡镇杞城村。向：西周封国。姜姓。在今山东莒南县西北大店镇许家滩井子村。申：西周封国。姜姓。在今河南南阳北二十里。

⑦建武十三年：37年。

⑧王霸：字元伯。颍川颍阳（治今河南许昌西南）人。东汉将领。少为狱吏，从刘秀击破王寻、王邑于昆阳。刘秀任大司马，以其为功曹令史。因追斩王郎功，封王乡侯。刘秀即位，拜偏将军，更封富波侯。建武十三年，封向侯。

⑨义成：即义成县。东汉改义成侯国置，属九江郡。治所在今安徽
　　怀远东北十五里拖城。西晋属淮南郡。东晋后废。北魏复置，属
　　临淮郡。

⑩下邳：即下邳国。东汉永平十五年（72）分东海郡置，属徐州。治
　　所在下邳县（今江苏睢宁西北古邳镇东）。淮陵：即淮陵郡。西汉
　　置，属临淮郡。治所在今安徽明光东北六十里紫阳乡附近。东汉
　　属下邳国。

【译文】

　　北肥水又往东流，积聚成陂塘，叫瑕陂。塘水又往东南流经瑕城南
面。《春秋左传·成公十六年》，楚军回返到瑕。就指此城。所以京相璠说：
瑕是楚国的地方。北肥水又往东南流经向县老城南面。《地理志》说：向
县是从前的向国。《世本》说：许、州、向、申，都姓姜，是炎帝的后代。京
相璠说：向是沛国的一个县，今天并入谯国龙亢县了。杜预说：龙亢县东
有向城，汉世祖建武十三年，将向城改封给富波侯王霸，立为侯国。就是
此城。俗称圆城，不对。北肥水又向东南流经义成南面，人们称之为褚城，
也是不对的。北肥水又往东注入涡水，涡水又往东注入淮水。《水经》说
涡水到下邳淮陵县注入淮水，是搞错了。

汳水

汳水出阴沟于浚仪县北①，

　　阴沟，即蒗蕩渠也②，亦言汳受旃然水③，又云丹、沁乱
流④，于武德绝河⑤，南入荥阳合汳⑥，故汳兼丹水之称。河、
济水断⑦，汳承旃然而东。自王贲灌大梁⑧，水出县南而不迳
其北。夏水洪泛，则是渎津通，故渠即阴沟也，于大梁北又
曰浚水矣⑨。故圈称著《陈留风俗传》曰：浚水迳其北者也。
又东，汳水出焉。故《经》云汳出阴沟于浚仪县北也。汳水

东迳仓垣城南⑩，即浚仪县之仓垣亭也。城临汳水，陈留相毕邈治此⑪。征东将军苟晞之西也⑫，邈走归京⑬，晞使司马东莱王讚代据仓垣⑭，断留运漕⑮。汳水又东迳陈留县之鉼乡亭北⑯。《陈留风俗传》所谓县有鉼乡亭⑰，即斯亭也。

【注释】

①汳（biàn）水：故道自今河南开封东北分狼汤渠水东流，至今商丘北，下接获水。自晋以后被认为是汴河的下游。"汳"名遂废弃不用，通称卞河或汴渠。阴沟：即阴沟水。为古黄河支津。故道西起今河南原阳西南，东至开封境内合古狼汤渠。是狼汤渠分河水的渠道之一，故亦为狼汤渠的另一名称。浚仪县：西汉文帝时置，属梁国。治所在今河南开封。

②蒗荡渠：一作狼汤渠，又作蒗荡渠、莨汤渠。即战国至秦、汉间之鸿沟。故道自今河南荥阳北广武镇北引黄河水东流，经中牟北，至开封东南。折而南流经通许东、太康西，至淮阳东南流于沈丘北入颍水。魏、晋以后，开封以上河段称汴水，以下河段称蔡水。

③旃（zhān）然水：即今河南荥阳与郑州北境索河。

④丹：丹水，今称丹河，发源于山西长治，东南流经河南博爱，下游已被分流，一部分水在武陟注入黄河，另一部分水为海河水系南支卫河的上源。沁：即沁水，一名少水。即今山西东南部之沁河。源出山西沁源县北绵山二郎神沟，南流经山西安泽、沁水、阳城诸县，入河南济源市境，东流至河南武陟南入黄河。

⑤武德：即武德县。秦置，属河内郡。治所在今河南武陟东南十四里大城村。绝：横穿，横过。

⑥荥阳：即荥阳县。秦置，属三川郡。治所在今河南郑州西北古荥镇。西汉属河南郡。三国魏正始三年（242）为荥阳郡治。北魏太和十九年（495）徙治大栅城（今荥阳）。

⑦河：即黄河。济：即济水。

⑧王贲灌大梁：前225年，秦派王贲攻魏，包围了魏都大梁，引黄河、大沟的水灌大梁，三个月后大梁城坏，魏王假出降，于是魏被灭亡。大梁，在今河南开封西北。

⑨浚水：在今河南开封北。

⑩仓垣城：一名仓垣亭。在今河南开封东北。

⑪陈留：即陈留国。三国魏黄初三年（222）改陈留郡置，治陈留县（今河南开封东南陈留镇）。西晋移治小黄县（今河南开封东北）。相：官名。汉时诸侯王国的实际执政者，地位相当于郡太守。毕邈：西晋官吏。怀帝永嘉中为东海王司马越从事中郎。

⑫征东将军：汉魏以来，有征东、征南、征西、征北将军，统称为四征将军。晋以后沿置。苟晞：字道将。西晋末河内山阳（今河南焦作东北）人。出于孤微，位至上将，志颇盈满，刑政苛虐，纵情肆欲。后为石勒所杀。

⑬走归：逃归。京：当时的都城洛阳。

⑭司马：官名。汉时为宫门守将、大将军、将军、校尉的属官。边郡亦置司马，专管军事。王赞：字正长。义阳（今河南信阳西北）人。约晋惠帝初年前后在世。博学有俊才。西晋末为石勒所杀。

⑮留：即陈留郡。运漕：即漕运。旧时指国家从水道运输粮食，供应京城或接济军需。

⑯鉼（píng）乡亭：《水经注疏》杨守敬按："亭当在今陈留县（今河南开封东南二十六里陈留镇）北。"

⑰《陈留风俗传》：书名。东汉圈称撰。叙述陈留（今河南开封）一带风俗民情。今存清王仁俊辑本一卷。

【译文】

汳水

汳水从浚仪县北边阴沟流出，

阴沟就是蒗𬭁渠，有人说汳水接纳了旆然水，又说丹水、沁水合流，在武德横穿河水，向南流入荥阳与汳水汇合，因此汳水又兼有丹水的名称。后来，河水、济水断流，汳水就承接旆然水往东流。自从王贲引水淹大梁城后，汳水就从县南流出，而不经县北。夏天洪水泛滥时，这条河就和旧渠道相通，旧渠道就是阴沟，在大梁北又叫浚水。因此圈称著的《陈留风俗传》说：浚水流经大梁北。又往东流，汳水就从这里流出。所以《水经》说：汳水是从浚仪县北面的阴沟流出的。汳水往东流经仓垣城南面，这就是浚仪县的仓垣亭。此城面临汳水，陈留丞相毕邈的治所就在这里。当时，征东将军苟晞往西边走，毕邈逃回京城，苟晞派司马东莱王讚代为据守仓垣，并断绝了陈留运粮的水路。汳水又往东流经陈留县的鉼乡亭北面。《陈留风俗传》提到陈留县有鉼乡亭，就是这个亭。

汳水又迳小黄县故城南[①]。《神仙传》称：灵寿光[②]，扶风人[③]，死于江陵胡冈家[④]，冈殡埋之。后百余日，人有见光于此县，寄书与冈。冈发视之，惟有履存。

【注释】

①小黄县：西汉置，属陈留郡。治所在今河南开封东北。西晋为陈留国都。

②《神仙传》：书名。晋葛洪撰。十卷。记述远古至魏晋传说中的九十四（一说八十四）个神仙故事，基本上是继东汉时《列仙传》而作。被后世道家视为必读之书。灵寿光：一作泠寿光。东汉方士。《后汉书·方术列传·泠寿光》："寿光年可百五六十岁……须发尽白，而色理如三四十时，死于江陵。"

③扶风：郡右扶风。西汉太初元年（前104）改主爵都尉置，分右内史西半部为其辖区，职掌相当于郡太守。因地属畿辅，故不称郡，为三辅之一。治所在长安县（今陕西西安西北）。三国魏去"右"字，

改辖区为扶风郡。

④江陵：即江陵县。战国秦置，为南郡治。治所即今湖北荆州市荆
州区旧江陵县。胡罔：具体不详。

【译文】

汜水又流经小黄县老城南。《神仙传》说：灵寿光，扶风人，死于江陵
胡罔家，胡罔把他安葬了。过了一百多天，却有人在小黄县看见灵寿光，
就写信告诉胡罔。胡罔掘开坟墓一看，只留下一双鞋子。

汜水又东迳鸣雁亭南①。《春秋左传·成公十六年》②：
卫侯伐郑③，至于鸣雁者也。杜预《释地》云④：在雍丘县西
北⑤，今俗人尚谓之为白雁亭⑥。

【注释】

①鸣雁亭：在今河南杞县北。

②成公十六年：前575年。

③卫侯：即卫献公，名衎。春秋卫国国君。卫定公之子、卫殇公之兄
（一说卫献公叔父）。

④杜预《释地》：即杜预《春秋释地》。杜预，字元凯。京兆杜陵（今
陕西西安）人。西晋经学家。《隋书·经籍志》只记载其有《春秋
释例》十五卷。

⑤雍丘县：战国魏置。后入秦，属砀郡。治所即今河南杞县。汉属
陈留郡。

⑥白雁亭：即上文鸣雁亭。

【译文】

汜水又往东流经鸣雁亭南面。《春秋左传·成公十六年》：卫侯讨伐
郑国，到了鸣雁。杜预《释地》说：鸣雁亭在雍丘县西北，现在民间还称
作白雁亭。

汳水又东迳雍丘县故城北,迳阳乐城南①。《西征记》曰②:城在汳北一里,周五里,雍丘县界。

【注释】

①阳乐城:在今河南杞县东北四十里。

②《西征记》:书名。东晋戴延之(戴祚)撰。记作者随刘裕西征关中时的沿途所见。

【译文】

汳水又往东流经雍丘县老城北面,又流经阳乐城南面。《西征记》说:阳乐城在汳水北面一里,城周长五里,在雍丘县境内。

汳水又东,有故渠出焉,南通睢水①,谓之董生决②。或言董氏作乱,引水南通睢水,故斯水受名焉。今无水。

【注释】

①睢水:汳水支流。战国鸿沟(汉代称狼汤渠)支流之一。自今河南开封东分古鸿沟东流,经今杞县、睢县、宁陵、商丘、夏邑、永城,安徽濉溪、宿州、灵璧及江苏睢宁,至宿迁南注入古泗水。

②董生决:《水经注疏》杨守敬按:"当在今杞县(今河南杞县)东北。"

【译文】

汳水又东流,有一条旧渠道从这里分出,南通睢水,叫董生决。有人说董氏作乱时,引汳水南流与睢水相通,水就因此得名。今天已无水了。

汳水又东,枝津出焉,俗名之为落架口①。《西征记》曰:落架,水名也。《续述征记》曰②:在董生决下二里。

【注释】

①落架口：在董生决下二里。亦当在今杞县（今河南杞县）东北。

②《续述征记》：书名。《初学记》"地部""州郡部"并引作郭缘生《续述征记》。

【译文】

汳水又东流，有支流分出，分水口俗名落架口。《西征记》说：落架是水名。《续述征记》说：在董生决下游二里。

汳水又迳外黄县南①，又东迳蒗仓城北②。《续述征记》曰：蒗仓城去大游墓二十里。

【注释】

①外黄县：秦置，属砀郡。治所在今河南民权西北三十八里内黄集。汉属陈留郡，为都尉治。西晋属陈留国。

②蒗仓城：《水经注疏》熊会贞按："城当在今杞县（今河南杞县）东北。"

【译文】

汳水又流经外黄县南面，又往东流经蒗仓城北面。《续述征记》说：蒗仓城离大游墓二十里。

又东迳大齐城南①。《陈留风俗传》曰：外黄县有大齐亭。

【注释】

①大齐城：《水经注疏》熊会贞按："城当在今杞县（今河南杞县）东北。"

【译文】

汳水又往东流经大齐城南面。《陈留风俗传》说：外黄县有个大齐亭。

又东迳科城北①。《陈留风俗传》曰：县有科禀亭。是
则科禀亭也。

【注释】

①科城：《水经注疏》杨守敬按："城当在今杞县（今河南杞县）东北。"

【译文】

汳水又往东流经科城北面。《陈留风俗传》说：县里有个科禀亭。那
么这就是科禀亭了。

汳水又东迳小齐城南①。

【注释】

①小齐城：《水经注疏》杨守敬按："城当在今考城县（今河南兰考）西。"

【译文】

汳水又往东流经小齐城南面。

汳水又南迳利望亭南①。《风俗传》曰：故成安也②。《地
理志》：陈留县名，汉武帝以封韩延年为侯国③。

【注释】

①利望亭：《水经注疏》杨守敬按："城当在今考城县（今河南兰考）西。"

②成安：即成安县。西汉置，属陈留郡。治所在今河南民权东北。

③韩延年：西汉颍川郏（今河南郏县）人。韩千秋子。千秋击南越战
　死。武帝元鼎五年（前112）以父功封为成安侯。后以校尉随李
　陵击匈奴，被围，力战死。

【译文】

汳水又往南流经利望亭南面。《风俗传》说：这就是过去的成安。《地

理志》：这是陈留的一个县名，汉武帝把这地方封给韩延年，立为侯国。

汳水又东，龙门故渎出焉①，渎旧通睢水，故《西征记》曰：龙门，水名也。门北有土台②，高三丈余，上方数十步。

【注释】

①龙门故渎：《水经注疏》熊会贞按："故渎在今考城县（今河南兰考）西南。"

②土台：即龙门台。《水经注疏》熊会贞按："《寰宇记》，龙门台在考城县西南十五里。"

【译文】

汳水又东流，龙门旧河道从这里流出，河道以前与睢水相通，因此《西征记》说：龙门，是水名。龙门北面有个土台，高三丈余，顶上面积数十步见方。

汳水又东迳济阳考城县故城南①，为菑获渠②。考城县，周之采邑也③，于春秋为戴国矣④。《左传·隐公十年》⑤，秋，宋、卫、蔡伐戴是也⑥。汉高帝十一年秋⑦，封彭祖为侯国⑧。《陈留风俗传》曰：秦之榖县也。后遭汉兵起，邑多灾年，故改曰菑县，王莽更名嘉榖。章帝东巡过县，诏曰：陈留菑县，其名不善，高祖鄢柏人之邑⑨，世宗休闻喜而显获嘉应⑩，亨吉元符。嘉皇灵之顾，赐越有光列考武皇⑪，其改菑县曰考城。是渎盖因县以获名矣。

【注释】

①济阳：即济阳郡。西晋惠帝分陈留国置济阳国，东晋改为济阳郡。

治所在济阳县（今河南兰考东北堌阳镇）。考城县：东汉章帝时改
　　菑县置．属陈留郡。治所在今河南民权东北。

②蒲获渠：《水经注疏》杨守敬按："考城本菑县，故言汳水迳考城故
　　城（今河南兰考）南为蒲获渠也。"

③采邑：古代国君封赐给卿大夫作为世禄的田邑。

④戴国：西周封国。在今河南民权东四十五里。

⑤隐公十年：前713年。

⑥宋：西周封国。在今河南商丘一带。卫：西周封国。在今河北南
　　部和河南北部一带。蔡：西周封国。在今河南上蔡西南，后来迁
　　到新蔡一带。

⑦汉高帝十一年：前196年。

⑧彭祖：西汉初诸侯。又作秋彭祖、祕彭祖。秦二世元年（前209），
　　以卒从刘邦起义于沛（今江苏沛县），初为刘邦之父太公仆，西汉
　　建立，任中厩令，从击陈豨反叛，高祖十一年（前196）以功封戴侯。

⑨柏人：即柏人县。战国赵置。后归秦，属邯郸郡。治所在今河北
　　隆尧西北。西汉属赵国。

⑩世宗：即汉武帝刘彻。休：称赞，赞美。闻喜、获嘉：《汉书·武帝
　　纪》："（元鼎六年）行东，将幸缑氏，至左邑桐乡，闻南越破，以为
　　闻喜县。春，至汲新中乡，得吕嘉首，以为获嘉县。"

⑪赐越乃光列考武皇：一本作"赐越乃光烈考武王"。《水经注疏》
　　熊会贞按："《周书·洛诰》文，今据订。"

【译文】

　　汳水又往东流经济阳考城县老城南面，这一段叫蒲获渠。考城县是
周朝时的采邑，春秋时叫戴国。《左传·隐公十年》，秋，宋、卫、蔡三国讨
伐戴国，指的就是这里。汉高帝十一年秋，将这地方封给彭祖，立为侯国。
《陈留风俗传》说：这是秦时的穀县。后来汉兵起事，遭到战祸，县里连
年灾荒，因而改名为菑县；王莽时又改名嘉穀。章帝东巡时经过此县，下

诏说：陈留蕃县，县名不好，高祖讨厌柏人这县名，世宗改闻喜、获嘉的县名，以纪念吉庆的喜事。为感激先皇英灵的眷顾，把荣耀归于历代武功显赫的先皇，特此把蕃县改为考城。这条渠道大概是因蕃县而得名的。

　　汲水又东迳宁陵县之沙阳亭北[1]，故沙随国矣[2]。《春秋左传·成公十六年》[3]：秋，会于沙随，谋伐郑也。杜预《释地》曰：在梁国宁陵县北沙阳亭是也[4]。世以为堂城，非也。

【注释】

①宁陵县：西汉置，属陈留郡。治所在今河南宁陵东南。东汉属梁国。南朝宋属谯郡。沙阳亭：《水经注疏》熊会贞按："在今县（指河南宁陵）西北。"

②沙随国：春秋宋邑。在今河南宁陵西北。

③成公十六年：前575年。

④梁国：西汉高帝五年（前202）改砀郡为梁国，都定陶（今山东菏泽定陶区西北）。

【译文】

汲水又往东流经宁陵县沙阳亭北面，这就是从前的沙随国。《春秋左传·成公十六年》：秋天，在沙随会合，谋划讨伐郑国。杜预《释地》说：在梁国宁陵县北面有沙阳亭。民间称之为堂城，是不对的。

　　汲水又东迳黄蒿坞北[1]。《续述征记》曰：堂城至黄蒿二十里[2]。

【注释】

①黄蒿坞：《水经注疏》杨守敬按："坞在今宁陵县（今河南宁陵）北。"

②堂城：即沙随城。在今河南宁陵西北。

【译文】

汳水又往东流经黄蒿坞北面。《续述征记》说:堂城到黄蒿二十里。

汳水又东迳斜城下①。《续述征记》曰:黄蒿到斜城五里。《陈留风俗传》曰:考城县有斜亭。

【注释】

①斜城:《水经注疏》杨守敬按:"城在今考城县(今河南兰考)东。"

【译文】

汳水又往东流经斜城下。《续述征记》说:黄蒿到斜城五里。《陈留风俗传》说:考城县有斜亭。

汳水又东迳周坞侧①。《续述征记》曰:斜城东三里。晋义熙中②,刘公遣周超之自彭城缘汳故沟③,斩树穿道七百余里,以开水路,停泊于此。故兹坞流称矣。

【注释】

①周坞:《水经注疏》杨守敬按:"在今考城县(今河南兰考)东。"

②义熙:东晋安帝司马德宗的年号(405—418)。

③刘公:指南朝宋的建立者刘裕。周超之:刘裕的部下。彭城:今江苏徐州。

【译文】

汳水又往东流经周坞旁。《续述征记》说:周坞在斜城东边三里。晋朝义熙年间,刘裕派遣周超之从彭城沿着汳水旧渠道,砍树开路七百多里,开通了水路,船只停泊在这里。因此这个船坞留下了周坞的名称。

汳水又东迳葛城北①,故葛伯之国也②。孟子曰:葛伯不祀。汤问曰:何为不祀? 称无以供祠祭。遗葛伯,葛伯又不祀。汤又问之,曰:无以供牺牲③。汤又遗之,又不祀。汤又问之,曰:无以供粢盛④。汤使亳众往,为之耕,老弱馈食。葛伯又率民夺之,不授者则杀之。汤乃伐葛。葛于六国属魏⑤,魏安釐王以封公子无忌⑥,号信陵君,其地葛乡,即是城也,在宁陵县西十里。

【注释】

①葛城:在今河南宁陵西北二十四里葛伯屯。

②葛伯:夏朝时葛国国君。夏末,商汤居亳(今河南商丘东南),与葛国(今河南宁陵西北)相邻,商汤以葛伯不祭祖神等为名,伐灭葛国。

③牺牲:供祭祀用的纯色全体牲畜。

④粢盛(zī chéng):古代盛在祭器内以供祭祀的谷物。

⑤六国:又称山东六国,指崤山以东的六个国家:齐、楚、燕、韩、赵、魏。

⑥魏安釐王:姬姓,魏氏,名圉。战国时魏国国君。谥安釐,昭王之子。公子无忌:姬姓,魏氏,名无忌。一称魏公子。战国时魏国大臣。魏昭王少子,安釐王异母弟。安釐王即位,封为信陵君。轻财下士,招致食客三千。

【译文】

汳水又往东流经葛城北面,葛城是过去葛伯的封国。孟子说:葛伯不祭祀。汤问道:为什么不祭祀? 葛伯回答说:没有供品可以祭祀。汤给葛伯送去供品,葛伯又不祭祀。汤又问他,葛伯回答说:没有牛羊供祭。汤又送给他牛羊,葛伯还是不祭祀。汤又问他,葛伯答道:没有谷物供祭。汤就派了亳的民众去为他耕种,让老弱的人去送饭。葛伯又领了一批人去夺取饭食,不肯给他的人,就把他们杀掉。于是汤才出兵伐葛。葛在六国时属于魏国,魏安釐王把这地方封给公子无忌,号为信陵君,封地在葛乡,就是这个葛城,位于宁陵县西边十里。

汳水又东迳神坑坞①，又东迳夏侯长坞②。《续述征记》曰：夏侯坞至周坞，各相距五里。

【注释】

①神坑坞：《水经注疏》熊会贞按："坞当在今商丘县（今河南商丘）西北。"

②夏侯长坞：《水经注疏》熊会贞按："坞在今商丘县西北。"

【译文】

汳水又往东流经神坑坞，又往东流经夏侯长坞。《续述征记》说：从夏侯坞到周坞，相距五里。

汳水又东迳梁国睢阳县故城北①，而东历襄乡坞南②。《续述征记》曰：西去夏侯坞二十里，东一里，即襄乡浮图也③。汳水迳其南，汉熹平中某君所立④。死因葬之，其弟刻石树碑，以旌厥德。隧前有狮子、天鹿⑤，累砖作百达柱八所⑥，荒芜颓毁，雕落略尽矣。

【注释】

①睢阳县：战国秦置，属砀郡治。治所在今河南商丘南一里。西汉初属梁国。北魏为梁郡治。

②襄乡坞：《水经注疏》熊会贞按："坞当在今商丘县（今河南商丘）东北。"

③襄乡浮图：当在今河南商丘东北。浮图，指佛塔。

④熹平：东汉灵帝刘宏的年号（172—178）。

⑤隧：即墓道。天鹿：传说中灵兽名。一名天禄。

⑥百达柱：古代高官墓前表示墓主身份的华表。

【译文】

　　汳水又往东流经梁国睢阳县旧城北面,然后又往东流经襄乡坞南面。《续述征记》说:襄乡坞西距夏侯坞二十里,向东一里就是襄乡佛塔。汳水流经塔南,这座塔是汉朝熹平年间某君所建。某君死后被葬在这里,他的弟弟刻石立碑,表彰他的功德。墓道前有狮子、天鹿,用砖砌筑了百达柱八处,现在大多荒废颓败,崩塌毁坏得差不多了。

　　又东至梁郡蒙县^①,为获水^②,余波南入睢阳城中^③。

　　汳水又东迳贳城南^④,俗谓之薄城,非也。阚骃《十三州志》以为贯城也^⑤,在蒙县西北。《春秋·僖公二年》^⑥,齐侯、宋公、江、黄盟于贯^⑦。杜预以为贳也,云贳、贯字相似。贯在齐,谓贯泽也,是矣,非此也。今于此地更无他城,在蒙西北惟是邑耳。考文准地^⑧,贳邑明矣,非亳可知^⑨。

【注释】

①梁郡:新莽始建国元年(9)改梁国置。治所在睢阳县(今河南商丘南)。东汉建初四年(79)复为梁国。三国魏黄初中改为梁郡。蒙县:秦置,属砀郡。治所在今河南商丘北二十二里老蒙墙寺。

②获水:故道上接汳水于今河南商丘北,东流经虞城、安徽砀山县、萧县北,至江苏徐州北入泗水。晋以后被认为是汴水的下游,故通称汴水。

③睢阳城:秦置,属砀郡。在今河南商丘南一里。西汉初属梁国。北魏为梁郡治。

④贳(shì)城:《水经注疏》杨守敬按:"在今商丘县(今河南商丘)西北。"

⑤贯城:西周封国。春秋时为宋邑。在今山东曹县南十里。

⑥僖公二年：前658年。

⑦江：西周封国。嬴姓。在今河南正阳东南。黄：西周封国。嬴姓。今河南潢川县西北十二里隆古乡。

⑧准地：核查地理位置。

⑨亳：此指南北亳。商代都城。传有三亳：一为南亳，在今河南商丘东南，相传汤曾居此。一为北亳，在今山东曹县南，相传诸侯于此拥戴商汤为盟主。一为西亳，在今河南偃师西尸乡沟一带。

【译文】

汲水又往东流，到梁郡蒙县分出获水，余波往南流入睢阳城中。

汲水又往东流经黄城南面，此城俗称薄城，是不对的。阚骃《十三州志》说是贯城，立于蒙县西北。《春秋·僖公二年》，齐侯、宋公、江、黄在贯会盟。杜预却说是黄，他说：黄、贯两字字形相似，容易混淆。贯在齐，指的是贯泽，他说得很对，但不是指这里。现在，这一带没有别的城，在蒙西北，只有这座城。考查文献，与实地核对，这里指的是黄邑已经十分清楚，可见不是指亳城了。

汲水又东迳蒙县故城北，俗谓之小蒙城也。《西征记》①：城在汲水南十五六里，即庄周之本邑也②，为蒙之漆园吏。郭景纯所谓漆园有傲吏者也。悼惠施之没③，杜门于此邑矣。

【注释】

①《西征记》：书名。东晋戴延之（戴祚）撰。记作者随刘裕西征关中时的沿途所见。

②庄周：名周，字子休。宋国蒙（今河南商丘东北）人。战国时期著名的思想家和哲学家，继老子之后著名的道家代表人物。主张万物齐一，虚静无为，逍遥自得。

③悼惠施之没：《庄子·徐无鬼》："庄子送葬，过惠子之墓。顾谓从
者曰……自夫子之死也，吾无以为质矣！吾无与言之矣！"惠施，
战国中期宋国（今河南商丘南）人。著名的政治家、哲学家。名家
学派的主要代表人物。庄子至交。

【译文】

汳水又往东流经蒙县老城北面，俗称小蒙城。《西征记》：城在汳水
南十五六里，就是庄周的家乡，他曾当过蒙的漆园吏。郭景纯所说的漆园
有个高傲的小吏就指的是他。他为悼念惠施之死，在此城闭门不出。

汳水自县南出，今无复有水。惟睢阳城南侧有小水，南
流入于睢城。南二里有汉太傅掾桥载墓碑①，载字元宾，梁
国睢阳人也②，睢阳公子熹平五年立③。城东百步有石室，刊
云：汉鸿胪桥仁祠④。城北五里有石虎、石柱，而无碑志，不
知何时建也。

【注释】

①汉太傅掾桥载墓碑：《水经注疏》杨守敬按："《天下碑录》称汉太
尉掾桥载墓碑在宋城县（今河南商丘南一里）五里，与此作太傅
异。碑今佚。"太傅掾，太傅属官。

②梁国：西汉高帝五年（前202）改砀郡为梁国。都定陶（今山东菏
泽定陶区西北）。汉文帝时移都睢阳县（今河南商丘南）。王莽始
建国初改为梁郡。东汉建初四年（79）复为梁国。

③睢阳公：《水经注疏》杨守敬按："睢阳公无考。"熹平五年：176年。
熹平，东汉灵帝刘宏的年号（172—178）。

④鸿胪：官名。即大鸿胪。掌管少数民族接待、交往及诸侯王入朝
迎送、朝会、封授等礼仪事务。桥仁：字季卿。梁国睢阳（今河南
商丘南）人。西汉学者。为桥玄七世祖。从戴德习《大戴礼》，世

传其业。成帝时为大鸿胪。著有《礼记章句》四十九篇，时人号曰"桥君学"。

【译文】

汳水从县腹流出来，今天已没有水了。只有睢阳城南边有一条小水流，往南流入睢涣。城南二里有汉太傅掾桥载墓碑，桥载字元宾，梁国睢阳人，睢阳公子于熹平五年立。城东百步有石室，门口刻着几个大字：汉鸿胪桥仁祠。城北五里有石虎、石柱，却没有石碑，不知是什么时候建的。

汳水又东迳大蒙城北①，自古不闻有二蒙，疑即蒙亳也②，所谓景薄为北亳矣③。椒举云④：商汤有景亳之命者也。阚骃曰：汤都也。亳本帝喾之墟，在《禹贡》豫州河、洛之间⑤，今河南偃师城西二十里尸乡亭是也⑥。皇甫谧以为考之事实⑦，学者失之。如孟子之言汤居亳，与葛为邻⑧，是即亳与葛比也。汤地七十里，葛又伯耳⑨，封域有限，而宁陵去偃师八百里⑩，不得童子馈饷而为之耕。今梁国自有二亳⑪，南亳在穀熟⑫，北亳在蒙⑬，非偃师也。古文《仲虺之诰》曰⑭：葛伯仇饷⑮，征自葛始。即孟子之言是也。

【注释】

①大蒙城：《水经注疏》杨守敬按："在今商丘县（今河南商丘）东北。"
②蒙亳：即南亳、景亳。在今河南商丘东南。相传商汤曾都此。
③景薄：又名景亳、北亳。在今山东曹县南。
④椒举：即春秋楚大夫伍举。为伍子胥祖父。因封于椒邑（一说在今湖北钟祥北，一说在今安徽阜阳南焦陂镇），以邑为姓，故又称椒举。
⑤豫州：《禹贡》分天下为九州，豫州位于九州之中，东接山东、安徽，

北接河北、山西,西连陕西,南临湖北,长期为中国的政治经济和文化中心。

⑥尸乡亭:在今河南偃师西。

⑦皇甫谧:字士安。自号玄晏先生。安定朝那(今宁夏固原东南)人。徙居新安(今河南渑池)。魏晋时隐士,散文家。

⑧葛:夏商周国名。在今河南宁陵西北二十四里葛伯屯。

⑨伯:古代公、侯、伯、子、男五爵之一。

⑩宁陵:即宁陵县。西汉置,属陈留郡。治所在今河南宁陵东南。东汉属梁国。南朝宋属谯郡。

⑪二亳:即南亳和北亳。

⑫南亳:商三亳之一。在今河南商丘东南,相传汤曾居此。穀熟:东汉建武二年(26)置侯国,寻改为县,属梁国。治所在今河南虞城西南三十二里谷熟镇。

⑬蒙:即蒙县。秦置,属砀郡。治所在今河南商丘北二十二里老蒙墙寺。

⑭《仲虺之诰》:《尚书·商书·仲虺之诰》:"汤归自夏,至于大坰,仲虺作诰。"仲虺,大臣的名字。为汤左相,奚仲之后。

⑮仇饷:谓杀饷者而夺其食物。饷,用食物等款待。

【译文】

汳水又往东流经大蒙城北面,自古以来,从未听说有两个蒙城,这里也许就是蒙亳了,而所谓景薄则是北亳。椒举说:商汤曾在景亳发布诏令。阚骃说:景亳是商的都城。亳原本是帝喾的故都,在《禹贡》所载豫州境内的河水与洛水之间,就是今天河南偃师城西二十里的尸乡亭。皇甫谧认为考证起史实来,学者都常常弄错。例如孟子说,汤住在亳,与葛相邻,那么亳与葛就是近邻了。汤的领地七十里,葛的爵位又不过是伯,封地有限,而宁陵与偃师相距却远达八百里,不可能让儿童送饭、青壮年替他们耕田的。现在梁国有两个叫亳的地方,南亳在穀熟,北亳在蒙，而不是偃师。古文《仲虺之诰》说：因为葛伯杀人夺取饭食，于是征伐就从葛开始。这是孟子的说法。

崔骃曰[1]：汤冢在济阴薄县北[2]。《皇览》曰[3]：薄城北郭东三里平地有汤冢[4]，冢四方，方各十步，高七尺，上平也。汉哀帝建平元年[5]，大司空使郤长卿按行水灾[6]，因行汤冢。在汉属扶风[7]，今徵之回渠亭有汤池、徵陌，是也[8]。然不经见，难得而详。按《秦宁公本纪》云[9]：二年伐汤，三年与亳战，亳王奔戎[10]，遂灭汤。然则周桓王时自有亳王号汤[11]，为秦所灭。乃西戎之国[12]，葬于徵者也，非殷汤矣。刘向言：殷汤无葬处为疑。杜预曰：梁国蒙县北有薄伐城[13]，城中有成汤冢，其西有箕子冢[14]。今城内有故冢方坟，疑即杜元凯之所谓汤冢者也。而世谓之王子乔冢[15]。冢侧有碑，题云：仙人王子乔碑。

【注释】

①崔骃：字亭伯。东汉涿郡安平（治今河北安平）人。年十三，通《诗》《易》《春秋》，博学有才，善作文。少游太学，与班固、傅毅齐名。窦宪为车骑将军，以骃为掾，改主簿。宪骄恣，骃屡劝不听。后出为长岑长，不赴任而归。著有《达旨》《四巡颂》等文。

②济阴：即济阴郡。西汉建元二年（前139）改济阴国置。治所在定陶县（今山东定陶西北四里）。东汉属兖州。薄县：战国秦置，属砀郡。治所在今山东曹县南二十五里。西汉属山阳郡。东汉属梁国。

③《皇览》：书名。三国魏文帝时，王象、刘劭、桓范等奉敕所编纂的一部类书，供皇帝阅览。对后世诸多类书的编纂产生了较大的影响。

④汤冢：当在今山东曹县一带。

⑤建平元年：前6年。建平，即西汉哀帝刘欣的年号（前6—前3）。

⑥大司空：官名。相传少昊时所置，周为六卿之一，掌管土木建筑和
　水利工程。汉改御史大夫为大司空，与大司马、大司徒并列为三
　公，成为共同负责最高国务的长官。按行：巡行，巡视。

⑦扶风：即扶风郡。三国魏改右扶风置，属雍州。治所在槐里县（今
　陕西兴平东南十里）。西晋泰始三年（267）迁治池阳县（今陕西
　泾阳西北）。北魏初移治好畤县（今陕西乾县东）。

⑧徵：即徵县。西汉置，属左冯翊。治所在今陕西蒲城东北避难村。

⑨秦宁公：嬴姓，名失考。春秋时秦国国君。秦文公之孙，秦静公之子。

⑩亳王：春秋时西戎之君。号汤。

⑪周桓王：姬姓，名林。周平王之孙。春秋时周王。其父太子泄父
　早死，他继平王而立。与郑庄公不睦，与诸侯率军攻郑战败，被迫
　与郑议和。周室愈益衰微。

⑫西戎之国：古代西北戎族的总称。

⑬薄伐城：当在今河南商丘北一带。

⑭成汤冢、箕子冢：当在今河南商丘北一带。箕子，名胥馀。纣之叔
　父，一说纣之庶兄。封子爵，国于箕。纣暴虐，箕子屡谏而不听。
　后见王子比干被杀，箕子惧，披发佯狂为奴，为纣所囚。周武王灭
　商，释放箕子。相传武王访箕子，所对答之论见《尚书·洪范》。

⑮王子乔：传说中的仙人名。

【译文】

崔骃说：汤墓在济阴薄县北面。《皇览》说：薄城城北以东三里，平地
上有汤墓，墓呈方形，每边各长十步，高七尺，墓顶平。汉哀帝建平元年，
大司空使郈长卿巡视水灾，也去视察了汤墓。汉朝时属于扶风，现在徵
县回渠亭还有汤池、徵陌，就是那里。但没有亲眼看到，难以知道详情。
查考《秦宁公本纪》说：二年伐汤，三年与亳打仗，亳王逃到戎国，就灭了

汤。然而周桓王时也有个亳王名汤，被秦所灭。这是西戎一个小国的国王，死后葬于徵，并不是殷汤。刘向说：殷汤没有葬处使人怀疑。杜预说：梁国蒙县北有薄伐城，城中有成汤墓，西边还有箕子墓。现在城中有一座方形古墓，可能就是杜元凯所说的成汤墓了。但人们却叫王子乔墓，墓旁有碑，题着：仙人王子乔碑。

E：王子乔者，盖上世之真人①，闻其仙，不知兴何代也。博问道家，或言颍川②，或言产蒙。初建此城，则有斯丘，传承先民曰，王氏墓。暨于永和之元年冬十二月③，当腊之时④，夜，上有哭声，其音甚哀，附居者王伯怪之，明则祭而察焉。时天鸿雪下，无人径，有大鸟迹在祭祀处，左右咸以为神。其后有人着大冠，绛单衣⑤，杖竹立冢前，呼采薪孺子伊永昌曰：我王子乔也，勿得取吾坟上树也。忽然不见。时令泰山万熹⑥，稽故老之言，感精瑞之应，乃造灵庙，以休厥神⑦。于是好道之俦自远方集⑧，或弦琴以歌太一⑨，或覃思以历丹丘⑩，知至德之宅兆⑪，实真人之祖先。延熹八年秋八月⑫，皇帝遣使者奉牺牲，致礼祠，濯之⑬，敬肃如也。国相东莱王璋⑭，字伯仪，以为神圣所兴，必有铭表⑮，乃与长史边乾遂树之玄石⑯，纪颂遗烈。观其碑文，意似非远，既在迳见，不能不书存耳。

【注释】

①真人：指修炼成仙的人。

②颍川：即颍川郡。战国秦王嬴政十七年（前230）置。治所在阳翟县（今河南禹州）。西汉高帝五年（前202）改为韩国。六年（前

201）复为颍川郡。

③永和之元年：345年。永和，东晋穆帝司马聃的年号（345—356）。

④当腊之时：年终举行腊祭，祭祀百神的那一天。

⑤绛单衣：深红色的官服。单衣，古代官吏的服装。或为朝服。

⑥泰山：即泰山郡。楚汉之际刘邦改博阳郡置。治所在博县（今山东泰安东南三十里旧县）。后移治奉高县（今泰安东北）。万熹：人名。具体不详。

⑦休：称赞，赞美。

⑧好道之俦（chóu）：喜欢修道之辈。俦，类，辈。

⑨太一：即道家所称的“道”。古指宇宙万物的本原、本体。

⑩覃思：深思。丹丘：传说中神仙所居之地。

⑪至德：大德，品德至高无上者。宅兆：墓地。

⑫延熹八年：165年。延熹，东汉桓帝刘志的年号（158—167）。

⑬濯之：此处费解。一本作：“致祀，祇懼之敬。”

⑭国相：辅佐国君的大臣，后世称为相国、宰相、丞相。王璋：一名王章，字伯仪。东莱曲城（今山东招远）人。东汉末名士。曾任少府卿。位行并不显。

⑮铭表：铭文记载。

⑯长史：官名。秦置。西汉三公、将军府皆设，为诸掾史之长。相府长史职权尤重。边郡佐官有长史，掌兵马。内郡亦或置之。东汉设置范围更广。边乾遂：具体不详。

【译文】

碑文说：王子乔是上古时代的真人，只听说他成了仙，但不知生在哪个朝代。问了许多道家，有人说他生于颍川，有人说他生于蒙。当初修建此城时，就已有了这座坟墓了，据古人相传，说是王氏墓。永和元年冬十二月，正值腊祭百神的日子，夜里坟上有哭声，哭得很悲哀，住在旁边的王伯觉得很奇怪，第二天去祭祀时仔细地察看。当时天下大雪，没有人的行迹，在祭祀处只看到大鸟的足迹，邻近的人都认为这是神灵留下的。以后有人戴着一顶大帽，穿着红袍，手持竹杖站在墓前，对着砍柴的孩子伊永昌说：我是王子乔，你不可砍我坟上的树呀。说完忽然不见。当时的县令泰山万熹，考究了先前老人的话，又看到有神灵显应的吉兆，于是修建了灵庙，使神灵可以在此止息。于是喜欢学道的人纷纷从远方而来，有的弹琴歌颂太一，有的沉思冥想，神游于奇幻的丹丘仙境，知道这神圣的墓地，葬的就是真人的祖先。延熹八年秋八月，皇帝派遣使者来以牛羊献祭，怀着敬畏的心情，祭礼非常庄严肃穆。宰相东莱王璋，字伯仪，以为神灵和圣人所出的地方，必须有铭刻加以表彰，于是就和长史边乾遂一同树碑立石，来颂扬仙人的事迹。读这篇碑文，内容似乎也并不怎么深刻，但我既然亲目所睹，也不能不记录下来，留作参考罢了。

获水
获水出汳水于梁郡蒙县北①，

《汉书·地理志》曰：获水首受甾获渠②，亦兼丹水之称也。《竹书纪年》曰：宋杀其大夫皇瑗于丹水之上。又曰宋大水，丹水壅不流，盖汳水之变名也。

【注释】

①获水：故道上接汳水于今河南商丘北，东流经虞城、安徽砀山县、萧县北，至江苏徐州北入泗水。晋以后被认为是汴水的下游，故通称汴水。汳（biàn）水：故道自今河南开封东北分狼汤渠水东流，至今商丘北，下接获水。自晋以后被认为是汴河的下游。"汳"名遂废弃不用，通称汴河或汴渠。梁郡：新莽始建国元年（9）改梁国置。治所在睢阳县（今河南商丘南）。东汉建初四年（79）复为梁国。三国魏黄初中改为梁郡。蒙县：秦置，属砀郡。治所在今

河南商丘北二十二里老蒙墙寺。

②甾获渠:《水经注疏》杨守敬按:"考城(今河南兰考)本甾县,故言
汳水迳考城故城南为甾获渠也。"

【译文】

获水

获水在梁郡蒙县以北由汳水分出,

《汉书·地理志》说:获水上游承接甾获渠,又兼有丹水之称。《竹书
纪年》说:宋国在丹水上杀了它的大夫皇瑗。又说,宋国发大水,使丹水
壅塞不通,丹水大概就是汳水的异名。

　　获水自蒙东出,水南有汉故绎幕令匡碑①。匡字公辅,鲁
府君之少子也②。碑字碎落,不可寻识③,竟不知所立岁月也。

【注释】

①汉故绎幕令匡碑:《水经注疏》杨守敬按:"此碑欧(阳修)、赵(明
诚)皆不著录,洪(适)但载郦说,盖已佚。"绎幕,即绎幕县。西
汉置,属清河郡。治所在今山东平原县西北二十里王杲铺。

②府君:汉魏以来对郡太守的尊称。

③寻识:探寻辨识。

【译文】

　　获水从蒙县向东流出,水南有汉故绎幕令匡碑。匡字公辅,是鲁府君
的小儿子。墓碑上的字迹已破损剥落,不能辨识,看不出立碑的年月了。

　　获水又东迳长乐固北、己氏县南①,东南流迳于蒙泽②。
《十三州志》曰:蒙泽在县东。《春秋·庄公十二年》③,宋万
与公争博④,杀闵公于斯泽矣⑤。

【注释】

①长乐固：《水经注疏》杨守敬按："在今虞城县（今河南虞城）西。"

　　己氏县：西汉置，属梁国。治所在今山东曹县东南楚天镇。东汉

　　属济阴郡。北魏属沛郡。

②蒙泽：春秋宋地。在今河南商丘东北二十二里故蒙城一带。

③庄公十二年：前682年。

④宋万：一作南宫长万，又作南宫万。春秋时宋国卿。宋愍公十年

　　（前682），率军伐鲁，为鲁所生俘。后归宋，愍公辱之，遂杀愍公，

　　立公子游为君。诸公子杀新君游而立愍公弟御说，是为桓公。他

　　逃奔陈，陈人使妇人饮之酒，醉而缚之，归宋，宋人杀之。争博：在

　　赌博中相争斗。

⑤闵公：名捷。春秋时宋国国君。宋庄公之子。

【译文】

　　获水又往东流经长乐固以北、己氏县以南，往东南流经蒙泽。《十三州志》说：蒙泽在县东。《春秋·庄公十二年》，宋万与闵公赌博时相争，在蒙泽杀了闵公。

　　获水又东迳虞县故城北①，古虞国也②。昔夏少康逃奔有虞③，为之庖正④，虞思于是妻之以二姚者也⑤。王莽之陈定亭也。城东有汉司徒盛允墓碑⑥。允字伯世，梁国虞人也⑦。其先奭氏⑧，至汉中叶，避孝元皇帝讳⑨，改姓曰盛。世济其美⑩，以迄于公，察孝廉⑪，除郎⑫，累迁司空、司徒。延熹中立墓⑬，中有石庙，庙宇倾颓，基构可寻。

【注释】

①虞县：秦置，属砀郡。治所在今河南虞城北二十二里李老家乡附

　　近。西汉属梁国。

②虞国：夏朝初年禹封帝舜之子商均于此地建国。

③夏少康：夏朝君主。少康的父亲被寒浞所杀。少康长大后为有仍
氏牧正，又逃至有虞氏任庖正。后攻灭寒浞，建都纶城（今河南虞
城东北），恢复夏王朝的统治。少康有作为，史称少康中兴。有虞：
国名。在今河南虞城北二十二里李老家乡附近。

④庖正：古代主管王者膳食的官吏。

⑤虞思：姚姓。舜之孙、商均之子。有虞氏首领，国都在虞城。二姚：
虞君之二女。

⑥汉司徒盛允墓碑：《水经注疏》杨守敬按："墓在今虞城县（今河南
虞城）东三里。"

⑦梁国：西汉高帝五年（前202）改砀郡为梁国。都定陶（今山东菏
泽定陶区西北）。汉文帝时移都睢阳县（今河南商丘南）。王莽始
建国初改为梁郡。东汉建初四年（79）复为梁国。

⑧奭（shì）氏：出自周代召公姬奭的子孙，他的奭姓后人在西汉时避
汉元帝刘奭的名讳，改称盛氏。

⑨孝元皇帝：即汉元帝刘奭。汉宣帝子，母共哀许皇后。汉元帝多
才艺，善史书，通音律，柔仁好儒。在位期间，因宠信宦官，导致皇
权式微，朝政混乱不堪，西汉由此走向衰落。

⑩世济其美：世世代代继承祖上的美德。济，利用，发挥。

⑪察：察举。孝廉：孝，指孝悌者；廉，清廉之士。分别为统治阶级选
拔人才的科目，始于汉代，在东汉尤为求仕者必由之途，后往往合
为一科。亦指被推选的士人。

⑫除郎：授给郎官之职。郎，官名。其职责原为护卫陪从，随时建议、
备顾问及差遣。

⑬延熹：东汉桓帝刘志的年号（158—167）。

【译文】

获水又往东流经虞县老城北面，虞县是古时的虞国。从前夏朝少康

逃奔到有虞氏那里,做了管理膳食的小官,于是虞思把两个姓姚的女子嫁给他做妻子。这就是王莽时的陈定亭。城东有汉司徒盛允碑。盛允字伯世,梁国虞人。他的祖上姓奭,到了汉朝中期,为避孝元皇帝讳,改姓盛。盛氏世代继承祖上的美德,到了盛允,被举荐为孝廉,授官为郎,历任司空、司徒。墓碑立于延熹年间,墓地还建有一座石庙,庙宇已经倒塌了,但庙基还可以找到。

获水又东南迳空桐泽北①,泽在虞城东南。《春秋·哀公二十六年》②,冬,宋景公游于空泽③,辛巳,卒于连中④。大尹、左师兴空泽之士千甲⑤,奉公自空桐入如沃宫者矣⑥。

【注释】

①空桐泽:又称空泽。在今河南虞城南。

②哀公二十六年:前469年。

③宋景公:子姓,名头曼。春秋时宋国国君。宋元公之子。

④连中:馆名。春秋宋地。在今河南虞城南。

⑤大尹:官名。春秋战国时宋国设置。左师:官名。春秋时宋国设置的执政官。为宋六卿之一。

⑥沃宫:宋都城内宫名。在今河南商丘南。

【译文】

获水又往东南流经空桐泽北面,空桐泽坐落在虞城东南。《春秋·哀公二十六年》,冬天,宋景公在空泽游览,辛巳,在连中逝世。大尹、左师组织了空泽的千名甲士,将景公的灵柩从空桐护送到沃宫。

获水又东迳龙谯固①,又东合黄水口②。水上承黄陂,下注获水。

【注释】

①龙谯固:《水经注疏》熊会贞按:"在今夏邑县(今河南夏邑)北。"

②黄水:《水经注疏》熊会贞按:"水当在今单县(今山东单县)东南。"

【译文】

获水又往东流经龙谯固,又往东在黄水口与黄水汇合。黄水上游承接黄陂,注入获水。

获水又东入栎林①,世谓之九里柞。

【注释】

①栎林:世谓之九里柞。《水经注疏》熊会贞按:"当在今单县(今山东单县)之东南、虞城县(今河南虞城)之东北。"

【译文】

获水又往东流入栎林,世人称之为九里柞。

获水又东南迳下邑县故城北①。楚考烈王灭鲁②,顷公亡③,迁下邑。又楚、汉彭城之战④,吕后兄泽军于下邑⑤,高祖败还从泽军。子房肇捐地之策⑥,收垓下之师⑦,陆机所谓即下邑者也。王莽更名下治矣。

【注释】

①下邑县:战国秦置,属砀郡。治所在今安徽砀山县。西汉属梁国。北魏孝昌元年(525)移治栗县故城(今河南夏邑),为临涣郡治。

②楚考烈王:芈姓,熊氏,名元。战国楚君主,楚襄王之子。鲁:周代封国,周武王封周公旦于此。都曲阜(今山东曲阜东北二里古城村)。战国时成为小国。鲁顷公二十四年(前256)为楚所灭。

③顷公:即鲁顷公。姬姓,名仇。战国时鲁国的末代国君,鲁文公姬

　　贾之子。

④彭城：治所在今江苏徐州。

⑤吕后兄泽：即吕后的长兄吕泽。秦末，以门客从刘邦起兵。高祖
　　六年（前201）封周吕侯。

⑥子房肇捐地之策：《水经注疏》杨守敬按："《汉书·韩信传》，汉王
　　兵败彭城，还至下邑。汉王曰：吾欲捐关已东，谁可与共功者？良
　　谓捐之黥布、彭越、韩信三人，楚可破也。"子房，即张良，字子房。
　　相传为城父（今安徽亳县东南）人。秦末农民战争中，聚众归刘邦，
　　成为刘邦重要谋士。肇，开始。

⑦收垓下之师：《水经注疏》杨守敬按："《高帝纪》五年，败固陵，用
　　张良计 韩信、彭越皆引兵来，黥布随刘贾皆会，围羽垓下，斩羽。"
　　垓下，又名垓下聚。在今安徽灵璧东南，沱河北岸。一说在今安
　　徽固镇县东南四十八里。

【译文】

　　获水又往东南流经下邑县老城北面。楚考烈王灭了鲁国，顷公逃走，
迁居到下邑。楚、汉彭城之战时，吕后的哥哥吕泽，把军队驻扎在下邑，
高祖战败退回，来到吕泽的军中。张子房首创捐地的策略，招收了垓下
的军队，陆机所说的就在下邑谋划，就指的是这件事。下邑，王莽改名为
下治。

　　获水又东迳砀县故城北①。应劭曰：县有砀山②，山在
东，出文石③，秦立砀郡④，盖取山之名也。王莽之节砀县也。
山有梁孝王墓⑤。其冢斩山作郭⑥，穿石为藏⑦，行一里到藏
中，有数尺水，水有大鲤鱼。黎民谓藏有神，不敢犯神。凡
到藏，皆洁斋而进，不斋者，至藏辄有兽噬其足。兽难得见，
见者云似狗，所未详也。山上有梁孝王祠⑧。

【注释】

①砀县：秦置，属砀郡。治所在今河南永城东北。

②砀山：即今河南永城北六十里芒砀山。

③文石：有纹理的石头。

④砀郡：秦始皇二十二年（前225）置。治所在睢阳县（今河南商丘南一里）。

⑤梁孝王墓：《水经注疏》熊会贞按："《寰宇记》梁孝王墓在永城县（今河南永城）北五十里，砀山南岭上。高四丈，周回一里。"梁孝王，即刘武，汉文帝次子，景帝同母弟。文帝十二年（前168）封为梁王。

⑥郭：通"椁"。外棺。

⑦藏（zàng）：坟墓，墓穴。

⑧梁孝王祠：当在今河南永城北六十里芒砀山。

【译文】

获水又往东流经砀县老城北面。应劭说：砀县东面有座砀山，出产纹石，秦朝时设立了砀郡，这是以山来命名的。就是王莽时的节砀县。山上有梁孝王墓。这座坟墓，开山凿石作为棺椁和墓室，走一里路，才到墓室里，那地方有积水，深数尺，水中有大鲤鱼。民众都说这里有神明，不敢触犯他。到这里来的人都要斋戒沐浴才敢进来，如果不举行斋戒，一到这里就有野兽出来咬他的脚。这野兽不易看见，有些人偶然看见，都说形状像狗，也不知究竟怎样。山上有梁孝王祠。

获水又东，穀水注之，上承砀陂①。陂中有香城，城在四水之中，承诸陂散流，为零水、濩水、清水也②，积而成潭，谓之砀水。赵人有琴高者，以善鼓琴，为康王舍人③，行彭、涓之术④，浮游砀郡间二百余年，后入砀水中取龙子，与弟子期曰：皆洁斋待于水旁，设屋祠。果乘赤鲤鱼出，入坐祠中。砀中有可万人观之，留月余，复入水也。

【注释】

①砀(dàng)陂：即砀水。当在今安徽砀山县南。

②零水、濛(huái)水、清水：《水经注疏》杨守敬按："此数水为砀陂之上源。当在今砀山县(今安徽砀山县)西。"

③康王：或称宋王偃，又称宋献王。子姓，名偃。战国时宋国国君。舍人：官名。本官内人之义，后世以为亲近左右之官。

④彭：即彭祖。传说中的人物。因封于彭，故称。传说他善养生，有导引之术，活到八百高龄。涓：即涓子。传说中的仙人名。西汉刘向《列仙传·涓子》："涓子者，齐人也，好饵术……著《天人经》四十八篇。后钓于荷泽，得鲤鱼，腹中有符。隐于宕山，能致风雨。"

【译文】

获水又往东流，穀水注入，穀水上游承接砀陂。陂中有座香城，此城四面环水，陂堨接纳了各条散流的水，有零水、濛水、清水，积聚成深潭，叫砀水。赵国有个人名叫琴高，因擅长鼓琴，成为康王的门客，他掌握了仙人彭祖、涓子的仙术，在砀郡漫游了二百余年，后来要潜入砀水中取龙子，与弟子们约定说：大家都洁身斋戒，设立屋祠，在水旁等待。不久，他果然乘坐红鲤鱼从水中出来，进入祠中坐着。砀郡一带约有上万人来观看，他在祠中逗留了一个多月，后又重新潜入水中。

　　陂水东注，谓之穀水，东迳安山北①，即砀北山也。山有陈胜墓②。秦乱，首兵伐秦，弗终厥谋，死，葬于砀，谥曰隐王也。穀水又东北注于获水。

【注释】

①安山：《水经注疏》杨守敬按："山在今砀山县(今安徽砀山县)东南。"

②陈胜墓：《水经注疏》杨守敬按："《续汉志》注：砀(今安徽砀山县)有胜墓。"陈胜，字涉。阳城(今安徽界首)人。秦末农民起义领

袖。秦二世初与吴广领导了著名的推翻秦朝统治的大泽乡起义。
后入陈地,称王,号张楚。

【译文】

陂水东流,称为穀水,往东流经安山北面,安山就是砀北山。山上有
陈胜墓。秦朝末年大乱,陈胜最先起兵伐秦,结果却战败身死,葬于砀县,
谥号称隐王。穀水又往东北流,最后注入获水。

获水又东历蓝田乡郭①,又东迳梁国杼秋县故城南②,
王莽之予秋也。

【注释】

①蓝田乡郭:《水经注疏》杨守敬按:"郭当在今砀山县(今安徽砀山
　　县)之东北,丰县(今江苏丰县)之西南。"
②杼秋县:西汉置,属梁国。治所在今安徽砀山县东南六十里。

【译文】

获水又往东流经蓝田乡的城郭,又往东流经梁国杼秋县老城南面,
这就是王莽时的予秋。

获水又东历洪沟东注。南北各一沟①,沟首对获,世谓
之鸿沟,非也。《春秋·昭公八年》②,秋,蒐于红③。杜预曰:
沛国萧县西有红亭④,即《地理志》之𨚂县也⑤。景帝三年⑥,
封楚元王子富为侯国⑦,王莽之所谓贡矣。盖沟名音同,非
楚、汉所分也。

【注释】

①南北各一沟:《水经注疏》熊会贞按:"二沟当在今萧县(今安徽萧

县）西北。"

②昭公八年：前534年。

③蒐（sōu）：阅兵。红：春秋鲁地。在今山东泰安南大洪沟一带。

④沛国：东汉建武二十年（44）改沛郡置。治所在相县（今安徽淮北市相山区）。三国魏移治沛县（今江苏沛县）。西晋还旧治。萧县：秦置，属泗水郡。在今安徽萧县西北十里。西汉属沛郡。东汉属沛国。三国魏属谯郡。西晋又属沛国。红亭：《水经注疏》熊会贞按："亭在今萧县西北。"

⑤虻县：即虹县。战国秦置，属泗水郡。治所在今安徽五河县西五十二里东刘集镇附近。西汉属沛郡。东汉改作虹县。

⑥景帝三年：前154年。

⑦楚元王：即刘交，字游。汉高祖同父异母少弟。富：楚元王刘交之子刘富，封红侯。

【译文】

获水又向东流经洪沟，往东流去。洪沟南北各有一条，沟的上端与获水相对，人们叫它鸿沟，其实不是。《春秋·昭公八年》，秋天，在红阅兵。杜预说：沛国萧县西有红亭，就是《地理志》上说的虻县。景帝三年，把这地方封给楚元王的儿子富，立为侯国，王莽时叫贡。大概沟名因音同而误，这并不是楚、汉分界的鸿沟。

又东过萧县南，睢水北流注之①。

萧县南对山，世谓之萧城南山也②。戴延之谓之同孝山③，云取汉阳城侯刘德所居里名目山也④。刘澄之云⑤：县南有冒山⑥。未详孰是也。山有箕谷⑦，谷水北流注获，世谓之西流水⑧，言水上承梧桐陂⑨，陂水西流，因以为名也。余尝迳萧邑，城右惟是水北注获水，更无别水，疑即《经》所谓睢水也。城东、西及南三面临侧获水，故沛郡治⑩，县亦同居矣。城南旧有石桥耗处⑪，积石为梁，高二丈，今荒毁殆尽，亦不具谁所造也。县本萧叔国⑫，宋附庸⑬，楚灭之。《春秋·宣公十二年》⑭，楚伐萧，萧溃，申公巫臣曰⑮：师人多寒，王巡三军抚之，士同挟纩⑯。盖恩使之然矣。萧女聘齐为顷公之母⑰，郤克所谓萧同叔子也⑱。

【注释】

① 睢水：汴水支流。战国鸿沟（汉代称狼汤渠）支流之一。自今河南开封东分古鸿沟东流，经今杞县、睢县、宁陵、商丘、夏邑、永城，安徽濉溪、宿州、灵璧及江苏睢宁，至宿迁南注入古泗水。

② 萧城南山：当在今安徽萧县一带。

③ 戴延之：即戴祚，字延之。江东（今江苏长江下游南岸一带）人。官西戎主簿。曾从刘裕西征姚秦。著有《西征记》《甄异传》等。同孝山：即萧城南山。

④ 刘德：字路叔。刘辟彊子，楚元王刘交曾孙。修黄、老术，有智略。汉宣帝地节四年（前66），以亲亲、行谨厚封为阳城侯。目山：给山起名。目，起名。

⑤ 刘澄之：南朝宋武帝刘裕的族弟刘遵考之子。汉楚元王之后。妙善庄老，旁通百氏。著作有《永初山川古今记》等。

⑥ 冒山：即今安徽萧县西南十八里帽山寨。

⑦ 箕谷：在今安徽萧县西北。

⑧ 西流水：《水经注疏》熊会贞按："《方舆纪要》西流河在萧县（今安徽萧县）南三十里。"

⑨ 梧桐陂：又名梧桐湖。在今安徽淮北市东北梧桐村附近。

⑩ 沛郡：西汉高帝以泗水郡南部置。治所在相县（今安徽淮北市相山

区)。东汉改为沛国。三国魏移治沛县(今江苏沛县)。西晋还旧治,后复为郡,又移治沛县。南朝宋移治萧县(今安徽萧县西北)。

⑪石桥耗处:赵一清《水经注释》:"谓水痕之减落之处也。"

⑫萧叔国:附庸国名。子姓。在今安徽萧县。《水经注疏》杨守敬按:"《汉志》文。《左传·庄十二年》疏,萧本宋邑,宋桓公之立,萧叔大心有功,宋别封以为附庸。"

⑬宋:西周封国。子姓。始封之君为商纣王之庶兄微子启。都商丘(今河南商丘南)。附庸:古代指附属于大国的小国。

⑭宣公十二年:前597年。

⑮申公巫臣:即屈申,芈姓,字子灵。春秋时楚国大夫。

⑯挟纩(kuàng):穿着丝绵之衣。挟,裹着,这里指穿着。纩,丝绵。此句谓三军之士倍感温暖。

⑰萧女:齐惠公的夫人。顷公:即齐顷公,姜姓,吕氏,名无野。齐惠公之子。

⑱郤(xì)克:郤献子。春秋时晋国大夫。齐晋鞍之战中的晋军主帅。萧同叔子:萧君之女。即齐顷公母亲。同叔:萧君之字。子:女儿。按,以上事见《左传·成公二年》:"宾媚人致赂,晋人不可,曰:'必以萧同叔子为质,而使齐之封内尽东其亩!'"

【译文】

获水又往东流过萧县南面,睢水往北流注入。

萧县南面对山,人们称之为萧城南山。戴延之称它同孝山,说是以汉阳城侯刘德居住的乡里名来取山名的。刘澄之说:县南有冒山。不知道谁的说法对。山里有箕谷,谷水往北流注入获水,人们叫它西流水,说此水的上游承接梧桐陂,因陂水向西流而得名。我曾经途经萧邑,城的右面只有这条水向北注入获水,再没有其他的水了,推想起来就是《水经》里所说的睢水。萧城东、西、南三面濒临获水,旧时的沛郡治所及县治都同在此城。城南从前有一座石桥,用石块垒砌而成,高二丈,也未署建造者的名字,现在已荒废毁坏得差不多了。萧县原来是萧叔国,是宋国的附庸,被楚国所灭。《春秋·宣公十二年》,楚国征伐萧国,萧国被击溃,申公巫臣说:战士大多衣单身寒,请君王巡视三军,抚慰将士,他们将会像穿上绵衣一样温暖了。这是统帅施恩于部下的结果。萧女嫁往齐国,后来成为项公的母亲,就是郤克所说的萧同叔子。

　　获水又东历龙城①,不知谁所创筑也。

【注释】

①龙城:在今安徽萧县东北,凤凰山南麓。

【译文】

获水又往东流经龙城,这座城不知是谁首先修筑的。

　　获水又东迳同孝山北,山阴有楚元王冢①,上圆下方,累石为之,高十余丈,广百许步,经十余坟,悉结石也②。

【注释】

①楚元王冢:《水经注疏》杨守敬按:“《一统志》,同孝山一名楚王山,山下有楚元王墓,故名。在今铜山县(今江苏徐州铜山区)西二十五里。”

②结石:垒砌石头。

【译文】

获水又往东流经同孝山北面,山的北麓有楚元王墓,上圆下方,用石块垒砌而成,高十余丈,宽约百来步,南北向并列有十几座坟墓,都是石块垒结的。

获水又东,净净沟水注之^①。水上承梧桐陂,西北流,即刘中书澄之所谓白沟水也。又北入于获,俗名之曰净净沟也。

【注释】

①净净沟水:即白沟水。源自今安徽濉溪县南古睢水,东北流至江苏徐州铜山区西入古获水。

【译文】

获水又东流,净净沟水注入。沟水上游承接梧桐陂,往西北流,就是中书刘澄之所说的白沟水。又往北注入获水,俗名净净沟。

又东至彭城县北^①,东入于泗^②。

获水自净净沟东迳阿育王寺北^③,或言楚王英所造^④,非所详也。盖遵育王之遗法,因以名焉。

【注释】

①彭城县:战国秦置,属泗水郡。治所即今江苏徐州。西汉为楚国治。东汉为彭城国治。三国魏为徐州治。

②泗:即泗水,亦称清泗,别名清水。源出今山东泗水县东五十里陪尾山。四源并发,故名。

③阿育王寺:《水经注疏》杨守敬按:"寺在今铜山县(今江苏徐州铜山区)西。"阿育王,梵语的音译。意译为无忧王。著名的佛教扶持者,在全国各地兴建佛教建筑,消除佛教不同教派的争议。并曾派人远赴国外布教,大力从事佛教的传播。

④楚王英:即东汉楚王刘英。因图谋取代汉明帝被废去王位,后自杀。据《后汉书》记载,刘英为中国已知较早的佛教信徒。

【译文】

获水又往东流到彭城县北面,往东注入泗水。

获水从净净沟往东流经阿育王寺北面,有人说这座寺院是楚王英建造的,但不很清楚。因为寺里倡导阿育王的遗法因而得名。

与安陂水合。水上承安陂余波①,北迳阿育王寺。侧水上有梁,谓之玄注桥。水旁有石墓,宿经开发②,石作工奇,殊为壮构,而不知谁冢,疑即澄之所谓凌冢也。水北流注于获。

【注释】

①安陂:《水经注疏》杨守敬按:"在今铜山县(今江苏徐州铜山区)西南。"

②宿经开发:早已开掘。宿,老早,很早。

【译文】

获水与安陂水汇合。此水上游承接安陂的余水,往北流经阿育王寺旁。水上有一座桥,叫玄注桥。岸边有一座石墓,早年被开掘过,墓石雕砌得很精致奇巧,是一座十分壮观的建筑,但不知是谁的坟墓,也许就是刘澄之所说的凌冢吧。安陂水往北流,注入获水。

获水又东迳弥黎城北①。刘澄之《永初记》所谓城之西南有弥黎城者也。

【注释】

①弥黎城:在今江苏徐州西南。

【译文】

获水又往东流经弥黎城北面。刘澄之《永初记》提到,城的西南有弥黎城。

获水于彭城西南回而北流,迳彭城,城西北旧有楚大夫龚胜宅^①，即楚老哭胜处也^②。

【注释】

①楚大夫龚胜宅：《水经注疏》杨守敬按："宅在今铜山县（今江苏徐
　　州铜山区）西北。"龚胜，字君宾。西汉彭城（今江苏徐州）人。少
　　好学，追五经，与龚舍相友善，并著名节，世谓之楚二龚。王莽时
　　拜为太子师友祭酒，不应征，不食而死。

②楚老哭胜处：王莽时龚胜拜为太子师友祭酒，不应征，不食而死。
　　有老父来吊，哭甚哀，曰："嗟乎！薰以香自烧，膏以明自销，龚生
　　竟夭天年，非吾徒也。"

【译文】

获水在彭城西南转弯往北流，经过彭城，城西北从前有楚大夫龚胜
故居，就是楚国老父哭吊龚胜的地方。

获水又东转迳城北而东注泗水。北三里有石冢被开，
传言楚元王之孙刘向冢^①，未详是否。城即殷大夫老彭之国
也^②。于春秋为宋地。楚伐宋并之，以封鱼石^③。崔子季珪
《述初赋》曰^④：想黄公于邳圯^⑤，勤鱼石于彭城^⑥。即是县也。
孟康曰^⑦：旧名江陵为南楚^⑧，陈为东楚^⑨，彭城为西楚^⑩。文
颖曰^⑪：彭城，故东楚也。项羽都焉，谓之西楚。汉祖定天下，
以为楚郡，封弟交为楚王^⑫，都之。宣帝地节元年^⑬，更为彭
城郡^⑭。王莽更之曰和乐郡也，徐州治^⑮。城内有汉司徒袁
安、魏中郎将徐庶等数碑^⑯，并列植于街右，咸曾为楚相也。

【注释】

①楚元王之孙刘向冢：《水经注疏》杨守敬按："在今铜山县（今江苏

徐州铜山区）北。"

②老彭：即彭祖。先秦道家人物，姓篯（jiān）名铿，一作彭铿，彭城（今江苏徐州）人。彭祖本为尧舜时人，擅长养生，有享寿八百的传说流传于后世。

③鱼石：公子目夷曾孙。春秋时宋国左师。

④崔子季珪《述初赋》：崔季珪，即崔琰。清河东武城（今山东武城）人。东汉末年名士，曹操帐下谋士。有伯夷之风、史鱼之直。后被曹操赐死。闻北海有郑徵君，遂前往造访，作《述初赋》。

⑤黄公：即黄石公。秦汉时隐士，别称圯上老人、下邳神人。授张良《太公兵法》。邳：即下邳县。秦置，属东海郡。治所在今江苏睢宁西北古邳镇东三里。圯（yí）：桥。

⑥勤鱼石于彭城：此时彭城为鱼石等人所占据。彭城：春秋宋邑。即今江苏徐州。

⑦孟康：字公休。安平广宗（今河北威县东南）人。三国魏学者。撰《汉书音义》。

⑧江陵：即江陵县。战国秦置，为南郡治。治所即今湖北荆州市荆州区旧江陵县。

⑨陈：西周封国，妫姓，都宛丘（今河南周口淮阳区）。古时为东楚。

⑩西楚：地区名。以淮北沛、陈、汝南郡等地为西楚。约相当今安徽淮河以北、江苏西北部、河南南部和湖北北部地区。

⑪文颖：字叔良。南阳（今河南南阳）人。后汉末荆州从事，魏建安中为甘陵府丞。曾注《汉书》。

⑫交：即汉高祖刘邦之弟刘交。

⑬地节元年：前69年。地节，西汉宣帝刘询的年号（前69—前66）。

⑭彭城郡：西汉地节元年（前69）改楚国置。治所在彭城县（今江苏徐州）。

⑮徐州：西汉武帝置，为十三刺史部之一。辖境相当今山东东南部

和江苏〜江以北地区。

⑯司徒:官名。掌教化百姓。袁安:字邵公。东汉汝南汝阳（今河南
商水县西北）人。为人严重有威,见敬于州里。中郎将:官名。五官、
左、右三署各置,以统领皇帝的侍卫。徐庶:字元直。颖川郡长社
县（今汈南长葛东北）人。东汉末年刘备帐下人物,后归曹操,并
仕于曹魏。

【译文】

获水又向东转,流经城北,向东注入泗水。城北三里有座石墓被掘
过,传说是楚元王孙刘向墓,不知是否确实。彭城就是殷大夫老彭的封
国。春秋时是宋国的地方。楚国征伐宋国,兼并了此城,把它封给鱼石。
崔季珪《述初赋》说:在下邳圯桥怀想黄石公,把彭城封给鱼石。指的就
是这个县城。孟康说:过去称江陵为南楚,陈为东楚,彭城为西楚。文颍
说:彭城,过去属东楚。项羽在这里建都后称为西楚。汉高祖平定天下,
把这里立为楚郡,封他的弟弟刘交为楚王,建都彭城。宣帝地节元年,改
为彭城郡。王莽时又改名为和乐郡,是徐州的治所。城内有汉朝司徒袁
安、魏中郎将徐庶等几座石碑,在街道的右面排成一行,他们都曾当过楚
国的丞相。

大城之内有金城①,东北小城,刘公更开广之②,皆垒石
高四丈,列堑环之③。小城西又有一城,是大司马琅邪王所
修④,因项羽故台,经始即构⑤,宫观门阁,惟新厥制⑥。义熙
十二年⑦,霖雨骤澍⑧,汳水暴长,城遂崩坏。冠军将军彭城
刘公之子也⑨,登更筑之⑩。悉以砖垒,宏壮坚峻,楼橹赫奕⑪,
南北所无。宋平北将军、徐州刺史河东薛安都举城㸔魏⑫,
魏遣博陵公尉苟仁、城阳公孔伯恭援之⑬,邑阁如初,观不异
昔。自后毁撤,一时俱尽,间遗工雕镂,尚存龙云逞势⑭,奇

为精妙矣。城之东北角起层楼于其上,号曰彭祖楼[15]。《地理志》曰:彭城县,古彭祖国也[16]。《世本》曰[17]:陆终之子[18],其三曰籛[19],是为彭祖。彭祖城是也[20]。下曰彭祖冢。彭祖长年八百,绵寿永世,于此有冢,盖亦元极之化矣[21]。其楼之侧,襟汳带泗[22],东北为二水之会也。耸望川原,极目清野,斯为佳处矣。

【注释】

① 金城:《水经注疏》杨守敬按:"《方舆纪要》引《荆州记》,江陵城中有金城,故牙城也。晋、宋时,凡城内牙城,皆谓之金城。"《资治通鉴·唐宪宗元和十四年》胡三省注:"凡大城谓之罗城,小城谓之子城。又有第三重城以卫节度使居宅,谓之牙城。"

② 刘公:即南朝宋的建立者刘裕。字德舆,小名寄奴。彭城(今江苏徐州)人。汉高帝楚元王刘交的后人。有战功。晋元熙初受禅于建康,国号宋。

③ 壍(qiàn):同"堑"。壕沟。

④ 大司马琅邪王:即晋恭帝,字德文。安帝弟。初封琅邪王。桓玄执政,进位太宰,加衮冕之服。玄篡位,以其为石阳县公。桓振平,复为琅邪王,又领徐州刺史,拜大司马,领司徒。义熙十四年(418),安帝崩。即帝位。次年改元熙。二年夏,为刘裕部下所杀。

⑤ 经始:土木方兴。

⑥ 惟新:更新。

⑦ 义熙十二年:416年。义熙,东晋安帝司马德宗的年号(405—418)。

⑧ 霖雨:大雨。骤澍(shù):突然降落。澍,降落。

⑨ 冠军将军:官名。杂号将军。秦末农民起义时,宋义曾为卿子冠军,统诸军,冠军之名自此始。东汉献帝时,杨秋始为冠军将军。以

后魏晋南北朝均置。彭城刘公之子：即刘义康。小字车子，彭城（今江苏徐州铜山区）人。南朝宋宗室、重臣，宋武帝刘裕第四子，少帝刘义符、文帝刘义隆异母兄弟。

⑩登：立即。

⑪楼橹：古代军中用以瞭望、攻守的无顶盖的高台。建于地面或车、船之上。赫奕：显赫美盛貌。

⑫宋：此指南朝宋。薛安都：字休达。汾阴（今山西万荣西南）人。南朝宋将领。仕魏为雍、秦二州都统。元嘉中归宋，孝武任为北弘农太守。孝武即位，除右军将军。斩鲁爽，平臧质，累迁平北将军、徐州刺史。后降魏，魏以为镇南大将军。

⑬尉苟仁：即尉元，字苟仁。代（今山西大同东北）人。世为豪宗。以善射称。为虎贲中郎将，转羽林中郎，小心恭肃。宽雅有风貌，迁驾部给事中。晋爵太昌侯，拜冠军将军。孔伯恭：魏郡邺（今河北临漳西南）人。北朝时北魏将领。以父任拜给事中。后赐爵济阳男，加鹰扬将军。出为济州刺史，晋爵城阳公。献文帝初，进号镇东将军，多次领兵击败宋军。谥曰桓。

⑭龙云：龙腾云飞气势不凡。逞势：显示出气势。

⑮彭祖楼：原来位于徐州城东北隅，又叫彭祖祠或彭祖庙，是为了纪念彭祖而修建。北魏时徐州刺史元延明将它迁建于城垣东北角上。

⑯古彭祖国：又作大彭氏、彭、彭城。夏、商时国。在今江苏徐州。

⑰《世本》：书名。撰者不详，成书时代亦不可考。该书记录自黄帝以来至春秋帝王公卿大夫的氏姓、世系、都邑、器物的制作和发明等。

⑱陆终：上古人物，楚国先祖火神吴回之子。陆终有六子：昆吾、参胡、彭祖、会人、曹姓、季连。

⑲其三曰篯（jiān），是为彭祖：篯，姓。彭祖姓篯名铿，一作彭铿，彭城（今江苏徐州）人。本为尧舜时人，由于彭祖这个氏族善于养生，族中长寿之人辈出，以此名闻于世，后有彭祖享寿八百的传说。

西汉刘向《列仙传》把彭祖列入仙界，并称为列仙，彭祖逐渐成为神话人物。

⑳彭祖城：即彭城县城。在今江苏徐州。

㉑元极之化：谓万物的本原变化。这里指彭祖虽长寿八百岁，但最终还是同万物一样要物化死亡。

㉒襟汳（biàn）：濒临汳水。带泗：泗水缠绕。泗，亦称清泗，别名清水。源出今山东泗水县东五十里陪尾山。四源并发，故名。

【译文】

大城里有一座金城，东北面有一座小城，刘公改建扩大了范围，城墙都用石块垒砌，高四丈，周围城濠环绕。小城西面又有一座城，是大司马琅玡王所修建，此城利用从前项羽的旧台经营构筑，建造了宫殿和门阁，重新恢复建筑的规模。义熙十二年，忽然下了一场大雨，汳水暴涨，城也崩塌毁坏了。冠军将军是彭城刘公的儿子，又重新修筑了城墙。新修的城墙全都用砖垒砌，宏伟壮观，十分坚固，城头的瞭望台瑰丽堂皇，无论南方北方都没有看到过。宋平北将军、徐州刺史河东薛安都，率全城军民归降于魏，魏派遣博陵公尉苟仁、城阳公孔伯恭援助他，全城完好无损，和先前一样壮丽。但以后却被拆毁，昔日的雄姿，也一旦化为乌有，只有局部地方留下一些精致的雕刻，龙腾云飞气势不凡，真雕得十分精妙。城的东北角建造了一座城楼，叫彭祖楼。《地理志》说：彭城县就是古时彭祖的封国。《世本》说：陆终的第三个儿子名叫籛，就是彭祖。他之所以被称为彭祖，是因为封于彭城的缘故。楼下是彭祖墓。彭祖活到八百岁，是极长寿的了，但这里有他的坟墓，大概也是无穷天地间的一种物化现象。汳水和泗水流过彭祖楼旁，楼的东北面，就是这两条水的汇流处。登楼眺望，蜿蜒的川流，坦荡的原野一望无际，是一个登高览胜的好地方。